中国律师实训经典 | 庭辩技巧系列

庭审制胜

（第七版）

Trial Techniques

(Seventh Edition)

［美］托马斯·A·马沃特　　著
（Thomas A. Mauet）

郭 烁　译

中国人民大学出版社
·北京·

致中国读者

　　庭审是美国和其他英语世界国家最重要的争议解决制度。它以对抗制为基础，其中各方都试图说服决策者——陪审团或者法官——认定本方在争议问题上是正确的。庭审的核心在于，通过对证人的直接和交叉询问以及展示物来展示证据。庭审程序确保具有关联性和可靠的证据得以向决策者展示，以使决策者能够认定哪些确为真实，从而作出恰当判决。

　　强调事实的关联性和可靠性是陪审团审判的最重要特征之一，也是其他国家将英美法庭审程序部分纳入其司法制度的一个主要原因。通过证人和展示物有效呈现事实需要进行规划和执行，而两者的结合就形成了具有说服力的庭审辩护——不论是在刑事案件还是在民事案件中，也不论是在陪审团审判还是在法官审理中。

　　三十多年以来，本书一直是美国相关领域经久不衰的主要教材之一，帮助了整整一代法学院学生与年轻律师了解如何在法庭上进行有效辩护。我谨希望中文译本能够有助于中国读者了解美国律师在法庭上的辩护技巧，并希望这些知识能够有助于您在中国法庭上的辩护。

托马斯·A·马沃特

于美国，亚利桑那州，图桑

2011 年 1 月 1 日

前　言

依一个庭审律师、一个对抗制课程讲授教师的经验，我意识到，优秀的庭审律师应该具备两种互补的能力。一方面，为应对庭审，他们要掌握一种分析和准备每个案件的有效方法；另一方面，他们要掌握使得己方诉求获得满足的说服技巧。正是"准备和实施"，这两种素质的结合，保证了有效的对抗制庭审。

本书亦依据以上方式展开对于对抗制庭审的论述。书中呈现了预备庭审的方法，以及在诉讼的每个阶段中，庭审律师的所思所想。另外，本书也讨论并且给出了若干基本的庭上辩论技巧。这些技巧主要应用在展示证据以及说服陪审团方面。要树立一个坚定的信念，即一个有效的庭审对抗既是一门艺术又是一种技巧。只有少数人天生就是律师材料，大部分人还是得慢慢掌握领会。艺术性的一面只有在律师掌握了若干基本技巧后才成为可能。

同其他行业一样，庭审工作并没有唯一正确的道路。这里只能提供一些有效、经过实践检验的方法。当然，每个人心中都会有一个不同的哈姆雷特，所谓"有效的方法"其实也有很多。因此，本书只提供一些询问证人、提交展示物以及庭上辩论的标准技巧，而不同的庭审就会对应不同的方法。也就是说，书中所举的例子并非完成特定诉讼任务的唯一有效方式。本书之所以举了许多例子，是因为缺乏经验的律师需要这些能够将其所学运用在庭审中的例子。其他的有效技巧则需经验的累积。只有通过不断增长的经验，你才能最终摸索出适合自己的技巧。

本书将重点放在了陪审团审判上，一个律师能够成功说服陪审团，自然对于法官审判（bench trial）也会轻松处理。书中的例子列举更多的是个人伤害以及刑事案件，因为这些案件更容易被分隔起来讨论，其中所展现出的诉讼技巧也构成了陪审团审判的实质部分。掌握了本书所列举的运用在简单常见案件中的技巧，你在面对复杂案件时当然亦能触类旁通。

托马斯·A·马沃特
图森，亚利桑那州

目　录

第 1 章

庭审过程

1.1　简介

　　你新近被一家诉讼律师事务所聘用，一名合伙人把你叫进办公室，告诉你有一件案子即将庭审，而它看上去很"适合"你。证据开示程序（discovery）已经完成，审前动议均已得到裁决，证人已经面谈完毕，庭审备忘录也已准备就绪，而和解谈判也刚刚破裂。这个案件即将进入庭审，将由你来负责出庭。合伙人满脸笑意地将案卷递给了你，而后你不安地走出了合伙人的办公室，想着："天哪，我现在该怎么办？"

　　陪审团审判是在当事人不能通过非正式方式解决问题时，用以帮助当事人解决法律争议的主要方式。尽管替代性的争议解决方式，如仲裁、调解、简易审判、不公开审判及类似的方式变得日益重要，但在美国联邦法院以及州法院，陪审团审判仍然是解决争议最重要的方式。

　　在陪审团审判制度中，陪审团认定事实，法官适用法律，而律师则作为当事人的辩护人。对抗制的存在是基于这样一种理念：诉讼双方相互对抗，各方尽力陈述各自版本的事件真相，是使陪审团决定可能真相（probable truth）的最好方法。当事人拥有，亦必须了解的工具，包括四方面的内容：实体法、程序法、证据法和说服"法"。前三种工具，主要属于法律领域，通过几年的学习，就可以领会掌握。而最后一种说服心理学，却令真正的出庭律师为之着迷，这些律师穷尽一生对说服心理学进行研究，并学习如何在法庭上运用它。

　　本书研究了如何结合实体法、程序法、证据法和说服"法"四项内容，并将其结果运用于陪审团审判。第1章是对庭审过程的概述。第2章讨论了说服心理学。第3章至第10章涵盖了陪审团审判的各个阶段，从陪审团选任到终结辩论、异议等。第11章为庭审准备及策略提供了广泛的备选方式。第12章介绍了法官审判，并讨论了如何变通，使适用于陪审团审判的说服心理学同样适用于法官审判。

1.2　地方实践和程序

　　不同的司法辖区进行庭审的方式不同。第一，适用的实体法可能不同。第二，适用的民事和刑事诉讼规则可能不同。尽管许多司法辖区遵循联邦民事诉讼规则，但是还有许多辖区没有遵循。不同司法辖区刑事诉讼规则也有极大的差异。第三，适用的证据规则可能不同。尽管大多数司法辖区都采用了联邦证据规则，但还有一些州，特别是一些人口更为稠密的州尚未采用联邦证据规则。第四，不同司法辖区的法院规则和执行程序法规的地方规则也大相径庭。确实，不同地域、不同法官之间的庭审程序和习惯都有所不同。法官，特别是联邦法院的法官，可能会对当事人施加额外的限制，例如，限制各方可以传唤专家的人数、各方展示证据的时间以及开庭陈述和终结辩论的时间。

所以，无疑，一名出庭律师的首要任务，就是学习以及掌握在即将到来的庭审中可能适用的所有规则。因此，本章关于陪审团审判的简介，应当被视为对庭审过程的概述。虽然文中会指出一些在实践或程序中存在的普遍差异，但未尽述。

1.3 庭审日期安排

安排庭审有两种基本的方式：单独排期制（individual calendars system）和集中分配制（central assignment system）。在单独排期制下，每一位庭审法官需全面处理分派给他的每一案件，包括确定庭审日期和审判事宜。在民事案件中，在证据开示程序完毕，而当事人称案件已经做好庭审准备后，法官会确定一个庭审日期。不同的案件，庭审日期的安排不同，但通常民事案件中的庭审日期，至少是在案件做好庭审准备后 3 到 6 个月内。而刑事案件则因快速审判的要求，庭审日期通常是在犯罪嫌疑人被逮捕或传讯后（arraignment）3 到 4 个月内。

集中分配制在大型城市里更为常见。在该制度下，为给案件排订庭审日期，所有案件都集中在一张排期表中。最旧的案件位于排期表的顶部，而新的案件慢慢从底部向顶部移动。这一过程在不同的司法辖区，可能历经 1 年甚至超过 5 年的时间。当案件到达排期表的顶部时，就会被发送给法官开庭审理。采用集中分配制的司法辖区往往会将审判日期刊登在每日发行的法院报纸上，而律师有责任追踪自己的案件在排期表中的上升情况。

1.4 陪审团选任

恭喜！庭审的日子终于到了。你已经完成所有的准备工作（参见第 11 章），案件要真正进入庭审阶段了。接下来会发生什么呢？

在指定的日期和时间，你和对方律师来到了主审法官的法庭。当事人往往也在那里。主审法官坐在法官席上。其他的法庭工作人员包括法庭书记员、法庭记录员和法警。其他的律师和旁听人员也会在场。

书记员宣布你的案件庭审开始。你、你的当事人和对方律师，上前就座于法庭中的律师席（通常被标记为"原告"和"被告"；如无，请事先查明各方按习惯应当就座的位置）。法官会询问各方是否均已做好庭审准备。你和对方律师都回答"准备好了，法官阁下"。

接下来，法官会"命令挑选一个陪审团（order a jury）"，指示法警或其他法庭工作人员进入陪审团室，带领由 25 名至 40 名陪审员组成的小组进入法庭。同时，法官会再次尝试使案件和解，尝试解决余留的程序或证据问题，以及回答任何有关如何挑选陪审团的问题。这些一般都会在法官室内完成。

陪审员最初被带入法庭时，通常坐在法庭的后排。法官会介绍自己、律师、当事人以及法庭工作人员，提及正在审理的案件，解释陪审团选任将如何进行。在一些司法辖区，律师会对事实和案件的争点作扼要介绍。法庭书记员会让候选陪审员宣誓如实回答法官和律师提出的问题。然后，陪审团选任开始。

不同的法庭选任陪审员的程序有显著差异，这种差异性可能比庭审的其他阶段更为明显。陪审团选任需要遵循法律、法院规则和个案的司法实践规则。这些规则规定了如何首次传唤陪审员、如何取得陪审员任职资格、应当选任多少名陪审员、是否需要选任候补陪审员、请求陪审员有因回避的理由（解除或"剔除"陪审员的法定理由）、各方可以请求陪审员无因回避的次数（一方可以借任意理由要求"剔除"陪审员的权利）以及如何行使。这些规则还规定了应适用何种陪审团选任制度（最常见的是大多数联邦法院运用的"剔除制"（strike system）和许多州法院运用的小组制（panel system））、允许向陪审员提问的主题（能否包括法律问题，或者是否仅限于陪审员背景和生活经历的问题），及应当由谁来进行实际询问（法官、律师，还是两者皆可）。在复杂案件中，通常会为陪审员准备书面的调查问卷。

陪审团选任需要多长的时间？大多数案件需 1 至 3 个小时，而情节复杂或者公众高度关注的案件时间则会更长。当选任程序结束之后，书记员会让陪审员及候补陪审员宣誓成为裁决本案的陪审团成员。

1.5 初步的法律指示

在陪审团选任完毕后、进行开庭陈述之前，法官通常会给予陪审员初步的法律指示。这主要是为了让陪审员了解庭审中将会发生什么。例如，法官可能会概括陪审员的责任（遵守法律、决定事实和证人的可信度、将法律运用于事实）、指导他们在休庭期间应如何行为（不要在陪审团成员间或与其他人讨论案件、不要探访犯罪现场、不要对案件作任何形式的调查研究），以及描述庭审将如何进行。近年来，越来越多的法官还会简要介绍辩诉状的内容，和向陪审员说明可适用的实体法。在一些司法辖区，陪审员被告知在庭审休庭期间，他们可以对证据进行讨论，但前提是对证据进行讨论时，所有陪审员都在场。这种指示通常只需几分钟的时间。

律师可能会请求法官下令在庭审期间隔离证人（有时又被称作"分离证人"或"调用规则"）。这样做就会避免当一名证人作证时，其他证人同时出现在法庭中。此种排除并不适用于当事人、当事人的代理人或者其他出席的很关键的人。

一些司法辖区允许陪审员做笔记。其中一些司法辖区通过向陪审员提供笔记本和铅笔，鼓励他们做笔记。在期限较长的庭审中，法庭有时还会向陪审员提供含有各证人照片的笔记本和纸张，供其做笔记。而另外一些司法辖区则明令禁止陪审员做笔记。

1.6　开庭陈述

原告和被告现在进行开庭陈述。开庭陈述是律师告诉陪审团他们预期将在庭审中出示什么证据的机会。这会帮助陪审团在真正出示证据时理解证据。开庭陈述通常是事实性的而非辩论性的，尽管不同的司法辖区和法官对于在开庭陈述中允许进行"辩论"和法律探讨的程度，还存在较大的差别。还有一些司法辖区允许放弃开庭陈述，但这种情况在实践中极少发生。

大多数的开庭陈述围绕主题和叙事展开，通常原告方和被告方会从各自的角度，按时间先后顺序，就"发生了什么"进行概括。开庭陈述应当具有感染力而令人印象深刻，以最有利的方式进行陈述，描述出会使陪审团作出有利于你方判决的画面。律师会了解一个好的开庭陈述的重要性。研究表明，大多数陪审员会作出与在开庭陈述中所获得的印象相一致的裁决。

开庭陈述需要多长的时间？通常各方会持续 10 到 30 分钟；更长时间的陈述，可能会使陪审员感到厌倦，或者因细节过多而感到超过负荷；法官会对开庭陈述阶段以及其他阶段进行时间上的限制。

一些司法辖区要求原告的开庭陈述确立案件已得到初步证明（a prima facie case），因为律师的陈述被视为自认。在此种情况下，原告律师（和被告律师，如果存在积极抗辩或反诉）必须保证开庭陈述具有法律上的充分性（legally sufficient）。

在一些司法辖区，被告可以在原告举证阶段举证完毕后，再进行开庭陈述。尽管这种做法并不常见，但是有时被告不愿让原告知道他具体的庭审策略（这通常会发生在证据开示规则十分严格，而律师计划进行积极抗辩，并不愿让原告知晓细节的刑事案件中）。此种方式将防止原告在其举证阶段预测到被告的辩护方案。

最后，某些法官会在陪审团选任之前，让律师在所有候选陪审员面前作开庭陈述。这样做是考虑到如果陪审员对在审案件有更多的了解，会更容易显露出可能影响其陪审员资质的态度。

1.7　原告举证阶段

原告负有证明责任，应先举证（通常情况下都是如此，除非被告已经承认原告所主张的事实，所以被告只有在积极抗辩或反诉的情况下，才负有证明责任）。这即意味着，原告在举证阶段要出示充分的证据，对起诉书（complaint）或大陪审团起诉书（indictment）中所提出的每一主张的构成要件予以证明，要充分利用四种证据来源：证人、展示物（exhibits）、司法认知（judicial notice）和诉讼协议（stipulations）。

当证人被传唤作证，需先由书记员带领其宣誓将如实陈述。一旦证人在证人席上就座，询问就开始了。直接询问由原告律师（传唤证人到庭的一方）主导。在直接询问完毕之后（根据不同的地方习惯，律师通常会说"直接询问阶段没有问题了，法官阁下"，"我方证人询问完毕"或"你的证人"），然后对方律师开始进行交叉询问。在多数司法辖区，交叉询问的范围被限定于直接询问中所提及的事实。但在少数适用"英国规则"的地区，交叉询问可以问及任何与本案相关的问题。

当交叉询问方宣布询问完毕，直接询问方可以进行再次直接询问（仅限于对交叉询问中提出的事项进行解释或反驳）。交叉询问方可接着进行再次交叉询问（仅限于对再次直接询问中提出的事项）。（在一些司法辖区，法官可能会向证人提问。甚至在某些司法辖区，允许陪审员在以书面方式向法官提交问题，并获得批准后，向证人提问。）然后，该证人离开证人席，原告可以传唤下一名证人。

展示物是证据的另一种主要来源。展示物的四种主要类型是实物（枪支、血液、毒品和机械）、演示展示物（图表、模型、地图）、书面文件（合同、本票、支票、书信）、记录（私人业务记录、公共记录）。展示物被采信需奠定"基础"，也即一方要使展示物被采信，必须表明展示物的真实性，且符合相应的证据规则。奠定基础可能源自于证人证言、证明或其他途径。在不同的司法辖区，特定展示物奠定"基础"的形式要件略有不同。一旦被采信，在庭审过程中，该展示物将与其他证据一样，同属陪审员的裁判依据。

司法认知是向陪审团提交证据的第三种方式。当某一事实是审判地众所周知的事实（如帝国大厦位于曼哈顿），或某一事实是可轻易借由可靠来源判断和确证（如2000年6月1日为满月日），对于上述两类证据，法官可以通过司法认知的方式予以采信。

第四种证明方式是协议，即双方就哪些事实是确已发生并不存在争议的事实而达成的协议。这使得无争议证据的出示，更为高效。协议通常以书面形式订立，且如文书展示物一样向陪审员呈现或宣读，法官通常会向陪审员作出指示，告之他们什么是协议。

在原告举证阶段，原告方应以何种顺序传唤不同的证人、出示不同展示物和其他证据？这完全由原告决定，只要是最具有说服力（和逻辑上的可行性）的顺序，就会获得允许。原告必须大概了解证人作证时间的长短，避免让证人作证一整天（run out of witness），或使证人在作证前等上漫长的时间。大多数证人在证人席上的时间为15分钟至90分钟，但一些特殊的证人，如当事人或专家证人，作证的时间会更长。

当原告出示完其所有证据，他就"举证完毕"。这可以简单地通过起立向法官和陪审团说明"阁下，原告举证完毕"来完成。法官会告诉陪审团原告已经举证完毕；接下来法官很有可能会休庭，以听取被告的动议。 *6*

1.8 原告举证完毕后的动议

原告举证完毕，陪审团就被带离法庭。通常，被告此时会提出指令裁决（directed verdict）的动议。尽管此项动议在不同的司法辖区会有不同的称谓（例如，在刑事案件中，其通常被称为"申请无罪指令判决的动议"；在联邦民事案件中，其被称为"作为法律事项的判决的动议"），但目的都是同一的。即被告请求法官终止对全部或部分案件的审判，并作出有利于被告的判决，因为原告未能"确立一个初步证明的案件（prove a prima facie case）"。虽然此项动议经常以口头方式提出，但实践中更恰当的方式是以书面形式向法庭提出动议。

如果原告未能提供证据证明，起诉书或大陪审团起诉书中所提出请求的任一要件，法官就应就未被证明的主张部分，同意被告提出的动议。法官对动议适用的标准是，审查证据必须以"最不利于提出动议一方"为原则。因此，如果存在任何可信证据支持原告的主张，无论是直接证据还是间接证据，被告提出的动议都应该被驳回。因此，动议的结果取决于，被告能否指出证明原告请求要件的证据存在重大疏漏，或动议是依被采信的证据只能合理推导出的唯一结论。

法官可以裁定允许所有动议、驳回所有动议或者允许部分动议。例如，法官可以裁定允许针对起诉状中某一项诉由（count）的动议，而驳回针对其他诉由的动议。在刑事案件中，法官可以裁定允许针对被控罪名的动议，而驳回其他针对较低罪名的动议（例如裁定允许对谋杀罪的动议，而驳回对较轻的过失杀人罪的动议）。然后，庭审继续进行。

1.9 被告举证阶段

被告举证由两方面构成：反驳原告的证据证明，以及为积极抗辩及反诉（还包括交叉请求和多方当事人案件中的第三方请求）提供证据证明。

如果被告选择出示证据，会以与原告同样的方式进行——传唤证人、出示展示物、司法认知和协议。这些程序与原告程序是一样的。

当被告出示完所有证据，他在起立并向法官和陪审团说明"阁下，被告举证完毕"后，即告"举证完毕"。法官告诉陪审团被告已经举证完毕；法官可能在审理动议之前休庭。

1.10　被告举证完毕后的动议

被告举证完毕后，陪审团被带离法庭，法官又再次听审动议（hear motion）。原告可以申请，对被告的任一积极抗辩或反诉进行指令裁决。法官在对动议进行裁决时，同样需遵循"最不利于提出动议一方"的原则来审查证据。如果被告未能证明积极抗辩或反诉所需的证明要件，法官将裁定允许针对积极抗辩或反诉的动议。

1.11　原告反驳和被告再反驳

在被告举证完毕及所有动议均已裁定之后，原告有机会提交对被告证据进行反驳（rebuttal）的证据。反驳证据通常是对被告反诉内容提出的抗辩，或者反驳被告出示的其他具体证据的证据。

被告拥有最后一次机会对原告在反驳中所提到的事项进行反驳，这又被称为被告再反驳（surrebuttal）。

1.12　证据举证完毕后的动议

当所有证据都已经出示，双方均已举证完毕时，原告或被告又可以在举证完毕后申请指令裁决，标准仍与之前一样：法官需遵循"最不利于提出动议一方"的原则来审查证据。

在许多司法辖区，在所有证据都举证完毕后申请指令裁决的动议，被要求保留申请"不顾陪审团裁决之判决（judgment notwithstanding the verdict）"的权利。

1.13　指示会议

在庭审的某个阶段，法官需要"下达指示"，亦即意味着法官需裁定向陪审团提供哪些指示。通常在庭前或者庭审开始时（在民事案件中，双方提交的最终审前备忘录通常会包含各方所请求的指示，以及对对方所请求指示的异议），法官会收到原、被告双方请求的指示。但是，法官通常只有在听审了所有证据之后，才能作出将何种指示提供给陪审团的最终决定。因此，指示会议通常在双方举证完毕后、终结辩论之前举行。

在指示会议期间，原告和被告会就指示为何应当提供、驳回或修改而提出看法。会议可能在法庭（陪审团不在场）或法官室举行，在会议期间，法庭记录员会到场记录异议和裁定。在多数司法辖区，律师应在法官将对方请求的指示提供给陪审团，或法官拒绝向陪审团提供己方所请求的指示之前，将具体异议记录在案，以便今后如果上诉，可将其作为错误提出。

8

1.14　终结辩论

现在，原告和被告开始他们的终结辩论。终结辩论给予律师机会，向陪审团说明本案的证据是什么、证据如何与陪审团指示相关联，以及为何依照证据和法律，陪审团应作出有利于己方的裁决。

成功的终结辩论会将事实和法律有机地结合起来，强调根据法律，可信证据应得出一个有利于己方的裁决。律师可以通过事实推论、援引重要证言、运用被采信的展示物、叙述事件、发掘类似点和其他方法，来说服陪审团。

终结辩论应当持续多长的时间？各方最多持续 30 到 60 分钟。如果太短，就可能没有充分利用对陪审团进行说服的时间；如果太长，则存在使陪审团感到厌倦或不满的风险。法官可以对各方进行终结辩论的时间作适当的限制。

在大多数司法辖区，负有证明责任的一方，通常是原告方，有权在终结辩论中首先辩论和最后辩论。这即意味着，原告有权首先进行终结辩论，而且有权在被告完成终结辩论之后，对被告的终结辩论进行反驳。在少数司法辖区，各方只能进行一次终结辩论（而且此类司法辖区之中的一些地区，被告首先进行终结辩论，而原告最后进行终结辩论）。

当留给陪审团作出裁决的唯一争点是，积极抗辩或反诉是否已经得到证明时，如果被告对这些争点负有证明责任，被告往往有权首先辩论和最后终结辩论。

1.15　陪审团指示

法官必须对陪审团就本案所适用的法律作出指示。一些法官会在律师终结辩论之前作出指示，而另外一些法官选择在终结辩论完毕之后作出。在大多数司法辖区，法官既会宣读指示，又会给陪审团一系列书面指示以供陪审团评议（deliberation）时使用。少数司法辖区在实践中仅向陪审团宣读指示。

陪审团还会被告知裁决的形式，因为案件可能存在多个当事人、主张、反主张和第三方请求，所以可能存在多种裁决形式。在一些案件中，陪审团可能还被要求采用特殊的裁决形式，以供陪审团对事实和法律的具体争点，作出裁决。

在大多数案件中，宣读和解释指示可能会花费 10 至 15 分钟，而复杂的案件会更久。

1.16 陪审团评议和裁决

9

陪审团会回到陪审员室进行评议，但离开法庭之前，如有候补陪审员，会先解散候补陪审员。法警会宣誓保卫陪审团评议期间的隐秘性。

在评议期间，法警经常将被采信的展示物和书面的陪审团指示带回陪审团室，以供陪审员评议时使用。

陪审团获得的关于评议应如何组织和进行的唯一指引是标准化指示，即应先选举陪审团团长以主持评议，然后陪审员在反映自己意见的裁决书上签字。而陪审团应如何组织以及如何进行评议，主要由陪审团自己决定。

陪审员有时在评议期间会提出问题。这些问题通常会被写下并由法警转交给法官，然后法官会与律师协商如何回答，协商好后，陪审团会被带回法庭并告知答案，然后评议继续进行。

当陪审团达成裁决（无论是一致裁决还是多数裁决，不同的司法辖区有所不同），且在相应的裁决书上签字之后，应通知法官（通常通过蜂鸣器）他们已经做好宣布裁决的准备。如果律师没有在法庭内，把他们召回，所有人再次出现在了法庭内。陪审团进入法庭，然后法官询问陪审团是否已经达成裁决。当陪审团团长回答"是的"后，陪审团团长依指示将裁决交给法警，然后法警将裁决送到法官手中（法官将检查裁决书是否已经记载无误并有恰当的签名），法官将裁决交由法庭书记员大声宣读。

在宣读完裁决之后，法官会询问是否有任何一方要求"个别征询陪审团的意见"（poll the jury）。如有（通常是败诉方提出），书记员会询问每一位陪审员，刚刚在法庭上宣读的裁决是否是陪审员个人的裁决。如果所有人都回答"是的"，陪审团的任务即告结束。如有达成裁决必需之陪审员回答"不是"（一些管辖区不要求所有的案件都达成一致裁决），则陪审团继续评议。

陪审团评议应持续多长时间？大多数裁决在 1 个小时至 4 个小时之内达成，尽管每位律师都可以讲述使陪审团在 15 分钟内作出裁决；或者在一个漫长或复杂的案件中，评审团花费超过 1 天甚至更长的时间进行评议的案例。

当陪审团无法达成裁决时，会发生什么呢？法官通常会询问陪审团进一步的评议是否有助于达成协议，还是陪审团已经陷入无法化解的僵局？如果是前者，法官通常会给予陪审团一项"尽力指示"（Allen charge），敦促陪审员听取各自意见并努力达成一致协议。如果是后者，法官会宣布审判无效并解散陪审团，然后安排重新审判。

然后，法庭会为审后动议安排听审日期，在刑事案件中，伴随着有罪裁决的，是量刑程序。

1.17　审后动议和上诉

在裁决之后，一方通常可以在一定天数内，向法庭提交书面的审后动议。最常见的是向法官申请"不顾陪审团裁决之判决"的动议，即要求法官不顾陪审团的裁决而作出有利于己方的判决，而另一种动议是要求重审（a new trial）的动议，即要求法官因一审中存在的错误而重新审理案件。通常，提出动议方可以在这两种动议中选择其一。同样普遍的是，在一些辖区，民事案件通常会提出增加损害赔偿金或较少损害赔偿金的动议，即要求法官增加或减少陪审团裁决中的金钱数额。

法官通常会安排时间对动议进行听审，并允许双方进行口头辩论。然后法官会对动议作出裁定，通常会制作一份书面裁定书（written order）。

当对审后动议作出裁定之后，法官会根据陪审团裁决和审后动议作出判决。作出判决是宣告庭审终结的管辖权事实（jurisdictional fact）。一方如欲提起上诉，应当及时向法庭书记员发出上诉通知。在民事案件中，一方必须按判决中的数额提交上诉（费用）担保，此种行为亦是上诉程序的开端。

1.18　结论

庭审程序并不神秘，也不复杂。重要的是要牢记，联邦法院和州法院通过漫长的发展，研究出了庭审各阶段的不同程序，而这些程序至今仍在不断地演变尝试。因此，在庭审日期确定之后，每一位庭审律师都必须了解他的案子在法庭和法官面前，会怎样进行审判。如果你不知道，你就必须寻找答案。你可以咨询该名法官的法律文员、法庭书记员以及参与过该名法官类似案件庭审的律师。如果上述方式都没有取得实效，请你走进法庭，然后旁听一件正在审理的案件。

第 2 章

说服心理学

▪ 2.1 简介

　　庭审是对事实也即过去发生的事件或事务的重构。在庭审中，通常会存在对事实的三种看法：你方的事实、对方的事实和陪审团的事实。每个当事人都坚信己方的事实看法是正确的，并试图说服陪审团接受自己的看法。但是，最后唯一起到决定作用的是陪审团所认定的事实——即陪审团认为事实上发生了什么——因为该事实将掌控陪审团的裁决。

　　哪一方所主张的事实会被陪审团接受呢？这在很大程度上取决于在庭审中哪方当事人主张的事实更有说服力。如果每一方都缺乏说服力，则陪审团会自己构建一个事实看法。为了说服陪审团，你首先必须了解陪审员——他们的背景、信仰、态度、他们如何处理信息、如何思考以及如何作出决定。你只有理解了说服心理学，才能理解如何说服一个陪审团接受你所主张的事实看法，并且成为他们心目中的事实看法。此种理解会影响你在陪审团审判中的所有表现——从陪审员资格审查直至终结辩论。

　　本章回顾了行为科学和陪审团研究对于陪审员的背景、信仰、态度、信息处理方式、对他们产生影响的事物，以及决策方式所获知的信息，并讨论了出庭律师应当怎样运用这些信息来调整他们进行庭审的方式。尽管这项研究的大部分结论与经验丰富的出庭律师通过经验所得到的结论一致，但它系统性地组织和解释了陪审团行为，更有利于我们理解陪审员的思考、决策方式，以及可以说服陪审团的方式。

▪ 2.2 行为科学和陪审团研究

　　直到大约五十年前，普遍的观点还认为陪审团会在庭审中客观地采纳双方所出示的证据、不会妄下决断、在评议期间冷静地审查证据，并最终根据证据和实体法作出合理的裁决。而始于 20 世纪 40 年代的行为科学研究和始于 20 世纪 60 年代的陪审团研究已经有力地反驳了这种观点，即"他们"陪审员并不像"我们"（律师）一样思考。

　　但是，在这里不得不告诫：大多数陪审团研究都是在与法庭现实关联甚少的环境中进行。例如，研究者经常让获得额外加分的本科生填写书面问卷来试验他们的假设。研究者还经常向志愿者播放录制的场景，然后让他们回答问卷。但是此类研究所得出的结论能否完全运用于陪审团审判仍值得怀疑。幸运的是，最近几年的研究已经开始向更为实际的方向转变，研究者会邀请律师帮忙拟建法庭场景，并邀请真正在法庭中出任过陪审员和具代表性的陪审员来参与这些假设的测试。这些研究结果对于出庭律师而言更值得信赖。而值得信赖的行为科学和陪审团研究又会告诉我们什么呢？

1. 情感推理（affective reasoning）

人们会通过两种明显不同的方式作出决定。大多数人是情感型决定者（"右脑型"）。情感型的人有几处共同的特征：第一，他们通常是情绪化而富有创造力的，比起问题，他们对人更感兴趣。他们将庭审视为人生中的戏剧，而非法律争议。第二，他们虽也运用演绎推理，但更多的时候是情绪化和冲动的，在此种推理方式下，一些人会运用生活中的少数前提和极少的事实信息来快速地作出决定、找出原因和进行归责。第三，一旦他们作出决定，他们会忠诚于自己的决定，并通过有选择性地接受、拒绝或歪曲后来获得的信息以使它们"符合"已经作出的决定，从而使已经作出的决定获得确证。这种方式让他们相信自己的决定是正确、符合逻辑和公平的。人们对于一致性有内在需要，这使他们忠于自己最初的决定，而无视他们后来接收到的相反信息。因为与决定不一致的信息会产生内在的矛盾和压力，所以他们会对这些信息产生抵触，并且不久后就会只听见和看见他们想要听见和看见的信息。

相反，认知型决定者（"左脑型"）相对于人，对问题更感兴趣。他们喜欢积累信息，并且会推迟作出决定直至收集到了所有可能的信息，例如受过训练的科学家，会运用归纳推理得出符合逻辑的结论。认知型决定者更有可能拥有较高的教育水平及数学、自然科学或商业背景。在亲眼目睹一场碰撞之后，情感型决定者会问："有人受伤吗？"而认知型决定者会问："这是谁的过错？"总之，情感型决定者"感觉"，而认知型决定者"推理"。

大多数陪审员是情感型决定者，而大多数经过法律推理训练的律师都是认知型决定者。对"他们"（陪审员）有效的说服方式不会是对"我们"（律师）有效的方式。律师必须在对陪审员说服沟通之前了解他们处理信息和作出决定的方式。这对于陪审团审判的每个阶段都极为重要。

2. 信仰和态度

信仰（我们对某事物有何了解）是我们如何看待人生——我们的价值体系。态度（我们对某物有何感觉）是信仰的表达。态度是我们对人和事件的确信、倾向和偏见，是我们对于正确和错误、公平和不公平的认知。我们试图理解周遭的世界，利用我们的信仰和态度这一固定的模式去构建世界观。我们会在一生中不断通过家庭培养、正规教育、电视、新闻以及最重要的，个人的观察和体验形成我们的信仰和态度。信仰和态度一旦形成，往往会伴随一生，即使随着时间的推移存在改变这种可能的话，也将会非常缓慢。

态度帮助我们在潜意识里筛选着周围世界的信息，整理矛盾的信息和填补遗漏的信息。态度如同玫瑰色的镜片，透过它，我们以自己独特的视角"看到"信息，接受我们喜欢的信息，拒绝、最小化、或歪曲我们厌恶的信息，借此实现个人内心的一致和安乐。

大多数陪审员并非被动地等待和毫无批判地采纳证据。他们极少拥有

"开放的思维"去接受新的想法。相反，他们会测试这些想法与他们已然形成的生活理念有几分契合，以及与脑海中已经构建的案件事实有几分一致。陪审员会迅速地构想案件可能的事实，然后潜意识里运用他们的态度去接受、拒绝或歪曲证据、或提供缺失的信息，来创造一个完整的、貌似合理的事实。这样陪审员相信他们达成与证据一致的裁决，并认为该裁决是公平且符合逻辑的。责任或有罪的证据越为间接、陪审员对庭审的内容越为熟悉，其信仰和态度就显得越为重要。

陪审员的态度对于整个庭审过程都具有重要意义。这些态度会决定陪审员是接受还是抵触在庭审中出现的当事人、证据和主题。陪审员只有在主观愿意接受的情况下才可能被律师说服，而陪审员的态度，而不是逻辑或推理，会决定他们接受或拒绝庭审中的某些特定讯息。因此，律师必须了解陪审员的相关态度，了解他们的态度是一致还是彼此冲突，以及坚决的程度。这些必须在陪审团选定前完成，因为在庭审中，陪审员极不可能改变他们对重大事项的态度。

尽管可靠的陪审员个人资料（例如性别、种族、年龄、婚姻状况、家庭史、居住信息、教育和工作经历）很容易获得，但这些信息最多反映了陪审员对于生活大概的态度，而对在特定案件中预测陪审员对于相关问题的单个态度作用极为有限。仅有例如性别、种族和年龄等人口统计资料，对于预测陪审员态度几乎没有作用（当然，除非案件中有涉及性别、种族或年龄的问题）。

相较而言，有关陪审员态度的直接信息会是更好的资源。但是，无论是有意还是无意，陪审员描述自己对于特定庭审案件相关问题的态度往往是不准确的。陪审团挑选时真实态度的自我披露，特别是对敏感问题的态度，众所周知是不可信的，因为陪审员需要融入他人以被他人接受，而这些往往是凌驾于诚实义务之上的。因此，陪审员对于试探敏感问题态度的问题往往会作出社会可接受的回答。为自我披露营造一个宽松、无偏见的环境会增进自我披露的可靠性。在其他陪审员不在场的情况下单独询问陪审员会促进自我披露信息的数量和准确性。运用书面问卷，而不是在法庭上公开询问，同样会极大地增进自我披露的公正性和完整性。

律师通常会以间接的方式了解陪审员的态度，通过询问陪审员的兴趣、爱好、参加的团体或组织、个人经历，然后通过这些信息推论陪审员的态度。与正在审理的案件类似的个人经历尤为重要，因为陪审员会把这些经验视为证据，并在评议期间花费与正式出示的证据同样的时间来讨论他们的共同经历。

陪审团挑选（假设法律和法院允许此种倾向）通常采用了上述所有的方式——获取基本的人口统计资料、直接或间接有关陪审员态度的信息——所以律师可以在某一特定案件中就接受或拒绝哪些陪审员作出准确的决定。

3. 作出决定

陪审团裁决是两方面作用的产物：单独决定和集体决定。如上文所述，单独的陪审员决定主要由情感型推理和陪审员的信仰、态度所左右。但是，了解庭审中陪审员会发生的情绪变化十分重要，因为此种变化会影响律师展现自我、出示证据和展开辩论的方式。那些了解并对陪审员相应情感需要作出回应的律师会在庭审中占得显著的优势。

在庭审之初，特别是在陪审团挑选过程中，大多数陪审员会经受不同程度的焦虑。这是很自然的现象，因为不确定感会产生焦虑。他们不太确定陪审员的角色，不太确定自己是否会被挑选为陪审员、不太确定他们的能力能否理解整个案件的来龙去脉，也不太确定自己是否有能力作出正确的裁决。在庭审的剩余时间里，他们会运用潜意识的策略来处理他们讨厌的焦虑。

随着庭审开始，大多数陪审员在真正被挑选为陪审员并听取了开庭陈述之后，不确定感和焦虑才逐渐消退。当他们进一步了解庭审程序和他们在庭审中的角色后，这种不确定感会继续减轻。他们开始融入案件，并在脑海中构想案件可能的案情。无论这些案情最终被证明是准确还是不准确的，他们都会通过同样的方式构想。这些可能案情是陪审员试图理解他们所接收的信息的精神过程。这与陪审员作出最后裁决不同，但是这对于陪审员如何理解他们接收到的实际证据十分重要。

随着庭审的继续进行，陪审员听到和看见了实实在在的证据，他们会在潜意识里接受、拒绝或歪曲这些证据，关键在于这些证据与他们之前在脑海中构想的案情是否一致。这是一个筛选过程，当陪审员听到和看到证据时，他们会在潜意识里通过态度和信仰来筛选证据。对大多数陪审员而言，筛选后的证据会用于确证他们在脑海中已经构想好的案情，还会用于"证明"他们的初始印象是正确的。大多数陪审员在庭审初期所经历的焦虑已经消退，陪审员对于案件应当有一个怎样的正确结果充满了自信。

在证据出示的最后阶段，大多数陪审员确信和坚持自己决定的，并希望在评议期间与其他人分享他们的观点。对于这些陪审员，终结辩论的作用极小，因为他们已经认定什么样的决定才是正确的（尽管听取支持他们观点的辩论会使他们在评议期间更加坚定自己的观点）。终结辩论往往仅对那些尚未作出决定或对自己决定不够自信的陪审员产生影响。终结辩论同样会影响那些意识到依法庭适用法律的指示给出的裁决选项，自己的决定可能不被允许的陪审员，他们的决定需要重新考量。

当陪审团退回陪审团室开始评议后，有些陪审员这时第一次意识到其他人可能不赞同他们的观点或意见，但是集体动力对于哪些决定应当优先考虑且代表陪审团整体的意见具有十分重要的影响。

因为陪审团有义务作出决定——裁决，所以单独决定会受到集体决定的动力的影响。陪审团研究大量研究了集体决定的动力，焦点集中在研究能够被集体决定所取代的个人决定的范围。

一个集体内的互动并不单意味着成员之间的平等协商。某些成员对集体具有更大的影响力。因此，成员经常被定义为说服者、参与者或非参与者。

说服者是那些果断陈述证据、自由表达意见、积极建立支持自身观点同盟的人。说服者往往是在一个团体中最具有影响力并主导讨论的意见领袖。他们通常拥有更高的教育背景并在工作中拥有权威的职位或专业知识。他们善辩、滔滔不绝，在集体活动中游刃有余。说服者中许多人之前有过陪审员

17

经验，约占一个集体人数的 25％。在典型的陪审团评议中，某三位陪审员的发言可能超过了整个集体的 50％，他们即为说服者。

参与者是那些参与集体讨论的人。但是，参与者往往是追随者而非领导者，并且他们遵循社会大多数人所遵守的规则和认同的价值。他们敬重那些更加自负、受过更好教育、拥有更高智商、更多经历、事业更成功的人。他们随时准备加入联盟，因为联盟会确证他们的决定，但是他们并不主导这些决定。他们积极参与评议，但是更愿意就自己观点进行陈述而不是积极说服别人接受他们的观点。参与者约占一个集体人数的 50％，在典型的陪审员评议中，约有 6 名陪审员是参与者。

非参与者是那些极少参与团体讨论的人。非参与者型陪审员除了在对某一特定观点表示同意或投票之外，极少参与评议。非参与者通常跟随大多数人的决定而决定（但是，那些孤僻的非参与者，也有可能因与其他人疏远或避免与其他人接触，而具有独立性且不容易被多数人观点所左右）。非参与者大约占到一个集体的 25％，在典型的陪审团评议中，约有 3 名陪审员是非参与者。

显然，在陪审团挑选阶段对候选陪审员进行分类尤为重要。在这个阶段，无因回避应首先排除那些不利于己方的说服者。这比辨别谁可能是陪审团团长更为重要，因为根据研究，陪审团团长更容易成为妥协者或达成共识者，而非成为权威或意见领袖。

4. 影响陪审团的因素

什么会影响陪审团将我们对案件事实的看法接受成为他们自己的看法？交流基于感知，这一过程包含发送者（证人和律师）、信息（证据和论辩）、媒介（证词和展示物）和接收者（陪审员）。接收者获取信息同样也是一个包括接收、处理、记忆和检索信息的积极过程。获取和说服仅在你试图传递给陪审团的信息与陪审团实际收到并保留的信息一致时才会发生。

a. 发送者的可信度

发送者——证人和律师——必须成为可靠的信息来源之后才可能影响陪审团。影响力很大程度上取决于可信度，而可信度很大程度上又取决于发送者的人格特征。人们通常会在几分钟之内迅速地对他人作出评价。可信度的 *18* 三大主要特征是可靠性、专业性和活力性。

第一，可靠性是指中立。陪审员显然喜欢没有明显偏向、兴趣或没有任何歪曲证言动机的证人；或者，并非收了一方的钱而为该方说好话的专家证人。对于律师而言，这即意味着在处理好的或坏的事实时能始终保持诚实，不会隐瞒真相，蒙蔽陪审员。

第二，专业性是指证人对案件事实和争议的认知程度。博学而权威的人对他人更具有影响力。对于普通证人而言，专业性是指证人对相关交易和事件看到、听到或了解的程度，和他们对周围细节记忆和回顾的程度。对于专家证人而言，专业性是指专家的教育培训背景、经历和他们测试、分析问题的透彻程度。专业性同样是指专家证人资格的独特性，因为人们对稀少的资源更为看重，因此这些资源也会更有价值。陪审员所能理解的证词越少，证人的可靠性和专业性就更为重要。

第三，活力性是指证人和律师与人沟通的能力。陪审员更喜欢无论是从外貌上还是性格上都可爱且具有魅力的证人和律师，更容易受到他们喜欢的、看上去和他们相像的人的影响。他们会更喜欢在作证或辩论时迸发活力、热情和自信风采的证人和律师。有效传递的所有因素——言语内容（实际上说出的语言）、非言语的传递（辅助语言，例如语速、音量、停顿和语调变化）和身体语言（人体动作学，例如姿势、身体、手臂和手的动作，面部表情和眼神交流）——必须统一协调起来。乏味是有效沟通的敌人，而传递活力是最有效的化解办法。每一位律师或者证人都可以通过学习而更为有效地与他人沟通。

第四，陪审员认为——错误地——他们擅长甄别谎言，而且主要运用一些传统的套路来作出判断。他们认为言谈举止中缺少眼神交流、紧张、手掩住嘴巴、回答问题时犹豫不决、使用诸如"说实话"或"相信我"等词暗示了不确定和欺骗的存在，实际上这些举动证人可以通过培训和准备而使之最小化。

b. 接收者的能力

接收者——陪审员——拥有不同的兴趣和能力，代表了当前不同层次的成年人。但是他们之中的许多人注意力集中时间有限、学习兴趣有限，愿意学习的方式亦有限。

第一，大多数人的注意力集中时间很短。每人平均能保持高度注意力的时间大约为 15 到 20 分钟。之后，注意力水平的下降极为迅速。这就是为什么半小时的电视节目比一个小时的节目更为普遍——广告商了解观看者更可能在这个小时结束前更换频道。此外，聆听他人讲话仅占用大脑的一小部分容量，从而允许大脑的剩余部分可以开小差思考其他的事情。一些陪审员在整个庭审过程中都全神贯注，但是大部分陪审员注意力集中水平不同，会周期性地走神和思考其他事情。

第二，大多数人的学习兴趣有限，特别是在又没有明显自我利益的时候。学习新的知识需要付出努力，许多陪审员不喜欢正式的学习，在学校教育结束之后，他们会抵制重复类似学校教育的经历。然而，庭审在很多方面都表现出课堂教学的模式，这会让陪审员回忆起不愉快的往事。

第三，大多数人已经通过培训，主要是通过电视，了解到如何适应新的学习。他们是"惜字如金"（sound bite）的一代，希望学习是快速的、简明的、有趣的和视觉化的。他们可以基于微量的信息迅速地形成自己的看法。观察电视新闻节目，注意每一条新闻是如何变得精短的：通常少于 2 分钟，片头是"面部特写"的主播所做的几秒钟的介绍，随后立刻切入带有的背景声音的视觉图像，主要关注新闻故事中的人物影响并在观众厌倦之前结束。如果以上因素使人们观看新闻节目，那么它对当前环境下律师应该怎样参与陪审团庭审的案件也很有意义。

第四，人们视为"证据"的东西与律师所理解的证据不同。当人们成为陪审员之后，他们将任何与他们的决定有关的信息都视为证据，无论是正式来自于证人或展示物的证据，还是他们相信与案件相关不论对错的人生经验，也包括他们对生活的态度。陪审员视为证据的所有东西都将对他们最后的决定产生影响。陪审员经常会花大量的时间来讨论他们的生活经验——例如他们所经历的车祸事故、跟医生和医院打交道的经历和与警察打交道的经验——他们认为这些经历与他们作出决定相关，作用与证人证言和展示物一样。它们对于陪审员而言都是"证据"。

c. 有效的信息

有效的沟通必须有可靠的信息来源，而且必须适应于当前听众的实际状况。信息本身，无论是证人证言、展示物或者律师辩论，必须进行有效的组织。当前研究为发掘有效沟通的构成要件作出了极大的贡献。

第一，记忆力极大限制了我们有效沟通的内容。如果听众不能记住交流的实质内容，沟通也就没有意义了。每人平均会在几个小时内忘掉交流的大多数内容，在两三天之后只会记住交流的一小部分内容。出庭律师必须清楚记忆确实是短暂的，必须运用策略使陪审员们记住庭审中所呈现的关键信息。

第二，人们会运用简单的策略去解决感官超负荷的问题。在庭审中，人们被证言、展示物以及辩论所提供的信息轮番冲击。他们很快会出现信息超负荷的状况，并且在潜意识里寻求简单的策略去应对潮涌而至的信息，因为感官超负荷是人们都试图回避的压力状态。

一种至关重要的简单策略是人们本能地使用心理标记（psychological anchors）。心理标记是一种帮助人们记忆所获知信息主旨的记忆工具。类似我们使用黄色的荧光笔在书面材料上对关键词和短语进行标注，陪审员创造心理标记即是在精神上从事荧光笔在实际中从事的工作。

心理标记就是出庭律师称为主题的东西。一个主题是一个容易记忆的词语或短语——"这是一个关于贪婪的案件"——就概括和压缩了冗长的描述性和评价性的信息。研究证明人类具有将大量信息压缩成容易记忆的词语或短语的本能，所以一旦听见或看到这些词语或短语，就能随之激发相应的支持性细节。将信息固定在一个主题上会使信息更容易被记起。如果出庭律师在庭审中不能提供主题，陪审团会本能地为自己创造主题。庭审准备的重要部分是挑选有感情基础的、易懂易记的，概括了你方对于案件责任及损害赔偿的立场的，符合不存在争议和存在争议的证据的、与陪审员信仰和态度相一致的主题。如果你此项工作做得不错，并将挑选的主题在庭审中周期性使用，就会使陪审员在评议中采纳你的主题。

第三，现在是视觉获取知识的时代。当今一部分人是电视时代的人，甚至是更近的电脑时代的人，他们习惯以视觉的方式接收信息。但是，庭审的大部分内容是证词，而研究表明在两三天之后，听者只能记住约 10% 的听觉信息，但是会记住大约 20% 的视觉信息。

如果同时运用听觉和视觉手段来传达同一信息，记忆力会从多方面得到促进。出庭律师必须注意提高陪审团对于证人证言和律师辩护的记忆水平，利用视觉手段的协助尽可能地重复和强调听觉信息。

第四，研究表明听觉信息的影响力——证人证言和律师辩护——能够被显著的提升。证人和律师可以通过训练，运用"有力的语言"去提高他们的说服力，消除或最小化降低可信度的表达方式。有力的语言意味着使用主动语态，拥有适当的语速和音量、运用简明的英语和良好的措辞、使用现在时态、使描述变得生动且发自肺腑。有力的语言会避免使用试探性的语言，例如无用的强调（"非常地"、"真正地"），不必要的模棱两可（"我猜测"、"那么"），或不确定的暗示（"貌似"）。证人和律师可以通过训练，运用感性的语言创造独特的画面和标识，使口头语言变得视觉化。他们可以通过说明事件和交易的细节，来加强他们的可信度。他们可以经过准备对发生了什么进行证明，而不是只讲述发生了什么。他们可以通过训练创造感性的信息，无论是正面的还是负面的，并在任何可能的时候自信和确定地表达。

第五，现在是视觉审判的时代。视觉的协助——相片、图片、图表、模型、放大的文件和电脑模拟——它们都是宏观的、清晰的和生动的，比口头语言更加迅捷且具有持续性的影响。它们极大地提升了信息的记忆水平。因此只要有可能，都要尽量地运用展示的方式而非仅仅讲述；只要有重要的信息，就运用视觉化的手段将其呈现。

第六，研究表明有几个概念可用于增进记忆和说服力。重复具有强大的影响力。重复一项信息——例如在开庭陈述或终结辩论中都提到一个主题——三到四次会极大地促进记忆。更多次的重复会更为有效，但是它的形式必须是不断变化的，这样才不会因为对同一事件貌似无止境的重复而使陪审员丧失兴趣，而且重复必须是法律上不存在异议的。陪审员不时会忘记细节，但是他们会记住庭审中重复的信息。

提示也具有影响力。提示就是通过一个简单的词或视觉上的提醒，告诉陪审员接下来有重要的事情要发生，所以听者会集中注意力。提示可以是直接的——说道"这是重要的"——或者间接的——运用音调、意味深长的停顿、身体语言、反问等类似的方式。

反问效力同样强大，因为它会刺激人们积极思考。自我产生的观念会作用更强和记忆更为深刻。当陪审员对反问作出回答并符合他们想要的结论，则该结论会有更强大和更持久的影响力。

因循秩序（order effect）特别重要。一项信息与其他信息所处的位置对于此项信息被接收和记忆的效果有重要影响。因为大多数人会迅速地作出决定且很容易厌倦和走神，所以将重要的信息放在开头十分重要。人们对于首先听到的信息记忆比较深刻——这是最初效应（primacy）的概念。另外，人们对于最后听到的信息记忆也比较深刻——这是近期效应（recency）的概念，所以将重要的信息放在结尾也十分重要。总之，最重要的信息应当放在一条讯息的开头和结尾。

顺序效应有时会用于提高部分信息的可靠性。因为随着时间的流逝，人们容易忘记信息的来源——睡眠者效应（sleeper effect），所以从较不重要的证人获得的信息可以被放在中间进行陈述。

顺序效应对于庭审各个组成部分都十分重要，例如开庭陈述、终结辩论、直接询问、交叉询问以至整个庭审过程。当庭审过程较短时，首要效应的概念更为重要。当庭审持续超过 1 天时，近期效应的概念可能就更为重要。

庭审中，有效地处理对立双方不断向陪审员灌输矛盾信息有具体的技巧。对于首先进行陈述和辩论的一方而言，预先警告和灌输是特别重要的技巧。预先警告是提前警告听者他们将听到来自对方相反的信息和控诉。而灌输是预测对方的辩护手段并向陪审员提供可以使他们抵制对方辩护的信息和辩护。研究表明运用预先警告和灌输后，听者会对更容易抵制后来听到的相反信息和辩护。

双重辩护同样很重要。研究表明当一方在案件中具有极大的优势，且听者已经明显偏向这一方时，单方面的辩护——即只讨论该方的优势——会更具有说服力，因为这样能加强既存的观点。但是，当双方能够分庭抗礼，且听者没有任何明显的倾向时，双重的辩护——包括对己方的辩护和针对对方辩护的反驳——会更具有说服力。因为大多数庭审案件的双方都各有优势和劣势，双重辩护常常是更为有效的技巧。

2.3　研究报告对于出庭律师的意义

有关出庭律师应当如何参与庭审，行为科学和陪审团研究可以告诉我们什么？在庭审准备和进行过程中，我们需要牢记的关键点是什么？这里需要强调七个方面。

1. 从陪审团的角度进行准备

在法庭中，陪审团所认可的事实是唯一有价值的事实。陪审团对于事实的理解即为事实。因此，法庭上所有的交流必须以陪审团为中心——必须从陪审团的视角来进行策划和执行。如果一件事情对于陪审员没有说服力，就不值得做，无论对你而言它是多么符合逻辑。要经常自问：陪审团想要知道什么？陪审团希望通过怎样的方式获得信息？

这意味着我们必须认识到，对很多陪审员而言，在陪审团任职意味着压力和焦虑。我们必须研究帮助陪审员简单而迅速地理解庭审过程和案件内容的策略。这同样意味着我们必须认识到大多数陪审员都是情感型决定者，是情绪化而且易受人影响的，会很快地基于自身对于生活的既存观念作出决定，随后会对改变已定想法产生抵制。这意味着我们必须认识到陪审员通过他们的信仰和态度来筛选信息，并在潜意识里决定接受、拒绝还是歪曲这些信息。这意味着我们必须使证人和自己变得可信、博学且具有活力。这意味着我们必须使庭审变得生动和视觉化。也意味着我们必须变得高效，加快故事的进展，并在陪审员感到厌倦和走神（turn out）之前迅速地提出观点。　　*23*

和其他人一样，陪审员也是环境的产物。他们主要通过电视和电影已经接受过培训，期待戏剧化的情节，强调个性，熟悉视觉效果。他们希望以快速、简洁、易懂的扼要言语了解所有的事情。同样，他们希望所有事情都变得有趣和愉快。如果没有达到上述要求，并且触犯"厌倦规则"，陪审员会迅速地转换频道。

在裁决作出之后，败诉方的律师经常抱怨道："陪审团根本就不懂这个案件。"这其实是律师的问题，而不是陪审团的问题。律师没有明白他所做的一切都应该从陪审团的角度出发。

2. 形成对案件的看法

所谓对案件的看法非常清楚，就是以你的观点认为"实际发生了什么"简单故事。它必须匹配于本案无争议的证据、你方认为存在争议的证据以及可适用的实体法。它不仅需要表明发生了什么，还必须解释为何案件里的人会作出这样的行为。它必须契合于陪审员的信仰、生活态度及世界观。它必须是能成为你方证明和辩论基础的，具有说服力的故事。如果你不能在一、两分钟内陈述完你对案件的看法，就需要更多的努力。如果你不能构建一个清晰、简单的故事，将所有的证据都涵括其中并使之成为一个和谐的整体——即你对于案件的看法——陪审团将构造一个不同于你的故事。

对于案件的看法显然需要在庭审前随着案件的事实被知晓而形成。试想，例如在一个汽车相撞案件中，如果有证据证明原告方的驾驶人可能在与被告方车辆发生碰撞前饮酒。原告就必须决定他对案件的看法：（1）事故仅由被告的疏忽引起，原告没有饮酒；（2）原告确实饮酒，但是他的饮酒与碰撞的发生并无因果关系；或（3）原告的饮酒确实是导致碰撞的部分原因，但被告的疏忽是导致碰撞的主要原因。在一个谋杀案件中，被告方必须决定他对案件的看法是：（1）身份错误；（2）正当防卫；（3）意外。在一个合同案件中，原告必须决定他对于案件的看法是：（1）被告未能履行合同项下的义务，导致了后续的赔偿；或（2）被告故意恶意违约，导致惩罚性赔偿。尽管在诉答阶段，可供选择和不一致的看法是适当和有用的，但是到了庭审阶段，它们必须被提炼成一个简单明了的故事。

在很大程度上，庭审就是一场竞赛，即哪方关于"实际发生了什么"的看法会被陪审团接受认为更接近事实。在民事案件中，对立两方往往会有相反的事实看法，各方都试图提供具有说服力让陪审团采纳的看法。在刑事案件中，这种情况同样存在（特别是当辩方进行积极抗辩时），但是竞赛通常是关于陪审团是否接受控方的看法，而辩方主要是围绕存在合理怀疑和控方未能提供让人信服的事实看法进行辩护。

3. 挑选主题和标签

在庭审的语境中，主题和标签就成为你希望陪审员接受和采纳的心理标记。一旦你形成对案件的看法，你就必须将它浓缩成为主题和标签。

主题是对案件进行概括的固定点。他们是容易记忆的词语或短语，浓缩了你的案件的实质、你对于责任和赔偿的立场，构建你想让陪审团记住的案件景象。一个案件的主题不应当超过 3 个或 4 个，而且应当在庭审过程中不断重复，从陪审团挑选到终结辩论。如果你的主题挑选适当，陪审员会收为己用，并且在评议期间运用你的主题为你方进行辩护。

审前准备的关键在于挑选这样一些主题，它们极为感性，能够创造令人难忘的画面、表达你关于责任和赔偿的立场，能够概括发生了什么（行为）、由哪些人干的（人物），和他们为什么这样做（动机），并且与陪审员的信仰和态度相一致。最好的主题来自包含生命真理并经过了时间考验的资源，例如圣经、伊索寓言或者美国谚语。单个词语，如爱、恨、害怕、信任、荣誉、职责、责任、权力、贪婪和报复都是对人性动机的有力解释。短语，如"两秒钟的疏忽"、"即将引爆的定时炸弹"、"绝望的时刻会导致绝望的做法"等会刻画强有力的事件印象；而"为你的行为负责"、"虚假的朋友"、"利益高于安全"等会刻画强有力的道德印象。

主题需要根据案件的中心争议点来挑选。庭审通常围绕三方面的争议来进行。第一，大多数案件都包括对构成要件的争议。当事方是否已经依证明要求达到的程度，证明了请求和抗辩中的每一构成要件？第二，许多庭审都包括对推论的争议（interference issues）。各方可能对基础事实达成一致，但是不同意由基础事实得出的推论，这通常会发生在事实能否间接证明一种主观状态的情况下发生，例如故意或明知。第三，许多庭审还包括对可信度的争议。当重要事件的证人证言之间发生冲突时，陪审团必须决定相信谁的证词。因此主题必须调整，将焦点放在影响陪审员对案件作出决定的构成要件、推论和可信度等要素。

标签是你给案件中的人、事件和事物贴的标志。言语传递信息图像。将某人称为"原告"或"我的委托人"与称为"约翰先生"或"海伦"传递着不同的印象。将重型拖车称为"交通工具"传递着与称为"50 000 磅重的装备"或"18 个车轮的家伙"不同的印象。将某一事件中的死者称为"死亡"与称为"被屠杀"不同。将一次意外事件称为"事故"（incident）或"事件"（event）与将其称为"碰撞"（collision）和"撞车"（crash）不同。在这些例子中，原告希望使用感性的标签，而被告希望使用平淡的词语。你必须决定你该如何给当事方、证人、事件和事物贴上标签，以向陪审团传递你想要他们看到和接受的感性画面，并在庭审中一致地使用这些标签。我们应当在开庭陈述中介绍这些标签、在证人询问过程中认真运用这些标签，并在终结辩论中再次强调这些标签。

4. 强调人的作用

大多数陪审员是以人为本的。在庭审中，他们希望听到关于人的信息，而非法律问题。陪审员希望知道应该默默支持谁？谁是无辜的？（who wears the white hat?）陪审员希望对自我的决定感觉良好，但他们只有在对关键人物有了足够的了解并熟悉之后才能有此种感觉，并对这些人作出与他们感觉相一致的裁决。对于关键人物，例如当事人，陪审员希望对他们有立体的了解。

人们做事总有一定的理由。陪审员不仅希望知道他们做了什么——行为，还希望知道他们为什么这样做——动机。陪审员总是希望知道这些人是谁、他们做了什么、他们为什么这样做和这样做对他们的生活产生了怎样的影响。

注意电视新闻如何理解和运用此种知识。关于一个事件的故事无一例外地关注人性的因素。对于灾难、战争、经济事件的报道都将焦点聚集到具体的个人身上，并讲述此次事件对这个人产生了什么样的影响。这使新闻罩上了人性光环，观众可能会喜欢，因为他们可以从个人的角度与这些新闻相联系。好的出庭律师懂得庭审包括同样的要素。

5. 运用讲述故事的技巧

亘古以来，讲述故事就是人们沟通的方式。早在书面语言存在之前，讲述故事就是将信息传递给他人的方式，也是口述历史得以流传的方式。人们本能地运用讲述故事的方式来与他人进行交流，同时运用故事的框架去组织、理解和记忆信息。陪审员会在庭审中做同样的事情。如果律师不能将证据组织成为清晰简单的故事，陪审员会自己组织故事。这是人类的本能。

好的故事结构化，人性化且戏剧化，拥有情节、人物和情感。好的故事有叙事的结构。请注意电视和电影如何运用故事的框架结构。一些人被卷入一场事件、冲突发生、危机显现，然后在问题解决后达到高潮。故事会运用感性的语言，生动、真挚和视觉化的画面、进行时、节奏感和简单化等方式来赋予故事生命和多个维度展现人物性格。故事需要以将观众纳入画面的方式讲述，俘获观众的身心，从而让观众关心这些人以及他们身上发生了什么。故事的道德观应当与观众的信仰和态度一致，只有这样故事的结局才是公平的，正义才得到实现。故事应当由吸引眼球的视觉效果来强调。故事的讲述应当是高效的，并且始终是向前推进的，不会陷入停滞或变得无聊。

庭审并不仅仅是介绍一系列的事实；这些事实必须经过有效组织，从而形成一个难忘的故事。有效的故事叙述方式是庭审中众多事项进行的基础，例如开庭陈述、交叉询问、终结辩论。毋庸置疑，好的出庭律师无一例外都是好的故事讲述者。

6. 关注关键的争议事实和问题

在大多数庭审中，绝大部分相关的事实都不存在争议，所以少部分存在争议的事实才是重要的。出庭律师需要了解哪些事实存在争议，而哪些不存在争议，还需要将注意力集中在存在争议的事实，坦率地处理有利证据和不利证据，并整理和提交这些证据，以使陪审团接受你对争议事实的看法。

将注意力放在对你最有利的事实。你应该如何强调最有力的事实，无论是证言还是展示物呢？你如何才可以让它们变得生动、真挚和视觉化呢？你如何才可以重复对你最有利的事实，而不让陪审团丧失兴趣呢？同样关注对你最不利的事实。你如何才能把这些事实的影响最小化呢？你能通过预先警告、灌输和双重辩护的技巧预测到它们吗？你能否通过有力证据来反驳这些最不利的事实？如果重要事实和事项存在争议是因为证人所记得的内容不同，那么你应该如何才能使你的证人和展示物对于这些争议事实的证明比对方的证明更具有说服力呢？

没有经验的律师常常会在不存在争议的事实上做无用功，并因使陪审团感到厌倦，同时他们花了太少的时间在证明他们对争议事实的看法上，因此未能成功地说服陪审团。有经验的律师会花大量的时间寻求支持他们对争议事实的看法的证人和展示物，并且做好准备，使他们具有活力、自信、细致且生动。他们了解战争获胜与否取决于哪方赢取或丧失了一场关键性的战役。同样的道理也适用于庭审。

7. 理解你作为辩护者的角色

上述六个方面并非是自动执行的。它们需要一名辩护者。一名辩护者不仅仅是委托人的代理人，或者是仅保护委托人权利的人。一个辩护者会不遗余力地完成委托者的委托，并通过碰触陪审员的内心来积极地影响他们。你作为辩护者的角色自你第一天启程去往法庭的路上即开始，而只有在陪审团投票作出裁决后才会结束。总是假设陪审员（也包括法官和对方律师）看到和听到了你、你的委托人和你的庭审团队所做和所说的一切。总是假设你身处"摄像头前"，即使现在并未开庭。

一名辩护者身兼导演和演员两个角色。你是一名导演，因为庭审在很大程度上类似身处剧院。虽然受限于剧本（证人证言和展示物所显示的内容），但导演在如何表现剧本上仍然拥有创造性（证人如何表达和展示物如何出示）。同时，你还是一名演员，因为你一直都出现在舞台上。在许多案件庭审中，当你与陪审员进行沟通时，你就是案件最重要的"证人"。

一名辩护人总是值得信任的。这需要你在法官和对方律师面前表现得专业、公正。你必须是可信任的、博学的和充满活力的，只有这样陪审员才能将你视为老师、帮助者和指导者。它同样意味着你必须做你自己，只有这样陪审员才会觉得你是真实的。

一名辩护人往往会给人不公正的感觉。陪审员必须识别并且迫使自己纠正它，只有这样他们才会对自己的决定感到满意。陪审员在潜意识里会问这样一个重要的问题：你这样讲，是因为收了别人的钱还是你真正这样认为？你需要充满激情和坚定地表达你的理由，披露不公正（的事实）以促使陪审员作出有利于你方的裁决（没有逾越表达个人意见的界限）。

最后，一名辩护人总会试图控制法庭内部的气氛。一名辩护人会紧紧抓住陪审团的注意力，为庭审气氛设定基调，并随着庭审的推进成为主导庭审的一方。陪审员会遵从你的领导和指引，并期待你的作为。这意味着你必须拟定计划，安排你、你的委托人和你的庭审团队在庭审中的行为表现，不仅仅是在法庭内，还包括在休庭期间、午餐期间以及去往和离开法庭的路上的表现。计划好如何在任何陪审员在场的场合，与法官、法庭工作人员、对方律师和你的委托人进行互动。计划好如何筹划你的视觉效果（visuals），你的服装、律师席位、展示物、笔记本和文件——直至最小的细节。当你通过你的行为和视觉效果主导了法庭的氛围时，你就增强了说服的能力。

在庭审中，只有在你努力使好事发生时，好事才会发生。真正的辩护人理解这条规则并奉行。

■ 2.4 结论

上文所述是出庭律师在庭前准备阶段和陪审团审判的每个阶段都必须理解和运用的重要方面。它们会影响对陪审员的预先审查和无因回避，改变你的开庭陈述和终结辩论，组织你的直接询问和交叉询问，并设计你的庭审展示物。它们会影响作为辩护者的你将它们整合成具有说服力的整体。再重复一遍，这些关键的概念是：

- 从陪审团的角度进行准备；
- 形成案件理论；
- 准备主题和标签；
- 强调人的作用；
- 运用叙事技巧；
- 关注关键的争议事实和问题；
- 理解你作为一名辩护者的角色。

这是否意味着只要运用了上述概念，任何案件都可以胜诉呢？当然不是。大多数案件的事实决定了它们的结果。在诉讼中，一方极占优势的案件很少进入庭审阶段。它们通常采用和解的方式解决。各方在案件中各有优势和弱势，而结局未知的案件更容易进入庭审。而在这些案件中，成功的出庭律师，作为辩护者，会使结果变得不同。

第 3 章

陪审团挑选

■ 3.1　简介 _____

　　在庭审工作领域，没有其他阶段如陪审团挑选阶段一样，是如此多理论研究和推测的对象。每一位出庭律师都有自己的一套理论。每一位出庭律师都有一个最偏爱的，可以反驳其他律师理论的故事。一些人认为陪审团挑选是如此难以预测，所以对于某一具体案件，任何陪审团都可能达成一个类似的大概结论。而另外一些人认为在陪审团被挑选出来以后，胜负就大致已分。无论如何，一个立志成为优秀诉讼律师的人必须了解陪审员挑选的方式，和挑选所依据的各种方法。

　　本章讨论了请求陪审团审判的最初决定（initial decision），对陪审员进行询问、选任（empaneled）和排除的不同方法，为挑选过程所研究的基本方法和理论，以及向候选陪审员提问的各种方式。

■ 3.2　需要一个陪审团吗？ _____

　　在大多数司法辖区，诉讼当事人，无论是刑事案件还是民事案件，通常都有权申请陪审团审判。权利既然可以存在，也可以被放弃。此种权利可能因为未能及时提出陪审团请求而放弃，或者后来自动放弃。因此，民事案件和刑事案件的当事人，都应该作出初步决定：如果你有权利，你应当请求陪审团审判，还是法官审判？该决定应当基于两点考虑。

1. 谁是法官？

　　在一些辖区，通常在较大的城市里，会使用集中分配制安排案件的审判日期。因此，只有到案件被安排给某位庭审法官之后，通常是在案件即将开庭前，你才知道你的法官是谁。但是，在许多辖区，你的案件可能在首次起诉时，或至少是在审判日期很早之前，就分配给了具体的法官。不论采用何种排期的方式，你都可以且必须尽最大的努力，及早了解到你的法官既往判决的记录。在人身伤害案件中，他更倾向于原告还是被告？在与本案类似的民事案件中，他作出过何种判决？他的法庭裁定有何特别倾向性（bent）？在刑事案件中，他是偏向控方还是偏向辩方？他是否对某些特定种类的案件有明确的态度？他在法官审判和陪审团审判时，他的量刑有何不同？通过咨询熟悉该法官的律师及其他可靠资源，你应了解在即将到来的庭审中，你的何种预期是合理的。

31

2. 你的案件吸引陪审团吗？

人身伤害案件中的原告律师，经常会基于这样一种理念请求陪审团审判：大多数人身伤害案件的原告，在情感上占据优势。因此，此类案件中的陪审团，更有可能认定被告方承担责任，并判给原告可观的损害赔偿金；但是，先前审理过此类案件的法官，则会采用更公正的态度来审查证据，并且会更严格地查明责任问题、所遭受的身心痛苦及损失问题。

在刑事案件中，如果委托人有好的仪貌（presentable）、控方貌似证据充分、案件事实不会震惊陪审团，且辩方不能提出重要的法定抗辩理由时，辩方律师通常会请求陪审团审判。但是，如果控方的理由看上去不够充分，或者辩方可以提出重要的法律上或者事实上的抗辩，辩护律师有时会选择法官审判，特别是当犯罪极为凶残，或者严重的犯罪事实可能会使陪审团感到震惊时。

商业诉讼经常围绕大量的书面证据展开，包括复杂的法律问题和事实问题。案件本身就可能包含多个当事人，经常是公司或其他法人。在这些类型的案件中，当事人，特别是那些相信自己占有优势的当事人，会倾向选择法官审判，因为案件事实可能会让陪审团觉得费解且无聊。

是否使用请求陪审团审判的权利，只有基于个案才能作出明智的决定，需要顾及事实、证人、当事人、律师、法官，候选陪审员团的特征。例如，大城市的候选陪审员团往往倾向于原告，特别是在人身伤害的案件中。当然，总结虽是有用的指南，但它并不能代替对个案的具体判断。

关于申请陪审团审判，或放弃陪审团审判而请求法官审判的最终决定，应当与当事人进行商量，律师应当告诉当事人各个方面的利弊得失。在刑事案件中尤为如此，在刑事案件中，只有在被告表示自愿放弃（knowing and intelligent waiver）该权利后，才能放弃陪审团审判的宪法权利。

3.3 询问和挑选陪审团的方式

一旦你决定采用陪审团审判，在审判日期之前，你必须找到几个初步问 *32* 题的答案：

1. 挑选多少名陪审员和候补陪审员？
2. 对陪审员提问采用何种制度？
3. 允许提交哪类问题？
4. 采用何种陪审团挑选制度？
5. 各方拥有多少次回避权，应当如何行使？

相比庭审的其他阶段，不同的辖区在陪审团挑选阶段区别更大。因此，每位出庭律师在案件的庭前准备时，必须检索现行的法规、实务规则、地方习惯和法官个人的实践。如果你没有在这位法官面前进行过庭审，给这位法官的书记员或者秘书打电话询问。

1. 挑选多少名陪审员和候补陪审员？

特定案件中，进行裁决的陪审员（候补陪审员，如有）的人数，主要由法规和实务规则来规定。

在不同的司法辖区，审判案件的陪审员人数，有着极大的不同。例如，在联邦法院，刑事案件有 12 名陪审员，民事案件有 6 名陪审员。在州法院，陪审团人数通常为 6 名、8 名或 12 名。在刑事案件中，陪审员的人数，往往取决于指控的类型，或者可能的判决结果。例如，死刑案件一般会比非死刑案件要求更多的陪审员。

候补陪审员的人数，同样由法规或规则来规定，尽管这些人数经常是自由裁量的。如果庭审将持续超过两、三天的时间，法官经常会增加候补陪审员的人数，因为这增加了普通陪审员不能完成整个庭审的可能性。例如，如果庭审持续了超过一周的时间，大多数法官会安排一名或者两名候补陪审员；如果庭审持续了两到三周的时间，许多法官会安排三名或者四名候补陪审员。这样会避免在庭审最后对案件作出裁决时，因剩余的陪审员人数不满足法定人数，而导致审判无效。

关键是要记住在庭审前检索现行的法规和规则，以明确在你的特定案件中会发生些什么。一个好的经验是，在陪审团挑选开始之前，将现行的法规和规则复制一份，放到你的庭审笔记本中。

2. 采用何种制度？

庭审前，陪审员的选任可以采用多种制度，来询问预期陪审员（prospective jurors），通常他们又被称为"候选陪审员"（venire）。此种询问本身又被经常称为"预先资格审查"（voir dire）。根据辖区、案件类型和法官的不同，这些制度差别极大。唯一比较保险的办法，是检索现行的法规和规则，咨询法官、法庭工作人员或者内行的出庭律师，以了解在你的案件中，法官将怎样对陪审员进行预先资格审查。当前，有多种制度用以对候选的陪审员进行提问。

a. 律师询问制度

传统的方式，是由律师主导整个陪审员资格审查过程。法官在完成对陪审团的开场白之后，将候选陪审员交给律师，法官的工作仅限于对询问期间所提出的异议进行裁定。

b. 法官询问制度

最近几年的趋势，特别是在联邦法院，是由法官来主导整个陪审员资格审查过程。律师的作用局限于向法官提交所请求的问题和要求回避。尽管大多数律师反对此种趋势，认为由他们亲自审查陪审员是其固有权利，并且这对于明智地行使回避权也是必要的，但是许多法官偏爱法官审查制度，因为这样更有效率，而且可避免律师在陪审员资格审查阶段就开始"操作案件"

（trying their case）。

如果你案的法官将自己主导整个审查过程，那么请查明在你的案件中，她会提出什么样的问题。如果你认为某些问题应当提出，以更明智地行使回避权，就以书面方式将你想要提出的陪审员资格审查问题呈给法官，然后让法官裁定这些问题是否向陪审员提出，确保你提出的问题和法官的裁定都记录在案。

c. 混合制度

第三种方式是前两种方式的混合。法官询问所有涉及法律的初步问题，然后决定这些候选的陪审员是否存在，使他们对案件产生偏见（slanted their outlook of the case）的固有态度或者人生经历。这样的设计是为了识别可以被有因回避的陪审员。然后律师被允许提出其他的问题，以便他们可以明智地行使无因回避权。

d. 书面问卷制度

在最近几年，陪审员书面问卷已经变得普及，特别是在漫长或者公众高度关注的，而陪审员对于案件的态度极为重要的案件。有重要的研究表明，陪审员以对书面问题作出的书面回答，比在法庭里以口头方式对提问作出的回答，更为准确和真实。当回答涉及对社会敏感问题及个人经历的态度，或当案件为受到媒体广泛关注的重大案件时，尤为如此。

各方通常会在庭审前，向法官提交拟定的问题。法官对哪些问题得以允许、问题将如何措辞、和如何排序作出裁定。每一名候选陪审员都需要以书面的方式回答问卷。问卷通常以提问的方式起草，并留有空白处供陪审员写下答案。完成后的问卷将交由法官和律师审阅。

问卷对于候选陪审员和律师而言，都很方便。尽管许多法官不喜欢问卷，认为它们并非必要、而且花费了审查者大量的时间，但是一份两到三页的简短问卷，仅涵盖几个涉及关键事项的重要问题，是一种发现陪审员对于敏感问题态度的高效方式。有因回避的理由，以及排除一名陪审员的其他理由，通常可以在这些问卷的回答中找到答案。

问卷常常会与上述提到的其他方式联合起来使用。

e. 单独提问和集体提问

在一些司法辖区，所有的陪审员会被单独提问。通常在其他陪审员在场的情况下，在法庭内进行，但是有时也会在法官室，每次一位，非公开地进行提问。在其他司法辖区，可能会将陪审团视为一个集体，然后就他们的一般信息和态度进行提问。在这之后，再就特定的话题和他们对于集体提问的回应，再单独提问。例如，法官会问整个候选陪审团，是否有人曾经发生过车祸？如果三名陪审员举手，这三名陪审员会被问到后续的，关于所发生车祸的具体问题。此种由集体提问向单独提问转换的方式更为有效，并且避免了重复性的提问。如果律师被允许向候选陪审员提问，可以采用同样的方式。

3. 允许提交哪类问题？

a. 开放性的方式

依司法辖区和法官的不同，允许向候选陪审员提问的范围，同样存在巨大的差异。一些地区或法官根据传统的方式，允许提出范围广泛的问题，不仅包括陪审员背景和经历，也包括试探陪审员对现行法律的理解能力或是否存在敌意，以及测试陪审员对他们随后在庭审中会听到、看到的类似证据的反应。

b. 限制性的方式

35

现在，许多的司法辖区和法官会限制提问的范围，法规和法庭规则仅允许律师询问关于陪审员背景和经历的问题，而不允许提出关于法律的问题，或者试探陪审员对案件相关法律和事实争议态度的问题。采用此种方式（也是越来越普遍的方式）的法官，通过判断一个问题提出的目的，主要是为了了解陪审员，还是为了向陪审员传达信息，来定义该问题是否是被允许。前类问题是允许的，而后类问题是不允许的。在陪审员挑选阶段，这种方式更有效率，且能避免律师在陪审员挑选阶段"操作案件"。

如果你的法官会限制问题的范围，确保提前向法官提交你希望法官向候选陪审员提出的法律问题。在公众高度关注的案件或者诉讼争点极富争议（volatile）的案件中，你可能希望法官向候选陪审员提出更为详尽的问题，询问他们对于案件的了解、对争点的态度及与庭审有关的生活经验。在此类案件中，书面问卷极为有用。因为选择向陪审员所提的问题属于法官自由裁量的范围，因此在庭审之前以书面动议的方式向法官提交你的申请十分重要。

4. 采用何种陪审团挑选制度？

法规、规则、地方实务和法官的偏好决定了你的案件所适用的陪审团挑选制度。与之前一样，唯一保险的方法是研究现行的法规、规则，向法官、法庭工作人员或者内行的律师咨询法官在你的特定案件中会采用何种挑选制度，会有哪些程序。

陪审团挑选制度有多种不同类型，但几乎都是基于当前使用的两种主要制度。

a. 排除制度

在此种制度下，整个预期陪审员全体，被称为候选陪审团（通常包括15到40名陪审员，因案件而异）会被带入法庭并坐下，通常坐在旁听区域。然后，陪审员会被提问。根据不同的司法辖区和法官实务，提问可能会以集体提问、单独提问或者集体提问与单独提问相结合的方式进行。在许多司法辖区，候选陪审员的被提问的先后顺序，由书记员随意选取，但是在一些司法辖区，由法规和规则来规定候选陪审员被提问的顺序。

当对所有候选陪审员都已提问完毕，且法官已对任一陪审员是否应当有因回避作出裁定时，当事人的律师就可以直接指出他们希望行使无因回避权的陪审员。这可以通过两种途径实现。在一些司法辖区，各当事方会得到一份按被提问先后顺序排列的候选陪审员名单（通常是在陪审团挑选的最后阶段，从书记员处获得）。然后当事人律师会标记出希望排除的陪审员，通常采用在陪审员名字上画线并在旁签名的形式。然后，书记员会从双方处拿回名单，并传唤双方都没有排除的最前的 12 个人的名字（假设是一个 12 个人 *36* 的陪审团）。在其他司法辖区，双方律师对一张名单上的名字进行排除，通常按照顺序来，首先是原告，然后是被告，各自使用他们可以使用的无因回避权。

如果案件需要候补陪审员，书记员可以直接传唤（名单上）接下来的两个（未被排除的）人的名字（假设法官已经决定本案需要候补陪审员两名）。

排除制度有许多优点和一处缺点。它的缺点是需要询问候选陪审团的每一位候选陪审员，而它的优点，可能可以解释它日益增长的受欢迎程度：第一，它避免了传统挑选制度中的大多数花招；第二，陪审员无从知晓是哪方排除了他；第三，律师在行使无因回避权时，可以知晓所有候选陪审员的背景；第四，候补陪审员不会提前知道自己的身份，因为只有在庭审结束后、评议开始前，多余的陪审员才会被排除，而他们被排除，既可能是因为随机排除，也可能是因为他们在被接受的陪审员名单中位于最后位置。

b. 小组制度（panel system）

这是至今仍然普遍的传统陪审团挑选制度，仅让陪审团席上就座必要人数的陪审员。仅需通过上文提到的方式之一，对在陪审团席上就座的候选陪审员进行提问。如果律师需要提问，一般先由原告律师提问，然后此时他可以行使其意欲行使的无因回避权。被排除的陪审员离席，然后由就座于法庭旁听区域的候选陪审员团的新陪审员所代替。然后律师可以向新的陪审员提问，并再次行使无因回避权。直到原告律师接受了这个小组，他就会将"小组转交"（tender the panel）给辩方。

辩方律师接着进行同样的步骤，对陪审员进行提问并行使无因回避权，以候选陪审员团中的陪审员来替代被排除的陪审员，然后继续如此，直至他接受了这个小组，并将这个小组转交给原告。原告对之前没有提问和行使无因回避权的新陪审员进行提问。这个过程将反复进行，直到形成双方都接受的陪审员小组。如需要候补陪审员，也以同样的方式挑选。

此种陪审团小组制度拥有一项优点和众多缺点。其优点是，只需询问就座于陪审员席的陪审员。但是这项制度在挑选过程中，容许存在更多的花招；因为剩余的陪审员还没有被提问，它在律师不了解剩余陪审员背景信息的情况下，迫使律师行使无因回避权；同样，它指出了哪些陪审员是候补陪审员，使得这些候补陪审员不太可能对案件给予与其他陪审员同样的关注。

记住，上述的两种陪审员挑选的制度，并非仅有的制度。还存在许多由这两种制度衍变而来的制度。最保险的方法是，提前了解你的法官会以怎样的方式来挑选陪审员。

5. 各方拥有多少次回避权？应如何行使？

a. 有因回避

回避（有时又称为"排除"）方式有两种：有因回避和无因回避。要求陪审员有因回避的理由往往由法规或规则列举。一般的理由包括陪审员未能满足陪审员就职的法定资格，或在此特定案件中，陪审员因为与当事人一方的紧密关系而不能做到公正公平，或者陪审员对于本案应当如何裁判存在固有观念。有因回避的次数没有限制。

b. 无因回避

无因回避是法规或规则授予当事人的，在他们认为适当时，可以行使的权利。各方都拥有预先决定的、受到限制的行使无因回避权的次数。有几件关于无因回避的事情，是你需要时刻牢记的。

第一，律师毫无约束地对任何陪审员行使无因回避权，已经开始受到最高法院几个判决的限制。现在经常被援引的案件（leading case）是巴特森诉肯塔基州（Batson v. Kentucky，476 U. S. 79 (1986)）、鲍尔斯诉俄亥俄州（Powers v. Ohio，499 U. S. 400 (1991)）、埃德蒙森诉里斯维尔水泥公司（Edmonson v. Leesville Concrete Co.，500 U. S. 614 (1991)）、佐治亚诉麦克科伦（Georgia v. McCollum，505 U. S. 42 (1992)）、J. E. B 诉阿拉巴马州（J. E. B. v. Alabama，511 U. S. 127 (1994)），以及普鲁克诉埃伦（Purkett v. Elem，514 U. S. 765 (1995)）。在巴特森案中，法院判决，在刑事案件中，控方不能仅因为种族原因，运用无因回避权将与被告同一种族的陪审员排除。在鲍尔斯案中，巴特森案中的判决被扩展，认为白人被告可以对控方将黑人陪审员的排除提出异议。在埃德蒙森案中，法庭将巴特森案中的判决拓展至了民事陪审团。在麦克科伦案中，法庭将巴特森案的判决运用于限制被告在刑事案件中行使无因回避权。J. E. B 案将巴图森案的判决运用于针对性别的无因回避。最后，普鲁克案阐明了巴图森案中的三步检验法，以对无因回避的异议作出分析和裁决。一旦反对无因回避的一方主张存在种族歧视的"初步证明"，提出无因回避的一方就应当针对异议提出种族中立的解释，这种解释无须具有说服性的，或者甚至可以是似是而非的。在种族中立的解释作出之后，反对一方必须证明，提出无因回避一方是有意的种族歧视，而是否成立由法官决定。迄今为止，最高法院已经将巴特森一案的判决适用于种族和性别，但还没有将其延伸到其他宪法认定的权利种类，例如宗教和族群，尽管一些低级别法院已经这样做了。

第二，永远不要用尽回避权。在排除制度下，因为在行使回避权之前，所有的陪审员都会被询问，所以这不算一个严重的问题。但是，在小组制度下，你在不了解剩余未被提问的陪审员背景的情况下，如用尽了回避权，却可能是致命的。因此，你在行使回避权时，应时刻记住剩余的陪审员，关注这些坐在法庭后排的陪审员。这些陪审员的外貌和行为方式，将对你使用回避权的几率产生重要影响。请试着始终保留至少一次无因回避权。有很多的案件都出现，律师在整个陪审团挑选完毕之前，已经用尽了他的无因回避权，结果发现最后一名就座的陪审员对他最为不利的情况。为防止此种紧急情况，保留你最后的回避权。但是请牢记，许多辖区要求你必须用尽无因回避权之后，才能保留法庭在驳回任一有因回避时犯的错误。

第三，如果采用小组制度，你必须了解你是否被允许"再次异议陪审团"（reinvade the jury）。所谓再次异议的权利是指在陪审团挑选过程中，你可以对你之前接受的陪审员行使无因回避权。在一些司法辖区，实务上一旦你接受了一名陪审员，你就不能到后来再对他提出回避。在另外一些辖区中，实务上你可以在对方律师将小组转交给你的时候，对你在上一轮将小组转交给对方律师时接受的陪审员，提出回避。因此提前查清你将要遵循的程序。

c. 各方可以享有几次无因回避权？

依司法辖区、案件类型和当事方数量的不同，各方可以享有的无因回避权的次数也不同。在大多数司法辖区，无因回避权的次数由法规和规则所规定。由于差别极大，所以你必须每案查阅适用的法规和规则，找出具体的次数。例如，在民事案件中，各方可行使的次数可能低至 3 次，而在刑事案件中，则可能高达 10 次。

案件的类型同样会对无因回避权的次数产生影响。民事案件的次数通常会少于刑事案件。在多方当事人的情况下，法规和规则经常会规定额外的回避权。一些地方可能会为每一追加的当事人增加回避权。而其他的地方，也可能为每一追加的当事人增加回避权，但是有时会规定，原告方所享有的回避权的总次数应当与被告方所享有的相等。在多方当事人的情况下，一些法庭允许所有的原告或者所有的被告，在他们同意的情况下，将他们的回避权"聚集"在一起共同使用。

一些辖区给予了法官自由裁量权，来决定是否允许额外的回避权。如果需要挑选候补陪审员，大多数辖区会允许额外的无因回避权。各地实践有极大的不同，所以重复的建议再次适用：为确保成功，先查明现行法律。

d. 在法庭上，回避权应如何行使？

在实施排除制度的辖区，通常的程序是，书记员准备一份已被提问过陪审员的名单。名单上陪审员人数，通常为案件所要求必要的陪审员人数，外加各方所享有的无因回避权次数的总和。例如，本案需要 12 名陪审员和 2 *39* 名候补陪审员进行审判，各方均有权行使 6 次无因回避，则名单上需要有 26 位陪审员（在已经对有因回避作出裁定之后）。然后当事方会获得这个名单。在一些辖区，各方都拥有一份名单，然后原告和被告轮流行使他们的回避权。而在另外一些辖区，双方共同享有一份名单并行使回避权。在后一种制度下，双方不知道对方所排除的陪审员的姓名（有时双方会排除同一名陪审员）。然后名单会交给书记员，书记员将宣读双方都没有排除的陪审员。在双方没有用尽回避权或者重叠（duplicate）了一些回避权的情况下，书记员往往会依名单上从上到下的顺序，宣读陪审员名单。然后这些陪审员宣誓成为庭审陪审员，并在陪审团席上就座。

在采取小组制度的辖区，实践中存在极大的不同。在一些辖区，法官会

在适当的时机要求律师走到法官席前，举行一个庭边会议（a sidebar confer-
ence），以了解律师希望排除哪名陪审员。然后法官会排除被要求回避的陪
审员（有因回避采用同样的程序。法官询问双方是否有理由要求陪审员回
避，听取辩论并作出裁定）。

在另外一些辖区，律师被要求公开地行使回避权，无论是有因回避还是
无因回避，因此陪审员可以听到庭上所说的一切。如果实践中遇到这种情
况，懂一点心理学知识很重要。大多数陪审员厌恶被排除，在陪审团室等待
另一个案件的传唤很无聊。因此，如果你被要求公开行使回避权，请对被排
除的陪审员保持礼貌。

示　例

原告律师：法官阁下，这次我们请求排除史密斯先生。

或者

法官阁下，原告感谢但是请求排除史密斯先生。

法院：史密斯先生，你被排除了。请你回到主陪审团室。

如果你被要求在公开法庭中行使有因回避权，请确保你已经证明了你有权提出有因
回避和请求有因回避的理由。

示　例

在一起高速路车祸案件中，原告起诉货车司机造成了人身伤害。

原告律师：史密斯先生，你从事何种工作？

陪审员：我是一名货车司机。

原告律师：多少年了？

陪审员：18年了。

原告律师：这些年来，你是否与其他车辆发生过碰撞？

陪审员：是的，3次。

原告律师：你是否因为这些碰撞而涉诉？

陪审员：嗯，我曾被起诉过一次。

原告律师：史密斯先生，因为你与本案被告从事同样的工作，而且你曾经成为过此
类诉讼的被告，你是否认为自案件开始，你就会有点偏向于被告呢？

陪审员：是的，我始终认为一名职业的司机不太可能是导致车祸的人。

原告：法官阁下，基于这种情况，我们请求行使有因回避权，将史密斯先生从本案
中排除。

法官：好的。史密斯先生，您被排除了。感谢您的诚实。

如果法官拒绝有因回避该陪审员，你显然必须行使一次无因回避权将这
位明显不利于你方，并且可能对你方存在敌意的陪审员，从陪审团里排除。
你已经使其他陪审员清楚地了解了你的理由，他们不会因此而对你产生
反感。

3.4　候选陪审员的心理

1. 候选陪审员的想法和感受是什么？

与候选陪审员换位思考。你最近收到了履行陪审员义务的通知。今天早上你到达了法院大楼，在陪审团室几乎等待了整个早上，阅读一本手册或观看关于陪审团事务的录像带，终于，你和其他 30 个人一起被传唤，然后被带入了法庭。你进入法庭并在旁听席就座，你可以看见坐在法官席上的法官，和在法庭前排的其他人员，然后，你又等了一段时间。那么现在陪审员的想法和感受是什么呢？

大多数陪审员都没有或只有极少在法庭的经验。他们身处一群陌生人之中，不安而恐慌。他们担心自己对于陪审团审判制度的无知会被发现，他们还担心生活中的秘密被暴露。

你会拿这样的情况怎么办呢？作为一名律师，你就要改变状况。把自己从一名陌生人转变为陪审员的朋友。如果他们感到恐慌，使他们感到安心。如果他们觉得孤立无援，使他们感到自如。如果他们对无知感到焦虑，帮助他们了解更多。如果他们担心他们过去的秘密会被暴露，消除他们的顾虑。总之，陪审团挑选过程是让一名出庭律师成为陪审员的朋友和向导的重要机会，你应该通过帮助陪审员了解审判制度、安慰他们使他们相信自身属于这里、让他们知道他们的参与对你和你的当事人十分重要。

41

你应该怎样做呢？请记住同理心（empathy）是十分重要的。在收获之前，你必须给予。请记住在公众面前讲话是最常见的恐惧之一。如果可以，告诉陪审员你理解他们在法庭上，在陌生人面前就自己生活接受询问的感受，你关注他们的需求。如果允许，给这些陪审员讲讲你的生活，这样他们就不会认为你的提问是在窥探他们的生活。只有能为陪审员创造一个舒适的披露环境，并且在陪审员公开生活信息之前，先透露一点自己生活，推动披露的进程，这样的律师（和法官）才能从陪审员处获得真实的答案。

2. 在陪审团挑选过程中，你的目的是什么？

作为一方的辩护人，你在陪审团挑选过程的目标是清晰的：你希望挑选出一个开明的、能够采纳你方证据的、有利于你和你的当事人的，并最终会作出有利于你方裁决的陪审团。同样，你的对手，也会期望于一个开明的、能对他、他的当事人和案件有利的陪审团。怎样才是一个好的陪审团，取决于你代理哪一方，并由此决定了你应该如何行使你的无因回避权。如果两个势均力敌的对手参与到陪审团挑选的过程，并将各自对于好的陪审团的理解贯彻其中，他们很有可能挑选出一个能够公正考查证据，并作出公平裁决的陪审团。

有了上述要点牢记于心，对候选陪审员进行资格审查时，你的具体目的是什么呢？有三点：

    a. 使你和你的当事方以一种良好的形象出现在陪审团面前。你必须告诉陪审员你是自信的、坚定的和做好准备的。你必须使你的当事方充满人情味。你必须创造一个在心理上积极的，且善于接受的法庭氛围。

    b. 查明陪审员的信仰和态度，以便你可以明智地行使你的无因回避权。

    c. 如果法官允许，使陪审员熟悉可适用的法律和事实概念。

请注意上述三个目标之中，只有第二个目标与资格审查有直接的联系。其他两个目标主要对庭审辩护有更为广远的影响，此种影响自陪审员初次进入法庭就开始，并会一直持续到陪审团作出裁决为止。你、你的当事人和事实都处于审判中，并会最终影响结果。当你在挑选陪审员时，陪审员也在挑选他们喜欢和信任的律师。有洞察能力的律师能在庭审中理解此点，并据此表现。

3. 向候选陪审员提问的方式

回到大约一百年前，美国还是移民者的聚集地。第一批移民浪潮，大约从 18 世纪到 19 世纪四、五十年代，大部分是英国人、德国人和斯堪的纳维亚人。第二批移民浪潮，从 1890 年到 1914 年，为这个国度带来了数百万计的新移民，他们大多来自东欧、南欧和亚洲。这些移民不断地在城市聚集，使美国成为了真正的种族大熔炉。

由于数百万第一代移民的存在，标准的陪审团挑选方法是基于种族群体的不同特性。律师经常认为，某一特定的种族群体，具有源于家庭及其他同类社会群体的根深蒂固的信仰，而且这些信仰会被带入陪审团室。例如，人身伤害案件中的原告律师，通常会更喜欢爱尔兰裔、意大利裔、希腊裔和东欧裔的陪审员，因为他们认为这些陪审员，会更容易对一个令人同情的故事或基于情感的控诉，产生共鸣。而此类案件的被告律师，往往会更喜欢英国裔、德国裔和斯堪的纳维亚裔的陪审员，因为他们认为，这些陪审员更容易对关于法律和秩序的辩护产生回应，并且反对意外的损害赔偿（windfall damages）。在刑事案件中，同样的逻辑也极为盛行，除了控方比较喜欢北欧裔的陪审员，而辩方律师比较喜欢地中海国家后裔的陪审员之外。

现代的陪审团挑选方式，已经脱离了早期这些对陪审员态度一般化的尝试，一部分原因是因为美国不再是主要由第一代移民构成的国家，还有一部分原因是过去几代人的社会科学研究已经做了大量的工作，增进了我们对人们如何形成信仰和态度、如何处理信息、如何作出决定的理解。因此，如今陪审团挑选的主要方法如下：

a. 信仰和态度

过去 25 年的社会科学研究表明，大多数人都是情感型的思考者而非认知型的思考者。这即意味着，大多数人是感性的、更关注人的，他们对信息进行筛选，主要依据之前对人和事件持有的态度来作出决定。同样，大多数人是演绎推理者，而非归纳推理者。这意味着，他们是冲动的，他们用一些极少的基础事实达成结论，然后接受、拒绝或歪曲其他信息，以符合他们之前形成的结论。人们运用他们已经形成的关于人和事件的信仰和态度，来筛选矛盾的信息，接收一致的信息，并拒绝、歪曲或最小化不一致的信息。人们会快速地作出决定，并抗拒改变他们的看法。最后，人们不能吸收他们所接收的大部分信息，因为很快会发生感官超负荷；因此，人们是基于他们态度在潜意识里已经筛选过的极少信息，来作出决定的。

社会科学研究同样表明，许多人在直接被问及其信仰和态度时，会更加不诚实，特别是在一群陌生人面前。人们希望融入团体和被他人接受的愿望非常强烈，而且人们经常会将他们认为其他人想要听到的话，告诉其他人。因此，通过间接方法，可能会得到更为准确的关于信仰和态度的信息。比起直接询问候选陪审员关于态度的问题，更有效的方法是了解这些陪审员的背景和人生经历，然后通过这些信息，来推导出陪审员可能的信仰和态度。以下几项被认为是可以最有效地预测可能态度的基础背景特征，虽然还不够完善：

（1）年龄

（2）教育背景

（3）就业经验

（4）居住状况

（5）婚姻和家庭状况

（6）爱好和兴趣

（7）阅读、电视和电脑习惯

（8）参加的团体

（9）与庭审案件相关的人生经历

依此种方式，询问陪审员就主要是为了获取背景资料，以便你从背景资料中推出与案件相关的可能态度。虽然每个案件都要经过单独分析，才能决定你想要和不想要的陪审员，但是某些总结可能是正确的。人身伤害案件中的原告律师和刑事案件中的辩护律师，往往喜欢背景显示更容易被情绪感染的陪审员，例如单身的年轻人、年轻的已婚夫妇、艺术家、演员、作家、其他具有创造性的个人，以及位于社会地位和收入地位两端的人。刑事案件中的检察官和人身伤害案件中的辩护律师，通常都喜欢达到平均收入，婚姻、家庭稳定的中年或已退休的陪审员，他们从事蓝领或白领的工作，是商人或者政府雇员，或者从事其他遵循传统职业伦理，尊重权威的工作。

此种"态度和信仰"的方式，可能是当今最为普遍的陪审团挑选方式。这大概是因为有关陪审团挑选的社会科学研究，证明了这种方式的有效性，亦因为在那些由法官主导整个候选陪审员询问的司法辖区，这可能是唯一最富有成效的方式。但是，仍需要告诫的是：律师喜欢"态度和信仰"方式的一部分原因，是因为询问候选陪审员的背景、兴趣和人生经历比较容易。此种方式的缺点是，陪审员可能没有准确地披露这些信息，或者即使正确披露了信息，也未能准确地预测出陪审员的相关态度。背景资料，特别是单一的人口统计信息，例如年龄或性别，对于预测陪审员态度的作用即便有，经常也是极小的。从另一方面，人生经历对于预测陪审员的态度具有更高价值，但是价值大小主要取决于陪审员披露其信息的准确性和完整性。总之，只有陪审员背景资料、兴趣和人生经历的这一整体，尤其是人生经历，才对预测陪审员对于关键争点的可能态度有一定的作用。

b. 好感度

我们倾向于喜欢拥有同样价值观和信仰的人，并因此认为他们是可信的。相反，我们倾向于不信任与我们拥有极少共同点的人，并因此认为他们是不可靠的。社会科学研究支持了好感度与可信度有很大关系的观点。因此，陪审员会在潜意识里，自然而然地更看重与他们背景相似证人的证言。

因此，一些律师会将精力放在案件中的当事人和关键证人，分析他们的特征和背景，并试图挑选出与当事人及关键证人有着类似背景的陪审员。当然，这种方式只有在一方当事人和证人与对方当事人和证人拥有显著不同的背景时，才能适用。例如，在一个人身伤害案件中，如果原告和他的主要证人是蓝领，而被告是一名企业主管，那么原告可能更愿意选择工人作为陪审员，而非具有较高社会经济地位的人。

c. 身体语言

这种方式正日益受到欢迎，一部分原因是由于越来越多的人认识到它的重要性——可以由心理学和传播研究来证明——陪审员资格审核有时在判断陪审员的态度时，会非常的不准确。因为大多数陪审员想被选中，所以他们经常会隐藏自己的真实想法，并以他们认为的提问者想要他们回答问题的方式，来回答问题。这可能是潜意识的，也可能是故意的。此外，出庭律师也进一步意识到，了解陪审员对于律师的态度和反应，是庭审工作的重要部分，而且对案件的结果有极大的影响。

所以，这种方式主要关注陪审员的形象、行为和非言语的回应，因为这些可能相对于言语的答案，对陪审员的了解更为准确。它会考虑陪审员的穿着。她是否穿了与她年龄、工作和阶层相适宜的服装？他的着装是否弥补了外形明显的残缺（perceived inadequacy）？她完美的着装是否暗示着，她是一个一丝不苟、擅长分析的人？他的穿着是否暗示出，他想要成为的什么样的人，而他实际上不是。

身体语言的方式，还考虑了与言语回答相联系的生理反应（physical responses）。用手捂住嘴巴、舔唇、叹气、吞咽、脸红、坐立不安都暗示了陪审员可能对当前讨论的话题感到敏感或紧张。这种方式同样思考了陪审员对律师的态度。向后倚靠、倒向一旁、交叉手臂和腿、只看除提问律师以外的其他人，都暗示了一种对律师的负面态度或抗拒。

最后，身体语言的方式将非言语的回应与言语的回应结合起来考虑。陪审员的非言语信号是否与他的回答一致？他的回答是否有不寻常或者不正常的停顿？她是否在回答问题前犹豫和看向其他方向？在讨论某些话题时，他回答问题的模式是否改变？她是否避免给出正面回答？这些综合起来是否构成了歪曲或欺骗？

正如大多数出庭律师所相信的，如果一名陪审员主观性的回答对于你很重要，学会读懂一名陪审员的身体语言，也是你在挑选过程的一个重要工作。这里也需要告诫一点：非言语的暗示可能会误导，判断一个姿势仅是一个举动还是另有深意，充其量，只是一门不确定的科学。这也解释了为什么在实际的陪审员挑选过程中，陪审团咨询师越来越多地被聘用，以帮助出庭律师解读陪审员的言语和非言语的回应。

d. 说服者、参与者和非参与者

此种方式——同样得到了心理学和传播研究的支持——它将候选陪审员分成了三种类型：说服者、参与者和非参与者。

说服者，同样也被称为领导者，是那些背景和人格暗示其是控制型，并试图掌控陪审团的评议的人。研究表明，一个典型的 12 人的陪审团，会有 3 名陪审员将明确地陈述其观点，并积极说服其他人接受他们的观点。而这三名领导者所讲的话通常比剩余陪审员所讲的话的总和还要多。

参与者，同样被称为追随者，通过陈述他们自己的看法，或者同不同意领导者的观点，来参与评议。但是，追随者并不会积极地尝试说服其他人接受他们的观点，也更愿意通过妥协达成裁决。一个典型的陪审团，大约有 50％的人是追随者。

非参与者除了对裁决进行投票，极少或者不会参与陪审团评议。非参与者一旦自己作出了决定，往往无论逻辑上的或者情感上都不会接受其他人的观点。非参与者往往是固执型的陪审员，他们对于要求一致裁决的案件十分重要。在一个典型的陪审团中，非参与者大约占了 25％。

此种方式的意义在于无因回避的次数是有限的，特别是在民事案件中，允许使用无因回避的次数通常比刑事案件中少。例如，在联邦的民事案件中，各方只有 3 次无因回避的权利。这意味着，回避权应该在确保能产生效果的情况下，才珍惜地使用。使用这种方式，必须记住两点： *46*

第一，运用回避权去排除可能具有不利于你方态度的说服者。这些陪审员在评议期间对其他人拥有影响力，所以你必须使用你的回避权排除那些最具有影响力，并且态度对你方最为不利的领导者。这对于需要一致裁决，或近乎一致裁决的原告方，尤是如此，原告通常更喜欢作为参与者和妥协者的陪审员，因为这些人更容易在最后同意大多数人的观点。从另一方面，被告更喜欢性格强悍的陪审员，因为此类陪审员是控制性的类型，更有能力形成自己的观点和抵抗大多数人的观点。

第二，运用回避权去排除可能具有不利于你方态度的非参与者。非参与者可能是危险的，因为他们中的一些人性格独立、我行我素，不会受其他陪审员意见（也许，还包括证据和适用法）的影响。这点对于需要一致裁决的刑事案件中的控方，尤为重要，当然，这对民事案件也同样重要。在刑事案件中，只要有一个这样的陪审员，就可能造成悬疑陪审团（hung jury）或者在民事案件中强迫陪审员妥协，如果该名陪审员的选择对于最后达成裁决很有必要。

与任何涉及人性因素的方式一样，上述方式的有效性也难以确切断言。但是近年来，一些社会科学研究已经对某些因素进行了研究，以帮助预测某一特定类型的陪审员对不同的案件会怎样作出反应。在大型案件中，无论是刑事案件还是民事案件，律师通常会聘请临床心理学家来判断，在他们的案件中，哪些陪审员对他们最有利或最不利。一名新的出庭律师最好熟悉这些

方式，运用常识和经验，判断个案中对他们最有利或最不利的陪审员，提出明智的问题，尽可能地发掘关于陪审员的有用信息。

4. 陪审员资料表

运用了上述的陪审团挑选方式，你下一步要制作一份陪审员资料表。在庭审之前，你必须了解，候选陪审员对你的案件大概有怎样的看法，并识别出对你最有利和最不利的陪审员的背景特征。在大型案件中，出庭律师通常聘请陪审团咨询师来作出这些判断。这些信息应该填写在一份陪审员资料表中，并置于你的庭审笔记本的陪审团部分。

在陪审团决定责任和赔偿的民事案件中，你也许会希望将陪审员资料表作进一步分析。例如你在责任上证据占据优势，而在损害赔偿上证据较弱，这是否会对你的陪审员资料产生影响？在人身伤害案件中，商务人士通常被认为是对被告有利的陪审员，但是如果你在责任上证据占有优势，而你的案件中的赔偿主要取决于你预期收益的损失，则一名能够理解预期收益、惯于处理大额金钱的商务人士，可能会是一名好的陪审员。

你应该准备一张陪审员问题的核查列表。所谓核查列表主要指你在陪审员资格审查阶段，希望向陪审员提问的主题。在法官主导整个陪审员资格审查的辖区，这张核查列表就是向法官申请动议，请求提交问题的基础。

示　例

你代表原告——一位在一个十字路口被一辆卡车撞到的行人，23岁鸡尾酒女侍者，责任和赔偿都存在争议。

陪审员资料表

有利的陪审员	不利的陪审员
年轻人	职业司机
学生	公司老板或管理者
服务业职位	不饮酒的人
社会活跃型	居家型
户外、运动员	静态生活型
高中教育学历	大学教育学历

询问的话题：
1. 社会习惯——餐厅、酒店
2. 对社交饮酒的态度
3. 是否是专业的驾驶者——出租汽车、货车
4. 事故和伤害历史
5. 类似的诉讼经验——自己、家人、朋友

3.5　如何询问陪审员

　　有效询问陪审员需要两种基本技巧：了解与其讨论的话题，并采用一种真诚和无偏见的提问方式。这会让陪审员吐露他们的真实背景，然后你就能明智地判断是否接受某一位陪审员，或者将某位陪审员从候选陪审员团中排除。

1. 话题列表

　　向候选陪审员提问时，必须考虑到以下方面的问题。在大多数辖区，关于法律和在审案件的问题，通常将作为一个整体，由法官向所有的候选陪审员提问，并借此判断是否有理由请陪审员回避。例如，如果某一陪审员表示 *48* 她不能认同某一法律，并且不能遵守法官的指示，或者认识诉讼的当事人，而因此已经倾向于一方，法官经常会有理由地将该名陪审员排除。

　　a. 法律（通常由法官提问）
- 能否遵守法律，即使你不同意它。
- 现在不是改变法律的场合。
- 能否在作出裁决时摒除同情或偏见。
- 有无任何使你在案件开始就倾向于一方的事实。
- 能否在所有证据都出示后再作出决定。

（民事案件）
- 原告承担证明责任，证据优势原则。
- 案件涉及的实体法。
- 如果证据支持，判决损害赔偿。

（刑事案件）
- 假定被告无罪。
- 检方承担证明责任，排除合理怀疑。
- 被告无须证明任何事情或作证。
- 与案件相关的实体法。

　　b. 在审案件
- 认识法官。
- 认识律师。
- 认识任何一方当事人。
- 曾为任何一方当事人工作。
- 认识某一证人。
- 听说过案件。
- 在此类案件中担任陪审员的感觉。

● 可能影响你裁决案件的任何与当事人或案件相关的信息。

c. 陪审员（通常由法官提问）

● 任何妨碍陪审员听审案件的健康问题——背部、听力及其他。
● 在较长的案件中，案件的长度是否会给陪审员造成极大的困难。

询问陪审员的背景，是为了让律师明智地行使他们的无因回避权。记住，你希望了解陪审员的背景和人生经历，以便了解可能控制陪审员如何对案件作出裁决的可能信仰和态度。

下面的列表涵盖了大多数案件都将用到的通用背景话题。一些话题可能在一些案件中并不重要，但另外一些没有在列表中出现的话题，可能在一些案件中是重要的。但是，这张列表会帮助你为具体的案件调整问题。记住，这些之中的一些信息，已经可以从陪审员资料卡和问卷答案中获得。

1. 年龄

只要看看陪审员，年龄就应该是显而易见的。如果确切的年龄很重要，你可以从其他事实，间接地获得它，例如孩子的年龄，或者他们已退休多长的时间。许多陪审员，特别是年老的陪审员，不喜欢被人问及确切的年龄。

2. 教育
● 最后加入的学校
● 学位、机构（如果是大学背景）
● 军队服役
● 法律、医学等培训

3. 工作经验
● 目前的工作——职称和工作内容
● 以前的工作
● 管理经验

4. 居住历史
● 当前的地址
● 以前的地址
● 自有或租用（如果重要）

5. 婚姻和家庭历史
● 当前的婚姻状况
● 配偶、子女、父母
● 家庭成员的工作
● 子女的学校

6. 爱好和兴趣
● 陪审员在闲暇时间喜欢做的事情

7. 阅读和电视
● 经常阅读的报纸和杂志
● 喜欢阅读的书籍类型
● 最喜欢的广播电视节目

- 使用电脑的习惯

8. 组织

陪审员积极参加的俱乐部或组织

9. 人生经历

- 之前的陪审团经验
- 是否曾参加过诉讼
- 是否犯过罪
- 为保险公司工作
- 是否卷入过与本案类似的情形

50

2. 提问技巧

一旦你拥有了一张想要与陪审员讨论的话题列表（并且在你的辖区被允许），你需要做什么，就取决于是由法官提问还是由律师提问，或者两者皆允许提问。

如果由法官提出所有的问题，或者那些与法律争议相关的问题，则需准备一份你希望法官提问的书面问题列表，并在庭审前提交。获得关于哪些问题将被允许提问的裁定，确保你的请求和法官的裁定都记录在案。

如果律师被允许提问，你必须将你的问题列表，转变为能与陪审员进行有效交流的问题。

a. 从陪审员处获得信息

你的大部分问题是为了从每位候选陪审员处获得信息，以便你能明智地决定排除哪些陪审员。此时，你的提问技巧和提问期间营造的氛围，都极为重要。

社会科学家都了解，在询问人们以获取信息时，互动性和同理心十分重要。互动性意味着，在获得之前，你必须给予。提问者的自我披露，将极大地带动被提问者的自我披露。如果法官允许，在要求陪审员披露关于自己的信息之前，告诉陪审员一点关于你自己的信息。同理心是指在诚实披露之前，你必须营造一个友好、无偏见的氛围。以一种放松的、对话性的方式提问，会促使陪审员敞开心扉，并会减少他们担心自己被人评价的恐惧。

i. 简短、开放性的问题。简短、非诱导和开放性的问题会使陪审员讲话，而且如果以温和、友好的方式提出，会达到事半功倍的效果。这些问题会从陪审员处获得更为重要的答案。记住，当陪审员讲话时，你不仅得到了言语上的回答，还获得了更重要的，陪审员解释问题时的反应。

示 例

问：约翰森先生，你在哪里工作？

答：艾杰克斯·伟杰公司。

问：你的公司是干什么的？

答：我们生产品种齐全的消费产品。

问：什么样的产品？

答：嗯，我们生产收音机、电视、家具、厨具和类似的产品。

问：你是如何获得在艾杰克斯的工作的？

答：他们找到我，然后向我提供了销售部主管的工作。当时我正在他们的一家竞争
对手公司工作。

51

问：你最喜欢工作的哪个部分？

答：他们给我很大的空间。我可以不受上级干扰地工作。我们对此都很满意。

这些问题都温和地鼓励陪审员讲述他们自己的事情，又没有让他们感觉
侵犯了他们的隐私。

ii. "什么、何时"问题。"什么"和"何时"的问题能获取基础的统计
信息。

示 例

问：你在 XYZ 公司干什么？

答：我是一名原料供给员。我确保生产线上所需要的一切都及时到位。

问：你什么时候开始这项工作的？

答：两年前。

这些问题获取了基本的信息，是好的开始。接下来的关键是获取陪审员
不会在简历上出现的信息。

iii. "怎样、为什么"问题。"怎样"和"为什么"的问题，可以获取基
本事实背后的解释和态度。

示 例

问：你对你在那个案件中成为陪审员经历有何感受？

答：很好。我们都了解到我们彼此不仅仅是陪审员，还是有血有肉的人。我们有很
多争论，但最终我们达成了一致，并且在分开时都成为了朋友。

问：你为什么才 3 个月就离开 ABC 公司？

答：他们把每个人都累得要死。典型的企业。他们把你压榨到极致，还认为他们付
你工资是施恩于你。

示 例

问：你对摩托车有什么看法？

答：挺好的，我想。

问：你的家人中是否有人骑呢？

答：没有。

问：如果你的儿子想买一辆摩托车，你会同意吗？

答：不会。

问：为什么不呢？

答：它们太危险了。如果发生了意外，它们保护不了你。

这些问题超出了背景资料的范围，引出了关于态度的信息。这里重要的是，不仅要注意陪审员说了些什么，还要注意他们是怎样说的。

iv. 不要记笔记。向陪审员提问并非一项采访工作。这是你跟陪审员平等沟通的机会。相应地，走出律师席（除非你被要求待在那里），站在陪审员前，保持眼神交流，然后跟他们讲话。忘掉你的笔记。如果你单独参与案件的庭审，请其他人记录下重要的事实。如果你站着，不要记笔记，集中精力与你正在提问的陪审员建立友好联系，如同你刚遇见某个你感兴趣的人，并与他友好地聊聊天，如此，陪审员可能会对你敞开心扉，并真诚地谈话。

v. 积极地聆听和跟进问题。成功的陪审员询问需要积极地聆听。集中注意力听取回答，告诉陪审员你对他们的回答真正地感兴趣。重复他们的回答，以表明你正在聆听，并且理解他们所说的内容。使用后续问题以获得重要的信息：

示例

问：你对饮用酒精饮料的人，有什么看法？

答：嗯，我认为还好吧。

问：为什么这么说？

答：嗯，如果你年满 21 岁，这就是合法的。

问：你平日会喝酒吗？

答：不会。

问：为什么不呢？

答：我见过太多人的生活被酒精毁掉。

问：是跟你家庭亲近的人吗？

答：我兄弟因为酒精而毁掉了自己的生活。

问：你是仅仅不赞成烈性酒，还是连啤酒和葡萄酒都不赞成？

答：都不赞成。

示例

问：约翰逊夫人，本案是因全地形车而发生的事故。全地形车类似装了发动机的三轮车。你或者你的家人曾经拥有过全地形车吗？

答：我的弟弟曾在一段时间有过一辆。

问：那是什么时候？

答：他高中的时候。

问：他保留了几年？

答：大约两年。

问：他为什么把它处理了？

52

答：他在穿过树林时有好几次侥幸脱险的经历，所以他决定在真正出事之前，最好还是把它卖掉。

问：对此你是怎么看的？

53

答：我放心了。我最开始就想劝他放弃它。

在上述情形之中，一些后续问题挖掘出了陪审员的真正感受，反映出比先前似乎无害的回答更为强烈的态度。

vi. 绝对不要让陪审员难堪。在向陪审员提问时，永远不要忘记一条规则：绝对不要让陪审员难堪。保证你绝对不会强迫陪审员回答任何与她的工作、家人、家庭、教育或背景有关的，令她难堪的问题。

在一开始就告诉陪审员，如果你碰巧问到了陪审员不愿意回答的问题，或至少是在其他陪审员面前不愿回答的问题，请立即让你知道。你必须让陪审员知道，你很在意他们的隐私权。虽然有时必须问到一些涉及隐私的问题，如果一名陪审员不愿意讲话，不要强迫他。问陪审员他是否更愿意私下在法官室或甚至是庭边（side bar）来进行交谈。如果这看上去是合理的，而且该话题对案件十分重要，大多数法官会同意此种做法。

示 例

问：史密斯夫人，你的家人中有人曾经是犯罪的受害人吗？

答：有。

问：你能跟我们具体讲一下吗？

答：嗯，这很私人。

问：史密斯夫人，你愿意到法官室谈谈这个问题吗？

答：我当然更愿意如此。

问：法官阁下，我们能在您的法官室，花几分钟讨论一下这个问题吗？

法庭：当然。（然后法官、律师和法庭书记员走到法官室。）

问：史密斯夫人，现在你能告诉我们发生了什么吗？

答：嗯，我的姐姐在几年前被强奸了。我们所有人都希望为她保密。

问：史密斯夫人，我们感谢你让我们了解这些情况。这段经历会影响你对案件作出裁决吗？

答：不会。

b. 向陪审员传达法律理念

现在，大多数辖区不允许律师向陪审员提问时涉及法律事项。但是，在一些辖区，规则会更为宽松，律师并不仅仅局限于提出关于背景和人生经历的问题。在这些辖区，律师可以向陪审员提出与案件相关的法律理念的问题。当然，这会允许律师在陪审员面前测试这些理念，以预测陪审员的反应。你必须了解的是你的法官是否允许此类问题。

54

示　例

（民事诉讼中的被告）

问：约翰逊先生，一个人在一场事故中受伤，并不会自动意味着他有权获得金钱赔偿，是吗？

答：是的。

问：原告在有权获得任何金钱之前，她必须向你证明我方存在过错，并造成了这场事故，对吗？

答：是的。

问：你了解法律是如何规定的，是吗？

答：是的。

问：约翰逊先生，为原告所遭遇的一切感到遗憾是很自然的事情，是吗？

答：当然。

问：但是仅因为我们对原告表示遗憾，就给她钱，是不公平的，是吗？

答：我想是的。

问：如果原告证明了她确实受伤了，但是未能证明我方存在过错，并造成了车祸，你的裁决会是怎么样的呢？

答：我想我们必须作出对被告有利的裁决。

示　例

（刑事案件中的被告方）

问：琼斯夫人，控方有证明排除合理怀疑证明有罪的证明责任。你理解这一点，是吗？

答：是的。

问：这条规则会使你烦恼吗？

答：嗯，我想这就是法律。

问：你不会仅因为你认为史密斯先生可能抢劫了商店，就认为他有罪，是吗？

答：是的。

问：这样可能不公平，是吗？

答：我想是的。

问：琼斯夫人，你能向我们承诺会让控方承担其证明责任——排除合理怀疑吗？

答：好的。

问：如果控方未能在排除合理怀疑下证明被告有罪，你会作出什么样的裁决呢？

答：我想我必须判决他无罪。

　　这些问题，大多数是诱导性的，并暗示了理想的答案，极少获得超出预期的回答。但是，一些律师，特别是代理被告的律师，认为向陪审员介绍他们将要宣誓遵循的案件中的重要法律理念，能起到重要的作用。此外，通过与陪审员讨论法律，你向陪审员证明了你并不害怕本案的法律适用。如果陪审员对法律显示出犹豫，圆滑的、措辞更为中立的后续问题，会温和地试探出更多的信息。

但是，现在大多数辖区的趋势是避免此类灌输性的问题。越来越多的法官禁止律师向陪审员提出，主要是为了测试陪审员对法律或证据的态度的问题。陪审团研究表明，许多陪审员对那些企图在陪审团挑选阶段向他们兜售案件优势，或者企图使陪审员在庭审证据前作出裁决承诺的律师，表示反感。

c. 介绍性和结论性的评论

在允许律师进行提问的辖区，大多数也允许律师作一个概括案件的、简短的、非辩护性的陈述。

> **示　例**
>
> 问：陪审团诸位，我是艾力克斯·琼斯，我代理原告艾伦·史密斯。艾伦，请站起来一会儿（原告起立又坐下）。斯密斯女士在被告货车撞向她的车的一侧时，受到了严重的伤害。她已经几个月都没有工作，而且还没有，并且永远不会完全康复。今天上午我们要做的就是跟你们所有人进行交谈，以便在你们当中选出12位，对证据进行听审，并作出公正的裁决。

然后，律师开始对每一位候选陪审员进行提问。

在提问的最后，一些律师会提出一些概括性的问题，以期涵盖所有他们未能具体问到的问题。这一直都是一个好的主意，因为陪审团研究显示，陪审团资格审查经常未能揭示，对了解陪审员关于重要问题的态度，具有重大意义的重要背景资料。

> **示　例**
>
> 问：菲利浦斯，我想我们可以用整个早上的时间来交谈，但是可惜我们并没有那么多时间，所以我将问你一个问题：你是否还有其他生活经历，是我们应该知道的？
>
> 答：我想没有。

56

此类开放性的问题有时会引出其他重要信息。

> **示　例**
>
> 问：约翰逊女士，是否还有任何有关你和你家人的事情，是我们应该知道的，而我们还没有提及的吗？
>
> 答：嗯，我的前夫在几年前，发生过一起严重的车祸事故。
>
> 问：你们在那时仍是夫妻吗？
>
> 答：是的。
>
> 问：你能告诉我们发生了什么吗？
>
> 答：当然。那晚他正在回家的路上，另外一名酒后驾驶者乱闯红灯，然后撞到了他的车。
>
> 问：你的前夫受伤了吗？
>
> 答：很严重。他有一点脑震荡，肋骨断了几根、脸上有很多淤青和伤口。他在医院

住了一周，然后有四个月都没有上班。

问：你们曾经起诉了那个人吗？

答：我们曾经想过，但是我们的律师告诉我们不值得。那个人没有保险，也没有什么钱。

问：对于这件事情，你有什么感受？

答：我们被抢了。这个人就这么脱身了，而且没有给我们一毛钱。

d. 集体问题

在一些辖区，陪审员会被单独提问。而在许多辖区，单独提问和集体提问都是允许的。将陪审员视为一个集体而提出问题，是引入一些基础话题的有效方式。然后，后续的提问可以指向单个陪审员。

示 例

问：你们之中，是否有任何人的家人或好友在执法部门工作——担任市警察、县治安官、狱警？（两名陪审员举手）

问：安德鲁先生，从你开始。你在执法部门认识谁？

答：我的侄子是一名副治安官。

问：他的工作是否遇到过交通事故？

答：我想是的。

问：他是否与你讨论过这些案件？

答：有时他会在家庭聚会时提起它们，但是我不敢说他真的谈论过它们。

问：就我的理解，你对仅以在法庭中听到的信息，来对本案作出裁决没有问题？

答：是的。

问：费尔特夫人，你呢？你认识谁在执法部门工作吗？

答：我有一位邻居是一名退休的警官。

问：这位邻居是否谈起过他的经历？

答：没有，我直到今年才知道他是名警官。

先提出集体性问题，然后再提出单独的问题，是一种了解生活中的相关经历的有效方式，例如是否认识执法部门工作人员，律师、交通事故以及其他可能对某一特定案件有重要意义的经历。

3. 资格审查的范例

示 例

你在一件汽车事故的案件中代理原告方。原告是一名23岁的鸡尾酒女服务员，她的车与被告的卡车相撞了。你已经准备好了一张陪审员资料表。现在是第一名陪审员。在这个辖区，你仅被允许提出关于陪审员背景和生活经历的问题。法官已经提出了关于法律的问题，和用以识别可以有因回避的陪审员的问题。

问：布里维兹夫人，早上好。让我们从了解你和你的家人开始。首先，你的陪审员资料卡上写道：你在艾杰克斯·伟杰公司工作，是吗？

答：是的。

问：你在艾杰克斯公司做什么？

答：我是一名秘书。

问：给我们讲讲你的工作。

答：嗯，我已经在那里工作了 12 年。在那里的大部分时间，我都为同一个人，贝洛斯先生工作。现在贝洛斯先生是销售部主管。

问：布里维兹夫人，给我们讲讲你的丈夫。

答：爱德华和我已经结婚 20 年了。他是施乐公司的一名电脑程序师。

问：他在那里工作多久了？

答：大约 8 年了。

问：他一直都是从事电脑程序师的工作吗？

答：是的，但是他在最终在施乐公司安定下来之前，还在其他几家公司工作过。

问：给我们讲讲你的孩子。

答：儿子查得，17 岁，女儿芭芭拉，15 岁。他们都在本地的高中上学。

问：他们表现怎么样？

答：还好。芭芭拉是真正的好学生。查得现在正醉心于体育，不过他在班上的表现还不错。

问：你和你丈夫的教育程度如何？

答：我高中毕业后、结婚以前，一直都在参加社区大学。爱德华毕业于州立大学，拥有物理学的学位。

问：布里维兹夫人，你住在哪里呢？

答：樱桃巷附近，在小学旁边。

问：你在那里住了多久了？

答：自我们结婚到现在——20 年。

问：布里维兹夫人，你在闲暇时间有什么爱好或兴趣吗？

答：嗯，家里有青少年，会很忙，但是我喜欢经常运动。我们会经常露营，我丈夫和我还经常打打网球，做一些园艺工作。

答：那读书和电视呢？你有喜欢读的东西或看的电视节目吗？

问：我经常读读和看看新闻。我喜欢 60 分钟和美国公共广播公司的新闻时间。如果电视上有好的电影，我们经常也会看。

问：你有订阅什么杂志吗？

答：只有泰晤士报、国家地理和红书。我丈夫还有一些电脑杂志，但是这些杂志你必须问他。

问：你能告诉我们你和你丈夫参加了任何组织吗——例如俱乐部之类？

答：爱德华对地方的扶轮社十分热衷。当然，我们还会参加学校的家庭教师联系会，但就这么多了。

问：布里维兹夫人，你以前担任过陪审员吗？

答：有过一次，在许多年前。

问：你有实际的任职，并对案件进行裁决吗？

答：是的。

问：给我们讲讲这个案子。

答：那是两家企业的合同纠纷案件。

问：那段经历中，有任何事情可能影响你对本案的看法吗？

答：不会。我喜欢做陪审员，艾杰克斯·伟杰公司在我们任职期间，给我们带薪的休假最多可有一周的时间。

问：我们案件涉及玛丽·琼斯的汽车与被告的货车发生的车祸。你曾经遇到过车祸事件吗？

答：是的。

问：你能给我们讲讲吗？

答：当然。我曾经在一个停车场发生过一起小车祸（fender bender）。我们仅交换了名字和相关信息，然后自己解决了这件事情。还有一次，我在交通灯旁被人追尾了。这是对方的过错。

问：在那次追尾事件中，你怎么样了？

答：我的车受到了很严重的损坏。我的脖子也扭伤了。

问：给我们讲讲你的脖子。

答：哦，当时还是很疼的。我见了我的医生，他给我开了一些令肌肉放松和缓解疼痛的药。我请了几天假，然后又重新上班了。

问：这是什么时候发生的事情？

答：大约三年前。

问：你的脖子现在怎么样了？

答：没事。它之后都没什么问题。

问：你对你那时所接受的医学治疗满意吗？

答：是的。我只看了我的家庭医生，他一直对我进行治疗，直到我的脖子好转了。

问：布里维兹夫人，对于那次事件，你有聘请律师或者提起诉讼吗？

答：没有。

问：为什么不呢？

答：这显然是对方驾驶者的过错。他的保险付清了我所有医疗费用和请假的损失，所以没有必要再聘请律师。

问：那段经历可能会让你觉得本案中的一方理应胜诉吗？

答：不会，那段经历与本案听上去的情况，有很大的不同。

问：布里维兹夫人，在你的一生中，是否还有其他经历是我们没有提及，而你认为我们应当知道的呢？

答：没，还没有想到。

问：谢谢你，布里维兹夫人。

59

以一种对话的、无偏见的方式与陪审员交谈，表现出你对作为陪审员这个人的兴趣，提出开放性的问题，将"什么"和"何时"的问题与"怎样"和"为什么"的问题搭配使用，所有的上述方式都会帮助你营造一个可以促进坦率和真诚的氛围，也会使陪审员自愿地披露可供你为本案明智挑选出陪审员所需要的信息。

■ 3.6 总结列表

本章的开始部分，已经探讨了法庭用于挑选陪审员的各种程序。在你参与这个过程之前，请确定你能够回答下述问题：

1. 应当挑选多少名陪审员和候补陪审员？

2. 应当采用何种制度向陪审员提问？

3. 什么样的问题会被允许？

4. 会采用何种陪审员挑选制度？

5. 我拥有多少次回避权，我应当怎样行使它们？

6. 在我的资料表中，哪些是对我最有利的陪审员，哪些是最不利的？

7. 在向陪审员提问时，我应该涵盖哪些主题？

8. 我已经向法庭提交了书面资格审查的问题了吗？（如果是法官主导整个提问过程，或者允许书面的调查问卷）

60

9. 我是否已经想好自己的提问风格，以便与陪审员进行真诚而坦率的沟通？

第4章

说服心理学

4.1 简介

开庭陈述是你第一次告诉陪审团诉讼案件所涉案情的机会。正因如此，它是庭审的一个重要部分，你需要认真地计划、展开和传达。

出庭律师都同意，开庭陈述通常会使案件的结果变得不同。研究表明，在大多数案件中，陪审员作出的裁决与他们在开庭陈述中对案件所获得的初始印象是一致的。和在日常生活中一样，初始印象的心理现象在此也适用，初始印象会往往也会变成持久的印象。因此，请确保你的案子有一个正确的开始。而要实现这一点，你必须强有力地展开符合逻辑的开庭陈述，清晰构建你的主题，并且证明你方具有获得有利裁决的资格。

本章将会讨论有效的开庭陈述的要素和结构，还会对民事和刑事案件中典型的开庭陈述范例展开阐释。

4.2 从陪审团角度进行开庭陈述

陪审团挑选已经完成，被挑选出的陪审员已经宣誓对案件进行听审。接下来通常会发生的是：

法官：双方都准备好了吗？

原告律师：准备好了，法官阁下。

被告律师：我们准备好了，法官阁下。

法官：陪审团的各位成员，接下来我们将听取律师的开庭陈述。开庭陈述是律师在庭审中希望通过证人和其他证据向你们展示的所有内容的概述。它会帮助你们理解真正的证据。原告，请开始。

此刻陪审员的想法和感觉是什么呢？第一，他们对法庭程序和自己作为陪审员的角色感到焦虑和担心。第二，他们充满好奇并渴望知道案件的案情。第三，他们希望知道除了法官，他们还能相信和依靠谁。第四，在其他庭审阶段相比，他们此时更为开明、更容易接受信息。有经验的律师会了解陪审员的想法和感受，并且运用此种了解组织和发表有效的开庭陈述。

上述关于开庭陈述的一切都是什么意思呢？从陪审团的角度而言，有效的开庭陈述必须与第2章所讨论的说服陪审团的关键概念相结合。

1. 陈述你的案件理论

开庭陈述是你告诉陪审团你的案件理论的首次机会。案件理论是你方关于"究竟发生了什么"的说法。它应当将所有无争议的事实与你方对于争议事实的说法相结合。它必须符合逻辑，符合请求或抗辩的法律要求，简单而容易理解，并且与陪审员的常识和对生活运行的理解相一致。

例如，在一个合同案件中，原告必须决定他的案件理论，是否为被告未能根据合同履行义务，导致了间接损害赔偿；还是被告为个人利益故意违约，导致了恶意和惩罚性损害赔偿。在审前阶段，不一致和替代性的诉求是 *62* 适当的，但是一旦进入庭审阶段后就不再合适。在庭审之前，你必须选择对你最有利的案件理论并坚持下去。

陪审团审判本质上是一场双方的竞赛，看陪审团会认定哪一方的案件理论更可能接近事实的真相。你要抓住这个机会！以一种有趣和具有说服力的方式将所有的证据集中在一起，以便给陪审团一个连贯的概述。陪审员了解庭审会涉及争议，而他们因此被传唤来解决争议，所以他们想要知道你方的争议是什么。如果你未能告诉他们这一点，陪审团就不会了解你对事实和争点的立场。更糟的是，在终结辩论中，你的对手可能声称你根本就没有形成案件理论，你只是在听完所有的证据之后编造了一个理论。

2. 主题、标签和第一分钟

主题是陪审员本能地创造的心理标记（psychological anchor），用以对案件内容进行提炼和概括。这是因为庭审中信息变得日益复杂和难以负荷。主题变成了陪审员的重要工具，用于减少大量的信息，并且将他们对信息的态度概括成容易记忆的单词和短语。如果陪审员会本能地创造主题以标记他们的想法和态度，那么出庭律师在开庭陈述中使用主题来概括己方的案件理论以期陪审员接受，不是具有意义的吗？

每个案件都能够而且必须被提炼为不超过三个或四个主题，以一种吸引人的、容易记忆的方式概括你的立场。主题有时可以是一个单词，也可以是一个短语。一些案件可以围绕一个主题展开，而许多案件可以基于不同的考量运用不同的主题，例如责任和赔偿问题，或者一方或关键证人的动机。当今，几乎所有的法官都允许律师在开庭陈述中运用主题（除非极度具有争辩性），因为主题会帮助陪审员理解双方的不同立场，并将精力集中在案件的争点。

好的主题源自我们在生活中所了解的关于人和事件的普遍真理。好的主题来源是伟大的文学作品、宗教经典（例如圣经）和日常生活中的常用谚语。

示　例

"这是一个关于投机的案件。"

"玛丽·琼斯有一个梦想和计划。"

"这是一个关于一家公司拒绝以美国方式行事的案件。"

"这里所发生的一切都源自贪婪。"

"报复。这就是本案件的一切。"

"这是一个关于为你自己的行为负责的案件。"

"这也是一个关于痛苦的案件。如今唯一与约翰先生相伴的，就是无尽的痛苦。"

"这是一个关于警察暴行的案件。"

除了挑选主题，你还需要挑选标签。标签就是在庭审中，你选择出来指称当事人、事件和其他重要信息的庭审词汇。标签十分重要，因为它传递着态度和讯息。把你的当事人称作"原告"还是"鲍勃·史密斯"，或把一辆交通工具称作"汽车"还是"一辆大的、黑色的捷豹跑车"，或把一次冲撞（crash）称作"事故"（accident）还是"碰撞"（collision）都是不一样的。

请决定如何为你方当事人、对方当事人、事件、事物、交通工具、武器和其他对案件重要的事物贴上标签。选择可以使你方当事人变得人性化，而使对方当事人产生负面形象的标签，以及可以在其他事物上呈现你想要投射的印象的标签，然后在开庭陈述阶段和庭审的其他阶段一直使用它们。不要把你的委托人称为"我的委托人"。

示 例

（汽车过失案件）

原告标签：	被告标签：
史密斯女士（原告）	弗兰克·琼斯（被告）
被告	原告
被告两吨重的卡车	我们的运货车
冲撞/碰撞	事故/事件
手臂骨折	伤害

什么时候提出你的主题和案件理论？立刻！初始的印象会变成持续性的印象。陪审员会在几分钟之内，会对你、你的委托人和你的案件产生印象。因此，开庭陈述的最初一、两分钟就应该展开你的案件理论、陈述你的主题，而且一种积极的、有趣的和人性化的方式传达它们。传达这个案件的严重性和为什么对方当事人应当负责。

示 例

（人身伤害）

这是一个酒后驾驶的案件。在 2000 年 5 月 8 日，被告在喝醉酒之后，开着他的卡迪拉克闯过了红灯，撞进了珍妮·史密斯汽车的前方驾驶侧端，并将她挤压在了车子的方向盘后面。珍妮·史密斯再也无法走路了。我们在此请求，给予珍妮·史密斯和她的家人一个公正的判决。

从一开始，你的开庭陈述就必须以强有力的、充满激情的方式提出，你必须让陪审员知道你渴望将案件诉诸庭审，你对案件充满热情，而且你有信心陪审员会在最后作出正确的判决。虽然律师可以依照不同的个人风格进行开庭陈述，但是好的律师总能表达出一点：我们理应胜诉。

3. 叙事和人物

成功的开庭陈述，如同庭审的大多数工作一样，通常都基于好的叙事。

归根到底，庭审本质上是一场竞赛，看陪审团最后将采信哪一方对争议事件或事物的主张。

几个要素共同构成了好的叙事。第一，关注人物，而非问题。大多数陪审员通过感性的视角来看待这个世界。他们对人物和让人物作出这些事情的缘由感兴趣。这意味着，你必须关注你的当事人和主要证人，并且使他们变得人性化。这还意味着，你必须强调他们参与的事件，而并非所涉及的法律问题。

将你的当事人变得人性化特别重要，因为陪审员希望帮助他们喜欢的人。如果你的委托人是招人喜欢、值得同情的，陪审员会认同他，而且会更有可能作出有利于他的裁决。这就是人性。

示 例

（性骚扰指控案件）

本案是关于玛丽·马汀，一个在我市出生和长大的女孩的故事。她刚刚完成大学学业，并开始在史密斯百货公司当采购员，她的第一份工作。她第一次拥有了自己的公寓。生活如此的美好而充满新意。大约凌晨两点，噩梦开始了。玛丽一个人正在她的公寓里睡觉，突然，她被噪音惊醒。最初，她以为是屋外的声音，但是当她仔细聆听时，她才发觉：这是她起居室里木地板嘎吱作响的声音。那时，玛丽知道有一个陌生人在她的家里。 *64*

第二，叙事必须生动，向陪审团重现在你当事人身上发生的事件。如果合适，你应当以一种感性的、富有戏剧化的方式来进行叙述，因为你希望陪审员融入你的故事之中，并对你的当事人产生同情。戏剧化、感性的叙述会令人印象深刻，并能集中陪审团的注意力。它"使陪审团置身于场景之中"，并且让陪审团以你方的角度重新体验事件。

示 例

（人身伤害）

那是在 2000 年 4 月 25 日，大约下午 4 点。约翰·史密斯正在春日大街上行走，就在离家不远的街角附近。突然，一辆车从后方驶来，直接闯过红灯，没有任何试图停车、减速或改变方向的迹象，径直从后方撞上了约翰。约翰不知道什么东西撞倒了他。冲击力震断了约翰的肋骨，弄断了背部的两处地方，并将他撞飞到一个水沟里。这就是约翰最后的几步路，从此以后，他再也不能走路了。

示 例

（人身伤害案件）

在下午 5 点半，道格拉斯·凯侬先生正在开车下班回家的路上。一切都很正常。他 *65* 正在梅恩大街上向南行驶的车列中。他可以看到，不远的前方是与榆树大街相交的十字路口。但是，就在凯侬先生快要到达榆树大街时，被告突然从小巷里开车冲出来，没有看，也没有停车，直接出现在了凯侬先生的车前。凯侬先生尽可能快地做出了反应、踩了刹车，但是一切都太晚了。

示 例

（产品责任案件）

朋友们，让我们进入被告的工厂，瞧瞧他们是如何生产出无法正常运行的刹车系统的。这个过程从最前面的流水线开始……

第三，叙事必须以符合逻辑的、简单的方式进行组织。大多数时候，最好的方式是以时间顺序叙事。因为陪审员习惯于听从头到尾的故事。按时间顺序最容易听懂和理解。

示 例

（伤害案件的指控）

被告与鲍比·肖特以前就积怨颇深。事实上，就在一周前，两个人曾在一家酒店里发生过争执。被告试图挑衅鲍比，但鲍比不愿意与他纠缠，所以就离开了酒店，然后回家。

一周之后，在4月10号，同样的事情又发生了。被告和鲍比又在酒店相遇。被告再一次与原告发生争执，并向其挑衅。鲍比再一次拒绝了，并试图离开。但是，鲍比这次没有这么幸运，因为被告锁上了门，并拒绝让他离开。

但是，如果案件允许不同的方式，也可以考虑。例如，你可以先描述最后发生的事件，然后回溯，讲述导致最后事件发生的先前事件。最重要的是你必须记住，对材料的组织必须是简单、清晰和易懂的。

示 例

（医疗过失案件）

我今天拜访了玛莎·约翰，看到了她现在的生活是什么样子。她一直躺在床上。她不能动弹、不能自己吃饭、不能说话。她唯一能动的就是她的眼睛。她唯一余留的，就是可怕的、永无止境的痛苦。但是，她以前并不是这样的。在两年前，玛莎·约翰是一名活泼、年轻的女孩，正值妙龄。她身上发生了什么呢？是谁让她变成这样呢？

这一切都可以追溯到两年前，玛莎预约了被告威廉医生……

有时，你可以将双方的时间顺序并列，以形成鲜明的对比，从而吸引陪审团的注意力。

示 例

（人身伤害案件）

下午4点半，伍德夫人在她的办公室完成了一些文字工作。**她不知道的是，在同一**

时间，被告在赛马酒店点了他的第二杯马丁尼。下午 5 点，伍德夫人离开了她的办公室，走向停车场，准备开车回家。她不知道的是，在同一时间，被告刚喝完了他的第三杯马丁尼，跌跌撞撞地离开了酒店，并试图记起他的车在哪里。

第四，运用开庭陈述去提醒陪审员接下来将要发生的事。向陪审员提前预告重要证词，可以加强他们的参与性，并使他们在庭审中保持注意力。这对于被告尤为重要，因为被告只能在原告举证完毕之后才能出示证据。

示 例

听约翰医生告诉你们，当人的肋骨被两吨重的卡车撞过之后，会发生什么，你就会了解，为什么玛丽·史密斯以后再也无法工作和供养家庭了。

66

示 例

在原告作证后，请听我交叉询问原告在车祸不久后告诉了警察什么。然后你就会了解，为什么重要的是他那时说了什么，而不是现在他将要说什么。

4. 请求裁决

陪审员希望知道你想要什么。让他们知道，从你的角度而言，什么才是对你有利的裁决。太多没有经验的律师仅告诉了陪审员"发生了什么"，而在开庭陈述的最后，忘记向陪审团提出具体的裁决请求。

示 例

陪审团诸位，在审判的最后，我们请求你们作出证据支持的唯一裁决，谋杀罪成立的裁决。谢谢你们。

示 例

当你们听审完所有的证据，你们就会了解，约翰森先生并没有做错任何事情，这次事故完全是由原告自己的过失造成。正因如此，我们请求各位作出不利于原告，而有利于被告威廉·约翰森的裁决。

在民事案件中，原告往往会关心责任和赔偿。在商业案件中，例如违约，允许的赔偿金往往是可以被准确计算出的，而原告经常会告诉陪审员，他们将请求特定金额的赔偿。但是，人身伤害案件中的原告，经常会请求关于责任的裁决，而不会请求具体金额的损害赔偿。这主要是因为，在人身伤害案件中，赔偿主要是基于无形的东西，例如疼痛和痛苦，而这些是难以计算的，并且主要由陪审团判决。因此，原告律师在开庭陈述中更愿意关注案件的责任方面，根据法定要件请求赔偿，而不会请求具体的金额。这使得他们可以根据庭审的进展情况，在终结辩论中灵活地调整请求的金额。

示　例

基于上述证据，我们请求你们，认定本案的悲剧完全是由被告的过错所导致，百分之百是他的过错，同时我们还请求你们，给予玛丽·约翰森充分、完整的赔偿，为她所失去的、所遭受的痛苦和她的余生所要面对的惨境。

4.3　策略性和证据性的考量

许多策略性和证据性的考量，对于你的开庭陈述的结构和传达也具有重要的作用。

1. 高效率

陪审员的注意力有限。他们保留信息的能力也有限。因此，你的开庭陈述必须是高效的，如庭审其他阶段，这意味着两件事情：第一，研究表明，大多数人维持高度注意力的时间最多是 15 到 20 分钟。即使在这段时间里，思绪也经常飘忽游离。第二，研究还表明，记忆会迅速地消退。在很短的时间内，大多数人会忘记他们听到的大多数内容。在几个小时后，他们会忘记他们听到的绝大部分内容。研究同样表明，重复是加强记忆的关键因素，将信息重复三到四次，会显著地促进记忆。

对于律师而言，所表达的信息应当是清晰的。大多数的开庭陈述，应当只持续 10 到 30 分钟。更长的时间可能产生反作用：陪审员可能会受不了，对细节产生混淆，并且会拒绝听下去。相反，通常更有效的方式是：挑选容易记忆的主题，涉及更少的细节、关注最重要的事实和阶段，并将它们重复三到四遍。这对于你的主题，即开庭陈述中的标记，尤为重要。

2. 不要主张或陈述个人观点

辩论的部分请留到终结辩论。它们在开庭陈述阶段是不合适的。理解这一区别的简单方式是，记住开庭陈述只陈述事实。终结辩论，除了陈述事实之外，还可以主张特征、结论、推论、证人的可信度、常识、生活经验和其他超出证据本身的事项。试问自己：我是否有证人或其他证据，证明我将要在开庭陈述中向陪审团讲述的事实？如果有，在开庭陈述中加入这些事实是合适的。

指出反对辩论的规则很容易。但是要确定界限在哪里，或者你什么时候越过了界限，十分困难，因为不同的法官，就解释什么会构成不被允许的辩论，见解有极大的不同。有的法官会留有相当大的余地，而有的法官对于禁止则给予了严格的解释。此外，在不同的司法辖区，司法实践也差异很大。唯一的解决方法是，了解你的审理法官的态度，并适应它。在庭审之前做好这些事情，然后安排好你的开庭陈述，并消除任何极有可能遭到反对的内容，以便使你的开庭陈述能够顺利地进行，而不被打断。在这个关键点上，可不能引起对方的异议。

示 例

恰当的：	不恰当的：
他在一个每小时限速 30 英里的地段以每小时 50 英里行驶	他在飙车，驱赶着路上的所有东西
在晴朗的一天，他开车在一直行的路段上行驶	他是一个我行我素的人，在马路上开车飞驰。
她会说她从一名 250 磅的足球运动员处拿走了一把手枪	常识会告诉你，她不可能做到她所述的事情

68

这里还有一个律师不应该在开庭陈述中辩论的理由：在庭审的这个阶段，它并不具有说服力。好的事实，对于创造令人印象深刻的精神画面（mental pictures）更具有作用。比起将某一个人描述为"醉了"，不如形容一个人"在地上爬"。把一个人驾驶描述为"疏忽大意"，不如说一个人"开着他 6 000 磅的大货车，以 35 英里/小时的速度，通过了一个小学附近的拥挤的人行横道，那里明确限速 10 英里/小时"。好的事实，以强有力的名词和动词表达，会比特征描述和下结论，更为有力。

同样不恰当的是，直接表达你对事实或证人可信度的个人意见。通常类似"我相信"、"我认为"、"我了解"或甚至"我们相信"等掺杂个人意见的语句，会遭到异议，不仅仅在开庭陈述阶段，在庭审的其他阶段也是如此。此外，它们也不是向陪审员陈述事件的具有说服力的方式。在这些语句变成坏习惯之前，你必须将它们从你的庭审词汇中删除。

3. **不要夸大证据**

庭审律师唯一需要向陪审团兜售的是他的可信度。因此，没有比在开庭陈述中夸大证据更为有害了。陪审团会记住它，憎恨你的失实陈述，并不再相信你。对方会在终结辩论中，尽可能地指出每一处你无法证明的失实陈述。

4. **考虑使用展示物和视觉辅助**

在开庭阶段使用展示物是把双刃剑。一方面，它们会是使陪审团了解重要事实的有效工具。图片形式的、生动的展示物可以抓住陪审团的注意力，创造语言无法比拟的印象。如果存在这样的展示物，在开庭陈述中使用它们会是有效的，因为最初的印象往往会变成持久的印象。而在另一方面，展示物也可能会转移陪审团对你的注意力，一旦见过，在庭审中再次使用时，它们将不再是新的证据。因此，只有在权衡利弊之后，才能决定是否使用这些展示物。

如果一张图表、图解或其他展示物对于陪审员理解案件十分重要，则必须使用。这在当事人、事实和事件都非常复杂的商业案件中，尤是如此。在这些案件中，一张显示当事方和各自主要证人的图表、一张列举系列相关事件的时间表，或一张显示重要活动顺序的流程表，在开庭陈述中都是有效的。

在开庭陈述中，如果你想要使用的展示物已经通过审前命令或当事人约定被列为证据，那么你在开庭陈述中使用它们，就应该没有问题。但是，向法官和对方律师告知你的计划总不失为一个好的主意，因为这样就会事先解决可能产生的异议和后续问题。

如果你的展示物没有被列为证据，告诉法官，你打算在开庭陈述中使用它们，并且你会在庭审中为它们奠定恰当的基础。如果你需要视觉辅助，例如一张显示当事人和重要证人关系的图表，此种视觉辅助仅是你开庭陈述的补充，而不会被采信为证据（因为它不是"证据"）。然而，现在几乎所有的法官都允许在开庭陈述中使用视觉辅助，因为它们会帮助陪审员理解案件的内容。同样，事先向法官和对方律师告知你的计划，如此一来，所有的异议都能得到解决。

5. 预测弱点

通常，在开庭陈述中会遇到的一个困难决定是：如果可能，是否要自动披露弱点。这包括了，确定你的弱点，和预测对方律师是否会在庭审中攻击你的弱点。如果弱点绝不会在庭审中被提出，就没有理由自暴弱点。但是，当在弱点很明显，而你的对手知道该弱点的情况下，你应当自动披露它。如果你不这么做，就会由你的对手来做，而冲击力会是加倍的。你该如何自动披露弱点呢？关键是，当弱点能够轻易地融入故事中时，不加强调地，以将伤害最小化的方式表露出来。

示　例

你的委托人是一起人身伤害诉讼的原告，他在一个十字路口与另一辆汽车发生了车祸。辩护理由是共同过错，主要基于你的委托人刚喝完酒的事实。

在 2000 年 4 月 25 日，约翰·史密斯和往常一样上班。在下午 4 点，当他下班后，他和他的同事去了弗兰克酒馆，如同往常一样。他在那里喝了几杯啤酒，和其他人交谈。大约一个小时之后，约翰离开了，开车回家和家人吃饭。在回家的路上，他就被被告的汽车撞上了。

一些律师认为，自动披露自己的弱点，只会更加强调这些弱点。他们认为，最好是让对方律师提出这些弱点。但是，这种方式没有认识到，在庭审过程中，一个律师唯一能兜售的就是他的可信度。一旦陪审员认为一名律师 *70* 对他们不够诚实或坦率，可信度就丧失了。可信度可以通过总是保持坦率而得到维持，包括在开庭陈述和终结辩论中诚实地向陪审团披露弱点。社会科学研究已经表明，通过自暴弱点而"拔刺"可能是更有效的方法，主要是因为它加强了律师的可信度。最好将弱点变成你的故事的一部分，向陪审团传达这样一种讯息：即这些"弱点"不会影响到你在案件中的整体优势。

6. 放弃或保留开庭陈述

有经验的律师会期待开庭陈述，因为这是他们首次真正与陪审团直接交流、告诉他们案件内容的机会。在一些辖区，负有证明责任的一方通常是原告，必须进行开庭陈述，证明案件初步成立。在其他的辖区，对于是否需要进行开庭陈述，并没有法律要求。此外，一些辖区允许被告保留开庭陈述，直至被告开始举证。

很难想象，一方当事人，无论是原告还是被告，会认为放弃开庭陈述比较有利。记住，庭审是为了确定哪一方关于争议事实的观点会被陪审团接受的竞赛。一个成功的开庭陈述，会让你在庭审中赢得先机。好好利用这个机会。

但是，被告需要作出一个更为实际的决定：如果允许，他是应该在原告之后立即进行开庭陈述，还是保留到被告举证阶段再进行？大多数被告，会在原告之后立即陈述。保留开庭陈述，意味着原告的事实版本不会受到挑战。基于强有力的举证，原告可能在你有机会告诉陪审团你方的事实版本之前，就说服了陪审团。一些辩护律师更倾向于保留开庭陈述，因为这样有一个优势：他们可以在听完原告的证据之后，再决定具体说什么。但是，保留被告的开庭陈述，必然会造成这样一种印象：你没有辩护理由，所以你只有等到看完原告举证之后，才想出了一个。

然而，当被告证据很充分，并且保留开庭陈述有极大的策略优势时，至少考虑采用此种方式。这种情况大多发生在刑事案件中，尤其是当辩方占据显著优势，而且因为有限的证据开示，控方不知道辩方的证据内容时。在此种情况下，保留开庭陈述，会防止控方改变举证，从而削弱了辩护力度。当被告可以提出多个抗辩，而只有在听完原告举证后才能决定提出哪一个时，被告也可以保留开庭陈述。例如，在一个谋杀案件中，如果控方在身份同一 *71* 性的证据比较薄弱，抗辩就应该基于这一点。如果控方关于身份同一性的证据比较有力，被告就应当以正当防卫作为抗辩。

7. 律师的位置和表达

在开庭陈述中，除非法官要求你使用固定的讲台，你应当处于法庭中最能在陪审团面前突显你存在的位置。尽管这部分是个人风格的问题，但通常最有利的位置是，直接站在陪审团面前几尺远的位置，在这个位置，你可以自在地跟陪审团的每一个人进行眼神交流。无论站在陪审团席的哪一端，都会造成偏好一些陪审员，而忽略其他陪审员的印象。站得太远，会削弱你的存在感，站得太近，又会使陪审员感觉侵犯了他们的私人领域，觉得不舒服。

72

在这张法庭的示意图中，律师通常应当站在靠近"×"的位置。

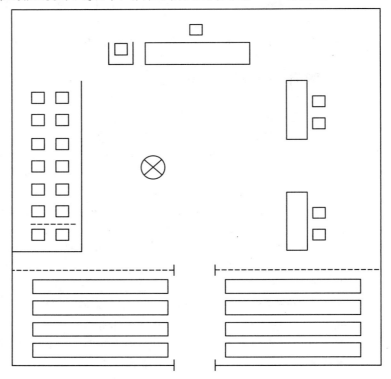

你如何提出一个有效的开庭陈述？你如何表达和你说话的内容，同样重要。你要说什么，会在下一节进行讨论。你怎样表达，即涉及言语，也涉及非言语的考量，但是整体的印象都必须导向一个结论：你有一个证据充分的案件，而你理应胜诉！陪审员总是在潜意识里思索：哪一方乐意来到这里？哪一方理应胜诉？

开庭陈述并不是演讲。把它想象成一场对话，你与一群人讨论一个有强烈把握的话题，而这是你的机会，告诉他们为什么应当赞同你的观点。

言语上的考量很重要。研究表明，具有威信和说服力的演讲者，会使用主动语态、通俗的语言、精力充沛的节奏和音量，擅长调整语速、语调、音量和停顿以维系陪审团的兴趣，避免空洞的强调和犹豫。

非言语的考量，同样很重要。考虑将手势和肢体语言作为你强调和突出所讲内容的方式。动作会吸引听者的眼球，而且人们在注视一个人时，听得更专注。需要强调上半身动作，因为它首先吸引了陪审员的注意力（draws attention to the jury's face）。手和手臂的姿势，头肩动作和面部表情都会强调你的演讲。与每一个的陪审员保持眼神交流，每次几秒钟，也很重要，因为每一位陪审员都需要感到，在你的讨论中，需要他或她的参与。

在另一方面，下半身的身体动作通常会分散注意力。手低垂、手放在口袋里、手拿着笔或摆弄笔，都会将陪审员的目光从律师脸上移开。不停的、漫无目的的前后踱步只能暗示你很紧张。相反，积极地运用下半身的动作。说话时，站在陪审团面前，直面他们，仅让你的上半身有动作。运用你的下半身动作暗示中断，例如，一个话题的结束或者一个新话题的开始。例如，如果你刚讲述完车祸是怎样发生的，停顿几秒钟，挪几尺到一个新的位置，然后重新面对陪审团，开始开庭陈述的下一个部分。记住，上半身和下半身的身体动作都应该强调你的演讲，而不是分散注意力。

一名出庭律师应该充分地了解他的案件，并做好开庭陈述准备，这样就不再需要过多的笔记。如果可能，不要使用笔记。如果不可能，将开庭陈述的大纲浓缩到一页纸上，以大号字体打印，仅显示你需要涵括的话题和想法，且只在必要的时候参考。这会让你彰显你的自信，运用你的手和手臂来做出有效的姿势，与每一位陪审员保持持续的眼神交流。不用笔记进行开庭陈述的律师，比他们的对手更具有决定性的优势。

4.4　有效开庭陈述的内容

下面的列表对你组织开庭陈述应该有用。虽然并非在所有情形下，都应严格遵守列表，但是遵循一份大纲，会强迫你在准备、组织和提出开庭陈述时，以符合逻辑的、清晰的顺序展示证据，而便于陪审员理解和记忆。

1. 介绍
2. 当事人
3. 场景
4. 工具
5. 日期、时间、天气和光线
6. 争议
7. 发生了什么
8. 有责/无责或有罪/无罪的理由
9. 预测和反驳对方
10. 损害赔偿（仅民事案件）
11. 结论

虽然这种列表应当是有用，但是绝不意味着，这是组织开庭陈述的唯一方式。如同庭审其他方面的工作，没有什么是一成不变的。应当对它进行修改，以满足你案件的特定事实、你和你对手的个性和风格。只有时间和经验才能决定什么方式对你是最适合的。

虽然列表只具有参考性，但是准备和组织确是必要的。和庭审的其他阶段一样，开庭陈述必须精心地准备、计划和表达。"即兴"（off the top）的开庭陈述，可能造成灾难性的后果。

1. 介绍

开庭陈述的开头，是你跟陪审团直接沟通的首次机会。这是你第一次利用你的案件优势，和作为辩护律师的能力，给陪审团留下深刻印象的机会。第一印象很可能成为持久的印象。在最初的一两分钟内，你必须力图实现三个目的：

a. 表达你的主题
b. 表达你的案件理论
c. 通过你的表达和举止，证明你的热情、自信和正直。

示 例 ————————————————————

（原告—民事案件）

敬请法庭、律师和陪审团诸位允许。这是一个关于疏忽，以及其如何毁掉约翰·史密斯一生的案件。在 2000 年 4 月 25 日，在这个城市的北大街和克拉克大街的十字路口，史密斯先生的腿被压断了。当时，他正遵从绿灯穿过北大街，而被告闯了红灯，猛撞上了史密斯先生的腿。巨大的冲击力压断了史密斯先生的腿，断肢散落到各处。史密斯先生的腿和生活，都再无法恢复如初。

示 例 ————————————————————

（被告—民事案件）

这是一个关于为自己的行为负责的案件。在 2000 年 4 月 25 日，原告在匆忙中未能察看四周，便冒险在交通灯变灯前走出人行道。现在，原告企图将自己的疏忽归咎于其他人。

示 例 ————————————————————

（原告—刑事案件）

陪审团诸位，这是一个关于一级谋杀的案件。被告用一把上膛的、38 口径的左轮手枪指着受害者，吉米·史密斯，一个手无寸铁的人，然后在三英尺之内的距离向吉米的头部开枪。他是蓄意为之，他这样做是为了报复。

示 例 ————————————————————

（原告—刑事案件）

案件很简单。鲍比·威廉姆斯并没有在场。当吉米·史密斯被枪击中时，他并没有在现场。他也不在那附近的任何地方。他在几英里之外，和他的家人在一起。这是一个指认错误（mistaken identity）的案件。

如果一个主题构成论据（argument），那么它在开庭陈述中出现是否不妥当呢？虽然一些法庭仍然坚持传统的标准，即只有在证人可以证明论据的情况下，你才能在开庭陈述中提及它，但是现在，大多数法院都允许在合理范围内，可以使用这些具有吸引力的主题和其他策略，即使它们会被一些人认定为"论据"，但它们可以帮助陪审员理解双方的立场。主题，如果可以由将要在庭审中出示的证据直接推论出，通常会被允许。因为开庭陈述妥当与否，如很多事情一样，都属于法官的自由裁量的范畴，所以显然，你需要了解你的法官。

如果你的法官是传统类型，你需要修正你的开庭陈述，或者甚至在开庭陈述中放弃你的主题。在开头加入古老的语句，"我们希望证据显示"和"我们将要向诸位证明"，并在开庭陈述中重复一到两次，这往往会令法官感到满意。

2. 当事人

你应当以恰当的方式介绍重要的人，既包括当事人，也包括重要的证人。作为原告，在一个人身伤害案件中，你对原告的描述应该包括他在工作、家庭和休闲时的各种活动。讲述一个关于你方当事人的故事。将你的原告塑造成一个实实在在的、陪审团能够联想和同情的人。此外记住，你关键证人的可信度，不仅取决于他们所说的内容和说话的方式，还取决于你的证人是谁。作为被告，讨论原告没有提到，或想要掩饰的重要当事人和证人。

一如既往，请确保你所讲述的关于当事人和证人的一切，都能够在庭审中获得证据支持。因为证人背景往往只有通过该名证人的证言才能被证实，所以在开庭陈述中提到这些背景，可能会迫使你必须传唤该名证人出庭。因此，在开庭陈述中，刑事案件中的辩护律师应该较少地提及被告和辩方证人的背景，除非他们确保这些证人会作证。通过此种方式，他们可以灵活地决定是否要提出抗辩。

_75_

示　例

（原告）

大家，这位是约翰·史密斯。（约翰，请站起来。）约翰是一名会计师。他在 XYZ 公司从事了十五年的会计工作，养活他自己和他的三个孩子。他在我们这个社区生活了一辈子。（约翰，请坐下。）

在 2000 年 4 月 25 日之前，约翰是完完全全的健康人。他身体强壮，负责所有的家事，包括几年前为房子修建了附加部分。他喜欢网球、徒步旅行、与家人一起露营以及其他体育运动。他的背部和腿部从来没有任何问题。

示　例

（被告）

为了了解这个案件，你必须先了解鲍比·琼斯。鲍比是一名职业驾驶员。他为 ABC

建筑公司驾驶各种型号的卡车。截止到现在，他干这一行已经超过八年了。两年前，他因为工作表现优异而被晋升为首席驾驶员，其职责包括招聘、解聘、训练和安排所有其他驾驶员。

在牵涉法人，例如公司或者多方当事人的案件中，请考虑用图表来表明谁是原告、谁是被告、各方重要的或者将出庭作证的管理人员和雇员的名字。陪审团会感激你为让他们了解案件作出的努力。

3. **场景**

在大多数人身伤害案件和刑事案件中，事件的场景往往很重要。在这些案件中，你必须描述场景，好让陪审员想象到这些场景。记住，描绘场景的关键在于发展出言语画面（verbal pictures），就类似当你闭上眼睛，聆听描述时，你就能对所描绘的场景形成脑海中的画面（mental picture）。在这里，清晰至关重要。如果陪审团不能想象出你所描绘的画面，你接下来的开庭陈述就会徒劳无功。

陪审团，与外行人一样，通常很难理解东南西北方向。相反，通常更有效的方式是，让陪审团假设他们面对一个给定的方向，然后"走过"案发现场。每次给出一个事实，尽量缓慢，以方便陪审员理解，并形成脑海中的画面。通常最好的方式是，仅给予陪审团最少的、准确的构建场景的必要细节。此时，告诉陪审团太多的细节，可能会产生使陪审团感到混淆的风险。

示例
_____

（原告）

这次车祸发生在克拉克大街和地威臣大街的十字路口。试想，一辆汽车正在克拉克大街，朝南向着地威臣大街的十字路口行驶。克拉克大街是双行道。道路两旁有停车道，停车道总是满满的。在克拉克大街靠近十字路口的两旁，都有大约三层楼高的商业建筑。地威臣大街是四车道，与克拉克大街垂直相交。它没有停车车道，道路两旁同样有商业建筑。因此，如果在克拉克大街上行驶，除非你到了十字路口，否则之前你是看不到来自地威臣大街的车辆的。
_____

被告在原告之后发言，应该描述出原告遗漏的场景细节，或者你不同意的细节：

示例
_____

（被告）

对方律师已经向你们描述了部分场景，但是他没有提到……
重要的是记住……
_____

在开庭陈述中，图解、放大的图片或者其他展示物可以成为有效的辅助，但是在决定是否使用它们时，请考虑以下几点。第一，查明法官是否会允许你在开庭陈述中使用展示物。如果你能向法院表明你能为这些展示物奠定基础，或者对手对其没有异议，法官一般会同意在开庭陈述阶段使用展示物。第二，记住，它们既可以吸引注意力，也可以分散注意力。它可以吸引注意力，因为展示物是生动的，而且如果在一个恰当的案件中，它们可以帮助陪审团理解案件。但是，展示物又可能分散注意力，因为陪审员可能会认为它们比听你发言更有意思。处理这个问题最好的方式是，只在必需的时候才使用展示物，然后在使用完毕之后立即把它移出视线。第三，在开庭陈述中使用展示物，即意味着该展示物在随后正式提交为证据时，就不再具有新意。如果展示物有助于使某一单调但是必需的询问更有趣味，请考虑将其保留到询问阶段再首次提出。

77

4. 工具

在许多案件中，特别是人身伤害案件和产品责任案件中，工具是案件的重要部分。它们一般会包括交通工具、机器、设备和其他产品。在这些案件中，应当对工具进行详细的描述。运用与描述场景一样的形象化（picturization）技巧。

示　例

这辆公交车有 40 英尺长，在右侧有前后两个出口。每个出口有三步台阶，在出口的两旁都有扶手。在所有的玻璃门和台阶上都有大的警示标志。

示　例

这个建筑工地上使用的脚手架，由一个 20 英尺长、2 英尺宽的平台构成，由两根钢索从屋顶上悬垂下来。每根钢索都附带一个电动的绞盘（winch）。

示　例

这些人寿保险保单的面值是 5 万美元。它们都含有一条双倍赔偿条款，规定如果发生意外死亡，保险公司会给予双倍赔偿。

此处也可以考虑使用图表、照片或真实物品，使你的观点变得生动。

示　例

这是一只跟导致火灾发生的香烟打火机一样的打火机（拿着一个打火机）。请注意这个芯（stem），它与火柴的作用一样，从顶部拉出（演示）。底部的金属部分可以旋开，放入两块电池，打火机就可以使用了。

5. 日期、时间、天气和光线

在一些案件中，事件发生的日期和确切时间十分重要，天气和光线条件意义重大，请详细地描述它们。

示 例

这场车祸发生在 2000 年 4 月 25 日，快到下午 3 点时。这是晴朗的一天，虽然预报有阵雨，但大街上依然清新干燥。

示 例

78

抢劫发生在 2000 年 4 月 25 日，晚上 11 点半。尽管已是夜晚，但是十字路口的灯光依旧明亮。在史密斯先生被抢劫的地点，顶上直接有街灯照射。在不远的地方，道路每个方向的两旁都有街灯。此外，街道两侧的店面也提供了额外的灯光。

6. 争点

作为被告，在描述发生了什么之前，你必须先否认陪审团刚刚听到的，原告对于案件争议事实的版本。你如何进行否认非常重要。它必须直接而确定。你必须迫使陪审员摆脱原告的事实版本，并对你的证据不抱成见。

当然，原告也可以指出这个案件的争点是什么。但是，通常对原告更为有利的是，直接进入"它是如何发生"的阶段，因为原告通常不希望在被告即将陈述之前，就告诉陪审团，被告不同意他的版本。

示 例

（被告）

原告律师已经告诉你们，他希望证明这场事故是由约翰先生的疏忽造成的。但是这并非证据将要表明的！

那天到底发生了什么呢？我们会证明，约翰先生当时正在安全地驾驶，如果非要说是谁造成了这场事故，那么只能说是存在疏忽和过错的原告自己。

---

7. 发生了什么

现在，你已经为事件的画面奠定了必要基础。你已经设置好了舞台：当事人、场景、工具、天气、光线、日期、时间都已经被描述。一个完整的背景已经搭建。陪审团脑海中，已经存在了一个你可以描述事发经过的脑海中的画面。现在，你可以流畅地对真实事件进行描述，运用力度和节奏重现事件，并使其变得生动。只有当你流畅地叙述时，事件才会变得生动。

记住，你在与你的对手竞争，比谁更能描述出一个更为可信的，真正事件的画面。如果你能让陪审团以你的方式来想象事件，你就很有可能获得一个对你有利的裁决。为了成功地做到这一点，你的描述必须符合逻辑，简单但有力度；它必须节奏适宜，以便陪审员容易理解；而且它必须以最有利于你方的角度表达。

作为被告，你主要的问题在于，说服陪审团以你的方式来看待事件，即你的证据所表明的真正发生的方式。如果你有证据反驳对方的版本，你应当直接否认以原告所称方式而发生的事件。如果你有这样的证据，你可以自信地否认对方的版本，并告诉陪审团你的证据是什么。但是，如果你没有相反证据，你又应该做些什么呢？道德上的考量会反对你直接否认对方的版本，或称它不是真的。但是，你可以称，对方的证据说服力不够，不能使人信服或者不能满足证明责任的要求。质疑对方没有能力证明其被要求证明的事项，并无不妥。

示　例

（原告—民事案件）

女士们、先生们，悲剧发生时，到底发生了什么呢？约翰·史密斯正在克拉克大街上向南行驶。他的驾驶速度大约是 25 英里/小时，他小心地注意着其他的车辆和行人。他可以看见前面就是榆树大街的十字路口。当时克拉克大街的交通灯是绿色的。在十字路口处没有车辆。史密斯先生在靠近十字路口时放缓了车速，而且也没有看见车辆和行人。当他开到十字路口的一半路程时，另外一辆汽车毫无征兆地从他的左边驶出，闯过了红灯，从左后方撞上了史密斯先生的汽车。

示　例

（被告—民事案件）

在十字路口，究竟发生了什么呢？弗兰克·琼斯正在榆树大街上向西行驶。当他靠近克拉克大街和榆树大街的十字路口时，交通灯是红色的。他的脚离开了加速器然后开始减速。就在他快要到达十字路口时，交通灯变绿了。琼斯先生加速，然后进入了十字路口。突然间，另一辆车闯入了十字路口，直接冲到了琼斯先生汽车的正前方。尽管交通灯显示是绿灯，尽管琼斯先生踩了急刹车，但为时已晚。他的车的前部，撞到了另一辆车驾驶座一侧的后部。

示　例

（原告—刑事案件）

上午 9 点 05 分，突然，三个头戴面具、手持枪支的男性，闯入了银行的前门。一个人手持散弹枪，站在前门。另外两个人跑向了柜台区。一个人跃过了柜台，将所有银行职员都驱赶到房屋一角。站在柜台前面的人大声宣布："现在是持枪抢劫（stickup），不要做任何蠢事。"

（被告—刑事案件）

晚上 11 点半，当有人正在抢劫不幸的受害人时，弗兰克·琼斯正在三个街区之外，刚看完电影，走在回家的路上。突然，一辆闪烁着警灯的警车出现在了街角，并停在了弗兰克的身旁。两个警官拔出枪，命令弗兰克靠墙而立，弗兰克不停问道："这是为什么？"一名警官说道："你因抢劫被逮捕。"先生们、女士们，这时，弗兰克·琼斯才第一次知道发生了抢劫。

80

8. 有责/无责或有罪/无罪的理由

作为原告，这是你开庭陈述的关键。你希望对事实进行总结，并得出你的当事人理应胜诉的结论。这应该以适当激愤、有力的方式提出来。在你陈述完你的事实版本后，立即陈述有责的理由。

作为被告，有时，不直接质疑原告证明特定事实的能力，更为安全。假设原告会提交一些证据证明他的版本。更保险的做法是，指出原告对于争议事件的描述不具有说服力，然后强调你自己的描述和结论。

（原告—民事案件）

陪审团诸位，证据将表明，被告对其他车辆并没有尽到合理注意义务，也没有对行人尽到合理注意义务，他没有减速，也没有在红灯时停车。

（被告—民事案件）

证据将表明，琼斯先生驾驶总是很小心，而且遵守街上的所有交通指示。本次事故的发生，是由于原告闯了红灯，并开车冲入了十字路口。

（原告—刑事案件）

总之，证据将证明，在 2000 年 4 月 25 日，被告，持有一把上了膛的左轮手枪，从受害人罗伯特·史密斯处抢劫了 60 美元现金和其他私人文件。

示 例

（被告—刑事案件）

那么，我们将证明，当 2000 年 4 月 25 日抢劫发生时，被告鲍比·史密斯和往常一样在 ABC 货运公司做着码头工人的工作，与抢劫一点都不沾边。

示 例

（被告不打算进行辩护的刑事案件）

这项根据控方要求而提交的证据，只会得出一个结论。它将表明，控方未能排除合理怀疑证明鲍比就是抢劫犯。它将表明，警方逮捕了错误的人。

81

当然，会存在你想要通过直接否认质疑对方事实的情形。但是，无论何种情况，请确保你在争议事实上具有优势。没有什么会比直接主张对方事实错误，却不能提供相应证明，对你的信用度造成的损害更快。将这些否认留到安全的情况下再使用。

9. 预测和反驳对方

有时，律师会想要削弱对方的预期证据。对于原告尤是如此，因为在开庭陈述阶段，原告首先进行陈述，而没有反驳的机会。在开庭陈述中，你可以提到你所预测的对方证据吗？这是一个很困难的问题，它取决于这是原告的开庭陈述，还是被告的开庭陈述。

对于被告而言，答案很容易。在民事案件和刑事案件中，被告经常都可以讨论原告的预期证据，因为原告首先进行开庭陈述，而且已经讨论过他的证据。被告总是可以讨论原告已经提出的证据。

对于原告而言，答案可能更为微妙，这其中既有法律原因，也有辩护原因。民事案件中的原告，不能直接提到他预计被告的证据将是什么，因为辩方可能决定在庭审中不出示该项证据（这种事情时有发生，即使被告在审前的最后陈述中已经列出了他准备在庭审中使用的证人和展示物）。但是，原告必须以能够暗中反驳对方预期抗辩的方式来出示证据。关键就在于，在没有显示出刻意防御的情况下，化解对方的抗辩。

示 例

（原告—民事案件）

……注意托里斯女士是怎样开车的。她在一个限速每小时 25 英里的路段，以每小时 20 英里的速度行驶。她一直开着车灯。她与前面的车保持一个安全的距离。她注意着周围的交通情况。她同样注意着即将到达的，榆树大街十字路口的交通灯。

这就反驳了对方可能进行的混合过失（contributory negligence）或比较

过失（comparative negligence）的抗辩。

刑事案件中的控方，同样不能指出他预测被告在庭审中会出示什么证据。这是因为，宪法赋予被告无须举证的权利。如果控方直接指出任何预期的辩方证据（例如，"被告将会说"或"被告试图证明"），这是显然不适当的，而且很有可能导致无效审判（mistrial）。控方最多可以指出他自己的证据，然后陈述那些反驳预期辩护的事实，不要对辩方证据发表不当评论。

82

示 例

（原告—刑事案件）

证据将表明受害人史密斯先生自始至终，从来没有持有任何武器，也没有做任何事情，挑衅被告攻击。

10. 损害赔偿（仅民事案件）

作为原告，你必须描述原告身上发生了什么，特别是当遭受了较大损害时。在一些伤害案件中，责任问题并不存在重大争议，所以唯一剩下的争点就是损害赔偿的范围。因此，你对损害赔偿的组织应当包括症状、诊断、即时治疗、预期诊断和结论。大多数的原告律师，不会告诉陪审团原告请求的具体金额是多少，而是根据证据被接受的程度，来灵活地调整请求数额。大多数原告律师，在比较过错（comparative fault）的情况下，同样不会告诉陪审团各方应当承担的责任比例，这也是为了保留灵活性（当然，在终结辩论中，原告通常会建议赔偿的数额和比较过错的比例）。

作为被告，你应该明确表示对原告的受伤表示遗憾，但是必须坚决指出这是原告的过错，或者肯定不是你的委托人的过错，特别是当你仅对责任问题进行辩护时。

示 例

（原告）

a. 症状

史密斯先生身上发生了什么？卡车猛撞上了史密斯先生的臀部，然后史密斯先生瘫倒在了马路上。他觉得他的臀部有一阵尖锐的、钻心的疼痛。（在你自己的身体上，演示这些受伤的部位）

b. 诊断

几个人上前帮助史密斯先生，并试图使他感觉舒服一点。最后，一辆救护车赶到了，护理人员将他抬到了一个担架上，送入救护车，然后把他送到了仁爱医院的急救室。不久之后，富兰克林医生赶到，给他做了检查，进行了 x 光和其他检查。医生的检查，x 光和实验室的检查，都显示史密斯先生在左腿和臀部有多处骨折。

c. 即时治疗

史密斯先生的腿被放入牵引装置之中。他被注射了针剂，以缓解左腿持续的疼痛。在一周之后，他的腿部和盆骨部（pelvis）被打上了石膏。石膏从腰部一直延伸到脚踝。

d. 进一步的治疗

几周后，可以明显地看出他的腿部和臀部并没有痊愈。为了解决这个问题，富兰克林医生进行了另外一个手术。

83

e. 预断病情

史密斯先生如今的情况怎么样呢？他最近的检查是在上周。检查显示，他的左腿几乎比右腿短了 1 英寸。他的左大腿和左小腿明显变小、变虚弱。髋关节已经出现了关节炎。

f. 结论

史密斯先生在医院住了四周。他有八个月无法工作。直到现在，他也不能全天地进行工作，和他的孩子们玩耍，或者做一些日常的家务。直到今天，还是有剧痛持续不断地从他的左臀向左脚蔓延。

示　例

（被告—主要集中在责任上进行辩护）

当然，原告受伤是不幸的。但是，在本案中，原告的受伤绝对不是我方的过错。证据会表明，原告匆匆忙忙，在没有通行权的情况下就穿过了街道，他没有注意到周围情况，直接冲到了一辆汽车之前，这辆汽车连刹车的机会都没有。有鉴于此，原告必须为他自己的疏忽负责。

11. 结论

原告和被告两方的律师都应该在开庭陈述中得出结论，简单而直接地告诉陪审团，事实会支持己方，并请求陪审团作出裁决。告诉陪审团，你想要他们做什么。如果是人身伤害案件中的原告，你必须在结论中提出损害赔偿请求。大多数律师一般不会建议你提出损害赔偿的具体金额。只提出，你请求一个适当、合法的赔偿，以及有利于原告的裁决。在陪审团见过原告，而且了解他受伤有多严重之后，一个数额较大的具体损害赔偿数额，就会显得合理而实际。但是，也有律师认为，更好的方式是，在一开始就请求具体的数额，以便陪审团更快地适应损害赔偿。

示　例

（原告—民事案件）

陪审团成员，在审判的最后，我们请求你们，为史密斯先生因此次车祸所遭受的损失和伤害，判决合法的赔偿。我们请求，对他的医疗开销、他过去的和将来的收入损失、生理上持续的疼痛、精神上的极度痛苦，以及再也不能享受正常、健康的生活进行赔偿。总之，我们请求你们作出正确的裁决。

示 例

（被告—民事案件）

根据证据，我们请求你们作出"我们陪审团，认定被告琼斯胜诉，原告史密斯败诉"的裁决。

示 例

（原告—刑事案件）

在你们听完证据之后，我们确信你们会认定被告写在起诉书中的每一项指控都成立：持械抢劫和谋杀。

示 例

（被告—刑事案件）

在本案即将完结时，你们会了解，在抢劫发生时，弗兰克·琼斯没有在案件附近的任何地方。你们会相信，这件事是其他人干的。因此，弗兰克根本无罪。

4.5 开庭陈述案例

1. 刑事案件（谋杀）人民 v. 西尔威斯特·斯特朗

（被告，西尔威斯特·斯特朗，被指控在 2000 年 4 月 25 日谋杀了谢利·威廉姆斯，控方声称，这次枪击是为了报复之前的事件。被告声称，这次枪击是正当防卫。）

（介绍）

开庭陈述——控方

敬请法庭、律师、陪审团成员允许：这是一个谋杀案件。

诸位来到这里，是因为在 2000 年 4 月 25 日，被告，西尔威斯特·斯特朗，拿着手枪，故意开枪杀害了一个手无寸铁的人，谢利·威廉姆斯。

（当事人）在本案中，主要证人的名字和背景并不重要，所以仅概括提及即可。另外一种做法是，把这个部分整个略过。

在庭审中，我们会经常提到几个人的名字。首先，是被害人，谢利·威廉姆斯，当他被射杀时，只有 23 岁。他的母亲，罗西·加勒特和兄弟，劳伦斯·威廉姆斯，他们终身都在芝加哥居住，当枪击发生时，他们都在现场。当然，还有被告西尔威斯特·斯特朗，我们将知道，他就是拿枪杀死受害者的人。他从他妻子的兄弟（brother in law），乔治·霍华德处，拿到了

86

87

手枪。这些就是你在庭审中会不断听到的部分名字。

枪击发生在 2000 年 4 月 25 日，大约下午 3 点半。这是晴朗的一天。枪击发生在芝加哥布鲁明戴尔大街 2300 号街区。布鲁明戴尔是一条东西朝向的，两车道的住宅区街道。因为布鲁明戴尔大街这个街区的南边有条高架铁路轨道，所以在整个街区的南边，有一堵高 10 英尺的水泥墙。而在街的另一边，北边，有一条普通的人行道和商住混合区。那个下午，大多数事情都发生在布鲁明戴尔大街 2300 号街区中部附近的人行道。

然后，在 4 月 25 日下午 3 点半左右，布鲁明戴尔大街，究竟发生了什么呢？

我们在庭审中向你们提供的证据，将会表明：

在那天下午早些时候，罗西·加雷特和谢利·威廉姆斯决定开车去罗西姐姐家。他们开了两辆车。罗西车上有大约 7 个人，而谢利、他兄弟以及另外两个朋友坐谢利的车。在回家的路上，他们决定拜访另外一个姐姐，她住在布鲁明戴尔大街 2300 号街区。谢利开车在前，罗西跟随其后。

他们一直从温尼贝戈开到了布鲁明戴尔大街的街角。

在转过街角之后，谢利·威廉姆斯开的第一辆汽车，沿着布鲁明戴尔大街走了很短的距离就停了下来，因为谢利看到被告西尔威斯特·斯特朗正在街上骑着自行车。西尔威斯特·斯特朗在离这辆车几英尺远的地方停下。

谢利下了汽车，走向了被告，并和被告说了几句话。但这迅速升级为争执，争执源于被告前天与谢利的母亲发生的争吵。

当争执还在继续时，谢利的母亲，罗西·加内特也开车到了街角并把车停在了离谢利的车不远的地方。她看到她的儿子正在和被告发生口角。他儿子给她打了一个手势，所以她下车，走到了谢利和被告所站的位置。谢利指着被告问她："是不是这个人骂了你？"她说："是的，就是他。"谢利要求被告道歉。

就在此时，乔治·霍华德，被告妻子的兄弟来到了这个街角，问谢利的哥哥克莱伦斯和他的一位朋友，发生了什么。两个人都说不知道在争吵什么。乔治·霍华德然后从口袋里掏出了手枪，朝天开了两枪。没有人受伤。被告走到乔治跟前说道："你并不想打中他，把枪给我。"然后他就从乔治手中拿走了手枪。

被告立即拿枪瞄准了谢利·威廉姆斯，并朝他的手臂开了一枪。当谢利转身逃离时，被告又朝谢利的背部开了一枪，谢利脸部朝下，倒在了地上。被告又走到他跟前，朝他的背部开了第三枪。在开了第三枪之后，被告试图沿着人行道逃跑。被害人的哥哥，克莱伦斯，看到被告枪杀了他的弟弟之后，立即跳上弟弟的汽车，沿着布鲁明戴尔开了很短的距离，就拦截了试图逃跑的被告。被告撞上了车，然后倒在了地上。克莱伦斯跳下了车，踢向了被告的头部，试图使他趴在地上，再交给警方。

被告反复想要爬起来，而克莱伦斯一直试图制服他。被告的一名亲戚，从家里拿了一根棒球棒来到现场，但是罗西从她的手里把棒球棒夺走了。然后，罗西用棒球棒击打被告的头部，以使他保持向下的姿势，直到警察到来。当警察到达现场时，他们发现，被告就在车边被制服。他遭到了殴打，

日期、时间、天气和光线这些问题不存在争议。

犯罪的地点，对于大多数刑事案件都很关键。因此，应该对它进行详细的描述，使陪审团对场景留下强烈的精神印象，如此，事件对于陪审员而言，才具有意义。总之，在描述事件发生过程之前，先设定好场景。此处是在开庭陈述中，使用照片或图解的好机会。

（发生了什么）

有时，预先告诉陪审团"你相信"证据会证明一些事情，是有利的。这样做之后，便开始进入到对事件的描述。这允许你告诉陪审团发生了什么，而无须不停地重复"我们相信证据会表明……"之类的语句（少数法院仍如此要求）。

注意，此处以极紧凑的方式描述了事件的经过，从而使陪审团"感觉到"事实是如何发生的。

案件的关键部分可以被演示出来。这里公诉人可以演示被告是如何持枪并开枪的。控方的弱点在于，事实上，在开枪之后，原告的家人和朋友对被告进行了严重的殴打。通常，这个问题最好通过自动披露不利证据来解决，如此一来，在辩方以其想要

正准备交给警方。他们还获得了手枪，之前为了保管，把这把枪拿到了罗西家里。一辆救护车被传唤而来，但是，受害人，谢利·威廉姆斯未能坚持到附近医院，就停止了心跳。后期的验尸结果显示，致命的一枪是射入受害人背部的那一枪，子弹穿透了被害人的肺和心脏。

先生们，女士们，这些就是我们将以证据证明的事实。我们将证明，在2000年4月25日，当被告，西尔威斯特·斯特朗，蓄意持枪朝一个手无寸铁的人开了三枪时，他就犯了谋杀罪。当谢利面朝地面，无助地倒在地旁时，被告却朝谢利的背部开了第三枪，这致命的一枪。证据会显示，西尔威斯特·斯特朗没有任何正当理由开枪射杀谢利·威廉姆斯。

根据证据，我们请求诸位，如起诉书中的指控，判决被告西尔威斯特·斯特朗谋杀罪成立。

开庭陈述——辩方

法庭、律师、陪审团的女士们、先生们，早上好。我们来到这里，只是因为在2000年4月25日，西尔威斯特·斯特朗必须使用枪，来防止自己被谢利·威廉姆斯杀害。这是一个关于正当防卫的案件，仅此而已。

在刑事案件中，控方负有证明责任，首先出示证据。只有在控方举证之后，西尔威斯特·斯特朗才有机会出示证据。我们请求诸位，在听完所有的证人作证之后，无论是我方证人，还是对方证人，再断定真正发生了什么。但是，在我告诉你们，我方相信我方的证据将会证明什么之前，我希望诸位能完全了解一个事实。我们对在2000年4月25日，西尔威斯特·斯特朗在芝加哥布鲁明戴尔大街开枪打死了死者谢利·威廉姆斯这一事实，并没有异议。我们同意，这确实发生了。但是，本案的争点并不在此。

本案的唯一争点在于，被告，西尔威斯特·斯特朗开枪时，是否是为了正当防卫。换言之，女士们，先生们，就是在4月25日下午发生的事实和情况下，被告是否有正当理由的自我防卫？请记住，我方作为被告，并不需要证明任何事情。控方必须排除合理怀疑地证明，被告没有正当理由进行自我防卫。证据将表明，被告西尔威斯特·斯特朗有正当理由做他当时所做的事情，因此不构成任何犯罪。总之，这仅仅是一个正当防卫的案件。

这次事件发生之前和过程中，究竟发生了什么呢？在4月24号，即事件的前一天，谢利·威廉姆斯的家人和西尔威斯特·斯特朗发生了争吵。在4月25日，也就是第二天，当西尔威斯特·斯特朗在布鲁明戴尔大街上骑自行车时，他碰到了谢利·威廉姆斯，他的家人和他的其他朋友。

证据将表明，谢利·威廉姆斯先攻击了西尔威斯特·斯特朗的脸部。紧接着，谢利和他的家人用棒球棒和长2英尺厚4英寸的木棍（two-by-fours）殴打西尔威斯特·斯特朗。西尔威斯特·斯特朗手无寸铁，拼命挣扎，试图保护自己免受这些人的殴打，但是毫无办法。他的头部和身体遭到反复殴打。在绝望中，他从刚刚到场的乔治·霍华德处抓过了一把手枪。他的脸上血流如注，他不停地开枪，击中了谢利·威廉姆斯。

他开枪的唯一理由，是为了让攻击他的那群人离开，那群用致命的武器——棒球棒和木棍，不停地殴打他的人。

当殴打他的那群人意识到他的枪没有了子弹之后，他们继续用棒球棒和木棍殴打他。他被打得血肉模糊。

以下为左侧边栏内容：

的方式对弱点进行讨论前，你就可以削弱其可能带来的不利影响。

（有罪理由）

总结应当有力。

因为辩方不举证，所以控方不能直接对预期的抗辩进行评论。

（结论）

88

（介绍）

（争点）以最有利于你方立场的方式来设计争点，极为重要。

在指出争点之后，你必须着重回答它，然后直接回顾在争点上，支持你方立场的事实。

（发生了什么）

注意，此次是从被告的角度来描述事件的经过。

89

给被告塑造一个令人同情的形象，并无不妥。

（无罪的理由）

如原告一样，这是开庭陈述的关键，必须充满感情和坚定地进行陈述。

（结论）

必须提醒陪审团，对于争点，控方负有排除合理怀疑的证明责任，因为完全有可能，一些陪审员会认为被告应对自己选择提出的抗辩负有证明责任。

当他意识到自己的生命存在危险后，他试图跑到街道对面逃跑，但是那群暴徒又追上、抓住了他。他被打倒在地上，再次被殴打，直至失去了意识。他活下来的唯一原因是，不久后警察赶到了。

总之，女士们、先生们，我们将以证据证明，在这种情况下，西尔威斯特·斯特朗只是做了任何一个理智的人都会做的事情。他只是为了在一群持械暴徒面前，保护自己。因此，他绝没有犯谋杀或其他任何罪行。

女士们，先生们，我请求你们推迟你们的决定，直到你们听完所有证人的作证，而且我相信听完所有的证据之后，诸位会作出一个公正的裁决。我 90 们认为，控方不能排除合理怀疑地证明被告没有合法理由进行正当防卫。我们希望，在诸位经过深思熟虑和仔细地对所有证据进行权衡之后，你们会作出唯一的裁决——无罪的裁决。谢谢各位。

2. 民事案件（产品责任）：Hi-Temp 公司 v. 林德伯格熔炉公司

Hi-Temp，一家用熔炉冶炼金属制品的公司，1999 年 9 月，它从被告制造商处，购买了一个工业真空熔炉。2000 年 12 月 31 日，熔炉发生了爆炸。高温公司对熔炉进行了修理。Hi-Temp 主张，熔炉存在设计缺陷，特别是阀门的设计有缺陷，这是爆炸的原因。林德伯格则坚称，熔炉设计安全、生产合规。

开庭陈述——原告

（介绍）

下午好，女士们、先生们。这是一个由于设计缺陷而引起熔炉爆炸的案件。

（当事人）

Hi-Temp，即我方公司，是一家在伊利诺斯北太湖营业的公司。Hi-Temp 使用高温真空熔炉来炼制各种金属制品。被告，林德伯格熔炉公司，设计、制造、销售此类熔炉。1999 年，Hi-Temp 与被告协商，意欲向被告购买一个真空熔炉。

（工具）

因为本案的关键是一台机械设备，所以要对它进行详尽的描述。

真空熔炉有不同的形状和型号，但是它们基本的部件都是一样的。核心部分是一个内置的真空室（lined vaccum chamber）。原料通过一个大的舱口，放置到真空室内。熔炉通过一系列的泵体、阀门和加热元件而运行。当原料被放置到真空室内之后，再利用泵体和阀门将熔炉里的空气排尽。

这是在开庭陈述中，使用图表或照片的好地方。

紧接着，加热装置继续加热，将熔炉里的物件加热至所要求的温度，无 91 论熔炉内的物件是什么。这个过程是对金属进行锻炼，让它们变得更强更硬。

当 Hi-Temp 与林德伯格就真空熔炉购买事宜进行协商时，他们告诉了林德伯格熔炉必须达到的要求。他们告诉了林德伯格他们需要的加热方式（kind of heat）、所需压力。他们告诉了林德伯格，熔炉需要满足的规格和要求。

林德伯格为 Hi-Temp 调整了真空熔炉的设计并进行制造，而 Hi-Temp 支付了 103 000 美元。此次购买是基于这样的理解：熔炉可以满足制造的目的，即加热 Hi-Temp 需要加热的原料。

（预期辩护）

熔炉在 1999 年 9 月的某个时间开始了运行。在熔炉运行的整个期间，

92

93

预期辩护是，爆炸可能是由不当的维护、操作或错误使用造成（misuse）。此处的陈述会帮助反驳预期辩护。

（场景）

再次，对预期辩护进行了强力的反驳。

在本案中，原告的主要难题是解释因果关系——所称的设计缺陷是如何导致所涉爆炸的。因此，开庭陈述的这个部分陈述得尤为谨慎，所以原告并没有直接主张，通过专家，他能够准确地解释，爆炸是如何发生的。

（责任理由）

原告简单对案件理论进行了陈述——如果阀门添加了保险锁，就不会发生爆炸在这个案件中，真正的争点是责任。所以损害赔偿简单地提提就可以了。

（结论）

（介绍）

（当事人）

（无责的理由）

（损害赔偿）

Hi-Temp 对熔炉的维护、照料和保养都是一丝不苟的。出现任何维护、修理和其他类似问题，他们都及时处理。通常，他们会电话咨询林德伯格，如何解决问题。

在 2000 年 12 月 31 日，熔炉正在运行中。在那天下午，熔炉正在加热涡轮叶片和其他的飞机零件。加热循环到 2 000 度后，就会冷却，再加热到 1 800 度，再冷却。这样的过程在一系列阶段中持续。所有的一切都一如既往。

那个晚上，熔炉中又放进了更多的涡轮叶片的部件，再次运行。所有的装置都设置正确。装载过程也无不妥。所有的事情都按我们被告诉的方式进行，也按照它一直以来的方式进行。

那天晚上 8 点半左右，爆炸发生了，熔炉的周边被炸裂开，其他部分也受到了损害。爆炸发生之后，我方立即对爆炸的起因进行了调查。基于这里所有的证据，诸位会得出结论：正是真空熔炉的设计缺陷，直接导致了爆炸，并应为此负责。

根据设计目的，熔炉能够将熔炉内的大气压抽成真空。熔炉的加压部分，与真空部分相分离，两部分由连接到主体真空泵体的阀门所连接，这个阀门又被称为前级管道阀门（foreline valve）。根据设计和制造的方案，无须先关闭熔炉、也无须与部件上的其他阀门协调配合的情况下，真空部分和大气压部分之间的前级管道阀门，就可以打开。如果前级管道阀门由于某种原因打开，大气压就可以以惊人的速度和压力涌入真空部分，在熔炉中产生冲击波（shock wave）。

女士们、先生们，这就是在 2000 年 12 月 31 日发生的事情。前级管道阀门不恰当地开启之后，大气压冲入真空部分，造成了巨大的冲击波，炸裂了熔炉的侧部，还造成了其他损坏。

你们将了解到，爆炸是由林德伯格在前级管道阀门上的设计和制造缺陷而直接导致的。如果林德伯格，能简单地为前级管道阀门加一个保险锁装置，爆炸可能就能够避免了。

爆炸之后，Hi-Temp 对真空熔炉进行了重建。这花费了几周的时间，而且在这期间，他们的客户订单都无法处理。Hi-Temp 修理的开销，和营业中断的损失，共计 55 000 美元。

在举证完毕之后，我们请求你们作出有利于 Hi-Temp 的裁决，并判决林德伯格赔偿 55 000 美元。

开庭陈述——被告

敬请法庭、律师和陪审团成员允许：我代表林德伯格熔炉公司。

林德伯格致力于为全球范围的购买者设计和制造真空熔炉。我们自从 1947 年就开始了此项业务，并根据每位顾客的要求，制造熔炉。

我们将证明，Hi-Temp 所购买的熔炉的设计，是有着超过 20 年卓越表现和安全性能的标准设计。在过去的 20 年里，我们制造了数以千计的熔炉，都没有问题。设计非常安全，我们认真地完成了制造和测试。无论爆炸是由何种原因引起，肯定与它的设计和制造无关。证据将表明，爆炸可能由于使用者不当的维护、使用造成。如果非要说是什么原因导致了爆炸，那就是 Hi-Temp 对熔炉不当的维护或使用。

此外，我们将表明，熔炉大约在两个星期内就能修好，而且费用远远低虽然辩护是基于责任，但是，通常更理想的是，至少涉及一点儿损害赔偿。

（结论）

这个极其简短的开庭陈述，其优点在于听上去极为自信。它有力地陈述，原告既不能证明设计缺陷，也不能证明因果关系。在开庭陈述中，简洁有时候也可以成为有效的工具。

于 55 000 美元，那时，它就可以重新投入使用了。

简言之，原告不能根据证据优势原则证明，我方在设计和制造熔炉时存在任何错误，导致了所谓的爆炸。因此，在举证完毕之后，我方请求诸位作出有利于林德伯格熔炉公司，而不利于原告的裁决。

94

第 5 章

直接询问

5.1　简介

　　有经验的律师都明白，大多数诉讼，是赢在他们证据充分，而不是对手证据不足。因此，能够清晰、有力、高效地陈述案件事实的直接询问，经常会对庭审结果产生决定性的影响。

　　直接询问应当是使陪审团从你方角度，重历事件经过的机会。证人应当呈现，而非告诉陪审团发生了什么，只有这样，才算是为了陪审团而重构事件。在做这些事情的时候，必须牢记你请求或辩护的要件、你的案件理论、你的主题和标签，在讲述故事时必须抓住每一位陪审员的心。这很困难，需要周密计划和证人准备。如果做得好，每一位陪审员都会了解、接受和记住证人的证言。

　　因此，直接询问应当让证人成为被关注的中心。律师进行询问时，不能分散陪审团对证人的注意力。毕竟，证人是因为举止和证言的内容而被相信和记住，而非因为提问有多高明。证人的可信度，取决于证人是谁（背景）、他讲述了什么（内容）、他如何讲述的（举止）。如果陪审员记得你的一名证人特别可信，而不能确定是谁进行了直接询问，这就说明你干得很好。

　　本章将讨论有效询问的构成要件，并回顾在民事和刑事案件中，经常遇到的对非专家证人进行直接询问的不同类型。专家证人会在第 8 章讨论。

5.2　要件

　　一名好的直接询问者，如同一个电影团队中的导演。尽管受到剧本的限制，但是导演能够将自己的方式和理念灌输到电影制作之中。在刻画一个事件时，他拥有很多改变的权利。他能够选择摄像机的位置、拍摄的角度和镜片的类型。他可以运用全景镜头、特写镜头、定格（stop action frame）和慢镜头。当拍摄完成之后，他可以享受剪辑的特权。最后的成果，尽管仍是一部讲述某个故事的电影，却是导演的独特作品。

　　一名好的出庭律师，会以同样的方式来安排证人作证。他不仅仅是把"故事讲出来"。他决定如何刻画一个特定的事件或场景，然后为达到这一预期的结果，作出必要的技术性决定。不重要的事项，要么避免，要么掩盖。强调重要的信息、放大细节、放慢动作。至关重要的信息可以以定格的连续画面（stop-action sequence）来呈现。

　　关键是，出庭律师应当把庭审，特别是直接询问，视为一项创造性的艺术，此项艺术能让你以最有利于己方的方式，向陪审团讲述这个故事。此类创造性的方式将在本节中予以分析。

　　每次当你计划直接陈述时，都应当记住，成功的直接询问会重复出现几个特征。它们包括以下几点：

1. 简单化

稚嫩的律师经常犯两个相关的错误。第一，他们引出了太多无关痛痒的证言。另一方面，他们在证人必须提供的重要信息部分，耗力太少。前者将导致陪审员产生厌倦感，更糟的是，会使他们对什么是重要的感到混淆。它还使得对方律师在交叉询问中有机会提出新的论点。而后者，对关键事实过于草率，未能对重要部分深入挖掘，以使陪审员理解和领会。

请记住，陪审团受两项限制之累：他们之前从未听过证言，并且他们是通过听觉来获得信息的。任何人吸收和保留听觉信息的能力都是有限的。在15到20分钟之后，人的注意力集中时间会大幅度下降，所以询问应当是简短和切中要点的。所以，不要在直接询问中添加不必要的信息和细节，而加重陪审员的困难。提前决定哪个部分是证人证言的关键部分，直入主题、充分展开，然后就停止。总之，你的直接询问要保持简单。在你举证的直接询问阶段，简洁是智慧的更好诠释。

2. 有逻辑地组织

一旦确定了将要进行的直接询问的关键点，你必须将这些关键点以符合逻辑的顺序串联起来。这经常，但并非总是，导致证言以时间顺序展开。经验显示，陪审员与其他人一样，最容易理解以真实事件发生的时间顺序进行陈述的事件或其他信息。陪审员习惯于聆听按时间顺序讲述的故事，因为如果以此种方式讲述故事，陪审员会更容易理解，或记住证据。

对于在人身伤害案件和刑事案件的事件事件证人，一个符合逻辑和最常用的顺序是：

1. 简介和个人背景
2. 场景描述
3. 行为描述
4. 强调和重复展示物
5. 损害赔偿描述（如有）

示 例

证人、一起汽车车祸案件中的原告，通常应当以下列顺序作证：

a. 简介和个人背景

b. 车祸地点的描述

c. 在车祸发生前一刻，发生了什么

d. 车祸事实上是如何发生的

e. 在车祸发生之后，随即发生了什么

f. 急救室和初始治疗

g. 后续的医学治疗

h. 展示身体上的限制和障碍

i. 强调主要观点的展示物

虽然直接依照时间顺序叙述，是组织直接询问的常见方式，特别是对于事件事件证人，但是这并非总是作证的唯一方式。

在直接询问的早期阶段，当陪审员最为敏锐、记忆力最佳的时候，陈述证言更为戏剧化和重要的部分，有时会成为更好的选择。在那之后，就可以引出更早的事件，或重要的结论。

如同庭审的其他阶段一样，没有放之四海而皆准的规则。对于每一位证人，庭审律师应当通过其最好的判断，决定使证人最有效地陈述证言的顺序。

3. 运用介绍性和过渡性的问题

因为证人第一次坐上证人席时，陪审员对他一无所知，所以介绍性的问题很有用，它们会让陪审员了解他们应当期待什么。

99

示 例

问：里奇长官，你是到达汉森家的第一名警官？

答：是的。

问：你逮捕了被告？

答：是的。

问：你是否指认了（lineup）嫌疑犯？

答：是的。

问：首先我想问你到达汉森家时间的问题。你是什么时候到达那里的？

有了上述引导性的问题，陪审员就知道了应当期待什么，不应当期待什么。因为这些问题只是初步的，所以他们所导向的事实，并不重要。

过渡性的问题也可以成为有用的工具；他们在直接询问中起到标杆的作用。当证人对几个主题都作证时，过渡性的问题让陪审员了解什么时候一个主题结束了，而什么时候下一个主题会开始。它们就像一本书中每一章的标题，使直接询问更容易理解，而且周期性地重提（renew）陪审员对证言的兴趣。

示 例

问：史密斯女士，我首先将询问你的专业背景。

问：接下来让我们回到你从 ABC 制造公司购买了机器的那天。

问：史密斯女士，我接下来将问到在 6 月 15 日下午究竟发生了什么的问题。

问：我想把你带回到 2000 年 6 月 15 日，大约下午 3 点。

4. 介绍证人和发展背景

每当证人作证时，有三个问题就会掠过陪审员的脑海。"这个人是谁"、"她为什么会在这里"、"我为什么要相信她"。因此，你在直接询问中的第一项任务，就是让陪审员了解为什么证人在这里，为什么他们应该相信这位证人。

前两个目的，即表明证人是谁和为什么来到这里，可以迅速地解释。

示 例

问：史密斯女士，请向陪审团介绍你自己。

答：我是珍妮弗·R·史密斯。

问：史密斯女士，车祸发生时，你在哪里？

答：我就站在车祸发生的街角。我看到了整个经过。

这个简单的问题，引导陪审团了解了证言的大概内容。

第三个目的，告诉陪审团为什么这些证人值得信任，也可以有效地完成。陪审员希望对证人有所了解，以便他们评价可信度时有一个初始的依据。陪审员比较喜欢和他们类似的人。告诉陪审员这些证人是正常的人；如果他们搬到陪审员的社区，陪审员会感到高兴。因此，你必须通过几个简短的问题引出证人的背景。

示 例

问：杰克森夫人，你住在哪里？

答：在郁金香大街 3742 号。

问：住了多长时间？

答：大约 15 年。

问：有谁和你住在一起吗？

答：是的，我的丈夫和两个男孩。

问：你是否在外工作？

答：是的，我是珠宝食品订单部门的会计。

问：你在那里工作了多久了？

答：大约 8 年了。

通过几个简单的问题，你就向陪审团表明了该名证人已婚、有孩子，是社区的长期居民，并有一份有责任的工作。所有事实都表明，证人是一个成熟、负责的人，和陪审团成员非常相像。

陪审员同样喜欢对证人有所"感觉"。因此，考虑通过让证人讲讲什么，比如她的工作和家人，来介绍自己。虽然可能与证人的可信度并没有太大的联系，但是如果做得好，且该名证人是一方当事人或者重要的证人，大多数法庭会允许进一步地展开证人背景。

示 例

问：威廉姆斯女士，你在 Ajax 制造公司所从事的稽查员工作，是干什么的？

答：我们的制造过程包括一条流水线。我的工作是，确保当流水线上需要某种原材料时及时地将该种原材料供给到需要它的位置。

> 问：如果原料没有供给会发生什么？
>
> 答：你会发现，100 余人站在流水线旁，什么都做不了，因为整个生产线都被停止作业了。
>
> 问：约翰逊先生，在纽约待了这么多年之后，是什么让你决定搬到这里的？
>
> 答：我始终梦想创办我自己的公司。大约在 5 年前，我有机会在这里创办自己的广告公司，所以我抓住了这个机会。这是我一生中最明智的选择，我永远都不会后悔。

101

对每一位证人，你都应当提出关于背景的简单问题，因为可信度始终都是一个关键点。背景是否需要进一步展开，取决于证人是谁和证人证言的重要程度。在人身伤害案件中的原告、刑事案件中的被告，以及专家，例如警官，他们的背景应当适当地进一步展开。对关键证人的介绍应当是全方位的，以便陪审员能够真正地感觉到他们是谁。在本章的后面部分会对上述的证人类型进行详细阐述。

第三个目的，告诉陪审团为什么这些证人值得信任，也包括肢体语言的交流。这种交流从证人一进入法庭就已经开始，直到证人离开法庭才结束。通常这些非口头的暗示是具有主导性的，可能会掌控真正的证言。陪审员会迅速地凭直觉对证人作出反应，然后寻找事实确证和支持他们的反应。

如果在评价证人可信度时，对于陪审员，眼睛的作用不低于耳朵，对此，你能做些什么呢？外表的吸引力是可信度的重要组成部分。虽然我们不能改变证人的外表特征，但是我们可以影响他们在法庭中的着装和非言语的举止。第一，决定证人在法庭中应该穿什么。不要只告诉证人"恰当地穿着"，因为他们不知道这是什么意思。仔细决定服装应该是什么样的，包括配饰。对男士而言，这通常意味着西装，或者至少是一件黑色、保守的运动夹克。对女士而言，这通常意味着一件保守的连衣裙、裙子或上衣。而对于诸如警察、保安或商店人员等证人，制服是很好的选择，特别是当他们的证言与工作相关时，因为制服通常会加强可信度。除了手表和戒指之外的饰物，应当尽量少戴。衣服应当使证人感到舒适，并使陪审团感觉到证人很认真地对待出庭。

第二，排练证人应当如何进入法庭、如何走向证人席、在哪里和如何宣誓、如何在证人席上就座以及如何保持眼神交流。记住，当你说"法官阁下，我们请求传唤约翰逊先生作为接下来的证人"，然后法警或者其他人走到法庭外将证人带入时，所有陪审员的视线都将停留在法庭的大门上。当证人进入，走到证人席，宣誓，就座时，陪审员都在一直观察他、评价他。这个过程可能会花一分钟，在这期间，陪审员会在证人还没说出一个字之前，对他"积极地进行评价"。这通常就是决定可信度的重要时刻。你的每位证 *102* 人应当留下的印象是：一个做好准备作证的人、一个在法庭中充满自信的人、一个认真对待宣誓的人和对证人的角色感到自若的人。

5. 设定场景

在开庭陈述一章中，强调了组织开庭陈述的重要性，对当事人、场景和其他重要信息的描述，应先于对事件的描述。在聆听发生了什么之前，陪审团应当对场景有所了解。舞台应该在事件发生之前，就设定好。

在直接询问中，通常也应当适用同样的方式，特别是描述事件经过事件证人。所有必要的前期描述和信息，都应当在描述事件经过之前提出。为什么呢？事件证言（action testimony）如果以不间断的、连贯的方式进行陈述，会最为有效和具有戏剧性。一旦进入了直接询问的事件经过部分，你就不应该为了提供额外的背景信息而打断询问。这会分散和削弱事件经过证言的冲击力。

在作证事件发生经过时，最好不要使用诸如照片或图表等展示物。展示物同样会干扰到对事件经过的叙述。证人证言越具有戏剧性，你就越不希望分散人们对充满感情的叙事的注意力。使证人成为焦点。直到证人已经描述完发生了什么之后再使用展示物。然后展示物会强调这些关键点。

直接询问，特别是涉及事件证言（occurrence testimony）时，应当创造感性的画面（image）。证人的回答，应当为陪审员绘制可以视觉化的画面。这应该成为你的目标，即使你有照片、图解和图表来补充证言。直接询问应当提供充分的信息，以使陪审团了解发生了什么，并通过证人重历事件。但是，去掉不必要的细节。在直接询问中夹杂过多的技术性信息，会削弱你想突出的关键点，并使陪审团感到厌倦。确切的距离、时间和其他细节，是交叉询问者为寻求不一致的地方，而经常强调的事项。当你在直接询问中提出这些细节时，你仅仅是为交叉询问者提供了其可以在交叉询问中利用的额外事实。

陪审员习惯于通过 5～15 秒的"话语片段"（sound bite）来获取信息，如他们在晚间新闻中所看到的一样。从抽象到具体，类似使用变焦镜头，先拍摄一个全景，然后再放大对故事重要的细节。这使得陪审员更容易将口头证言转变为对场景的精神印象。

示 例

103

问：本森先生，这场车祸发生在什么地方？

答：就在榆树大街和枫树大街的十字路口。

问：你知道那个十字路口吗？

答：当然，我每天上班都经过那个十字路口。

问：十字路口附近都是什么地方？

答：主要是零售地区。榆树大街和枫树大街都有许多小型的零售店，大多数是一层的建筑。在榆树大街和主街后面，基本上都是住宅区。

问：榆树大街呢？

答：榆树大街是一条南北朝向的街道。在每个方向有一条车道，道路两旁还有停车的地方。

问：那枫树大街呢？

答：它是东西朝向的街道。它跟榆树大街很像——每个方向有一条车道，道路两旁有停车的地方。

问：车祸是什么时候发生的？

答：大约在下午 6 点零几分钟。

问：那时候交通状况怎么样？

答：高峰时段即将过去，交通很稳定，没有拥堵。

问：给我们讲讲那天晚上的天气状况。

答：晴朗、干燥。

问：光线情况呢？

答：天色渐晚，但是街灯已经点亮，从商店投射出来更多的灯光。视线没有任何问题。

问：当你看见车祸发生时，你在什么地方？

答：我正站在西南角上，等着穿过榆树大街。

到这里，你已经对事故发生的位置和当时的灯光，进行了大致的描述。更为详细的阐述是不必要的。让交叉询问者问枫树大街到底有多宽，证人距事件发生的地点到底有多远，以及每个街灯与事故发生的地点有多远。

这些细节不会实质性地加强你的直接询问。当然，让你的证人为回答这些细节的问题做好准备，但是，在直接询问中，如果让证人过于纠缠这些细节，不仅对你没有任何好处，反而让交叉询问者有利可图。

在另一方面，在某些情况下你会希望证人描述细节。如果两名证人的证言存在冲突，陪审员会寻找理由，去相信一名证人的记忆，而非另一名证人。在这里，细节会提升可信度。陪审员通常会相信，如果一名证人能更清楚地记得周围事物的细节，那么对于争议事件或事物，该名证人可能也会比其他证人记得更清楚。

示 例

原告与被告进行了一场对话，原告版本与被告版本不同，原告的版本称双方已经完成对合同细节的协商。

104

问：费斯克先生，你是什么时候与被告见面，商议协议的细节的？

答：我们在下午 2 点半，在主街第 410 号，他的办公室见的面。

问：有其他人在现场吗？

答：没有，尽管在我们开始讨论细节后没多久，他的秘书进来过。她拿了一份文件给他，然后就离开了，一言未发。

问：你们坐在哪里？

答：我们坐在他桌子附近。我坐在一个绿色的小沙发上。在一张小咖啡桌的另一侧，他转过他的办公椅，对着我。

问：设计图在那里吗？

答：当然，它们被卷起来，并用绳子系住，放在咖啡桌上。

在此种情形下，让原告描述周围的细节，会在人们潜意识里加强她的可信度，因为她如此清楚地记住了细节。这在终结辩护中利用会很有效，因为你可以辩称原告的记忆力比被告更好，因此比被告更值得信任。如果原告能如此清晰地记住场景的细节，那么她能记住对话的内容，就说得通了。

许多场景的描述会运用罗盘方向——北面、南面、东面和西面——引导陪审团到具体位置。这种方式通常会在场景涉及街道或开放的区域时有效。

另一种常用的方式，是从证人的角度来描述场景，运用证人的方向感。这对于较小的区域，如建筑和房间，当罗盘方向不重要时，更为有效。这种方式让陪审员以一种独特的角度来"看待"场景。

示 例

场景在一个社区内的小酒吧，在这里，被告在一场争吵之后，枪杀了受害者。受害者是一名顾客，争吵发生时刚好进入酒吧。

问：请描述一下欧图勒酒吧。

答：它是一家小型的社区酒吧，位于主街上一幢古老的两层砖砌建筑里。

问：它的正门看上去是什么样的？

答：中间有一扇门，每一片门板上都有大的落地玻璃窗。

问：当你走过那扇门时，你会看见什么？

答：当你走进房屋，就到了前厅。吧台靠着左面的墙。吧台边上，可能有七八个为顾客准备的高脚椅。靠着右边的墙，有三个小雅座。如果你直接穿过吧台和雅座，就来到了有一张台球桌和更多雅座的后厅。在左后方，穿过酒吧，就是厨房。

问：在欧图勒酒吧里面，光线怎么样？

答：就是普通的酒吧灯光。酒吧到处都有灯，每个雅座上方也有灯，房间里的几个啤酒招牌也散发着灯光。你的视线没有任何问题。

请注意对场景的描述包括了光线，这对于目击证人的可信度，十分重要。

---

6. 重现事件经过

对事件证人有效的直接询问会重现事件发生经过，只有这样，陪审员才能在证人伴随下，融入和体验事件的经过。做到这一点非常困难，并需要时间进行组织。在重现事件经过时，需考虑 4 点：看法、节奏、感性的语言和现在时态。只要是准备对事件证人的直接询问，每一点都必须慎重考虑。

a. 看法

第一项任务是组织直接询问，以使陪审团从对你方有利的角度来"看待"事件发生的经过。通常，这应当通过证人的眼睛。

示 例

车祸案件中的原告，通常会希望陪审团从他们的角度看待车祸。让陪审员随原告一起回到车上，这样，他们就能透过原告的眼睛看到这次车祸。

问：柏格先生，让我们看看，当你在主街向南行驶时，会看见什么。当你从挡风玻璃看出去时，你在前方的交通车道看到了什么？

答：我看到一行车在我之前行驶，速度大约是每小时 20 英里。

问：你从后视镜能看到什么？

答：同样。我的后面也有一行车行驶。

问：在向北行驶的车道中，你能看到什么？

答：没有车辆迎面而来。我看见，在向北行驶的车道中，有一辆车停在榆树大街的十字路口，试图左转，它后面还有车。

此类证言把陪审员放到了证人汽车的后座，让陪审员看到证人所看到的，这是使陪审员从你方角度来想象事件经过的有效方式。

b. 节奏（pace）

陪审员还希望"感觉"到发生了什么，而这由节奏所影响。节奏包括控制询问的速度。这对于涉及事件证人的情况，尤为重要。幸运的是，询问者可以掌握好节奏，只要以最有利的速度，以短小的片段将证人的证言引出即可。

请记住，不像你和证人，陪审员之前从没有听过证言。他们接受、消化和理解的能力是有限的。例如，大多数车祸的关键部分，会发生在几秒钟之内。在此种情况下，你应当控制节奏，放慢事件发生的经过。你可能希望通过一个个画面呈现对事件经过进行刻画，很大程度上类似慢动作或定格电影。只有通过慢动作，你才能够使陪审团了解车祸实际上是如何发生的。

示　例

一些车祸案件中的原告，会希望放慢对事件经过的叙述，以证明在当时的情况下，他尽到了合理注意的义务。

问：当你靠近榆树大街和枫树大街的十字路口时，你看见任何车辆了吗？

答：没有，当时没有看到。

问：你那时的速度是多少？

答：大约每小时 30 英里。

问：当你靠近十字路口时，你做了什么？

答：我放慢了速度，左右看了看。

问：当你第一次看见其他车的时候，你的车在哪里？

答：我正在进入十字路口。

问：你那时候的车速是多少？

答：大约每小时 25 英里。

问：那时另一辆车在哪里？

答：它从我的左边，直接向十字路口开过来。

问：他那时候开得有多快呢？

答：我不清楚。

问：你接下来做了什么？

答：我继续穿过十字路口。

问：你又看到那辆车了吗？

答：是的。

问：什么时候？

答：当我到十字路口中间时。

问：你那时候的速度是多少？

答：大约 25 英里每小时。

问：在那个时候，你能预计另外一辆车的速度吗？

答：是的。

问：是多少呢？

答：大约每小时 30 到 35 英里。

问：车在哪里？

答：它在十字路口，正面朝我驶过来。

问：他的车离你的车有多远？

答：大约 15 英尺。

问：你做了什么？

答：我踩了刹车，转动了方向盘。

问：接下来又发生了什么？

答：他的车笔直地撞上了我的车门。

问：车祸发生在十字路口的什么地方？

答：几乎就在中间。

问：他的车的什么部位撞上了你的车的什么部分？

答：他的车的左前方保险杠撞上了我的车的左后方。

问：两辆车最后停在了哪里？

答：我的车停在了十字路口的东南角上。他的车还垂直卡在我的车的左后部分。

在上面的例子中，你已经通过让证人分别通过四个阶段描述事件，来放慢事件经过：（i）靠近十字路口；（ii）车祸发生前一刻；（iii）车祸本身，及（iv）汽车停下来的位置。通过让证人描述每一阶段，你已经就发生在几秒钟的事件，创造了语言上的慢镜头。陪审团能够跟上它、理解它，然后想象出车祸的画面。另外，你已经构造出一种印象，即驾驶者在驶向十字路口时，已经保持了必要的警惕，不可能是他制造了这场车祸。

在一些情形下，你希望传达事件发生得非常之快，超出预期，根本没有时间蓄意或反应的印象。在这些情况下，你可能想加快节奏。

示 例

问：琼斯先生，当你进入榆树大街和枫树大街的十字路口时，你有看到其他车辆吗？

答：没有。

问：你当时开得有多快？

答：大约每小时 30 英里。

问：你接下来做了什么？

答：我正径直驶过十字路口。

问：接下来又发生了什么？

答：嗯，当时我正在十字路口的中间，突然另一辆车从右边冲到了我的车前，我还
　　没来得及踩刹车，我们的车就已经撞上了。

通过快速地表达关键证言，你营造出了事件发生得出乎意料的快的感
觉。陪审团从中获得的印象和你想要传递的信息是，这场事故是不可避 *108*
免的。

因此，在每一位证人的证言中，你必须按照你想要陪审团看待它的方
式，来延长、缩短或放任证人描述事件的节奏，并相应地安排你在直接询问
中的问题。

c. 感性的语言

有效的证人证言会运用简单、感性的语言。语言必须简单，这样，所有
的陪审员才能够理解。语言必须是感性的，这样，陪审员才会觉得生动和印
象深刻。有经验的出庭律师明白，为证人研究出一套有效的"庭审词汇"，
是成功的直接询问的关键部分。

第一，使直接询问变得简单包括：在直接询问中提问时，选择简单的单
词和短语，并训练证人以简单的单词和短语来回答你的问题。心理学研究已
经反复证明，你的问题如何措辞，对于答案有着十分重要的影响。语词的选
择，影响着答案。问一名证人，一辆车开得"有多快"而不是开得"有多
慢"，总是会从证人处获得更快速度的答案。语词例如"撞裂"（smash）和
"猛撞"（collided），就与"撞击"（struck）和"碰撞"（hit），传递出不同的
印象。因此，在每个案件中，你必须提前决定，你想要采用哪些语句来创造
有利的印象，然后在询问证人和庭审的其他阶段，一致地使用它们。

你和你的证人都要避免使用"警察用语"（police talk）和其他行话。考
虑如下事项：

示　例

你什么时候离开你的交通工具的？　　　　对比：你什么时候从你的车中出来的？
你曾经有机会跟他交谈吗？　　　　　　　对比：你曾经跟他说过话吗？
你被雇佣了多长时间？　　　　　　　　　对比：你干砖匠多少年了？
在你被逮捕之后，发生了什么，比如？　　对比：他们逮捕了你之后发生了什么？

右栏的措辞明显更好。它是一种清晰、简单、容易理解的提问方式。沟
通研究表明，陪审员认为简单、合乎语法的语言，比"警察用语"和其他生
硬、不必要的复杂演讲，更具有说服力，律师和证人都是如此。

第二，训练你的证人运用感性的语言。生动的语言更具有影响力，也更
容易记忆。但是，大多数证人不会本能地运用生动的语言，而开展有效的直 *109*
接询问的重要工作之一，就是帮助证人发掘出自己的感性词汇。例如，当被
问到"车祸发生了之后，你发生了什么？"，大多数证人会说到"我受伤了"
或者"我的手臂受伤了"。当你准备证人作证时，向他提出感性的问题："当
你的手臂受伤时，你怎么知道你受伤了？"、"你的手臂看上去怎么样？"、"你

当时在想些什么?"。当你提出这些感性的问题时，证人也往往会给出感性的答案，这会使陪审员对于发生了什么，获得更好的、更为生动的画面。

示 例

问：威尔森女士，在车祸发生前一刻，你在干什么？

答：看到一辆车闯了红灯之后，我就只记得我在尖叫了。

问：然后呢？

答：发生了很严重的撞击。我被压向方向盘。我能听见金属摩擦和玻璃破碎的声音。

问：你发生了什么？

答：撞击的冲力将我扔向前方，我的手臂被夹在了方向盘里，折断了。

问：你听到了什么？

答：我听到了骨头断裂的声音。类似噼啪的声音。

问：你看到了什么？

答：我的手臂以难以置信的角度在肘部弯曲。它不可思议地向后弯曲。

问：你有什么感觉？

答：我立即感到了有一阵灼热的刺痛在我的手臂向上蔓延，像被火炉的捅火棍碰触到一样，而且越来越糟糕。

问：你那时做了什么？

答：我只记得我开始哭，然后我晕了过去。

诸如此类。感性的语言是生动的，能够帮助陪审员设想到底发生了什么。每一位证人都拥有能使证言变得生动的本能词汇。作为出庭律师，你的任务是找到它们，并运用它们。

d. 现在时态

在律师的提问和证人的回答之中，都使用现在时态，这是重构一起戏剧化事件的有效技巧。它使得陪审员有机会通过证人的证言重历事件，然后从情感上融入故事当中。

示 例

问：伯格先生，让我们回到车祸本身。当你看到主街和榆树大街十字路口的交通灯时，它是什么颜色的？

答：它是绿色的，但是在我距离50英尺远的时候，它变黄了。

问：你做了什么呢？

答：我把脚从油门上离开，开始慢慢地滑向十字路口。

问：当你靠近十字路口时，发生了什么？

答：在主街上，面向我的一辆车突然左转，直接冲到了我面前。

问：你做了什么？

答：我猛踩（slam on）了刹车，但已经为时已晚。

诸如此类。重构一个事件，以便使陪审员通过证人的感官和感觉，从情感上融入和重历这个事件，是一项艰难的任务。它通常涉及的四个技巧：看法、节奏、感性的语言和现在时态。如果能运用恰当，它将在法庭中创造难以置信的效果。

7. 使用非诱导性问题

根据直接询问的基本规则，原则上禁止对证人进行诱导提问。生疏的律师，通常在直接询问阶段进行过多的诱导提问。虽然这是一条证据规则，但它同样也是说服的规则，当然也存在一些例外。如果你在提问中暗示了答案，你就削弱了使证人自己揭示出事实的效果。陪审员会怀疑，如果律师实际上没有把答案告诉证人，证人自己会不会给出同样的答案。如果证人仅给出"是"或"不是"的回答，则陪审员就没有适当的途径去评价证人的可信度。直接询问中一项核心规则，是律师不应当做任何可能分散证人作证，或者削弱证人证言影响力的事情。诱导性和暗示性的提问，恰好会导致这一点。

示　例

十字路口附近是什么样的街道？　　对比：十字路口的街道是双车道，对吗？

请描述那名男子的外形。　　　　　　对比：那是一个大约 25 岁、6 英尺高的男人吗？

他宣称抢劫了之后，发生了什么？　　对比：那个男人有没有在宣称抢劫之后，从你的手提包里拿走了你的钱包？

111

左边的例子明显是不具有诱导性的问题。它们没有告诉证人答案，在陪审员面前会更有效。

另一方面，没有争议的初始事项，通过诱导性的提问，往往会更为顺畅和有效。这使你在使陪审团感到厌倦之前，尽快地获得重要的证言，而且根据联邦证据规则第 611 条，这通常也是被允许的。

示　例

问：威尔森女士，当车祸发生时，你就在主大街和榆树大街的街角，对吗？
答：是的。
问：让我们谈谈你看到了什么。

示　例

问：约翰森先生，当合同在 2000 年 6 月 30 号签署时，你就在现场，是吗？
答：是的。
问：让我们从合同签署时，都谁在现场开始。

有效的直接询问，最好是通过开放性的问题，引导出描述性的回答。这会起到两个作用。第一，这样的问题会让证人自己讲述故事，并反映重要的证据。第二，这会将律师的介入降到最小。请记住，直接询问的焦点应该是证人。你的问题的作用，仅应当是在证人作证时，引导证人从一个领域转向另一个领域，并将证言分解成为易理解的片段（digestible capsules）。

一旦你将证人引导至某一领域，并且你的提问是简洁、开放、非诱导性的，这样证人就能够继续进行讲述，并成为陪审员注意力的焦点。这些问题仅仅是将证言分解成简短、可消化的片段，便于陪审员迅速理解。

示 例

问：（接下来）发生了什么？
问：（接下来）你看到了什么？
问：（接下来）你听到了什么？
问：（接下来）你（他、她、他们）做了什么？

112

但是，这些问题也有其不利的一面：它们很单调，而且失去了对方向的控制。为了避免单调，应周期性地将简短、开放性的问题与针对性较强的问题相搭配使用。在适当的时候，提出解释性和后续性的问题。

示 例

问：被告做了什么？
答：他拿着枪抵着我的脸，然后说到"把钱交给我。"
问：你那时做了什么？
答：我交出了我的钱包。
问：贝克先生，被告到底从你那里拿走了什么？
答：他拿走了 80 美元现金，我的信用卡、驾驶执照和我钱包里的其他证件。

当证人给出了一个特别好，或者重要的回答时，考虑将回答纳入你的下一个问题。但是，请记住，这只有在偶尔使用时才有效。

示 例

问：他具体使用的语词是什么？
答：他说"把它交出来，蠢货"。
问：在被告说"把它交出来，蠢货"之后，你做了什么？

简短、开放性的问题必然会丧失对证人的控制。这就是为什么，在直接询问中，无论针对何种问题，训练证人以 5 秒到 15 秒的话语片段（sound bite）回答问题，是如此重要。这会让陪审团获得容易理解的信息片段。

但是，一些证人可能会东拉西扯，或就喜欢讲话，而冗长的叙述性回答会遭到对方反对，且缺乏说服力。对于这些人，针对性更强的问题是必要的。例如，比起提问"接下来发生了什么？"你最好提问"你做的第一件事是什么？"或"你看到的第一件东西是什么？"；比起提问"你做了什么"，最好提问"你的第一反应是什么？"这些针对性更强的问题，会使证人给出较少的信息。这对于控制漫无边际的证人，十分有用。

有效的直接询问，应将介绍性和过渡性的问题、针对性强的非诱导性问题、开放性问题结合起来，以有效地引导证人，并控制询问的节奏、细节和画面。

8. 让证人解释

许多时候，证人会说出一些无意义、不清晰或者使用了技术性词汇的事情。因为你总的目的，是让陪审团对事件有一个清晰的理解，所以任何疑惑都应当及时被澄清。将你自己放在陪审团的立场考虑。如果陪审团看上去很困惑，或者想要一个解释，你就必须给他们解释。但是，这必须通过不让陪审团感到难堪，或遭到贬低的方式进行。在提供额外细节或解释时，将问题范围缩小，直接针对出现问题的部分提问。

113

示　例

问：对不起，多伊先生，这里我不太理解。当你实际看到车祸时，你站在哪里？

问：当你后来又看到他时，是什么时候？

问：约翰森先生，你使用了"ER"这个词。"ER"是什么意思？

陪审团会感激你，在没有先暗示他们没有理解的情况下，立即对重要的信息进行了澄清和解释。

9. 自曝弱点

传统智慧会告诉你应该在直接询问中自曝弱点。通过这种方式，人们相信，你可以在交叉询问者成功利用你弱点之前，通过自动披露弱点而"拔掉这根刺"。在暴露之前自行披露弱点，这既保护了律师的可信度，也保护了证人的可信度。

虽然这些传统智慧，在通常情况下是有用的，但是想要在具体证人身上明智地运用这一点，却困难重重。弱点能造成怎样的损害？你的对手知道它吗？这种弱点在直接询问过程中是否会变得明显？你能妥帖地披露这些弱点吗？你的对手是否具有技巧，可以成功地在交叉询问中揭露这些弱点？在决定是否在直接询问中自曝弱点之前，这些都是必须评估和权衡的事情。但是，请记住，直接询问应当肯定、有力。自曝弱点肯定与这一目标相悖。因此，除非弱点意义重大，或者有其他考虑决定披露它，更好的方式可能还是将弱点藏而不露。

自曝弱点最好的方式，是将它隐藏在直接询问的中段，并使它成为故事的一部分。记住，陪审员跟一般人一样，最能记住首先听到和最后听到的东西（即"首要效应"和"近期效应"的原理）。相应地，通常最好是以积极的角度开始直接询问，随后披露不利的信息，并在最后以另一个积极的论点结束。例如，在一个人身伤害案件中，原告在车祸发生之前饮酒了。直接询问应当介绍原告背景、描述场景、指出原告在下班后喝了两杯啤酒，但是表明他的驾驶能力并未受到影响，然后再描述车祸是如何发生的。

114

在证人已经留下好的初始印象之后再自曝弱点，会使影响变小。研究已经表明，人们在遇到不利的事实时，不太情愿改变他们的初始印象。

10. 运用展示物强调和概括事实

在直接询问中，应当使用展示物强调案件的核心事实，并向陪审团解释重要细节。使用展示物更恰当的时间，是在证人已经基本完成口头作证之后。对于人身伤害、刑事案件中的当事人、重要目击证人，尤是如此，因为他们需要讲述戏剧化的故事。通过此种方式，展示物不会打断，或者分散陪审团对口头证言的注意力。在事件经过证言之后使用展示物，通常是重复和强调证人所述重要事实的有效方式。例如，假设一位关键目击证人是人身伤害案件中的首位证人。在直接询问中，可以提出证人的背景、描述场景和介绍发生了什么。在这证言之后，利用图片和相片来巩固和强调证言。在 6.2 节中，会讨论如何有效地在庭审中运用展示物。

11. 聆听答案

通常认为应当在交叉询问中保持专注，但它也同样适用于直接询问。虽然你在直接询问中的位置，往往在陪审团的直接视线之外，但是陪审员和法庭中的其他人，还是会经常看你。因此，对证人的证言表示出兴趣，与他保持眼神交流。点头以让他知道你理解他的回答，一切都进展顺利。如果你显得很倦怠，那么你很难期待陪审团会关注证人的证言。表示出兴趣还会有其他的效果。它将传递给证人，并感染他。它将消除任何关于证言是事先准备好的猜测。最后，它将帮助你避免错误，并让你留心一些不可避免会出现的意外答案。

12. 律师的位置

在许多辖区，律师被允许在法庭中自由走动，并且在询问中站在其认为最具有战略意义的位置。在其他辖区，特别是在联邦法院，律师被要求在讲台或律师席上进行直接询问。但是，只要法庭规则允许，你就应当最大限度地利用这片区域。这意味着，在直接询问中，证人与陪审团的接触应当最大化，而你与陪审团的接触应该最小化。这最好通过你站在靠近陪审团席尾端的地方来实现。

示　例

在下列法庭示意图中，你可以站在靠近标记为"×"的地方，有效地进行直接询问。　*115*

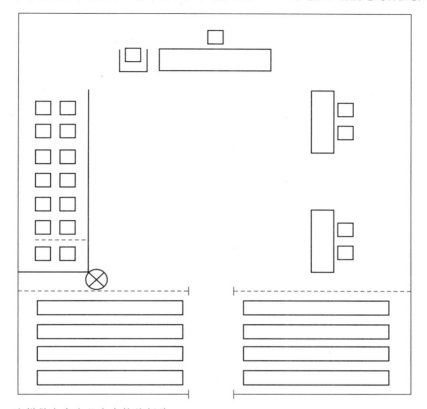

这样做会产生几个直接的好处：

a. 它会将陪审员的视线从你身上转移到证人身上，从而避免分散陪审员注意力。

b. 它会让你在没有陪审团察觉的情况下，为询问使用笔记。

c. 它会迫使证人大声说话，因为他为了让你听见，会潜意识地大声说话，因此确保每位陪审员都能轻易地听清他的证言。

d. 它迫使证人看着陪审员，因此与他们始终保持眼神交流。

e. 也许最重要的是，当陪审员听证人讲话时，会允许你观察陪审员，给予你即刻的反馈。他们在听吗？厌倦吗？困惑吗？焦虑吗？观察陪审员，准备调整方向，以回应陪审团发出的非言语信息。

考虑在第一位证人作证时，让陪审团了解你为什么站在你所在的地方。

示　例

问：富兰克林女士，我希望站在这里向你提问。请在回答问题时大点儿声音，让我们都能听清楚。　*116*

但是，一些人相信，陪审员认为观察、聆听律师和证人之间的互动非常重要。如果这确实是一种担心，你可能应该在询问开始时，站在离证人较近的地方，在陪审团可视的范围内；然后当陪审团了解到他们应当把注意力集中在证人身上时，你再慢慢地移动到陪审团席的尾端。

13. 准备证人

准备证人作证，至少包括三件事情：非言语的交流、实际的证言和潜在的问题。非言语交流方面的考虑——庭审着装、最初进入法庭和宣誓的举止——在之前已有过讨论（参见 5.2 节）。

当你会见一名证人，并准备证人出庭作证时，告诉证人你们为什么要见面。让证人了解律师会见证人，决定证人的证言是什么样的，和为证人作证做准备，都是完全恰当的。让证人了解，其他律师可能会在交叉询问阶段对会见提出问题，除非当证人是一方当事人时，此时证人和律师的沟通内容，受到律师与委托人之间拒绝公开证言权的保护。（模范法规第 3.4 条（b）禁止不恰当地影响证人，例如诱导一名证人渲染证言，或者以明知虚假的方式作证，但是它并不禁止为证人作证作准备。）

在会见中，回顾证人可以作证的事实，并让证人重温其之前的陈述和证言。回顾你计划中的直接询问的结构，以及为何你要如此组织。模仿法庭环境，与证人排练计划中的直接询问。重新审视潜在的问题，例如重拾记忆（refreshing recollection）、处理展示物的程序和基础以及由先前不一致陈述可能产生的弹劾。明确决定证人在出庭时应该穿什么。重温证人在走进法庭、宣誓和在证人席上就座时的非言语交流。重新强调与陪审员保持眼神交流的重要性，而且一直都要保持一种正面、友善的举止。当你已经完成这些事情，再重复练习一下。

律师经常向证人提出关于作证的标准化建议。律师可以选择亲自、以书面形式、或商业录像带的形式向证人告知这些建议。这些建议总是会包括以下内容：

- 回答问题时要从容淡定；
- 确保你已经理解了问题；如果没有，请明说；
- 使用简单易懂的语言；
- 答案保持简洁，不要主动披露事实；
- 不要猜测；如果你不知道或记不清楚，请明说；
- 始终保持礼貌和耐心；
- 最重要的是，始终告诉完整的真相。

117

没有经验的律师总是会遇到两种不断出现的问题。第一，他们为证人作证做了准备，但是当计划的直接询问在法庭上失败时，他们就会感到惊讶和失望。这种事情经常发生的原因，是因为律师没有与证人对直接询问进行足够的排练。你必须向证人提出，你会实际在法庭上提出的问题，并观察证人实际上会如何回答。你必须一直这样做，直到证人习惯于你的问题，而你对他的回答也感到满意为止。如果一名证人十分重要，可以考虑把他带到庭审将要举行的法庭，或者另一个空的法庭。来排练直接询问。这样做，会帮助证人缓解所有证人在作证时都会出现的压力。

第二，有时候证人的证言会听上去很单调，像经过排练。这可能是由过

多的准备造成的，虽然这极少是真正的理由。更常见的理由是，没有经验的
律师，会将他们的问题和期望的回答写下来，并作为直接询问的脚本。这样
极少会有好的效果。为防止此种情况发生，可以将直接询问的笔记转变为主
题清单的办法。它们将在第 11 章中讨论。

另外一个原因是，律师的提问听上去就很单调，导致证人的回答也很单
调。记住，直接询问是律师与证人之间的对话，而陪审员是沉默的参与者，而
真正的对话应该是新奇、充满活力的。此外，证人也在寻找细微的肯定信号，
一些作证进展顺利的暗示。律师需给予证人一些非言语的反馈，例如脸部表情
或点头，告诉证人一切都进展顺利。律师还需要运用一些动作，例如手部的姿
势。证人会倾向于模仿提问者。如果律师显得有力、自信的，并运用了强调的
动作和姿势，证人很可能会做同样的事情，这会使证人同样显得有力、自信。

5.3　事件证人

庭审中最常见的证人类型是事件证人。又被称为事实证人或旁观证人
（percipient witness），事件证人就是看到、听到或者做了与案件相关的任何
事情的，拥有第一手信息的证人。在大多数人身伤害案件或刑事案件的庭审
中，一个事件——通常是一场事故或犯罪——构成了案件的核心部分。因为
这些案件都包括事件，所以目击证人就变成庭审中的关键证人。这些证人说
服力的强弱在很大程度上决定了审判的结果。因此，能够使事件证人在庭审
中有力并清晰地进行陈述，就成为了出庭律师必须掌握的重要庭审技巧。

有效地展现事件证人需要两种技巧：一是证言必须经过组织，二是使证
言变得戏剧化、人性化、视觉化。

第一为组织。直接询问应当被组织得简单而富有逻辑。一种常见、有效
的组织方式是：

1. 介绍证人和背景
2. 设置场景
3. 重建事件发生经过
4. 介绍展示物以强调证言

应当对证人背景进行详细介绍，这样陪审团才能回答经常出现的三个问
题：这名证人是谁？他为什么在这里？我为什么应当相信他？受过良好教
育、拥有负责任的工作、属于社区固定居民、并成功供养家庭的人，通常会
被视为可信的证人。虽然不同的法庭，对于允许对证人背景介绍程度的规
定，有所不同（对于证人可信度的问题），大多数法庭允许对人身伤害案件
中的原告背景和刑事案件中的被告背景，作较为详细的介绍。

接下来，通常应当描述场景，因为陪审团需要想象事件发生的地点。首
先让证人口头描述场景，会起到两个作用：它使陪审员的注意力都集中在证
人身上，同时还提升了证人的可信度。（如果证人擅长描述场景，那么有理
由相信，他也擅长描述发生了什么。）如果证言是先抽象后具体，那么陪审
员会更容易地想象出场景。例如，如果证言涉及在十字路口发生的一场车祸

118

时，先让证人描述社区的大概情况，然后到街道，再到交通管理设施（traffic controls），类似于一台摄像机，先以广角的镜头开始拍摄，然后再缩小到重要的具体细节。

再接下来，应该是对事件经过的描述。一旦场景描述完毕，事件经过——发生了什么——就能够得以连贯地展开。证言必须经过组织，只有这样，证人才能够用感性的语言重建发生了什么，而陪审员才能通过证人重历事件。

最后，可以提出展示物，以强调和概括关键的事实。记住，一些陪审员更易受到情感型证据的影响，戏剧化的口头证言对他们更有冲击力。另外一些陪审员，则更易受到逻辑型证据的影响，所以诸如图解、图表、照片等解释事物的展示物对他们更有冲击力。先口头呈现证据，然后使用展示物，能对两种陪审员都能产生影响，并且在不违反禁止重复证言规则的情况下，强调和总结了关键要点。

第二种有效展示事件证人的必要技巧是戏剧化、人性化和视觉化的能力。陪审员希望证言变得有趣，甚至希望变得戏剧化。陪审员对人更感兴趣，而非问题，所以证言应聚焦于关键人物，而非技术性细节。陪审员希望证言变得形象化，如此，就会帮助他们将案件和所涉及的人物联系起来，让他们重新体验事件，并产生共鸣。总之，要使陪审员身临其境。

你应该怎样做呢？记住，陪审员是环境的产物。现在是电视化的时代，陪审员会希望律师和证人都具有一定的活力，并希望案件陈述具有戏剧性。他们希望证人向他们演示，而不是告诉他们，发生了什么，既可以通过生动的证言，也可以通过具有吸引力的展示物。他们希望了解案中的人物，以及他们这样做的动机。他们不仅希望经历证人看到、听到和所做的事情，还希望经历事件发生时的氛围和紧张感。他们还希望轻松、有效地获得上述的一切。

因此，训练你的证人提供"形象化的话语片段"（visual sound bite）——即运用感性的语言回答，在 5 至 15 秒内创造出令人印象深刻的画面、关注人物以及推动故事向前发展。成功实现了这些目标、替陪审团体验，清晰重现了事件的直接询问，可能是一名出庭律师所能获得的、最为困难但是最为值得的成就。

事件证人的类型纷繁，如试图阐释所有代表性的类型，往往徒劳。但是，本节会以问答的形式，来展示一些对常见事件证人的直接询问，并伴以解释，为什么应该这样提问和回答。当你理解了这些直接询问背后所蕴含的原理之后，你便可以将此等原理同等运用于任何类型的事件证人。

1. 示例——民事案件中的直接询问

在下列民事案件中，原告詹姆斯·史密斯向被告弗兰克·琼斯提起了诉讼，宣称在 2000 年 12 月 13 日，当他正穿过榆树大街和枫树大街十字路口时，琼斯的车过失性地撞到了他，他因此受伤。琼斯否认自己应承担责任，主张他当时有权通行，而原告违背了交通灯的指示。因此，庭审的核心争点就在于，被告是否存在过失，或者原告是否存在混合过失。

下面是对原告和车祸目击证人的直接询问，他们是人身伤害案件中两种常见的证人。

示 例

120

（背景）这是一个传统的开头。这些是常见的背景问题。通过展示他是一个普通人，以增强他的可信度，也使他能够在法庭的环境下放松，并适应作证。这里不需要介绍性的陈述，因为陪审员已经知道他是原告。

注意证人对背景问题的回答，都是简短的，事实性的。过于花哨和明显自利的回答，会在陪审团面前适得其反。

一个过渡问题。

（场景）本案中，对于十字路口的描述十分重要，所以应该对它进行清楚的描述，即使你有

（汽车车祸案件中的受害人）：

原告詹姆斯·史密斯——直接询问：

问：史密斯先生，请告诉我们你的全名。

答：詹姆斯·P·史密斯。

问：你住在哪里？

答：北枫树大街 1650 号。

问：你在那里住了多久？

答：7 年了。

问：你的原籍在哪里？

答：我一直都住在芝加哥，36 年了。

问：给我们讲讲你的家人。

答：我的妻子叫朱迪，我还有两个女儿，叫贝琪和贝基。

问：你的女儿们都多大了？

答：嗯，贝琪 5 岁，贝基 3 岁。

问：你的妻子有出去工作吗？

答：现在没有，在我们有孩子之前，她曾是学校的老师。

问：你是干什么工作的？

答：我也是一名学校老师。

问：你在哪家学校教书？

答：在哈里森大街的中心学校。

问：你在中心学校干了多久？

答：8 年了。

问：你教几年级？

答：我教八年级和九年级的数学。

问：你还有其他工作吗？

答：在开学期间，我是初中男子篮球队的教练。在暑假我是撒切尔训练营的辅导员，这是一个为孩子们设置的混合日间训练营。

问：这些工作，你做了多久了？

答：自从我开始教书起。

问：史密斯先生，你在哪里接受的基础教育？

答：芝加哥公立学校。

问：在那之后，你在哪里接受的大学教育？

答：首先我进入了伊利诺斯大学并于 1981 年取得了学士学位。然后我在西北大学继续学习数学，并于 1982 年获得硕士学位。

问：史密斯先生，现在让我们回到车祸发生的地方。你熟悉榆树大街和枫树大街的十字路口吗？

答：是的，我熟悉。

问：你去过那里多少次？

答：无数次了。它就在离我家不远的街上。

121

照片和图片来补充你关于十字路口的证言。

证人准确表述十字路口的能力，会增加他的可信度。

描述经常会包括：
a. 街道方向
b. 街道宽度
c. 车道标记
d. 交通信号灯
e. 行人指示灯和人行横道
f. 停止线

另一个过渡问题描述同样应该包括：
a. 天气
b. 路表状况
c. 交通状况

现在，背景的描述已经完成。开始进入证言的事件经过部分。

（事件经过）没有其他描述的干扰，现在可以陈述事件发生的经过了。这会使得事件经过以适当的节奏，流畅进行。

122

问：榆树大街和枫树大街附近怎么样？

答：那是一片住宅区，全是独栋的家庭住宅。

问：榆树大街和枫树大街的走向是什么样子的？

答：榆树大街是东西走向。枫树大街是南北走向。

问：它们有多少条车道呢？

答：榆树大街有四条车道，街道两旁有停车的地方。枫树大街有两条车道，两旁也有停车的地方。

问：十字路口有交通控制设施吗？

答：是的，有交通灯。

问：交通灯位于什么位置呢？

答：每个街角的标杆上都有交通指示灯。包括车辆信号灯和行人指示灯。

问：十字路口还有其他标志、控制设施吗？

答：是的，先生。

问：如何标识的？

答：车道以白色的虚线标记。有四条人行道，以白色实线标记，而在人行道前有白色的停止线。

问：让我们谈谈 2000 年 12 月 13 号的车祸。你什么时候被撞到的？

答：大约是中午 12 点半。

问：那时候天气怎么样？

答：晴朗、干燥。

问：交通状况怎么样？

答：相当忙碌。有很多的车辆和行人。

问：你那时候正在干什么？

答：我正在人行道上朝北行走，从枫树大街的东边走向榆树大街。

问：你到达榆树大街了吗？

答：是的，我到了。

问：当你到达榆树大街时，哪条街的交通灯是绿色的？

答：榆树大街的交通灯是绿色的。

问：你做了什么？

答：我停了下来，等交通灯变色。

问：有其他行人等待交通灯吗？

答：在我这一角没有，但另一边有。

问：有任何车辆在等交通灯吗？

答：枫树大街上有一些车辆在等。

问：接下来发生了什么？

答：我站在街角，朝北看着东北角上的交通灯。枫树大街的交通灯变绿了，而榆树大街上行人的指示灯显示"通行"。

问：你接下来做了什么？

答：我走下了路边，开始穿过榆树大街的人行横道。

问：接下来发生了什么？

答：当我离开路边，在人行横道上刚走了三四步时，有车从我身后把我撞倒。我记得汽车猛烈地撞向了我的左腿，然后我被甩向了街道。在我被撞之后，我听到了刺耳的刹车声。

问：史密斯先生，你对自己，首先注意到的事情是什么？

答：我所能记住的就是刺痛，从我的左膝传来了灼烧般的疼痛。我记得我不能移动我的腿。我的肩部着地的地方也阵阵作痛，还有刺痛沿着手臂向上袭来。

问：你那时在哪里？

答：我大概面朝下地，瘫在街上。

问：接下来又发生了什么？

答：几个人跑过来，告诉我不要动。

问：然后又发生了什么？

答：我不知道在街上躺了多久，然后一辆救护车来了。他们在我旁边放了一张担架，然后慢慢地把我挪到了担架上。然后我被放到了救护车里，送到了纪念医院的急诊室。

问：在去医院的途中，你感觉如何？

答：不是很好。我感觉到一股刺痛在我的左腿上下窜动，我开始觉得眩晕和恶心。

问：当你到达纪念医院急诊室时，发生了什么？

答：救护车的护理员把我抬出了救护车，然后将我推到了一间急诊室。

问：在那儿发生了什么？

答：一些护士把我腿部的裤管剪开，另外一些人在我的手臂上插入了针管，抽了血。他们将一台可移动的 x 光装置移到了我的床位旁，并开始拍摄 x 光片。一位医生过来跟我说话，他给我打了一针麻醉剂，这就是我记得的最后一件事了。

问：史密斯先生，你接下来能记起的事情是什么？

答：接下来我能记住的，就是我从医院的病房里醒来。

问：你注意到自己的第一件事情是什么？

答：嗯，我记得感觉非常虚弱和沉重。我的左腿一阵一阵抽痛。我向下看我的腿，发现从左脚趾到左胯部都打上了石膏。

问：你在纪念医院待了多少天？

答：大约五天。

问：在这五天你都干了什么？

答：事实上，什么都没做。我只是倚着背，躺在床上。他们用一堆枕头将我的左腿抬高，减轻肿胀的状况。

答：嗯，因为一直平躺着，我开始觉得非常的僵硬和疼痛。我很难以那样的姿势入睡。我也不能坐起来。我必须使用便盆器来排便。左腿的疼痛开始变成单调的抽痛。

问：史密斯先生，让我们谈谈你离开医院后的情况。首先，你是怎么回家的？

答：护理人员将我的腿抬高，用轮椅把我推倒了外面。他们帮助我上了我车的后座，然后把我的腿放到了座位上。妻子把我用车送回了家。到家后，他们把我抬进了房子，送上了床，又把我的左腿垫得尽量高。

问：你在家里的床上躺了多久？

答：大约两周多。

问：两周之后，你能做其他事情了吗？

答：如果使用金属拐杖，我开始能够站立几分钟。通常是去洗漱室，或伸展几分钟。

（左栏旁注）

表明原告尽到合理注意和警惕，不存在混合过失。注意这些问题是多么简短。它们没有分散对证人的注意力，特别是在证言的关键部分。记住，证言的节奏也同样加快。好的节奏使证言变得生动。此时，最需杜绝证言拖沓，以免陪审团厌倦。在车祸之后立即讲述受害者的情况，对于损害赔偿问题十分重要。

（展示物）如果你想使用展示物——图解和照片——现在是传唤证人，人身伤害案件中的原告的最好机会。另外一个机会是在询问的最后阶段。

（损害赔偿）证言应当回顾所有的医疗和复原过程，因为疼痛和痛苦会成为本案任何裁决的重要部分。

a. 医院的即刻治疗。

b. 医院的术后阶段。

注意这里的节奏开始变得缓慢，因为车祸造成的即刻创伤和急诊室的治疗已经经过去了。

另外一个过渡问题。

c. 在家的最初复原阶段。

123

124

问：在那段时间，你观察到腿部有什么变化吗？

答：是的，我每次使用拐杖站起来时，腿部的抽痛就变得更加严重。腿部会肿胀和发热。

问：发生这种情况时，你会做什么？

答：我会躺下来，然后把我的腿抬高。

问：回到家后，你还看过医生吗？

d. 后续治疗

答：嗯，我在六周之后见了医院的巴特尔医生，他移除了石膏，给我换了另外一个。

问：第二个石膏是什么样子的？

答：跟第一个很像。从踝部一直到我的胯部。

问：第二次石膏，打了多长时间？

答：大约八周多。

问：在那段时间，你腿部情况怎么样？

答：抽痛的情况好转了，除了我把腿放下来的时候。然后我必须把我的腿重新抬起来。

问：你再次见到巴特尔医生，是什么时候？

答：大约 8 周之后，我又去了他的办公室。巴特尔医生拆除了我第二次打的石膏，并拍摄了更多的 X 光片。然后，他用弹力绷将我的膝盖和小腿裹住。

问：在拆除石膏之后，你首先注意到你的腿的情况是什么？

答：我首先注意到的是，它是多么的瘦弱。左边的大腿大概只有右边大腿的一半大小。此外，每个方向上，我的膝盖都只能大概移动三到四英寸。

问：当你试图弯曲你的膝盖时，会发生什么？

答：我不能弯曲太多，而且弯曲时会感觉疼痛。

问：你没有拐杖能行走吗？

答：不能，大约在一个月之后，我才能在腿上施加一点重量。

另一个过渡。

问：让我们谈谈对你腿部的治疗。

它都包括些什么？

e. 后续的复原

表明原告经历了相当大的疼痛和努力，来试图使腿部恢复到之前的状况，很重要。

答：我必须用热水瓶和湿毛巾给膝盖热敷。然后必须前后弯曲膝盖，以增加它的移动幅度。我必须每天这样做好几次。

问：在治疗期间，你感觉怎么样？

125

答：很痛苦。你必须将膝盖的韧带拉开从，而恢复运动能力。

问：你这项治疗要进行多久？

答：我持续了三个月。在那之后，又是三个多月，我每天仍要做若干次。

问：你的膝盖恢复了全部的活动能力吗？

答：没有完全好。我可以完全伸直我的腿，但是不能像以前一样弯曲我的腿。

同样重要的是，受伤造成的永久性残疾。（你可以让原告向陪审团展示运动的幅度，和腿部的外观，尽管一些律师认为这样做会适得其反。）

问：史密斯先生，让我们谈谈这一切对你的教学工作的影响。你第一次回去工作是什么时候？

答：我在春假之后回到了学校，大约在四月中旬。

问：从车祸发生那天起，直到你回到学校，你能从事任何工作吗？

答：不能。

此项证言对于建立损害赔偿的工资损失要素，是必要的。

问：回去工作之后，你还能从事以前所有的工作吗？

答：不能，那时，我虽然可以不用拐杖走路，但还是瘸得厉害。我不能指导篮球，或者做任何类似的体育运动。

问：回到工作之后，你对腿有进一步的治疗吗？

答：有，我继续每天进行热敷和弯曲练习。我还做一些力量练习，以锻炼我腿部的肌肉。

这是另一个你可以出示和使用展示物的地方。

问：最后，史密斯先生，让我们讲讲现在你的感觉如何，和你能做些什么。现在你的腿的状况怎么样？

答：嗯，这条腿仍然比另一条腿小，但只要我将这条腿放松，就不疼了。

继续表明疼痛，对于损害赔偿的争点，同样重要。

问：有什么事情是车祸前能做到，而车祸后不能做到的吗？

答：是的，先生。我再也不能像以前一样打篮球或者徒步旅行了。

应当证明对运动能力造成的永久限制。

问：当你试图进行这些运动时，会发生什么呢？

答：我的膝盖会肿，它会开始疼痛和抽动。

注意证人以一种非常写实的方式来作证，避免过于情绪化招致陪审团反感的风险。

问：自从车祸之后，你有打过或教过篮球吗？

答：没有，先生。我尝试过一、两次，但是还是不行，太疼了。

问：史密斯先生，在车祸发生之前，你的健康状况如何？

127

答：我很健康，没有任何问题。

应当指出先前良好的健康状况。

问：在这一切发生在你身上之前，你如何度过你的空闲时间？

答：主要是户外运动——和我的女儿一起玩耍，打篮球和徒步旅行。

问：你现在还做这些事情吗？

最后的这些问题和回答，总结了原告生活和家庭状况所发生的改变。在到达这样一个高潮后，停止。

答：无法打篮球和户外旅行了。膝盖使不上劲。只要我尝试，它就会肿胀和抽痛。我还是可以跟女儿玩，但是我必须小心翼翼。

问：这会影响你和家人的关系吗？

答：我的妻子朱迪一直都很好。她非常支持我。但是对女儿而言，比较艰难。她们还太小，不能理解为什么爸爸不能跟她们一起，做他以前能做的事情。

问：你对此感觉如何？

注意，原告不宜用来证明损害赔偿的数额。尽可能让其他证人和展示物来证明这一点。

答：主要是感到沮丧。你会想要去做以前能做的事情，特别是和孩子一起。我现在仍在学着适应现状。

问：谢谢你，史密斯先生。法官阁下，我没有其他问题了。

示 例

（车祸案件中的目击证人）

接下来的这位证人是同一起车祸案件中的目击证人，他会在原告作证完毕之后被传传唤。正因如此，原告已经提到的一些事情，就不需要再重复。相反，证人应当被用于确证一些关键的事实和顺序，以证明被告存在过失，而原告不存在过失。

（背景）

证人约翰·多伊——直接询问：

一个更为现代的开头。

问：多伊先生，请介绍一下你自己。

答：我是约翰·J·多伊。

介绍性的陈述使陪审团立刻了解证人在案件中的角色。

问：多伊先生，在 2000 年 12 月 13 号，在主街和榆树大街的十字路口，你看见了车祸发生吗？

答：是的。

问：你住在哪里？

答：我住在北枫树大街 1550 号。

问：你在那里住了多久了？

注意，因为这是事件证人而非原告，所以只需要提出与其可信度直接相关的背景资料。

答：大约一年半。

问：你跟谁住一起？

答：我是单身。我一个人住。

问：你从事什么样的工作？

答：我是阿斯特大街 1500 号公寓的管理员。

问：你为那幢公寓工作多久了？

答：大约两年。

问：你是否一直从事建筑管理的工作？

答：是的，大约 20 年了。

问：多伊先生，你熟悉枫树大街和榆树大街的十字路口吗？

答：当然。

问：你多久去一次那里？

答：我每天路过那里两次，上班和回家的路上。

（场景）

注意，证人仅被要求证明他对十字路口的熟悉程度。他不应该再描述一次它。原告已经对十字路口进行了描述。甚至，他可能会在一些方面与原告的描述相矛盾。

问：让我们谈谈你在 2000 年 12 月 13 号大约中午 12 点半，在枫树大街和榆树大街的十字路口看见了什么。你当时站在十字路口的什么地方？

答：我在十字路口的东北角上等交通灯。

问：你说你在等交通灯，具体是什么意思？

当证人说了一些不清楚的内容，让他们对内容进行解释。

答：我正在站在街角上等绿色的行人通行灯，这样我就能向南穿过榆树大街了。

问：当你最开始到达街角时，交通灯是什么颜色的？

因为交通灯是一个重要的争点，所以这位证人应该确证原告的事实版本（即他是在行人交通灯变成绿色的之后才走下路沿的）。

答：榆树大街上的交通灯是绿灯，穿过榆树大街的人行横道交通灯显示"禁止通行"。

问：当人行横道的交通灯变为"可以通行"时，你在哪里？

答：我还在东北角上，面朝南方。

问：在交通灯变色之后，你做了什么？

答：我走下了路边，开始过街。

（事件经过）

在这一点上，应当挑选适当的节奏，以重现事件。

问：这时，发生了什么吗？

答：当然发生了。

问：发生了什么？

注意，没有提到不必要的细节。证人高效地对重要事实进行了作证。应当避免确切的时间和距离。（这些是交叉询问者应当深究的事情。为什么要让证人提前透露这些细节，而使交叉询问变得简单呢？）

答：当我走向街道时，另一个人也面对着我，从对面的街角走上街道。

问：这个男人在哪个街角上？

问：接下来发生了什么？

答：一辆在枫树大街上朝北行驶的车辆，突然从枫树大街右转，转向东行的榆树大街。

问：接下来又发生了什么？

答：就在这辆车转弯时，它撞到旁边的那个男人。

问：这辆车的什么部位撞上了那个人的什么部位？

答：这辆车右前方的保险杠撞上了那个人的左腿。

问：这个男人被撞时，他在哪里？

答：他在人行横道上大约三分之一的地方。

受害人所遭受的痛苦和折磨的证据应当被提出。

问：在那之后又发生了什么？

答：那辆车急刹车后，停了下来，那个男人被撞倒在路上。

问：当你目睹了这一切之后，你做的第一件事是什么？

128

答：我跑到这个人在街上躺下的地方，告诉他不要动，也不要尝试起来。

问：你注意到这个男人怎么样了？

答：他的脸都扭曲了，他在地上蠕动，不停地试图去抓他的左膝。

问：接下来又发生了什么？

答：我和另一些人尝试着让他觉得舒服一点，并在救护车到来之前，让他保持安静。

问：救护车来了吗？

答：来了，在 5 到 10 分钟之后。

问：那时发生了什么？

答：救护车的人员慢慢地把他放上了担架，抬进了救护车，然后开走了。

问：你接下来做的事情是什么？

答：那时，有一些警察在指挥交通和与行人谈话，因此，我向他们的一员告诉了我目睹的一切。

问：多伊先生，你确定当这个男人被撞倒时，你看见他在哪里了吗？

答：我确定，他就在人行横道上，按照绿灯指示行走。

问：谢谢你。我没有其他问题了。

129

注意，对证人的直接询问很短。他仅对关键点提供确证的细节，然后即告停止。

试着在高潮时结尾，以强调关键点。

（展示物）

如果这位证人需要使用展示物，现在是出示和标记十字路口图片的好机会。展示物应该强调和重复原告举证的关键责任事实。

如果这位证人需要使用展示物，现在是出示和标记十字路口图片的好机会。展示物应该强调和重复原告举证的关键责任事实。

2. 示例——刑事案件中的直接询问

在下列刑事案件中，约翰·史密斯被指控，于 2000 年 4 月 10 日，在莎伦·琼斯的公寓卧室里强奸了她。虽然被告否认自己实行了强奸，但是并不否认发生了强奸。因此，本案的关键问题是犯罪人的身份。

下列是对受害人和第一位到达现场的警察的直接询问，他们大概是刑事案件中最常见的两种证人类型。

示　例

（强奸案件中的受害人）

（背景）

根据一些州的法令，受害者的年龄是强奸案件的必要要件。

受害人莎伦·琼斯——直接询问：

问：琼斯女士，请告诉我们你的全名。

答：莎伦·琼斯。

问：你多大了？

答：我 23 岁。

问：你是单身还是已婚？

答：我是单身，从来没有结过婚。

问：你住在这里吗？

答：是的，我住在北边。

问：你在那里住了多久了？

答：大约五年了。

问：你的原籍在哪里？

答：我在罗克福德长大，而且一直住在那里，直到我高中毕业。

问：在高中之后，你还进入了其他学校吗？

答：是的，我去了伊利诺斯大学。

问：你获得了学位吗？

答：我获得了教育专业的文学学士学位。

问：从大学毕业之后，你干了什么？

答：在过去的一年，我一直在公立学校当一名 7 年级的老师。

问：你在什么学校教书？

答：我在南边的霍索恩学校教书。

问：琼斯女士，在 2000 年 4 月 10 号，你住在哪里？

答：我住在北霍尔斯特德大街 2501 号。

问：你和其他人住一起吗？

答：没有，我自己一个人住。

问：那幢建筑是什么类型的建筑？

答：那是有两层楼的建筑，我住在第二层楼的公寓。

问：请描述一下你的第二层公寓的入口。

答：有一个前门，供两层公寓通用。内部有楼梯可以通向我的公寓。同样，还有一条连着楼梯、可以通向第二层的后廊。后廊的后端通向我的厨房。

问：楼梯顶部的门和厨房的门有上锁吗？

答：是的，都上锁了。

问：在事发前的晚上，当你最后进入房间前，这些门锁了吗？

答：是的，锁了。

问：请描述一下你在第二层公寓的房间。

答：这套公寓有四间房。当你从前面楼梯上来，就进入到了客厅。在客厅后面，朝着公寓后方，一个角上是厨房，另一个角上是我的卧室。洗浴室在起居室和厨房中间。

问：请描述一下你的卧室在 4 月 10 号的样子。

答：当你站在门口，远处有一面墙，墙上有两扇窗。靠着右边的墙，是我的床。靠着左边的墙，有两张梳妆台。其中一张之上有一盏台灯。

问：你的窗户大概有多大？

答：每一个窗户都大概有两英尺宽、四英尺高。

问：这些窗户都有窗帘吗？

答：是的，它们都有。

问：那天早上，窗帘是拉上还是打开的？

答：窗帘是打开的。

问：那天早上的天气如何？

答：那是晴朗明媚的一天。

问：那天早上卧室的光线情况怎么样？

答：光线很好。我看清屋里的东西，没有问题。

问：琼斯女士，在 2000 年 4 月 10 号的早上，你在哪里？

答：我一直在床上睡觉。

130

直到这一点，问题已经引出了受害人的背景信息。到此刻，她可以觉得更自在一点。

（场景）

犯罪场景很重要。因此，证人被要求描述一些细节。这必须通过富有逻辑的、渐进的方式进行。

注意，这里没有用到图解或照片。这使得焦点都集中在受害人身上，她是本案的关键证人。

描述逐渐从建筑开始，再到公寓，最后到卧室，这是强奸发生的地方。

因为主要的庭审问题，是身份的辨识，所以必须细致地描述和解释光线情况。

问：你在床上睡了多久了?

答：自从凌晨 2 点。

问：你穿什么样的衣服?

答：我穿着睡衣。

问：那个早上你有醒过吗?

答：是的。

答：是的，我醒过。

问：那是什么时候?

答：我大约在 10 点钟醒了，喝了一杯水，然后又回去睡觉了。

问：你又睡着了吗?

答：嗯，我几乎睡着了。

问：琼斯女士，在中午 12 点半左右，发生了什么吗?

答：是的。

问：发生了什么?

答：我听到了声响，并惊醒。我抬头看，发现一个男人站在我的卧室门口。

问：这个男人正在干什么?

答：他只是站在那里。

问：这个男人看上去长什么样子?

答：嗯，他是白人，25 到 30 岁，大约 6 英尺高，大概 180 到 200 磅重。

问：他的脸，有什么让你注意的吗?

答：我注意到他有黑色的头发和小胡子。

问：他穿什么样的衣服?

答：我记得他穿着深蓝色 V 领的毛衣和深色的休闲裤。我没有注意到他的鞋。

问：琼斯女士，你在 2000 年 4 月 10 号大约中午 12 点半看到的，站在你门口的人，今天在法庭吗?

答：是的。

问：你可以指出他，并描述他今天在法庭上穿的什么吗?

答：他就是那边的那个人。(指向) 他穿着蓝色西装和浅蓝色涡纹衬衫。

问：法官大人，记录可以反映证人已经指认出被告，约翰·史密斯吗?

法官：记录可以如此反映。

问：当你看见被告站在门口时，你做了什么?

答：我尖叫了。

问：接下来又发生了什么?

答：他从门口走过来，跳上了我的床，卡住了我的喉咙。

问：接下来又发生了什么?

答：我们在床上打斗，他一直掐着我的脖子，而我尖叫，并试图将他的手从我身上移开。

问：他面向哪个方向?

答：他朝下看着我。

问：你面向哪个方向?

答：我朝上看着他。

问：你们俩的脸距离多远?

现在，对场景的描述已经完成。现在可以放心地开始证言的事件经过部分。

(事件经过)

因为关键的庭审争点是身份辨识，所以被害人对于罪犯的描述，特别是当它非常准确时，应当详细地进行。

这里，要求证人尽早地指认被告为犯罪人。在此之后，你可以称他为"被告"，这将使被告丧失个性，并且每次提到他时，都会使陪审团看他。

证言现在进行到了事件发生部分，必须具有节奏。它应当重新营造事件的恐怖性。这些问题应当是简短的，仅帮助将叙事分解成为容易理解的片段。

面对面的对抗，对于辨认身份十分重要。

答：没有超过两英尺。

问：在这段时间里，被告说过什么吗？

答：他不停地说，如果我不按照他说的做，他会杀了我。

问：接下来又发生了什么？

答：他将床上的毯子扯下，并将我的睡衣上拉。

问：在那之后发生了什么？

答：当他掐着我的喉咙时，他不停地叫我闭嘴，同时他的另一只手在解开他的皮带和裤子。

问：当他在做这些事情的时候，你在干什么？

答：我只是努力呼吸，并试着把他推开。

因为插入是强奸案件的必要要件，这项事项必须清楚地证明。

问：接下来发生了什么？

答：他开始和我发生性关系。

问：他到底做了什么？

答：嗯，你知道，他强制性地把他的阴茎放到我的阴道里。

问：这样持续了多久？

答：可能几分钟吧，我不太确定。

问：在那之后发生了什么？

答：他只是躺了几分钟，就起身穿上了裤子，然后跑出了卧室。

问：从你最开始在门口看到被告，到他跑出卧室，一共过去了多少时间？

答：可能十分钟。

问：被告离开后发生了什么？

133

答：我在那里躺了几分钟，试图重新呼吸。然后我给警察打了电话。再然后我就一直在哭泣。

在这里，节奏可以重新慢下来。

问：有警察来了吗？

答：是的。

问：他们是谁？

答：两位穿着警服的警察来到了我的公寓。我不记得他们的名字了。

问：你跟他们说话了吗？

答：我说了，但我不记得我跟他们说过什么了。

问：警察在你的公寓待了多久？

答：大约十分钟。

问：接下来又发生了什么？

答：他们把我带下楼，让我坐进了警察巡逻车，把我送到了纪念医院的急诊室。

问：在那里发生了什么？

答：一些护士和医生给我做了检查。他们检查了我的颈部，并给我做了骨盆检查。他们还给了我一些药。

问：你在纪念医院的急诊室待了多久？

答：大约一个小时。

问：在那之后发生了什么？

答：还是那两个警察把我送到了我的朋友家里。

这个问题再次提醒了陪审团，事件对被害人而言，有多么恐怖。

问：你在那里待了多久？

答：我待了几天。

问：你回过你的公寓吗？

答：没有，我再也没有回去过。

问：除了在 2000 年 4 月 10 号在你的卧室看到被告之外，你以前见过被告吗？

答：没有。

问：现在你对在 2000 年 4 月 10 号侵犯你的男人，还有任何疑问吗？

答：没有。

问：他是谁？

134

答：被告，就是那边的那个男人。

问：法官大人，我没有其他问题了。

> 这是很好的结束方式。让证人在直接询问的最后问题中重新指认被告。

示　例

（到达强奸案件现场的警官）

如同汽车车祸案件的目击证人，警官会被传唤确证一些重要事实——即强奸确实发生，并且光线情况足以使受害人看清楚犯罪人，并在随后认出他。

> （背景）

目击证人麦卡锡长官——直接询问：

问：请向陪审团介绍你自己。

答：我是珍妮·J· 麦卡锡，我是市警察局的一名警察。

> 对于此类证人，你希望指出专业背景，而非个人背景。

问：你干了多少年了？

答：五年。

问：你现在被安排在哪里工作？

答：第三街区。

问：你在这个街区待了多久？

答：整五年。

> 因为证人已经将自己描述成为巡逻警察，就不再需要进一步的描述了。

问：你在这五年的任务都是什么？

答：我是一名巡逻警察，履行普通的巡逻职责。

问：麦卡锡警官，2000 年 4 月 10 号，你正在执勤吗？

答：是的。

问：你那天的轮班时间是？

答：我值白班，从上午 8 点到下午 4 点。

问：你和其他人一起工作吗？

答：是的，先生，和我的搭档伯恩警官。

问：你们那天的任务是什么？

答：我们开着警车，执行日常的巡逻。

问：你们在哪一片区域巡逻？

答：在北大街和富勒顿大街之间，沿着湖边的区域。

问：大约在中午 12 点 45 分，发生了什么事吗？

答：是的。

> 信息的实际内容，经常会是传闻性的。

问：发生了什么？

答：我们通过警察无线电得到了信息。

问：获得信息之后，你们做了什么？

> （事件经过）

答：我们去了霍尔斯特德大街 2501 号，二楼。

问：你们是怎么样进入公寓的？

答：我们沿着前面的楼梯走上去，然后进入了前厅。

问：有人在公寓里吗？

答：是的，我们在前厅发现一个年轻女人，莎伦·琼斯。

问：当你第一眼看到莎伦·琼斯，她看上去怎么样？

答：她穿着睡衣。她的头发乱成一团，不停地哭泣和颤抖。

问：你跟她说话了吗？

答：是的。

问：除了你、你的搭档和莎伦·琼斯，公寓里还有其他人吗？

答：没有。

问：她跟你们说的第一句话是什么？

答：当我们走进的时候，她说："我刚刚被强奸了。强奸我的男人几分钟前逃走了。"

问：接下来发生了什么？

答：她坐下来，开始哭泣。

问：你接下来做了什么？

答：我坐在她旁边，试着安慰她。我的搭档给了她一双鞋和一件大衣。她穿上了她的鞋和大衣。

问：接下来发生了什么？

答：我走到了卧室。

问：卧室看上去怎么样？

答：嗯，床单都皱成一团，有半截毯子掉在地上，床边地板旁还有一个枕头。

问：卧室的光线怎么样？

答：相当明亮。卧室有两扇窗，而且还是午后。

问：接下来发生了什么？

答：我们把琼斯女士带上了警车，然后把她送到了纪念医院。

问：在医院发生了什么？

答：我们陪她走进了急诊室，并把她送进了一间检查室。一些护士和医生来到了房间里。我们在外面的等候处等着。

问：琼斯女士在检查室待了多长时间？

答：大约一小时。

问：在那一个小时之后，发生了什么？

答：我们进入了检查室，和琼斯女士说了一会儿话。

问：她那时候的状况怎么样？

答：她冷静了一点。她能够较为顺畅地告诉我们发生了什么。

问：你跟她说了多久？

答：大约十五分钟。

问：接下来又发生了什么？

答：我们用警车把她送去了她想去的朋友家。

问：你们接下来做了什么？

答：我们回到了警察局，准备写一份书面报告，总结在本案中我们做了什么。

135

注意，在这里，事件证言出现于场景描述之前。场景描述在这里是不必要的，因为受害人描述过了。

这是直接询问中提出的第一件重要事实。它间接证实了受害人刚刚经历了某种创伤的事实。

被强奸受害人即刻的哭喊，通常被认为是传闻证据的例外情况。

（场景）

卧室的状况和光线状况是必须确证的重要事实，因为它们会支持受害人被暴力侵犯的证言。

136

注意，本次直接询问进行得多么迅捷。证人确证了受害人所说的几个重要事实——她被强奸了，强奸发生在卧室，卧室的光线很好——然后结束。没有问到任何不必要的问题。

3. 示例——以不同结构进行的直接询问

并非所有事件证人的证言，都需要遵循最一般的顺序——背景、场景、事件经过和展示物——如前所述。如果有好的理由以不同的方式组织询问，如有可以使证言变得更为生动，但仍能保持清晰、易懂的方式，请考虑使用。

示　例

（刑事案件中的被告）

接下来的证人是刑事案件中的被告，他被指控"加重伤害罪"（aggravated assault）。辩护理由是正当防卫，被告是被告举证阶段的最后一名证人。

问：琼斯先生，让我们直接切入正题。在 2000 年 6 月 1 日，你是否刺伤了赫克托·史密斯。

答：是的，我刺伤了他。

问：为什么？

答：他曾经说过我死定了，我相信他会这么做。当他靠近我时，我只好在他杀死我之前，先刺伤了他。

问：在我们进一步谈那天发生了什么之前，让我们先了解一下你。你在哪里长大？

答：就在洛杉矶，我一生都住在这里。

问：给我们讲讲你的家人。

答：嗯，家里有爸爸、妈妈和四个兄弟姐妹。我的父亲在一家汽车工厂工作，直到两年前去世。我的妈妈在一家食品商店当收银员。我的妹妹珍妮特和我还住在家里，两个哥哥都已经成人。

问：给我们讲讲你的教育情况。

答：我就读于中心高中，去年已经毕业。

问：在高中之后呢？

答：我在业余时间参加了格伦代尔职业学校。我正在学习成为一名汽车机械师。我还在塞夫韦食品商店兼职做装袋员。

问：你结婚了吗？

答：没有，但是我跟我的女朋友，玛利亚，正在商量这件事情。

问：鲍比，让我们回到 2000 年 6 月 1 号晚上的聚会，你被邀请了吗？

答：是的。派对就在吉姆·博斯的家里举行，他是我在学校时的朋友。他邀请了我和我们的其他朋友。这是为了庆祝春季学期的结束。

问：玛利亚跟你一起去了吗？

答：没有，她晚上在塞夫韦轮班，我准备在她午夜下班时去接她。

问：你什么时候到的吉姆·博斯家里？

答：大约晚上 7 点。

问：当你到那里时，派对进行得怎么样？

答：那里大约有 25 个人。一些人在后院烧烤。另一些人在客厅聊天和听音乐。这是一个很普通的聚会。

问：那里有酒吗？

答：当然。人们会希望你带来一些东西，如啤酒、苏打水，或一些吃的东西。

（左侧批注）

这个开头立即戏剧化地构建了正当防卫的辩护理由。

现在直接询问回到了证人的背景资料。

尽管证人的家庭史可能与可信度没有太大关系，但是大多数法官会允许向关键证人询问家庭状况，例如刑事案件中的被告。

过渡

提出这一点很重要。

137

问：你认识那里的人吗？

答：认识一些从学校来的人，大约一半，而另外的人可能是吉姆的朋友。

问：从 7 点你到达那里起，到 9 点事件发生，你都在干些什么？

答：我在和我认识的人说话，吃汉堡包、土豆沙拉，还喝了一些啤酒。

提出了另外一个重要的事实。

问：你喝了多少啤酒？

答：我喝了两瓶米勒牌淡啤酒。

问：从 7 点到 9 点，有什么不寻常的事情发生吗？

答：没有，这是一个很棒的聚会。

过渡。

138

问：鲍比，让我们讲讲在 9 点发生了什么。首先，你那时在哪里？

答：我在厨房。

问：你在那里干什么？

答：我几分钟前到那里从冰箱里拿啤酒。那里有一个女孩，我就开始跟她聊天。

问：她是谁？

答：我不知道。我在走进厨房之前，从来没见过她。

问：厨房里还有其他人跟你们在一起吗？

答：好像没有。很多人到厨房里拿啤酒，但是没有人留下来。

问：你跟那个女孩聊天了吗？

答：当然，但是只是介绍性的对话——你是谁，你是干什么的之类。

问：她有跟谁在一起吗？

答：我不了解。她没有说她跟谁一起来的。

问：在大约晚上 9 点，发生了什么？

答：当这个大块头的男人走进厨房时，就像我之前提到的，我们正在聊天。他看了看我，又看了看那个女孩，然后他对我说："这是在干什么？"她说："没什么啊"或者"他没干什么"类似的话。

问：你做了什么？

答：没做什么，就站在哪里。

问：然后呢？

答：他走过来，站到我的面前。

问：你有注意到他的情况吗？

被告的精神状态与正当防卫相关，所以必须清楚地证明。

答：他看上去和闻起来都像喝醉了。他表情呆滞，走路前后摇摆。他闻起来像喝了很多酒，某种烈性酒。

问：你做了什么？

答：我试图绕过他，离开厨房。

问：发生了什么？

答：他走到我的前面，挡住了我的路。

问：然后呢？

答：他说："没有人可以和我的女孩乱搞，你死定了。"

问：你做了什么？

答：我开始往后退，试图离开他，那个女孩跑出了厨房。

问：然后呢？

139

答：他又说"你死定了"，然后朝我走过来。

问：他看上去是什么样子？

答：一副野蛮的、目光呆滞的模样。

问：你那时正在想什么？

答：我想："这个男人疯了。他会杀了我。如果落到他手里，我一定会死掉。"

问：你为什么认为他会杀了你？

另一个要点。

答：他很壮，大约有 6.2 英尺高，210 磅重，他的块头比我大出很多。

问：你的体型如何？

答：身高 5.8 英尺，体重 155 磅。

问：所以你做了什么？

答：当他靠近我时，我从厨房的桌上拿起了一把刀，把它挡在我的胸前，并嚷道："离我远点。"

问：他如何反应的？

这是关于被告的行为是否合理的关键问题。

答：他嘲笑我，继续朝我走来，并试图将刀从我的手里面抢走。

问：然后呢？

答：他朝我猛冲过来，我朝他挥了刀子。我刺到了他的胸部，他看着我，然后就倒在了地上。我跑到了客厅，让其他人叫救护车。

问：在那之后又发生了什么？

答：人们跑到了厨房，而我坐在了客厅里的一张凳子上，试图冷静下来。一会儿之后，救护车来了，人们把那个大块头的男人抬出了厨房。不久之后，我的几个朋友把我送回了家。

问：鲍比，你为什么在 2000 年 6 月 1 号向西克特·史密斯挥了刀？

这里是更多关于"精神状态"的证言，也是结束直接询问的有力方式。

答：我只是想救自己而已。他说我死定了，而且还想抢我的刀，我以为他会用刀来对付我。

问：当所有这一切都结束之后，你感觉如何？

答：我很害怕，但我很庆幸我还活着。

示　例

（意外死亡案件中，受害人的幸存配偶）

下一位证人是一名妇女的丈夫，该名妇女在过人行横道使被撞身亡。丈夫并不是车祸的目击证人。

140

问：波茨先生，请向陪审团介绍你自己。

答：我的名字是约翰·波茨。

问：波茨先生，当你接到电话时，你在哪里？

答：我正在工作。

问：打电话的人告诉了你什么？

答：电话另一头是一名警官。她告诉我安妮发生了事故，已经被送到圣玛丽医院。

问：你接下来做了什么？

答：我冲出了办公室，开车去了医院。

问：你到那里后，做了什么？

答：我去急诊室找她。

问：你找到了吗？

答：是的，她在一间手术室里。

问：给我们讲讲，你看到了什么。

答：她已经没有意识了，全身都是血。她的身上插满了各种管子。手术室里挤满了护士、医生。他们其中的一人告诉我，我必须在病房外面等。

问：你是如何反应的？

答：我只好坐在外面的一张椅子上，等待和祈祷。

在本案中，立刻以电话作为开场，是开始证言的一种戏剧化、生动的方式。陪审员在某种程度上了解这名证人，所以并没有好的理由，首先从介绍他的背景开始。然后，证言可以引出直到他妻子的死亡、随后的葬礼，波茨先生都做了什么，他的脑子里在想什么。

直接询问又回到波茨先生和波茨夫人的过往。

问：约翰，让我们回到那些美好的时光。你第一次见到安妮是什么时候？

答：是在公司的野餐会上。我在计算机部，她在公共关系部，但是我之前从来没有见过她。也不认为我以前见过她。她站在放食物的桌子旁边，问我需不需要喝的？

然后，证言可以提到约翰和安妮的关系是如何发展的，他们什么时候结婚，未来的计划是什么。当所有的这一切都被提出来之后，请考虑以另一个戏剧化的和生动的注解，来结束询问。

问：约翰，公司举办野餐会的地方，就是你第一次遇到安妮的地方。它在哪里？

答：在麦克阿瑟公园的野餐区域。

问：自从安妮去世后，你还去过那里吗？

答：没有。

问：为什么没有呢？

答：我就是做不到。它总是让我想起往昔的日子。

■ 5.4 对话和陈述

对话在庭审中通常被当成证据。但是，因为这些对话是法庭外的陈述，所以它们通常属于传闻证据，是不予采信的，除非它们是为非传闻的目的而提供，或者属于传闻规则的例外。因此，每当你想把对话或陈述提交为证据时，请审查其采信的证据基础。第一，陈述的提出，是否是为了证明陈述中所述事实的真相性？如果不是，这里就不存在传闻证据的问题。如果是，此陈述就是传闻证据。第二，如果是传闻证据，是否可以适用传闻证据规则的例外规定？如果有，则此陈述是可以采信的。你总可以通过检阅联邦证据规则第 801、803 和 804 条，来决定是否有例外规则可以适用。

最常见的例外是对方的自认，由联邦证据规则 801（d）（2）规定。只要一方作出陈述而对方愿意采纳，则陈述一般情况下，是会被采信的。如果对方的陈述是对话的一部分，则对方和其他人的对话，是可以被采信的，因为整个的对话，对于把对方的陈述置于大背景下理解，非常必要。

对方的代理人和雇员所做的陈述，也是可采信的。如果有独立证据证明代理关系存在、代理人的陈述是在代理关系存续期间作出，而且陈述是代理人代理范围之内的事项，这些陈述就可以被采信对抗雇主，即对方当事人。同样的基本规则，也适用于刑事案件中的共犯所作出的陈述。

当然，对于庭外陈述还有许多传闻例外规则。一般包括惊骇表达（excited utterance）、违反自身利益之陈述（statement against interest）、精神或生理状况之陈述（statement of then－existed mental or physical conditions）、为诊断和治疗目的之陈述。与通常一样，当你试图提出庭外陈述时，你必须进行宽泛地考虑。在你将陈述纳入证据时，只要有必要，对问题进行研究，并准备好法律依据。

对话同样需要被采信的正当基础。基本的要求是证真，即证人必须合理识别出对话的参与者。（参见联邦证据规则第901条（b）（5））每一个对话都必须有根据，即使对方可能不会就根据的缺失提出异议。第一，对方律师可以在任何时候提出异议，并破坏你直接询问的节奏。第二，通过在奠定基础过程中证明证人记住细节的能力，可以增强证人的可信度。

要件：两个或更多人之间的对话，被采信为证据，必须奠定以下基础要件：

1. 对话是什么时候发生的；
2. 对话是在哪里发生的；
3. 在对话之中都出现了哪些人；
4. 谁对谁说了什么。

证人并不需要事实上地参与了对话。他可以作证，他看到的两个人或者更多人进行了对话，只要对话是被传闻规则允许的。

示 例

（对方同意）

问：你亲自跟弗兰克·琼斯讲过话吗？
答：是的，我讲过。
问：在什么时候？
答：在2000年4月25号。
问：在那天的什么时候？
答：大约是下午3点。
问：对话发生在什么地方？
答：在他的办公室里。
问：他的办公室在哪里？
答：在北克拉克大街150号，100室。
问：谈话时，都有哪些人在现场？
答：就我和琼斯先生。
问：你那时候跟琼斯先生说了什么？

答：我说："琼斯先生，你还欠我为你家房子改造屋顶的 2 500 美元。"他说："我知道，但我现在没有钱付给你。"

示　例

（惊骇表达）

问：听到枪响后立刻发生了什么？

答：嗯，大家都开始跑向现场。

问：你认识他们之中的人吗？

答：除了我妻子，其他的不认识。

问：接下来发生了什么？

答：嗯，有一个中年人在离我几英尺远的地方，突然叫道："小心！他有枪！"

143

5.5　电话对话

电话对话在庭审中也经常得到承认，其通常以类似于面对面对话的方式提出，但还需要其他要件。证人必须能够识别出电话另一端的说话者。（参见联邦证据规则第 901 条（b）（5），（6））下列四种基本的事实情形可以认定为识别出了电话另一端说话者的身份。

1. 证人认识电话另一端的说话人

要件：

当证人认识并认出电话另一端的人的声音时，两人之间的电话对话，必须具备以下要件：

1. 对话是什么时候发生的；
2. 对话在什么地方发生（证人在什么地方）
3. 证人认出另一个人的声音；
4. 为什么证人会认出另一个人的声音；
5. 那是谁的声音；
6. 其他人参与了什么事情；
7. 谁向谁说了什么。

并不需要证明谁先拨的电话。如果这是已知的，你当然应该指出它，因为它增加了证人的可信度和声音辨认的可靠性，但是此种信息并不是奠定基础的必要要件。如同在面对面的对话中，证人并不需要亲自参加对话，只要听到即可。

> **示　例**

问：在 2000 年 4 月 25 日，大约下午 4 点，你在哪里？

答：在我的家里。

问：那时发生了什么？

答：电话响了。

问：你做了什么？

答：我接了电话，说"你好"。

问：当电话响的时候，你在哪里？

答：我就在电话旁边的厨房。

问：接下来发生了什么？

答：一个声音回应了。

问：你能认出电话另一端的人的声音吗？

答：是的，我能。

144

问：你为什么能认出这个声音？

答：在过去几年，我和这个人谈过无数次了，无论是见面还是打电话。

问：这是谁的声音？

答：他是弗兰克·琼斯。

问：还是其他人加入这个电话对话吗？

答：没有。

问：告诉我们在对话中，你说了什么和他说了什么。

答：他说了"嗨，我是弗兰克·琼斯"，我说："嗨"，他说："你还欠我为你改造屋顶的 2 500 美元"，我说道："不，我没有。你的工作有缺陷，我不会付钱。"

　　请注意，这里没有必要证明，证人可以认出电话另一端的声音是因为之前的电话。面对面的谈话，已经为辨识身份提供了充分理由。当然，如果上一次对话是电话对话，这会增强辨识身份的可靠性。

　　在奠定理由之前，就提出打电话的人自己表明了自己的身份，是不恰当的。在基础要求的背后，是声音辨识的概念，这将会防止冒名顶替者伪装成其他人。打电话的人自我表明身份，可以通过对话恰当地提出。（参见联邦证据规则第 901 条（b）（6）（A））

2. 证人不认识另一个人，但通过随后的对话认出了身份

要件：

两个人之间的电话谈话，如果证人通过之后面对面的谈话才辨认出了对方身份，必须确立以下要件：

1. 对话什么时候发生的；

2. 对话在什么地方发生（证人在哪里）；

3. 当时，证人并没有认出另一方的声音；

4. 之后，证人亲自跟另一个声音的主人说过话；

5．证人现在可以识别出电话中的声音；

6．那个声音是谁的；

7．其他人参与了什么事情；

8．谁对谁说了什么。

示　例

问：在 2000 年 4 月 25 号，大约下午 4 点，你在哪里？

答：在我家的厨房里。

问：那时候发生了什么？

答：电话响了。

问：你做了什么？

答：我接了电话，然后说"你好"。

问：你认得另一端的声音吗？

答：当时不认识。

问：史密斯先生，在 2000 年 4 月 30 号，大约下午 4 点，你在哪里？

答：我在北克莱克大街 150 号 100 室，弗兰克·琼斯的办公室。

问：你跟他谈话了吗？

答：是的。

问：从那天开始，你还有跟弗兰克·琼斯说过话吗？

答：是的。

问：大约多少次？

答：大约 10 到 12 次。

问：史密斯先生，让我们回到 2000 年 4 月 25 号你接到的那通电话，你现在能识别出另一端的声音吗？

答：是的，我能。

问：你现在能认出另一端的声音是谁的？

答：弗兰克·琼斯的。

问：谈话中还有其他人吗？

答：没有。

问：当时你说了什么，他说了什么？

答：他说了"你欠我改造你家屋顶的费用 2 500 美元。"我说："不，我不欠，你的工作有缺陷。"

3. 证人不认识另一端的说话者，但是之后通过一些交往，识别出他的身份

要件：

当证人通过之前或之后的交往（而非对话），辨认出其他人身份时，两个人之间的电话谈话，必须确立以下要件：

1．对话什么时候发生的；

2. 对话在什么地方发生；

3. 当时，证人并没有认出另一方的声音；

4. 证人通过之前或之后与另一个人的交往，认出了另一个人的声音（在一些辖区，随后识别出声音的行为，必须发生在诉讼开始之前）；

5. 证人现在可以认出另一个人的声音；

6. 其他人参与了什么事情；

7. 谁对谁说了什么。

示 例

问：在 2000 年 4 月 25 号，大约下午 4 点钟，你在哪里？

答：在我家的厨房里。

问：那时候发生了什么？

答：是的，电话响了。

问：你做了什么？

答：我接了电话说"你好"。

问：你那时认识电话另一头的声音吗？

答：不认识。

（向对方律师出示原告的 1 号展示物）

问：史密斯先生，我向你出示原告的 1 号展示物。你认识它吗？

答：是的，我认识。

问：你什么时候收到的这封信？

答：大约在 2000 年 4 月 30 号。

问：这封信现在的样子跟你收到它的那一天一样吗？

答：是的，一样。

问：你认识信底部的签名吗？

答：是的，我之前见到过几次。

问：底部是谁的签名？

答：弗兰克·琼斯。

（将展示物作为证据出示。在它被采信后，继续进行。）

问：请向陪审团读信的第一行。

答："亲爱的史密斯先生，我写这封信是为了确认我在 2000 年 4 月 25 日下午，大概下午 4 点，给你打电话的内容。"

问：你现在知道在 2000 年 4 月 25 日，下午大约 4 点，给你打电话的是谁的声音了吗？

答：是的，我知道。

问：是谁的声音？

答：弗兰克·琼斯。

问：还有其他人参与了电话吗？

答：没有了。

问：对话的内容是什么？

146

答：他说："嗨，史密斯先生，我打电话给你是为了你的屋顶改造问题。我们可以以2 500美元的价格为你重新改造屋顶。"我说："听上去不错。"

你证明了什么呢？电话里只有一个人在说话。所以只有那个人和你自己知道对话的内容是什么。随着后来信件的到达，你从信件的内容中知道了先前打电话的人是谁。信件认出了打电话的人，而且信件可以作为对方自认而被采信。尽管不如声音识别可靠，它也足以使对话被采信。

4. 证人不认识另一端的说话者，但是他已经拨通了商业电话簿所列的电话，并和那个人说过话

147

许多辖区认为，打了电话目录里列出的商业电话，会构成你已经打过所列出的当事人或其代理人电话的初步证据。（参见联邦证据规则第901条（b）（6）（B））

要件：

1. 对话什么时候发生的；
2. 对话在什么地方发生；
3. 证人从现有的电话簿中获得了商业电话；
4. 证人打了在电话簿上所列出的电话；
5. 电话另一头的声音承认它是一家商业公司；
6. 其他人参与了什么事情；
7. 谁对谁说了什么。

示 例

问：在2000年4月25日，大约下午4点，你在哪里？

答：在我家的厨房。

问：你那时候在做什么？

答：我拿出了电话簿，然后查找ABC公司的电话。

问：电话簿里有ABC公司的电话吗？

答：是的，有。

问：你接下来做了什么？

答：我拨了电话簿里列出的ABC公司的号码。

问：在你拨通那个电话之后，发生了什么？

答：电话另一头有人接了电话说道："ABC公司，有什么可以为您服务的吗？"

问：还有其他人参与了这个对话吗？

答：没有。

问：那时，对话的内容是什么？

答：我说："我想预订一些屋顶的沥青纸。"另一个人说："没问题。你需要什么类型的沥青纸？"

5.6　唤起证人的记忆

　　证人通常会认为，在法庭上作证是可怕的经历。他们会面临一个陌生的环境，而且必须遵守不熟悉的规则。他们被期望通过回忆来作证。因此，很多时候证人会忘记预期证言的重要部分，就不足为奇了。当这种情况发生时，律师必须唤起证人的记忆，即点拨证人的记忆。尽管任何东西都可以用来唤起记忆，但是最常见的是通过书面文件，例如陈述、文件、报告、书面证言和通过展示物，例如照片。

　　为唤醒记忆奠定基础，必须遵循一些公式化程序（litany）。并且，在证人作证之前，向证人解释这些公式化程序。例如，在作证时忘记证言，阅读一份文件以恢复记忆，并没有过错。向证人解释暗示性的语句，"你还想起 *148* 或记得其他事情吗"此类语句，即暗示证人忘记了一些重要的事情，而且你要开始唤醒记忆的公式化程序。

　　要件：

　　为证人席上的证人恢复记忆，奠定基础，必须证明以下要件：

　　1. 证人知道事实，但在作证时丧失了记忆；

　　2. 证人知道他的报告（或其他文件和展示物）会唤醒他的记忆；

　　3. 证人已经读过了他的一部分相关报告。

　　4. 证人指出他的记忆已经被唤醒了。

　　5. 证人在无须报告的进一步帮助下，就他了解的情况作证。

示　例

　　警官从被告的家里拿回了一件大衣、一双鞋和一把枪。这些事实都包括在他的报告中。

　　问：你有从被告家中拿走什么东西吗？

　　答：是的。

　　问：你拿走了哪些物品？

　　答：我想想。我从衣橱里拿了一件大衣，还有在过道里的一双鞋。

　　问：你还记得拿走了其他东西吗？（暗示语句）

　　答：没有了，这就是我能记住的所有东西。

　　问：警官，有任何东西可以唤起你的记忆吗？

　　答：是的。

　　问：是什么呢？

　　答：我相信我的报告可以。

　　问：罗伯特女士，请将这两页报告标记为政府 1 号展示物（法庭书记员，罗伯特女士，对报告作了标记）。

　　问：我现在向对方律师出示政府 1 号展示物，（向对方律师出示报告）。

　　问：警官，我现在交给你被标记为政府 1 号展示物的东西，你认识它吗？

答：是的，那是我的报告。

问：请亲自阅读一下报告。（证人阅读了报告）

问：你记得从被告家里拿走了什么物品吗？

答：是的，我记得。

问：请问我能把报告拿回来吗？（警官还回报告）请告诉我们这些物品是什么。

答：是的，先生。除了大衣和鞋子，我还从卧室拿走了一把左轮手枪。

149

没有经验的律师在试图唤醒证人记忆时，往往会犯三个错误。第一，他们未能将文件标记为展示物，并向对方律师展示。这些文件应该为了辨认而做上标记，即使你不会把它提交为证据。第二，他们未能在证人阅读完毕之后，取回文件。这常常会使对方律师提出异议，即证人并没有真的在现场回忆起，而只是照着报告念。如果在最后提问前，将文件从证人手里取回来，就可以解决这个问题。第三，律师未使用"你是否记起"或"你是否记得"的语句。相反，他们会问："你是否拿走了其他物品？"然后证人会回答："没有。"然后，当他们试图唤醒证人的记忆时，对方律师会以证人已经回答问题，因此没有必要唤醒记忆为由，提出异议。

最后，记住根据联邦证据规则第612条，任何为了唤醒记忆而使用的物品，无论是在作证前还是作证时，对方律师在交叉询问时都可以使用。如果之前你为唤醒证人记忆而使用的物品，对方律师并不能使用，这就会影响你究竟是否应当使用它，因为文件中可能存在对方律师可能在交叉询问中可以有效运用的内容。当然，在大多数例子中，对方律师可以在庭前证据开示阶段，获得证人的先前陈述。更重要的是，联邦证据规则第612条，允许对方将在唤醒记忆时使用的文件的相关部分，引入作为证据。

当一名证人曾经对一个事件撰写了报告，但是并未唤起他的记忆，该报告可以作为过去的记忆记录（past recollection recorded）而被采信。过去的记忆记录的基础要求在他节讨论。

5.7　普通证人的意见

尽管一般情况下，只有专家才能就一般人理解和经验范围外的领域发表意见，但是也存在例外情况。有几种事实，虽然也许是技术性意见，但仍然经常在普通证人的人生经验中反复出现。因此，如果该类意见是基于证人的感知，且有利于更为清晰地决定争议事实，普通证人也会被允许发表意见（参见联邦证据规则第701条和602条）。这些意见被允许涉及年龄、速度、清醒度和笔迹等一般事实。

示　例

证人作证称，他看到了一辆车发生了事故，而驾驶者看上去像受到了酒精的影响。首先确认证人的背景和证明他在现场，然后：

150

问：多伊先生，驾驶者走下车之后，你能看清楚他吗？

答：是的。

问：你观察了他多长时间？

答：大约两分钟。

问：在那段时间，他在干什么？

答：他貌似一边在走路，一边跟不同的人说话。

问：他走路的样子，你有注意到什么吗？

答：是的，他走路有点犹犹豫豫、跌跌撞撞的，还有一两次几乎被绊倒。

问：当时他看上去怎么样？

答：嗯，他脸色发红，出了很多汗，眼神看上去有点呆滞。

问：你能听到他说话吗？

答：是的。

问：你有注意到他说了什么吗？

答：他说的话非常含糊，吞吞吐吐的。

问：多伊先生，你以前见过被酒精影响的人吗？

答：当然。

问：在你成年之后，你见过多少次被酒精影响的人？

答：大约几百次。

问：多伊先生，你能告诉我当时汽车的驾驶者处于什么状态吗？

答：是的，先生，我能。

问：是什么状态？

答：他受到了酒精的影响。我可以说他醉了。

5.8　记录证人

　　在现今的庭审环境下，记录变得越来越常见。尽管记录最常见是在商业案件中出现，但常常也是人身伤害案件，甚至刑事案件的重要部分。因此，能够提出记录证人、将记录纳入证据，并有效地使用记录，已经逐渐成为在所有类型案件中都不可或缺的庭审技巧。即使商业记录可以经常通过审前命令、协议或者对方同意而被采信，也是如此。

　　当然，业务记录是传闻证据。但是，所有的司法辖区都制定了规则：当满足了一些条件时，允许将业务记录采信为证据。所有的法规，包括联邦证据规则第 803 条（6）的现行规则，都蕴含了同样的合理理由：可靠性。如果一家企业制作了一种会反复使用的文件，依据这些文件的准确性来处理业务，并且已经开发出系统来储存和取出这些文件，这就已经满足了上述的可靠性要求。

　　记录证人在庭审中有两项主要的作用。第一，他必须为将展示物采信为证据奠定基础，并且尽力使陪审团给予该展示物最大的证据价值。第二，他必须准备向陪审团宣读和解释报告的内容。证据蕴藏在记录之中，成功的证

151

人，会解释记录并证明它们为什么是重要且可信的。

现在，已存在通过简易方式提出此种证人的趋势：快速地证明证人是相关文件的保管人，引用基础的公式程序，将记录纳入证据。但是，你必须提醒自己，不得随意对待此种证人。记住，这些文件的证据效果，主要取决于汇编文件中的信息的系统性程度、记录准备的准确程度和记录储存的仔细程度。因此，证人对记录必须发表的言论，不仅仅是为证据可采奠定基础，对整个案件都极为重要。不要错失加强你方此部分证据证明力的机会。

你应当怎么做呢？主要有以下几点考虑：

1. 使你的证人完全具备资格。证明他对所涉及的证据有充分的了解，会在日常工作中使用它们，并且了解为业务用途如何保存和取出它们。

2. 证明记录如何制作，由谁制作的和它们所蕴含信息的主要来源。证人能够追踪记录中所记载的交易往来，包括从进行交易的第一个人的创建，到一些永久记录中所包含的交易信息。

3. 证明记录如何被归类、保存和取阅。记录可靠性重要的一点，就是证明这些记录，自建立之日始，就以能将丢失、损坏、或改动风险最小化的方式进行保存。

4. 证明创造这些记录对业务有何作用。如果你能证明企业不断地使用这些记录，并且这些记录的准确性、完整性对于成功的企业运营至关重要，你就可以极大地增强这些记录在法庭上的证明效果。

下列例子可以解释在直接询问中，记录证人能够提供的证言类型。这显然不可能适用于所有案件。但是，当记录是交易的主要证据，而非仅仅是确证证据，而且必须独立站住脚跟时，你就应该考虑让适格证人采用此种证言类型。

示 例

办公室主管已经被传唤为证人，证明一家货运公司某些货运单据的有效性。

问：多伊女士，你的职位是什么？

答：我是 XYZ 货运公司芝加哥办公室的负责人。

问：你在芝加哥办公室当负责人多久了？

答：大约 5 年了。

问：在成为负责人之前，你从事什么工作？

答：我最开始是码头领域的管理人员，然后我调到账务部门（billing department）。在现任职位之前，我是账务部门的经理。

问：你为 XYZ 公司工作了多少年？

答：大约 12 年。

问：你所有的时间都在芝加哥办公室吗？

答：是的。

问：多伊女士，XYZ 货运公司从事何种业务？

答：我们被称为长途承运人（over-the-road carrier），就是我们用牵引拖车（tractor-trailer）在美国和加拿大的主要城市之间运输货物。

问：XYZ 货运公司有多少个办公室？

答：我们有 11 个地区办公室的和 46 个地方办公室。

问：在芝加哥办公室，你们有多少名雇员？

答：现在我们有 14 名正式员工和 6 名兼职员工。数字会根据季节发生变化。

问：芝加哥的地区办公室从事什么样的工作？

答：我们接收货物订单、装载货物、并将它们送到指定地点。我们还接受从其他城市运来的货物，为收货人提储货物，或者直接将货物送达收货人。这均取决于货运合同的性质。作为大型的承运人，我们几乎能安排任何类型的货运安排。

问：在业务过程中，你的办公室通常会产生哪些记录？

答：每一次货运所需的标准记录文件，包括提单、装运单、货运发票和账单。

问：多伊女士，你最近收到了要求你的公司为本次庭审出具一些记录文件的传票吗？

答：是的，我们收到了。

问：你今天带来了这些记录文件吗？

答：罗伯特女士，请将这份文件标记为原告 1 号展示物（书记员做了标记），希望记录能反映，我向对方律师出示了原告 1 号展示物。（向被告律师出示了展示物）

问：多伊女士，我现在向你出示刚才被标记为原告 1 号展示物的文件，你认识它吗？

答：是的，我认识。这是我根据传票要求带到这里的文件。

问：这是何种记录文件？

答：这种记录，我们把它称为货运发票。

问：你的公司制作此种记录，有什么用途？

答：这是一种基础的记录文件，其包括了一次货运订单的所有信息。我们使用此种表单，以方便我们可以在一份文件上找到货物的完整记录。我们可以在结账时使用它。它是我们业务中的关键记录文件。

问：货运发票上有哪些信息？

答：它包括了货物提货日期、提货地点、货物内容、货物重量、运输指令和付款指令。

问：谁接收和输入上述信息？

答：通常是由两个人填写表格。首先，无论是当面还是通过电话，接收到货运订单时，办公室的职员填写表格除了重量之外的所有部分。然后货运发票会转交给司机。当司机装载货物时，他根据我们的计量标准对货物称重，然后填写表格中的重量一栏。办公室职员和司机都必须在表格上签名。

问：他们在什么时候填写表格？

答：就是他们处理订单上的工作时。

问：然后表格怎么处理的？

答：表格为一式四份。司机在对货物称重后，将前两份表格交回办公室，然后带走另外两份表格。当货物被交付后，他将一份表格给接收货物的一方，让货物接收方在另一份表格上签字，然后将签字的表格返还我们的账务部门。

问：你们办公室将如何处理这些表格？

答：我们会将一份副本发送给托运人，然后把另一份原件发送给账务部门。从司机处收到签字的文件后，我们将发送账单。

问：这两份文件最后是怎么处理的，原件和已签字的副本？

答：原件将被放入我们置于单独房间里的永久记录文件夹中。账务部门将把签字的副本和账单一起寄给付款人。

153

问：你的公司把表格保存多长的时间？

答：最少 5 年。在那之后，它们将被制作成为缩影胶片。

问：这件展示物，原告展示物 1 号，是按照你描述的程序制作的吗？

答：是的。

采信的奠基工作现在就完成了。这里没有套用联邦证据规则第 803 条（6）的生硬语言。现在，展示物可以被提交为证据了。但是，如果法官想听取联邦证据规则第 803 条（6）规定的关于基础的公式化程序，也可以简单完成。

154

问：多伊女士，我现在请你注意标记为原告 1 号展示物的 XYZ 公司的记录文件。这份文件是由知悉文件上所显示的行为和事件的人员（或由该等人员所传递的信息）制作的吗？

答：是的。

问：它是在其记录的行为和事件发生之时或随即制作的吗？

答：是的。

问：制作此种记录是 XYZ 公司的惯常做法吗？

答：是的。

问：记录文件是按规范日常业务活动的常规过程，来予以保管的吗？

答：是的。

一旦展示物被作为证据，证人就可以向陪审团展示、宣读和解释展示物。记住，一名好的记录证人，不仅仅是将展示物被采信为证据，她还能够，而且应当解释展示物所包含的内容。

示 例

问：多伊女士，请看这张货运发票，原告 1 号展示物，现在它已经作为证据。在表格左上角，有一栏写着"装运日期"。什么是装运日期？

答：那是货物实际离开我们仓库的日期。

问：在表格右下角，有另外一栏写着"到期日期"，到期日期是指什么？

答：它是指货物运输付款到期的日期。在那个日期之后，我们将对延迟的付款收取利息。

证人能将展示物上的信息，翻译为通俗易懂的故事。通过这种方式，记录文件在陪审团面前变得生动起来，而陪审团可以随着故事的讲述，理解记录文件的内容。

示 例

问：多伊女士，我放了两张表格在架子上，这样陪审员就可以看见它们。它们一张是原告 1 号展示物股票购买单，和原告展示物 2 号交易确认单。这两份记录文件能告诉我们什么呢？

答：这两份记录文件告诉我们，约瑟夫先生在 2000 年 6 月 1 号下订单购买 IBM 的
　　100 股普通股票。我们公司的威廉姆斯女士接受了约瑟夫先生的电话订单，并
　　处理了交易。股票于当天下午买入，然后约瑟夫先生发送了交易确认单，表明
　　购买于 2000 年 6 月 2 号完成，并应为之付款。

155

5.9　品格证人

1. 法律

　　品格证人在庭审中占据了独特的地位。品格证人并不经常使用，如果被
传唤，也经常是出现在刑事案件中，但是，此种证人是在任何庭审中都可能
出现的证人。在你能明智地决定是否在庭上出示此种证据之前，你必须对关
于品格证人的法律有清楚的了解。对于此种证据的可采性、出示和询问，联
邦法院和州法院的规定可能有显著差异。你始终应当先检索联邦证据规则第
404 条和 405 条，因为程序规则是技术性的。

　　品格证人有两种截然不同的类型：特定性格特征证据，可以作为直接或
间接证据采信；诚实性证据，仅被作为影响证人作证可信度的证据。每一种
证据在有限情形下，满足了特定成立要求之后，都可以被恰当地采信。

　　a. 特定性格特征证据，既可以作为直接证据，也可以作为间接证据。当
性格特征是请求或抗辩的"重要要件"时，它就是直接证据，并且可以在民
事案件和刑事案件中提交。此种用途极少被用到。例如，在一起诽谤案件
中，被告称原告为瘾君子，而且被告称其讲的是事实，则无论原告事实上是
否是瘾君子，此点都成为了抗辩的关键要件。在一件就业歧视的诉讼中，如
果被告主张原告是因为盗窃或醉酒而被解聘，则原告事实上是否是盗窃者或
醉酒者就成为了抗辩的关键要素。当特定的性格特征成为请求或抗辩的关键
要素时，它可以通过名声、意见或具体行为案例来显示。

　　被告和受害人特定性格特征的证据，同样可以作为间接证据，但仅能用
于刑事案件。这会被允许，是因为一个人特定性格特征的名声，会表明在特
定日期，那个人可能会做出与性格特征一致的行为。例如，证明一个人拥有
诚实的好名声，就会表明他不太可能是一名小偷。在被告提出正当防卫抗辩
的伤害案件中，如果能证明被告享有温和的好名声，或者受害人拥有暴躁的
坏名声，这就成为了支持抗辩的间接证据。

　　运用特定性格特征证据作为间接证据的程序，十分重要。只有刑事案件
中的被告可以启用性格特征证据。他通过传唤证人，以名声或意见的形式，
对被告或受害人的相关性格特征作证来实现。一旦被告启用了此项证据，控
方可以用同样类型的证据进行反驳。（对这条一般规则，存在两种例外情况。
第一，如果是被告提出正当防卫抗辩的杀人罪案件，被告提出证据证明原告
是最先的侵犯者，控方可以使用证明原告具有温和品格的证据来进行反驳。
例如，如果被告作证受害人先攻击了他，那么控方可以通过证明原告个性温

和，来进行反驳。第二，因为联邦证据规则第 404 条（a）（1）在 2000 年进行了修订，如果被告提出了关于受害人相关性格特征的证据，控方可以针对被告提出相同性格的证据来进行反驳。例如，如果被告提出证据证明受害人是一个暴力的人，控方现在可以提出证据证明被告是一个暴力的人来反驳。）

b. 有不同的规则对诚实性证据作出了规定（参见联邦证据规则第 608 条（a））。对诚实性不利的性格证据，在证人作证之后，可以由对方以名声或评价的方式提出，以质疑证人的可信度。证据只能被用作减损证人的可信度和重要性。这条规则对任何证人都适用，包括在庭审中作证的当事人。一方总是有权通过此种证据，来质疑对方传唤的证人。一旦一名证人的诚实性受到了质疑，在此之后，那名证人的支持者可以提供相反的名声证据或意见证据。

你必须理解，诚实性证据和特定性格特征证据之间的程序性差异。当性格特征证据被作为行为的间接证据时，刑事案件中的被告，享有唯一决定是否将相关特征提升为争议点的权利。被告可以通过名声或意见的形式，显示关于特征的证据，来完成这一点。只有在被告完成这一事项之后，控方才能出示反驳证据，并且控方只能就被告选择提出的抗辩进行反驳。

如果涉及证人的诚实性，则会适用不同的规则。双方都有权以名声或个人意见证言的形式，质疑为对方作证的任何证人，提出那名证人具有不利于诚实性的恶劣性格的证据。此外，只有证人被此种证据质疑之后，最初传唤证人作证的一方才能提供相反的证据。

2. 基础

性格特征证据在庭审中被合理采信，必须满足几点基础要求。尽管存在一定的差异，但是性格特征证据和诚实性证据的基础，在本质上是相似的。

第一，证据必须源自适格的证人。如果涉及名声证据，证人必须能够证明，他听到了社区里其他人对该人名声的讨论。当涉及个人意见时，证人必须能够证明他与他正在作证的对象有过定期的接触。在两种情形下，名声和个人意见都必须有恰当的基础。

第二，名声证据必须基于相关社区或邻里。任何一个人处于相当长时间的、可识别的社区——住所、工作地点和学校——才能够成为支持此种证据的适当社区。

第三，证据必须基于恰当的时期。如果争点是特定的性格特征，那么相关的时期就是被指控行为发生的日期，或合理的先前时期。如果争点是诚实性，那么相关的时期是指名声或意见适用对象，在庭审中或合理的先前期间的作证日期。

3. 技巧

决定在庭审中提交性格证据之前，必须权衡几种考虑。这张列表包括了以下几点，尚未尽全：

a. 在此种类型的案件庭审中，性格证据的效果有多大？（在主要基于间接证据的案件中，可能更为有效）

b. 在庭审中，性格证据与其他证据一致吗？

c. 名声证人可以就所有相关社区的名声进行证明吗？（不完全的名声证据总是可疑的）

d. 被告会作证吗？（陪审员可能会厌恶不作证，却传唤其他性格证人质疑对方证人的被告）

e. 性格证人在交叉询问阶段易受攻击吗？

f. 名声证据所适用的对象，在交叉询问阶段易受攻击吗？

一旦已经作出决定，提交性格证据，就必须选择恰当的证人。为这一目的，必须考虑以下几点：

a. 客观的、具有多元背景的非家属证人、与被证明对象没有金钱关系的人，更为可取。

b. 应当挑选能够证明该人在所有相关社区——住所、工作和其他适当地区整体名声的证人。

c. 除非证人私下熟悉该人的名声，或与该人相熟，否则绝对不要传唤该证人作证。

d. 应当挑选陪审员有好感，与陪审员背景相似的证人。

如果对上述考虑进行权衡之后，你仍作出提出此类证据的决定，那么直接询问可以依照下列的指示进行：

158

示　例

（温和的名声）

问：请向陪审团介绍你自己。

答：我的名字是罗伯特·史密斯。

问：你住在哪里？

答：我住在伊利诺斯橡树园玫瑰巷 123 号。

问：你和谁住在一起？

答：我的妻子玛丽和三个孩子，汤姆、泰德和贝斯蒂。

问：你们在那里住了多久了？

答：14 年了。

问：你从事何种工作？

答：我是一名印刷工人。

问：你当印刷工人多久了？

答：15 年了。

问：你作为印刷工人的职责是什么？

答：我设定印刷类型和设计广告版面。

问：你为哪一家公司工作？

答：唐纳利出版社。

问：唐纳利出版社从事何种业务？

答：它出版各种类型的广告目录和手册。

问：你为唐纳利出版社工作了多久了？

答：6 年了。

问：你现在的职位是什么？

答：印刷部门的经理助理。

问：你认识约翰·多伊吗？

答：是的，我认识。

问：你认识他多久了？

答：14 年了。

问：你和他有任何关系吗？

答：没有。

问：你和他有业务往来吗？

答：没有。

问：在你认识他的 14 年里，你和他联系的频率有多高？

答：平均每周 2 到 3 次吧。

问：你知道他在哪里住吗？

答：是的 。

问：他的地址是？

答：橡树园郁金香巷 136 号。

问：他在这个地址住了多久了？

答：大约 10 年了。

问：他家的位置跟你家的位置，有什么联系？

答：他家就在我家街区西边的下一个街区。

问：在你认识约翰·多伊的这些年里，你认识他居住的社区里，其他也认识他的人吗？

答：是的。

问：这些人是谁？

159

答：邻居。

问：当这些人讨论约翰·多伊时，你有在现场过吗？

答：是的，我有过。

问：你听到过多少人讨论约翰·多伊？

答：几十个人吧。

问：你听到过多少次他们讨论约翰·多伊？

答：在过去 14 年里至少大约上百次。

问：在大约 2000 年 4 月 1 号左右，你在他居住的社区里有听到过关于他是否性格温和的名声吗？

答：是的，我听到过。

问：名声是什么？

答：非常好的。他被公认为一个性格温和的人。

如果证人可以给出个人意见，也可以轻易地获得。

示 例 ────────────────────────────────

（个人意见）

问：史密斯先生，除了听说约翰·多伊的名声，你对多伊先生是否是一个性格温和的人，有个人的意见么？

答：是的。

问：你的意见是什么？

答：我认为他是一个极为温和、安静、绅士的人。

5.10　对方证人

本章已经评价了对假定有利于直接询问人的证人的直接询问。在这些情况下，证人会对其证言的提出和表达予以配合，因为他希望其证言的影响发挥到极致。

如果是对方证人，则存在完全相反的情况。对方证人，是指任何因为其为一方当事人或者与一方当事人有特殊关系，而被假定为会作出对另一方不利证明的证人。正如名字所暗示的，此种证人对你的对方有利。他可能使用各种可能的机会来伤害你。因此，除非是成立请求或辩护的必要要件，通常不要传唤对方证人作证。如果并非证明请求或抗辩所必须，那么可以选择传唤对方证人的唯一情况，就是你确定对方证人会给陪审团留下一个差的印象时。

当你传唤一名对方证人时，你就失去了对该名证人的控制。因此，你被允许像交叉询问中一样询问他，这样，你就可以通过诱导证人而对他进行控制。

预先确定法院是否会让你传唤对方证人。对方和对方的高管、董事和管理代理人，都是对方证人。这些通常可以推定为是对方证人。但是，很多时候，证人的立场并不清楚。联邦证据规则第 611 条（c）提到"被认为是对方的证人"扩大了传统的对方证人的定义范围。在存在多个当事人的诉讼中，证人可能对一些当事人不利 ，但是并非对全部的当事人都不利。确保提前确定，你将被允许以交叉询问的方式对待证人。

当你传唤对方证人作证时，请确保你让法庭了解你正在干什么。

160

示　例

法官阁下，现在我们传唤被告弗兰克·史密斯，作为对方证人作证。

正如先前提到的，除非为证明请求或抗辩之必须，不要传唤对方证人。如果该名证人很重要，必须传唤，最保险的方式是在你举证的中间阶段传唤他，而他将被对你方有利的证人前后夹击。通过诱导其直接切入关键事实，使他的证言尽量简洁，抽取出关键事实后即停止。此类证人作证的时间越长，对你举证的伤害越大。当与对方证人打交道时，简洁就成为了最安全的方式。但是，一些原告律师有时喜欢以传唤被告作为对方证人开始他们的举证。这种方式，会在你确信被告会给陪审团留下一个差的印象（他的书面证言表明了这一点），或者他有必须承认的可怕事实（他的书面证言和记录使这些事实成为板上钉钉的事实），或他没有做好准备作为对方证人作证时（繁忙的主管类型），十分有效。

5.11 敌意证人

敌意证人是在出庭作证时，使你感到惊讶并出乎意料地反对你的证人。当一名证人变得有敌意之后，对于对方证人的规则同样适用于敌意证人：你可以以交叉询问的方式进行询问，因为诱导性的问题"对于发掘证人证言，是必要的"。（参见联邦证据规则第 611 条（c））

敌意证人规则起源于传唤证人的一方必须担保证人可信度的传统规则。因为他被假定为对你方有利，因此你方无论好坏，都会在大致上同意他的证言。只有在证人出乎预料地未能给出你预计的证言时，你才能将他宣称为敌意证人。联邦证据规则已经取消了此种有问题的假设，所以一方当事人不需要再保证其传唤的证人的可信度。（参见联邦证据规则第 607 条）因此，此规则接受了当事人大多受限于证人出庭难以及出庭证人多因必要而被传唤，而非故意选择或设计的现实。当这些证人变成敌意证人时，可以向他们提出诱导性的问题。（参见联邦证据规则第 611 条（c））

在遵循传统规则的辖区，将一名证人宣称为敌意证人，以便你对其进行诱导性提问，要求证明存在出乎意料（surprise）。通常的程序如下：当证人在庭审中提出完全超出预期的、对你方有害的证言，而使你出乎意料时，提出足够的其他问题，以向法庭明显地表明你的出乎意料。请求庭边会议或者短暂的休庭。一旦陪审团和证人不在场之后，向法官解释你的出乎意料，和证言与你本来期待的，实质上完全不同。在许多辖区，你必须在庭审中显示你的出乎意料。在这些辖区，如果你在庭审之前（通常是在最后的庭审准备阶段），了解到证人可能会在作证时改变证言，你表现出出乎意料就不太妥当。你还需表明，这与你曾经预期的证人证言，完全不同。告诉法庭，你庭前的会见内容是什么。如果你有会见笔记，或者证人在之前有过书面声明，将它们呈给法官。你还可以在陪审团不在场的情况下，对证人进行资格审查（voir dire），对之前不一致的声明进行询问。如果证人承认了此种不一致，你就证明了敌意。

在陪审团在场后，让证人再次承认之前作出了不一致的声明，然后对证人进行交叉询问。诱导他，引出想要的信息，然后停止。对于敌意证人，最保险的方式是根据情况将询问缩至最短。

5.12 使用庭外采证笔录和录像带

大多数庭审都涉及的是"活"的证人。但是，有时候在庭审开始时，证人并不能出席。如果出现这种情况，在满足联邦证据规则第 804 条（b）（1）

的要求之下，你可以提交证人之前的证言记录。基本上，证人必须满足联邦证据规则第 804 条（a）的规定，才能被认定为"不能出席"，而且现在提交的先前证言所针对的当事方必须在之前的程序中在场，而且有机会、亦有相同或类似的动机向证人提问。最常见提交的先前证言，是书面证言笔录。

另一种在庭审中出示笔录的方式，是根据联邦证据规则第 801 条（d）（2）的对方自认，或者对方雇员或代理人的自认。

当你想要在庭审中使用不能出庭证人的庭外采证笔录时，你必须决定两件事情：笔录的哪个部分将会提交给陪审团，你怎样才会被允许向陪审团提交笔录。

第一，通知法官和对方你想要宣读笔录的哪个部分。然后对方律师会指出他想要宣读笔录的哪个部分。所有证据性的异议都必须事先提出和裁定。通过事先将这些事项提交和获得裁定，你就能够不被异议打断，连贯地向陪审团阅读被采信的笔录片段。在民事案件中，这些事项经常由审前备忘录和审前会议阶段来处理。

162

第二，提前通知法官，你打算如何宣读笔录。最有效的方式是让某人扮演证人的角色，并实际就坐在证人席上。而你扮演提问者的角色。因为你和证人都有一份笔录（标记着哪一部分将被宣读），所以你可以向陪审团再现证言。通过与真实作证相差无几的方式宣读证言，是可以使书面记录变得生动的最好方式。如果扮演者与证人的年龄和性别相仿，就更为有效了。

如果庭外采证过程是被录像的，可以适用同样的程序。你和对方律师指定出示的录像部分，然后法庭对所有证据性的异议进行裁定。录像带剪辑师必须把录像带剪辑为只包含被允许出示的部分。这一切都必须在庭审之前完成。

当庭外采证是案件对方当事人的证言时，可以通过两种不同的方式来使用。如果其在出庭证言与笔录不一致，可以使用笔录来弹劾对方当事人。另外，此种证言由于被视为对方自认，可以在另一方举证时提交为实质证据。

如果你决定在你的举证阶段使用对方当事人的庭外采证，则需以对待不能出庭证人同样的方式进行。决定你想要向陪审团宣读哪一部分，事先请求法官对证据性的异议进行裁定，并且在向陪审团宣读笔录时，让某人扮演对方当事人的角色。唯一的区别是，不能出庭证人的全部或大部分笔录都能向陪审团宣读，而通常当事人笔录中只有包含自认的部分，才能向陪审团宣读。因此，向陪审团宣读一方的自认，往往是迅速的。另外一种方式是使用大屏幕投影机或电视监视器，或在大型的泡沫展示板上显示关键的问题和回答，来向陪审团展示笔录的恰当部分。

哪一种方式更为有效？在法庭中宣读庭外采证笔录还是使用录像采证笔录？这取决于录像采证笔录的质量，以及在庭审中提交证言的目的。

大多数录像采证笔录的视觉效果和声音效果不好，至少与陪审员希望从电视中看到的效果相比，是如此；并且证人在录像中看起来，极少有在法庭现场看上去、听上去那么有说服力。这主要是因为录像采证极少采用专业水平的设备和照明，现场也没有经过精心的计划和准备，而且证人也极少被训练过如何在摄像头面前专注和表现。因为这个原因，可以考虑使用对方证人的录像带，特别是当对方证人在录像中显得紧张、犹豫和好辩时，因为录像会有效地显示这些负面的性格特征。

163

有利证人的采证笔录通过宣读的方式出示，会更有效。但是，需要记住两件事情。第一，只使用庭外采证笔录的关键部分，使宣读尽量简短。第二，寻找到能够成功扮演证人的人。换言之，寻找符合陪审团期望证人应具有的性格特征的人。例如，如果证人是一位学校老师，找一位看上去、听上去都像学校老师的人，然后训练这个人具有说服力地宣读笔录中的回答。

5.13　司法认知和协议

1.　司法认知

司法认知是由联邦证据规则 201 条所规定。它的目的是为了提高司法效率以及承认不存在争议的证据，因为正式证明这些事实既困难、又耗时。

司法认知可以存在于两个领域。第一，对于在特定地理区域被普遍知晓的事实，法院可以对事实予以司法认知。例如，在旧金山，大家都知道金门大桥位于旧金山和马林郡之间。第二，法院可以对有可靠来源，并容易准确证明的事实予以司法认知。常见的例子是劳动部的关于平均寿命的保险统计表（actuarial table）和天文事实，例如什么时候发生满月、涨潮，或者某个日期具体是星期几。

一方想要让法庭司法认知某个事实，必须请求法官予以司法认知，并且让对方有提出异议的机会。如果法庭对一个事实作出了司法认知，陪审团将被以指令告知该项事实。在民事案件中，陪审团必须毫无怀疑地将司法认知的事实视为真实，但是刑事案件中并非如此。因为基于正当程序的考量，刑事案件中的陪审员被指令他们可以，但非必须将司法认知的事实认定为真实。

示　例

在民事案件中，法庭可能告诉陪审团：在本案中，你们必须接受以下事实⋯⋯

在刑事案件中，法庭可能指示：在本案中，你们可以，但非必须接受以下事实⋯⋯

在实践中，司法认知并没有经常使用。如果一项事实是如此明显而可以采取司法认知，则通行的做法是通过诉讼协议将该事实，呈现在陪审团面前。

2.　诉讼协议

164

诉讼协议就是当事方之间，将某些事实认定为真实、不存在争议，而达成的协议。如果诉讼协议涉及未出庭的证人，协议通常会约定，如果该名证人被传唤出庭，他会就这些事实作证。无论诉讼协议是关于什么，它都必须获得陪审团的注意。通常最好的方式是准备书面形式的诉讼协议，让双方律

师签字，并事先提交法庭。然后诉讼协议通常会被标记为展示物，并在适当的时候向陪审团宣读。（参见 6.3 节第（19）项）

5.14　再次直接询问

　　当对证人的交叉询问完成之后，直接询问人可以对证人进行再次直接询问。再次直接询问的恰当目的，是反驳、解释、或进一步申述在交叉询问中所提出的事项。它并不是为了重复或修改直接询问。这意味着，再次直接询问的范围仅局限于交叉询问者在其询问过程中所选择提出的事项。但是，对于再次直接询问，不同的法官允许的范围，有极大的不同。一些法官会严格禁止超出交叉询问的范围。而另一些法官会给予再次直接询问者比较充分的自由。根据联邦证据规则第 611 条（a），这属于法官自由裁量的范围。

　　你应该进行再次直接询问吗？每一次的再次直接询问都必然暗示有一些东西被遗忘了，或者需要修正。因此，必须先决定是否有任何事情需要被强调，或者可以被忽略。如果事情没有受到损害，就不要修正。如果你不能修正，就不要尝试。大多数时候，你可以预测交叉询问者会做什么，然后在直接询问时进行处理。

　　在再次直接询问中，你能做什么？注意三件基础的事情。第一，你可以通过让因先前不一致的陈述而遭到质疑的证人，解释为什么会出现不一致的陈述，而恢复该名证人的名誉。此种解释有时会消除或者减轻不一致所带来的影响。第二，你可以让证人纠正交叉询问中错误，或被误导的证言。如果证人在交叉询问阶段说了一些事实上错误的东西，或者交叉询问者的问题留下了诱导性的错误影响，你可以让证人在再次直接询问阶段纠正。第三，你在再次直接询问中，可以使用在交叉询问中提出的新事项。它们都是被允许的对交叉询问的回应。此外，再次直接询问应当回到直接询问的氛围中，如此，陪审员就可以脱离交叉询问所营造的氛围。

　　你在再次直接询问中应当避免什么？不要仅仅因为有机会，就进行再次直接询问。避免讨论陪审团会轻易忘记的细节。再次直接询问应当把精力放在能产生重大作用的关键点。因此，当你进行再次直接询问时，直接切入关键点，强有力和高效地完成，然后就进入下一个关键点。在高潮处结尾，然后立即停止。如果你没有可以强有力提出的重要观点，就根本不要进行再次直接询问。

165

　　一些律师经常会在直接询问中保留一些关键点，因为他们认为这些关键点，如果在再次直接询问中第一次提出，效果会更好。这是危险的。"深藏不露"（sandbagging）这种做法，当它成功时当然很好，但是如果失败，则会导致灾难性的后果。在直接询问中隐瞒部分信息而寄望于交叉询问者提到它并使其失策，这是一种危险的策略。无论是因为设计或运气，交叉询问者可能不进行交叉询问，或者在交叉询问时完全偏离你隐瞒的主题，这会阻止你引出这部分的证言。（如果出现这种情况，你可以请求法庭允许你之后重新进行直接询问，或者重新传唤证人。这由法庭自由裁量。但是，即使被允许，证据也不会显得很有说服力，因为陪审团将把它视为事后的东西。）更为保险的做法，就是总在直接询问中提出重要的证言。

直接询问者和交叉询问者的另一个普遍趋势，是不断地提到"还有最后一个问题"，他们认为最后一个发言总是有利的。记住，此种不停地前后拉锯，再次直接询问之后紧接着再次交叉询问，如此循环往复，最后会不可避免地陷入无多余信息可挖掘的窘境，还会被陪审团视为百无聊赖、吹毛求疵。如果你没有重要的事实提出，不要仅仅为了重复已经提出的证言，而再次直接询问或再次交叉询问。告诉法庭你对证人没有其他问题。陪审团会欣赏你的专业和简洁。

最常见的再次直接询问的情形，包括交叉询问对证人的行为提出质疑、交叉询问只提出了对话或事件的部分内容，或证人因之前的不一致陈述而受到弹劾的情况。在每一种情形之下，再次直接询问能够提出其他事实，讲述完整的故事，或者解释为什么会出现不一致。

示　例

对一名强奸案受害者的交叉询问，强调了受害人在强奸发生两个小时之后，才给警察打电话的事实。其暗示是强奸事实上并未发生。在再次直接询问中，下列问题是恰当的：

问：你为什么在两个小时里，都不给警察打电话？

答：我很烦躁，也很害怕。他说如果我给警察打电话，他会回来杀了我。

示　例

对一名枪击目击证人的交叉询问提出，在与警察谈话时，证人并没有提到看到了枪击。其暗示是庭审证词是伪造的。在再次直接询问中，下列问题是恰当的：

问：鲍比，你为什么告诉警察，你没有看到和听到任何事情，而你现在却告诉我们，你看到和听到了整个事件呢？

答：我不想牵涉其中，我认识所有涉案的人。

当然，这些也是直接询问者在直接询问中，必须预测和提出的各种事情。这是完全恰当的，因为联邦证据规则第 607 条，允许在直接询问期间弹劾证人，在那之后，可以对不一致的地方进行解释。

示　例

交叉询问引出了对交叉询问者有利的部分对话。在再次直接询问中，下列问题是恰当的：

问：除了"我很抱歉所发生的一切"这句话之外，你当时对史密斯先生还说过其他什么吗？

答：是的，我还说了："但是，如果你不还我你欠我的钱，我就会请律师来帮我收回了。"

当证人因为之前不一致的陈述而受到弹劾，适当的方式是在再次直接询问中"恢复"证人的名誉。这可以通过让证人解释不一致是如何发生的，以及为什么会发生来完成。如果能对不一致进行理智、符合逻辑的解释，则不一致所造成的影响会显著减少。

示　例

在直接询问中，一名警官作证，由他逮捕的被告说了"我向约翰·多伊开了枪，他罪有应得"。交叉询问者对该名警官进行了弹劾，指出在警官的最初案件报告中，并没有被告所说的话（由遗漏引发的弹劾）。在再次直接询问中，下列问题是恰当的：

问：你还制作了其他的案件报告吗？

答：是的，我还制作了两份补充报告。

问：在其他报告中，你记录了被告说的话吗？

答：是的，在两份补充报告中都有。

问：你是否有理由没有把被告说的话写入你的最初报告呢？

答：是的。最初报告只包括了截至被告在家被逮捕前的事件。他是在警察局作出的陈述，所以陈述只有在补充报告中才出现。

只有在有限的情形下，因之前不一致陈述遭受弹劾的证人，能够由之前的一致陈述而恢复名誉。这只有在交叉询问暗示证言是新近编造，或受到不当影响、存在不当动机，而之前的陈述在有理由改变证言之前，已经作出的情况下才能适用。根据联邦证据规则第 801 条（d）（1）（B）的规定，之前陈述在此种情况下是可以被采信的。因为在这些情况下，他们已经对暗示新近编造，或暗示不恰当的影响或动机进行了反驳。

示　例

人身伤害案件中的辩方证人，遭如下交叉询问：

问：你知道与原告汽车发生车祸的货车是属于美国包裹服务公司，即本案的被告所有吗？

答：是的。

问：在事故发生三个月后，你获得了一份美国包裹服务公司的工作是吗？

答：是的。

问：你现在称美国包裹服务公司的货车在事故发生时，是合规驾驶的吗？

答：是的。

交叉询问暗示证人证言是证人在车祸之后，被被告雇佣的产物。因为交叉询问暗示了不恰当的影响，所以再次直接询问者可以运用在所谓不恰当的影响发生之前的一致陈述，来予以反驳。

问：（再次直接询问）你在事故发生时跟警察讲过话吗？

答：是的，说过话。

问：你那时候告诉了警察什么？

答：我告诉了警察事故发生时，那辆货车合规驾驶。

168

再次直接询问反驳了交叉询问中，关于证人作出有利于被告的证言，是缘于在事故发生后受雇于被告的暗示，因为就在事故发生之后，受雇于被告之前，证人跟警察说了同样的话。

第 6 章

展示物

6.1   简介

现在是视觉媒体的时代。电视已经成为社会信息传播的主要渠道。平面和声音传播已经让位于影像传播。整整一代的美国人主要通过视觉方式接受教育和成长。儿童通过看电视学习，而非通过阅读学习。批评家常常抱怨人们正在逐渐丧失清晰表达和写作的技巧。

这种变化是好是坏仍值得争议，但是此种变化的存在是不容置疑的。视觉传播已经飞速发展。电视、杂志和广告看板上的绝大多数广告都是非文字的，它们通过潜意识影响着观看者。

社会科学研究支持从声音、文字向视觉的转变。研究表明，如果信息以视觉的方式传播，人们会取得更好的学习和记忆效果。研究还表明，将基本的事实和观点大约重复三到四次会显著地加强记忆。最后，研究肯定，如果信息通过多方的渠道传播——声音、文字和影像——也会极大地促进理解和记忆。总之，视觉展示物是重要的，不仅因为它是一种充满吸引力的、令人印象深刻的提供新信息的方式，还因为它能够强调和总结已通过其他媒介提供的信息。"演示并讲述"（show and tell）会有显著效果。

在法庭中，很难忽略这些改变。此种改变的趋势由富有想象力的人身伤害案件的律师所引领，而其他律师也开始意识到，在法庭中一张图片的作用确实胜过千言万语。如果一张图片都这么有用，那么地图、图表、图解、模型、影片、实验或当庭演示也可以同样有用。出庭律师开始使用航拍照片。汽车和设备在法庭里重新组装。"生活中的一天"的影片刻画了人身伤害案件中的原告形象。精心制作的建筑模型和事故现场出现了。当庭演示也变得平常。电脑绘图和三维模型也被允许了。总之，展示物取得了新的重要性。

展示物是什么？从广义上而言，除了证言以外，任何可以被感知的事物都可以被理解为展示物，并在法庭上提交为证据。任何一名曾在案件中创造性地使用过展示物的出庭律师会了解展示物对陪审团的影响。

展示物已经成为注意力的中心。它们给陪审团留下及时和持续的印象。展示物看上去不仅更有趣，还更可靠。因此，一名有追求的出庭律师不仅要了解为普通的展示物奠定基础，还要学会为戏剧化的展示物奠定基础。此外，他必须学会何时在法庭中使用展示物和其他视觉辅助，并成功地提交它们。

本章将讨论将展示物采信为证据的正当程序、在庭审中经常碰到的展示物的基础要求以及在庭审的各个阶段如何和何时有效地使用展示物和其他视觉辅助材料。

6.2　如何使展示物成为证据

　　大多数司法辖区遵循的规则是：只有正在负责举证的一方才能将展示物提交为证据。这意味着，在原告举证阶段，只有原告能提交证据；而在被告举证阶段，只有被告能提交证据。它还意味着，虽然交叉询问者可以在对对方证人进行交叉询问时，使用其他展示物，但是交叉询问者只有在轮到他提交证据时才能提交那些展示物作为证据。但是，有的辖区又允许交叉询问者在对对方证人进行交叉询问时提交展示物作为证据，只要已经奠定了恰当的基础。这些程序由联邦证据规则第 611 条（a）规定，而且由法官自由裁量。

　　展示物只有遵循了一系列的程序规则之后才能被采信为证据。这些步骤是繁琐程序的一部分，必须通过适格的证人为每一份展示物提供顺畅、有效地证明。

　　你最先的考虑是挑选证人。在很多时候，你都有一名以上的适格证人可供选择，证明展示物有资格被采信为证据。如果出现这种情况，通常你会挑选对展示物及其采信程序最为了解，最有可能给陪审团留下好印象的证人。在你的举证阶段，尽早地传唤证人，因为越快将展示物呈现给陪审团，对你方越有利。记住，一些展示物可能需要一名以上证人来奠定恰当的基础。在此种情况下，直到最后一名必要证人作证之后，才能将展示物提交为证据。

　　下列步骤是将展示物提交为证据的最完整程序。大多数法庭放松了其中的一些要求。例如，许多法庭允许或者要求在审前标记展示物。在许多法院，接近证人不需要征得同意。但是，你必须熟悉最正式的程序要求，然后在审前，提前决定你的法院具体放宽和取消了哪些步骤。在你做某件事情时，告诉法庭你正在做这件事情，以确保你在法庭中所做的一切都有清楚的记录。

170

第一步　标记展示物

　　每一份展示物都应当作上标记，以与其他展示物相区别。大多数时候，展示物以连续的数字或字母标记（例如 1、2、3）。如果某些展示物是一系列展示物的一部分，则可被标记为 1A、1B、1C 或 1—1、1—2、1—3。成套的展示物应该被放在一起，且被标记为成组展示物（group exhibit）。在你的案件中，运用编号系统，富有逻辑地标记展示物。通常，展示物上会标明提交方（例如，原告、被告、政府、被告史密斯），尽管在某些辖区实践中，不会指明是哪一方提供的展示物。在这种情况下，最常见的做法是，将一些编号分配给原告，而将其他编号分配给被告（例如，原告拥有 1～99 号，被告拥有 100～199 号）。

　　在大多数辖区，展示物仅被标记为"原告展示物 1 号"、"被告展示物 1 号"，诸如此类。少数辖区还会给展示物标记"待证实"（for identification），如"人民展示物 5 号，待证实"。如果展示物没有在庭审前做标记，根据地方实务，通常会由法庭书记员（court clerk）或法庭记录员（court reporter）

给展示物做标记。在大多数辖区，标签直接贴在展示物上，正反面皆可。展示物标签常常会通过颜色区分，表明展示物的提供方、展示物编号和首次提交的时间。

律师：（向法庭书记员）请将此标记为原告展示物1号。（将展示物递交给书记员，书记员给展示物贴上标签，标记为"原告展示物1号"，然后再返还给你）

如果你的辖区允许或要求事先标记展示物，确保标签清楚地表明了它是哪一方的展示物。如果展示物之前在庭审中使用过，它就已经有标记，所以就不再需要这一步了。

第二步　向对方律师出示证据

公平原则要求对方律师能够看到展示物，这样，对方律师才会了解展示物的类型和它的合理基础，以便对方律师可以在该展示物的基础没有恰当奠定或存在其他证据性问题时，及时地提出异议。大多数辖区要求，在奠定基础之前向对方律师出示证据，而最常见的做法是，告诉法庭你在做什么，以便法庭能清晰地记录。

171

律师：为记录在案，我现在向史密斯先生出示原告展示物1号。（向对方律师递交证据，对方律师有机会检查或阅读证据，然后将证据取回）

根据一些辖区的实务，只有在将展示物提交为证据时，才向对方律师出示证据。但这并不是一种受到推崇的方式，因为它没有给予对方律师及时的机会检查证据，以决定该展示物合理基础是什么，或更早地提出异议。

第三步　请求法庭允许接近证人（approach the witness）

律师：法官阁下，我可以接近证人吗？
法庭：可以。

在许多辖区，正式的请求都已经取消。此外，在一些辖区，法警会将展示物递交给证人。

第四步　向证人出示展示物

律师：约翰森先生，我现在给你递交原告展示物1号。（走向证人，向证人递交展示物，或者将展示物放在他身前）

你应该将展示物交给证人，这样陪审团就看不到展示物的内容，因为在展示物被采信为证据之前，陪审团是不应该看到展示物的。如果对方律师没有对展示物提出异议，就不存在问题。但是，你如果预计对方律师会提出异议，这一点就很重要。照片、文书和记录可以很容易地在陪审团看不到内容的情况下，交给证人。但是，物品和大型的图解，有时在法庭里很难以不被陪审团看到的方式递交给证人。作为对方律师，如果你对展示物有强烈的异议，就要请求法官要求展示物提交方先在陪审团不在场的情况下，为展示物奠定基础，并且请求允许对证人进行交叉询问。如果法官支持你的异议，陪审团就看不到该展示物，也不会受到它的不当影响。在涉及极具煽动性或诱导性的展示物时，这是十分有用的程序。

第五步　为展示物奠定基础

你现在可以准备为你的某类特定证据，奠定必要基础。本章的 6.3 节会涵括在法庭中经常出示的各类展示物的必要基础。 *172*

第六步　将展示物提交为证据

一旦你为展示物奠定了基础，就可以把它提交为证据。对方律师可能提出异议，并简单地陈述其证据性理由。如果法官需要过目证据以对异议作出裁定，则你应该在提交展示物为证据时，向法官展示证据。

示　例

律师：法官阁下，我们将原告展示物 1 号提交为证据。

法庭：对方律师有异议吗？

对方律师：是的，法官阁下。它是传闻证据。

法庭：驳回异议。原告展示物 1 号被采信。

如果异议律师想要提出更长的辩论理由，或者法官想要听取进一步的辩论理由，这应该在"庭边"进行，避免让陪审团听到。这意味着，律师应该走到法官席的前面或旁边，以较小的声音进行法律辩论，防止陪审团听到。然后法官会作出裁定。对于一些尤其重要的争点，法官可以让陪审团撤离法庭，或者将律师带到法官室听取辩论。无论程序如何，重要的是记住，法律辩论不应当让陪审团听到，如果律师在陪审团面前，以试图影响陪审团的方式提出证据性异议，也是不恰当的。

如果你强烈反对，或者你认为你可以破坏展示物的基础，作为对方律师，你可以请求针对展示物的基础询问证人。有时，这也在没有陪审团在场的情况下进行。

示　例

对方律师：法官阁下，我是否可以就此项证据对证人进行审查？

法庭：可以。

因为证人对于奠定展示物的恰当基础往往是必需的，所以只有庭审才能

决定是否已为展示物奠定了恰当基础。但是，对于其他异议，例如拒绝作证权或传闻证据，通常可以事先作出裁决。如果出现这种情况，你可以在庭审之前通过提出临审动议（motion in limine）而提出异议，并请求裁定。在民事案件中，对于异议的裁定有时会在最终审前会议之时作出，在该会议上，法官经常会对共同审前备忘录（joint pretrial memorandum）中提出的各种异议作出裁定。

第七步　将展示物标记为证据

当展示物被采信为证据之后，必须做好记录。在大多数辖区，法庭书记员会将展示物标记为"予以采信"，并注明展示物被采信的日期和时间。这通常会在展示物标签上做好标记。在这些辖区，你只要将展示物递交给法庭书记员，他就会做好恰当的记号。在另外一些标签上注有"待证实"的辖区，书记员或法庭记录员通过划掉展示物标签上的"待证实"注释，来表明展示物被采信为证据。无论何种程序，确保你遵循了这种程序，以便记录清楚地显示了展示物已被采信为证据。展示物现在有了一个名称，你在随后应该以它的正式名称来称呼它。

第八步　如果合适，让证人使用或标记展示物

一旦展示物被采信为证据，你总是应该考虑，如何使用或标记它才能发挥其作用。有形的物品可以拿在手上演示如何使用。图解和照片可以通过标记显示位置和距离。文书和记录的重要部分可以加下划线或突出显示。在6.4节中将讨论有效标记和使用展示物的各种技巧。

记住，一些法庭还是不允许对文书和记录做标记，他们认为，给重要的词语或部分加下划线或画圈，会改变展示物。但是，大多数法庭还是认为，证人对于展示物的标记只是对证人证言的解释，并不会改变展示物的采信状态。

一些法庭要求，在证人对展示物做标记后，需要重新提交展示物作为证据，特别是涉及演示展示物（demonstrative exhibit）时，除非证人的标记不被视为证据。一些法庭禁止在展示物被采信为证据后，在展示物上做标记。要做的很简单：了解你的地方实务。

第九步　获得允许向陪审团展示或宣读展示物

示　例

律师：法官阁下，我可以向陪审团展示被采信的原告展示物1号吗？
法庭：可以。

这是法官自由裁量的事项。如果可以有效进行，法官通常都会允许向陪审团展示或者宣读展示物。如果展示物是一份几页长的文件，法官可能告诉你继续你的询问，因为陪审团会在休息期间或者更方便的时间看到展示物。

第十步　"发布"展示物

"发布"展示物，就是指向陪审团展示或宣读展示物的行为。怎样和何时才能最有效地发布展示物将在下一节详细探讨。但是，从大体上而言，如何发布展示物，在很大程度上取决于展示物的类型。许多展示物，例如照片和有形的物品，往往需向陪审团展示。

律师：法官大人，我可以向陪审团展示原告展示物 1 号吗？

法庭：可以。

（然后将展示物递交给第一名陪审员，该名陪审员会在看完之后传给下一名陪审员，直到所有的陪审员都看过该展示物。在所有陪审员都看过之后，拿回展示物，并将它交给书记员。）

其他展示物，主要是文书和记录，既可以通过展示，也可以通过宣读的方式，向陪审团发布。如果文件很简单，例如支票或本票，展示物可以简单地向陪审团展示或宣读。如果选择宣读，律师或证人都可以宣读。

（律师）

（律师站在陪审团面前）

律师：女士们、先生们，原告展示物 1 号宣读如下：

（然后向陪审团宣读）

（证人）

问：史密斯先生，请向陪审团宣读原告展示物 1 号。

答：（证人宣读展示物）

但是，许多记录都很冗长和复杂，向陪审团宣读它们，可能没有什么作用。更好的方式是让证人向陪审团宣读记录的重要部分。陪审团可以在休庭期间阅读展示物的整个部分。

问：史密斯先生，那张发票，即原告展示物 1 号，是否显示了货运日期？

答：是的，货运日期是 2000 年 12 月 12 号。

问：它反映了货物的总重吗？

答：是的，是 1 936 磅。

问：发票上是否有位置显示收件人承认收到货物了呢？

答：是的。

问：在发票上的那个位置写了什么内容呢？

答：标题上注有"上述货物收讫"字样，还有 R·施瓦兹的签名和 2000 年 12 月 14 日的日期。

你的举证阶段的结论部分，始终是十分重要的程序。在休庭之前，重新将展示物提交为证据，或者跟法官确认，确保所有被采信的展示物都已被正确记录。然后，法官通常会浏览他的展示物清单，然后说明他对每一件展示物的裁定。这样，便会建立清晰的记录，避免随后可能在庭审或上诉期间产生混淆。

这些步骤是将展示物采信为证据的最为正式的要求。大多数辖区已经取消了其中一些程序。例如，通常已经不再要求，让法庭记录员或书记员将展示物标记为"待证实"，或获得允许后才能接近证人。你应当采用法庭中允许的最有效的程序。

接下来的例子解释了在联邦法院中最惯用的展示物采信程序。

示 例

（展示物已经在庭审前做了标记）

问：法官阁下，记录可以反映我正在向对方律师展示原告展示物1号吗？（将展示物交给对方律师，然后取回）

法庭：可以。

问：（将展示物交给证人）怀特夫人，我现在向你展示原告展示物1号，你认识照片中的场景吗？

答：是的。

问：它显示的是什么场景？

答：它显示的是发生事故的榆树大街和枫树大街的街角。

问：照片是否公平且恰当地显示了车祸发生时十字路口的情况？

答：是的，它显示了。

问：法官大人，我们提交原告展示物1号为证据。

法庭：对方律师有异议吗？

律师：没有，法官大人。

法庭：它被采信了。

问：怀特夫人，这张照片能显示两辆车发生车祸的位置吗？

答：是的。

问：使用红色的水彩笔，在车祸发生的地点标记"X"。

（证人在照片上做了标记）

问：照片上能显示车祸发生时，你站的位置吗？

答：是的。

问：请使用蓝色的水彩笔，在你站的地方画一个带圈的 W。

（证人在照片上做标记）

问：法官阁下，我们可以向陪审团展示原告展示物1号吗？

法庭：可以。

（将照片递给第一名陪审员）

你应怎样处理通过审前命令或当事人协议被采信的展示物呢？记住，尽管展示物已经被采信为证据，并可以向陪审团展示或宣读，但是陪审团之前并没有见过它，也不知道它为什么可靠。因此，最好的方式是让一名证人对展示物进行简单的介绍，尽管不再需要正式的确认。

示　例

（从法庭书记员处获得展示物）

问：约翰森女士，我现在向你出示原告展示物 6 号，它已经被采信为证据。你知道这件展示物是什么吗？

答：当然，它是我们公司每次向消费者出售货物时，出具的标准发票之一。

问：让我们谈谈发票上的信息。第一，它显示了消费者是谁吗？

答：是的，是罗伯特·帕克。

当展示物通过之前的证人被采信为证据后，又在庭审中再次使用时，可以使用同样的方式。最好是让证人迅速地识别展示物并承认它的准确性，尽管你不需要，也不愿意再经历一遍正式的奠定基础的程序。

示　例

问：威廉姆斯先生，我现在向你展示一张图解，已经被采信为被告展示物 4 号。你认识这份展示物上的十字路口吗？

答：当然，是主街和榆树大街的街角。

问：请你在车祸发生时，你所处的位置画上一个带圈的 W。

（证人在图解上做了标记）

6.3　展示物的基础

在展示物被采信为证据之前，必须满足三个基本的条件：

1. 奠定基础的证人必须适格；
2. 展示物必须具有关联性和可靠性；
3. 展示物必须被证真。

前两个条件极少出现问题。证人经常都会掌握展示物第一手的信息，因为他之前看到过展示物，或者了解展示物背后隐藏的事实。关联性可以通过证人证言或让法官检验证据而予以证明。可靠性，每当提交书面展示物时就会涉及这个问题，可以通过指出展示物不属于传闻证据或者属于传闻证据的例外来证明。

证真是庭审中的主要争点。证真，主要由联邦证据规则第 901 条和第 902 条规定，需要证明展示物实际上与其所宣称的证据一致。例如，在合同诉讼中，如果能证明被告方在合同上签了字，合同就已经证真，具有关联性；如果这份合同实际上并不是被告签署的，它就不能被证真，也不具有关联性。根据出庭律师的术语，你必须为展示物"打下基础"。当你为特定类型的展示物奠定了基础之后，你就证明了它的关联性和可靠性。本节阐释了在庭审中经常提交的展示物种类的必要基础。

记住，你既需要向法官，也需要向陪审团为展示物奠定基础。法官只关心可采性的问题，只对你是否依照联邦证据规则第 901 条（a）的规定，初步证明展示物与所宣称的一致感兴趣。陪审团只关心可靠性和证明力的问题，只对你的证人和基础证言的说服力有多大感兴趣。因此，你在奠定基础时，必须采取适当的技巧，从而使法官感到满意；必须在事实上具有说服力，使陪审团感到满意。

试问自己：除了可采信的法律要求，我还需要问什么问题，使陪审团相信展示物具有真实性和可靠性？如果是重要的展示物，只要额外提出两个问题，就可以说服陪审团。

示 例

问：威尔森警官，我现在向你出示的是控方展示物 4 号，你认识它吗？

答：是的，我认识。

问：它是什么？

答：这是在我逮捕被告时，从他的夹克口袋里搜走的枪。

问：这把枪，控方展示物 4 号，现在的状况与你从被告处拿走时的状况是一样吗？

答：是的。

上述示例已经充分满足法律上的可采性要求。但是，如果枪是关键证据，提出额外的问题，以说服陪审团。

问：威尔森警官，你怎么知道这是同一把枪？

答：当我从被告处拿走枪时，我在枪柄上划上了日期和我的警徽编号。你可以在木头手柄上看到日期——2000 年 6 月 1 号，和我的警徽编号——5627。此外，我在我的警察报告中描述了枪和它的序列编号，也与这把枪一致。

尽管存在各种类型的展示物，但是大多数可以归于四种类型，而每一类展示物的基本基础要求是一样的。这些分类如下：

1. 实物证据（Real evidence）。因为"实物证据"是实际上有形的物品，所以如果它实际上与提供方所宣称的证据相一致，就可以被采信。最常见的例子是武器、衣物、毒品、血液和其他物品。因此，提出证据者必须证明，展示物是原件而非替代品，而且它现在的状况与其在相关日期的状况基本一致。

2. 展示证据（Demonstrative evidence）。"展示证据"不是实际的物品本身，而是代表或解释真实的物品，而可以被采信为实质证据（substantive evidence）的证据。普通的例子包括照片、图解、地图、模型和电脑制图。因此，只要展示证据公正、准确地展现了真实物品，并帮助事实的审判者理解真实物品，那么它们就是可采信的。

3. 文书（Writings）。文书是具有法律意义的文件。就此点而言，文件不是传闻证据。普通的例子是书面合同、构成合同的信件、本票、支票和遗嘱。如果这些文书，实际上是文书表面载明的签字人所签的字，它们就可以被采信。因此，在这些证据被采信之前，必须认定签名是真实的。

4. 记录（Records）。业务记录是传闻证据，只有在符合联邦证据规则803（6）条时，才能作为传闻证据例外而被采信。业务记录不仅包括普通的记录文件，例如发票、货运单据和账单，还包括电话备忘和日记等。保管者或者其他适格证人必须证明，所涉及的证据是按照规定要求制作的，因为这样就表明了记录是由企业准确制作并保管。公共记录在满足联邦证据规则803（8）条和902条的情况下，可以被采信。

本节下述的展示物类型，基于上述四种分类展开，并阐明了采信的必要基础。记住，将每一份展示物提交为证据时，都应满足采信程序的每一步要求，从标记展示物到向陪审团展示或宣读展示物。

采信的程序和要求，应当顺畅和有效地完成。履行这些程序时，可以提出诱导性的问题，因为不通过非诱导的方式，很难从适格证人处，合理地获得关于奠定基础的信息。因此，以基础要件的语句，提出诱导性问题是恰当的，而且这也是奠定必要基础的标准方式。

从法官的角度而言，下列奠定基础的方式，在法律上是恰当的。但是，在法律所要求的基础之外，你始终可以提问。可以提出额外的问题，来说服可以自由决定接受或拒绝被采信的展示物的陪审团，展示物与所宣称的证据 *179* 一致，并且是可靠的。

1. **有形物品**

要件：

a. 展示物具有关联性；

b. 展示物可以通过视觉，或其他感觉识别；

c. 证人认识展示物；

d. 证人了解展示物在特定日期的状况；

e. 展示物与证人在特定日期所看的状况一样或基本一样。

上述关于有形物品的要件，可以通过感官积极予以识别，因为通常证人在之前看到过它。常见的例子是武器、衣物和其他可以视觉识别的物品，或因为这些物品本身外形就很独特，或因为一系列的编号、标记和识别标志使它们变得独特。在这些情况之下，并不需要证明保管链条。

示　例

一名警察作证他在被告屋里发现了一把手枪。

问：请描述一下你在被告卧室衣橱里看到的武器。

答：它是一把38口径的，蓝钢科特左轮手枪，可以装五发子弹，有棕色木质手柄和两英尺长的枪管。

第一步　为展示物做上标记。

第二步　向对方律师展示展示物。

第三步　获得允许接近证人。

第四步　向证人展示展示物。

第五步　奠定基础。

问：多伊警官，我向你出示原告展示物1号，并请你检查它。（证人这样做了）你以前见过它吗？

答：是的，见过。

问：你第一次看见这件展示物是什么时候？

答：是在2000年12月13日，在卧室的衣橱里。

问：你怎么能认出这是同一把左轮手枪呢？

答：嗯，我记得枪的类型和样子。我能记得木头柄上的刻痕（指出）。我的报告中还记录了枪管上的编号。此外，我还在扳机护环上刻上了日期和我的签名，它们还在上面：12/13/00，T. A. D.。

问：原告展示物1号现在是否与你在2000年12月13号看到的状况一样或基本一样呢？

答：是的，先生。

问：今天这件展示物与你第一次看到它相比，有什么不同吗？

答：除了我划上了日期和签名，其他的没有不一样，先生。

第六步　将展示物提交为证据。

第七步　将展示物标记为证据。

第八步　让证人使用展示物。

第九步　请求允许向陪审团展示展示物。

第十步　向陪审团展示展示物。

如果展示物过大不能带入法庭，或者例如照片和图解等辅助手段不能恰当地展示场景，可以将陪审团带到物品或场景处。这被称为"勘验"（view）。有时候程序是由法规规定，但是另外一些时候，决定是否允许勘验，或者将如何进行勘验，都属于庭审法官自由裁量的范围。

2. 有形物品——保管链条

如果一件物品不能通过感官特别识别出，就必须证明一条保管链条，以证明它与之前发现的物品是同一件物品。尽管大多数情况涉及麻醉毒品，例如药丸或其他粉状药品，但是在其他情况下，也可能需要"链条"。子弹、金属丝、橡皮管、油漆芯片、污垢样品可能就没有可识别的标记，而且太小而不方便标记。例如血液和制动液等液体就不能被标记。在所有这些情况之下，必须构建保管链条以证明物品是同一物品，并在其正式被提交为证据之前，没有被调换、改变或篡改。

要件：

有两种基本的方式证明保管链条：

a. 证明展示物一直在一个人或多个人持续、排他和安全的保管之下。

b. 证明展示物一直处于被特殊标记、封存的和不被篡改的容器之中。

示　例

（方式 a）

一名警察作证，在事故发生之后，他立即从车中取出了破损的液力式制动液管。

问：多伊警官，那根管看上去是什么样子的？

答：它是一根黑色的橡胶管，八英寸长，直径有一英寸。上面覆盖有黑色的液体，而且有一条纵向的裂口。

181

问：当你从车中取出管子之后，你是怎么处理它的？

答：我先把它放了塑料的证据袋，然后再把它放入了一个小的硬纸箱里，我给箱子贴上了标签，然后把箱子放入了我的证据柜里。

问：从你把这根管子从车里取出，到把它放入你的证据柜这段时间，它一直都在你的保管之下吗？

答：是的，先生。

问：有其他人碰过它吗？

答：没有，先生。

问：在这段时间，你有对这根管子做过什么吗？

答：没有，先生。

问：你的证据柜由什么做成？

答：在警局里，有一间房我们用来储存证据。每一名警官都有一个带锁的铁柜。每一个都跟文件柜大小差不多。

问：谁能打开你的证据柜吗？

答：只有我，只有我才有钥匙。

问：在把管子放入证据柜之后，你接下来做了什么？

答：我锁上了柜门。

问：从 2000 年 12 月 13 号到今天，你从柜子里取出过箱子或管子吗？

答：没有。

问：你是否让任何人打开过你的柜子？

答：没有。

问：你今天对管子做过什么吗？

答：今天早上，我走到了我的柜子前，打开它，取出装有管子的箱子，然后把它带到了法庭。

问：自从今天早上你从柜子里取出管子，它一直都在你的保管之下吗？

答：是的，它是。

问：你今天有对它做过什么吗？

答：没有，先生。

问：现在我能看看管子吗，谢谢。（从证人处拿到管子）

第一步　为展示物做标记。
第二步　向对方律师展示展示物。
第三步　请求许可接近证人。
第四步　向证人展示展示物。
第五步　奠定基础。

问：多伊警官，我现在向你展示原告展示物 1 号。这是你今天从你的证据柜里取出和带到法庭的管子吗？

答：是的，它是。

问：它大体上还是与你在 2000 年 12 月 13 号所看到的状况一样吗？

答：是的。

第六步　将展示物提交为证据。

第七步　将展示物标记为证据。

第八步　让证人使用证据。

第九步　请求许可向陪审团展示证据。

第十步　向陪审团展示证据。

注意，证人并没有被问到，这根管子是否与他在 2000 年 12 月 13 号得到的管子是同一根管子。从证言中可以明显地得出答案。

示　例

（方式 b）

一定数量的粉状海洛因装在塑料袋里被警察缴获，警察把它交给了鉴证科的保管人员，然后保管人员又交把它给了化验分析师。

警官作证。

问：多伊警官，在 2000 年 12 月 13 号，当你从被告身上拿走装有棕色粉状物质的袋子之后，你是怎么处理它的？

答：我一直保存着它，并把它带到了总部。然后我把装有粉末的袋子装入了证据袋，做了标记，然后进行了密封。

问：你怎样标记证据袋的？

答：袋子开口处的内侧由特殊材质构成，可以书写。我（在上面）写上了日期、姓名、地址、缴获的时间、我的名字、徽章编号和案件编号。

问：你怎样密封证据袋？

答：我们有一种特殊的机器，可以加热开口处，而使袋子的两边融合在一起而密封。这在某种程度上，类似压膜塑料。封印条大概有 1.5 英寸宽，此外，我还把我制作的识别标签密封在了里面。

问：在标记和密封之后，你对袋子做了什么呢？

答：我把它带到了我们犯罪鉴证科的化学部门。

问：你在那里对它做了什么？

答：我把袋子给了记录保管员，他给了我一张收据。

问：当你把证据袋给保管员时，它的状态是什么样子的？

答：它仍处于密封状态。

第一步　标记展示物。

第二步　向对方律师出示展示物。

第三步　获得允许接近证人。

第四步　向证人出示展示物。

第五步　奠定基础。

问：多伊警官，我现在向你展示原告展示物 1 号。（证人检查了它）你认识它吗？

答：是的，我认识。

问：你认出它是什么？

答：它是一个证据袋，我在 2000 年 12 月 13 日把从被告处缴获的含有粉末的塑料袋放入了其中。

问：你怎么能认出它是同一个袋子？

答：在靠近热封的地方，还有我做的标记。

183

问：现在那枚热封的状况，与你在 2000 年 12 月 13 号置于袋子上的热封状况一样吗？

答：是的，先生。

问：现在证据袋的状况，与你在 2000 年 12 月 13 日将它交给犯罪鉴证科时，有什么不同吗？

答：是的，先生。在我给袋子所加上的热封背面，现在还有另一枚热封。

问：第二枚热封是不是你加上的？

答：不是，先生。

问：从 2000 年 12 月 13 号到今天，你还见过那个证据袋吗？

答：没有。

化验分析师作证

问：瑞伊女士，我向你展示之前被标记为原告展示物 1 号的证据。（证人检查了展示物）你以前见过它吗？

答：是的，我见过。

问：你第一次看见它是什么时候？

答：2000 年 12 月 16 号。

问：你第一次看见它是在什么地方？

答：我在化学部门的证据室看见的，我们的保管员取出了它，并把它交给了我。

问：当你第一次看见原告展示物 1 号时，它处于什么状况？

答：它处于密封状况。

问：它密封的位置在哪里？

答：它只有一处热封——在侧面靠近标签的位置。

问：袋子本身的状况怎么样？

答：一切正常。没有篡改或改动的痕迹。

问：你怎么处理的这件展示物？

答：我切开了热封的另一侧，取出了白色粉末，进行了称重。我取出了一小部分进行特定项的检测。剩余部分放回了原袋中。

问：将其放回袋子之后，你做了什么？

答：我在袋子上贴上了我的标签，并且热封上我切开的袋子边缘。

问：你对袋子做了什么？

答：我把它放回了我们的证据柜。

问：你下一次见到原告展示物 1 号是什么时候？

答：今天早上保管员把它从证据柜里取出来，而我把它带到了法庭。

问：今天早上你拿到袋子时，它的状况是怎么样的？

答：它处于密封状态。

问：今天早上袋子的状况与你在 2000 年 12 月 16 把它放回证据柜时的状况，有什么
　　不同吗？

184

答：没有，袋子仍然是被密封的，看上去一样，没有被篡改的迹象。

第六步　将展示物提交为证据。

第七步　将展示物标记为证据。

第八步　让证人使用证据。

第九步　请求允许向陪审团展示证据。

第十步　向陪审团展示证据。

注意，你已经追溯了警官自被告处获得袋子的那一刻起，到化验分析师收到它、检测它和把它带到法庭的整个过程。证据保管员并不是必要证人，因为证据袋在化验分析师收到它时仍处于密封状态，同样，也没有必要证明其他人没有碰过证据袋。关键点在于除了化验分析师，没有其他人接触过袋子里的物质。这可以通过指出证据袋自从警察将它交给犯罪鉴证科到化验分析师收到它时，一直处于密封状态，而且没有被篡改的痕迹予以确凿证明。因此，你已经证明了证据与其所宣称的一致。当然，如果你的对手严重质疑你的保管链条，证据保管人应当出庭作为证人作证。

3. 照片、影片（motion picture）和录像带

要件：

a. 照片具有关联性；

b. 证人熟悉照片中所描绘的场景；

c. 证人熟悉相关日期（和时间，如果重要）的场景；

d. 照片"公正且准确地"展现了在相关日期出现的场景。

示　例

问：多伊先生，你去过北大街和克拉克大街的十字路口吗？

答：是的。

问：你去过那里多少次了？

答：大约 50 次了。

问：你熟悉这个十字路口在 2000 年 12 月 13 号的样子吗？

答：是的，我熟悉。

第一步　标记展示物。

第二步　向对方律师展示展示物。

第三步　获得允许接近证人。

第四步　向证人展示证据。

第五步　奠定基础。

问：我向你展示原告展示物 1 号，并请你检查它。（证人进行了检查）你认识照片中
　　的场景吗？

答：是的。

问：照片中显示的是什么地点？

答：它显示了北大街和克拉克大街的十字路口。

问：多伊先生，原告展示物 1 号是否公正和准确地显示了十字路口在 2000 年 12 月　　*185*
　　13 号的场景？

答：是的，先生，它显示了。

第六步　将展示物提交为证据。

第七步　将展示物标记为证据。

第八步　让证人标记证据。

第九步　请求允许向陪审团展示证据。

第十步　向陪审团展示证据。

在最近几年，影片和录像带在庭审中使用的频率日益增多，特别是在人身伤害案件中。原告律师运用影片来生动地阐释原告所受的伤害是如何影响了他的生活方式。这些日常生活的影片，可以比口头证言更有效地和戏剧化地展示原告普通一天的生活。但在另一方面，被告律师也可以运用原告的影片来证明，原告的受伤以及随后被限制，是被夸大的或者甚至是伪装的。

如果提交了影片和录像带，它们的基础要件本质上与静止的图片是一样的。但是，奠定这些基础要件的机械程序，却与录音录像带类似。（参见下列第 8 项）

将照片提交为证据时，通常会产生三个证据性的问题。第一，因为拍摄照片的相机镜头和角度可能造成歪曲和误导所以要确保照片公正地显示了场景，并没有造成任何误导、歪曲或混淆。否则，根据联邦证据规则 403 条可以提出异议。第二，照片可能歪曲特定时间存在的光线情况。例如，如果事件发生在夜晚，经过闪光灯拍摄的照片必然会歪曲光线。同样，可以根据联邦证据规则 403 条提出异议。在此种情况之下，法庭通常只会为有限的目的承认照片（证明场景），并且向陪审团谨慎指示，照片只能用于这些有限的目的，而不是为了证明相关时间的光线状况。第三，照片内容可能是可怕和具有煽动性的。这种情况通常会在杀人案件中，控方提供死者在停尸间的照片时发生。再次，可以根据联邦证据规则第 403 条提出异议。如果对死因没有存在争议（如案件的争点在于对身份的辨认），此类照片通常会被排除。如果死者的状况真的与庭审的争点相关（如案件的争点在于是否属于正当防卫），此类照片通常会被采信。

如果照片或类似展示物，无法向陪审员提供场景的恰当画面，法庭可能会允许"视察"。这可以通过将陪审员带到案发现场来实现，然后陪审员就可以亲自看到场景。此种情况属于法官自由裁量的事项，而且因为后勤、时　*186*
间和开销的考虑，极少发生。

4. 图解、模型和地图

要件：

a. 图解、模型和地图具有关联性；

　　b. 证人熟悉由图解、模型和地图显示的场景；

　　c. 证人熟悉相关日期（和时间，如果重要）的场景；

　　d. 图解、模型和地图具有合理的准确性或比例；

　　e. 图解、模型和地图有助于帮助证人向陪审团解释证言。（许多辖区并不要求这一点）

　　记住，不同的辖区对于这些展示物的处理会有不同，这主要取决于展示物本身的精确度。当一件展示物是符合"比例"的，所有的辖区都会将其采信为证据。

　　当展示物具有"合理的准确性"时，不同的法院处理方式不同。大多数法院仍会把此种展示物采信为证据，因为其仍然具有重要的证明价值。一些法院认为，此种展示物只是帮助证人向陪审团解释证言的"解释性"的辅助工具，因此不应当采信为证据。因此，此类证据将不会提交评议。确保你已经提前了解了法官对于图解和其他展示证据的处理方式。

示　例

（不符合比例的展示物）

问：多伊先生，你熟悉北大街和克拉克大街的十字路口吗？

答：是的，它离我家一个街区。

问：你熟悉那个十字路口在 2000 年 12 月 13 号的样子吗？

答：是的。

第一步　标记展示物。

第二步　向对方律师展示证据。

第三步　请求允许接近证人。

第四步　向证人展示证据。

第五步　奠定基础。

问：我向你展示原告展示物 1 号。这张图解是否公正且准确地显示了北大街和克拉克大街的十字路口在 2000 年 12 月 13 号的样子？

答：是的，先生，我认为它是。

问：这张图解会帮助你解释发生了什么吗？

答：我认为会。

第六步　将展示物提交为证据。

第七步　将展示物标记为证据。

第八步　让证人标记证据。

第九步　请求允许向陪审团展示证据。

187

第十步　向陪审团展示证据。

　　如果展示物已经按比例准备好，准备它的人可以作证如下：

示　例

（符合比例的展示物）

问：多伊先生，大约在 2000 年 12 月 13 号，你在北大街和克拉克大街的十字路口吗？

答：我在。

问：谁命令你去的那里？

答：你让我去的。

问：当你到达十字路口后，你做了什么？

答：我测量了一些非常重要的距离，例如街道的宽度、人行道的宽度、人行横道、交通信号控制器等等。

问：在你完成了这些测量之后，你接下来做了什么？

答：我回到我的办公室，然后准备了一张十字路口的图解。

第一步　标记展示物。

第二步　向对方律师展示展示物。

第三步　获得允许接近证人。

第四步　向证人展示展示物。

第五步　奠定基础。

问：多伊先生，我向你展示原告展示物 1 号，你认识它吗？

答：是的，那张图是我准备的。

问：这张图解是否准确地描绘了北大街和克拉克大街在 2000 年 12 月 30 号的样子？

答：是的，它描绘了。

问：这张图解符合比例吗？

答：是的。

问：它的比例是多少？

答：我以 1 英寸比 5 英尺的比例制作的。

第六步　将展示物提交为证据。

第七步　将展示物标记为证据。

第八步　让证人标记展示物。

第九步　请求允许向陪审图展示证据。

第十步　向陪审团展示证据。

记住，因为证人明显是在事件发生一段时间之后才"按比例"制作的图解，所以可能有必要让其他证人作证，事件发生时，十字路口的样子与图解所显示的样子一样。

图解必须有助于解释证人证言，这一要求起源于更古老的关联性概念。因为图解不是"真正的东西"，而仅仅是"解释性的"，因此它被视为口头证言的补充，并且只有在证人需要使用它们来解释证言时，在法庭上出现才是恰当的。在大多数辖区，这个概念已经被取消了，示意展示物在关联性问题上，与其他证据一样，受到同等对待。因此，你可以省掉"这张图是否能帮助你解释发生了什么"此类问题了，因为这并不是展示物采信的必要逻辑要求。

188

5. 证人绘画

在法庭中，通常应该避免证人的绘画。很难（为绘画）创造一份合适的记录，特别是当证人使用黑板时。此外，证人的绘画经常是不准确和误导的。更好的操作方式是准备一份图解，然后让证人证明它具有证据资格。如果你必须在法庭内制作绘画，请使用工艺纸（artistic paper），以便该绘画可以保存为记录的一部分。

要件：

a. 绘画具有关联性。

b. 证人熟悉相关日期的场景。

c. 绘画具有合理的准确性，并且不会令人误解。

d. 绘画对于帮助证人解释他看到的内容是有益的。（许多辖区并不要求这一点）

示 例

问：多伊先生，你熟悉北大街和克拉克大街的十字路口在 2000 年 12 月 13 号的样子吗？

答：是的，我熟悉。

问：多伊先生，画一张北大街和克拉克大街的十字路口的绘画，会帮助你解释发生了什么吗？

答：是的，我认为是这样的。

问：法官阁下，证人可以走下证人席，靠近展示物席吗？

法庭：他可以。

问：请使用黑色水笔在工艺纸上画一幅十字路口的绘画，它被标注为原告展示物 1号。（证人这样做了）这条线代表了什么？（指出）

答：那是人行道和街道之间的路边线（curb line）。（让证人辨认绘画的主要部分，并在必要时标记，然后：）

第六步　将展示物提交为证据（如果法庭会采信不符合比例的绘画）。

第七步　将展示物标记为证据。

第八步　让证人标记证据。

第九步　请求允许向陪审团展示证据。

第十步　向陪审团展示证据。

---

6. 证人演示

法庭通常会允许证人向陪审团展示身体的某部分、演示肢体动作或重演事件。这通常可以让证人走下证人席、站在陪审团席前展示身体的某部分（例如脚），或者演示肢体动作（如弯曲膝盖），或表演事件来完成。

但是记住，一些人身伤害案件的律师不同意他们的委托人向陪审团展示受伤部位。他们认为这可能存在冒犯陪审团的严重风险，而更好的方式是通过照片展示受伤部位。此外，对方律师可以提出异议，称演示的煽动作用超过了证明价值。

对演示作准确的记录，同样很困难。如果你必须让证人演示，请确保你在记录中准确地描述了证人做了什么，并请求法官确认描述的基本准确性。

要件：

a. 演示具有关联性。

b. 演示的证明价值超过可能造成的偏见的影响。

示　例

问：法官阁下，证人可以走下证人席，靠近陪审团席吗？

法庭：他可以。

问：多伊先生，你可以走下来，站在陪审团面前吗？（证人走了下来）你之前描述了你脸上的伤疤，你现在可以向陪审团指出它们吗？

答：我左眼上的伤疤在这里。（证人面向陪审团指出伤疤）左脸的伤疤在这里。（指出）

问：法官阁下，记录可以表明，多伊先生已经指出了一条大约两英寸长的白色伤疤，横向分布，大约在左眼上方 1 英寸处，还指出了一条大约 4 英寸长、半英寸宽的红色伤疤，纵向分布，在他左眼下方大约一英寸处吗？

法庭：我认为很准确，对方律师对此种描述有异议吗？

对方律师：没有，法官阁下。

问：谢谢你，多伊先生。请回到证人席。（证人回到证人席）

190

示　例

问：法官阁下，证人可以走下来站在陪审团席旁边吗？

法庭：当然。

问：多伊先生，你可以走下来，站在陪审团面前吗？（证人这样做了）在车祸发生之前，你能向前弯腰多少度？

答：我可以任意的向前弯腰，并且可以摸到我的脚趾头。

问：在车祸发生之后，你弯腰的范围有多大？

答：只能弯一点点，完全不能和以前相比。

问：多伊先生，请向陪审团演示你的背部现在能弯曲的程度。（证人这样做了）法官阁下，记录可以显示，证人向前弯腰摸到了他的腿部，他的指尖碰到了膝盖上方大约 6 英寸的大腿部位吗？

法庭：可以如此记录。对方律师有异议吗？

对方律师：没有，法官阁下。

问：这是你现在能弯腰的最大程度吗？

答：是的，先生。

问：此种情况持续多久了？

答：已经一年多了。

问：谢谢你。请回到证人席上。

7. X光胶片

X光胶片能够通过下列两种方式被采信为证据。第一，X光胶片和相应的标签是合规的业务记录，因为医生和医院按惯例会根据既定的程序来拍摄、标记和保存X光胶片，并且依据它们来诊断和治疗病人。第二，X光胶片类似照片，而一名适规的证人，通常是主治医生，能够辨认出特定病人的X光胶片。现今通行的做法，是将X光胶片视为医院、诊所、医务室合规的业务记录。

要件（业务记录）：

a. X光胶片具有关联性；

b. 证人是"保管人或者其他的适格证人"；

c. X光胶片是医院的"记录"；

d. X光胶片的标签是由"知悉事实的人所制作"，或者是"通过知悉事实的人所传递的信息而制作"；

e. X光胶片是在其所反映的"状况""发生当时或随即"制作的；

191

f. X光胶片是作为医院"正常操作"的一部分而制作的；

g. X光胶片根据日常业务活动而保存。

示 例

（参见第13项中关于业务记录的示例）

要件（照片）：

a. X光胶片具有关联性；

b. 证人熟悉病人在相关日期的身体状况；

c. X光胶片"公正且准确地"反映了病人在相关日期的身体状况。

示 例

主治医生作证。他已经讲述了对病人的初步检查状况。

问：多伊先生，在2000年12月13号，在对约翰·史密斯的检查和治疗过程中，你是否安排了照射X光？

答：是的。

问：你对他身体的哪个部分照射了X光？

答：我对左膝进行两次X光照射，一次从侧面，一次从前后。

第一步　标记展示物。

第二步　向对方律师展示展示物。

第三步 请求允许接近证人。

第四步 向证人展示证据。

第五步 奠定基础。

问：多伊先生，我向你展示原告展示物 1 号，你认识它吗？

答：是的。

问：你认出它是什么？

答：这是一张我在 2000 年 12 月 13 日为约翰·史密斯左膝拍摄的 X 光胶片。

问：你怎么能够认出它是约翰·史密斯的特定 X 光胶片？

答：在拍摄 X 光时，胶片的角上会有标签。标签上总是会包含病人的姓名、日期、和医院信息。这张 X 光胶片角上的标签表明它是约翰·史密斯先生的 X 光胶片，拍摄于 2000 年 12 月 13 号。而且我记得我在 2000 年 12 月 13 号见过这张特殊的胶片，它是一张前后视图，并存在这些骨折裂缝，因此我能够辨认它。最后，我对病人的检查显示，病人史密斯先生左膝盖上方的股骨可能存在骨折，这也正与胶片所反映的情况一致。

问：原告展示物 1 号是否公正且准确地反映了，史密斯先生的左膝的骨头和其他内部组织在 2000 年 12 月 13 日的状况？

答：是的，它反映了。

192

第六步 将展示物提交为证据。

第七步 将展示物标记为证据。

第八步 让证人使用证据。

第九步 请求允许向陪审团展示证据。

第十步 向陪审团展示证据。

8. 录音录像

录音录像存在复杂的证真问题。证人必须证明，录音录像是对事件的准确复制。因此，录制原始事件的设备和在法庭中向陪审团展示录音录像的设备，都必须处于良好的工作状态。此外，一名适格的证人还必须能够识别录音录像带中的场景、人物或者声音。最后，录音录像带本身必须被安全地储存，并防止任何抹除、编辑或其他篡改的可能。

要件：

a. 录音录像具有关联性；

b. 录音录像设备在使用前经过了检测，并且处于正常的使用状态；

c. 所使用的录音录像设备能够准确地记录和复制声音/图像；

d. 操作者具有经验，并且有能力操作所使用的设备；

e. 证人听到/看见所记录的内容；

f. 当录音录像带录制完毕之后，操作者进行了重放，而录音录像带准确地记录了声音/图像；

g. 然后，给录音录像带贴上标签并密封，放到一个安全的储存室保管以防止被篡改，随后为庭审取出来，取出来时仍处于密封状态。

h. 录音录像设备在法庭上处于正常的运行状态，它能够准确地重现录音录像带上的声音/图像。

    i. 证人能够认出和识别带子上的声音/或带子上的地点和人物。

    注意，为了完全证明一卷录音带的证据资格，可能需要一名以上证人。例如，在一份电话录音中，你可能需要三名证人，每一个可以分别作证下列三个要件之一：（1）证明设备和录音带合格；（2）证明对录音带的保管；及，（3）识别带子里的声音。

示 例

193

接下来的例子是一名警官，他对一次电话对话进行了录音：

问：多伊先生，你使用什么录音设备进行的本次电话录音？

答：是一种超高分辨率（uhr）录音机，然后使用了半英寸磁带。

问：你熟悉操作这种机器吗？

答：是的，先生。

问：你已经使用过它多少次了？

答：我已经使用过大约 200 到 300 次此种型号的机器了。

问：在对电话进行录音前，你对机器做过什么处理吗？

答：是的，我对它进行了测试。

问：你怎样测试它的？

答：我将录音机的麦克风接到电话上，然后拨打了我们部门的电话，和接话员简短地说了几句话。我对电话作了录音，然后在录音机上回放。

问：测试的结果怎么样？

答：这台机器工作正常。它能够准确地录制和回放。

问：你接下来做了什么？

答：我又打开了机器。史密斯先生拿起了听筒，拨了一个电话，然后打了一个大约 2 分钟的电话。然后他把听筒放下，我关掉了机器。

问：在对话期间，你有做过什么吗？

答：是的，我用一个分机在听对话。

问：你认识（电话）另一头的声音吗？

答：是的。

问：你以前听到过这个声音吗？

答：噢，是的，过去这么多年，听过很多次了，无论是面对面还是通电话。

问：你认出来那是谁的声音？

答：琼斯先生的。

问：在对话之后，你接下来做了什么？

答：在对话结束之后，我立即倒带并重放了它。

问：这份录音带是否准确和完整地记录了你刚刚听到的对话？

答：是的。

问：你怎么处理那卷录音带的？

答：我给它贴上了标签，放到证据袋里，密封了证据袋，然后把证据袋放到了我的证据柜里。

问：你后来还看到过这卷录音带吗？

答：是的，就在今天早上。

问：这次，你在哪里看到的它？

答：我从我的证据柜里把它拿了出来。

第一步　标记展示物。

第二步　向对方律师展示展示物。

第三步　请求允许接近证人。

第四步　向证人展示证据。

194

第五步　奠定基础。

问：多伊警官，我向你展示原告展示物 1 号，你认识它吗？

答：是的。

问：你认出它是什么呢？

答：它是我之前在 2000 年 12 月 13 号制作的录音带。

问：现在袋子的状态是什么样的？

答：它还是密封状态。

问：现在袋子中的录音带的状态跟你在 2000 年 12 月 13 号把它密封时的状态一样吗？

答：是的，先生，一样。

问：法官大人，现在我们提交原告展示物 1 号为证据。

法庭：它将被采信。

问：多伊先生，你认识放在你前面桌上的机器吗？

答：是的，先生。

问：它是什么？

答：它是一种高分辨率的磁带录音机。事实上，它与我用来电话录音的录音机是同一型号。

问：这台机器能正常工作吗？

答：是的，我在把它带到法庭之前，做了测试。

问：法官阁下，证人能够拆封原告展示物 1 号，并使用这台机器为陪审团播放录音吗？

答：他可以。

（证人设置机器，拆封了录音带，然后把它放入了录音机）

问：多伊警官，在播放录音之前，你能描述一下哪个声音是史密斯先生的声音，而哪个声音是琼斯先生的声音吗？

答：史密斯先生的声音低沉。而琼斯先生的声音音调较高，有轻微的口音。

问：请为法官和陪审团播放录音。（证人播放了录音带）

　　如果声音不能被轻易地辨识，更可行的方式是，先播放几秒钟录音带，暂停，然后让证人辨认刚刚听到的声音。

示例

问：多伊先生，请停止播放录音带。（证人这样做了）是谁说的"你好"？

答：琼斯先生。

问：谁说的"弗兰克，是我"？

答：史密斯先生。

问：请继续播放录音。

如果涉及录音，通常有利的方式是将录音的文本提交为证据。然后在播放录音时，将文本的复印件提交给每一位陪审员阅读。对照文本听录音，会使陪审员更容易地理解录音内容。在录音之外是否能使用录音文本，或者录音文本能否进入到评议过程中，都取决于庭审法官的重要裁量。如果被允许，准备文本的证人必须证实，这是对录音逐字进行记录的准确文本。

最后，记住，为录音录像带奠定基础，并将其在法庭中展示，需历经非常复杂的程序。正因如此，许多法庭要求，在允许你向陪审团展示此类录音录像带之前，必须先在庭审前或没有陪审团在场的情况下，奠定它们的完整基础。

9. 电脑绘图或动画

电脑绘图已经成为了两维图解或三维模型的实际备选物。如果计算机安装了设计程序，那么诸如机器、建筑和人体的器官等事物的绘图，就可以在显示器上被放大、移动、旋转。而事件的动画，例如汽车车祸事件的动画，也可以极为清晰地重现。如果有这些绘图和动画，再辅以专家证人作证，就会成为非常强大的说服工具。任何看见过电脑生成的工业爆炸动画，或飞机失事动画的人，都会了解，这些动画能如何生动地向陪审团解释事件的发生过程。

电脑绘图的使用方式与其他展示证据（例如图解和模型）的方式一样，并且奠定基础的方式也一样。一名适格的证人，必须证明他熟悉场景或者物品，而且绘图公正且准确地表现了场景或物品，并且（在一些辖区）绘图会帮助证人向陪审团解释证言。当这些完成之后，绘图就会被采信为证据。

计算机动画原则上用于，根据专家认定的事件如何发生的结论，来使事件重现。它的根据是可利用的客观数据和计算机程序所依据的数学模型。

要件（飞机失事的计算机动画）：

a. 展示物具有关联性。

b. 专家使用的数据和输入计算机程序的数据是准确的。（例如，数据来自失事飞机的飞行记录器）

c. 数据保持了完整性。（例如，飞行记录器的保管链条能够得到保障）

d. 数据被准确地输入一台功能正常的电脑。

e. 用以创造动画的软件程序是基于有效的和被承认的科学方法。

f. 计算机动画准确地反映了事件是如何发生的。

g. 计算机动画会帮助陪审团理解或者决定争议事实。

注意，证明计算机动画符合展示物资格可能需要一名以上的证人。例如，一名证人需证明对飞行记录器的保管链条；另外一名证人需证明从飞行记录器中获取的数据被准确地输入了电脑；而第三名证人需证明创作动画的软件程序的有效性。

如今，大多数法庭会将经过合理证明的计算机动画作为实质证据予以采信。但是，一些法庭仍根据奠定的基础，将计算机动画归类于展示证据或实质证据。如果提交动画只是为了"解释"专家的观点，那么唯一的必要基础就是专家的证言，即需专家证明动画公正且准确地阐释了她的观点，并有助于她向陪审团解释她的观点。如果是这种情况，那么动画就只是"展示证据"，即意味着陪审团只会认为它与专家的证言相关。它不会被采信为展示物，律师也不能在终结辩论中使用它，而且陪审团在评议期间也看不到它。在另一方面，如果动画被作为对特定事件的真实重现而提交（有时被称为"模拟"），必要基础就是前文已经详述的技术性要件。证明创造动画的计算机程序的有效性，必须满足专家意见证言中的现行标准，通常是多博特标准（Daubert test）或弗莱标准（Fyre）。这些标准将在 8.1 节讨论。如果成功奠定了基础，动画就会被采信为展示物，而律师可以在终结辩论中使用它，陪审团也可以在评议时看到它（取决于法官的自由裁量）。这个领域的法律在各个辖区是不同的，而且还在不断地演变之中，所以当你准备在庭审中提交动画时，调研总是必要的。

因为动画的基础是技术性的，所以法庭通常会给予对方律师事先检查的合理机会，包括检查计算机软件程序和输入程序的数据，而且经常会在庭前听审中决定动画的可采性。

10. 签署文件

签署文件，例如遗嘱、合同和本票是具有独立法律意义的文件，而且是非传闻性的。只要在法庭上提交了签署的文件，例如在合同诉讼中，就必须证明一方当事人确实在文件签了字，以符合文件的证真要求。如果证明了这一点，这份文件就可以被采信，以对抗在文件上签名的一方。此种要求，是为了防止当事方因伪造的文件而遭受欺诈性的索赔。

存在很多种方法证明文件上的签字，是文件上所显示的签字人的真实签字。它们包括：

1. 传唤目睹当事人在文件上签字的证人；
2. 传唤熟悉当事人笔迹，并且可以识别其笔迹的证人；
3. 传唤签字方为敌意证人，让其承认文件上的签字是他的签字；
4. 传唤笔迹专家，通过笔迹比对，证明文件上的签字是一方的签字。

记住，具有独立法律意义的文书是非传闻性的。因此，尝试根据联邦证据规则第 803 条（6）证明文书是业务记录，没有任何意义。只要提交了文件，你就必须证明文件上的签名实际上是所显示的签字人的真实签字。

要件：

a. 文件具有关联性。

b. 文件上有签名（或笔迹）。

c. 签名（或笔迹）是当事人或者其代理人的笔迹。

d. 文件与其签署时是同样的状态。

证人看见一方当事人在本票上签了字。

第一步　标记展示物。

第二步　向对方律师展示证据。

第三步　请求允许接近证人。

第四步　向证人展示证据。

第五步　奠定基础。

问：多伊先生，我向你展示原告展示物 1 号，你以前见过它吗？

答：是的。

问：你第一次看见它是什么时候？

答：在 2000 年 12 月 13 号。

问：那时你在哪里？

答：在我的办公室。

问：你有没有看见，是谁准备的原告展示物 1 号？

答：有，是我自己准备的本票。

问：在准备好本票之后，你怎么处理它？

答：我把他给了琼斯先生，琼斯先生那时就坐在我的办公室里。

问：琼斯先生对它做了什么？

答：他在本票的底端签了字。

问：你看见他签字了吗？

答：是的。

问：在琼斯先生在原告展示物 1 号上签字之后，你对它做了什么？

答：我拿了本票，然后把它放到了我的文件夹里。

问：原告展示物 1 号现在的状况，与琼斯先生在上面签字时候的状况一样吗？

答：是的，先生，自从他在上面签字后，它就一直保持原状。

第六步　提交展示物为证据。

第七步　将展示物标记为证据。

第八步　让证人在展示物上作标记。

第九步　请求允许向陪审团展示/宣读展示物。

第十步　向陪审团展示/宣读展示物。

证人将一份合同送给了一方当事人，该方当事人返还了签字的合同。证人能够识别该方的签字。

第一步　标记展示物。

第二步　向对方律师展示展示物。

第三步　请求允许接近证人。

第四步　向证人展示展示物。

第五步　奠定基础：

问：多伊先生，我向你展示原告展示物 1 号，你以前见过它吗？

答：是的。

问：你第一次看见它是什么时候？

答：2000 年 12 月 13 号，当我准备它的时候。

问：你对它做了什么？

答：我把它寄给了琼斯先生。

问：你以后有再看见过它吗？

答：是的。

问：那是什么时候？

答：大约在一周之后，我从邮件中收到了它。

问：这一次原告展示物 1 号发生了什么变化吗？

答：是的，它的底部有了签名。

问：你认识签名吗？

答：认识。

问：你以前看到过这个签名吗？

答：是的，许多次。

问：在什么样的情况下你看到过它？

答：我以前在信件和合同上都看到过它。而且我还亲自看见过很多次琼斯先生签名。

问：多伊先生，现在向你展示原告展示物 1 号，你认识出现在第二页底部的签名吗？

答：是的，那是琼斯先生的签名。

199

问：这份文件现在的状况，与你大约在 2000 年 12 月 22 号收到它时的状况一样吗？

答：是的，先生。

第六步　将展示物提交为证据。

第七步　将展示物标记为证据。

第八步　让证人在展示物上作标记。

第九步　请求允许向陪审团展示/宣读展示物。

第十步　向陪审团展示/宣读展示物。

记住，一名合格的证人必须能够识别文件上的签名，即使证人与文件的准备工作或文件本身的签署无关。

11. **支票**

支票是可兑现的票据，因此具有独立的法律意义。因为支票是非传闻证据，所以它必须如其他文书一样证真。证人必须在将支票采信为证明出票人已经付款的证据之前，识别出出票人的签名。证人必须能够识别收款人的背书签名，以证明收款人已经收款。

支票在庭审中经常被作为证明出票人向收款人付款的证据。有几种方式可以证明出票人和收款人的签名是真实的，以便支票能够被采信并证明付款：

a. 传唤支票的出票人作证他亲自出具了支票，并将支票给了收款人或其代理人；

b. 传唤收款人或其代理人作为敌意证人作证，证明他对支票的接收、背书和兑现；

　　c. 传唤笔迹专家作证，支票背面的背书是收款人的笔迹；

　　d. 传唤收款人银行的代表证明，已兑现支票的微型胶片是合格的业务记录，并且表明了支票上的钱款被存储到了收款人的账户。

　　在上列方式之中，最常见的方式是传唤出票人作为唯一或主要证人作证。

　　要件（支票的出票人）：

　　a. 支票具有关联性；

　　b. 证人通过支票进行了支付；

　　c. 证人准备了支票并签署了支票；

　　d. 证人将支票给了收款人；

　　e. 一段时间之后，证人从他的银行收到了已兑现的支票；

　　f. 已兑现的支票背面有收款人的背书；

　　g. 证人认识背书的笔迹是收款人的；

　　h. 已兑现的支票与之前处于一样的状况，除了支票背后的背书和标记。

200

示　例

（支票的出票人作证）

问：多伊先生，你支付了 XYZ 五金公司寄送给你的账单吗？

答：是的。

问：你怎么付的账单？

答：通过支票。

问：支票的付款银行是哪家？

答：是我在第一国家银行所开的账户。

第一步　标记展示物。

第二步　向对方律师展示展示物。

第三步　请求允许接近证人。

第四步　向证人展示展示物。

第五步　奠定基础。

问：多伊先生，我向你展示原告展示物 1 号，你认识它吗？

答：是的，我认识。

问：它是哪种文件？

答：支票。

问：你认识支票表面的出票人签名吗？

答：是的，都是我的笔迹，这张支票是我准备的。

问：在你准备好支票之后，你怎么处理它？

答：我把它给了五金商店的罗伊先生。

问：你熟悉罗伊先生的签名吗？

答：是的，我看见他签过很多次他的名字了。

问：多伊先生，请看一下支票背面。你认识那里的签名吗？

答：是的，我认识。

问：你认出那是谁的签名？

答：那是罗伊先生的签名。

问：在把支票给罗伊先生之后，你之后还见过它吗？

答：是的。

问：你什么时候再次看见的它？

答：把它交给罗伊先生一个月后，我从银行拿到了这张支票，它是每个月已兑现支票的一部分。

问：当你从银行拿到这张支票时，它有什么不一样吗？

答：是的。

问：有什么不一样？

答：支票的背面有罗伊先生的签名，并且上面还有银行的不同章戳。

问：除了这些附加的项目，支票与你给罗伊先生时一样吗？

答：是的。

第六步　将展示物提交为证据。

第七步　将展示物标记为证据。

第八步　让证人对证据做标记。

第九步　请求允许向陪审团展示证据。

第十步　向陪审团展示证据。

（请确保你将支票的两面都提交为证据）

201

注意，在上面的例子中，证人能够对支票的准备、出示和背书人的身份作证。当然，在很多时候，为了完成证明要求，需要两名或者两名以上的证人。

在刑事案件中，有时也会出示支票，通常是在欺诈和伪造的案件中。在这些案例中，支票表面的笔迹和背书人的身份往往存在争议。因为控方不能传唤被告作为证人作证，所以这些事实可以通过以下证人证明：

a. 能够认出支票上的笔迹是被告笔迹的证人；

b. 看到被告在支票上签字或背书的证人；

c. 能够证明支票上的笔迹是被告的笔迹专家。

注意，尽管支票的有效部分（operative portion）具有独立的法律意义并且是非传闻性的，但是支票的其他部分并非如此。支票的"备忘"部分，通常用来填写支票的目的，可能是传闻性的。支票背面的表明结算程序（clearing process）的银行戳记，也可能是传闻性的。

12. 信件

信件存在着复杂的证据性问题。第一，信件既可能是传闻性，也可能是非传闻性的，取决于它的内容和用途。如果两封信件的交换构成了合同，那么信件的文字就成为了要约和承诺，具有独立的法律意义并且是非传闻性的。一封可能含有诽谤语言的信件、一封显示写信人精神状态的信件，或者一封表示通知或了解的信件，同样也是非传闻性的。但是，信件中所称的事实经常是传闻性的，必须符合一些例外的情况，通常是当事方的自认，才能使此类信件被采信。第二，信件必须被证真。证人必须能够识别信件上的签名就是信件上所显示的人的真实签名。这种证真的要求，是为了防止伪造。第三，只有在证明预期的收件人收到信件之后，信件才具有关联性。这只在信件构成了合同，或者信件构成了对收件人的通知时，才会有此要求。第四，当信件的原件已经寄出而又找不到时，会存在关于真实性的争议，而根据联邦证据规则第 1001～1004 条的原件规则，必须提供原件，或者在副本被采信前，对原件的消失作出解释。这些所有关于传闻、证真、接收证明、最优证据和副本的问题，都会在庭审中提交信件为证据时出现。

202

下列的例子解释了两种最容易出现证真、接收以及副本问题的情况，两种情况都包括了双方往来的信件。

a. 信件由另一方寄给你方

要件：

（a）信件具有关联性；

（b）证人接收到了信件；

（c）证人认识是另一方的签名；

（d）信件现在的状况与收到它时的状况是一样的。

注意，信件的接收和签名的识别，可以通过不同的证人予以证明。如果证人可以作证收到了信件，而不能证明签名，则信件必须由可以识别笔迹的证人证明，或者通过笔迹专家的比对证明。

示 例

证人作证他收到了信件，并能识别上面的签名。

第一步　标记展示物。

第二步　向对方律师展示展示物。

第三步　请求允许接近证人。

第四步　向证人展示展示物。

第五步　奠定基础。

问：多伊先生，我向你展示原告展示物 1 号，你认识它吗？

答：是的。

问：你以前见过它吗？

答：是的，我大约在 2000 年 12 月 13 号收到它。

问：你认识下面的签名吗？

答：是的，我认识。

问：你以前见过这个签名吗？

答：是的，先生，见过很多次。

问：在什么样的情况下见过？

答：（证人解释他如何见过该签名。）

问：它是谁的签名？

答：它是弗兰克·琼斯的签名。

问：这封信件现在的状况与你大约在 2000 年 12 月 13 号收到它时的状况一样吗？

答：是的，先生，看上去一样。

第六步　将展示物提交为证据。

第七步　将展示物标记为证据。

第八步　让证人标记展示物。

第九步　请求允许向陪审团展示/宣读展示物。

第十步　向陪审团展示/宣读展示物。

203

b. 你方向其他方寄送信件

更为复杂的情形是，你方向其他方寄送信件。它主要有两个问题。第一，若缺乏自认，通常没有直接的方法证明收件人收到了信件。第二，在庭审中，除非信件的收件人提供了原件，否则有必要提供信件的复印件。最关键的要件是证明恰当地寄送了信件，以推定收件人接收到了信件。然后才可以提交原件的复印件。

要件：

（a）信件具有关联性；

（b）证人按指示打出了信件，并指明收件人地址；

（c）证人看到了打印出来的信件的原件和复印件（复写或影印）；

（d）证人在原始的信件上签名；

（e）信件的原件被放在一个信封之中，信封上有恰当的地址、邮局的邮戳和回信地址；

（f）信封被投入了美国邮政储蓄所；

（g）原件的复写件或影印件是对原件真实、准确的复制；

（h）信件的原件和信封从来没有返回给寄信人。

示　例

证人是打印和邮寄信件原件的秘书。

第一步　标记展示物。

第二步　向对方律师展示展示物。

第三步　请求允许接近证人。

第四步　向证人展示展示物。

第五步　奠定基础。

问：怀特小姐，我现在向你展示原告展示物 1 号，你以前见过它吗？

答：是的，我见过。

问：它是什么文件？

答：它是一封信件的影印件。

问：你与影印件的准备有什么关系吗？

答：是的。

问：都做了什么？

答：我遵循史密斯先生的指示，打出一份原件和留了一份复印件。

问：你什么时候准备好原件和复印件的？

答：和信件上的日期一样，2000 年 12 月 13 号。

问：在你准备好原件和复印件之后，你做了什么？

答：我把原件给了史密斯先生，他在上面签了名然后返还给我。

问：你接下来做了什么？

答：我准备了一个信封，信封上的地址和信件上的地址一样。然后我在上面贴了一
　　张邮票。

问：接下来发生了什么？

答：在那天晚些时候，我把信件投放到了我们大楼前面的邮箱。

问：信封上有返回信件的地址吗？

答：是的，有。

问：地址是什么？

答：我们的专用信纸上，包括我们的信封上，都有我们完整的办公地址。

问：在你们的办公室里，谁负责收信？

答：我。

问：你有没有收到过返回给你的，你之前寄给史密斯先生的信？

答：没有，那封信再也没有返还给我们。

问：在寄出原件之后，你对复印件做了什么？

答：我把它放到了我们的文件夹里。

问：怀特女士，这封信件的复印件与原告展示物 1 号是同一份文件吗？

答：是的，先生，是同一份复印件。

问：原告展示物 1 号是你在 2000 年 12 月 13 号寄给琼斯先生的信件的真实和准确的
　　复印件吗？

答：是的，它是。

第六步　提交展示物为证据。

第七步　将展示物标记为证据。

第八步　让证人标记证据。

第九步　请求允许向陪审团展示/宣读证据。

第十步　向陪审团展示/宣读证据。

　　准备工作很少会有问题，因为秘书会依据惯例在每一页打印出的信纸上
签字。但是，在许多案件中，秘书不能单独地记起是否已经将某封具体的信
件寄给了收件人。在这些案例中，就必须根据联邦证据规则第 406 条，证明
办公室在邮寄信件时，有长期奉行的业务规则，并且可以间接证明存在争议
的信件确实已经寄给了收件人。

示　例

问：怀特女士，你记得在你准备好信件原件之后，你怎么处理的它吗？

答：我没办法告诉你我怎么处理的这封信，这是太久之前的事情了。

问：在准备和处理信件时，你们是否有标准的办公程序？

答：是的，我们有。

问：此种程序在 2000 年 12 月还有效吗？

答：是的，我们已经遵守此种程序好多年了。

问：请为我们描述一下这种程序。

答：嗯，在我把原件打出来之后，会留一份复印件，然后把它给相关人签名。除非指示信件的人已经在信件上签字，否则我绝不会把信件寄出去。然后我会把信件放入有与信件有同样地址的信封里。信封上有我们办公室的回信地址。然后我将信封封上，并投放到我们办公室的邮箱。

问：接下来发生了什么？

答：在大约下午 5 点，我拿出那天准备的所有信件，从邮票机中取出合适的邮票贴在信件上，并把所有的信件绑在一起。当我离开办公室时，我把信件包带走，并把它投放到我们大楼前面的邮箱里。

问：你在 2000 年 12 月 13 号遵守了这种程序吗？

答：是的，我每天都这么做，而且我那天也上班了。

13. 业务记录

业务记录是在庭审中最常见的展示证据类型。只要满足联邦证据规则第 803 条（6）中的奠定基础的要件，就可以将这些记录提交为证据。

现行联邦证据规则与以前旧的制定法相比，已经在很大程度上放松了对业务记录的规定。证人不再需要是记录的保管人，也可以是其他的"适格"证人。现在，业务可以包括"任何称谓的商业、机构、协会、专门性职业、一般性职业、无论其是否为赢利之目的而经营"。记录可以包括对"行为、事件、形势、意见或诊断的备忘、报告、记录或资料汇编，无论其形式如何。"记录必须"由知悉情况的人或者依据知悉情况的人所传递的信息而制作"。证人在法庭中，必须能够识别对事实拥有第一手信息的人，以及最初接收、记录、传递最终出现在记录中的信息的工作人员。

根据联邦证据规则第 803 条（6），现在可以通过两种途径将业务记录提交为证据：根据联邦证据规则第 902 条的认证（certification）或者通过适格的证人奠定基础。

206

由联邦证据规则第 803 条（6）规定的认证方式已经于 2000 年作了修订，允许"符合联邦证据规则第 902 条（11）、第 902 条（12）或制定法允许的认证"。

要件（国内记录的认证）：

a. 记录具有关联性和可靠性；

b. "保管人或者其他适格人员认证记录的书面声明"（A）由知悉情况的人或者依据知悉情况的人所传递的信息，在事件发生时或发生后随即作出；（B）通过惯常业务活动（regularly conducted activity）予以保存；（C）作为惯例操作由惯常业务活动作出；

c. 所有的对方都接到了根据联邦证据规则第 902 条（11）提交记录的意图通知，并且有充分公平的机会检查记录，以质疑它的可采性。

此种认证方式有点类似于承认公共记录的方式，正成为将日常的业务记录采信为证据的广泛方式，因为它取消了在庭审中传唤基础证人（foundation witness）的要求。联邦证据规则第 902 条（12）对民事案件中，经过认证的外国记录可采性的规定，也有类似的要求。在庭审中，经过认证的业务记录只需要标记为展示物，就可以提交为证据。一旦被采信，就可以向陪审团展示或宣读。

另一种奠定基础的方法是使用适格的基础证人。这当然是一种传统的方式。

要件（基础证人）：

a. 记录具有关联性和可靠性；

b. 证人是"保管人或者其他适格证人"；

c. 记录是"任何形式的备忘录、报告、记录或资料汇编"；

d. 记录必须由知悉情况的人或者依据知悉情况的人所传递的信息所制作；

e. 记录是在行为、事件、形势、意见或诊断发生时或发生后随即制作；

f. 记录是日常业务活动操作的一部分；

g. 记录是通过惯常业务活动予以保存。

以下的例子表明了，通过适格证人，可以非常简单地满足联邦证据规则第803条（6）的技术性要求。

207

示 例

问：多伊先生，请讲一下你的职位。

答：我是 XYZ 公司的记录保管员。

问：你的工作内容是什么？

答：我根据我们公司的归档系统收集、保存和维护公司的所有记录。

第一步　标记展示物。

第二步　向对方律师展示展示物。

第三步　请求允许接近证人。

第四步　向证人展示展示物。

第五步　奠定基础。

问：多伊先生，我向你展示原告展示物1号，你认识它吗？

答：是的，它是我们的记录之一。

问：这份记录是由知悉情况的人或者依据知悉情况的人所传递的信息所作出的吗？

答：是的。

问：这份记录是在它上面所显示的行为或事件发生之时或之后立即作出的吗？

答：是的。

问：制作此种记录是 XYZ 公司的常规操作吗？

答：是的。

问：记录是否是通过惯常业务活动予以保存？

答：是的。

第六步　提交展示物为证据。

第七步　将展示物标记为证据。

第八步　让证人标记/解释展示物。

第九步　请求允许向陪审团展示/宣读证据。

第十步　向陪审团展示/宣读证据。

上述的例子证明了如何迅速奠定记录可采性的最低基础。当然，作为一种说服工具，它可能不够恰当。如果记录是你举证的重要部分，你就应当充分地证明证人和记录的可信度。强调证人的背景在前文中已有论述（参见5.7节和相关范例）。下面的例子证明了展示物本身怎样可以得到加强，而且如何在没有运用联邦证据规则第803条（6）的技术性语言的情况下，满足该条规则的要求，这样的可采性基础对陪审团就具有说服力。

示 例

第一步　标记展示物。
第二步　向对方律师展示展示物。
第三步　请求允许接近证人。
第四步　向证人展示展示物。
第五步　奠定基础。

208

问：多伊先生，我向你展示原告展示物1号，你认识它吗？

答：是的，我认识。

问：它是什么类型的记录？

答：这是支票账户的月结单（monthly statement）。

问：银行制作月结单有什么用途？

答：它是我们的基础记录。我们凭借它记录账户中的所有交易。我们还把它发送给我们的客户，提醒他们现在的账户状况。

问：在月结单上有哪些信息？

答：它包括了账户里的所有支票、存款、费用和借贷状况，还包括了本月每日的资金余额。

问：谁记录和输入月结单上的交易信息？

答：由我们账户部门的职员完成。职员接收所有的支票和存款，然后把信息输入恰当的分类账（account ledger）中。

问：什么时候交易会被输入分类账？

答：所有的交易，例如支票、存款和其他费用都在银行收到后24小时内输入分类账。

问：在什么时候这些交易会被输入月结单？

答：在每个月月底，所有被输入分类账的交易，都会打印在月结单上。

问：分类账和月结单有什么区别吗？

答：它们都含有同样的信息，但是分类账是连续性的记录，而月结单只包括分类账本月的交易信息，并且以几乎一致的形式打印出来。月结单事实上只是重新打印了分类账的最后一部分。

问：在月结单打印出来之后，会怎么处理它？

答：一份邮寄给客户，另一份保存在银行的审计部门。

问：银行会保存月结单多长时间？

答：我们要求至少保存7年。

问：你所描述的程序是否适用于所有银行支票账户的月结单？

答：是的。

问：多伊先生，让我们回到原告展示物 1 号。这份月结单是按照你刚才所描述的程序制作的吗？

答：是的。

第六步　提交展示物为证据。

第七步　将展示物标记为证据。

第八步　让证人标记/解释展示物。

第九步　请求允许向陪审团展示/宣读展示物。

第十步　向陪审团展示/宣读展示物。

209

注意上面的例子，是如何在没有使用技术性语言的情况下，证明联邦证据规则第 803 条（6）所要求的要件的。这份记录以外行人也可以理解的语言进行了解释。但是记住，法官可能习惯聆听联邦证据规则第 803 条（6）所规定的技术性基本程序。因此，为了满足法官要求，直接加上先前关于业务记录示例中的公式化程序即可。

最后记住，作为反对采信记录的一方，有很多种方式对记录的采信提出异议。除了缺乏基础，你还可以以关联性为理由，或者以记录"缺乏可信度"为由，提出异议。你可以对记录的一部分提出异议，如果它含有双重传闻，或者违背了其他证据性规则，例如提到保险、和解要约（settlement offer）或者可拒绝公开之通信（privileged communication）。正因如此，你必须仔细地审查记录的内容，找寻其他理由以反对将它们采信为证据。

"双重传闻"或者"传闻中的传闻"是针对业务记录的常见异议，由联邦证据规则第 805 条规定，它经常被律师忽略。记住，证明记录满足联邦证据规则第 803 条（6）的规定仅排除了第一层次上的传闻。业务记录的基础排除了传唤记录制作者在庭审中作证的必要。它们并没有消除双重传闻问题，而双重传闻问题在记录包含了来自企业雇员以外的人（这些人因此没有准确报告和记录信息的"业务责任"）的信息时，可能产生。例如，如果一份事故报告包含了事故车辆驾驶者的陈述和路人的陈述，这些陈述就是双重传闻，是不可采信的，除非有单独的传闻例外规则使这些陈述被采信（这里，对方的自认或惊骇表达，可以适用）。如果没有单独的传闻例外规则可以适用，那么在将记录提交为证据，并向陪审团展示之前，必须把业务记录中的双重传闻部分予以删除。

业务记录的缺失也可以被采信为证据。根据联邦证据规则第 803 条（7），如果一件事件或交易发生后，业务主体就会将已经发生的事件或交易制定记录，那么证明事件或交易从未发生，就可以通过不存在所称事件或交易的记录，来予以证明。

证明记录的缺失，可以通过传唤保管人或其他适格证人作证，业务主体是如何制作记录以记录事件和交易，来予以证明。然后，证人可以作证他查找了业务记录，但是没有找到所称的事件或交易。

注意，如果一方想要提交对方的业务记录作为证据，记录可以根据联邦证据规则第 801 条（d）（2）的规定，作为对方的自认而被采信。在此种情况下，你需要一位证人作证业务记录是由对方，或者由对方授权的人，代理人或雇员制作，并且记录是属于雇佣范围的事项，在雇佣期间作出。但是，你没有必要为业务记录奠定正式基础。（在审前证据开示程序中，特别是在自认和质询（interrogatories）的请求中，当事人经常要求对方当事人提交（produce）或识别他们的业务记录，这样就可以为此奠定基础）这可以成为业务记录规则有效的替代规则，特别是在业务主体辩称记录没有满足联邦证据规则第 803 条（6）的技术性要求时。 *210*

示 例

原告试图提交被告的货运记录，记录中显示货物是运送给原告的。证人是被告企业的一名经理，在原告举证阶段被传唤为敌意证人。

问：菲尔查尔德女士，我向你展示原告展示物 1 号，这是你们公司的记录，是吗？

答：它是我们的货运记录之一。

问：请看一下表格的底部。这份表格是由罗宾·约翰逊制作的，是吗？

答：是的。

问：罗宾·约翰逊是你们的货运主管人员之一吗？

答：是的。

问：在这份记录制作好的那一天，罗宾·约翰逊先生仍是你们的雇员，对吗？

答：是的。

问：他的工作职责包括准备此类记录吗？

答：是的。

原告律师：法官阁下，我们提交原告展示物 1 号为证据。

法官：有异议吗？

被告律师：我们反对，法官阁下。原告没有根据联邦证据规则第 806（6）条，为业务记录奠定基础。

原告律师：我们同意，法官阁下。但是我们证明了这是由被告雇员所作出的陈述，根据联邦证据规则第 801（d）（2）（D）条，这已经构成了一方的自认。根据此条规则，它是可以被采信的。

法官：原告展示物 1 号可以作为当事方自认而被采信为证据。

14. 计算机记录

商业机构对计算机的使用，迅速地淘汰了保存记录的传统方式。尽管传统的账簿和分账制度还在使用，但是通常此类资料会被周期性地转移到计算机库，而原件会被销毁。如果业务记录储存在计算机中，就可以通过计算机打印而取得这些记录。因此，此种计算机的打印记录是庭审中的常见证据。 *211*

因为联邦证据规则第 803 条（6）包括了"资料汇编"，因此计算机的打印记录也可以与其他业务记录一样被采信。并不必要证明计算机的打印记录是在交易发生时或发生后随即制作的，通常这也不是实际争点所在。不管怎样，只要在事件或交易发生时或发生后不久，将资料初始记录在了一些记录文件上，无论是将资料输入计算机库或传统的纸质记录，都实质性地满足了业务记录规则的可靠性要求。而何时将计算机记录打印出来，或者资料何时由纸质记录转移到计算机的资料库，并不重要，至少就打印记录的可采性而言是这样。

一个重复出现的争议是，计算机打印出来的记录是否是完整的记录。因为计算机可以打印出任何形式的记录，或者可以有选择性地打印出记录，所以总有疑问存在：打印记录是否是完整的记录，或者仅选择性地表明了某些事实？联邦证据规则第 106 条的完整性规定要求，当一份文书被提交为证据时，为公平起见，文书的所有部分都必须一同考虑，并一起提交为证据。此条规则是为了防止断章取义。在计算机打印文件领域，这是最主要的问题，因为打印文件本身并不能证明它是完整的记录。这些问题通常在证据披露阶段得到解决，在这个阶段，业务记录将被首次提交，完整性问题也将首次产生。

另一种方式，是将仅有选择性信息的打印记录视为摘要，只有在满足联邦证据规则第 1006 条时，才能采信。此条规则要求，对方律师可以检查和复制摘要所对应的记录。它还要求，必须通知对方己方有在庭审中将摘要提交为证据的意图。这确保了对方律师能够检查摘要图表的准确性。（参见下文第 18 项）

最后一种方式，是根据联邦证据规则第 901 条（b）（9），证真计算机生成的证据，这要求展示产生结果的过程或系统，并且此种过程或系统会在实际上产生准确结果。这是一条有用的规则，可以为某一特定计算机系统自动创造的计算机记录奠定基础，例如自动电话记录。

15. 记忆记录

根据联邦证据规则第 803 条（5），备忘录或记录可以作为记忆记录（recorded recollection）而被采信，只要记录满足以下要件即可：记录是在证人记忆犹新时制作的；记录在制作是准确的；证人现在不能充分地回忆以"完整且准确地作证"。这种传闻的例外规则，应当在证人之前的记忆部分缺失，或者备忘录不够格成为业务记录时，被考虑。

如果被恰当地证实，可以向陪审团宣读此种记录。其理念是，宣读记录的相关部分可以恰当地替代证人缺失的记忆。但是，记录本身不会作为展示物提交为证据，除非作为对方当事人提出。

要件：

a. 展示物具有关联性和可靠性；

b. 证人不能完全且准确地回忆事实；

c. 证人拥有事件发生时的第一手信息；

d. 证人在对事实记忆犹新时，对事实作了记录；

e. 记录在制作时，是完整和准确的；

f. 记录现在的状况与它被制作时一样。

示 例 ────────────────────────────────

证人作证，在特定日期，他在经销商的停车场里记录了每一辆汽车的序列号。

问：多伊先生，你那天在停车场里看见了多少辆车？

答：大约 300 辆。

问：每一辆车都有一个序列号吗？

答：是的。

问：你能告诉陪审团这些车的序列号是什么吗？

答：不能，先生，我不太可能记住它们。

问：你对这些序列号做了记录吗？

答：是的，先生，我做了一张列表。

问：你什么时候做的这张列表？

答：当我在经销商的停车场时，我制作的这张列表。

问：你的这张列表是完整、准确的吗？

答：是的，先生。

问：多伊先生，那张列表能唤醒你的记忆，让你记起这些序列号是什么吗？

答：不能，我不太可能记住这些序列号，即使我回顾了列表。

第一步　标记展示物。

第二步　向对方律师展示展示物。

第三步　请求允许接近证人。

第四步　向证人展示展示物。

第五步　奠定基础。

问：我向你展示原告展示物 1 号，你认识它吗？

答：是的。

问：它是什么？

答：它是我在经销商那里看到的汽车的序列号列表。

问：这张记录现在的状况与你制作它时的状况一样吗？

答：是的，没有什么改变。

第六步　提交展示物的内容为证据。

第七步　将展示物的内容标记为证据。

第八步　（不适用）

第九步　请求允许向陪审团宣读展示物。

第十步　向陪审团宣读展示物。

213

16. 副本

　　根据联邦证据规则，文书的副本经常与原件具有同等的可采性。联邦证据规则第 1001～1004 条，原始文书规则规定，副本，现在被称为"复印件"，可以与原件一样被采信，除非对真实性存在真正争议，如一份重要的文书被宣称是伪造的或者被改动过。只有在这种情况下才必须提交原件。如果不能够提交原件，在副本被采信前，必须对原件的缺失给出令人满意的解释。复印件包括复写件、影印件或其他对原件的准确复制。

　　联邦证据规则通常会允许在所有法庭中提交副本。但是记住，没有采用联邦证据规则的一些州，仍可能要求原件，除非解释了为什么不能提交原件，随后副本和其他的次要证据例如口头证据，也可能是可采信的。

如果必须解释原件缺失的原因，副本才能被采信，那么应当满足以下要件：

要件：

a. 副本具有关联性；

b. 签署过的原件曾经存在过；

c. 制作了原件的副本；

d. 副本是真实、准确的副本；

e. 非有意地丢失原件，等等；

f. 在每个可能的地点都找寻了原件，未能找到原件。

示 例

第一步　标记展示物。

第二步　向对方律师展示展示物。

第三步　请求允许接近证人。

第四步　向证人展示展示物。

第五步　奠定基础。

问：怀特女士，我向你展示原告展示物 1 号，你认识它吗？

答：是的，我认识。

问：它是什么文件？

答：它是一份协议的影印件。

问：副本有原件吗？

答：是的，曾经有。

问：你们会对协议的原件和副本做什么？

答：我打印出了原件，然后制作了两份影印件。

问：你怎么处理的原件？

答：在它签署之后，我把原件放入了文件柜的对应文件夹里。

问：你怎么处理的副本？

答：我将一份副本和原件一起放到了文件夹中，另一份副本寄给了琼斯先生。

问：怀特女士，你有没有收到过传票，让你提供那份协议？

答：是的，我收到了。

问：根据传票，你是否找到了原件？

答：没有，我没有找到。

问：原件应该在哪里？

答：它本应该跟副本一起放在文件夹里，但是当我们去找它时，只找到了副本。

问：你有没有在你的办公室里寻找原件？

答：是的，我找了。

问：你都寻找了哪些地方？

答：我通知我们单位的每个人一起找，我亲自翻遍了每个柜子里的每个文件夹和办公区域的每张桌子。

问：你花了多长时间搜索原件？

答：我花了大概12个小时。

问：你或其他人找到了原件吗？

答：没有，我们最后放弃了。我就是不知道它去了哪里。

第六步　提交展示物为证据。

第七步　将展示物标记为证据。

第八步　让证人标记展示物。

第九步　请求允许向陪审团展示/宣读展示物。

第十步　向陪审团展示/宣读展示物。

注意，根据美国联邦法典第28篇第1732条的规定，业务记录的副本可以被采信，无论原件是否存在或可寻。

17. 认证的记录

根据联邦证据规则第902条，认证的公共记录副本是自我证真的。当记录附加的陈述，声明它实际上是公共机构所制作的记录，那么这份记录就经过认证了。它通常盖有公共机构的印章，并还附带了蓝色或红色的缎带。因此，证人对于将展示物的采信并不必要。只要将它提交，并向陪审团公开即可。 *215*

示　例

律师：法官阁下，我们提交原告展示物1号为证据。它是伊利诺伊州机动车管理局车辆登记的认证副本。（向对方律师展示证据）

法官：对方律师有异议吗？

对方律师：没有异议，法官阁下。

法官：它被采信了。

请求允许向陪审团展示或宣读证据。

---

18. 摘要

在庭审日益复杂的时代，技术性证据或其他资料的摘要图表的日渐普遍，就不足为奇。这些图表可以有效地汇总财务记录和其他统计数据，清楚地描述事件的时间顺序，或者以图表的方式阐释事物和关系的数量和类型。当图表被证明符合展示物要求，并被采信为证据之后，它们可以成为有力的说服武器。

庭审中有两种类型的摘要图表可以被采信：在庭审中所提交证据的摘要图表和大量记录的摘要。为摘要图表奠定基础的日常程序，是让在证据提交时在法庭现场的人准备图表。图表上出现的每一事实，都必须与展示物或者证人已经证明的特定事实相关联。这通常通过图表自身来实现。在适当的时候，可以传唤该名证人证明事实的证据性来源，以及任何进行随之产生的数

216

学计算。如果符合要求，而图表可以帮助陪审团理解证据，图表就可以被采信为证据。

示 例

接下来的摘要图表，可以显示一家银行在被抢劫之后的现金损失。可能有必要传唤一名摘要证人来解释图表显示的审计程序。（GE♯代表证据中用来证明每项记录的政府展示物）

Second Federal Savings & Loan Association
Cash Loss Audit on 5/2/00

	Teller #1	*Teller #2*	*Teller #3*
Cash on hand 4/30/00	$12,101.86 (GE# 20E)	$6,388.96 (GE# 20C)	$25,162.00 (GE# 20A)
Cash deposits 5/2/00	100.00 (GE# 21D)	340.00 (GE# 21D)	0
Cash withdrawals 5/2/00	427.50 (GE# 22A, 23)	0	0
Net change	$11,774.36 (GE# 20F)	$6,728.96 (GE# 20D)	$25,162.00 (GE# 20B)
Cash on hand	11,774.36 (GE# 20F)	6,728.96 (GE# 20D)	9,162.00 (GE# 20B)
Difference	0	0	$16,000.00 loss

大量记录的摘要，由联邦证据规则第 1006 条规定。根据联邦证据规则第 1006 条，不方便在法庭提交的文书、录音或照片的摘要，可以在文书、录音或照片尚未首先在法庭中提交并被采信为证据的情况下，被采信。这些摘要背后的来源，可以由当事方在审前检查和复制，而且如果合适，法庭仍可以要求在庭审中提交它们。记住，联邦证据规则第 1006 条规定，你必须通知对方你想要在庭审中提交摘要图表的意图。

如果在庭审中提交的展示物，是从原始资料库中选择性提取的资料汇编而成，而不是以与原始输入资料库的资料同样形式的打印文件，许多法庭会根据联邦证据规则第 1006 条的规定，将电脑生成的记录作为摘要对待。换言之，这些记录并不是联邦证据规则第 803 条（6）项下的业务记录，因为这些庭审中的展示物与最初输入资料库的资料，并非同一形式。现在它们是大量记录的摘要，必须满足联邦证据规则第 1006 条的要求。

联邦证据规则第 1006 条，可以被用于概括不能出庭的证人的书面证言（deposition）。如果书面证言很长，在法庭上照原文宣读，就会浪费时间（参见联邦证据规则第 611 条（a）（2）），那么法庭可能会允许以提交证人回答的摘要形式，来替代书面证言笔录。

证据的摘要图表和大量记录的摘要，应该与律师在终结辩论阶段在告示板（poster board）或者图画簿（sketch pad）上制作的图表、图解或绘画相区别。如果图表和绘画是律师在终结辩论中制作的，那么它们就不是证据，也不能进入陪审团评议。它们仅仅是律师补充终结辩论的视觉辅助。

217

19. 诉讼协议

诉讼协议可以是口头的，也可以是书面的，尽管通常都是书面形式。如果是书面的，那么应当为记录之目的，将其标记和提交为证据。诉讼协议通常由请求诉讼协议一方的律师向陪审团宣读。

律师：法官阁下，我们现在能向陪审团宣读标记为原告展示物 1 号的诉讼协议吗？

法官：你们都同意这份协议吗？

对方律师：我们同意，法官阁下。

法官：陪审团诸位，诉讼协议，就是双方就某些事实是真实的，不存在争议的，而达成的协议。律师，请宣读诉讼协议。

律师：陪审团的女士们、先生们，这份诉讼协议，或协议约定如下：（宣读了整份协议）。在底部是作为原告史密斯先生代理律师的我的签名，和作为被告琼斯先生代理律师的多伊先生的签名。（将已签字的协议交给法庭书记员，与其他展示物一起妥善保管）

诉讼协议即可以以事实形式，也可以以证人形式起草。以事实形式起草的诉讼协议通常约定"双方同意以下事实为真"，然后列举同意的事实。以证人形式起草的诉讼协议通常约定"双方同意如果传唤珍妮·史密斯为证人，她会作证如下"，然后列举证人所述的内容。当你采用证人形式时，确保你向陪审团提供了专家证人和非专家证人合理的背景资料，因为陪审团需要判断证人的可信度的依据。

20. 诉答和证据披露

诉答和证据披露的答辩书中，如果包含自认，就可以向陪审团展示或宣读。最常见的例子是起诉状答辩书、质询答辩书和对请求承认事实的回复。因为这些文件之前向法院提交过，所以它们已经被证实来自于某一方当事人。因此，它们只需要向陪审团"公布"。因为提交这些法庭文件并不是一般的程序，所以也许最好的方式，是请求庭边会议以商定如何公布这些文件。在公布之前，法官经常会解释展示物是什么和如何制作的。然后律师会向陪审团宣读（文件）的恰当部分。

律师：法官阁下，我们现在提交起诉状的附件合同作为展示物 A。被告已经在对我方请求承认的回复中，承认了这份合同的存在和签署。

法官：它将被采信。

218

然后合同可以像其他展示物一样，向陪审团展示。

示 例

被告将提交原告的质询答辩书之一。

律师：法官阁下，在向陪审团宣读展示物的相关部分之前，我们请求向陪审团指示质询书和质询答辩书的意义。

法官：好的。陪审团诸位，在庭审之前，当事方按惯例，会向对方寄送被称为"质询书"的文件，它就是针对案件所提出的书面问题。其目的是让当事方对案件有更多了解，并且找出哪些事实不存在争议。质询书的答辩状必须以书面形式写就，然后宣誓，并在答辩状上签字。请继续，律师。

律师：女士们、先生们，被告的质询书第 3 个问题如下："请指出原告在事故中所涉交通工具，在事故发生后 12 个月之内，是否经过了官方机动车检查站的检查；如有此种检查，是何时、何地进行的检查？"原告在对质询书第 3 个问题回答如下："在事故发生后 12 个月内，该交通工具没有进行过检查。"

试图在庭审中提交诉辩状，或证据披露阶段的回复之前，请研究现行的法律。总的来讲，经过确证的诉辩状（"司法承认"）和没有经过确证的诉辩状（"证据性承认"）都是可采信的。但是，当事方通常会在庭审前，修改诉辩状或其他证据披露中的回复。在特定情况下，原始的诉辩状或者回复，特别是在没有经过确证的情形之下，可能不能作为自认而提交。

6.4 计划、准备、运用视觉辅助和展示物

1. 发展视觉策略

现在是视觉化学习的时代，所以庭审也必须逐渐变得视觉化。因为视觉辅助和展示物常常是戏剧化的，而看往往比听更具有说服力，所以要总是考虑使用它们。但是视觉辅助和展示物也可能被滥用和误用，所以你必须在案件中，发掘创造性的方式来使用它们。最好的方式是，在庭审前发展出一种视觉策略，并在庭审中将其实现。毕竟，你可以为证人证言制订策略，为什么不能将同样的方式运用于庭审的视觉部分呢？你怎样才能完成这项任务？你必须决定使用什么，何时使用和以什么方式呈现。

第一，决定在庭审中使用什么样的视觉辅助和展示物。发散性地思考。太多律师只能想到在他们举证阶段对证人进行直接询问时，可以被提交，并正式采信为证据的展示物。但是视觉辅助可以在庭审的所有阶段使用——开庭陈述、终结辩论和交叉询问，而并非仅限定在直接询问阶段。例如，开庭陈述可以使用图表，表明公司当事人的关键雇员和事件的时间顺序。在终结辩论中，可以使用关键要点的列表和关键损害指示的摘要。对专家的直接询问，可以使用图表列出化学反应的步骤，或者使用流程图来解释生产过程。

这些视觉辅助与被正式采信为证据的展示物，并不是一回事，但是它们对于令人信服地展现证据，可能非常重要。法庭通常会允许使用此类视觉辅助，它们仅是律师或者证人所讲述内容的视觉展示。只要它们实际上是准确的，并基于已被采信的证据，使用它们就是恰当的。

什么样的视觉辅助会传递你想要传递的信息呢？它们是否能营造吸引眼球的气氛或印象？是否有一种视觉辅助可以一击即中，切中案件关键，并使关键的主题或事实变得视觉化呢？在庭审中，你可以多少次有效地运用视觉辅助？在庭审中，你应该怎样安排视觉辅助和展示物的顺序，以维系陪审团的兴趣，同时还可以重复关键的事实和信息？决定展示物是被采信为证据（并通常会在评议阶段送达至陪审团室），还是会作为开庭陈述、终结辩论、或专家证言使用的视觉辅助（通常不会被采信为展示物，因此不会出现在陪审团评议过程中）。先制作一份你拥有的展示物清单，然后以此为基点展开，制订出在整个庭审过程中使用视觉辅助和展示物的协调方法（coordinated approach），权衡在庭审的特定阶段使用每一份视觉辅助或展示物的优劣势。一名有经验的陪审团顾问或者图片美术专家，会有助于为庭审变得更加视觉化，提供创造性的建议。

第二，决定何时在庭审中使用视觉辅助或展示物。它是在开庭陈述阶段使用的视觉辅助吗？它是在你方举证阶段被正式提交为证据的展示物吗？它是一种被用于解释专家证言的工具吗？它是在对对方证人进行交叉询问时，使用的展示物吗？它是在终结辩论阶段概括责任或损害证据的视觉辅助吗？这些视觉辅助或展示物可以在庭审中重复地有效使用吗？你怎样才能通过不断给予陪审员新的信息来推进庭审进程呢？这些问题应该在离庭审很久前，当你在发展庭审策略、开庭陈述、终结辩论、对证人直接询问和交叉询问的内容时，就提出。

第三，决定在庭审中怎样提交视觉辅助和展示物。它们是文件、记录、笔录、录像证言、物品、照片、图表、图解或模型吗？它们怎样才能最有效地向陪审团展示？它们应由证人宣读，还是应向陪审团出示，或者两者皆用？是否应当给陪审员发放单独的，含有所有展示物的展示物手册？展示物是否应被放大，并固定在告示板上？是否需要高射投影仪？现代科技，如光盘、笔记本电脑、显示器等是否有用？这些技术能否在陪审团室内使用，以便陪审团在评议期间回顾展示物？同样，聘用陪审团顾问或者图片美术专家会有助于发掘这些可能性。如何展示视觉辅助和展示物，应该是发展策略的最后一个问题。记住，技术仅仅是工具；它并非策略。技术仅仅是实现视觉策略并进而支持你的庭审策略的工具。

例如，假设一家公司针对另一家公司提出了合同违约之诉，主张被告违反了合同中的某一具体条款。什么样的视觉辅助和展示物会构成原告视觉策略中的关键要素呢？在开庭陈述阶段，原告可以使用（1）一张表明本案的原被告身份，以及在本案中具有关键作用的各方雇员的图表；（2）一张显示自合同协商到违约和损害发生的事件时间表；（3）一块显示合同中关键条款的告示板。在原告的举证阶段，可以使用（1）一块贴有一页合同的告示板，并重点强调了合同关键点；（2）一台可以播放被告关键雇员的重要自认的计算机投影仪；（3）一张由会计师准备的，表明原告损失计算的摘要图表。在

220

对被告证人的交叉询问时，原告可以使用（1）一块告示板，展示被告关键雇员重要自认的摘要；（2）另一块告示板，可以展示含有被告另一名雇员的重要自认的信件。最后，在终结辩论中，原告可以使用（1）展示关于责任和损害赔偿的重要陪审团指示的告示板；（2）一张列举了被告有责理由的图表，并将理由与关键的展示物和指示相关联；（3）一张显示原告损失的图表，与关键的展示物与指示相关联。需要注意的关键点是，原告的视觉策略是为了使陪审团保持兴趣、随着庭审的推进不断地向陪审团提供新的视觉信息，并让陪审团将焦点放在关键的主题、争点和事实上。

第四，在为特定的庭审制定视觉策略之前，你必须了解其他一些事情。了解将举行庭审的法庭的物理特征。不同的法庭在大小、形状、法官席的位置、陪审团席、律师席、法庭的工作人员、地面和墙面可利用的空间上，有很大的不同。有的法庭的窗户可以提供自然光线，而另外一些法庭只能提供人造光线，而且光线可调控的程度也有很大的不同。不同的法庭的电源插头的数量和位置和可使用的技术硬件，有较大差异。这些不同点会对何种视觉辅助和展示物可以有效地在法庭使用，产生重要影响。

了解法官对视觉辅助和展示物的态度，因为每位法官的态度可能会不同。如果展示物将要或者已经被采信为证据，法官通常允许在开庭陈述和终结辩论阶段使用展示物。大多数法官会在开庭陈述、终结辩论和证人作证阶段，给予律师使用视觉辅助的相当大的自由。但是，一些思想传统的法官，可能会对何种视觉辅助可以在庭审的这些阶段使用，进行限制。此外，对方律师也可能提出异议。如果你对这些问题都存在顾虑，让法官和对方律师了解，你打算在开庭陈述和最终辩论中使用哪些视觉辅助。在你提交视觉辅助前，完成这件事情（除非法官的审前命令或其他命令要求更早地披露视觉辅助或展示物），以便任何有关它们使用的问题可以得到解决，而你的开庭陈述和终结辩论可以顺畅地进行。最后，了解你自己和你的证人对于技术的适应程度。如果律师使用视觉辅助和表现媒介，但是对它并不适应，这必然会影响律师的发挥。同样，如果证人也感觉不适应，证人的表现也会受到损害。

当你已经发展出一个整体的视觉策略之后，你就可以考虑准备和提交庭审中的视觉辅助和展示物了。

2. 准备法庭内的视觉辅助和展示物

图片美术专家对准备视觉辅助或展示物，有几条基本规则。第一，它必须含有清晰的信息，陪审员一看到它就能立即明白。第二，通常它必须是简单的，因为陪审团只能从一件展示物上吸收有限的信息。它必须不会分散注意力，以使陪审员能关注信息。第三，它必须具有吸引力：它必须较大、色彩鲜明、具有视觉上的冲击力。图片美术专家有时会参考"公告板标准"：你的展示物设计是否能吸引驾车者的注意力，并在几秒钟之内传递意欲传递的信息呢？（图 1）

在另一方面，在一些庭审中，一方可能注重廓清，而另一方可能注重混淆。如果你的观点是这件案件是复杂并且混乱的，视觉辅助和展示物也可以

证明这一点，收集复杂和令人混淆的信息，并通过视觉途径把他们描绘出来即可。（图 2）

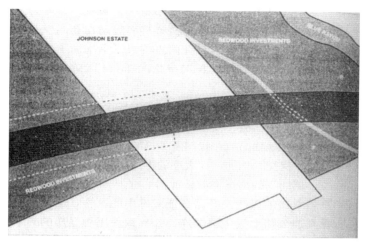

图 1

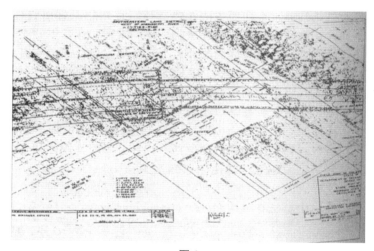

图 2

记住，你关键的视觉辅助和展示物，应该通过令人注目的视觉手段，来强调和总结你关于责任和损害赔偿的证据，以使陪审团在评议过程中本能地使用你的展示物作为参考，而非对手的展示物。例如，在一起车祸的案件中，你希望陪审团在评议中，将你的十字路口的图解作为责任问题的关键点；还希望陪审团将你的损害赔偿的图表，作为损害赔偿问题的关键点。如果你的展示物更具有吸引力和信息量，陪审员就会在裁决案件时使用你的展示物，而非对手的。

你怎样才能使你的视觉辅助和展示物变得更有吸引力呢？你怎样才能精心编排好它们的展示方式从而使它们的作用最大化呢？答案部分取决于所涉及的视觉辅助和展示物的类型。

a. **物品**

回想一下，你上次在晚间新闻中，看到警方为宣布一次大的毒品缴获行动的新闻发布会的场景。警察局局长站在新闻发布室的演讲台上，后面站着数名身着制服的警官。在附近的桌子上堆满了毒品，这些都在电视摄像头的范围内。当警察局局长宣布此次抓获行动的细节时，镜头仍聚焦在毒品上，并慢慢地扫过毒品。

好的出庭律师，会将同样的编排手段运用到庭审中。他们了解物品——毒品、武器、器械、设备——具有戏剧化的效果。为了突出这种效果，他们经常会先将这些物品放在我们看不见的地方，然后再通过戏剧性的天赋，把它们在法庭中提交。例如，在大型的毒品案件中，控方通常会在对证人进行直接询问时，用商场的推车将毒品带到法庭上，并向陪审团展示。他们知道这样会提高陪审团的兴趣。产品责任案件中的原告，通常会在法庭中提交产品，例如在高速公路上发生了爆炸，并导致使用者受伤的有瑕疵的轮胎。目睹真实的物品，会对陪审团的心理产生极大影响。（图3）

在人身伤害案件中，如果原告受到了严重的伤害或者外貌严重毁容，原告律师通常会让原告待在法庭外，直到让原告出庭作证，让询问变得简短，并在询问后让原告离开法庭。他们了解，让陪审团看到一个严重受伤或毁容的原告，对其有巨大的冲击力，在那之后让原告离开法庭，是为了防止陪审团适应了原告的状态。

在庭审中出示物品，也需要运用同样的策略。如果你的举证涉及一把枪，先把它放在陪审团看不见的地方（无论如何，都应该这样做，因为这把枪还没有被采信为证据），然后在直接询问中揭示它，以使它的作用发挥到极致。如果你的展示物包括一把在分娩时使用的钳子，先把它保存在陪审团看不见的地方（即使它已经被采信为证据），然后在你的举证阶段提出它，这样它的冲击力会达到最大。揭示物品的时刻可能会是戏剧的高潮，而这在法庭中总是有可用之处的。

图 3

b. 照片和录像

如果真实的物品不能被带入法庭，那么接下来最好的方式，是用照片或者录像来展示真实的物品。如果以恰当的方式拍摄照片和录像，并在法庭中出示，会发挥极大的冲击力。

你怎样创造有效的法庭照片？第一，将它们放大。原件应该能被放大到8″×10″或告示板大小，而不会失真。避免使用小于35毫米的胶卷拍摄照片，因为此种胶卷拍摄出来的照片，很难在不模糊或呈现粒状效果的情况下放大供法庭使用。双镜头的反光式照相机（double reflex camera），使用2¼″×¼″的胶卷，会洗出更好的放大照片。第二，尽可能地使用彩色照片。与黑白照片相比，彩色照片对于陪审员更具有吸引力，而且在物品或场景对比度较低时，彩色照片就更为重要。第三，胶卷价格低廉。使用专业质量的胶卷以获得优质的告示板大小的放大照片。拍摄足够多的照片以便你可以从中挑选出最好的照片供法庭上使用。如果你是有经验的摄影师，并有合适的设备，你可以自己拍摄照片。（但是，确保有其他人能够在法庭上为照片奠定合理的采信基础）如果没有，聘用一名商业摄影师。

如果你把照片放大到了8″×10″大小，将它们固定到泡沫的告示板上。当你希望突出你的照片时，这样会使你更方便地在法庭中处理你的照片，或者使它们在评议中更醒目。如果一张照片特别重要，将它放大到30″×40″大小，甚至更大，然后把它固定到泡沫告示板上。用经过灰暗粗糙处理的相纸将这些照片打印出，以将眩光和反射的情况最小化。商业的冲印店可以很容易的做到这点。

你如何才能拍摄有效的照片？在这里，陪审团的心理至关重要。你需要拍摄能使陪审员看到和"感觉"到发生了什么的照片。运用全景镜头和特写镜头。如果是特写镜头，确保照片拍摄的画面足够近，以使关键的场景和物品充满了整个照片，但又不会扭曲视角。法庭照片拍摄的画面通常离关键点太远。记住，陪审员希望从情感上融入案件，而有效的照片是让陪审团从你 *225* 的观点来看待案件的关键。

例如，在一起十字路口的车祸案件中，你可以使用高空照片来给十字路口拍摄一张中立的鸟瞰图。但是，从你方（或关键证人）的角度来拍摄的照片可能更有效。以你方视角在车祸发生的相同时间拍摄的照片，能够显示从不同的距离观看十字路口时，十字路口是什么样子。连续快照可以重现你靠近十字路口时所看到的画面。表明你的当事人所看到的画面，能够使陪审员从你方的角度设想车祸，这一点很重要。（图 4a—4c） *226*

例如一起夜盗案件，第一张照片是被夜盗的房屋。接下来的照片可以显示（犯罪者）撬开进入的窗户，然后使用特写照片展示窗户框架上的撬开痕迹和破碎玻璃，而其他照片可以显示房屋的内部情况。通过照片的排序，将表明盗窃者是如何进入建筑，以及他进入后做了什么。

录像能够成为极富戏剧性的展示物。例如，终身残疾的原告的"生活中的一天"的录像带会比口头证言或照片更生动、更有效地向陪审团呈现，原告在日常生活中的身体现状。一份参观制造工厂的录像带，会比其他证据更有效地重建参观工厂内部的"感受"。

图 4a

图 4b

图 4c

如果想让录像带成为展示证据的有效工具，你必须雇用一名有经验的摄像师，以确保最后成果拥有专业质量并且公正地刻画出其包含的内容。确保 *227* 摄像师能够出庭作证，为录像带奠定合理基础。

　　此外，确保摄影师保留了带子所有剪辑掉的部分（"剪余片"），因为它们容易被发现，而且对于决定最终的录像带是否公正、准确地刻画了其所宣称的场景，十分重要。

c. 图解、模型和图表

　　图解在法庭中有很大的用途。虽然它们不能像照片一样仔细地展示真实的东西，但是它们有其他的优点：它们可以筛选无关的信息，并且可以被标记，以强调对你方举证重要的信息。例如，一副十字路口的图解可以只包括重要的细节。可以使用汽车的形象来显示汽车在车祸发生前和发生时的位置，并标记出距离、时间、速度和目击证人的位置。一张犯罪场景的平面图，能够显示出房屋的布局，并能够通过标记显示发生了什么和证人的位置。（图 5）

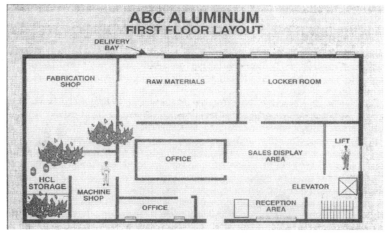

图 5

　　因为模型是三维的，可以比两维图片更有效地显示空间关系。如果是一个根据比例制造的、可以正常使用的模型，那么它可以重构物品或结构，有时会比计算机动画更为有效。（图 6）

　　图表能够极为有效地展现信息，以及在一段时期内关键事实之间的关系。四种图表类型，线型、柱型、饼型、表格，每一种都有自己的优势。线型图（有时被称为曲线图），在两轴坐标图上绘制坐标点，它的主要用途是反映在一段时间内的数量变化。柱状图在一个坐标图里使用一系列横向或纵向的柱体；它的主要用途是让不同的数据进行对比，特别是统计信息。饼型图将一个圆，切割成不同的饼状区域；它的主要用途是显示整体部分的构成部分，以直观显示构成部分的相对大小。表格是在表格里排列 *228* 具体的数据；它的主要用途是在柱状图不够精确时，对统计信息进行精确对比。

　　线型、柱型、饼型和表格图，在案件包括详细的数据，例如销售记录、

图 6

生产记录或财务数据，需要进行长期分析或相互比较时，十分有用。因此，图表经常在商业案件中使用。（图 7）

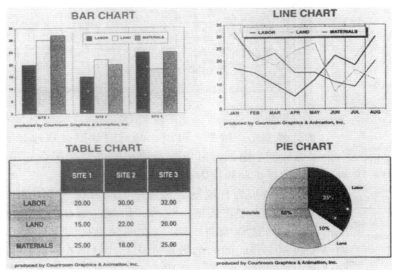

图 7

　　流程图对于以顺序或者其他逻辑顺序组织信息，也十分有用，而且经常被用于显示一系列的相关事件或步骤。例如，流程图可以显示制造程序的步骤，或者化学反应的不同阶段。（图 8）日历或者时间表，可以表明不同的相关事件发生时间。（图 9）

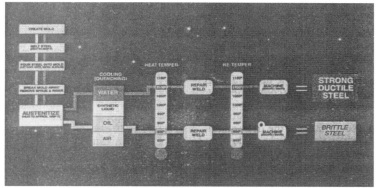

图 8

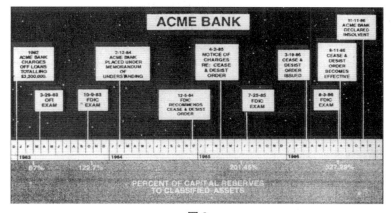

图 9

流程表或者时间表经常在开庭陈述和终结辩论中使用，因为它们以简单易懂的方式组织了复杂的信息。基于同样的理由，流程图也经常被用以解释专家证言。当为这些目的而使用时，它们仅仅是视觉辅助，而非展示物，它们通常不会被采信为证据，也不会在评议期间进入陪审团室。

出庭律师在准备此类图解和图表时，有很大的自由，而主要的考量是什么样的图解和图表才能对陪审团最有效。应当牢记几条图画美术规则。第一，确保展示物足够大。普通的泡沫芯告示板的大小是 $30'' \times 40''$、$36'' \times 48''$ 和 $40'' \times 60''$。它们是实心的，很容易放在画架上。尽管美术用品商店也可以提供更大的型号，但是它们不便带入法庭使用。不要使用白色的告示板，因为它与黑色的线条和字母的对比过于强烈。（它会使得字母变得"突兀"，或者看久了之后会感觉眩晕）一张灰白色加一点浅灰、棕色或蓝色（10％到15％的色调）的告示板，会更有效。告示板应当做平光或网纹处理，以使刺眼和反光现象最小化。

第二，除了黑色，使用不超过 3 种或者 4 种的高对比度颜色，例如红色、蓝色、黄色和绿色。在所有的相关展示物中的同一事物，运用同样的颜色，以便它们成为视觉提示。例如，原告的车是蓝色的，被告的车是红色的，在案件所有的图解中都是如此。颜色可以暗示观点。例如，绿色代表金钱、红色代表危险、蓝色代表冷静。但是记住，许多人（大多数是男性）有不同程度的色彩识别缺陷。最容易混淆的颜色是淡红色和淡绿色。一种有效的方式是在浅灰色的背景上，用黑色绘出基础的图解，然后再用显著的颜色标注你希望陪审团关注的重要事项。（图 10）

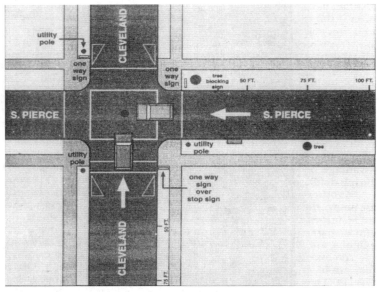

图 10

将惯用的色彩方案逆向使用经常出现，也有一些好处。例如，深色的背景配以亮色的文字，例如，酒红色的背景配上金色的文字，就会使你的眼睛感觉舒适，并使对方难以在展示物上作标记。（图 11）因此，在你希望证人在图解上做标记时，考虑使用浅色的背景；而当图解已经完成，而你又不希望他方在上面做标记时，考虑使用深色的背景。

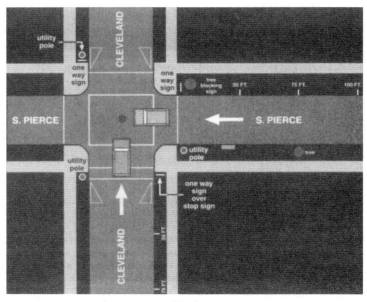

图 11

第三，怎样绘制线条和文字，对于图解和图表的有效性至关重要。显然，它们必须足够大，以便每个人都能看见。因为有的陪审员可能距离展示物超过 20 英尺远，所以文字应当设计简单，并至少 1 英寸高。一种满足要 *231* 求的标准文字是 120 点的 Helvetica 字体，它是一种在美术用品店可以找到的无衬线字体（sans serif type），文字既可以粘贴式的（stick-on），也可以拓印式的（rub-on lettering）。此种或者类似字体通常是计算机绘画软件程序的组成部分。

　　第四，注意不要在图解或图表中填塞太多的信息。如果让展示物变得简单、扼要，它会更有效。在此处，律师可能成为最糟糕的规则违反者，因为律师经常会把图解或图表视为在一张展示物中能容纳多少信息的竞赛。记住"公告板标准"：如果陪审员不能在几秒钟之内获得展示物的关键信息，它就包含了过多的信息。

　　第五，考虑如何组织信息图表，例如摘要、时间表和损失表等。必须认真地准备，以使它们变得有吸引力，而且简单易懂。在大的告示板上绘制图画时，图片美术设计师会遵循几条准则：首先，边上至少留有两英寸的空白。（不要给告示板加边框，因为这会将注意力引至边框上）其次，在展示物上一致使用 1 英寸高的标准 Helvetica 字体或类似字体。在使用大写字母时要尤为注意，因为这有时对阅读能力比较弱的人而言，会比较困难。以大写字母开头，后面使用小写字母。在图解或图表标题中，使用与正文部分同 *232* 样的字体，但可以加粗或加大。标题应当以黑体，剩余部分应当以中粗体。（这会使标题以加粗的方式呈现）再次，字距和行距对于总体的视觉效果，十分重要。就一般规则而言，字距应于文字本身的宽度相当。行距至少应与大写字母的高度相当。标题和下一行之间的距离应当是双倍距离。最后，左边应当是对齐的，右边可以是参差不齐的。如果每一行都是一条单独的信息，在左边使用数字或项目符号（大的黑圆点）会很有用。

　　根据上述的准则，一张贴在 30″×40″ 或 36″×48″ 大小的告示板上的图表，能包含一个标题和大约 8 行的内容。每一行可以包含大约 40 个字符（字母、标点和空格）（图 12）。如果在这张表格不能显示你的所有信息，使用第二张图表，而不是一张更大的图表。

MEASURE OF DAMAGES

NATURE, EXTENT, DURATION OF INJURY	$
PAST PAIN AND SUFFERING	$
FUTURE PAIN AND SUFFERING	$
PAST MEDICAL EXPENSES	$
FUTURE MEDICAL EXPENSES	$
LOST INCOME TO PRESENT DATE	$
FUTURE LOST EARNINGS CAPACITY	$

图 12

了解这些图表的准则可以帮助你准备一份草图，而且会有助于你或者图画专家准备真正的法庭展示物。这样的展示物会简洁、有条理、具有视觉上的吸引力，并能向陪审团传递清晰、易懂的信息。

233

更重要的是，陪审团会在对责任和赔偿问题进行评议时，使用你的展示物而不是对手的展示物作为参考。

d. 记录和文件

从陪审团的角度而言，记录和文件通常都是枯燥的。但是不幸的是，在许多案件中，特别是在商业案件中，关键的证据就是业务记录、通信和其他文件。相应地，出庭律师最主要的任务是如何使陪审团对文件展示物感兴趣，但是这项任务并不容易。

第一，接受许多陪审员不会注意已经提交为证据的大堆记录的事实。一些陪审员根据就不会读它们。这就是由于信息超负荷所造成的厌倦情形。

第二，简单化。几乎所有涉及文件证据的案件，都含有一些可以导致胜诉，也可以导致败诉的关键文件。一种突出你的关键展示物的方式，是将其数量减少到必要的最低程度。这会保证陪审团将注意力放在这些展示物上，因为他们的注意力不会被次要的信息分散。另一种方式，是将一份长的记录或记录的重要部分分离出来，成为独立的展示物。例如，在一个合同案件中，即使你需提交一整份合同作为证据，但还是可以将合同的关键部分制作为一份单独的展示物。同样，这会保证陪审团聚焦关键的语句。

234

第三，将展示物配合现场证人使用。许多陪审员只会在你为其准备了容易理解的文件时，才会注意这些书面文件。尽量让一位适格的证人，解释展示物是什么（即使展示物已被采信为证据），关键的条款是什么，以及这些条款如此重要的原因。证人还应当将晦涩的关键条款翻译为简单易懂的语言。当展示物与事物或一系列的事件有关时，将展示物和现场证人搭配使用，尤其有效。这些展示物被固定在大型的告示板上，在陪审团前按顺序放置，然后证人可以讲述发生的故事，运用展示物伴随陪审团经历发生的事物或事件。

第四，使展示物具有视觉上的吸引力。有几种方式。与往常一样，越大越好。将关键的文件放大到 30″×40″ 大小，或者更大，并把它们固定在公告板上。用彩色或者其他吸引注意力的标记突出关键条款。（图 13）此类告示板的优点在于，它们会在评议期间进入陪审团室，在那里它们会持续吸引陪审团的注意力。

另外一种方式是制作文件的投影片（transparencies），然后在法庭上使用高射投影仪，并让证人以突出、圈点和加下划线的方式，解释关键条款。幻灯片的缺陷在于，它们的视觉质量比不上其他展示物，也不方便陪审团在评议期间使用。

另外一种方式，是把文件输入计算机上，这样它们就能从计算机投射到大的显示器或荧屏上。（图 14）这些展示物都有条形码，通过使用电子笔扫过条形码，就可以简单提取出。然后展示物可以被律师或证人标记、突出、放大。陪审员通常会对新技术感兴趣，并且可能会更关注此类展示物。唯一的缺点是，陪审团可能不能在评议期间看到展示物，除非陪审团室里有必要的技术设备。

235

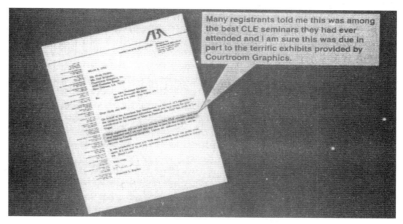

图 13

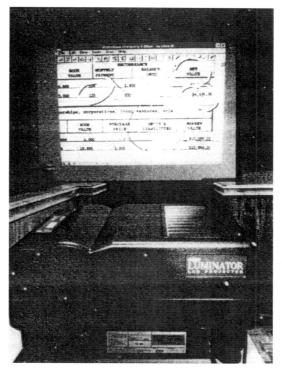

图 14

e. 摘要

摘要这个词事实上包括两种类型的展示物。第一，根据联邦证据规则 1006 条，如果记录数量巨大，而把不易都带到法庭，只要你通知了其他方你有将摘要提交为证据的意图，并且其他方有机会通过与原件比对而检查其准确性，这些记录的摘要就可以被采信为证据。

记住，许多法庭认为，如果业务记录先储存在电脑的资料库里，并随后被打印出，这些打印的记录，只有在与输入计算机的原件形式一样时，才构

236

成联邦证据规则第 803 条（6）中的业务记录。如果对资料库进行了搜索，且只选择性打印出资料，那么这些打印文件可能只被视为摘要，而非业务记录，并且是由联邦证据规则第 1006 条，而非联邦证据规则第 803 条（6）规定它们的采信要求。

联邦证据规则第 1006 条还代表了一种可以制作有效展示物的机会。例如，在一起涉及化学或制造过程的案件中，可以准备一张图表按时间顺序显示过程中的步骤（图 15）。这样的摘要比提交和处理大量的记录或手册，以冗余的细节解释过程，更为有效。（确保你有适格的证人奠定合理基础）

CBOS - ANALYSIS PROCESS

STEP 1	HOT SOLVENT EXTRACTION
STEP 2	DECANTING
STEP 3	CENTRIFUGING & SHAKING
STEP 4	ROTOEVAPORATING
STEP 5	TRANSFERRING SAMPLES TO VIALS
STEP 6	FRACTIONATING SAMPLES ON SILICA GEL COLUMNS
STEP 7	DRYING SAMPLES UNDER N_2 FOR GC/MS INJECTION
STEP 8	GC/MS INJECTION

图 15

第二种摘要类型是由专家证人准备的，已被采信证据的摘要。例如，在刑事税收欺诈控诉案件和涉及会计的民事诉讼案件中，损害赔偿的计算十分重要，当事方经常会传唤会计师作为摘要证人，基于已被采信的证据，证明损失的计算。这些会计师通常会准备摘要图表，来解释他们是如何计算损失的。（图16）如果这些摘要准确地基于被采信的证据，它们自身通常会被采信为证据。

SECOND FEDERAL SAVINGS & LOAN ASSOCIATION
CASH LOSS AUDIT
MAY 2, 1984

DATE	TRANSACTION	TELLER #1	TELLER #2	TELLER #3
4-30-84	CASH ON HAND	(Exh. #10) $12,101.86	(Exh. #11) $6,388.96	(Exh. #12) $25,162.00
5-2-84	CASH DEPOSITS	(Exh. #13) 100.00	(Exh. #14) 340.00	0
5-2-84	CASH WITHDRAWALS	(Exh. #15) 427.50	0	0
	NET CHANGE	(Exh. #16) $11,774.36	(Exh. #17) $6,728.96	(Exh. #18) $25,162.00
	CASH ON HAND	(Exh. #19) 11,774.36	(Exh. #20) 6,728.96	(Exh. #21) 9,162.00
	DIFFERENCE	0	0	Loss $16,000.000

图 16

有时候律师会放松（和不准确地）使用摘要这个词，用以泛指他们在开庭陈述、终结辩论和交叉询问中使用（如被允许）的视觉辅助。例如，在一个多方当事人案件中，律师可以绘制一张图表，显示当事人关系、各方希望传唤出庭出证的证人，并在开庭陈述中使用它。（图 17）

更常见的是，律师为终结辩论，或在终结辩论期间制作图表。这种图表最常见的用途，是人身伤害案件中的原告用其概括他们请求的、每一项被允许的损害赔偿要件的对应数额。一种有效的方式，是提前完成图表的制作，然后或在金额上盖上磁铁，在讨论每项损失时移除磁力片；或在讨论每项损失时才写上金额。（图 18）

237

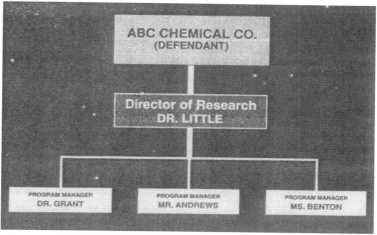

图 17

238

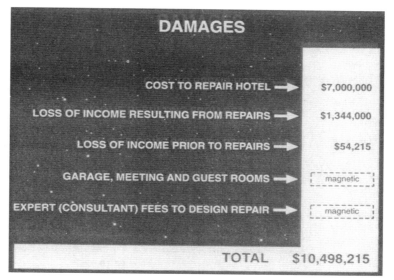

图 18

此类视觉辅助并非摘要。事实上，它们根本就不是证据，因为它们并没有被提交为证据，而且陪审团在评议期间也看不到它们。无论如何，几乎所有法庭都允许在开庭陈述和终结辩论中使用此类视觉辅助，因为它们会帮助律师更有效地向陪审团传达他们的实质观点。展示物仅仅是律师辩护的视觉再现。

f. 计算机绘图、动画和储存资料

最近几年，计算机技术为视觉辅助和展示物的可能性，开启了全新的领域。新兴的产业已经涌现，以满足复杂精致的法庭绘图和动画的需求。科技已经创造出两种显著不同的法庭使用方式。

第一，现在律师可以使用光学扫描仪扫描文件、照片、笔录、法庭文件、并把它们储存在光盘里。每张光盘可以容纳成千上万张的图片。这意味着，所有的视觉辅助、展示物和笔录，被加上条形码之后，都可以被储存到光盘里。只要使用电子笔在恰当的条形码上一扫，任何一页就可以立即被投射到显示器或者荧屏上。一旦被投射到显示器或荧屏上，图片就可以被放大、突出和加下划线，或者以各种方式标记。图片可以被移动或放大。它们可以被打印出来。在不可避免地包含大量记录和文件的复杂案件中，光盘技术都已经变得普遍，甚至变成了规则。律师只需要将条形码放在庭审笔记本的恰当位置，就可以在需要的时候，方便地提取正确的展示物。

第二，装有恰当软件程序的计算机，可以创造出各种精心设计的图画和动画。电脑绘图成本很低，而且很容易可以转换为幻灯片、供高射投影仪使用的投影片、大型的法庭展示物或者直接投射到显示器或荧屏上。由专家运用特殊软件程序准备的计算机动画，能够重现复杂的事件，并生动、具有说服力地阐释专家的观点。只要观看过一次这样的计算机动画，就能够使每一个人对法庭中新技术的力量，感到信服。（例如，可以通过动画重现飞机坠前驾驶舱内最后一分钟的场景，显示飞行员通过驾驶舱前风窗所看到的画面，显示飞机关键的仪表读数，并播放飞行员真实的声音）。计算机技术的开销虽然昂贵，但也有急剧下降趋势，毋庸置疑，它是未来的发展方向。（图 19）

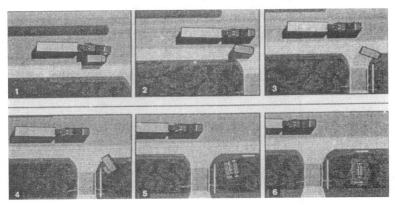

图 19

3. 何时使用展示物

展示物是视觉化的，可以抓住眼球。这就是为什么你想要尽可能地使用

它们。但是，它们的吸引力也可能成为问题。展示物会分散（陪审团）对口头证言的注意力。在争夺陪审团注意力的战斗中，它们总是获胜。这就是为什么展示物应该补充证言，而非与证言竞争的理由。你在案件中如何使用展示物取决于证人、证人证言的实质、展示物的种类和法官所允许的向陪审团出示展示物的方式。

先前几章讨论了为什么在直接询问中，描述性的证言（"场景"）应当优先，而且不应打断事件证言（"发生了什么"），因为事件证言以一种节奏紧凑、连贯的方式进行陈述，会更有效。只要涉及展示物，就尽可能地采取这种方式。

不要让展示物打断了事件证言的节奏，特别是当证言生动而富有戏剧性时。

展示物可以通过几种方式向陪审团"发布"：（1）将它们交给陪审团（例如武器、毒品、消费产品、机器零件等物品）；（2）将它们向陪审团展示（照片、地图、图表和图解）；及（3）向陪审团宣读或由陪审团阅读（信件、文件或其他记录）。一旦这些展示物在法庭中提交，陪审员通常会想要触碰和检查它们。如果律师将展示物提交为证据，而没有把展示物给陪审员，陪审员会有挫败感。如果是大型的物品、模型、图表和放大的照片，这可能不是一个严重的问题，因为陪审员随时都能看到它们，并且可能当你把它们带入法庭时，就理解了它们。但是，小的物品、照片和文件就可能存在问题。陪审员不可能理解这些展示物，除非他们真正地摸到、看到或者读到它们。一旦被允许，尽快地给予他们此种机会。

每位庭审法官处理展示物的方式，有极大的不同。大多数法官会让律师自由决定什么时候和怎样发布展示物。而另一些法官可能认为展示物，尤其是文件，是降低庭审效率的干扰，而不允许在法庭中宣读它们，特别是当展示物很冗长的时候。了解法官对于你将要发布的展示物种类的态度。如果他不允许你在某些展示物被采信为证据后，即刻展示或宣读展示物，或以你想要的方式发布展示物，你的计划应作相应调整。尽可能地将长篇的记录浓缩为关键部分，并把它固定在大的告示板上，或者把它们投放到显示器或荧屏上，以便陪审团能够立即读到它们。如果这不可能，就要让陪审团了解他们现在看不到展示物的理由。

示 例

律师：法官阁下，我们现在可以向陪审团展示原告展示物1号吗？

法官：我们将在直接询问的最后阶段做这件事情。请继续你的询问。

尽管不同法官在态度上，存在上述区别，但是在询问证人时，有三种基本的方式提交展示物：

a. 在直接询问阶段

如果证人是事件证人，并且展示物是物品，那么展示物可以首次在直接询问中提到时提交。这种方式对于武器、毒品和其他物品等展示物很有效。

241

这些展示物的基础可以迅速地奠定（特别是当它们不存在争议时），而又不会明显地打断直接询问的节奏。由于它们的特殊性质，它们并不需要立即向陪审团展示，因为在奠定基础时，陪审团就已经看到了它们。例如，一名警官可以作证逮捕和搜查了被告，找到了一把枪，为枪支奠定基础，然后继续就发生了什么作证。

在一些情形中，展示物必须在直接询问中提交。如果展示物需要被解释，或者随后的证言需依赖该展示物的采信，则该展示物应当被先提交。这经常在涉及记录和文件时发生，因为适格的证人可能必须解释文件和记录中的技术性条款，并且进一步作证它们所显示的交易。例如，在一起商业案件中，证人需要解释展示物如何证明发生了某一特定的交易。在此类案件中，记录讲述了故事，而记录证人扮演了解释者的角色。在这里，讲述故事的关键展示物，如合同、货运记录等，应当被放大并且以恰当的顺序放置在陪审团面前，而然后证人就可以以这些展示物为关键点，来描述发生了什么。

b. 在直接询问的最后阶段

另外一种方式是等到直接询问实质部分完结之后，再提交展示物，并证明其证据能力。这有几点好处：第一，它会避免打断目击证人的节奏，这在证言生动而引人入胜时，十分重要。它将展示物保存在看不到的地方，这样它们就不会与证人竞争，分散陪审团对证人的注意力。第二，它允许在奠定基础之后，立即向陪审团公布展示物，而且必要时还允许证人解释展示物。第三，在直接询问最后阶段使用展示物，允许你强调直接询问的关键部分，因为展示物通常是对刚刚描述事件的视觉化总结。陪审团极少会感到厌倦，因为展示物本身往往是有意思的，而回现会使直接询问中的关键点变得更为直观。

在直接询问最后阶段使用展示物，对于关键的事件证人，尤为适用，特别是那些在举证早期传唤的证人。通常此类证人会是人身伤害案件中的原告，刑事案件中的受害人或被告，或者重要的目击证人。对于这些证人，证言的关键部分，也即对于事件经过的描述，应当保持流畅，并有良好节奏。一旦描述了事件的发生经过，陪审团就跟随证人重新经历了事件，此时询问可以溯回，证人就可以证明实物证据、照片和图解具有被采信的资格。然后证人可以在照片或图解上做标记，表明当事人和他之前描述的事件发生的位置。当证人使用展示物完毕之后，可以立即将展示物交给陪审团。

c. 处理多方展示物

如果只有几份展示物需要向证人出示，并让证人证明其符合证据资格，每份展示物通常会单独交给证人，并在移至下一件展示物前，为其奠定基础。

242

但是，有时候此项程序并不令人满意。为大量的展示物逐一奠定基础，既浪费时间，又让人厌倦。（这就是当事方通常会在庭审前，就各方的大部分展示物的采信达成协议的原因）特别是涉及大量的文件和记录时，证人可先辨认每一份记录和文件，然后再将它们作为整体而采信。这种方式应当在大量展示物的基础要求相同时，予以考虑。

当传唤记录保管人，证明 20 份提单符合证据资格时，一次性地向证人展示这 20 份提单。（提单可以被单独标记，或者被标记为成组展示物（group exhibit））在她看了每一份提单，并且指出它们都是她公司的记录之后，将全部提单视为整体，询问联邦证据规则第 803（6）条规定的基础要求。

在涉及大量文件和记录的商业案件中，律师经常会为法官、律师和每位陪审员准备含有他们所有展示物的活页夹。这使得当讨论事件和事物时，每个人更容易理解证人证言，因为证人无一例外地需要参考展示物。在这些案件中，展示物的可采性，往往在最后的审前会议中或者庭审前不久决定。确保对展示物进行编号，并以最符合逻辑的顺序放在活页夹中。

4. 如何使用展示物

在决定何时提交展示物之后，接下来你必须决定怎样才是最有效的呈现方式。这包括了将展示物交给证人，以及向陪审团展示的技巧。确保你了解法官希望你进行的方式，以便你在举证阶段可以顺利地公布你的展示物。有四种常见的情况：

a. 让证人拿着展示物

最简单的方式，是你走到证人面前，把展示物交给他，然后回到靠近陪审团席远端的正常位置，提出奠定基础的问题。这样的好处是使证人大声说话，并且与陪审团保持眼神交流。一旦奠定了合理基础，并且展示物已经被采信为证据，你就可以从证人处取回证据，如果允许，向陪审团展示证据。此种方式对于武器、毒品等物品很有效。

b. 让证人标记或者宣读展示物

第二种方式可以在证人必须标记或宣读展示物的某一部分时使用。在这些情形之下，律师可能需要停留在证人席旁。应当遵循两条规则，第一，绝对不要阻挡陪审团看见证人的视线，绝对不要在询问阶段背对陪审团。你可以通过站在下一页图解中所标注的任一位置，来避免这一点。

任一位置都不会阻碍陪审团看见证人的视线。你在提问时仍然可以看着陪审团说话，但是要立即回到证人和展示物旁边。

第二，确保记录反映了证人正在对展示物做什么。当证人指向展示物，或在展示物上做标记时，确保记录准确地反映了那时发生的事情。

证人已经为一张指认照片奠定了基础，而且照片刚被采信为证据。

问：原告展示物 2 号显示了你在指认时认出来的人吗？

243

答：是的。

问：请使用这支红色的笔，在你辨认出来的人的头周围画一个圈，然后在圆圈旁边写上你的名字缩写。（证人这样做了）法官阁下，记录可以反映，多伊先生在从左数第三个人的头上画了一个红色的圈，并在圆圈旁边签了姓名缩写"TD"吗？

法官：可以如此记录。

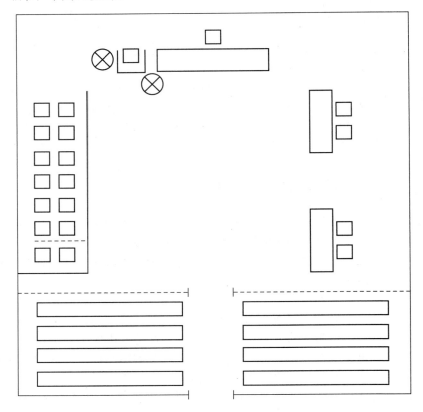

示 例

证人作证看见一名行人在十字路口被撞。一张十字路口的图解已经被采信为证据。

问：原告展示物 2 号能表明史密斯先生在被撞时所站的位置吗？

答：是的，它能。

问：请使用这支蓝色的笔，在那个位置上写上带圈的单词"史密斯"。（证人这样做了）法官阁下，请记录证人在展示物右下角人行横道的位置，写上了带圈的单词"史密斯"。

然后向陪审员展示做好标记的展示物。

244

---

c. **使用放大的照片、文件和插图**

第三种方式是在法庭上使用放大的照片、文件、地图、地区图、图解或图表。最常见的方式，是将展示物放大，并把它固定在 $30''\times40''$、$36''\times48''$，或 $40''\times60''$ 的告示板上。这样的展示物会吸引陪审团的注意力，允许证人走下证人席，并运用展示物解释证言。

展示物在向陪审团展示之前，应当先被采信为证据，尽管并非所有的法官都要求这一点。如果可以很轻易地奠定基础，法官可能允许在奠定基础时，将展示物放在陪审团之前的台子上。（作为对手，如果你想要反对展示物的采信，你可以（向法官）请求，要求对方先应在没有陪审团在场的情形之下，为展示物奠定基础）你应当把展台和展示物放在最有利的位置。如果可能，把它们直接放在离陪审团 10 英尺远的正对面。这样会平等地对待每位陪审员，而且将展示物放在即使是戴双焦眼镜的陪审员也能轻易看到的位置。当然，法官和律师可能从法官席或律师席上看不到展示物。如果发生此种情况，最常见的办法是，让法官或律师移到他们可以看见的位置。如果法官不允许这样，你当然必须把展示物放在他指定的位置，最常见的位置是靠近证人席或在证人席后面的位置。

当证人仍在证人席上时，为展示物奠定基础。将展示物提交为证据。在它被采信之后，请求法官允许让证人离开证人席并走向展示物。在你获得允许之后，告诉证人你希望他做什么、站立的位置和面朝的方向。

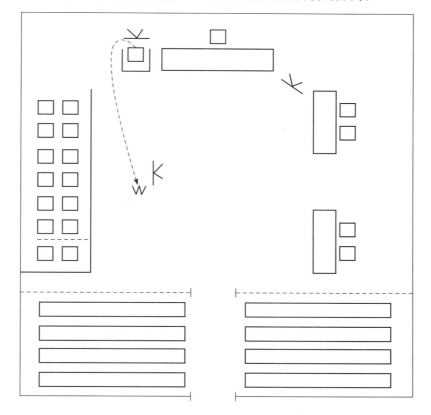

245

示　例

律师：法官阁下，证人可以离开证人席，并在展示物旁继续他的证言吗？

法庭：当然。

律师：约翰逊先生，请走下证人席，走到展示物的右边，面朝陪审团。

然后证人应当走下来，站到展示物的一侧。（请参考图解）与往常一样，关键是不要挡住陪审团的视线。提醒证人面向陪审团大声说话。为了使证人大声地说话，并在说话时看着陪审团，你应该在陪审团席远端附近的惯常位置提问。不要站在图解旁。尽可能地让证人在展示物上做标记，以强化他的证言。

示 例

246

证人站在一幅大型的十字路口的图解旁。图解已经被采信为证据。

问：多伊先生，这幅图解，原告展示物2号，是否显示了你在目睹车祸前，刚离开的杂货店？

答：是的。

问：请用这支蓝色的水彩笔，在杂货店的位置写上"商店"。（证人这样做了）这张图解显示了在车祸发生时，你站的位置吗？

答：是的。

问：请用这支红色的水彩笔，在你站的位置写上你的姓，并在姓上加一个圈。（证人这样做了）

这种方式有两种好处。第一，它精确地告诉了证人应该如何在展示物上做标记。不要让证人在展示物上"指出"或"标记"，因为你希望使用清晰的、可以强调你方关键事实的符号。第二，告诉证人如何在图解上做标记，通常会消除"记录"证人正在做什么（这一步骤）的需要。因此，你不再需要添加"法官阁下，请记录证人……"（之类的话），因为从你的问题当中，证人在图解上做了什么标记是显而易见的。

证人如何在图解上做标记，对展示物的有效性有重要影响。发挥你的想象力，关注关键事实和问题。文件和记录可以用彩色的水笔加下划线或画圈，来强调关键部分。恰当地选择颜色和标记，可以将图解上的信息与证据符合逻辑地关联起来。例如，如果一件车祸案件中的汽车是蓝色和绿色的，在图解中使用同样的颜色标注它们的位置。恰当地挑选标记会增强展示物的有效性。使用方框或车的形象来代表汽车。棍状形象可以代表人，特别是在人的位置非常重要时。另外一些特征，例如灯光，可以用黄色标记。比起标准的X标记，这些通常是显示物品和位置的更好方式。

图解、地图和照片，也可以被标注以显示距离、速度和时间。例如，如果证人与事件现场的距离十分重要，并对你方有利，让证人在这两点之间画上线条并在上面标注距离。同样的方式可以用于速度和时间。例如，如果一辆汽车在特定时间行驶了特定的距离，而时间很重要，让证人在这两点之间画上线条并在上面标注时间。如果一辆汽车在行驶中，将速度写在图解上的汽车图旁。如果交通指示灯会在黄灯时停顿3秒，如果重要，将这一信息写在图解上。

图解能以类似定格影片的方式来表现顺序。例如，在车祸案件中，通常使用彩色的盒子来代表汽车会很有效。盒子的背面应当有黏合剂，以便它们可以被容易地粘贴到图解上（而随后不会到处移动），这种方式很有效。然后盒子可以被放在图解上代表三种时间顺序：证人第一次看到汽车时汽车的位置，车祸发生时的位置，以及它们最终停下来的位置。盒子中可以标注出数字，表明是第一、第二、第三个位置。虚线可以显示汽车的路径，还可以在上面标注距离。虽然有效地完成这件事情需要与证人排练顺序，但是它是一种具有说服力的庭审技巧。如果图解看上去太杂乱了，考虑使用单独的透明塑料覆盖膜（clear-plastic overlay），或者为每一时间顺序制作单独的图解。没有做不到，只有想不到。聘用一位有经验的图片专家，在设计和准备此种法庭展示物时极为有帮助。

最后，记住让证人在展示物上做标记会存在风险。一些律师担心证人可能会犯错误，所以更愿意在庭前准备完全做好标记的图解。然后证人在庭审中的角色，就是证明已完成的图解具有被采信为证据的资格。这种方式的好处是安全和看上去很专业。但是，因为陪审员了解这幅图解是律师提前准备的，那么它的可信度会受到削弱。相反，如果证人在陪审团面前在图解上做标记，陪审员会了解信息来自于证人，而非律师，从而增强了证人和展示物的可信度。如果你让证人了解你想要他们做什么，让他们练习，以便在庭审中流畅地作证，大多数证人能够令人信服地完成在图解或图表上做标记的工作。

d. 在交叉询问中使用展示物

你的对手有权在交叉询问中，使用任何在直接询问中使用过的展示物。问题在于，交叉询问者能否让证人在展示物上做额外的标记。如果交叉询问者在展示物上做标记，只是为了使其变得混乱而破坏其冲击力，或者是为了让陪审团感到困惑，则根据关联性和联邦证据规则第 403 条的规定而提出的异议，就应当被支持。如果交叉询问者是为了使图解变得完整，而标记其他相关的事情，或者为公平起见应当标记，则异议就应当被驳回。这些问题由联邦证据规则第 611 条（a）所规定，该规定授予了法官掌控证据出示方式的权力。

为了保留你在直接询问中提交的展示物的完整性，在展示物上附带一层塑料覆盖膜，并请求法官要求交叉询问者在覆盖膜上进行标记。另外一种方式，是准备另外一份同样的图解，然后在交叉询问中使用另一份图解。虽然这属于自由裁量的范畴，但是许多法官认为，当真正的目的是为了破坏展示物的清晰度和说服力时，交叉询问者没有权利在你的展示物上做标记。

同样还产生了交叉询问者是否有权在交叉询问期间提交证据的问题。例如，辩方在对原告的证人进行交叉询问时，是否可以使用并将辩方的展示物提交为证据？如果这些展示物属于直接询问的范围，或者与证人的可信度相关，法官会允许在交叉询问阶段提交新的展示物。例如，在交叉询问阶段使用证人的先前书面陈述或书面证言来弹劾证人，是恰当的，也是常见的。如果使用恰当，法官通常会允许在交叉询问阶段向陪审团出示展示物。例如，当证人因先前不一致的陈述而受到弹劾时，法官通常会允许放大被弹劾的陈述，并向陪审团展示，既可以把陈述放在大的告示板上，也可以投射到屏幕上。

247

248

但是，许多法官认为此种展示物的使用只在交叉询问中是恰当的，而展示物本身不能被正式提交为证据，除非轮到交叉询问者提交证据（假设它是可以被采信的）。这是因为大多数法官认为，每一方有权在自己的举证阶段控制出现什么样的证人和展示物，只是对方可以在交叉询问中合理使用这些展示物。这些问题同样由联邦证据规则第 611（a）条规定。

e. 展示物和陪审团评议

我们都希望展示物能进入陪审团评议阶段，但是这取决于展示物或视觉辅助的种类。在庭审中被正式提交为证据的展示物，通常会进入陪审团评议阶段。但是可能有两种例外。第一，危险的展示物，例如武器、毒品和化学物质，可能不会送给陪审团，这取决于法官的自由裁量。第二，展示性的展示物，一般会进入陪审团评议阶段。但是一些法官可能会持有这样一种观点，即它们仅是"阐释性的"，因此不需要进入陪审团评议阶段。

律师制作的，并且在开庭陈述、终结辩论、直接询问或交叉询问中使用的视觉辅助，往往不会进入陪审团评议。最常见的是为了终结辩论而制作的视觉辅助，如损害赔偿图表或者主要观点的列表。它们仅仅是为了补充终结辩论的视觉辅助，而非证据。因此，它们不会进入陪审团评议阶段。

第 7 章

交叉询问

7.1　简介

　　交叉询问，这个词本身就令人尊重，甚至能使有经验的律师产生恐惧。当然，对于新手而言，庭审中没有其他部分比交叉询问更具有不确定性和神秘性了。在直接询问的结束阶段，交叉询问者的脑海中会闪现过很多次"我的天，我应该做什么"？

　　无数论者已经将交叉询问称为一项艺术，或者一种无法传授的本能技巧。复制"如何"进行交叉询问的范本极少有用，因为每一位证人在特定的庭审背景之下都是特别的，而且应当被特别地对待。20 到 25 人的陪审团审判中，律师在交叉询问阶段（以及庭审的其他阶段）吸取经验通常是必要的，但也是极少令人满意的。新手律师需要帮助，现在就需要。

　　正因如此，本章的目的在于三个方面。第一，它展现了一种启动决策和组织的分析方法。第二，它展现了在交叉询问中，可以达到现实可行目的的概念性方法。第三，它讨论和阐释了成功进行交叉询问和弹劾的技术性技巧。

7.2　你应该进行交叉询问吗？

　　除非你已经事先为交叉询问做了准备，并且你已经对交叉询问所能实现的目的有了实际的了解，否则你不可能明智地作出是否进行交叉询问的决定。与往常一样，关键在于在庭审前做好充分的准备。了解你的对手对案件可能的看法。通过证据开示，你会了解证人在庭审中可能作证的内容。你了解你方对案件的看法、主题、立场，并且你了解关键的争议事实和问题是什么。因此，你可以决定在交叉询问阶段的目的，然后提前做好计划和组织。

　　因为现代证据开示在民事案件和越来越多的刑事案件中，通常是完整的证据开示，所以庭审中突然袭击的元素已经大大地减少。相应地，为有效地进行交叉询问，需要作好充分准备。"让我们看看他在直接询问中会说什么"的日子已经结束，"等等看"的态度往往预示着失败。

　　尽管你已经事先为交叉询问作了准备，这并不能必然意味着你一定要在庭审中完全照做。没有人要求必须交叉询问庭审中的每一位证人。只要你起身进行交叉询问，法官会假定这名证人对你方造成了损害。如果并不存在这种情况，仅仅简单地告诉法官，"法官阁下，对这名证人我们没有问题，"或者"不需要交叉询问，法官阁下"，这样即可向陪审团传递自信的讯息。当对证人完成直接询问后，在你起立开始交叉询问前，请先向你自己提问以下几个问题：

1. 这名证人是否损害了你方的作证？

并非每一位证人在庭审中都能发挥强有力的作用。一些证人仅仅是为了证明某一请求或抗辩的技术性要件，或者只为并无争执的展示物证明其证据基础。而另外一些证人仅仅是确证证人（corroborative witness），你已经通过之前的证人证明了你的观点。如果证人并没有损害你的观点，那么就不必要对他交叉询问。

2. 证人是否重要？

记住，陪审员对于庭审有一些先入为主的概念，其中包括了每位证人都将被对方律师交叉询问。你必须承认和适应陪审员的预期。如果证人在庭审中扮演了极为重要的角色，这通常意味着你应当采取某种类型的交叉询问。未能做到这一点，可能会给陪审团留下负面的影响，并招致对方律师在终结辩论中提出负面的评论。

3. 证人证言可信吗？

有时候一名证人作证不会"顺利"，而他的证言也并不可信。另外一些时候，一名证人的证言可能与其他证人有极大的矛盾。在这些情况下，（证言的）缺陷自然存在，因此适可而止可能就是最合理的方式。

252

4. 证人在直接询问中的证言是否比预期说的少？

证人（或者他的律师）是否在证言中遗漏了重要的部分？如果是这样，进行交叉询问可能会让证人（或他的律师）意识到错误，并尝试在再次询问中弥补错误。不要给对方第二次机会。

你是否认为证人在直接询问中故意保留了证言中有杀伤力的部分，然后希望你在交叉询问中提出？换言之，证人（或他的律师）是否在"引诱对手上钩"（sandbagging）？记住有杀伤力的证言如果在交叉询问中提出，杀伤力会放大两倍。如果你认为对手在一个重要的问题上引诱你上钩，就请考虑放弃全部或部分的交叉询问。

5. 你对交叉询问的实际预期是什么？

你在交叉询问阶段是否有真枪实弹可以使用？如果证人是可信的，而你的弹药是无力的，考虑避免进行交叉询问，或者就细枝末节进行粗略的交叉询问。记住在交叉询问中，如果证人已经在直接询问中留下良好的印象，陪审团会站在证人一边。陪审团会认为律师是尖锐的、狡猾的和身经百战的，而证人是无经验的、害怕的和需要保护的。尽管这些态度并非总能准确反映现实状况，但它们总会让陪审团作出同样的结论：在交叉询问中，应偏向证人。除非你真正能通过交叉询问获得好处，否则避免交叉询问或进行粗略的询问。

6. 你需要承担什么风险？

出庭律师总会梦想参与具有绝对胜算的案件庭审，通过一个接一个的证人直接取得压倒性的胜利。这种事情极少发生，因为完美的案件，即使存在，也往往通过和解解决。因此，庭审无可避免存在着一定的风险。风险的大小和程度取决于你的案件优势。如果你的优势是明显的，并有合理的胜诉预期，那么将风险保持到最小。但是，如果你很可能败诉，并无法和解，那你就可以拼命一搏，进行高风险的交叉询问，尝试寻求使案件发生转机的突破口。即使这种结果并未发生，你的案件也不可能会比之前更糟。相应地，如果案件的事实情况对你方有利，应当总是使用"安全"的交叉询问。但是如果你的事实情况是不利的，除非好运，你确定你会败诉时，就可以考虑进行"高风险"的交叉询问。

253

7.3 交叉询问的目的和顺序_____

交叉询问有两个基本的目的：

a. 引出有利证言（首要目的）。它包括让证人承认一些事实，以支持你的举证，并且与你方的案件理论、主题、立场一致。

b. 引导破坏性的交叉询问（次要目的）。它指提出使证人或者展示物失去可信度的问题，以将它们对陪审团的影响降到最小，甚至让陪审团直接忽略他们。

理解这两个基本而广泛的目的，以及它们的运用顺序，对于有效的交叉询问至关重要。尽管对一些证人可能只想利用两种目的之一，但是你始终应当在试图进行破坏性交叉询问之前，从证人处引出对你方有利的证言。

为什么顺序是这样？在直接询问的最后阶段，大多数证人都已经以可信的姿态作证并且取得非常高的可信度。这是从证人处获得有利自认和信息的良好时机，因为证人的可信度可以加强自认的影响。如果你之前先攻击了证人，此种自认的效果会被减弱，甚至没有。

你一定需要采取破坏性的交叉询问方式吗？并不需要。记住破坏性询问是为了使证人或者他的证言失去可信度，以使他们对陪审团的影响降到最小，甚至让陪审团直接忽略他们的陈述。如果你已经成功地获得了重要的自认，那么完全可以省略掉使证人或其证言失信的交叉询问。记住在庭审中想要两全其美十分困难。如果你主张证人的有利证言是可信的，而你质疑的部分证言是不可信的，这样陪审员当然会存在怀疑。因此，如果证人的自认对我方是有帮助的，随后进行破坏性交叉询问只会损害自认的作用。在此种情况下，勇气的前提是谨慎。

7.4　交叉询问的要件

1. 结构

成功的交叉询问需遵循符合逻辑的、具有说服力的顺序结构。该结构主要基于下列考量。

a. 让交叉询问证明的关键点尽量少

交叉询问中，支持你方案件理论、主题和立场的关键点最好不应该超过三个或四个。为什么不能多呢？始终牢记陪审员记忆信息的能力是有限的。陪审团通过听觉了解事实，而且通常只接收一次。在交叉询问中尝试过多会造成两个问题：到陪审员进行裁决评议时，你最有力的观点的作用会被分散，而那些次要的观点会被完全遗忘。因此，坚持使用你最强大的武器，而避免使用无关紧要的材料。总是自问：在终结辩论阶段，对于这名证人我会说什么？这是我在终结辩论中会讨论到的关键点吗？如果该观点不足以在终结辩论中提出，那么它或许在交叉询问阶段也不值得提出。

254

b. 在终结辩论的开始和结尾提出你最有力的观点

华丽地开场并掷地有声地结束。为什么？同样，陪审团的本质要求了此种方式。陪审员对他们首先听到和最后听到的信息记忆最深刻。这是首要效应和近期效应的原理。他们对交叉询问中的最初和最后阶段的印象是最持久的。所以尝试在交叉询问的开头和结尾使用你的主题和标签。

c. 变化话题的顺序

成功的交叉询问有时候是基于"迂回"策略——在证人没有察觉你目的的情况下，证明你的观点或者直到你证明观点之后才让证人意识。变化直接询问时话题的顺序，会使证人更难预测到你所提出的一系列问题的目的。毕竟，直接询问本来就应该组织得清晰和具有说服力，为什么要在交叉询问中也自动采用这种方式呢？但是在另一方面，不断变化话题是低效的，因为通常你和陪审团会因此比证人更混乱。

d. 不要重复直接询问的问题

这可能是最常被违背的交叉询问准则。通常这种律师的标准做法是让证人"再讲述一遍"，绝望地寄望于证人在第二次讲述时会出现某种漏洞。这种方式几乎无一例外地会失败。它仅在极少数的情况下有利，即证人证言看上去像背诵的，或者当直接询问的绝大部分支持你的案件理论时。

2. 交叉询问的规则

255

当你遵循一些经过历史检验的特定规则时，你在交叉询问中获得成功的几率就会提升。虽然这些规则，和其他规则一样，在特定情形下可被忽略或者违反，但是通常遵守这些规则是最保险的办法。这些规则如下：

a. 干脆利落地开头和结尾

在第一时间传递信息。当你开始交叉询问时，陪审团会希望你做一些值得注意的事情。如果你不能，陪审团会迅速地得出结论：你不会在他们已经从证人处获得的信息之外，再添加任何信息。因此，不要以不必要的介绍开始你的交叉询问，例如，"我有几个问题需要问你"或者"约翰逊先生，我想回顾一下你先前的部分证言"。这对陪审团没有任何作用，无异于告诉陪审员你没有重要的东西要讲。开始之后立即用一些东西抓住陪审团的注意力。第一个问题，例如，"约翰逊先生，你是一名被定罪的重刑犯，是吗？"这就会告诉陪审团接下来会变得有趣和充实。同样的心理学可以应用于你的最后一个问题：使其变得重要、有趣、干脆。

b. 在你提问之前了解问题可能的答案

谨慎行事。许多证人都会抓住机会伤害你。交叉询问并不是证据披露中的庭外采证笔录。现在也不是猎取有趣信息或者满足好奇心的时候。你唯一的目的应该是引出有利的事实，或者把直接询问的负面影响降到最低。相应地，你的交叉询问应当谨慎进行。提出你知道证人会以某种方式回答的问题，或者证人可能不会给出预期的答案，而你知道可以处理他的回答的问题。

c. 聆听证人的回答

这一规则似乎显而易见，但事实上许多律师都会忘记这一点。证人总会想使你措手不及。除非你观察和聆听，否则你会错过证人证言里的细微差别和变化。你也会忽略证人回答问题时的勉强和犹豫。不要把脸埋在你的笔记之中，不要在证人回答上一个问题时就担心下一个问题。将你的笔记事先组成交叉询问的话题，然后再自然地构思出你的实际问题。在此种方式下，你能够在证人聆听和回答问题时观察他，判断他对你问题的反应和语气，然后明智地想出接下来的问题。（参见 11.14 关于如何组织交叉询问）

d. 不要和证人争辩

交叉询问的结果可能是令人挫败的。证人的回答可能并非是你喜欢的。因此，与证人争辩的诱惑始终存在。你应该抵抗住此种诱惑。争辩在法律上是不恰当的，同样也不够专业。就维持你在陪审团面前的可信度而言，与证人争辩就是一场灾难。屈从于此种弱点的律师往往是将交叉询问当成冒险去试探的人。因为不断地得到坏的回答，他们就开始跟证人争辩。提前认真地组织和安排好交叉询问，就可以极大地减少此种状况的发生。

256

e. 不要要求证人解释

开放性的问题在交叉询问中是不合适的。敌意证人总是在寻找开放性的问题，之后给出不利的回答。诸如"什么"、"怎样"和"为什么"等问题或者引出解释的问题都可能导致灾难。这类问题最好在交叉询问中集体排除。它们是在再次交叉询问中才应当提出的问题。

f. 不要在一个问题上着力过多

交叉询问阶段的传统方式，是在交叉询问中阐述你的所有观点。而现代的方式有完全不同的重点和微妙程度。在交叉询问中，你仅需要提出恰当的问题，证明你将要在终结辩论中提出的观点。这意味着你要避免提出明确阐明观点的最后问题。相反，在交叉询问中你仅仅暗示你的观点。在终结辩论阶段，你再修饰性地（rhetorically）提出最后的问题，然后以你希望的方式，自己回答它，这时候证人不在场，不会给出一个不利的回答。

示 例

你想要证明：直到最初的碰撞发生之后，证人才看到了现场情况，因此他并不知道事故是怎么发生的。

问：你没有预料到在十字路口会发生车祸，是吗？
答：是的。
问：你已经经过很多次那个街角了，从来没发生过车祸，是吗？
答：是的。
问：当时天气很好吗？
答：是的。
问：当时交通正常吗？
答：是的。
问：当你靠近街角时，你正在跟你旁边的人说话，是吗？
答：是的。
问：你听到的第一个不寻常的声音，是汽车碰撞的声音，是吗？
答：是的。
问：而那时，你才注意到刚刚发生了车祸，是吗？
答：是的。

257

到达这一步时，停！你已经提出你的观点。不要再提出最后一个明显的问题："所以在车祸发生之前，你并没有真正地看到车辆，是吗？"因为证人总会给你一个坏的答案。相反，将这个问题留到终结辩论中。

示 例

记得多伊先生在交叉询问中说了什么吗？他证明他听到的第一个声音是汽车碰撞的声音，然后他注意到两辆车发生了车祸。他是否看见了车祸本身呢？当然没有。他是否看到车祸发生前汽车在哪里呢？当然没有。

　　麻烦在于，在你不留神提出不该问的最后一个问题之前，你先要识别出它到底是哪一个问题。也许防止此种情况发生的最好方式是自问：在终结辩论阶段，我对这名证人想要提出的最后观点是什么？当你决定了这一点之后，确保在交叉询问中你不会把它作为一个问题提出。

g. 计划完成后即停止

　　交叉询问会不断地诱使你继续下去。你总有可以提出的其他问题，总有你想要证明的其他要点。抗拒这种试图寻求其他要点的本能诱惑，因为这样很危险。再者，陪审团注意力集中的时间有限，只能维持 15 到 20 分钟的高度专注。坚守你的游戏计划，在陪审团觉得焦躁和无聊前，引出你最后的重要观点。表明你的观点，停止，然后坐下。

3. 提问方式

　　交叉询问需要律师采取与直接询问有所不同的态度和表达方式。有效的直接询问通常会要求你承担配角的角色，位居其次，提出开放性的问题以让证人自己主导陪审团的注意力。交叉询问，就律师的定位和提问的方式而言，完全是直接询问的反面范例。因此，在交叉询问时你必须遵守一些特定的规则。

a. 运用诱导性的问题

　　这是一条经常被违反的规则。"你接下来做了什么事情"和"请描述十字路口是什么样子的"，此类问题在交叉询问中的作用甚微，特别是在涉及重要证言的时候。诱导性的问题是暗示了答案的问题，也是在交叉询问中应当使用的基本形式。没有经验的出庭律师经常会犯两个互有关联的错误：在直接询问中诱导性问题太多，而在交叉询问中诱导性问题太少。弥补这些错误的最好方式，是在它们成为无法改变的习惯之前有意识的避免。

　　示　例

（恰当的诱导方式）

　　问：多伊先生，在 2000 年 12 月 13 号，你有一辆车，对吗？

　　问：你在警察到达之前离开了十字路口，是吗？

　　问：你在车祸发生前一个小时喝了两杯酒，对吗？

　　这些全是典型的诱导性问题。另外一种提出诱导性问题的方式不是通过你的语言，而是通过你的语调和态度，而且这会让证人明确感知你希望的答案是什么。此种方式的好处是，让问题变得简单，在你希望证明一系列的观点时非常有效。

示　例

问：琼斯女士，抢劫大约发生在晚上 9 点左右？

答：是的。

问：光线很暗？

答：是夜里。

问：太阳已经落山了吗？

答：是的。

问：商店都关门了吗？

答：是的。

问：周围没有多少车？

答：没有多少。

问：你说有来自街灯的光？

答：是的。

问：它们在街角吗？

答：是的。

问：但是在街区的中间并没有街灯？

答：没有。

问：那就是发生抢劫的地方，对吗？

答：是的。

唯一你能无视这条规则的情况是，当答案不重要的时候（你知道证人只能给出特定的答案，因为他先前的陈述限定只能如此）或者任一其他答案会违背常识或其他证据的时候。届时，你可以直接提出非诱导性的问题，因为对任何预料之外的回答，你都可以有效地进行弹劾。

提出非诱导性的问题能够化解不断提出诱导性问题的单调性。但是，每当你接近重要的、存在争议的事项时，只有诱导性的提问方式才是唯一安全的提问方式。

259

b. 陈述事实并让证人同意该陈述

在交叉询问中，你是应该提出主要主张和阐述事实的人。证人只需要被要求同意你的每项陈述。从此种意义上而言，是你在作证，而证人只是加以认可。将你的提问范围缩小，每一个问题只包括一项特定的事实，你应当让每个问题获得"是的"、"不是"或者其他简短的回答。记住证人只要一有机会就会给出长篇的、对自己有利的回答。

c. 循序渐进地提出简短的、清晰的问题

交叉询问在某种程度上，是渐进的小题大做的艺术。不要在一个问题中确立一个大的重要论点。你应该通过一系列简短的、精确的问题来导向并逐步证明每个关键点。

示 例

交叉询问者想要证明证人并没有亲眼看到行人被汽车撞到。不要问："你并没有真的看到行人被汽车撞到，是吗？"这是最典型的"在一个问题上着力过多的问题"。这是你在终结辩论中应当提出的问题。证人总会给出不利的回答，最好是通过几个简短的问题来导向这一点。

问：你熟悉北大街和克拉克大街的十字路口，是吗？

答：是的。

问：实际上，你在过去五年里经常驾车经过那个十字路口，是吗？

答：是的。

问：你通常是在上班和下班时间经过那个十字路口，是吗？

答：是的。

问：所以在过去的五年里，你已经经过那个十字路口数千次了，是吗？

答：可能吧。

问：你之前从来没有看到过行人被汽车撞到，是吗？

答：是的。

问：在 2000 年 12 月 13 号，天气很晴朗？

答：是的。

问：交通状况跟以往同一时段的状况几乎一样，是吗？

答：是的，我认为如此。

问：没有发生什么事情让你比平常更关注马路吧？

答：没有。

问：事实上，就在事故发生之前，你正在想那天早上你都要干哪些工作，是吗？

答：可能是。

问：所以那天早上你注意到的第一件不寻常的事情就是车祸的声音，是吗？

答：是的。

问：也是那时你看到有人被汽车撞到，是吗？

答：是的。

260

注意，通过一系列相互关联、渐进的问题，你已经证明证人并没有预料到会发生事故，并且实际上也没有注意到什么事情，直到听到了车祸发生的声音之后。你已经间接地证明了你的观点。注意这里还有最后一个问题没有提出，即"所以在车祸之前你并没有真正地看到行人，是吗"？毫无例外，证人会回答"不是"或者更具有杀伤力的答案。正如上文所提到的，那是你应当留到终结辩论中提出并回答的问题。

d. 掌控证人

对证人的掌控，在很大程度上，依赖于措辞精确的诱导性问题，这种问题绝对不让证人有自由发挥的空间去伤害你。但掌控同时也存在另外一面。掌控意味着强迫证人遵循证据规则，特别是涉及答非所问的规定。如果证人不断地给出此种回答，一种惯用的方式是直接排除回答，并且如果允许，请求法庭警告证人。

问：你认识汽车的驾驶者，是吗？

答：是的。

问：他是弗兰克·琼斯，是吗？

答：是的。他跌跌撞撞的，看上去像醉了。

问：反对，法官阁下。我们请求排除"是的"之后的答非所问的回答，并指示陪审团无视它。

法官：回答将被排除，陪审团会无视它。

　　当然陪审团不可能无视它，因为"覆水难收"。但是，它确实能达到一个目的，就是让陪审团了解证人的行为是不正当的，因而减损证人的可信度。如果证人继续不断地答非所问，那么请法庭警告他。

问：法官阁下，您能否警告证人仅就提出的问题进行回答？

法庭：好的，史密斯先生，你只能就律师提出的问题回答。这里不是演讲的地方。　　*261*

　　如果在警告之后，证人仍然随意回答问题，陪审团就会意识到，证人是多么的偏心、不公，而相应地对该名证人的证言作出评价。

　　排除和无视答案的缺点，在于它同时向陪审团传递了你，即交叉询问者的信息。这潜在信息就是你不能处理好一名有问题的证人，而需要向法官求助。正因如此，许多律师不会请求排除或者无视答非所问的或者其他不当的回答，除非是为上诉必须记录作为重要错误。

　　另外一种能够更有效地掌控问题证人的做法是，让证人明白你不会被答非所问的回答阻却，坚持得到一个恰当的答案。如果证人随之给出了一个恰当的回答，你就证明了你的观点。如果证人拒绝给出一个恰当的答案，那么你已经向陪审团证明该名证人闪烁其词且不公正，并成功地削弱了证人的可信度。你可以简单地通过重复同样的问题，或者细微调整同样的问题来实现这个目的。如果对方以问题重复而提出反对，你可以回答证人还没有恰当地回答你的问题。

问：琼斯先生，在晚上 8 点到 9 点，你在酒馆里喝了 5 瓶啤酒，是吗？

答：嗯，我们都在喝酒。

问：琼斯先生，我的问题是，在那 1 个小时内你喝了 5 瓶啤酒，是吗？

答：我想是。

　　另外一种掌控方式是，让证人知道你已经掌握了全部的事实，而且一旦所言不全，你会立即发现。

示 例

问：琼斯先生，在酒馆里有三个人和你坐一桌，是吗？

答：是的。

问：他们是吉米·史密斯、詹姆斯·奥利弗、威尔伯·富兰克林，对吗？

答：是的。

问：威尔伯坐在你对面？

答：是的。

问：他个子高瘦、声音低沉，是吗？

答：是的。

问：在酒馆的那段时间，你告诉威尔伯和其他人"我把偷来的车丢到了停车场里"，对吗？

答：我想是的。

在提出重要的问题前，向证人证明你了解事实的真相——因为你可能与在场的其他人谈过话——那么，证人会误认为你不了解真相，而给你不准确甚至完全错误的答案的风险就大多了。

e. 表现出自信和胜券在握

在交叉询问中，你应该是大家关注的焦点。遵循恰当的程序，以得体的举止扮演好你的角色。在陪审团和证人面前，你应以自信的声音和举止进行提问。让陪审团了解你对事实的态度。在直接询问中，证人如何回答问题与回答本身同样重要。在交叉询问中，你如何提出问题与回答本身同样重要。幽默、怀疑和讽刺都是交叉询问的合理部分。在恰当的情况下使用它们。最重要的是，确保证人感受并理解你对事实的态度和你期望得到的问题答案。表现出你的态度往往对获得你所期望的回答有重要的影响。

但是，表现出自信并不等同于对证人强硬。交叉询问并不需要愤怒地进行询问。如果没有合理的理由而对证人言行粗暴，你会给陪审团留下负面的印象。

f. 成为一名好演员

每一位交叉询问者，无论多么老道、细心或才华横溢，都会遇到坏的答案。如果发生这种情况，黑脸是无济于事的。陪审团在听到貌似灾难性的回答时，往往会环顾法庭周围，评价法官、律师和旁观者的反应。所以当证人确实扔下一个炸弹时，不要对它作出反应。你应该继续下去，就像什么都没发生过一样。如果你拒绝对回答作出反应，你就已经使它的作用最小化，进而陪审团就可能得出结论，即这个答案可能没有它看上去那么具有杀伤力。

g. 运用自然的风格

虽然案件庭审要求律师遵守一定的规则，但是律师仍有足够的空间去发挥自己的个人风格。如在庭审的不同阶段，你可以选择不同的风格来交叉询问。但是，你必须遵守一条规则：运用你感到自然和舒适的风格。如果律师试图复制其他人的风格，陪审团会马上识别出来。对你而言，最自然的风格同样也是最有效的风格。

263

4. 律师的位置

在交叉询问中，你应当站在具有支配性的位置，因为你希望抓住陪审团的注意力。停留在陪审团的视野之内，会强迫他们注视你并且关注你的问题。如果当地的规则并不把你束缚在律师席上或者讲台上，就直接站到陪审团面前最具优势的位置，如同你在开庭陈述和终结辩论中一样。

运用你的声音和恰当的肢体语言来保持陪审团的注意力。在法庭内周期性地走动也有帮助。如果你的言行都充满了自信，你就会有更好的机会成功进行交叉询问。

直接站在陪审团面前还有第二个好处。它允许你与证人保持直接的眼神交流。在许多情况下，保持眼神交流会给证人留下你已经完全掌控了全局的印象，并且你知道他什么时候在迟疑或者闪烁其词。它还会强迫证人与你对视，不然只有低头向下看以避免你的注视。这会让证人在回答你的问题时无法看着陪审团。

在下列法庭的图解中，你通常应该站在靠近标记为"×"的位置。

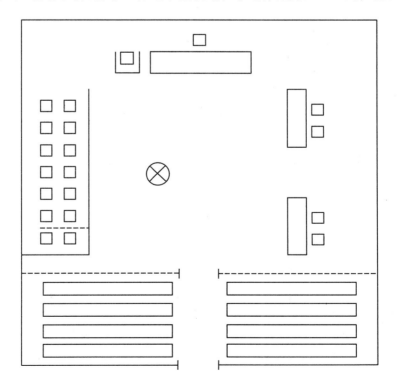

264

7.5　引出有利的证言

交叉询问者最主要的目的，如前所述，就是从证人处引出可能对你方举证有利，并且与你方的案件理论、主题和立场相一致的事实。应当首先完成这点，因为在交叉询问之初，证人的破坏性最小。如果你和蔼且礼貌地对待证人，你就最有可能获取对你方有利的证言。证人会放松，并且更加可能与你合作而实现你的目的。

什么构成有利证言？在这里，要一点想象力和创造力。你必须牢记你的案件理论，因为交叉询问的目的，就是获取支持你的案件理论或者与对方案件理论相矛盾的事实。考虑以下几种可能性。

1. 直接询问的某部分有用吗？

只有在极少情况下，整个直接询问都是对你方不利的。通常证人会证明某些中立事实，或者对你方观点有利的事实。在这些情况下，让证人重复有利的事实是有必要的，因为如果你在交叉询问中提到有利事实，陪审团会更有可能记住这些。

> **示　例**
>
> 在嫌疑人身份为争点的刑事案件中，被害人作证称，他于午夜在小巷里被抢劫，并且指认被告为抢劫者。交叉询问者可以强调那是在夜间而且光线很微弱。

2. 证人能够确证你的举证吗？

判断证人能否确证你举证的某些方面，通常对你方是有利的，即使这些方面并没有直接涵括在直接询问中。回顾你举证的重要部分，然后判断证人能否说出一些支持它的事实加以证明。如果此种承认来源于对方证人，往往会更令人印象深刻。

> **示　例**
>
> 一项常见的交叉询问技巧，是利用对方证人来证明你想要在庭审中提交的展示物符合成立要件。如果证人有证明展示物成立要件的首要信息，这就会成为一项有效的技巧，而你在随后的最终辩论中，可以提出这些证据肯定是可信的，因为对方证人已经证明它们满足成立要件。但是，经常会产生两个问题。第一，如果证明展示物符合成立要件涉及新的事项，对方可能会提出异议，主张交叉询问超出了直接询问的范围。直接询问的范围问题由联邦证据规则第 611（b）规定，法官有自由裁量权决定是否允许询问新的事项。第二，一些法官允许在交叉询问中，只要证明展示物符合适当的要件之后，就可以

马上将其采信为证据。另外一些法官只允许轮到交叉询问者提交证据时（他的举证阶段或反驳阶段），才能正式地将展示物采信为证据。这些问题由联邦证据规则第 611（a）规定，同样也属于法官自由裁量的范围。

示　例

在合同案件中，原告已作证双方达成了口头合同。交叉询问指出，在所称的口头合同之后，原告收到了一封来自被告的信件，提出合同的一些条款还需要协商。你可以向原告出示标记为被告展示物的信件，可以要求原告识别信件上的签名是被告的签名，也可以要求原告承认收到了信件。（在大多数辖区，只有在被告举证阶段，那封信才能被采信为证据或者向陪审团出示）

另一种有效的办法，是使用对方证人确证你的证人已经证明或将要证明的某些事实。在终结辩论中，你可以指出这些事实肯定是真实的，因为甚至对方证人都不得不同意你的观点。

3. 对方证人必须承认什么？

回顾对方此名证人和对方其他证人的先前陈述。如果先前陈述中包含了有利你方的信息，那么你向证人询问这些信息就是安全的。如果证人现在的证言与他的先前陈述相矛盾，那么你就能够成功地弹劾他。如果他的证言与对方其他证人的证言相矛盾，那么你已证明对方的举证自相矛盾。

4. 对方证人应该会承认什么？

虽然此种方式明显没有前一种方式保险，但是也应当经常考虑一下。证人应该会承认什么，可以通过常识、逻辑、概率和其他证人可能提供的证言来判断。如果证人不承认你认为他应当会承认的事项，他的证言可能也不会被陪审团接受。

266

示　例

在一个人身伤害案件中，你也许能让肇事汽车驾驶者承认，他当时没有预计到事故发生因而没有比平时更小心。如果证人不同意，并且称那天他比平时更小心地驾驶，陪审团可能不会相信他。

示　例

在一个刑事案件中，受害人被持枪抢劫。你或许能让受害者承认，他受到了惊吓，害怕被枪击，而且一直看着指着他的枪。如果他不承认，他就可能违背了常识和逻辑，陪审团很有可能不会相信他的这部分证言。

7.6 削弱不利证言的可信度

在交叉询问阶段削弱证人的可信度，不论证人是谁，有一个基本的目的：即证明或暗示，那些证人或证据，并没有在直接询问结束时看上去那么可信。这有时被称为"增加不可能性"。无论你的方式是获取不可能的解释、撤销、矛盾、不一致或难以实现，效果都是一样的。

在交叉询问中降低证人可信度的要点并非"摧毁证人"。这在实际的庭审中几乎从未发生过。只有在极少的情况下，你能证明证人在作伪证，并且他的证言完全是编造的。一些证人会撒谎，但是多数证人还是因为失忆或者混淆。大多数证人如讲故事的人一样，在证言中加入了他们自己的态度、观点和选择性的记忆。正是此种通常非有意的和潜意识的润色，可以被进一步地披露和曝光。

交叉询问可以通过两种基本的方式得以增加不可能性：降低证言的可信度和降低行为的可信度。

1. 降低或限制证言的可信度

最常见的交叉询问类型，尤其是在涉及现场证言的案件中，是质疑证言的可靠性或者限制证言的重要性。经验告诉我们，尽管大多数证人都是诚实的，试图客观和准确地叙述所发生的事件，但是往往事与愿违。证人自身通常并没有意识到这一点。证人经常只看见了事件的一部分，然后在观察的空白部分"填入"了他们认为符合逻辑的事实。在一段时间之后，他们会真诚地相信他们真正地看见了填入的事实，因为他们的记忆混淆了实际事实和填入事实的区别。因此，交叉询问不能是对证人正直品格的直接攻击，因为陪审团会厌恶和抵制此种策略。

更合理的方式是承认证人是诚实的，但是在交叉询问中暗示有其他因素负面地影响了他的证言并损害了其证明力。这种基本的方法，就是降低证人的感知、记忆和沟通等能力的可信度。

a. 感知

一种最常见的质疑现场证言的方法是，质疑证人看见所涉事件的能力和机会。通常做法是，证明事件发生得非常迅速和突然，或证人感到害怕或受到惊吓，或光线很微弱。如果有效地证明了这一点，陪审团会意识到，证人观察所依据的环境，并不有利于证言的准确性。

示例

证人已作证当他沿街驾驶时，看到了两辆汽车相撞。交叉询问会表明车祸发生的非常迅速和突然，而证人离得太远，不可能准确地看到真正发生的事实。

问：琼斯女士，枫树大街是一条南北朝向的街道，榆树大街是一条东西朝向的街道，是吗？

答：是的。

问：你说你看到的事故是在十字路口发生的吗？

答：是的。

问：当事故发生时，你离那个街角还有半个街区的距离，是吗？

答：是的。

问：你那天并没有预计到会发生事故，是吗？

答：是的。

问：所以在事故发生之前，你正在公路上正常驾驶，是吗？

答：是的。

问：你的车里有一名乘客，是吗？

答：是的。

问：在驾驶的时候你正在跟他说话，是吗？

答：是的。

问：琼斯女士，这个城市里的每个街区都有八分之一英里长，是吗？　　　　　*268*

答：我认为是这样。

问：所以每个街区大概有 600 英尺长，是吗？

答：听上去是对的。

问：这意味着在事故发生时你在离街角 300 英尺以外的地方，是吗？

答：我想是这样。

问：300 英尺是足球场的长度，是吗？

答：是的。

问：枫树大街和榆树大街的两侧都有建筑物，是吗？

答：是的。

问：当你向街角行驶时，除非是到了十字路口，否则你看不到枫树大街的交通状况，是吗？

答：是的。

问：那是因为建筑物挡住了你的视线，是吗？

答：是的。

问：琼斯女士，在那个早上，枫树大街和榆树大街上都还有其他的车辆，是吗？

答：是的。

问：你在驾驶的时候看着其他车辆吗？

答：是的。

问：榆树大街在高峰期时车流量很大，是吗？

答：是的。

问：在榆树大街的来往方向可能都有车，对吗？

答：大概是。

问：有一些和你在同一个车道，而另外一些车在你反方向的车道，是吗？

答：那有可能。

问：而且有一些车在你前面，而有一些车在你后面，是吗？

答：也有可能，但是我不肯定。

通过这次交叉询问，你证明了证人离事故发生地点还有相当的一段距离，除非是到了十字路口，否则看不到汽车，而且还可能有汽车在关键时刻阻碍了她的视线。简言之，她的观察并不如初次听上去那么可靠。

示　例

一起抢劫的受害人作证他在一个巷子里被人持刀抢劫，而且他指认被告为抢劫者。交叉询问会表明抢劫发生得非常突然和意外，抢劫者处于背光状态，而受害者只关注了刀且没有关注抢劫者的脸。

269

问：亚瑟先生，所有的这一切都发生在大约晚上 11 点吗？

答：是的。

问：很黑吗？

答：是的。

问：抢劫者从后面将你推入了一个小巷子？

答：是的。

问：你直到进入了小巷子之后才看到了抢劫者，是吗？

答：是的。

问：在小巷子里面没有灯，是吗？

答：是的。

问：抢劫者是面朝着小巷子，是吗？

答：是的。

问：而你面朝着街道，是吗？

答：是的。

问：然后你注意到他的手里握着一把刀？

答：是的。

问：请描述一下刀。

答：它的刀刃很锋利，大概有 6 英寸长，还有一个木头的手柄。

问：亚瑟先生，你一定非常担心他会对你动刀子吧？

答：是的。

问：你一直盯着刀？

答：我想是的。

问：然后他说了"给我你的钱包"，而你把钱包给了他？

答：是的。

问：然后他跑出了巷子，从街上逃走？

答：是的。

问：从他说"给我你的钱包"到他越过你跑出小巷，大约花了 10 秒钟？

答：我不确定确切的时间。

问：在那段时间，他始终把刀子放在你看得到的地方吗？

答：是的。

注意，此次交叉询问通过间接的方式达到了目的。通过证明受害人一直在看着刀（在完成抢劫所需要的几秒钟内），就可以证明依据常理，受害人没有把注意力放在抢劫者的脸上（不管怎样，也没有充足的光线），所以这正是受害人指认不可信的关键。

示 例

缉毒署（DEA）对一间"藏匿的房子"（stash house）进行了监视，而且随后从房子中找到了毒品。一名缉毒署探员作证他看到进出这幢房子的每个人，其中包括被告。交叉询问不会争辩被告有没有在房子里，而会指出探员看不到房子的内部情况，也听不到被告在里面时发生了什么。因此，被告的出现完全可能是清白的。

270

问：萨帕塔探员，你在一辆汽车里进行监视？

答：是的。

问：那辆车离房子大概 100 英尺远？

答：大约是的。

问：你可以看见人们进进出出？

答：当然，特别加上我的双筒望远镜。

问：但你看不清楚房子的内部，是吗？

答：是的，除非开着一扇窗或门。

问：即使你有望远镜也不能穿透墙看见，是吗？

答：是的。

问：你不能看到房子里正在发生什么，是吗？

答：是的，除非开着门。

问：同样你也不能听到房子里正在发生什么，是吗？

答：是的。

问：你看到弗兰克在三天里进出了那幢房子三次，是吗？

答：是的。

问：每当弗兰克走到屋里时，你都看不到他在干什么？

答：是的。

问：而且你也听不到他当时正在说些什么吧？

答：是的。

问：你不能看到他是否在拜访一位老朋友，是吗？

答：是的。

问：你也听不到他是否正在和一位老朋友聊天，是吗？

答：是的。

注意此次交叉询问完成了两件事情。第一，它表明证人看不见且听不到房子里发生的任何事情。第二，它提出了被告的案件理论：被告仅仅在拜访朋友，而没有参与任何毒品交易。

b. 记忆

证人记住事件细节的能力，以及记录或保存这些细节的努力，都是重要的考虑因素。即使证人有机会准确地观察事件，事件发生的时间与在法庭作证的时间间隔还是十分重要的。如果出现这种情况，交叉询问通常会指出证

271

人遗忘了细节，证人未尽力记录它们，或者不能真正把此次事件与其他类似事件区分。

　　一名警察已经作证他在酒店的一间房间里逮捕了被告，并且从被告处获得了口供。交叉询问会表明这名警察没有把被告的口供记入报告，而且因为时间的间隔或者他在那段时间里执行了多次的逮捕，他或许不能记清被告说了什么。

　　问：琼斯警官，你的这次逮捕发生在一年以前？

　　答：是的。

　　问：警官的职责之一就是逮捕，是吗？

　　答：是的。

　　问：你预计在每周你会进行多少次逮捕？

　　答：噢，平均大概 2 到 3 次。

　　问：这意味着逮捕被告以来的一年里，你逮捕的人有 150 人之多？

　　答：有可能，但我不清楚究竟有多少。

　　问：你不可能记住这些逮捕的所有细节，是吗？

　　答：我想是的。

　　问：正因如此，你会撰写警察报告？

　　答：是的。

　　问：你的报告会涵括所有你认为重要的信息，是吗？

　　答：我试图这样。

　　问：你对这件案子所写的报告，之前被标记为原告 1 号展示物，也包括了你认为重要的信息，对吗？

　　答：是的。

　　问：但是你的报告中除了在注释中提到"被告做了口供"之外，再也没有提到口供，是吗？

　　答：是的。

　　问：你的报告中没有提到被告事实上说了什么，是吗？

　　答：是的。

　　原告的秘书作证她给被告寄了一封信，表示接受之前被告向原告提出的要约。被告否认收到了原告的信。交叉询问会证明，因为秘书打印和储存如此多的信件，她不太可能记住这封特定的信件是如何被处理的。

　　问：琼斯女士，你担任多伊先生的秘书，至今已经 5 年了吧？

272

　　答：是的。

　　问：你刚才作证的事件发生在 3 年以前吗？

　　答：是的。

　　问：平均每个工作日，你打出多少封信？

　　答：当然，每天的情况都不同，但大概每天有 5 封左右。

问：所以你一周大概会打 25 封信，对吗？

答：大约是。

问：所以每个月大约是 100 封？

答：大约是。

问：所以一年会超过 1 000 封？

答：我想是这样。

问：这意味着从你为多伊先生工作以来，你大约打出了 5 000 封信，对吗？

答：大概吧。

问：琼斯女士，多伊先生会偶尔对你呈给他签字的信件做一些改动，是吗？

答：是的。

问：在这种情况下，你会打印一封新的信件吗？

答：是的。

问：发生这种情况的频率有多高？

答：嗯，每个月大约有几次。

问：时不时，多伊先生会把你已经打印好的信件放在桌上，是吗？

答：是的。

问：时不时，你可能必须提醒他把信寄出去，是吗？

答：是的。

问：琼斯女士，当你坐在这里，你并不能清楚地记得，在过去 5 年里你重新打出了哪些信件，是吗？

答：是的。

问：或不记得多伊先生决定不投寄哪些信件，是吗？

答：是的。

问：或不记得你提醒多伊先生将哪些邮件放入邮箱，是吗？

答：是的。

问：这一切只是年数太久远和信件太多了，是吗？

答：是的。

c. 沟通

另外一种降低证言可信度的方式，是测试证人的沟通能力。证明证人观察到了某件事并记得发生了什么，但他不能准确并符合逻辑地向陪审团描述事件，这会有什么好处？证人有能力讲清楚到底发生了什么，是观察的前提。一种常见的交叉询问技巧，是测试证人描述细节和方向与预测距离和时间的能力，以此证明证人不能向陪审团准确地描述已然事实。

273

示 例

证人描述了车祸发生的细节、时间和距离。交叉询问会证明这些描述、时间和距离都是不准确和不可信的。

问：琼斯先生，当事故发生时，你就坐在你家的门廊上吗？

答：是的。

问：从你家的门廊，你能够看到发生车祸的汽车，是吗？

答：是的。

问：碰撞恰巧就在你的房子前发生，是吗？

答：是的。

问：被告正在你面前，驶出车道、穿越街道，是吗？

答：是的。

问：车道有多长？

答：嗯，那是一条很长的车道，大概有 100 英尺长。

问：你预计一辆汽车驶过这么长的车道需要多长时间？

答：大约 4 秒钟吧。

问：所以原告的汽车以每小时 40 英里的速度向你行驶，这就是你的预计？

答：是的。

问：当你第一次看见原告的车时，它离你有多远？

答：嗯，大约 500 英尺远。

问：原告的车行驶 500 英尺需要多长时间？

答：大约 20 秒。

问：琼斯先生，你能预计从证人席到法庭后门的距离是多少吗？

答：嗯，大约 25 英尺。

问：法官阁下，记录可以反映此项距离实际上是 38 英尺吗？

法官：可以——我们以前测量过。

现在，你已经部分通过间接方式储存好了可以在终结辩论中使用的武器，你证明了证人并非可靠的信息来源，因为他不能够准确地预测距离。交叉询问的第二部分证明了这一点。当你让证人显然不能准确地预测一项距离或时间时，就会降低证人整个观察的可信度。但是这种方法，只有在成功的可能性很大的时候才能使用。这种方法对于孩子或者不经常接触到技术性信息的人尤为管用。

交叉询问的第一部分，也可以在终结辩论中有效地被利用。每一位处理车祸案件的律师，很快就会懂得 15 英里/小时等同于 22 英尺/秒，证人说被告的车在 4 秒钟内行驶了 100 英尺，或者超过了 15 英里/小时。作为原告，你可以辩称这样在车道行驶已经超速。证人还说原告在 20 秒内行驶了 500 英尺，或低于 20 英里/小时。作为原告，你可以轻易地辩称这是在住宅街道上驾驶的安全速度。这种让证人明确预测具体的距离、时间和速度的交叉询问，是在车祸案件中的常用技巧，而且通常会反映出证人内在的不一致。

2. 降低行为的可信度

证人有时作证看似恰当，但是却与行为不一致。在这种情况下，交叉询问要强调证言和行为的不一致。这基于一条既定的原则：行胜于言。

示　例

　　车祸案件中的被告作证他在驾驶车辆时并不存在疏忽。交叉询问将指出，他在没有给警察打电话的情形下离开了碰撞现场，而且从未向他的妻子提起，也从未向警察或其他人报告。

　　问：琼斯先生，此次车祸大约发生在晚上 7：30 吗？

　　答：是的。

　　问：在街角有加油站，是吗？

　　答：是的。

　　问：在碰撞发生时，它们都在营业吗？

　　答：是的。

　　问：你在车祸现场停留了大概 15 分钟，是吗？

　　答：是的。

　　问：你在车祸中没有受伤，是吗？

　　答：是的。

　　问：在车祸发生之后，而你还在街角时，你从未向警方打过电话，是吗？

　　答：是的。

　　问：你也没有尝试示意使任何警车停下吗？

　　答：没有。

　　问：当你驾车离开街角时，你没有去警察局，是吗？

　　答：是的。

　　问：你直接开回了家？

　　答：是的。

　　问：当你到家时，你的妻子和家人都在家吗？

　　答：是的。

　　问：你没有告诉你的妻子和孩子你刚刚发生了车祸事故，是吗？

　　答：是的。

　　问：在那天晚上你再也没有向警察报告这起车祸，是吗？

　　答：是的。

　　问：事实上，你从来没有向警察报告过这起事故，是吗？

　　答：是的。

　　问：你也从来没有向其他人说过这起事故，是吗？

　　答：是的。

275

示　例

　　刑事案件中的被告，被指控性侵犯了史密斯女士。在直接询问中，他否认了此项指控。他的抗辩理由是被害人同意。交叉询问会指出他在事件之后从潜意识里表现出来的内疚。

　　问：琼斯先生，在 2000 年 12 月 13 号，你为 XYZ 公司工作，是吗？

　　答：是的。

　　问：那天是星期二？

答：是的。

问：你住在枫树大街 1420 号？

答：是的。

问：在 12 月 13 号晚上，你一直跟史密斯女士在一起，直到 11 点，是吗？

答：是的。

问：然后你离开了？

答：是的。

问：你那天没有回你的公寓，是吗？

答：是的。

问：第二天你也没有去工作，是吗？

答：是的。

问：尽管你并没有生病，是吗？

答：是的。

问：你也没有回家，是吗？

答：是的。

问：你也没有告诉任何同事你在哪里，是吗？

答：是的。

问：你没有告诉你的朋友或家人你在哪里，是吗？

答：是的。

276

问：事实上，你一直待在你的一个朋友家里？

答：是的。

问：你在接下来三天一直待在了那里？

答：是的。

问：在那三天，你从没有去工作过？

答：没有。

问：你也没有回过家？

答：没有。

问：唯一看到你在你朋友家里的人，就是你的朋友，是吗？

答：是的。

7.7 弹劾

弹劾是律师的武器库里最富有戏剧性的庭审技巧。如果选择并有效地利用，它能在庭审中产生令人震惊的效果。陪审员通常欣赏有效的弹劾。他们很乐于看到证人因为改变证言而被"逮到"。但是，弹劾应该有选择性地使用，因为它和其他具有戏剧性效果的武器一样，如果滥用，作用就会被削弱。弹劾应该得以戏剧性地展现，成为具有说服力的技巧。因此，对于任何一名出庭律师而言，学习何时和如何进行弹劾都是一项重要的技巧。

弹劾是降低证人或其证言可信度的交叉询问技巧。它的目的很简单：告诉陪审员此名证人或其部分证言，不值得相信。许多律师都会犯这样的错误，他们试图用唤醒记忆的技巧以达到同样的目的。记住，唤醒记忆的技巧是一种在直接询问中使用的技巧，为的是让一名健忘但是有利的证人回到正确的路径上来。它是一种增强可信度的技巧，而且通常不应在交叉询问中使用。

弹劾由联邦证据规则、案例法和习惯的一系列技术性规则来规范。根据联邦证据规则第 607 条，任何一方都有权弹劾任何证人。它允许一方当事人在直接询问阶段"自愿"弹劾某些事实，此种方式通常被称为"拔刺"（draw the sting）。

有七种基本的弹劾技巧：

a. 偏见、利益和动机

b. 犯罪记录

c. 先前的不良行为

d. 先前不一致的陈述

e. 矛盾的事实

f. 不诚实的低劣品格

g. 论述

上述的每一项都会在后文中详细讨论。专家证人证言会在第 8 章中 *277* 讨论。

1. **弹劾要件**

制定法、案例法、地方习惯和说服规则规定了弹劾的程序。无论使用哪一种具体的弹劾技巧，这些规则大都适用。虽然联邦证据规则基本上没有规定弹劾程序，但是普通法已经发展出一些程序要件，以保障弹劾可以公正和有效地进行，而且大多数法庭都继续遵循。

a. **必须符合善意**

弹劾的关键是要求善意。你必须善意地相信，你披露的用以弹劾的事实才是真正的事实。除非你有一个善意的理由，否则不要深入这件事。如果你想调查某一特定事项，法官可能会要求你向他表明善意的基础。此外，案例法要求如果证人否认重要的弹劾事实，你必须证实它存在。如果你不能证实你要求的事项，就不能提出它。此项要求是为了保护证人不会受到毫无理由的弹劾攻击。善意要求同样也是道德规则（参见标准规则 3.4）。

b. **必须在交叉询问中提出**

如果你想要提出一项弹劾事实，大多数辖区要求你在对弹劾对象进行交叉询问过程中提出。（当然，根据联邦证据规则第 607 条，直接询问者可以弹劾她自己的证人，但是大多数弹劾发生在交叉询问中）这种规定的理由是基于公平和司法经济。公平要求面向证人提问弹劾事实，以便他可以对其承认、否认或解释。司法经济要求弹劾事实应该在交叉询问中提出，因为如果证人承认弹劾，就不需要用旁证来证明它。此外，一名受到弹劾的证人可以在再次直接询问中解释或者减轻弹劾的影响，这是一种处理此种情形富有效率的方式。

c. 必要时必须证实

你是否需要证实事实取决于两个问题。第一，证人是否承认弹劾事实？如果证人明确地承认弹劾，就没有其他事情了。一旦证人否认弹劾事实或模棱两可，你就有必要证实弹劾事实。模棱两可的回答例如"我不确定"，"我不记得"或"我可能"都应当被视为否认。

第二，弹劾事实是"附随事实"或"非附随事实"，决定了你对证人否认或者模棱两可的事项是否有必要加以证实。理由还是基于司法经济。只有被否认的直接事项必须利用旁证予以证明。如果某一附随事项被否认，你必须"接受证人的回答"，而不能寻证这项否认。而某一事项是否属于附随事实，属于交由法官自由裁量的现实问题。证人否认的事实，考虑到案件的争点和证人的重要性，是否重要到以至于我们必须使用旁证来证实否认的事实？如果答案是"是的"，那么它就是非附随事实。例如，如果一名重要的目击证人说，他看到事故时离事故现场 20 英尺远，而非前面提到的 200 英尺远，这件事实明显是重要的，是非附随的。反之，如果证人说他离了 20 英尺远，而否认之前提到的 30 英尺远，此种不一致相对而言就显得不重要，是附随的。一些弹劾的种类总是被视为非附随的，而一些总是被视为附随的，还有一些两者皆有可能。

d. 何时证实

如果证人否认了一项非附随（重要）事项或者对该事项含糊其辞，那你就必须在下次有机会传唤证人或者提交展示物时，利用"旁证"来"证明被否认的事项"或者"完成弹劾"。例如，一名证人在交叉询问中否认非附随事项，那么被告的律师必须等到原告举证完毕，而且轮到被告举证时才能传唤证人。只有那时被告才能传唤证人证实弹劾。如果辩方证人在交叉询问中否认非附随事项，那么原告的律师必须等到被告举证完毕后，才能传唤反驳证人。只有那时原告才能传唤证人证实弹劾。这些应当如何进行将在本节的后文中探讨。

只要理解了规范弹劾的基本程序，你就可以学习具有说服力的弹劾技巧。这些技巧很大程度上取决于所使用的弹劾方式。

2. 偏见、利益和动机

虽然联邦证据规则对此种分类并没有规定，但是偏见、利益和动机通常被认为是非附随的。如果证人不承认此类事项，你必须利用旁证来证实。

不论是其中哪一个，方法都是一样的。你的交叉询问必须逐步地仔细暗示弹劾所依据的事实，然后停止。过于热情的交叉询问，也会存在惹怒陪审团的风险。因此，细致是重要的。陪审团会尊重你的体会并独立得出适当的结论。

a. **偏见和歧视**

偏见和歧视就是阻止一个人作出公正判断的特定倾向或喜好。有偏见或歧视的人会倾向偏爱或反对一些人或某些观点。这类的弹劾通常涉及使人不能保持公正和客观的家庭、个人或雇佣关系。

示　例

刑事案件的被告有不在场证明。被告的母亲作证犯罪发生时被告正在家。交叉询问会展现母亲对儿子的明显偏向。

问：琼斯女士，在抢劫发生时，你的儿子和你住在一起，是吗？

答：是的。

问：事实上，他现在还跟你住在一起？

答：是的。

问：所以你几乎每天都能看到他？

答：是的。

问：你跟他说话吗？

答：是的。

问：他遇到问题会告诉你吗？

答：是的。

问：琼斯女士，你可能已经跟你儿子讨论过许多次这件案子了，是吗？

答：是的。

问：你几乎每天都跟他谈论这件案子，我这样讲公平吗？

答：可能吧。

问：你今天不是被传票传唤到法庭的，是吗？

答：是的。

问：你的儿子和律师让你来的，是吗？

答：是的。

注意上述交叉询问相当温和，在此种情况下，陪审团会很容易地同情这名妇女，因为明显他的儿子强迫她为他作证。在此类交叉询问中，保持温和和简短是保险的。正因如此，律师通常不会选择在交叉询问中提出偏见问题，而更喜欢留到终结辩论中讨论它。如果有偏见的事实很明显，则这是一种很有效的替代方式。

b. **利益**

利益是指证人会因案件的结果而受益或受损。虽然并非一成不变，但是最常见的利益是金钱。鉴于人性的贪婪是最常见的动机之一，证明它，就能对证人的可信度产生不利的影响。

280

在一起遗嘱争议案件中，被遗嘱排除在外的法定继承人，质疑立遗嘱人在签署遗嘱时的精神能力。如果遗嘱失效后，依据被继承人无遗嘱死亡，证人能够获得部分遗产。

　　问：琼斯先生，你是威廉姆斯·琼斯较小的孩子之一，是吗？

　　答：是的。

　　问：你是三名在世的孩子之一，是吗？

　　答：是的。

　　问：你知道你的父亲有很多财产和其他资产，是吗？

　　答：是的。

　　问：当你知道他的遗产价值超过 30 万美元时，你并不感到惊讶，是吗？

　　答：是的。

　　问：当你知道他将所有的遗产捐给了三个不同的慈善机构时，你感到惊讶了，是吗？

　　答：是的。

　　问：你知道这意味着这三个不同的慈善机构会获得你父亲所有的遗产，是吗？

　　答：是的。

　　问：在你知道你父亲的遗嘱内容之后不久，你就咨询了一名律师？

　　答：是的。

　　问：你知道如果遗嘱无效，州的遗产法会适用，对吗？

　　答：对。

　　问：这些法律规定作为三个健在的孩子之一，你会得到财产的三分之一。

　　答：是的。

　　问：所以你知道如果遗嘱被宣告无效，你可以从遗产中获得十万美元，是吗？

　　答：是的。

　　问：但是你同样也知道如果遗嘱被确认，你就一分都得不到，是吗？

　　答：是的。

c. 动机

　　动机就是促使某一个人以某种方式思考或行为的强烈意愿。常见的例子是贪婪、爱、憎和报复。每一种动机在恰当的情况下都能成为一种引人注目的情感。如果你能有效地暗示此类动机，它将成为强有力的武器，一如偏见和利益，因为它会玷污证人的可信度，而无论证人的证言看上去有多么可信。

　　在刑事案件中，被告被控在偷取的支票上伪造背书，并将其兑现。交叉询问试图证明他在经济上遭遇困境，明显需要钱，以作为其犯罪的动机。

　　问：琼斯先生，在过去两年里，你对股票期货投资很感兴趣吗？

　　答：是的。

　　问：你买了超过 10 万美元的期货吗？

　　答：是的。

281

问：期货是一种高风险的投资，是吗？

答：是的。

问：因此你在期货市场中投机，我这么说是公平的，对吗？

答：我想是的。

问：你以 10％的证券保证金购买的这些期货？

答：是的。

问：这意味着购买全部期货你只需要提供总金额的 10％也即一万美元，是吗？

答：是的。

问：但是，也因如此，如果市场价格跌了 10％，你将失去全部投资，除非你追加更多的资金，这也是真的吗？

答：是的。

问：这就是所谓的追加保证金的通知（margin call）？

答：是的。

问：在 2000 年 12 月 13 号，你被经纪公司要求追加保证金，是吗？

答：是的。

问：而就在接到追加保证金的通知之后的第二天，你将这些支票存入了你的存款账户，是吗？

答：是的。

问：在同一天你用这些钱追加了保证金，是吗？

答：是的。

3. 犯罪记录

犯罪记录由联邦证据规则第 609 条规定，这条技术性规则有两项基本条款。第一，任何重罪以及涉及不诚实或虚假陈述的定罪，都能够用来弹劾证人的可信度。但是前述定罪或由监禁释放的时间至今不得超过 10 年。第二，衡平原则必须在两种情况下适用：（1）证人是刑事案件的被告并且之前犯过重罪；（2）之前的定罪至今已经超过 10 年。在这些情况下，法院必须判断犯罪记录的证明价值是否超过了偏见的影响。如果是这样，犯罪记录可以被用于弹劾。*282*

犯罪记录必须在交叉询问中提出（除非证人已经在直接询问中"自愿"提出，这种情况经常发生）。这可以很快地完成。

示　例

问：史密斯先生，你曾经被定过罪，是吗？

答：是的。

问：你被判决犯了重罪，是吗？

答：是的。

问：实际上，你在五年前被判犯了持械抢劫罪，是吗？

答：是的。

如果证人否认或者对犯罪记录闪烁其词，你就必须利用旁证来证实它，因为犯罪记录总被认为是非附随的事实。

在审前就提出有关利用犯罪记录弹劾证人的问题，以获得裁定明确什么样的定罪可以被用来弹劾，这始终是一个好主意。近年来当证人是刑事案件的被告人时，法院经常会运用必要的衡平原则，允许提及有犯罪记录的事实，但是禁止涉及任何实际的犯罪内容。例如，法院可能裁定，可以指出被告曾犯过"重罪"，但并不能指出具体的罪名是"持械抢劫"，这样是为了减少对定罪的偏见。这种裁定经常发生在被告的犯罪记录与在审案件相同或相似时，不然可能存在这样一种风险，陪审团会因犯罪记录得出"一朝是抢劫犯，终身都是抢劫犯"的结论，这是对犯罪记录的不当使用。

大多数司法辖区规定，在交叉询问一名证人时，可以提出判决命令或定罪记录上的事实。这些事实通常包括了辖区、主审法官、定罪日期、证人的定罪罪名和量刑等信息。如果证人在直接询问中只自愿披露了一部分信息，那么交叉询问者仍可以揭露剩余的信息。

示　例

问：多伊先生，你曾告诉我们在 2000 年你被判了偷漏所得税罪，是吗？

答：是的。

问：事实上，你在 2000 年 6 月 30 号被指控了三项罪名，是吗？

答：是的。

问：这件案子是在美国印第安纳北区地方法院，由史密斯法官审理的，是吗？

答：是的，确实是。

问：史密斯法官对全部三项罪名判了你六个月的监禁和五年的缓刑，对吗？

答：是的。

利用犯罪记录进行弹劾属于技术性范畴，在那些不遵循联邦证据规则第 609 条的辖区，相关规则有很大的不同。第一，确保你了解相关可适用的法律。第二，在庭审前就提出犯罪记录事项，因为不当地依据犯罪记录弹劾很有可能导致庭审无效。

4. **先前的不良行为**

根据联邦证据规则第 608 条（b）规定，先前的不良行为可用以弹劾，前提是这些行为具有"对诚信度的证明力"（probative of truthfulness）。此种变化不同于普通法，而且如今仍未采用联邦证据规则的法院并不允许此种弹劾。因此，在可用以弹劾的辖区，需要研究先前不良行为的可采性。对诚信度具有证明力的不良行为，通常包括虚假贷款申请、不确实的就业申请，或者其他故意虚假陈述的行为。

先前的不良行为总是附随的。交叉询问者必须"接受证人的回答"，而不能通过旁证来证实。一旦如此，交叉询问者必须继续交叉询问，得以让证人承认不良行为，或者表明他的否认不值得相信。

示　例

问：约翰森夫人，你去年在希尔斯公司提交了就业申请吗？

答：是的。

问：你是在去年的 3 月 31 号提交的申请，对吗？

答：就在那前后。

问：你在上面签字了吗？

答：我想是。

问：约翰森夫人，在教育背景一栏，你是否填写了"在 1981 年取得加州大学洛杉矶分校经济学学士学位"？

答：是的。

问：事实上，约翰森夫人，你从来没有在加州大学洛杉矶分校获得学士学位，是吗？

答：是的，我没有。

284

作为一种技巧，你应当通过揭示足够的细节来提出不良行为的相关问题，以让证人和陪审团知道你在这一点上是做足了功课的。这样证人更有可能承认它，抑或陪审团更不容易相信证人的否认。

5. 先前不一致陈述

提出先前不一致陈述，是在庭审中最常用到的弹劾方式。但是，以先前不一致陈述提出的弹劾，需要比其他弹劾方式更细致的技巧，才能使它在陪审团面前发挥有效的作用。

联邦证据规则第 613 条要求，必须给予证人机会对不一致的陈述予以承认、否认或解释。因此，大多数法院要求对证人进行交叉询问时提出先前不一致陈述。先前不一致陈述既可能是附随也可能是非附随的。如果它是非附随的，而证人否认说过它，那么你必须随后利用旁证来证实它。

在庭审中被用于弹劾的先前不一致陈述，其证据地位怎样呢？这取决于证人、先前不一致陈述的类型和所在辖区的证据法。当陈述仅用于有限的弹劾目的时，先前不一致陈述总能被用于弹劾，以传闻作为理由提出异议是不恰当的。但是，如果陈述是由对方作出，根据联邦证据规则第 801 条（d）（2），它就符合自认的要件，而且既可以用于弹劾，也可以作为实质证据。如果陈述并非某一当事人作出，虽可用于弹劾，但是根据联邦证据规则第 801 条（d）（1）（A），仅在陈述为庭审、听证、诉讼或采证笔录中宣誓作成后，才能作为实质证据采信。

a. 技巧

弹劾技巧必须是有组织的和简单的。基本的结构包括三步：承诺（commit）、授信（credit）和对质（confront）。第一，让证人承诺其在直接询问中所称的事实，即你计划弹劾的事实。当你让证人承诺时，使用他在直接询问中的原答案，因为他最可能同意自己的原答案，而非一个改编的答案。

第二，授信，即突显弹劾所用陈述的重要性。引导证人说出与先前陈述不一致的日期、时间、地点和情形，无论是口头陈述还是书面陈述。根据联邦证据规则第 613 条（a），你不需要在使用弹劾用陈述之前，先向证人展示它，虽然你必须根据对方律师的请求向律师展示。但是，通常更有效的方式是向证人展示他先前的书面陈述，然后让他承认自己制作或签署了它。为突显弹劾陈述的可信度，还需要证明陈述是在证人清醒的情况下作出，且依当时的情况显示，证人是认真作出该陈述的。

第三，通过向证人阅读先前不一致陈述的恰当部分与证人对质，并让他承认作出了先前不一致陈述。使用据以弹劾陈述的原文。如果你将使用较长的陈述，例如采证笔录，告诉对方律师你使用的部分来自第几页。你也可以让证人宣读弹劾陈述，但是这通常不太有效，因为证人在宣读弹劾陈述的某个部分时不会如你一样有力度。

第四，表明你的态度。你在弹劾阶段的态度会暗示陪审团，他们的态度应该是怎样的。你的态度是否表示证人说谎、混淆或者健忘？如果是说谎，以相当强硬的态度挑明它；如果是混淆或健忘，以一种同情的语调指出它。你在弹劾期间的态度，还需要跟在终结辩论中谈论证人的不一致态度保持一致。

示 例

问：琼斯先生，你说当事故发生时，你离事故现场大概 50 英尺远？

答：是的。

问：你对此没有过疑问吗？

答：是的。

问：事实上你的距离超过 100 英尺远了吗？

答：没有。

问：琼斯先生，在事故发生几分钟之后，你就在现场跟一名警察谈过此事是吗？

答：是的。

问：因为你是在事故发生之后立即跟警察谈话的，所以你那时脑海中的印象还是清晰的吗？

答：是的。

问：你知道警察正在调查这起事故？

答：是的。

问：所以你知道尽量准确地陈述事实很重要？

答：是的。

问：琼斯先生，你就在事故发生不久之后告诉警察，当事故发生时你在"超过 100 英尺"的地方，是吗？

答：是的。

在这里，基本的技巧——承诺、授信和对质——被清晰简单地执行。一个简单的事实——50 英尺——被单独挑出来弹劾，然后简单地与之前 100 英尺的陈述作对比。有效的弹劾就像把两张卡片拿到陪审团面前，一张黑、一张白，所以每个人都能理解两者的差别。

因为证人如果回答"是的"，就承认了先前不一致陈述，所以接下来就不用做什么了。如果答案是"否"或者模棱两可的"我不知道"或"我不确定"，如果陈述是重要的或非附随的，你就需要"证实"该陈述。至于如何证实或者完成弹劾，将在本节后文中讨论。

简洁对于让陪审团理解其间的对比至关重要，但是这一点很难实现。这里常会发生三个问题。第一，你不可能有效地弹劾冗长的陈述、段落甚至长的句子。它们必须被缩减为可以有效与先前陈述对比的关键事实或者重要的几个词语。第二，你不可能一次性有效地弹劾几个事实。为了使不一致的地方变得清晰和容易理解，你应当单个提出你意图弹劾的每个事实，并证明其矛盾点。这会使事情变得清晰，而清晰是最重要的。当你使用类似"你今天说到"和"你今天主张"等词语以让证人承诺他在直接询问中说过的事实时，这即向陪审团暗示了这些话不值得相信，而且你很快就会解释为什么不能相信。

示　例

问：琼斯先生，不知道我今天有没听错——你说当你看见事故发生时，你离现场大约 50 英尺远？

答：是的。

突显弹劾陈述，在本案中就是在事故发生后不久证人对警察作出的口头陈述，即：

问：你告诉亚当警官你离现场 100 英尺远，是吗？

答：是的。

问：琼斯先生，你今天说在街角已经待了大约 30 分钟吗？

答：是的。

问：但你告诉亚当警官你只先到了事故现场一会儿，是吗？

答：是的。

问：琼斯先生，你今天主张你清楚地看到了事故的整个过程？

答：是的。

问：但是，就在事故发生几分钟之后你告诉亚当警官，你当时正在看其他地方，因此只看到事故发生之后的情况，是吗？

答：是的。

这种一次只弹劾一个简单事实的基本技巧，适用于每种类型的先前不一致陈述。

在许多辖区，允许你在交叉询问阶段使用黑板或纸板。如果被允许，这是一种可以使先前不一致陈述变得视觉化和明确的有说服力的技巧。列两栏，分别标记为"今天"和"事故现场"，或者以其他类似标签区分证人作出陈述的不同时间。当你让证人承诺其在直接询问中的陈述之后，提出弹劾所用的不一致的地方，然后把关键词写在黑板或纸板上。

在上述例子中，在进行弹劾时，你可以列出下面的图表：

今天	事故现场
1."50 英尺远"	1."超过 100 英尺远"
2."在街角待了 30 分钟"	2."仅在事故发生不久前到达现场"
3."清楚地看到事故发生全过程"	3."直到事故发生之后才看到"

　　只要这张图表公正且准确地表明了证人的陈述，它就是恰当的。注意，在允许此种做法的辖区，此种图表不会成为实质证据。因此，它不会被采信为展示物，而陪审团在评议中也看不到它。

　　第三，除非你让证人清楚地承诺了与弹劾所用陈述相矛盾的陈述，否则你不可能有效地进行弹劾。如果矛盾不明显，你首先必须将证人在直接询问中陈述的事实，转化为明显与弹劾所用陈述相矛盾的事实。

　　证人在直接陈述中说道"向北行驶的汽车闯了红灯"。他在一次对调查者的口头陈述中，却表示"原告闯了红灯"。

　　问：史密斯先生，你说向北行驶的汽车闯了红灯，对吗？

　　答：是的。

　　问：向北行驶的车是由琼斯驾驶的？

　　答：是的。

　　问：琼斯是本案的被告吗？

　　答：是的。

　　问：所以你是说被告闯了红灯，是吗？

　　答：对的。

　　（在突显了弹劾所用陈述之后）：

　　问：史密斯先生，你是否告诉了调查者是原告闯了红灯？

　　答：是的。

　　第四，基本的三步法——承诺、授信、对质——可以根据不同的情况调整，以使对比更加明显。有时候先突显弹劾所用陈述会更有效，然后再使证人承诺陈述并对比。这对于没有经验的外行证人更加有效。有经验的证人，例如警官，会很快地意识到你正在履行弹劾的惯常程序。

　　问：琼斯先生，你在车祸发生几分钟之后，在事故现场跟警官谈过话，是吗？

　　答：是的。

　　问：那时你的记忆还很清晰吗？

　　答：当然。

　　问：你知道，尽可能准确地告诉调查警官你知道的一切很重要，是吗？

答：是的。

问：琼斯先生，你今天说过在事故发生时你离现场大约 50 英尺远，对吗？

答：是的。

问：但是你就在事故发生后告诉警察，在事故发生时，你离事故现场超过 100 英尺远，是吗？

答：是的。

这些弹劾的示例，全都假设你的目的是为了暴露证人改变证言，以质疑证人的可信度。如果你是证明证人混淆或健忘，而可能随意地改动了他的证言，那么不要让证人在直接询问中的证言拘束他，可能会更有效。反而，你仅需提出先前的陈述，然后让证人同意它是真实和准确的。通过这种方式，证人会采纳先前的证言。

b. 先前证言

先前证言包括任何宣誓后的证言，例如采证笔录、先前审判（former trial）、证据听证（例如初始听证与大陪审团程序）及政府机关前的听证，例如审讯。因为先前证言是在宣誓后——明白作伪证就会受惩罚的前提下——经过正式程序作出的，所以它的弹劾价值很高，确立先前证言也因此十分重要。

示　例

人身伤害案件的证人作证他在事故发生前看到了事故车辆。但他在采证笔录中作证仅在听到碰撞的声音之后才看到汽车。

问：琼斯先生，你在两辆汽车真实发生碰撞之前已经看到了它们，这是你告诉我们的吗？

答：是的。

问：你对这件事并没有疑问吗？

答：没有，先生。

问：琼斯先生，你去年为本案作了采证笔录，是吗？

答：我想是的。

问：嗯，你记得 2000 年 3 月 15 号你在我的办公室，是吗？

答：是的，大约是那个时候。

问：你知道会被问及碰撞的问题吗？

答：是的。

问：在那次书面笔录中，对方律师富兰克林、法庭记录员、你和我都在场，是吗？

答：是的。

问：富兰克林和我都向你提出了关于碰撞的问题？

答：是的。

问：在你回答这些问题前，你曾举起你的右手，在法庭记录员面前宣誓陈述事实，是吗？

答：是的。

问：与你今天的宣誓是一样的吗？

289

答：是的。

问：你确实说了实话，是吗？

答：当然。

问：在你作证完毕之后，你有机会阅读证言以确保它是准确的吗？

答：是的。

问：你所有的问题和答案都打印在一个小册子上，被称为"威廉姆斯·琼斯的采证笔录"，是吗？

答：是的。

问：在读完并确保无误后，你在结尾处签了名，是吗？

答：是的。

问：你刚好是在车祸发生4个月后提供的采证笔录，是吗？

答：是的。

问：所以事故是怎样发生的，在你脑子里仍非常清晰，是吗？

答：我想是的。

问：琼斯先生，我将要阅读你的采证笔录中的一页——第18页，第6行。律师们，请跟我一起阅读，以确保我的问题和答案是正确的（向证人展示的同时阅读笔录副本）：

问：车祸吸引你注意力的第一件事情是什么？

答：嗯，我想大约是在听到响亮的碰撞声。

问：你那时候做了什么？

答：我回头看了看，看到两辆车刚撞到了一起。

问：那是你第一次真正看到那两辆车吗？

答：是的。

问：我读得正确吗？

答：是的。

290

当以笔录进行弹劾时，逐字逐句地宣读那些问题和答案。概括或改述证言都是不恰当的。当你利用书面或其他方式记录的陈述进行弹劾时，确保它们是重要的和公正的弹劾。避免使用弹劾作用甚微的陈述。它不仅在可采性上存在问题，作为一种技巧而言，也缺乏有效性。避免提出"你是否记得"之类的问题，因为它会让证人避免问题的实质。避免向证人提出"你是否说过"之类的问题，因为证人可能对此模棱两可；仅简单地提问"我宣读得正确吗？"或"它的内容是这样的吗？"。最重要的是，避免以断章取义的陈述来进行弹劾。根据联邦证据规则第106条，你的对手能够要求你宣读有关陈述的所有部分。

c. 书面陈述

书面陈述既可以采用叙述的形式，也可以采用问答的形式，而且可以由证人自己书写或签字。尽管书面陈述经常是给调查者或警察的陈述，但也可以包括其他书面材料，例如信件和记录。

证人在刑事案件中作证，抢劫他的人大约 24 岁，5 英尺 11 英寸高。在一份给警察探员的书面陈述中，他却说抢劫他的人大约 18 岁，5 英尺 7 英寸高。

　　问：多伊先生，你现在说抢劫你的人大约 24 岁，5 英尺 11 英寸高吗？

　　答：是的。

　　问：你们俩面对面大约持续了 2 分钟，是吗？

　　答：是的。

　　问：光线充足吗？

　　答：是的。

　　问：所以你有机会看见他的脸，并判断他的身高，是吗？

　　答：是的。

　　问：你有多高，多伊先生？

　　答：5 英尺 8 英寸。

　　问：所以抢劫者比你高 3 英寸吗？

　　答：是的。

　　问：他大约 24 岁？

　　答：是的，大约是。

　　问：你预计他的年龄是 24 岁，身高是 5 英尺 11 英寸，这种预计是基于你跟他 2 分
　　　　钟面对面的对抗，对吗？

291

　　答：是的。

　　问：多伊先生，在抢劫当天，你还作了一份关于抢劫的书面陈述，是吗？

　　答：是的。

　　问：那是给史密斯探员的吗？

　　答：是的。

　　问：是在警察局吗？

　　答：是的。

　　问：在他打出陈述之后，他给你看了吗？

　　答：给了。

　　问：他有让你阅读它并作必要修改吗？

　　答：有。

　　问：你那样做了吗？

　　答：是的。

　　问：你想确保陈述是准确的，是吗？

　　答：是的。

　　问：在确保准确之后，你在陈述上签字了吗？

　　答：签了。

　　问：（将陈述标记为展示物，将它向对方律师展示，然后给证人）多伊先生，我现在
　　　　向你出示被标记为被告 1 号展示物的两页文件。在底部是你的签名，是吗？

　　答：是的。

　　问：这是你签名后给史密斯探员的陈述，是吗？

　　答：是的。

问：我将要宣读你的书面陈述的第1页，律师们，"这个人看上去大约18岁，大概5英尺7英寸高"？这是你在陈述里说的话，是吗？

答：是的。

确保你逐字宣读了书面陈述，而并非概括。如上文所述，联邦证据规则第613条赋予了你选择权，你被允许在利用它对证人进行弹劾之前，不向证人出示它。但是，大多数律师会选择在例子中给出的传统方式，他们认为这是一种更有力的说服方式。如果你不向证人出示陈述，陪审团会认为它看上去不公平，而且，如果你不先向证人出示弹劾陈述，证人可能不会承认自己作过该陈述。

d. 口头陈述

口头陈述在大多数时候是向警察或私人侦探作出的陈述。但是，证人向任何人作出的陈述都可以用于弹劾，如果它与法庭内的证言在关键事实上不一致。

292

示 例

与上文的事实一样，除了向警察探员作的是口头陈述。探员在他的报告中总结了该陈述。运用上文同样的方式，锁定证人在直接询问中的证言，即抢劫者大约24岁，5英尺11英寸高。然后以下列的方式继续：

问：多伊先生，你在抢劫发生后，跟史密斯探长谈了几个小时，是吗？

答：是的。

问：是在警察局的询问室吗？

答：是的。

问：史密斯探长的搭档也在房间吗？

答：是的。

问：史密斯先生问了你关于抢劫的所有问题，是吗？

答：是的。

问：你告诉他你记得的所有东西了吗？

答：是的。

问：你尽量准确地告诉他一切了吗？

答：是的。

问：你想确保被逮捕的人是正确的，是吗？

答：是的。

问：史密斯探员和他的搭档在你们对话期间，一直都在做记录，是吗？

答：我想是的。

问：多伊先生，你是否在史密斯搭档在场的情况下，告诉史密斯探员抢劫者大约18岁？

答：是的。

问：你是否告诉他该名抢劫者大约5英尺7英寸高？

答：是的，那是我说过的话。

当你使用其他人的报告内的记录内容进行弹劾时，你不能利用报告本身进行弹劾证人，因为证人自己并没有撰写这份报告。因此，在上述的例子中，提问"你是否在史密斯长官的报告中说过……"是不恰当的，因为利用其他人的报告来交叉询问证人是不公平的。这是在利用口头陈述进行弹劾时的常见错误。

e. 辩诉状和披露

任何由证人签字的法庭文件，例如对质询的答辩或支持动议的宣誓书，都可以被用于弹劾。但是，也可能出现一方证人忘记法庭文件陈述的内容而作出了不一致陈述的情况。在这些情况下，这些文件可以被用于弹劾证人。 *293*

示 例

一名合同诉讼中的被告在直接询问中，说他不记得从原告处收到了承诺书。但在他的质询答辩状中，他却承认收到了信件。

问：伊斯威特先生，你说你不记得从原告处受到了接受要约的信件，这是你的证言吗？

答：是的。

问：这封信，即原告 1 号展示物，日期为 2000 年 7 月 5 号，你收到过这封信，是吗？

答：我不确定。

问：伊斯威特先生，在你被起诉之后，你和你的律师收到了质询书（interrogatories）的副本，是吗？

答：是的。

问：那时你们被要求回答书面问题吗？

答：是的。

问：经过宣誓吗？

答：是的。

问：以书面形式吗？

答：是的。

问：在宣誓之后，你书面回答了这些问题，是吗？

答：是的。

问：然后你寄送了一份答辩书给我？

答：我想是我的律师寄的。

问：伊斯威特先生，我现在交给你质询书，即原告展示物 2 号，和你的书面答辩书，即原告展示物 3 号。这些是质询书和你的书面答辩书，对吗？

答：是的。

问：你的答辩书上有你签名吗？

答：有。

问：你宣誓了吗？

答：宣誓了。

问：质询书的第 5 条（宣读）写道："大约在 2000 年 7 月 8 号，你是否收到了一封来自原告的、作为 1 号展示物的，表示原告接受要约的信件"，我宣读得正确吗？

答：是的。

问：你签过字的答辩书的第 5 条和宣过誓的答辩书写道（宣读）："被告承认收到了作为原告质询书 1 号展示物的信件"，我宣读得正确吗？

答：它是这样写的。

f. 遗漏

当证人先前就其活动撰写了书面报告时，利用其报告中的遗漏来弹劾他，就是一种常见的庭审技巧。虽然使用遗漏进行弹劾作用会很强大，但是不要把它用于不合适的证人。把它留给受过训练，知道如何制作和填写报告和记录，并且对参与的活动具有掌控能力的证人。警察和其他调查者通常被归于此种类型。只要证人对没有在报告中提及的重要事实作证，你就可以借报告中遗漏的事实进行弹劾。它的技巧与弹劾先前不一致陈述一样，只是先前不一致陈述在这里并不存在。目的很明确：如果现在所说的如此重要，那为什么之前不把它写入报告中？

证明是关键的。你必须证明证人了解如何准备完善的报告，因为他了解，如果信息足够重要，他通常就应当写在报告中。只要这一点得到确立，就将迫使证人承认被遗漏的事实是应该被记入报告的重要事实。一旦证明了这一点，结论就变得显而易见：其主张的事实其实从来没有发生过。

示 例

一名警官作证在被告被逮捕后，被告立即说道："我不知道我做了什么。一切就这样发生了。"这条陈述没有写在报告中。

问：多伊警官，就在你逮捕鲍比之后，你称他立即说了"我不知道我做了什么。一切就这样发生了。"这是你告诉我们的话吗？

答：是的，先生。

问：你确定他是这样说的吗？

答：是的。

问：多伊先生，你准备了一份关于此次事件的书面报告，是吗？

答：是的。

问：你在警察学院接受了如何制作此类书面报告的训练，是吗？

答：是的。

问：你学过如何准备完整、准确的报告吗？

答：是的。

问：你还知晓应该把事件的所有重要信息都写在报告中吗？

答：是的。

问：那是因为你、你的长官和检察官全都依赖于这份报告以对案件作出评价，对吗？

答：是的。

问：需要记录的最重要的事情之一，就是被逮捕的人就事件说了什么，是吗？

答：是的。

问：事实上，你学过应当如实记录你逮捕的人说的原话，是吗？

答：是的。

295

问：（将警官的报告标记为展示物，将它向对方律师出示，然后给证人），我现在向你出示原告 1 号展示物，这是你的书面报告吗？

答：是的。

问：你对事件的叙述还包括表格的整个背面，并且是以单倍行距打印的吗？

答：是的。

问：在打印之后，你通读了它吗？

答：是的。

问：你希望确保报告是完整、准确的，对吗？

答：是的。

问：它包括了一切重要信息，对吗？

答：是的。

问：在确保它是完整且准确的之后，你在上面签了名，对吗？

答：是的。

问：报告的目的是为了准确记录你的所见、所闻和所做的事情内容，对吗？

答：是的。

问：在对事件当庭作证之前，你还使用这份报告来唤醒记忆，这也对吗？

答：是的。

问：这很重要，因为每个人的记忆都会随着时间消逝，对吗？

答：是的。

问：事实上，在今天作证之前你读过这份报告，是吗？

答：是的。

问：多伊警官，在这份你准备的报告中，没有地方记录了鲍比说过"我不知道我做了什么。一切就这样发生了"，是这样的吗？

答：报告里没有这句话。

问：事实上，你的报告中没有关于被告当时陈述的任何记录，对吗？

答：是的。

虽然这是一种有效的方式，但是还有更多的说服技巧来揭露被遗漏的事实。一种方式是让证人通读报告，然后找出缺失的信息。另一种方式是给证人一支笔，然后请他圈出被遗漏的信息。如果证人明显无法完成这件事情，就有效地揭露了被遗漏的事实。

示 例

问：多伊警官，请用这支红色的水笔，在你的报告中，圈出在什么地方记录了鲍比说过"这都是我的过错。我失去了理智。"（给证人笔）

问：警官，你没有用笔圈出任何东西。有什么问题吗？

答：我的报告里没有记录这句话。

296

6. 矛盾事实

交叉询问者可能会想要指出，一些事实与证人所主张的事实不同。这经常被称为通过证明矛盾的弹劾。在交叉询问中你应该如何主张事实，取决于如果证人否认了它，你是否有义务证明你所主张的事实。

示 例

问：在当天车祸发生前，你有喝过酒精饮料吗？
答：没有。
问：在车祸发生前一个小时，你在欧玛丽酒吧喝了三杯双份马提尼酒吗？
答：是的。

第一个问题，因为它的形式，并没有直接主张一个事实，而且否认就结束了询问。但是，在第二个问题中，它的形式直接就暗示饮酒确有发生，而如果证人否认，你可能被要求证明它。与往常一样，除非你善意地相信你暗示为真的事实是真实的，否则不要提出类似的弹劾问题。

如果证人否认在交叉询问中暗示的矛盾事实，你是否需要利用旁证来证明它，这取决于该矛盾事实是附随的，还是非附随的。此种区别在先前不一致的陈述中同样存在。如果它是非附随的，你必须证明它。如果它是附随的，你不用证实它。

示 例

一起汽车过失驾驶的诉讼中，证人作证，在车祸发生时，他系着绿领带，离车祸现场大约 10 英尺远。在交叉询问中，证人被问"你是否系的是红领带？"和"你离车祸现场是否有 100 英尺远？"证人均否认了。

在这个例子中，交叉询问者直接暗示两个矛盾事实都是真实的。但是，只有对 100 英尺的否认是重要的，交叉询问者必须证实它。否认他的领带是红色的，是附随事实，并不需要证实。

297

7. 不诚信的低劣品格

只要证人在庭审中作证，他的可信度就会存在争议。因此，证人关于诚信的品格就与他的可信度相关，而且在特定情况下可能会在庭审中提出。

你必须了解这种程序要求。根据联邦证据规则第 608 条（a）和大多数州的规定，在证人的品格得到支持之前，证人必须让自己品格接受挑战。因为证人是被推定为诚信的，因此在相信他们之前，必须先让他们接受质疑。因此，对手必然先传唤一名证人，证明先前证人的品行是低劣的。根据联邦证据规则第 608 条（a），这是恰当的，既可以是名誉也可以是个人意见。一旦被攻击之后，证人的支持者才能提出支持该证人名誉或个人意见的证据。记住，在作证之前，名誉或者意见证人必须证明名誉或意见的依据，以取得恰当的作证资格。

> **示 例**
>
> 原告传唤史密斯为证人。当原告举证完毕之后，被告传唤约翰森为证人作证，称史密斯有不诚信的恶名。在被告举证完毕之后，原告在反驳阶段传唤爱德华作证，称史密斯具有诚信的良好名誉。

记住，传唤名誉证人存在内在的风险。名誉证人在交叉询问可以被提问，他是否了解或听到任何与其所称的名誉不一致的事实。这可能会使得本不会在法庭中被提出的不良行为，被揭露出来。

> **示 例**
>
> 刑事案件中的被告已经作证。随后控方传唤了琼斯，琼斯称被告有不诚信的恶名。被告通过传唤约翰森来反击，约翰森称被告有诚信的美名。在对约翰森的交叉询问中，控方可能会问到"你听说过被告去年因信用卡欺诈而被逮捕吗？"这是对约翰森了解度的恰当测试，尽管提到的被告被逮捕的事实，不会被法庭采信。当然，交叉询问者必须有善意的基础，相信被告去年真的因信用卡欺诈被逮捕，否则就不能提出这个问题。

8. 完成弹劾

你是否会被要求利用旁证来"证实"弹劾事实，取决于两件事情。第一，证人是否清楚地承认了弹劾？如果是，就不需要做其他事情了。如果证人否认或者推诿不答，例如说"我不记得了"，"我可能有"或"我不太肯定"，你可能会被要求证实所弹劾的事实。第二，弹劾是非附随的吗？基于庭审效率的考虑，只有对非附随的事项，也就是那些根据庭审整体背景判断足够重要的事项，才会被允许和要求证明。一些弹劾方式总是被认为是非附随的，如倾向、利益、动机和前科。而一些方式总被认为是附属的，如先前不良行为。同样，其他的可能是非附随的，也可能是附随的，如先前不一致陈述和矛盾事实。（此种两分法不适用于不诚信的低劣品格或论著）

总之，在你被允许或要求利用旁证证明弹劾之前，你必须有非附随的弹劾事实，而证人还未坦率地承认事实。你如何完成这项工作，取决于所涉弹劾的具体类型。

当你在稍后证实弹劾时，就是轮到你传唤证人的时候。例如，如果你在原告举证阶段弹劾了原告证人，你只有在原告举证完毕，并且轮到被告举证时才能证实弹劾。然后你应该在被告举证阶段，传唤能够证实弹劾事实的证人作证。

当你证实证人发表了先前陈述时，传闻证据并不是一个恰当的证据异议理由，因为提出证言只是为了证明证人发表过该陈述，而不是证明它是真实的。（但是，记住联邦证据规则第 801 条（d）（1）（A）规定，宣誓后作出的先前不一致陈述并非传闻证据，即意味着它的真实性可以被采信）

a. 倾向、利益和动机

如果证人在交叉询问中没有承认表现出倾向、利益和动机的事实，你必须证实该事实，因为倾向、利益和动机总是非附随的。你必须传唤证人或出示展示物以证实表明倾向、利益和动机的事实，实际上是真实的。例如，如果证人否认在财务上欠债于一方当事人，则需要传唤了解欠债情况的证人或者出示此项债务的书面证明。

b. 前科

为证实前科，仅需要获得证人定罪记录的认证副本。认证副本是自我证真的，而且不需要进一步奠定基础就可以被采信。仅在下一次轮到你提交证据时将认证副本提交为展示物，并请求向陪审团宣读或出示该记录。

如果证人的名字与记录上的名字一样，那么通常会推定证人与记录上的人是同一个人。如果名字不一样（而改名并不常见）或者证人否认他是记录上的人，你就必须准备证实证人与记录上的人是同一个人。通常，监狱记录包括了指纹、照片和签名，可以恰当地证明罪犯与法庭中的证人是同一个人。

c. 先前不一致陈述

这种陈述是最有可能被要求证实的弹劾来源，它通常会在交叉询问中被否认，特别是口头的、不一致的陈述。

在确证弹劾所依据的事实时，你首先需要传唤确证证人（prove-up witness），确立他熟悉不一致的陈述，将证人引导至不一致的陈述，并证明证人实际上作出了该陈述。一种常见的错误是，让证人就整个陈述作证，而非仅仅是不一致的部分。

先前证言。为证实在庭外采证中宣誓后作出的陈述，或者其他司法程序中作出的陈述，你必须传唤曾逐字记录了证言的法庭记录员作证。证明该法庭记录员是一名合格的速记员，他当时在现场，让证人宣誓所言属实，并逐字速记了所有的问题和回答。让记录员识别作为展示物的速记笔记（并不是速记手稿——这不是证言的原始记录）。证明展示物包括了所涉证人的证言。最后，让证人从记录中宣读能够证实该项弹劾的具体问题和答案部分。（让记录员提前浏览他的笔录，标出含有借其弹劾的问题和回答部分）

在实际中，这通常通过当事人双方签署诉讼协议而解决，双方约定，如果传唤法庭记录员作为证人，他会作证笔录是准确的和逐字记录的。然后，你可以向陪审团宣读笔录的恰当部分。

书面或签字的陈述。为证明书面或签字的陈述，你仅需传唤可以识别书面文件或签字的人，或看到陈述人撰写了陈述或在陈述上签字的人。让证人证明在陈述撰写或签字时，他一直在现场（如果他真的在现场），向证人出示陈述（将它标记为展示物），让证人识别陈述上的笔迹或签名确属陈述人的笔迹或签名，或者证明他看见陈述人撰写了陈述或在陈述上签名。最后，让证人宣读可以证实弹劾的书面陈述部分。

确保你的证人公正地进行了宣读，以确保弹劾的词句并非断章取义。当利用书面材料进行弹劾时，出于公平的考虑，联邦证据规则第 106 条允许对方要求你宣读或提交书面材料或陈述的其他部分。本条规则的目的，在于防止对以断章取义的语句来弹劾证人。要求提交与该陈述相关的所有部分，会防止此种不公平现象的发生。 *300*

口头陈述。为证实口头陈述，仅需要传唤在被弹劾者作出先前不一致陈述时在现场的证人。先为口头对话奠定通常的基础，然后指出具体的不一致陈述。因为此种类型的陈述，是最有可能在交叉询问中被否认的陈述，所以需要花时间介绍确证证人的背景和作出陈述时的具体情况，因为这样做会构建起弹劾的可信度。

示　例

在交叉询问中，琼斯否认了他在车祸现场告诉警官，他只是在听到车祸发生的声音之后才看到事故车辆。为证实他作过此种陈述，你必须传唤警官作为确证证人。先确立该警官的背景，他是如何到达事故现场的，他在到达后都做了什么。然后以以下的方式继续进行。

问：马丁警官，当你在事故现场时，你有跟任何证人说过话吗？

答：是的。

问：其中之一是罗杰・琼斯吗？

答：是的。

问：你有没有告诉琼斯先生，你为什么需要跟他谈话？

答：是的，我告诉他我必须查明每个人到底看到了什么，然后才能制作一份关于此次车祸的报告。

问：你是否问琼斯先生他看到和听到了什么？

答：是的。

问：他说他注意到的第一件事情是什么？

答：他说他正在街上走着，听到了撞击的声音，然后头一抬，就发现两辆车在十字路口相撞了。

问：琼斯先生是否曾经告诉过你，他在车祸发生之前，看到这两辆车吗？

答：没有，他特别告诉我，他是在听到车辆猛烈的撞击声之后，才第一次看到它们。

一种常见的错误，是试图将含有证人陈述的警察报告提交为展示物。这是不恰当的，因为证人并没有制作或者签署该报告。

证据披露（discovery）和宣誓书。对于含有不一致陈述的证据披露或宣誓书，证人否认签过名的情形并不常见。向证人出示文件，并让证人注意文件上的签名，通常都会得到承认。如果这没有发生，你必须证明文件上的签 *301* 名是证人的签名，然后请求法庭允许你向陪审团宣读其恰当的部分。

因为律师是当事方的代理人，所以由律师签名并提交的诉辩状会对当事人有约束力。但是，因为当事方并没有在诉辩状上签字，所以它可能不能被用于弹劾，除非你能证明在它被提交之前，当事方阅读并批准了它。

遗漏。在你向证人出示了他的先前陈述之后，证人还会否认他现在在庭上的证言在先前陈述中并没有记录的情况，并不多见。至多，他会主张他现在的证言已潜藏于先前陈述之中。

为证实先前书面陈述并不包含此人在庭审中作证的事实或陈述，你必须将整个陈述提交为证据，以证明该事实和陈述在书面陈述中被遗漏了。在这里，你可以使用与证实先前不一致陈述同样的方式。因为证人十有八九会承认作出了先前的书面陈述，所以你只需要向陪审团展示陈述，以证明遗漏的事实即可。

d. 矛盾事实

矛盾事实，与先前不一致陈述一样，可能是附随的，也可能是非附随的。如果是非附随的，而且证人并没有承认它，你必须利用旁证证实它。

示　例

在直接询问中，原告证人说，当车祸发生时，她离十字路口约 20 英尺远。在交叉询问中，她否认她是在碰撞之后才到达到车祸现场。因为被否认的事实是非附随的事实，所以被告在其举证阶段必须传唤证人，证明原告证人是在事故发生之后，才到达现场。

e. 证实失败

如果交叉询问者未能证实他有义务证实的弹劾事实，会发生什么？有两种基本的方法来解决这个问题。

第一，提出动议，要求排除交叉询问者提出的问题和答案，并请求法官指示陪审团忽视它们。很显然，陪审团不可能"不记得"这些没有证实的事实，特别是法官又刚提醒了他们。但是，它确实会提醒陪审团，注意交叉询问者未能证明其暗示为真实的事实，而且因为证人否认了该事实，所以该事实应当被认为是假的。请求法官明确地告诉这一点，而不是随意地劝告陪审团"忽视"它们。提出这种动议，对于保存错误作为上诉理由，当然也是必要的。如果违反足够严重，请求法官裁定本次审判为无效审判（mistrial）。

第二，出于策略上的原因，考虑"不"提出动议。如果交叉询问者未能证实弹劾事实并不重要，而且为上诉保存错误也不重要，你就不要提出请求排除的动议，这样你就可以在终结辩护中评论它。如果交叉询问者并没有提出确切的证据，只是攻击你方证人，你就要攻击对手的技巧，并指出他只是未经证实的含沙射影，这是一种在终结辩护阶段的有效方式。

9. 弹劾法庭外的陈述者

法庭外的陈述往往是可以被采信的，因为它们大多符合传闻证据例外的规定。最常见的例子是作为先前证言的庭外采证笔录。对方则可能希望使用许多被允许的弹劾技巧之一，来攻击庭外陈述人陈述的可信度。

此种情形由联邦证据规则第 806 条规定。因为陈述人没有在法庭出现，所以不可能向他提出在交叉询问中通常提出的弹劾问题。但是，当弹劾是非附随的时候，对方可以提出旁证以弹劾庭外陈述者。

示 例

在一起过失驾驶事故诉讼中，原告提交了琼斯的庭外采证笔录，而琼斯最近已经死亡。因为琼斯不可能出庭，所以根据联邦证据规则第 804（b）（1）条，该庭外采证笔录满足先前证言的要求。在被告举证阶段，被告可以提出 5 年前琼斯被判过伪证罪的事实，因为根据联邦证据规则第 609 条，前科是可采信以攻击证人的可信度。这可以通过提交琼斯犯罪记录的认证副本来完成。

联邦证据规则第 806 条是一条重要的规则，因为陪审团经常会收到来自庭外陈述人的陈述或证言。它经常被用来攻击本人没有亲自在庭审中出现，但是提交了庭外采证笔录作为先前证言的专家证人的可信度。

7.8 特殊问题

交叉询问者经常必须处理证人用来干扰或击败交叉询问目的的接连不断的策略。它们包括下列几项：

303

1. 闪烁其词的证人

经常，在直接询问阶段作证没有困难的证人，会在交叉询问一开始就变得闪烁其词。闪烁其词可以通过几种形式。证人的语调和举止发生了改变。他会不断地重复你的问题或者请你重复你的问题。他在回答问题时非常缓慢。他不停地回答"我不知道"，"我不记得了"，"我记不起来了"，"我不确定"、"我也许"，"我可能"，或者直接借叙述逃避问题。

询问此种证人的关键是，记住所有闪烁其词的行为都会给陪审团留下极为不好的印象，而且此种印象会蔓延至对手举证的其他部分。相应地，你不应当试图迫使他给出更好的回答。相反，以同样的方式继续。尽量引出更多的"我不记得了"回答。问证人是否有困难听清或理解你的问题。向证人提问："你并没有回答我的问题，是吗？"试图使证人以闪烁其词的方式回答在直接询问阶段没有困难回答的问题。陪审团会迅速地认识到证人在做什么，并且会恰当地处理他的证言。

2. 好争论的证人

爱解释或好争论的证人，在交叉询问中表现出的问题恰巧与闪烁其词的证人相反。证人希望详细解释每个问题。他想以自己的问题来回答你的问题。他希望争论每件事情。对付此类证人的关键是控制。如果证人和你辩论，或者以一个问题来回答你的问题时，你就让你的提问变得特别的简短和清晰，而可能的回答就会非常显然。重复问题，直到得到配合的答案。如果证人继续他的方式，那么陪审团也会很快意识到他在干什么。

避免做许多律师经常做的事情，就是当证人给出一个答非所问的答案，或试图争辩或解释时，你必须控制住试图打断证人的欲望。

示 例

问：那时你站在街角，是吗？

答：当那辆大型的别克车冲过来的时候，我就站在街角……

问：谢谢你，威廉姆斯先生，你已经回答了这个问题。我的下一个问题是……

为什么需要避免这一点呢？研究表明，陪审员尤其不喜欢不停地打断证人的律师，因为这样会使律师看上去试图对陪审团隐藏一些事情，而这对律师的可信度是致命的。更好的技巧是不要打断证人，然后向陪审团证明证人没有依照规则行事。

示 例

问：那时你站在街角，是吗？

答：我当时就站在街角。那时那辆大型的别克车正冲入十字路口。

问：威廉姆斯先生，我们一会儿再谈别克车。现在我的问题是，你当时正站在街角吗？

答：是的。

如果证人继续以你要求之外的方式来回答问题，陪审团就会了解证人正在做什么，并恰当地评价他的可信度。

同样避免请求法官排除那些答非所问的回答，或者指导证人仅回答你提出的问题（除非这对保存错误以便将来上诉是重要的）。研究表明，陪审团不会注意此种警告。如果注意到，它也只是会加强陪审员对不恰当回答的记忆，并且让陪审团觉得你不能掌控证人。相反，耐心地重复你的问题，直到你得到配合的答案。如果证人继续演讲，即使没有你的请求，法官也会警告证人，这会留下完全不同的印象。

另一种方式是与证人实现"立约"。

示 例

问：富兰克林先生，在进行交叉询问之前，我想与你约定如何进行交叉询问。我会尽量清楚地提出我的问题。如果问题不清楚，让我知道，好吗？

答：好的。

问：如果我的问题是清楚的，请简单、清楚地回答，好吗？

答：是的。

问：我们能就此达成一致吗？

答：是的。

问：这样是公平的，是吗？

答：是的。

证人很难不同意这样的安排。然后，如果证人闪烁其词或者与你争辩，陪审团会认为证人违反了他自己同意的公平安排。

3. "表面的"交叉询问

虽然交叉询问并非必须，但是在大多数情况之下，陪审团会期待某种类型的交叉询问。特别是当证人是对方的重要证人时，尤其如此。在此种情况下，你需要进行某种类型的交叉询问，而且你也应该考虑使用在本章中所讨论的标准技巧。*305*

但是，有时候，你既没有能够引出有利自认的实际预期，又没有削弱证人可信度的真枪荷弹。简言之，你没有丝毫的胜算，但是陪审团又会期待某种交叉询问。在此种情况下，你最好的方式是进行"表面上"的交叉询问。考虑在以下几个附随问题上询问证人：

a. 谁让他作为证人的？

b. 他收到传票了吗？

c. 他跟谁讲过本案的事情？

d. 他和律师或者其他人讨论过证言吗？

e. 他和其他在场证人一起参加过任何会议吗？

f. 为了准备证言，他还阅读过其他资料吗？

g. 他对事件做过什么记录吗？

h. 读过庭外采证笔录或先前陈述吗？

i. 认识任何当事人或证人吗？

j. 担任证人有报酬吗？

上述的话题，没有一项试图直接攻击证言。但是，恰当地提出这些问题，至少可以使陪审员心生疑虑，使他们至少会考虑一下这些证言，而非盲目地接受它们。

当你在交叉询问中没有有效的武器时，有时另外一种会有效的方式，是利用交叉询问向陪审团表明你方的事实版本，尽管证人可能会否认它。至少它告诉陪审团，诉讼还存在他们需要听审的另一面。此种技巧对被告尤为有用，因为被告是第二个出示证据，而且这样做可以向陪审团暗示，在决定谁是正确的之前，他们应当不存偏见，听审完所有的证据。但是记住，你如果使用此种方式，你很有可能需要在你方的举证阶段，提交证明你方事实版本的证据。

4. 对方律师

尽管十分遗憾，但生活中仍会发生这样的事实，那就是一些律师会逾越恰当的证据异议范围而提出异议，而仅为了帮助或指导被交叉询问的证人。在有善意基础时，提出异议总是恰当的，但是仅为了帮助或指导证人作出更安全或更好的回答而提出异议，就是不恰当的。这有三个基本的问题。

一是在提出一个合理的问题之后，律师会不断地插入"如果他知道"异议。不变的是，证人会回答"我不知道"。此种插入是不恰当的，而且这明显在指导证人如何回答问题。如果你的对手不断地诉诸此种手段，你应当提出强烈的异议，而且如有需要，请求法官指示对方律师停止此种行为。无论法官如何裁定，陪审团都会了解律师正在做什么。

另一种技巧是请求"阐释"。当证人在交叉询问中给出了律师不喜欢的回答时，他会打断你的交叉询问并说道："法官阁下，可以让证人解释'转让'这个词的意思吗？我不确定陪审团对它是否清楚"，或一些类似的打断。当然，它的作用是打断你交叉询问的流畅度，并且同时向陪审团暗示上一个问题的回答并不好。当此种情况发生时，你必须再次对律师的行为提出异议，并且指出对方律师可以在再次交叉询问中作出恰当的"阐释"。

交叉询问者面临的最常见问题，大概是律师会不断利用异议发表言论（例如："异议，法官阁下。我不认为证人能回答这个问题，因为其他证据已经明确表明……"）。当然，异议只能提出其法律理由。任何的辩论都应该在陪审团不在场的时候进行。不断提出异议的律师是想要干扰你的询问，并且不时地向陪审团提出总结。及时、有力地向法官指出这一点，通常会解决这个问题。

7.9　特殊证人

本章已经强调你应该发展出一套方法，可以让你在交叉询问阶段，系统地识别和实现真正可能实现的目标。如果学会并遵循了这种方法，你应该胜任对每位证人进行交叉询问——并非仅仅是事件证人。

但是，特定类型的证人确实经常在庭审中出现，所以分析对这些证人进行有效交叉询问的额外方法，可能是有用的。

1. 记录证人

记录证人在庭审中有两种基本功能：证明记录或其他书面证据具有被采信的证据资格，以及如有必要，向陪审团解释这些记录。因为记录证人既不是事件证人又不是专家证人，而且只有在极少情况下作出先前陈述，

306

所以许多常用的交叉询问技巧对他们是无效的。尽管律师通常都不会对记录证人进行交叉询问，但你还是应当考虑好应付此种证人的可能替代方式。

对于记录证人，你的第一种交叉询问方式，是试图阻止记录被采信为证据。最常见的攻击理由是相关性、基础或多重传闻。但是，如果你未能成功地阻止记录被采信为证据，或者出于庭审策略的考虑，而没有对它的采信提出异议，那你就应该考虑下列的额外方式。

a. 查找记录中的有利于你方的材料，并让证人指出。

b. 查找记录中的不一致、错误或不完整的地方，并让证人指出。

c. 指出证人仅是记录的保管人，对潜在的事实并没有第一时间地了解，而且并没有确证这些事实的准确性。另外一种替代的方式是让证人重复主张记录的准确性，但是提出证人却没有第一手的资料证明这些事实是准确的。

d. 指出没有人是绝对可靠的，每个人都有可能犯错误，而且证人不可能知道此处是否发生了此种错误。指出产生记录的业务机构，并没有独立的确证系统或内部审计控制，以发现或纠正错误。

注意，一如既往，你的首要目的是让证人指出对你方有利的证据。如果不存在此种证据，你的次要目的是必须让记录本身的意义和作用降到最小。但是记住，记录证人虽然常常是书记人员，他们能够为记录被采信奠定必要的基础，但是他们并不是复杂公司运作程序的专家。相应地，不要以证人不具备某种角色资质而攻击证人。将你的质疑运用在记录本身。

2. 品格证人

根据联邦证据规则第 404、405 和 608 条，证人可以证明另一个人的相关品格特征，无论是以名誉，还是个人意见的形式。可以采取与交叉询问其他证人相似的方式，来交叉询问这些证人。可以向他提问他跟谁、在哪里、在什么时候真正地讨论过（另一个人的）名誉。可以向他提问，他与其证明对象的关系本质和程度。可以询问他，任何涉及倾向、偏见或与本案结果利益相关的问题。

此外，根据联邦证据规则第 405 条（a）和 608 条（b），还可以探究其他的事项。交叉询问者可以公开与所涉名誉证据不一致的具体行为案例。这样做是被允许的，但是这并非是有关先前不良行为的证明，而是对于证人认知度和可信度的合法质疑。因此，律师可以向证人问及与所称名誉相关和不一致的先前行为、逮捕和前科报告，只要此类报告产生于名誉证据的相关期间。但是，证人可能不能够确立此种报告的真实性，而交叉询问者也不能通过其提问直接证明报告的真实性。传统的交叉询问品格证人的恰当方式是："你是否听过……"，"你是否知道？"。这具有不恰当的暗示性。这是在大多数辖区一贯遵循的方式，包括联邦法院。但是，根据联邦证据规则第 405 条和第 608 条，基于个人意见的品格特征证据是被允许使用的，所以"你是否知道"的提问形式，在交叉询问此类证人时，现在已经被认为是恰当的。

当交叉询问者遇到名誉证人时，应当考虑以下方式：

第一，在任何诉讼中，如证人不具有说服力，或其证言作用甚微，不进行交叉询问可能是最保险的方式。但是，考虑提出一个问题，强调该证人并没有在案发现场，可能是恰当的。

示 例

问：在 2000 年 4 月 1 号晚上 8 点到 10 点间，你并没有在乔恩酒馆，是吗？

答：是的。

这可能会引起对手主张这些问题超出了直接询问范围的异议，一些更注重技巧的法官，可能会裁定这些异议成立。另一些法庭可能会否定此种异议，因为他们认为，指出证人除了直接询问的陈述内容之外并不了解其他的事实，这并没有引出任何超出直接询问范围的新信息。但是实际上，因为交叉询问者在随后能重新传唤该证人来证明这一点，所以维持此种对范围的异议，并没有太大意义。

第二，当证人与被证明对象有个人或业务上的联系时，在交叉询问中，强调该名证人有明显的倾向和利益，可能会有效。

对于名誉证人，一种常见的交叉询问的方式，是证明证人对其证言所依据的事实只有极为有限的了解。这通常也即证明，证人仅是偶尔和极少的人谈过话，所以他的结论仅仅是其个人意见。这对于没有充分准备的证人尤为有效。

示 例

问：你曾经跟谁谈论过约翰·多伊？

答：和我的一位邻居，弗雷德·史密斯谈论过。

问：那是什么时候？

答：我记不住具体的时间了。

问：你还跟哪些人谈论过？

答：杰克·琼斯。

问：在哪里？

309

答：我记不住了。

问：除了弗雷德·史密斯和杰克·琼斯，你还跟其他人特别谈论过约翰·多伊吗？

答：我现在记不起他们的名字了。

问：你是在什么地方跟你记不住名字的人谈论过约翰·多伊的？

答：我记不清了。

第三，在大多数辖区，如果存在提问的善意基础，你可以就与该名证人所称（当事人的）名誉不一致的具体谣传或报告，对该证人进行交叉询问。

（证人已经证明多伊先生享有温和的良好名誉）

问：你是否听说过，多伊先生在 2000 年 4 月 1 号，因斗殴和妨碍治安罪而被逮捕？

答：没有。

问：你是否听说过，多伊先生在 2000 年 1 月 30 号，曾在巴特尼酒馆挑起了一场斗殴？

答：没有。

7.10　总结列表

前面部分讨论了交叉询问的不同方式和技巧，以及使用它们的顺序。在你进行任何交叉询问之前，总是问你自己下列的问题，而这些问题的组织方式，应该运用于对每一位对方证人的交叉询问中：

1. 我应当交叉询问这名证人吗？

a. 这名证人对我的举证有害吗？

b. 这名证人重要吗？

c. 我的合理预期是什么？

d. 我必须承担什么样的风险？

2. 我能引出什么样的有利证言？

a. 直接询问的哪个部分有利于我？

b. 他能够确证我的举证的哪个部分？

c. 证人不得不承认什么？

d. 证人可能承认什么？

3. 在交叉询问中，我该如何削弱该证人的可信度？

a. 我能削弱证言的可信度吗？（感官、记忆、交流）

b. 我能削弱证人行为的可信度吗？

4. 我能使用什么样的弹劾？

a. 我能证明倾向、利益和动机吗？

b. 我能运用前科吗？

c. 我能运用先前的不良行为吗？

d. 我能运用先前不一致陈述吗？

e. 我能证明矛盾事实吗？

f. 我能证明不诚信的低劣品格吗？

g. 我能运用论著吗？

h. 如有需要，我能证实弹劾吗？

310

311

第 8 章

专家证人

■ 8.1　简介

　　在现代诉讼中，专家证人扮演着无可比拟的角色。人身伤害案件中会用到医生和经济学家；产品责任案件会用到设计专家和产品安全专家；建筑案件会用到结构工程师和建筑师；刑事案件则会用到指纹专家和 DNA 专家。诸如此类用到专家证人的案件，还有很多可以列举。在大量的案件中，出庭律师会通过专家来解释事件如何发生以及为什么发生，或者解释为什么不是按照某种可能的方式发生。因此，有说服力地出示专家证人的证词，有效地对对方的专家进行交叉询问，是每个出庭律师必须具备的基本技能。

　　专家证人的证词必须符合两项原则。第一，证词必须符合证据法的规定，进而使法官满意。第二，证词必须符合说服力"准则"，进而使陪审团满意。这一章将介绍专家证人的准则、陪审团对于专家证人的期望，并将讨论和阐述对专家证人进行直接询问和交叉询问时，各种各样的技巧。

■ 8.2　专家证人的规定

　　专家证词在被采信之前，必须经过一定证据性的审查。这些审查完全可以被理解为一系列前后相继的问题。这些问题同样给试图反驳专家证词的反对者提供了某种分析路径。

1. 争议事项是否适合使用专家证词？

　　联邦证据规则 702 条规定，如果专家证词"有助于审理者了解证据或决定争议事实，那么该证词是适当的"。简而言之，专家的证词是否能帮助陪审团理解事实并解决争点？当然，"有助于"的标准取决于案件在法律和事实上的争点。比如，在人身伤害案件中，医生可以就原告的伤害是否属永久性伤害作证，因为这一证词将帮助陪审团决定伤害的严重程度和相应的赔偿。 *313*

2. 专家是否具有资格？

　　联邦证据规则 702 条规定专家应当是"因其知识、技术、经验、训练或教育而具有专家资格"的人。一名专家必须比非专家拥有更为精深的知识，才能让他的证词对陪审团"有用"。比如，一名刚从医学院毕业的年轻医生也能成为一名适格的专家，即使很多医生具有更高的资历或者技能。一旦这名专家被证明具有某方面的经验，那么接下来的就是该专家可信度的问题，而这个问题由陪审团决定。

3. 专家证词是否可靠?

多年以来，联邦法院采信专家证词的标准都是基于科学实验和方法，而州法院则是采用的"弗赖伊标准"（根据 1923 年弗赖伊诉合众国案作出，Frye v. United States，293F. 1013，D. C. Cir. 1923)，弗赖伊标准要求在基于科学方法和原理上的专家证词被采信之前，这些所依赖的方法和原理"必须建立在其所属领域普遍接受的基础上"。根据弗赖伊标准，原则上由相关的科学团体决定证据是否可采，而不再是法官。

1993 年，联邦最高法院就道伯特诉梅里尔·道药品公司案作出了判决（Daubert v. Merrell Dow Pharmaceuticals，509 U. S. 579 (1993))。适用于联邦法院的道伯特标准，要求联邦证据规则特别是联邦证据规则的 702 条，取代了弗赖伊标准。现今，关键问题在于出示的专家证词是否是可靠的和相关的。主审法官必须初步判断专家是否"将就有助于审理者了解证据或决定争议事实的科学知识作证"，这就要求主审法官去评估"证词中所包含的论证和方法论是否正确以及该论证和方法论能否适用于争点所涉及的事项"。有关的判断标准包括：(1) 该理论和技术能否且已经被检验？(2) 该理论和技术已经接受同行审查和出版？(3) 该理论和技术潜在的错误率是多少？(4) 该理论和技术在相关的科学团体是否已被广泛地接受？根据道伯特规则，由法官而不是科学团体，来控制专家证词的可采性。由于法官成了"看门人"，当当事方寻求出示基于科学实验和方法的专家证词时，将使用"道伯特标准"对该证词进行评估。

一些州法院则继续沿用弗赖伊标准，专家自己可以就其证词所依据的科学实验和方法进行作证，证明其在相关的科学团体中获得了"普遍的接受"。如果他这么做，他的证词就可以被出示给陪审团。

当然，在联邦法院情况有所不同，因为道伯特案（以及锦湖轮胎案）必须被遵循。对于试图出示基于新科学实验和方法的专家证词的原告而言，道伯特规则起初被视为其胜利，但历史证明却并非如此。但当原告试图在毒物侵权以及类似的侵权案件中证明因果关系时，道伯特标准就成了他们的灾难。根据其规定，联邦地区法院否定了大量的专家证词，而绝大多数被否定的证词都是由原告提出的。

锦湖轮胎公司诉卡迈克尔（Kumho Tire Co. v Carmichael，526 U. S 137 (1999))，则解决了一个道伯特标准所未解决的重要问题。道伯特标准仅仅适用于或者同时适用于"纯"科学的专家证词，比如化学和医学；还是也适用于其他并非基于科学实验和方法，而仅仅是依据训练、观察或者其他经验的专家证词？简而言之，道伯特标准是否适用于联邦地区法院的所有专家证词？

在锦湖轮胎案件中，法院认定主审法官作为"看门人"的作用适用于所有的专家证人，而不仅仅是提供"科学证据"的专家。这是因为根据修订的联邦证据规则 702 条，对于证词的采信问题，不再区分科学知识和技术知识（或者其他专业知识）。需要解决的问题仍然是一样的：专家证词是否具有可靠性和相关性，陪审团是否可以听取该证词？如果专家的证词是根据科学实验和方法作出的，将适用全部的道伯特标准。如果专家的证词并非基于科学实验和方法，法官仍然需要判断证词的可靠性，而在判断的时候，应当考虑一项或几项道伯特标准的内容。而对于这类专家证词可靠性的判断，应当根据案件事实的具体情况而灵活进行。

锦湖轮胎案是一起由联邦地区法院审理的产品责任案件，其被告是轮胎制造商。案件的争点是原告的专家证词是否可以被采信？主审法官排除了一份关于轮胎破裂分析的专家证词，而作出了有利于被告的判决。专家证人的意见（轮胎破裂是由于产品质量造成的，而不是轮胎使用不当）是基于专家对于轮胎的目测和触摸检查，而专家的理论是，如果没有使用轮胎不当的物理特征，那就表明轮胎是由于产品瑕疵造成的。主审法官判定专家在证明轮胎破裂原因时所采用的方法论可靠性不足。最高法院认定初审法官的裁决是恰当的。到此为止，仍然只有很少的州遵循锦湖轮胎案中判断训练类或者经验类专家证词可采性的标准。

2000 年，联邦证据规则 701 条和 702 条被修订。第 701 条被修订后规定，专家证人无法通过以非专家证人的身份作证，来避开初审法院按照第 702 条的"看门人"方式进行审查。而第 702 条则通过修订明确，专家作证必须满足："（1）该证词是基于充分的事实或资料；（2）该证词是由可靠的原理或方法推论而来的；（3）该证人已经将这些原理和方法可靠地适用于案件的事实。"这一表述将道伯特案和锦湖轮胎案的裁决内容合并到了一起。 *315*

4. 该案中的实验是否适当？

诚然，在大多数案件中，实验中都是有科学的方法论作依据，因此庭审中的主要争点是实验是否按照恰当的程序操作，是否使用了可靠的设备。比如，在一起认定父子关系的案件中，即便关于父子关系的血检实验有充分的科学依据，但当事方仍然需要证明血检操作得当，所使用的设备很可靠。在一起醉酒驾车案件中，尽管酒精测试仪实验广为人知且为法庭所接受，出示该证据的一方仍然需要证明实验操作得当，且酒精测试仪是一台可靠的设备并调校准确。这通常在采用技术手段的证词和警方实验的证词中比较常见。

5. 专家所依赖的资料是否恰当？

联邦证据规则 703 条规定，如果专家所依赖的事实和资料是"某一特定领域的专家合理赖以参考的类型"……这些事实和资料就无须具有证据能力。这意味着如果专家依赖的事实和资料是其领域内的专家合理赖以参考的类型，那该专家就可以依据这些事实和资料作出证言。比如，一名医学家可以根据试验报告和 X 光片作出证言，即使这些资料并未被采信为证据。

6. 这些资料应当何时被开示？

联邦证据规则 705 条规定，专家可以在"不事先表明其所依据的事实或资料的情况下作证，除非法院另有要求"。尽管如此，交叉询问人可以要求专家对其证言"所依据的事实或资料予以开示"。

在直接询问中，专家可以在不事先陈述其意见所依据的材料的情况下作证，提出其意见。这让直接询问可以按照最能说服陪审团的方式进行组织。原则是让你的战术来控制专家在直接询问中作证的次序。比如，一名医生可以在给出意见后紧接着说明理由，或者也可以在陈述意见前阐述理由。

7. 资料本身是否被采信

316

联邦证据规则 703 条允许专家在作证前，不必先让依据的事实和材料被采信为证据。如前所述，医生可以根据实验室报告和 X 光片提出意见，即便这些资料并未被采信为展示物。

如果一名专家依赖了一定的事实和资料来作证，那这些资料能否因为专家证词的基础以及它们是某一特定领域的专家合理赖以参考的类型，就可以被采信呢？或者这些资料必须在其被采信为证据前，具有独立的证据基础？

在 2000 年对联邦证据规则 703 条修订前，法庭在专家意见所依据的资料是否可以采信的问题上，并不统一。如果这些资料有其独立的采信依据——比如，所依据的资料是已经被正式承认的商业记录，那就没什么问题。但是如果并没有独立的采信依据——比如，专家同目击证人的会见，其本身是传闻，而法院对于这类资料能否被采信就有分歧。一些法庭裁定允许专家使用其意见所依赖的资料，但这些资料本身并不能被采信。尽管如此，大多数法庭允许采信这些资料，仅仅因为它们是形成专家意见的依据。这引来了批评，因为律师可以利用联邦证据规则 703 条让陪审团接触"后门传闻"，而这些资料陪审团本来不应当听到。

8. 专家证词的形式是否恰当？

联邦证据规则 702 条允许专家"以意见或者其他方式"作证。比如，专家可以为一种意见作证，或者按照一些司法管辖区的要求，为"具有合理程度的科学确认的意见作证"。如果合适的话，专家可以就某种推论作证。专家还可以就一个假定的问题作证。这种灵活性允许专家以一定程度的确认，用最能有效地将证词展现给陪审团的方式作证。比如，专家可以陈述："按照我的观点，原告的伤疤会是终生的。"这名专家也可以这样陈述："原告的伤疤会是终生的，永远也不会消除。"

另一方面，专家的证词不能是臆想性的或者推测性的。比如，专家这样作证就是不合适的："这样是可能的……"这样的证词不具有相关性，因为*317*猜测和可能性的预测对于陪审团判断事实毫无用处。

9. 专家可以就最终争点作证吗？

联邦证据规则 704 条规定，专家证词"不因其含有应由事实审理者所决定的最终争点，而对其提出异议"（除刑事案件中的精神状态以外）。尽管如此，联邦证据规则 702 条同时也要求专家证词"有助于事实审理者了解证据或决定争议事实"。将这两条规则放到一起将创造出一条合理的规则：如果专家证词"有助于"陪审团认定事实，专家可以就"最终争点"作证。

例如，一名精神病专家在民事监管程序中作证称，患者是一名妄想型的精神分裂症病人并有官能性脑部损伤。这名专家同时也被允许证明患者对于她自己和她周围的人存在危险（即"最终法律争点"）。这一证词有助于陪审团，因为无法通过专家的临床评估来解决这一法律问题。相反，一名人身伤害案件中的事故重建专家作证称，根据她对现场证据的分析，当撞车事故发生时，被告人的车位于原告车辆的道路一侧。这名专家则不能就事故系被告的过错或者被告存在过失等情况作证，因为这些证词无助于陪审团。陪审团可以根据专家对于事实的推断，来解决最终争点问题。

8.3 从陪审团角度看专家证人

让我们走进陪审团厢看看。一位专家被称为证人，是坐在证人席上宣过誓的人。陪审员会怎么看待这位专家？他们对专家的期望是什么？他们关心什么？我们如何能从陪审团的期望和关注点出发，来组织专家证词？

1. 陪审团对专家证人的关注

对于陪审团而言，专家具有让人望而生畏的权威性。毕竟，从定义上讲，一名专家出现在这里，就是告诉陪审团一些专业的技术性问题，而陪审团对这些事情知之甚少。那陪审团关心什么呢？

第一，陪审团会预料到证词复杂而难以理解。（"天哪！这名反托拉斯专家将要讨论市场垄断问题。我可能会一个字都听不懂。"）对于这种预期你会怎么办？你应该扭转这种局面，如果陪审团预期的是一个复杂的证词，那你就让它尽量简洁，避免在细节和程序上的过多纠缠。用一个逻辑清晰的结构，同时教会专家要用非专业性的语言。确信陪审团想得到三个基本问题的答案：你在做什么？你是如何做的？你所做的说明了什么？

第二，陪审团预料证词会很乏味。（"他们传召了一名会计师。每次和我的会计师交谈我都昏昏欲睡。"）你应如何处理这种预期？你应该扭转这种局面，如果陪审团预期的证词很乏味，那你就要让证词尽量令人感兴趣，让证词的节奏快些，同时在证词中点缀一些吸引人的视觉手段。

第三，陪审团想知道专家是否真的是专家。（"那名医生看起来好年轻。他知道的到底有多少？"）如何应对陪审团的质疑？你应该扭转这种局面。如果陪审团质疑证人的专业素养，就要展示证人在其专业经历中经过了非常多的专业培训，具备了丰富的专业经验。

第四，陪审团想知道专家是否带有偏见。（"我敢打赌这名化学家一直会为药品生产商作证，他很可能会从中获利。"）你如何纠正陪审团的这种态度？你应该扭转这种局面。向陪审团展示这名专家立场多么公正，只会根据

318

正确的数据和客观的分析作出他的推论，并且他只是在为他付出的时间而获得合理的补偿。

第五，陪审团预期专家会摆出一副故意屈尊的样子。（"他表现得像一个无所不知的人。他是在屈就我们。"）应该如何应对？和前面一样，你应该扭转这种局面。让陪审团知道，在专业知识背后，专家也不过是一个普通人，他们到这里是帮助大家，而不是来说教的。

总之，有效的专家证词应当认识到陪审团对专家的关注点，并会集中在这些关注点，让专家表现出和陪审团预期不同的面貌。一名优秀的专家证人既能表现出其权威和公正，但又能展现出其让人容易理解、有趣和平易近人的一面。你要做的就是让他成为这样的一名专家证人。

2. 专家要像老师一样

专家证人不过是一名能向陪审团解释事件发生的证人。专家的任务是让那些复杂和乏味的专业知识能够以简洁而有趣的形式呈现给陪审团。在这个过程中，专家必须表现出他经验丰富，对问题的分析十分公正，而给人的印象又很平易近人。如果达到了这样的程度，陪审团就会理解和接受专家的证词。

你怎么才能做到这点？想想高中时代，谁是你最喜欢的老师？他们往往是那些能够让所教授的课程生动形象、容易理解而学起来又十分有趣的老师，他们是真正理解了课程内容的老师。他们是很平易近人的人，对你也很尊重。好的老师会让你理解和喜欢一门课程，而你之前根本不会想象自己还能弄懂或喜欢这些知识，好的老师会让你在课堂上觉得很高兴，并且他可以让你在他的课上一直如此！将这些印象转移到法庭里的专家证人身上，让专家成为所有陪审员都能深深记住的老师。

3. 陪审员如何在专家观点不统一时作出决定

如果一方当事人在庭审中传召了专家，那另一方往往也会这么做。在大多数案件中，陪审团都会听到不同当事方的专家在案件的重要争点上出现分歧意见。陪审员们不会保持中立太久，他们会挑选一方专家的证词，认为其证词比另外一方的专家证词更值得接受。他们是如何作出判断的？是什么让陪审团更加接受某一方的专家证词而排除另一方？

有说服力的专家总是有以下几个特质。第一，他们应当拥有丰富的专业素养。（"那名专家肯定知道他正在讨论的主题。他从事那项专业已经很多年了。"）专业素养是正规教育和在一定规程下受到的训练，而通过实践经验则将训练和教育应用到解决实际问题上。陪审员更为看重实际经验，因为他们中的大多数人在逐渐胜任自己工作的过程中，靠的不是获得了某项学位，而是通过不断的实践操作掌握一技之长。

第二，专家应当值得信赖。（"那名教授听上去是一个坦白正直的人。他不像那些试图兜售自己观点的人。"）如果专家们是根据手头上最为可靠的资料作出的真实判断，而不是事先安排或带有偏见，那陪审员往往会觉得这样的专家证人更为可信。

第三，专家应当平易近人。（"怀特医生看上去是如此年轻而和蔼的人。"）同其他证人一样，如果专家证人具有平易近人的性格特征，那陪审团会觉得这个人更具有说服力。平易近人的证人往往会和陪审员形成一定的纽带，比如来自同样的地区，具有外表上的吸引力，具有互动的性格，或者有很强的沟通能力，这会让人有兴趣听取他们的证词。

总之，记住陪审团会如何去评估专家证人，让你的专家具有老师的特质，然后集中加强那些能让专家在法庭上更有说服力的要素。

8.4　直接询问

了解了陪审团对于专家证人的关注点、怎样才是有说服力的专家以及陪审团是如何在专家观点不统一时作出决定，那我们如何运用上述的研究去选择、准备和在庭审中展现专家证词？

1. 专家的选择和准备

a. 选任

第一步是要选择一名合适的专家。当然，你往往没有选择。比如，在一起人身案件中，在急诊室里诊治该患者的那名医生可能就是必需的专家证人。尽管如此，很多时候你还是需要为庭审寻求一名专家。你应当寻求怎么样的专家？

这名专家必须是适格的专家，但单单如此还完全不够。最为重要的是，这名专家必须是一名优秀的沟通人才，能够向陪审团传授你方对于争点的看法。你在哪里寻找这样的专家？可能最好的法庭专家资源，就来自于你了解到的其他出庭律师在办理相似案件时所使用的同一类专家。从其他出庭律师那里寻求专家证人的好处是，他们知道哪些专家在法庭上是有说服力的。请教那些曾在庭审中聘请过专家证人的律师（因为关于诉讼和陪审团审判的技能同样也非常重要）：专家是否符合了律师的需要？专家的费用是否合理？专家如何在书面证词中应对交叉询问？最重要的是，在庭审中，专家能够为陪审团留下怎样的印象？ *320*

其他的资源可以是当地大学的教员，因为陪审团往往对本地专家反映良好。同时也可以考虑专业机构，比如律师技术咨询服务协会（TASA）、全美出庭律师联合会（ATLA）以及辩护研究学会（DRI），他们都拥有按地区排列的专家名单。可能在名单的末尾还有在法律期刊上做过广告的律师，注意那些恳求顾问工作的专家往往在庭审中容易受到攻击。还有对于那些宣称精通很多不同领域的"万事通"，要格外小心。

b. 准备

一旦你选定了一名专家，专家查阅了你的案件，给出了他的意见报告，并宣誓作证，专家证人的准备工作才刚刚开始。专家证人出庭的准备工作包括和专家一起工作，决定直接询问阶段专家将要作证的内容和他所要使用到的展示物，在模拟的真实庭审下练习直接询问过程，以及准备交叉询问。确保专家会给你充分的时间，以有效地去完成这些工作。

第一，你需要决定专家作证的内容，以及同样重要的，他不能谈及的内容。记住专家常常会想告诉陪审团他对于作证主题所知晓的一切，这对于案件往往会有致命的影响。对你而言，陪审团应当听到的，只应当是那些能够让他们知晓待证主题并且接受专家意见的话，而这通常只是专家所知晓内容的一小部分。专家应当注重的是作证的过程，而不是作证内容的各个细节。因此，你的首要任务是在专家的帮助下，削减在直接询问阶段可以作证的信息内容。

这个过程还包括统一使用"庭审词汇"的协议。陪审团不喜欢那些高不可攀的技术语言，而更喜欢那些能用日常语言和他们交流的专家。你和你的专家需要就如何将技术语言转换为易懂的日常词汇达成一致，避免辱没陪审团的智慧。而更好的方式是完全避开技术语言。如果专家确实用到了技术语言，也要确保专家会立即用简单清晰的语言去解释该词语的意义。

第二，你需要决定专家在作证时需要用到哪些展示物。记住诸如大的图表，三维模型等视觉辅助手段，以及更为精密的展示物，比如电脑动画，它们既能作为一种具有说服力的手段，同时又能让人产生深刻的记忆，会对陪审团产生非常大的影响。在专家的帮助下，你需要决定在专家作证时，哪些展示物最能有效地阐述其观点。

321

第三，你需要和专家一起练习直接询问。回想一下适用于所有证人的考虑因素（见 5.2），要强调不仅是证词的内容，而且还有交流的过程、言辞表达（说话方式）和肢体动作（手势和身体语言）等影响陪审团对于专家看法的要素。你可以练习让专家走出证人席站在陪审团前（如果你的司法管辖区允许），呈现出老师的感觉，并搭配使用视觉辅助手段。在模拟真实庭审模式下练习你计划在庭审中使用的提问和回答。使用录像来看看专家在哪些方面很有成效，以及哪些还可以再提高。

第四，为专家准备好交叉询问。回想一下适用于所有证人的考虑因素（见 7.2 和 7.3）。单独地检验一下专家的理论和其他资格证明，确定专家复习了他的著作和讲演，确定他知道关于这个主题的基本论述，确定他复习了自己的书面证词记录以及他在其他类似案件的书面证词记录。这都可能成为交叉询问阶段潜在的弹劾来源。检视一下对方专家的报告，因为它很可能包含交叉询问阶段对方提问的一些要点。让某人扮演下对方律师，分别采用温和和猛烈两种方式对专家进行交叉询问。

让专家在准备证词上花费足够的时间，这一点的确很困难。有些专家"太忙"，而且基本不做庭前准备；有些专家相信他为书面证词所作的准备就足以应付庭审；有些专家认为他们对于自己将要作证的专题已经了如指掌。无论什么理由，对于那些没有给予你足够时间为庭审作准备的专家，要多加小心。如果一名专家在一开始就无法保证自己有充足的时间去准备庭审，你最好还是另请高明。

2. 直接询问的次序

联邦证据规则允许在组织专家证人的直接询问中有一定的灵活性。因为根据联邦证据规则第 705 条，专家可以在没有事先陈述其意见所依据的内容的情况下提出自己的意见，而专家资格的要求又比较容易满足，因此不同的次序就完全有可能出现，较为常见的一种组织方式是：

    a. 简介

    b.（专家的）教育、训练和经验

    c. 意见

    d. 意见的理由

也可能有不同的次序。比如，专家可以在简介和表明其资格后立即给出其意见。另外一种可能的方式是，专家先陈述其意见的依据，而把意见留到最后。还有一种方式是详细阐述专家资格来支持其意见。这一规则比较灵活，因此首先要注意的不是如何去符合证据规则的要求，而是通过如何安排专家证词的次序，才最能说服陪审团，最能让陪审团印象深刻。

322

3. 介绍专家

专家刚刚宣过誓，现在坐在证人席上，所有的目光都对准了他。你接下来要做什么？你如何开始你的询问？

记住，只要当专家证人出现，陪审团就会有三个基本问题：他是谁？他做了什么？我能信任他吗？这些问题需要在第一时间解答。

a. 专家是谁？

第一，这位证人是谁？下面是比较常见的一种方式：

示 例

问：琼斯医生，请告诉我们你的全名。

答：玛丽安·琼斯。

问：你是做什么工作的？

答：我是一名医生。

问：那你是否专攻某一领域？

答：是的。我专攻整形外科。

问：那什么是整形外科？

然后继续问答。然而，这种常见的方式有些缺陷。这种方式并不关注证人，也没有给证人独立表达的机会。你可以考虑用一些更加积极的方式让专家能有更多的自我表现。

示 例

问：琼斯医生。请向陪审团介绍一下你自己。

答：我是玛丽安·琼斯。我是本地的一名医学医生，专攻整形外科。我的办公室在主街和榆树街的路口，慈爱医院的右面。

让专家更加有个人特色。让他自己透露关于他的信息，好让陪审团知道他是一名陪审团可以接近的人，而不是一个讲出自己一大堆专业资格的陌生人。

示 例

问：你为何决定要从事整形外科？

问：什么让你决定成为一名兽医的？

323   问：关于胰腺的研究，你的兴趣何在？

b. 专家做了些什么？

第二，专家做了些什么？下面是常见的方式：

问：琼斯医生，你认识原告玛丽·史密斯吗？

答：认识。

问：你是如何认识她的？

答：她在 1999 年 1 月的时候成了我的一名病人。

问：当时是什么情况？

答：史密斯女士被送来的时候，我是慈爱医院的一名整形外科主治医师。

然后继续问答。同样，这种方式也存在一些缺陷。和刚才一样，你要考虑做得更为积极一些。

示 例

琼斯医生，1999 年 6 月 1 日的车祸发生后，你当时是一名在慈爱医院工作的外科整形专家，是吗？

答：是的。

问：你对她的腿进行了手术，是吗？

答：是的。

问：你还进行了后续的治疗，是吗？

答：是的。

问：琼斯医生，你今天能否对我们谈谈，玛丽的腿伤以及以后的情况？

答：好。

这种方式更好。这立即就告诉陪审团，医生在这件案子中所处的位置，而陪审团也清楚了应该期待他会做些什么。这样的问题可能会有一定的诱导性，但在介绍性和背景性的信息中，诱导性问题是恰当的，不存在争议。你可以在对任何证人的直接询问中使用这种方式。

示 例

问：威尔森教授，请作下自我介绍。

答：我是莎伦·威尔森，我是州立大学的一名工程学教授。

问：威尔森教授，我是否请你检查本案所涉及的刹车系统？

答：是的，你让我做了检查，同时让我就我的发现作出了书面报告。

问：那你完成了吗？

答：是的。我在三个月前完成了报告。

问：威尔森教授，那今天你准备好告诉我们你对于刹车系统的发现，以及相关的原因了吗？

答：是的。

324

有时候，你可能想让陪审团早点知道专家不会做一些事情，这是一种合适的方式。这样可以避免陪审团因为专家在案件中所扮演的角色有限，而感到失望。

示 例

问：怀特医生，你并没参与在慈爱医院的急诊室里对盖博先生的治疗？是吗？

答：是的，他是由强森医生负责医治的。

问：在他出院后，你很快就见到了他？

答：是的。我在他出院后不几天，看到他来我们医院看门诊。

问：你负责他的恢复和后续治疗？

答：是的。

问：今天你准备好对我们谈谈吉姆·盖博日后的情况了吗？

答：是的。

c. 我能信任专家吗？

第三，那名专家值得信任吗？这首先依赖于他的沟通能力。尽管如此，当你介绍专家时，最好同时也谈谈聘用专家的费用。一般而言，当双方都聘用了专家，并为专家的工作支付了相应的费用，任何一方都很难因为披露了对方的这些信息而占到便宜。尽管如此，如果你觉得你的专家会在交叉询问阶段被问到这个话题，可以考虑在你直接询问中主动披露这些信息。

示 例

问：威廉姆斯教授，在这件案子中你为你的工作获得了报酬了吗？

答：是的。

问：包括出庭时间的报酬？

答：是的。

问：告诉我们你的报酬如何。

答：无论是谁聘请我，我的咨询工作收费通常是每小时 200 美元。无论我的意见如何，这一费用都将由聘请我的人支付。

问：那你的报酬现在算下来总共是多少？

答：我花了 15 个小时在这个案子和准备书面报告上，所以我的报酬总共是 3 000 美元。

问：那你今天出庭也会得到报酬吗？

答：是的，按照我的日常收费标准。

325

如果你觉得对方可能会在交叉询问时提出"枪手"理论，不如现在就予以反驳。

示　例

问：威廉姆斯教授，你一年参与多少次这样的诉讼案？

答：一年大概三四次。

问：是什么类型的案件？

答：我通常被咨询一些消费型商品设计的安全性问题。

问：那是谁经常聘请你？

答：都有可能。有时是原告方，有时是被告方。每年都不一样。

问：你是否靠做这样的咨询工作来生活？

答：不是。我的主业是在大学教授和研究电路工程，然后时不时做一些咨询工作，如果问题有趣的话。

让陪审团知道专家先前就曾作为有资格的专家出庭作证。

示　例

问：亚当斯教授，你是否曾被本地区的法庭接纳为整形外科专家。

答：是的。

问：有多少次？

答：14 次。

这些介绍的要点被接受后，你就可以进入到下一个话题。这时最好有一个过渡性的提问。这能让陪审团有所适应，能让他们知道接下来会发生什么。

示　例

问：亚当斯医生，现在让我们看看你的医学培训和经验。

或者，你可以先描绘出你接下来将要询问内容的蓝图。

示　例

问：亚当斯医生，我接下来会问到你的医学培训和经验。之后我们将谈谈你对亨德森先生的治疗，并在最后谈谈你对于他日后情况的意见，以及你的理由。

你现在就可以准备好进行直接询问的下一个部分。

326

4. 背景

在陪审团接受专家证词之前，必须先让陪审团先接受专家本身。陪审团如何评估他的专业素养？这里包括两方面：正规教育和培训，以及实际的工作经验。律师趋向于过分强调正规教育，很可能是由于律师自己有同样相似的教育经历以及受到拥有同样背景人的影响。尽管如此，记住很少有陪审员会具备和专家同样的教育程度。大多数陪审员都是靠在工作中不断积累经验最后才具备了相应的能力，掌握经验对他们来说更为重要。简而言之，你需要将纸面的资历和实际的工作经验结合起来，让陪审团确信那个证人是一名完全有资格的专家。

a. 教育和培训经历

在展示专家的正规教育和培训时，记住你是在试图完成两个看上去完全相反的目标。一方面，你希望证人能给人留下深刻的印象，这需要展示他相当可观的成就。另一方面，你希望专家能够平易近人，这需要他能表现出他的谦逊和不装腔作势。你如何达成这一目标？

有几种方法。第一种方法，通过诱导性的问题简短地让专家自愿讲出他最给人印象深的资历。当你提到那些资历时，专家仅仅对你表示同意就行了，这让专家听上去不至于华而不实。这些诱导性的问题是恰当的，因为他们是不会引起争议的预备性问题。（尽管如此，记住根据联邦证据规则 611条，法院"应合理控制出示询问证人的模式"。如果对方针对预备性证词提出异议，一些思维传统的法官会支持这些异议）

示　例

问：强森医生，让我们谈谈你的教育和培训经历。你毕业于斯坦福大学？
答：是的。
问：接下来又就读于哈佛医学院？
答：是的。
问：你是哪一年毕业的？
答：1975 年。
问：你还在马萨诸塞综合医院进行过住院医师实习？
答：是的。

问：你培训的专业是？

答：整形外科。

问：讲讲你在医院的培训内容？

答：这是一个为期四年的培训。我在资深整形外科专家的督导下，从基本的整形治疗开始。其目的是通过治疗众多的骨骼和关节病的患者，从修正因事故导致的骨伤到治疗老年患者的关节炎，来积累实际的经验。

327

问：你完成了培训？

答：是的。

问：强森先生，你是一名部级认证的整形外科专家，是吗？

答：是的。

问：这是你所处领域的最高资历吗？

答：是的。

问：像你这样的专家如何才能成为部级认证的整形外科专家？

答：认证是由身体修复各个领域的专业机构进行的，我这个领域是全美整形外科机构。要想成为一名部级认证的专家，你需要完成四年的住院实习，并通过一项为期两天的书面和口头考试。

问：那你成功通过了每项考试了吗？

答：是的。

问：强森医生。我相信你同时也在向医学院学生讲授整形外科课程，是吗？

继续发问。对重要的资历进行提问，然后让医生很谦虚地附和你的说法。接下来的问题可以让医生对他的资历进行说明。这比简单地要求医生描述他的背景要好得多（"医生，你可以告诉我们一些关于你教育和培训的经历吗？"），这往往是要求专家对自己作一段冗长的介绍，这样的效果显然不会太好。

你通常会讲出的资历包括：

1. 毕业和肄业的教育和学位

2. 执照和资历

3. 教学和出版物

4. 在重要专业组织的位置

5. 所主持的公共办公室

6. 先前作为专家证人的经验

7. 任何其他和证人专业素养有直接关系的成就

8. 该专家作为专家证人作证的次数

第二，用专家的简历和个人情况来补充其资格认证测试。详细介绍该专家个人背景的简历应当作为展示物被采信，具体方式既可以根据联邦证据规则第 802 条（b）作为业务记录，也可以根据 807 条作为可信赖的传闻。这对于介绍类似出版作品这样的资历特别有用，因为这样的资历当作为纸质材料出现时会特别醒目，但在庭审中就显得很乏味了。尽管如此，还是要多加小心。大多数专家在撰写简历时，都是为了吸引其重要的专业同僚，很少会考虑是给普通人看。确定你的专家简历对于陪审团是易于理解且有说服力的。此外，记住有的法庭会将简历视为重复作证，会让你询问专家的资历，

328

或者介绍一下简历，而不会让你两方面都同时进行。在这种情况下你可能比较喜欢口头叙述最关键的资历，然后再简要介绍一下简历中以及口头叙述没有涉及的内容，比如出版作品或者在专业组织的会员资格。

第三，将专家的背景和经验与他在案件中所做的工作联系起来。比如，一名训练有素的整形外科专家，将作证指出原告所受伤害会是终身的。医生可能就会被问道："斯坦先生，在你的教育和培训经历中，你觉得对于你评估史密斯女士髋骨上的变性型关节炎，哪些是特别有用的？"这允许医生谈论他的培训、研究和出版作品中，能帮助他对原告伤情作出评估，这会给陪审团留下更加深刻的印象。

b. 经验

接下来应该谈到专家的实践经验。记住大多数陪审员会更关心专家的这一部分素养，因为绝大多数陪审员在工作上，都是靠反复的实践才达到了得心应手的程度。陪审员会认为大的数字更有说服力。毕竟，如果这名专家已经从事同一件行为成百上千次，难道他还不擅长这项工作吗？从一般背景到特别经验，到本案的具体事项，如果实践经验的数字足以使人印象深刻，就应该讲出这个数字。

示　例

问：约森医生，让我们谈谈你作为一名整形外科专家 15 年来的实践经验。你曾经治疗过关节受伤的患者？

答：当然。

问：那有多少呢？

答：可能有上千个。每天在我的诊室内我都能看见各种关节问题。

问：那你治疗过关节脱臼吗？

答：是的。

问：这也是常见的吗？

答：当然。我一周要治疗两到三个关节脱臼患者。

问：约森医生，这起案件中有一起右肘向后脱臼。你以前曾治疗过这样患者吗？

答：是的。这是一起普通的脱臼，特别是儿童摔倒时，会本能地伸手支撑身体，引起肘部向后脱臼。

问：在过去的 15 年，你治疗了多少起肘部向后脱臼？

答：我估计大约有 200 到 300 起。

经验同时还应包括专家之前的出版作品，如果这些作品明显涉及其作证的问题。（如果不涉及，无关的出版作品只会在交叉询问中帮对方的忙）

329

示　例

问：温菲尔德医生，你是否在你的领域内发表了相关的论文？

答：是的。关于整形外科，我撰写了一本教科书和 12 篇论文。

> 问：医生，这起案件涉及一起膝盖上的创伤性关节炎。你的出版作品中有涉及这一
> 情况的吗？
> 答：有的。我的整形外科教科书在关节炎进行了一般意义上的论述，然后我有三篇
> 文章涉及创伤性关节炎，其中一篇专门谈到了膝盖上的创伤性关节炎。

经验同时还应包括专家以前作为专家证人的经历，特别是在相同和相似的情况下作为专家被法庭认可的次数。

示 例

> 问：沃特医生，你之前曾作为产品设计安全专家，被本地的法庭认可过吗？
> 答：有的。
> 问：有多少次？
> 答：我相信有 15 次。

这种认可应当有多少次，才足以让你用来论证其资历？虽然这是一个个案判断问题，但如果你找到了重要的背景并有效地出示了，那么大多数的专家资历都可以而且应当在几分钟内就被阐明。如果你花了太多的时间，这时就有一种风险，陪审团可能会感到厌烦，而且会在专家谈及他的意见和理由前就已经听不进去了。尽管如此，如果你的专家看上去太年轻或者缺乏经验，你可能需要花更多的时间去阐述他的资历。

c. 提议将证人作为专家证人

在一些州司法管辖区，实践做法是，在资格被确立后，可以"提议将证人作为专家证人"（联邦法院不采纳这一做法）。如果另一方希望质疑专家是否合格，该方可以要求专家对专家资格进行预先审查，虽然这并不常用。

示 例

> 问：庭上，我们提议将强森医生作为整形外科领域的专家证人。
> 法庭：对方律师，是否有异议。
> 问：庭上，我们将在交叉询问阶段问出我们的问题。
> 答：很好，请继续。

在一些司法管辖区，法庭会在陪审团前正式宣布"法庭接受强森医生作为整形外科领域的专家证人"，然后继续直接询问。

d. 专家认证协议

你还要决定如何应对专家认证协议。对方可以在庭审前或法庭中提出协议要约，承认你方专家为合格的证人，因而让你的专业证明在法律上变得毫无必要。除非你的专家只拥有最低限度的认证（如果是这样的话，对方也就

不会提出要约了），否则一般都要拒绝这一要约。如果对方的要约出现在法庭中的陪审团面前，用一个简短的解释拒绝对方。（尽管如此，记住，一些法官不会允许在陪审团面前提出协议要约）

问：斯坦医生，接下来让我们谈谈你的教育和培训经历。

对方律师：庭上，我们已经同意将斯坦医生作为一名有资格的专家证人。为节约时间，我们希望能达成专家认证协议。

问：庭上，斯坦医生广博的专业资格对于陪审团决定接受谁的意见十分重要。这只需要我花几分钟时间讲出他的教育、培训和经验经历。

一些法官可能会给你一定的压力去接受协议。虽然根据多数管辖区的法律，法官没有权力去要求某方提出或者接受认证协议，但在实践中法官还是会对此产生很大的影响。尽管如此，当仅仅是为了迎合法官而接受协议而导致陪审团无法听取你方专家出众的背景时，你最好还是不要轻易让步。如果法官对你施加了压力，你可以提出一个不同而且更为有利的协议（"庭上，如果律师希望约定琼斯医生是在创伤性关节炎领域最为有资格的整形外科专家，我们就愿意接受。"）。而另一方肯定会予以拒绝，你就可以继续你的询问。另外一种方式是你也提出协议要约，要求你的对手同样也不能出示专家的资格。

5. 意见

a. "意见或其他方式"

现在是让专家对案件重要争点陈述意见的时候了。你如何做呢？联邦证据规则允许一定的灵活性，因为第 702 条允许"意见或其他方式"。传统方法仅仅是通过意见。一些司法管辖区要求意见应表述到"医学或科学确信的合理程度"，否则这一意见将被视为推测且可以被提出异议。

问：强森医生，我将会问你关于科学确信的意见。首先，关于玛丽·威尔逊的背伤是否是由于 2000 年 6 月 1 日的碰撞事故引起的，你是否有达到医学确信合理程度的意见？

答：是的。

问：那你的意见是？

答：我的意见是，玛丽·威尔逊的背伤，第三四节腰椎间盘疝，完全是由于那天的碰撞事故造成的。

这种方式的缺陷是，在你每次请教专家意见时，都必须重复"医学或科学确信的合理程度"这一表述。另一种方法是只表述一次。

问：强森医生，法律要求你给出的意见必须达到医学或科学确信的合理程度。如果你的回答无法达到医学确信的合理程度，请让我们知道，好吗？

答：好。

问：医生，你的意见是否为，玛丽·威尔逊的背伤是由于 2000 年 1 月 1 日的碰撞事故引起？

答：是的。

这种方式更为高效，但还有很多更有效的方式。记住陪审团喜欢确信的表述，无论是目击证人还是专家证人所说的。既然联邦证据规则允许"意见或其他方式"，你可以用其他方式发问。

问：强森医生，你是否能推断出玛丽·威尔逊背伤的原因？

答：我推断她的背伤是由于 2000 年 6 月 1 日的碰撞事故引起的。

有时专家证言可以作为事实，而不是意见。这是更为完全的确定，而不同于专家意见的"合理程度"。

问：强森医生，玛丽·威尔逊脸上的伤疤会消失吗？

答：不会。伤疤组织是永久的。可能会随着时间其面貌有轻微的变化，但永远不会消失。今天她的这道伤疤会伴随她终生。

问：对此你有疑问吗？

答：没有。

b. 假设性问题

最后，不要忘了假设性问题。在联邦证据规则颁布前，假设性问题是从未曾参与处理和进行咨询的专家身上获取意见的必要方式。这是因为这样的专家没有第一手的事实情况去支持他们的观点。为了弥补这一问题，专家往往会被问到，在一定的事实被"假定"的前提下，他们的意见会是什么。因为假设性问题需要适当的基础，所以必须有已采信的证据去支持每项假定的事项。如果没有，假设性问题将会不恰当，而专家由于没有第一手的相关事实认知，也不能提出其意见。无须多言，律师们自然会在假设性问题是否恰当涵盖了所有的重要事项，以及这一规则中的其他技术问题上产生激烈对抗。

假定的问题曾受到合理的批驳，被认为是繁琐而没有必要。联邦证据规则的颁布，尤其第 703 条和 705 条，事实上在联邦法院的范围内排除了假设性问题，而州法院纷纷效仿采用了这一规则。尽管有这些变化，一些州司法管辖区仍然要求假设性问题，而一些律师仍然喜欢使用这些问题，即便是在未被要求的情况下。这是因为假设性问题允许你去概括证据，并在重要的庭审争点上形成意见，比如伤害的原因或永久性。基于这样的原因，假设性问题有时会在一方的庭审主导阶段结束时被提出。

示 例

问：亚当斯医生，我将会假定一些情况，然后根据这些假定的情况向你提问。假设：

1. 一名 30 岁，5 英尺 7 英寸高，体重 175 磅的男子。

2.1999 年 6 月 1 日前，他完全健康。他是一名学校教师。他喜欢同他的妻子和女儿一起徒步旅行和露营，他喜欢打篮球，喜欢打理自己的房子。

3.1999 年 6 月 1 日，当他过街时，他被从左侧开来的一辆皮卡货车撞倒在人行道上，左膝以上全部受到撞击。

4. 他当时就无法移动他的左腿，然后枪击般的疼痛漫及他的整条左腿。

5. 他被送到医院，经过了 X 光的检查。诊断结果是他膝盖上 9 厘米处左大腿骨横向断裂。

6. 骨折处被固定和上了石膏。石膏大约用了 22 个星期后被拆除，然后恢复性治疗开始并支持了数月。

7. 三星期后再次对伤腿进行了检查。此时左腿已经明显比右腿要细，那名男子每当想走路的时候，就会感觉到疼痛，检查显示在断裂处已经出现了关节炎。

8. 由于疼痛，他无法再参与运动，不能打理房子，不能从事任何需要用到腿的活动。

医生，根据这些事实，你是否会形成一项达到医学确信合理程度的意见，腿伤和关节炎之间是否存在因果关系？

答：是的。

问：那你的意见是？

333

你还可以要求专家就其他争点提出意见，比如伤痛的永久性，以及能否恢复到以前的劳动能力。向专家提出一项简洁清晰的假设性问题，遵循先前出示的证据，可以作为庭审中很有效的一种说服手段。

6. 意见的基础

a. 意见的资料来源

在大多数情况下，特别是当专家证人是一名未参与处理或咨询的专家，你可能会说明专家所依据的资源和信息。这会表明，即便当时这名专家没有直接处理案件所涉及的问题，但其获取了所有重要的信息，因此他的意见是可信赖的。一个常见的例子是未参与治疗的整形外科医师或精神病医师。

问：安德鲁斯医生，在我们得到你为什么推断琼斯先生对他自己和他人都充满危险的原因之前，让我们回顾一下你用来帮助你得出这一结论的资料。你有什么资料？

答：很多。我有琼斯先生完整的医疗记录，从儿童时代到今天。我同样有他的精神病史记录，包括他 1994 年在州立精神病医院的住院记录。我有当时医院对他进行的精神测试，当然，最后我根据法庭的批准，对他进行了检查。

问：这些资料属于精神病医师经常用来评估患者的类型吗？

答：是的。

问：这些资料是否足够充足，用来评估琼斯先生的精神状态，判定他应当由于他对自己和他人表现出来的危险而受到民事监管？

答：是的。

334

问：你是否还有其他的资料，用来帮助你评估琼斯先生？

答：没有了。这是一套完整的资料，这些资料包含了一名精神病医师希望用到的所有信息。

专家通常会得到并依赖其同伴作出的第二份意见。当存在这种情况时要予以表明，因为当考虑进了其他专家的观点时，原有的观点将得到强化。

问：吉布森医生，像你自己这样的精神病专家，在作出专业意见前，通常会咨询其他的精神病医师吗？

答：是的，在精神病学界这是很常见的一种做法。

问：那关于这起案件，你是否咨询过其他专家的意见？

答：是的，我咨询过莫内特医生和雅各布斯医生的意见，他们都是治疗妄想型精神分裂症的专家。

问：他们的咨询意见对你评估病人是否有所帮助？

答：是的，非常有帮助。

专家同样可以根据学术论文提出意见，因为联邦证据规则 803（18）规定如果"在直接询问中为专家所依赖"，关于学术论文的陈述将被作为证据宣读，但其本身可能不会被作为展示物而接受。这对于年轻而缺乏经验的专家来说，学术论文是一种有力而又特别有用的工具，可用于支持其观点。

问：威尔逊医生，你在形成意见中是否还依据了其他资料？

答：我广泛参考了桑德斯关于整形外科的论文，这是一篇很有名的论文，甚至可能是这个领域最为权威的论文。

问：那你依据了桑德斯整形外科论文中的哪段论述？

答：关于创伤的那一章，特别是关于创伤性关节炎的那一节。

问：你是否带着那篇论文？

答：是的。

问：威尔逊医生，请念出你在形成意见时所依据的，桑德斯整形外科论文中的那段
论述。

答：我所依据的是第8章第447页，写道："创伤作为关节炎的原因从来未被忽视。
医学文献中充满了由于创伤性损伤引起的关节炎案例。"

在一些司法管辖区，允许在念出所依据的论文内容时，律师将一段放大
的论文段落放到陪审团面前。尽管如此，根据联邦证据规则第803条（18），
这一展示不能被采信为展示物。

335

2000年，联邦证据规则703条规定了复杂的情况，"事实或资料如依其
他规定不被采信时，其提出者也不必将之透露给陪审团，除非法庭认定这些
资料有助于陪审团评估该专家意见的证明价值已经明显地大于其可能引起的
偏颇效果时，不在此限"。你可以预测对方律师会在专家被问到其意见所依
据资料的细节时，提出异议。

示 例

问：安德鲁斯医生，你关于琼斯先生对于他人和自己都存在危险的意见，其根据之
一是否为你同琼斯先生的会见？

答：是的。我进行了两个小时的会见和评估。

问：你还会见了琼斯先生的妻子和孩子？

答：是的。

问：告诉我们琼斯先生和他的家庭成员在会见时告诉你的内容。

对方律师：反对，庭上。

在这种情况下，法官最有可能怎么做？首先，法官会希望这些争点能在
庭审前被提出。作为专家的当事方，你希望直接询问能进行得流畅，所以你
应当在审前动议中针对专家证言提出任何预料到的异议。其次，根据联邦证
据规则703条，法官有相当大的裁量权。如果法官认为直接询问人试图以提
问专家意见依据的形式，引入"后门传闻"，法官将会支持这一异议。

b. 意见依据

最后一步是询问专家每一项意见的依据。常见的方法是在意见提出后立
即询问其依据。

示 例

问：强森教授，对于烤箱设计是否存在不合理危险，你有意见吗？

答：有的。

问：你的意见是？

答：我的意见是，烤箱的设计存在不合理危险。

问：教授，那你意见的根据是？

尽管如此，你还是需要牢记陪审团喜欢确定性的证言。总是使用"意见"这个词汇会让陪审团感觉这一证言只是一个"意见"，而人们可以有不同的"意见"。如果专家能作出更为积极的证言，让他这么做。

示　例

问：强森教授，在你检查并研究了烤箱后，你是否能得出结论？

答：是的。

问：那你的结论是？

答：首先，我认为烤箱存在不合理危险。

问：为什么这么讲？

在适当的环境下，专家的证言可能会更为强势。

c. 展示物和视觉辅助手段

专家应当如何解释其意见和推论的理由？将专家当做老师，可以用展示物和视觉辅助手段来阐述其证词。让专家走出证人席，走到陪审团前。

示　例

问：苏利万医生，今天你带了一副肘关节的模型来，是吗？

答：是的。

问：那这个模型，即原告8号展示物，已被采信为证据，是否准确地显示了肘关节处的骨骼、肌肉、韧带和其他组织？

答：是的。

问：这有助于你解释你意见的理由吗？

答：肯定的。

问：苏利万医生，请用这个模型向大家解释，为什么盖博先生的肘关节再也无法回到正常的活动范围。

答：当然。首先……

专家然后会用这个模型，直接对陪审团进行一个简短的授课，阐述他的观点。

示　例

问：强森教授，我将这个烤箱摆在陪审团面前的桌上，同时旁边还有一副烤箱横截面的示意图。这是原告4号和9号展示物，已经被采信为证据。根据法庭的许可，强森教授可以走出证人席，在陪审团前继续他的证词吗？

法庭：可以。（专家证人走到展示物前）

问：强森教授，为什么说这个烤箱存在不合理危险？

答：有很多理由。首先，看看这里，电线穿过了金属机架。

只要可能，尽可能让专家在作证中可能涉及的展示物，及早就被采信为证物。不要让专家陷入那些普通的任务中，比如奠定展示物的证据基础以使证据得到采信，这可以通过其他方式完成。例如，在主治医师作证前，确保医院记录已被采信为证物。（这可以通过在证据披露阶段提出采信证据的请求，可以通过在庭前的审前备忘录中裁决展示物的可采性，或者在庭审中通过其他证人来做）这样一来专家可以自由地提到证据的记录，可以读取其内容，而不会给对方任何机会主张这样的异议，即证人所读取的是未经采信的证据。尽管如此，专家还是应当对那些作证时用到的视觉辅助展示物奠定证据基础，比如解剖图和模型，因为他是最为可信的证人。

d. 解释

解释应当花费多长时间？解释应当在一个提问后就和盘托出，还是应当根据提问定期打断？这完全取决于话题的复杂程度和专家的交流能力。尽管如此，记住"原声摘要"这个概念，电视新闻惯用 10 到 15 秒的原声摘要，而人们在看电视时通常也知道这样的原声摘要是最好的，因为它给了观众们一个可以消化的信息片段。当你的专家是很有交流能力，你考虑让他自由发挥。如果专家比较呆板却想长篇大论，你就需要对证言进行组织，并定期打断其证言。如果你的对手提出"这个提问将引起叙述性证言"的异议，而得到了法官的支持（虽然大多数情况下法官都不会这么做），那你就应该让问题更加集中。

示 例

问：强森教授，为什么这是不合理危险？

问：下一个理由是……？

问：还有其他理由吗？

把自己放在陪审团的立场上。如果陪审团现在可以发问，他们想知道什么，他们会如何发问？按照这种思路向专家提问。 *338*

示 例

问：教授，将电线分布在加热器周围会有什么危险？

问：为什么一个适当的 O 型环对于阀门的运转如此重要？

让专家使用简单的视觉想象和类推，因为这些易于理解和记忆。

示 例

答：电线芯周围的橡胶使其有绝缘效果。如果离热源太近，橡胶被烤干、断裂，继而从电线上剥落，这造成电击事故的危险。这就是具体发生的情况。

答：O 型环就如同你花房水管尾端的橡胶垫圈一样。垫圈形成了密封作用，而水就不会漏出。这个 O 型环在阀门中起到了相同的作用。尽管如此，在这起案件中，O 型环在生产时中间有一道凹槽，这使得酸会从阀门中漏出而滴到地上。

最后，尽可能避免专家使用技术用语。比如，一名医生可以不用到"腿部末梢部分"这样的表述而轻易地作证。他可以说"腿部下端"，这样的表述也足够准确，而陪审团能够马上理解证言内容。如果专家确实需要用到技术用语，那你应当让专家立即对该用语进行解释，而且不能指向陪审团。你不能说："医生，恐怕一些陪审员不能理解末梢的意思。"你也不能说："医生，我不明白末梢的意思。"前一种说法听上去是要人领情，而第二种说法听上去则太不诚实。直接询问专家该用语的意思，而解释必须清晰而简短。

示　例

问：你发现了什么？
答：X 光片显示大腿关节粉碎性骨折。
问：医生，那什么是粉碎性骨折？
答：这是骨折的一种，骨骼受外力远离其原来的位置，并刺穿了皮肤。

当一个技术用语成为案件的中心，而专家又必须用到它时，让专家用图表、模型或者其他真实可见的方式来解释这个用语，这样会使解释更直观、更真实。

339

示　例

问：医生，你发现了什么？
答：我发现了第三、四节之间有椎间盘疝。
问：那什么是椎间盘疝？
答：椎间盘疝是当椎间盘中的胶状物质，从裂缝中渗出到外层并进入周围的组织。
问：那你能用原告 4 号展示物，向我们说明其面貌吗？
答：当然。这幅图中，两节脊椎之间的就是椎间盘，用粉色标出。在这里（专家用手指）你可以看到椎间盘中的一些物质受外力被推出了椎间盘，而进入到脊椎中脊髓的位置。这些被从椎间盘推出来的物质叫做疝。
问：那第三、四节在哪里？
答：这一节是在第三、四节腰椎之间，位于你背部下方，脊椎弯曲的位置。

接下来，我们将上述概念和技术放到一起。

8.5　直接询问的示例

下面的这些直接询问示例，将说明如何在庭审中运用各种专家证人证言的技术。

1. 人身伤害案件中的主治医师

在下面这个示例中，一名整形外科专家将对她给原告进行的治疗作证，这是一起由于机动车事故引起的人身伤害案件。

示　例

（简介）

这个简介马上说明了专家证人在案件中的角色。

问：克雷恩医生，请向陪审团介绍一下你自己。

答：我叫米歇尔·克雷恩。我是一名专攻整形外科的医生。我在本地有自己的私人诊所。

问：克雷恩医生，你在 1999 年 6 月 6 日，在慈爱医院的急诊室中接治过盖博先生吗？

答：是的。

问：之后你是否指导了对于他的治疗和恢复？

答：是的。

问：克雷恩医生，你今天准备好告诉我们关于盖博先生的肘伤以及未来的情况吗？

答：是的。

（资历）

注意使问题在诱导性和非诱导性之间转换。在这里，诱导性问题是适当的，因为并不存在事实上的争议，这让专家显得更为谦虚而且不装腔作势。

问：克雷恩医生，先让我们对你有所了解。你上的是斯坦福大学吗？

答：是的。

问：然后是耶鲁医学院？

答：对的。

问：那你什么时候从耶鲁医学院毕业的？

答：1976 年。

问：那你在哪所医院开始你的住院医师实习？

答：在波士顿的马萨诸塞州综合医院。

问：告诉我们住院实习培训的内容。

答：我的实习专业是整形外科，负责骨骼、肌肉和关节伤病的医治。实习为期四年，我所做的就是在整形外科专业医师的指导下，治疗各种整形外科患者，并在诊断和治疗这类患者时积累经验，我在 1985 年完成了实习。

问：克雷恩医生，你在本州拥有行医执照？

答：是的，1981 年就有了。

部级认证是最有说服力的"书面资格"。

问：我相信你同样还是一名部级认证的整形外科专家，对吗？

答：是的。

问：难道不是所有的整形外科专家都是部级认证的吗？

答：不是的。

问：一名医生如何成为一名部级认证的整形外科专家？

答：每一名医学专家都是由机构认证的。整形外科领域是由全美整形外科医师机构。在完成实习后，就有资格参加为期两天的测试。我通过了测试，在 1986 年成为部级认证的整形外科医师。

问：部级认证是否为你这个领域内的最高资历？

答：是的。

340

341

教学工作同样是重要的一项资历。

问：克雷恩医生，你同时还从事教学工作，对吗？

答：是的。我是州立大学医学院的一名临床学助理教授。

问：你教授的是什么课程？

答：我教授整形外科实习课程，帮助医生们成为整形外科的专科医师。

问：你从事教学工作多少年了？

答：已经八年了。

问：你现在是否在哪家医院供职？

答：是的，我拥有供职特权，这意味着我可以同时在大学医院和圣玛丽医院治疗患者。

大多数陪审员对于实际经验的印象都比纸面资格要深刻。

问：克雷恩医生，现在让我们看看你的医疗经验。你有自己的整形外科诊室，是吗？

答：是的。

问：告诉我们你的经历。

答：在本地，1981 年我就有了自己的诊室。我的工作是全职的，而且只治疗整形外科病人。

问：你治疗过有关节问题的患者吗？

答：有的。我差不多每隔一天就要在我的诊室里治疗一名脱臼患者。

问：克雷恩医生，在本案中盖博先生受到他右肘脱臼的折磨。你之前曾经治疗过有类似问题的病人吗？

答：有很多次。肘部脱臼十分常见，运动员和儿童经常会出现这种情况。

举出数字很重要。

问：自 1986 年起，你大概治疗了多少例肘部脱臼病人？

答：我只能大概估计一下。我差不多每周要治疗一名，所以我多年来大概治疗了几百例这样的病人。

（诊断）

问：克雷恩医生，现在让我们回到 1999 年 6 月 6 日，当你在慈爱医院的急诊室里治疗盖博先生时，你是如何治疗的？

答：我是当天的值班整形外科医师。当盖博先生被救护车送到急诊室时，由我负责接诊。

问：告诉我们那天急诊室里发生的情况。

342

答：在他到达后几分钟我在急诊室里看见了盖博先生。他躺在急诊室里的一副担架上。他很痛，但当我问他发生了什么时，他的回答很连贯。

问：他说了什么？

根据联邦证据规则 803（4）条，患者为医生诊断而作的陈述可以被采信。

答：他说他遭遇了一场车祸。他在碰撞时紧紧撑住了身体，但撞击的力量还是把他往前抛去。他想自己的手臂肯定坏了。

问：那你对他做了什么？

答：我进行了两项基本处理。我先对他做了身体检查，看上去他除了右肘脱臼外没受其他伤。这非常明显，因为通过骨头移位可以看出是肘部错位。然后我给他的右肘进行了 X 光拍片检查，X 光检查显示手臂的骨头没有受损，但是盖博先生的肘关节却有一个后部脱臼。

用简明的语言来描述关键用语。

问：那什么是后部脱臼？

答：后部脱臼是指，小臂的骨骼，即尺骨和桡骨，被外力推到了大臂肱骨的后方。这往往发生在摔倒时本能地伸出手臂阻止摔倒，而手肘无法承受这样的力量，而发生关节脱臼。

展示物很重要，陪审团可以通过他来形象地理解诊断。

问：克雷恩医生，我这里有一个肘关节的模型，即原告 6 号展示物。你能用这个模型解释下在脱臼时，肘关节处的情况吗？

```
肘关节模型

原告 6 号展示物
```

343

<table>
<tr><td>一副电脑动画在这里会更有效。</td><td>答：好的。在背侧脱臼中，前臂被往后推，到了上臂的后方，就像这样（作出示范）。这个关节通常是由很多韧带连接在一起的，模型上用蓝色标注。这些韧带很像尼龙带。它们很有韧性，但是只限于关节的正常活动范围内。如果脱臼处的骨骼分开的限度超过了关节的正常活动范围（作出示范），脱臼就常常会造成拉伸，有时甚至会撕裂韧带，这将会造成其他的伤害，最常见的是关节处出血以及软组织损伤。</td></tr>
</table>

注意医生是如何用普通的词汇来描述她的示范。这比用医学专业用语更好。

问：那你如何治疗盖博先生？

答：我对他采用了针对这种受伤的标准治疗。他被带到了手术室并被实施了麻醉。然后当他失去知觉时，我又给他的手臂拍了一组 X 光片，以确定肘部骨骼的韧带正常。然后我给他的手臂上了石膏，让他的手臂保持了正常的角度。

问：你是如何处理他的手臂的？

这里仍然用的是简明的词汇来描述医疗过程。

答：这是标准程序。当患者没有知觉时，肌肉也就放松了，通过手术杆，你可以稳步地将手臂小臂拉回到原有的位置。大多数时候，你可以突然一下将小臂拉回到原来的位置而无须手术。这就是我对盖博先生进行的治疗。

问：在你将盖博先生的手臂复位后，你给他开了什么药吗？

答：有的，我给他开了止痛药和消炎药以减轻肿胀。这同样也是标准治疗方式。

问：盖博在医院里待了多久？

答：他在几小时后就出院了。像所有的手术病人一样，他花了更多的时间在康复室，以确定他的生命体征是否正常。他醒来后，我同他交谈，给他开了药方，然后安排四个星期后来复诊。之后他的妻子来带他回家。

344

（恢复治疗）

问：克雷恩医生，让我们看看给盖博先生取石膏和开始恢复治疗的时候，当时的情况是怎样的？

答：一个月后，我在我的诊室里又看到了盖博先生。我用振动锯锯掉了石膏，然后又检查了他的手臂。他手臂的情况你们都预料得到。

问：是什么情况？

尽量在任何时候都使证言能够直观可视。

答：这只手臂变小了，肌肉因为没有运动而萎缩。正常角度的手臂活动范围大约只有 10 度，就像这样（作出示范）。

问：为什么他的手臂不能活动更大些？

答：如果受了这样的伤，韧带会受到损伤。给手臂打石膏能让韧带有时间恢复。不幸的是，韧带同样会很快丧失其拉伸能力，限制了手臂的活动范围。

问：那你预料到了这样？

答：是的。在外伤中经常会出现这种情况。

问：克雷恩医生，告诉我们你对盖博先生进行的恢复治疗。

答：这也是标准治疗。为了使患者恢复到正常的活动范围，需要将他的手肘浸泡到热水中 10—15 分钟，然后慢慢地前后伸展手臂，这样能拉伸韧带。每天要这样 3—4 次，如果一切顺利，大多数患者可以在几周后完全恢复到正常活动范围。

问：这样会痛吗？

答：当然。每个人都会痛，而疼痛的程度取决于韧带和软组织的受伤程度。

问：治疗工作对盖博先生起了作用吗？

答：是的。

问：你是如何知道的？

答：因为活动范围有了明显地提高。下一次我见到他，大概是在石膏取下后的第四个星期，他的肘部基本上恢复到了正常的活动范围。

问：那他具体的恢复情况如何？

同样，让证言直观可视。

345

答：他可以始终像这样伸缩自己的手臂（作出示范）。他可以像这样伸展手臂（作出示范），但是比起完全恢复仍然少了至少 20—30 度的活动范围（作出示范）。

问：那你和他讨论了吗？

答：是的。我告诉他继续治疗，尽量恢复完全。

问：那他的右臂恢复到完全的程度了吗？

答：没有。他继续恢复治疗了几个星期，但始终都没有恢复到 20—30 度的活动范围。

（解释）

一个"为什么"的提问让专家成为了老师

问：医生，这是为什么呢？

答：不是所有的肘部脱臼的病人都可以完全恢复活动范围，无论他的恢复治疗是多么努力。原因是韧带在脱臼时拉伸和撕裂后，丧失了一定的弹性。他们再也不会像以前那样拉伸了。此外，撕裂的韧带会在愈合时产生疤痕组织，而疤痕组织不具有拉伸性，因此韧带同样会丧失一定的弹性。这都让肘关节无法恢复到完全的活动范围。

问：那你有其他像盖博先生一样的患者，也未能恢复到全部范围的吗？

答：有。我说过根据我的经验，大约有 15％ 的患者一直都无法恢复完全。这个数字和有关这个问题的医学文献是吻合的。

（预测）

注意医生并未被问到她的"意见"，联邦证据规则 702 条允许"其他形式"。

问：克雷恩医生，盖博先生右肘的活动范围限制会是一个永久性的情况吗？

答：是的。鉴于恢复治疗的时间长度以及伤后时间，十有八九他的手臂以后都只能像这样活动。

问：最后让我们看看这对盖博先生意味着什么。你知道他曾经是一名汽车机师，对吗？

对患者工作的影响情况，以及他的理由，十分重要。

答：知道。他跟我谈了他的工作。

问：那盖博先生仍然可以能胜任汽车机师吗？

答：不，我不这样认为。

问：为什么？

346

答：有两个基本理由。第一，他的肘关节无法拥有完全的活动范围。而他的工作是一名汽车机师，这要求他的双臂都有完全的活动能力。第二，也是最重要的，他的右肘关节已不像以前那样强健。韧带受损，失去了伸展性。而同样的，他的工作要求双臂有完全的伸展性。总之，他的肘部无法适应从事这样的需要手臂进行持续拉伸的机械工作。

最后的提问突出了状况的永久性。

问：克雷恩医生，有其他方法，或者其他整形外科专家，能让盖博先生的右肘恢复到正常吗？

答：很不幸，没有。医生并不能创造奇迹。恐怕盖博先生的手肘已经是恢复到可能的最好情况了。现在的情况也是他以后的情况。

2. 不当致死案件中的经济学家

在以下的不当致死案件中，经济学家将就原告由于其丈夫的死亡所受到的经济损失作证。

示 例

(简介)

问：霍华德先生，请介绍一下你自己。

答：我是威廉·霍华德，我是一名经济学家，并在州立大学授课。

问：你是那里的一名经济学教授。

答：是的。

专家和律师之间的关系建立得立即而坦诚，包括费用。

问：霍华德教授，我曾要求你对死者詹姆斯·亚当斯的过早过世，给他妻子雪莉·亚当斯造成了损失，进行过研究测定吗？

答：是的。

问：那你的测定完成了吗？

答：是的。

问：那你在这项工作上所花费的时间有报酬吗？

答：有，我是按照日常标准收费，每小时收取 150 美元来测定经济损失。

问：那你一共得到了多少报酬？

答：目前一共工作 30 小时，一共是 4 500 美元。

问：那今天你准备告诉我们亚当斯夫人由于丈夫死亡的经济损失有多少吗？

答：是的。

347

(资历)

问：霍华德教授，在我们得到损失额，并且了解你是如何测定之前，让我们先了解下你是如何成为一名计算经济损失的专家的。你是一名经济学家，对吗？

答：是的。

问：那经济学家是做什么的？

答：经济学家是研究财富生产、分配、消费的经济结构和规则。

问：你是如何成为一名经济学家的？

答：我在 1980 年在北加利福尼亚大学获得了硕士学位，而 1984 年我又在伊利诺斯大学获得了经济学博士学位。

问：给我们讲讲你的工作经验。

答：自 1985 年开始，我成为佐治亚大学的一名教授。我在经济系工作，从事教学和研究。

问：你是一名正教授吗？

答：是的。我在 1993 年被升为正教授。

这是一个好问题，因为它集中在专家背景的相关部分。

问：霍华德教授，在你的教育和工作经历中，哪些对于你测定亚当斯夫人的损失是最为重要的？

答：可能有两件事。我的教学主要是集中在美国经济的劳动力成本上，以及通货膨胀和税收对于实际收入的影响。我的研究和出版作品也都集中在这两个领域。

问：你的文章和著作也都是关于劳动力成本，以及通货膨胀、税收对收入的影响的吗？

答：是的。

问：有多少？

答：我有一部著作，《劳动力和工资收入》，然后我有 20 篇发表的作品涉及后二战时期我们经济中的劳动力成本问题。

问：霍华德医生，你曾经被请求作人身伤害和不当致死案件中经济损失的测定吗？

答：有的，在过去十年中大概有 25 次。

问：那你曾经以专家身份，在这些案件中出庭作证吗？

答：有的。大约有十件案子。

问：那有一件像这样的不当致死案件吗？

答：大约有一半的案件是有人被杀死，而我被要求就幸存配偶和孩子的经济损失进行测定。

348

问：霍华德教授，现在让我们看看，在这件案子中，你被请求做了什么，以及你是如何做的。你是测定亚当斯夫人由于丈夫的死亡所蒙受的经济损失，对吗？

答：是的。

问：本案中经济损失意味着什么？

答：这意味着我要测定亚当斯夫人与她丈夫正常过一生而获得的收入，并测定这些收入的现有价值。

问：那你是如何做的呢？

答：我进行了多项基本测定。首先，我必须要测定如果亚当斯先生正常生活，其预期工作寿命中的收入是多少。其次，我要测定他的附加福利及其现有价值。第三，我要了解他的个人消费模式，以测定其现有价值。第四，我需要掌握他对于家务劳动的贡献并测定其现有价值。第五，我需要测定通货膨胀和税收对这些因素的影响。最后，我还需要测定将这些因素综合到一起，其现有价值的金额。

349

问：这些步骤都展示在这件展示物——原告 7 号展示物上，是吗？

答：是的。

> **对雪莉·亚当斯经济损失的测定**
> 1. 詹姆斯·亚当斯的预期收入
> 2. 詹姆斯·亚当斯的预期附加福利
> 3. 詹姆斯·亚当斯的个人消费
> 4. 詹姆斯对家务劳动的贡献
> 5. 通货膨胀和税收的影响
> 6. 经济损失的现有价值
>
> 　　　　　　　　　　原告 7 号证物

问：让我们看看你是如何一步一步测定的。第一步是亚当斯先生预期工作寿命的收入损失，对吗？

答：是的。

问：那你具体是如何做的？

<table>
<tr>
<td>

专家此时成为了老师，解释他做了什么以及为什么要这么做。

</td>
<td>

答：我查阅了亚当斯先生的雇佣记录、劳动统计部门关于会计行业的数据。亚当斯先生在死亡时是一名 30 岁的会计，他已经在他的公司——亚瑟·安德森公司工作了八年，因此我根据其工作历史进行测算。他刚工作时年收入为 30 000 美元，而死时为 46 000 美元，因此他的收入每年以 6% 的速度增长，并在公司中有定期的提升。在会计行业中，会计可以工作到 65 岁。我用这个数字，加上我对于会计行业的认知，估算出其死亡时间和预期退休时间之间还有 35 年，因此他的工作收入也将持续 35 年。因为他身体健康，我认为 65 岁这一退休年龄可以适用于他。我同时假定他将在未来继续保持过去八年同样的收入增长。这些数字同样能够得到劳动统计部门关于会计行业收入趋势数据的支持。

</td>
</tr>
</table>

350

<table>
<tr>
<td>

你可以让专家将这些关键数字用图表表现出来。当然，在本案中会在后面的简表中列出来。

</td>
<td>

问：那你能否测算出亚当斯作为一名会计，从 30 岁开始到 65 岁正常退休时所能获得的收入？

答：是的。

问：那总数是多少？

答：我测算出如果亚当斯能活着的话，他在 30—65 岁之间能挣到 380 万美元。

问：让我们看看第二部分，附加福利，你能测算出是多少吗？

答：亚当斯的附加福利，比如生命和健康保险、养老金、退休计划金，占到了他在亚瑟·安德森公司工作八年收入的 22%。这个数字和行业的平均数是吻合的，跟劳动统计部门的数字也是吻合的。因为我已经测算出他的收入损失，根据这个数字乘以 22% 就是他的附加福利损失。

问：那他未来 35 年的附加福利损失是多少？

答：总额是 83.6 万美元。

问：让我们看看第三部分，个人消费是指什么？

</td>
</tr>
</table>

<table>
<tr>
<td>

专家在解释另一个关键术语。

</td>
<td>

答：个人消费是指我们花在自己身上的那部分收入。比如，我们将钱花在买房、衣服、食物、娱乐、度假以及其他类似的个人事务上。我们自己支配的个人消费肯定要从经济损失中除去，因为死者如果还活着，会将这部分收入花在个人身上，而不是留给幸存的人。因此，我需要掌握亚当斯的个人消费习惯，以及个人消费占到他收入的比例。

</td>
</tr>
</table>

问：你是如何做的？

答：我核对了两方面的资料。首先，我核对了亚当斯的常用账户，因为他的薪水和花费都通过了这个账户。然后，我查阅了关于不同收入组群、年龄组群和家庭规模组群的劳动统计数据。 *351*

问：这些资料告诉了你什么？

答：它们非常统一。劳动统计数据显示像亚当斯先生这样收入、年龄和家庭情况的人，75% 的净收入将用于个人消费。而他实际的支出历史，根据他的常用账户，和这一数字则非常接近，所以我用了他净收入的 75% 去测定他未来 35 年的个人消费。

问：让我们看看下一项，家务劳动损失的价值。你的测定也包括这一项，是吗？

答：是的。

问：那什么是家务劳动损失？你又是如何测算的？

答：亚当斯所承担的家庭工作，比如打理庭院、粉刷房屋，都有经济价值。当亚当斯先生死亡后，亚当斯夫人就损失了这部分价值。所以家务劳动损失对于她来说也是一种经济损失。

问：你是如何测算亚当斯家务劳动损失的价值的？

答：我做了两个方面的工作。首先，我测算了亚当斯先生通常所承担的家务劳动。这一资料首先来自于亚当斯夫人的证言，她描述了她丈夫日常所承担的家务。其次，我使用了这一区域的劳动统计数据，去测算如果雇人来做亚当斯先生的家务，其市场价格是多少。通过这种方式，我根据每年的数据测算出亚当斯家务劳动的公平市价。

问：那他的家务劳动损失价值是多少？

答：我测算出他每周的家务劳动时间为 6 小时，而每小时的价值是 6 美元，或者说现今每年的家务劳动价值就是 1 872 美元。

问：霍华德教授，在你的测算中，你是否考虑了通货膨胀和税收的影响？

答：是的。

352

> 对于通货膨胀和税收的采信，各司法管辖区不尽相同，所以在这里有必要提出。

问：让我们先说说通货膨胀。为什么你会在计算中考虑到它？

答：任何对未来收入和花费的计算，都必须考虑到通货膨胀，因为通货膨胀在我们国家的实际生活中已经存在了数十年，而且未来也将继续存在。通货膨胀不过是购买和销售的物价，将随着时间而增长的一种现象。比如，如果今年一条面包卖 1 美元，而明年就要卖 1.05 美元，那这一年就存在 5% 的通货膨胀率。

问：你是如何决定应当适用怎样的通货膨胀率，来测算未来的收入和花费？

答：我查阅了过去 40 年的通货膨胀率。各年的数据从 2% 到 13% 不等。如果你排除掉极端情况，通货膨胀率大约在 2% 到 4% 之间，而过去 40 年的平均通货膨胀率是 3.3%。因此，我在测算未来的收入和花费时，使用了每年 3.3% 的通货膨胀率。

问：那你为什么还要考虑税收因素？

答：我的任务是测算亚当斯夫人的经济损失。而亚当斯先生的收入，和我们每个人一样，都被联邦、州和地方政府征税。因为亚当斯只可能获得税后的金钱，因此亚当斯夫人损失的丈夫的收入也必须扣除其应当缴纳的税款。

问：那你是如何测算亚当斯未来收入的税率的？

答：基本上和测算通货膨胀率一样。没人能确定未来的情况，包括税率。我只是采用了最为科学的方法，查阅了过去 40 年的税率，来测算未来可能的税率。

353

问：那你测算出来的合适的税率是多少？

答：我测算出平均的总税率（包括联邦、州和地方政府税赋），对于像亚当斯先生这样的收入水平，过去 40 年的平均税率为 26%，所以我将这个数字用于测算未来税收对于亚当斯先生未来收入的影响。

> 未来的收入损失扣除为现有价值是一项重要但却复杂的概念。专家需要用非专业词汇来解释。

问：霍华德医生，让我们谈谈最后一部分内容，即现有价值。现有价值的意义是什么？

答：我的工作是测算亚当斯夫人未来的损失，然后决定损失的现有价值。要想明确未来损失的现有价值，就必须认识到同样的钱，如果现在拿到肯定比以后拿到时更"值钱"，因为我们从现在拿到的钱中获取利益。经济学家称之为金钱的时间价值。比如，如果我现在有权获得一年后的 105 美元，而保险的投资收益率为 5%一年，那一年后获得的 105 美元就和现在获得的 100 美元具有同等价值。因此，我必须计算出亚当斯夫人因其丈夫死亡而带来的未来所有经济损失，然后再计算出按照现今较为保险的收益率，应当有多少钱，才能产生出足够的本金和利息，来弥补其未来 35 年的经济损失。

问：你如何决定用怎样的回报率来测算现有价值？

答：同我计算通货膨胀率和税率差不多，通过查阅过去的情况，然后再将其作为测算未来可能情况的指导。我查阅了较为保险的投资回报率，比如国库券和公债，过去 25 年的收益情况。

问：那根据你的测算，用来计算现有价值，适当的回报率是多少？

354

答：我测算出最为 5％的回报率最为适当。这是经济学家所称的贴现率，用来将未来的损失折算为以当前金钱表现的现有价值。

问：霍华德教授，让我们把所有的资料合到一起。你准备了一个图标，来说明你在这个案子中是如何计算的，对吗？

答：是的。

问：我现在向你出示原告 6 号展示物。这个图表是否准确地展示出，你在测算亚当斯夫人由于其丈夫死亡所未来的经济损失中，其现有价值的计算过程？

答：是的。

问：庭上，我们请求采信 6 号展示物。

法庭：对方律师，有无异议？

对方律师：没有，庭上。

法庭：好，原告 6 号证据被采信，请继续。

问：庭上，霍华德教授可以用这个图表继续他的证言吗？

答：可以。

问：霍华德教授，请移步到图表前，然后站着继续你的证言，好让陪审团能看见你的图表。（专家证人照做）

> **雪莉·亚当斯的经济损失概况**
>
> 1. 未来的收入损失　　　　　　　　2 812 000 美元
> 2. 未来的附加福利损失　　　　　　　836 000 美元
> 3. 个人消费　　　　　（负数）2 109 000 美元
> 4. 家务劳动损失　　　　　　　　　　112 000 美元
> 5. 未来的总损失　　　　　　　　1 651 000 美元
> 6. 未来损失的现有价值　　　　　　495 000 美元
>
> **原告 6 号证物**

355

问：第一项是未来的收入损失。向我们解释下你是如何计算出这个数字的。

答：当然。我刚才提到了，我计算了亚当斯先生未来 35 年的收入损失情况。这个数字为 380 万美元。这个数字考虑了通货膨胀，因为通货膨胀将抬高工资。尽管如此，这个数字并没有考虑税率，而我测算出的税率为 26％。因此，我需要扣除这 380 万美元中的 26％，才是亚当斯先生如果还在世将获得的税后收入。这个数字为 2 812 000 美元（指向图表）。

问：你是如何计算第二项的？

答：第二项是未来的附加福利损失。我计算出它们占工资总额的 22％，这样得出的附加福利损失是 836 000 美元，数据在这里（指向图表）。

问：那第三项呢？

答：这项是个人消费。我计算出亚当斯先生如果还在世，他会将其税后收入的75%用于个人消费。这个数字为2 812 000美元的75%，2 109 000美元。这个数字应当在计算亚当斯夫人实际经济损失的准确数字时，从中扣除。

问：那第四项呢？

答：这部分是家务劳动。我计算出亚当斯先生对于家庭工作的贡献现在是每年1 872美元。然后我用这个数字乘以每年3.3%的通货膨胀率，来计算未来35年亚当斯先生的家务劳动损失。最后的得出的数字是112 000美元（指向图表）。

问：那第五项，未来的总损失，你又是怎么得出来的？

答：这就是简单地将未来的收入损失、未来的附加福利损失、未来的家务劳动损失相加，然后再减去个人消费，得出的数字是1 651 000美元。

356

问：最后，霍华德教授，你如何测算出未来总损失的现有价值？

答：这个问题在于：我们现在需要投资多少钱，按照保险的收益率，才能确保亚当斯夫人能够在未来的35年中，在总共的花费后，能够获得1 651 000美元的总额？我用年5%的收益率，来扣除或者说折扣得出其现有价值，最后得到的数字为495 000美元。换句话说，这个495 000美元，按照今天5%的投资收益，将能够让亚当斯夫人在未来的35年中从中获得1 651 000美元。

一个漂亮的结束。提醒陪审团这些测算所涵盖的，以及未能涵盖的范围。

问：霍华德教授，那495 000美元的总数，能够充分赔偿亚当斯夫人因其丈夫詹姆斯·亚当斯死亡所遭受的经济损失吗？

答：对于她的经济损失来说，已经足够了。

3. 产品责任案件中的工程师

在下面的案件中，被告工厂所雇佣的工程师，就一起产品责任案件中的摩托车头盔设计，出庭作证。在该案中，原告在从摩托车上跌落时面部着地，扭到了头部并伤到了颈部。原告的专家已经作证，该头盔存在不合理危险，因为头盔的帽檐太长而且材料太硬，这一设计导致了原告的受伤。而被告方的专家也将就此作证。

示 例

（简介）

第一个问题让陪审马上知道了专家在本案中的角色。

问：早上好，史密斯先生。你是本案中"百思得头盔"的设计工程师吗？

答：是的。

问：你在百思得头盔公司中的工作是什么？

答：我是设计和安全部分的首席工程师。

（资历）

问：史密斯先生，我们将花些时间来谈论头盔的设计以及你在设计时所考虑的因素。首先，让我们先了解一下。你是在哪里学习，并最终成为一名工程师的？

357

答：我1980年在马萨诸塞理工学院获得了理学学士学位，1987年在加州理工学院获得了结构和机械工程硕士学位。

问：那你是否是一名有执照的工程师？

答：是的，我1987年在本州获得了执照。

实践经验在这里很重要，特别是与案件相关的经验——产品安全测试。

问：告诉我们一下你在进入百思得头盔公司工作前的工作情况。

答：我为保险业实验室工作了三年。这是一座检测消费产品安全因素的实验室。之后在进入百思得公司前，我又为贝尔头盔公司工作了三年，这是一家大的头盔生产商。1993 年，我进入百思得公司工作。

问：你在保险业实验室的工作内容是什么？

答：我检测各种消费产品的安全性，比如各种器具和运动设备。如果产品通过了安全检测，这个产品将获得保险业实验室的盖章认可，这个认可你可以在各种产品上看到。

问：那你在保险业实验室检测了多少产品？

答：200—300 件。

问：那你在贝尔头盔公司的工作是什么？

答：我仍然是在检测部门。在新产品投放市场前，我们就产品设计的安全性进行检测。

问：你们检测了哪些种类的头盔？

答：所有的品种。摩托车、自行车、橄榄球、棒球和其他消遣活动所用的头盔。

给人深刻印象的数字。

问：那你做了多少次安全检测？

答：大约 100 次。

问：再让我们看看你在百思得头盔公司的工作情况。你是设计和安全部门的安全工程师，对吗？

答：是的。

问：那你的工作内容是什么？

答：我所在的部门，包括我在内有五名工程师和一名行政人员，负责设计新的汽车、摩托车和自行车头盔。在设计后我们将进行安全测试。

358

问：百思得公司出售多少种头盔？

答：到现在正好有 12 种样式。

问：你参与了这些头盔的设计与检测吗？

答：是的。

问：史密斯先生，让我们谈谈百思得公司的 202 型头盔，本案所涉及的这款头盔。这款头盔投放市场多久了？

答：这款头盔在四年前投放市场。而之前我们用了两年的时间设计和测试头盔。

这些步骤说明生产商在设计和对头盔进行安全检测时是多么仔细。

问：你们是如何设计头盔的，比如这款 202 型头盔？

答：有很多步骤。在市场部确定新头盔会有充分的市场后，我们的工作就开始了。然后我的部门开始做前期设计工作，现在主要是通过计算机模型来完成。在设计完成后，我们将确定用什么材料来生产。之后我们将制造样品，制造很多实样，我们自己用来检测，同时也送交一些到独立实验室进行检测。只有这些头盔通过了这些步骤，才能投入实际生产。

遵循安全标准是本案的一个关键点。

问：那你们是否遵循了一些独立的安全标准？

答：摩托车领域有三项安全标准：联邦摩托车 218 安全标准，国家标准协会 290.1 标准，以及斯内尔纪念基金会标准，这些都规定了头盔的抗撞击和吸收撞击力的能力。这三项标准我们都遵循。

问：你们是按照这些标准进行了测试吗？

答：有的。我们测试了每一种头盔，确定其通过了安全标准。然后我们将头盔送往独立实验室来验证我们的检测结果。

问：你刚才提到的这些程序——那202型头盔也遵循了这些程序吗？

359

答：是的。每一个都是。

问：史密斯先生，你在研发过程中考虑了些什么因素？

这一点很重要。

答：很多。首先当然是安全。每个人都想让头盔尽量安全，不过没有任何一款头盔可以完全保证乘坐者的安全。我们所做的就是通过设计头盔，来降低乘坐者头部严重受伤的可能性。

问：你提到了头部。那头盔不应当同时也保护乘坐者的颈部吗？

答：不保护。头盔的作用是降低乘坐者跌落时头骨破裂、脑震荡、面部毁容等伤害的可能性。而头盔的设计，以及生产头盔的材料，都能在很大程度上降低这些伤害的可能性和严重程度。没有一款头盔可以明显地保护乘坐者的颈部，因为颈部的柔韧性较好，而头盔不可能让头部无法扭曲或弯曲。

问：那你还考虑了其他什么因素吗？

答：另外两方面是外观和成本。头盔看上去要有吸引力，否则没人会买。还有就是头盔不能太贵，否则也不会有人买。

这预料到了交叉询问可能出现的一个问题点。

问：让我们谈谈成本。当安全作为一项原则时，为什么还要考虑成本？

答：如果我们设计了一个成本为900美元的头盔，那将没有人会买，无论其安全性有多高。市场上所有的摩托车头盔售价都低于200美元，而大部分的售价都在100到150美元之间。因此，每一家头盔生产商，包括我们，都尽可能在这一成本范围内生产出最安全的头盔，这是消费者对我们的影响。

问：让我们专门谈谈百思得202型头盔。告诉我们它的设计。

360

答：百思得202型头盔是一个半罩式设计。现在头盔主要有两种样式：一种是全罩式，只在眼部露出椭圆开口，开口由一块可移动的透明塑料覆盖；另一种是半罩式，它的设计是：直接在前方开口。

问：全罩式的设计能给面部更多的保护吗？

答：是的。

又一个关键点，再次对交叉询问进行预判。

问：那如果半罩式的样式对面部的保护较少，为什么你和其他公司还要出售这样的头盔？

答：很多乘坐者不喜欢全罩式的样式。他们不喜欢戴上去的感觉，这让他们感觉更热。而在潮湿的地区，这种头盔上会有雾。如果只能戴面部全包围的头盔，他们宁愿不戴。而戴上半罩式的头盔，肯定比不戴头盔要安全很多，所以现在市面上的每一个厂家今天仍然都同时生产这两种头盔。

问：史密斯先生，今天你带了一个202型头盔，是吗？

答：是的。

视觉辅助永远是一个好办法。

问：我现在向你出示已被采信的被告5号展示物。这就是202型头盔。对吗？

答：是的。

> 【百思得2021型头盔】
> 被告5号展示物

问：这和原告所戴的头盔是一样的吗？

答：是的。

问：给我们大家讲讲一些主要部件。

答：好的，我刚才提到了，这是一个半罩式头盔，你们现在也看到了，头盔的表层是一整块铸型玻璃纤维，头盔的内部则是由尼龙带和泡沫制成的悬架系统，这同样也是标准设计。最后，头盔有一个边，三英寸长，在半罩式区的上方。（进行示范）   *361*

> 询问现在集中在头盔帽檐的问题上，这是诉讼所涉及的主要问题。

问：那由谁决定帽檐的形状和长度？

答：由我们的设计和安全部门负责。

问：从安全的角度出发，你们在设计帽檐时考虑了哪些因素？

答：在半罩式的头盔中，帽檐的主要目的是在跌落时帮助保护乘坐者的面部。如果乘坐者面朝下跌落，可能会发生严重的外貌损伤，特别是眼部和鼻部。当然，帽檐同时还能遮挡阳光，但这并不是其主要的功能。

问：为什么你们将其设计为三英寸长？

答：帽檐要足够长才能在乘坐者跌落时为其眼睛和面部提供足够的保护。另一方面，帽檐也不应当太长，以免在面朝下跌落时成为头上的一根撬杆。我们在设计帽檐时，是让帽檐的长度刚好既能为面部提供充分的保护，同时又不至于让帽檐在跌落时成为一根危险的撬杆。我们的检测显示，三英寸是帽檐的最佳长度。

问：为什么你在设计帽檐时用这么硬的材料？

答：这是出于同样的考虑。只有硬质的帽檐才能在面朝下跌落时为乘坐者的眼睛和面部提供充分的保护。我们考虑过用软质或者可拆除的帽檐，但在测试后因其保护不充分，就否定了这样的设计。

> 这段证言直接否定了原告的主张。
>
> （意见）

问：史密斯先生，根据你作为一名工师程所接受的培训，和你在摩托车设计和检测方面的多年经验，以及你在设计和检测百思得 202 型头盔的多年经验，你能否给出关于头盔的设计是否足够安全意见？

> 在这里，询问专家意见用的是传统方式。

答：可以。我的意见是，根据我对这一行业的普遍了解，特别是对这一款头盔，这款头盔的设计安全合理。

问：史密斯先生，你知道原告聘请了詹森教授来评估你的头盔吗？

答：知道。   *362*

问：你知道他有不同的意见吗？

答：知道。我阅读了他的报告和书面证词。

> 让专家证人正面面对原告的专家证言。

问：你同意他的意见吗？

答：不，我确定不同意他的意见。

问：让我们看看为什么。詹森教授谈了两个方面，一是他说帽檐太长，你同意他的意见吗？

答：不同意。

问：为什么不同意？

答：帽檐如果不足三英寸长，将无法充分保护乘坐者的眼睛和面部。而这正是我们最需要防止发生的伤害，因为这种伤害既常见又严重。曾经有关于当摩托车乘坐者跌落时，各种类型伤害的发生频率的研究。这些研究在行业中很有名，而每个生产商，包括百思得公司，都在设计头盔的安全部件时使用了这些资料。资料显示眼睛和面部的伤害发生频率数倍于颈部伤害。而实际情况也是，头盔可以保护头部，但并不能保护颈部。将这些事实放到一起，我们设计帽檐首先是为了保护眼睛和面部，而我们的帽檐在这方面表现也很好。

问：你知道今天有公司生产的帽檐短于三英寸吗？

答：没有公司这么做。

问：詹森教授还谈到帽檐应当用软质的材料制成。你同意他的意见吗？

答：不同意。

问：为什么？

答：我们在设计这款头盔时，检测了各种软质帽檐，最后都予以否定。软质帽檐的问题是，它不能给眼睛和面部等这些最容易受重伤的部位提供充分的保护。根据我们的测试，我们发现当头盔先着地时，乘坐者的重量都压在帽檐上，帽檐会变弯，会使面部暴露在外并发生严重的擦伤，甚至更为严重的伤害，这样的帽檐不能被接受。我们也从未在半罩式的头盔上设计软质帽檐。

363　漂亮的结束问题。

问：史密斯先生，有完全安全的头盔吗？

答：没有。头盔同汽车一样，你无法设计出一款汽车能够完全保护驾驶员不受到任何可能的伤害。摩托车乘坐者如果跌落肯定会受到伤害，而没有头盔能防止所有的伤害。我们所做的是弄清楚头盔可以起到的效果和无法实现的效果，弄清楚最常见和最严重的伤害是什么，然后设计一款能够最大限度减少严重和常见伤害发生的头盔。这就是我们和百思得头盔所做的。

■ 8.6　交叉询问

同其他证人一样，你可以对专家证人进行有效的交叉询问，如果你能采用合理的方式并做好充分的准备。交叉询问的目的都是一样的：一个有效的交叉询问应当保证，同时能给陪审团足够的空间，去质疑和否决专家的意见及理由，同时能让陪审团留下印象，以便他们在评议阶段对专家提出质疑。

1. 准备

对专家证人进行交叉询问需要作更多的准备。毕竟，专家一般都是一名专业经验丰富的证人，他对于学科的了解肯定比你要多。而你是在专家面前"班门弄斧"。因此，在你接到对手将出示专家证言的通知时，你有很多需要做的事情。

第一，让你的专家帮助你去理解和攻击对方专家可能作出的证言。你方的专家应当是你在专业上最好的老师，应当是你预判如何对对方专家进行交叉询问的指导。

第二，阅读该领域的文献。你的专家可以给你一些基本的参考书目。阅读这些论文和学术作品，能让你熟悉这一学科；根据联邦证据规则 803 (18)，它们同样是你用来弹劾专家证人的潜在资源。

第三，取得一份对方专家发表的任何作品的副本。而该专家的简历，你也可以通过证据开示程序取得，这将是你工作的开始。专家的书面证词则是另一个值得留心的地方。尽管如此，不要轻信简历和书面证词是完整的，因为专家可能省略了他们并不是很满意的作品，而联邦民事诉讼规则第 26 条（a）（2）仅要求对近十年的作品予以开示。在当地大学的图书馆进行著者检索，来获取该专家出版作品的完整清单。这些作品或许可以在庭审中用来弹劾该专家证人。 *364*

第四，尽可能了解一下该专家之前作为专家证人作证的经历，并取得那些证言的副本。根据联邦民事诉讼规则第 26 条（a）（2），专家必须书面披露他在过去四年曾经以专家证人身份作出书面证词或出庭作证的案件。检查一下这份披露材料是否准确，然后对这些以前的证词分组进行检查。比如，全美出庭律师联合会（ATLA）和辩护研究学会（DRI），人身伤害案原被告协会，都汇编了专家数据库提供给会员。这些先前的证词往往可以作为庭审时弹劾证人的资料。同时，你还应当同以前曾经对该专家作过交叉询问的律师聊聊。

第五，检查一下专家的简历，查明专家在教育、培训和经验上的任何弱点，同时查明该专家真正的专业领域是否不止本案所涉及的这一个方面。

第六，检查一下专家的书面报告。书面报告现在已经由联邦民事诉讼规则第 26 条（a）（2）和联邦刑事诉讼规则第 16 条予以规定。此外，你还需要查阅专家的书面证词副本，这将告诉你，他在庭审中的证言可能会有些什么内容。

2. 交叉询问的方式

有效对专家进行交叉询问的方式和对其他证人的交叉询问没什么不同：你必须先对证人进行妥善分析，才能决定是否进行交叉询问，以及如果决定询问时，如何组织和实施你的交叉询问，以实现既定目标。这种方式，在第六章中已经详细讨论过，包括下列基本要素。

a. 你应否进行交叉询问？不是每一个证人都需要进行交叉询问。如果该专家并未伤及你方，或者你并无法提出有效的问题点，或者你方的专家更有说服力，可以考虑不进行交叉询问。如何决定是否交叉询问在 7.2 已经讨论过。

b. 交叉询问应当如何组织？所有的交叉询问都有两个基本目的：引出有利于本方的证言，或者进行破坏性的交叉询问。引出有利于本方的证言，通常都是在进行破坏性的交叉询问之前。如果该专家通过认可对你有利的事实，实质上帮助了你方，可以考虑不再进行破坏性的交叉询问，即便你有攻击点。如何组织交叉询问在 7.3 已经讨论过。

c. 有效的交叉询问在结构上，往往在开始和结束部分都很有力，同时在结构上又尽量简明。对证人最主要的控制方法是，向其提出简单而又有诱导性的问题，然后在论点一明确就停住。这些方法在 7.4 中已经讨论过。

d. 你能引出怎样的有利信息？证人在直接询问阶段所说的，你能让他在交叉询问中再重复一次吗？专家证人可以承认并未提到，但却有利于你方的事实吗？什么有利的事实是证人不得不承认的？而什么又是证人可能会承认的？这都在 7.3~7.5 中讨论过。 *365*

e. 你能作怎样的质疑或者破坏性的交叉询问？证人的感知、记忆和交流技能是否可以攻击？证人能否被弹劾？你能揭露证人的偏见、利益或动机吗？证人先前是否作出不一致的陈述？能否用论著弹劾证人？这些在 7.6 和 7.7 中已经讨论过。

3. 交叉询问的专门技巧

对于任何交叉询问，一个好方法就是问问你自己：关于这个证人，我会在终结辩论的时候怎么说？计划交叉询问，往往也是决定你实际上能在交叉询问中让证人承认些什么事实，以支持你计划好的终结辩论。下面的这些主题，就是在对专家的交叉询问中，最常被研究的一些方面。

a. 资历

大多数案件中双方都有各自的专家，其意见和结论也往往不同。陪审团总是会将双方的专家进行比较，并决定相信哪一方的专家。而比较双方专家的资历就是陪审团决定相信哪方专家的方法之一。

专家资历包括两方面：教育培训，以及与案件有关的实际操作经验。一个普通的交叉询问，就意图表明对方专家并未达到该领域的最高等级或者最高认证。

示　例

问：史密斯医生，你是一名慈爱医院的高级专科住院医生？

答：是的。

问：你正在进行为期四年的整形外科专业的住院实习培训？

答：是的。

问：当你完成这一培训，你将成为一名整形外科方面的专业医师，对吗？

答：是的，我想我在我的领域内已经有了足够的专业技能。

问：你现在的住院实习培训，仍然在认证整形外科专业医师的指导下，是吗？

答：是的。

问：这些专业医师，他们都是部级认证的整形外科医师，对吗？

答：是的。

问：这意味着他们已经参加并通过了全美整形外科医师机构的测试，对吗？

答：对的。

问：而你还没有通过这项测试，对吗？

答：是，但我有资格在完成住院实习后参加这项测试。

问：你还没有通过测试吗？

答：还没有。

陪审团通常会对实际操作经验的印象更深，因为他们中的大多数人都是这样在工作中熟能生巧。如果你的专家拥有很高的学历，但却没有实际操作经验，对方的交叉询问往往会有效地指出这一点。

问：亨德森教授，你是州立大学工程学院的一名教授，对吗？

答：是的。

问：你在获得博士学位后，就留在了大学教学和著书，是吗？

答：是的。

问：教授，这个案件涉及客车的前轮悬挂系统。你曾经设计过前轮悬挂吗？

答：没有。

问：那你曾经设计过汽车部件吗？

答：没有。

问：那你曾经在汽车行业工作过吗？

答：没有。

问：那你曾经在任何行业中被聘作工程师吗？

答：没有。

问：那你曾经设计过任何实际投入生产的产品吗？

答：没有。

　　通常专家都拥有大量的专业技术，但有可能并不是本案涉及的专业领域。对于这种情况，有效的交叉询问方法是，先指出该专家某一领域的专长，然后指出其并不适用于本案所涉及的专业领域。

问：安德鲁斯先生，你是一名精神病医师吗？

答：是的。

问：你在玛登精神病中心工作？

答：是的。

问：大多数病人都是由法院系统送交的，对吗？

答：不是所有，但大多数都是由法院送交的。

问：这些患者大多数都是刑事案件的被告，对吗？

答：同样的，不是所有，但大多数都是。

问：法院要求你们中心鉴定这些被告人是否为法律上的精神病人，对吗？

答：这是最常见的要求。

问：事实上，你的工作经验主要是鉴定这些被告人是否为法律上的精神病人，对吗？

答：是的。

问：而你最常处理的就是精神分裂症，对吗？

答：嗯，这不是我唯一处理过的一种，但基本上是最常处理的。

问：安德鲁斯医生，你专攻诊断和治疗精神分裂症，对吗？

答：是的。

问：事实上，你已经是这一领域的知名专家，对吗？

答：嗯，我很愿意我是，但你确实需要问问我的同事。

问：你就精神分裂症撰写过很多文章？

367

答：我写了一些。

问：发表的文章超过 20 篇了吧？

答：是的。

问：安德鲁斯医生，今天的问题是汤普森夫人是否应当被民事监管，因为她对于自己和他人都存在危险，对吗？

答：对的。

问：而这并不是一起刑事案件，对吗？

答：对。

问：没有人要求你鉴定汤普森夫人是否为精神病人，对吗？

答：对。

问：而汤普森夫人也并不患有精神分裂症，对吗？

答：对的。

在一些司法管辖区，交叉询问人被允许可以就证人资历"预先审查证人"。这意味着如果交叉询问人，想质疑专家作为专家证人作证的资格，他可以在专家继续直接询问的回答前，仅就专家的资历进行交叉询问。当然，除非你有坚实的理由确信，你可以让证人不具备专家资格（而这在联邦以及大多数州法院都是非常困难的），否则你最好还是将这部分交叉询问留到常规的交叉询问阶段。这是因为在预先资格审查后，法庭通常会讲出"证人可以继续他的证词了"，这等同于告诉陪审团法官相信证人是有资格的，而法官对你想让专家失去资格的意图并没有考虑太多。

368

b. 偏见和利益

一个有偏见的证人，其证言会明显偏向一方而不利于另一方。能揭露偏见的交叉询问是一项很有力的工具，因为它可以动摇专家的整个证词。最常见的偏见是专家在作证时，明显地完全或主要偏向原告或被告一方。这种信息很好捕捉，因为根据联邦民事诉讼规则第 26 条（a）（2），专家必须通过书面报告披露其在过去四年中的每一次书面或出庭作证。

示 例

问：威廉姆斯医生，你在本案中是受被告方的请求作为专家证人的吗？

答：是的，被告方请我对这件案件给予咨询。

问：你工作的一部分就是如果案件被提交审判，你将作为被告方的证人，对吗？

答：如果必要，我会同意成为一名证人。

问：而这是为被告方，对吗？

答：如果是被告方想传召我的话，那就是。

问：威廉姆斯医生，你没有打算受原告方的传召成为证人，是吗？

答：是的。

问：事实上，你作为被告方证人作证，已经成为你的习惯，对吗？

答：我愿意成为证人，无论谁愿意聘请我。

问：在过去的四年中，你书面或者出庭作证有多少次？

答：我想大约是 12 次。

问：好，你的书面报告称是 12 次，对吗？

答：是的。

问：在这 12 次中，你也知道你受被告方传召作证多少次，对吗？

答：知道。

问：多少次？

答：每次都是。

问：12 次作证中就有 12 次是受被告方传召的，对吗？

答：是的。

另一种论证偏见的方法是，使用专家之前的出版作品。如果专家的文章有明显的倾向，或者在一部作品中出现了特别的观点，你就可以有效地确立该专家存在偏见。

示 例

问：贝克尔医生，你说被告威廉姆斯先生，并没有任何严重的精神病症状？

答：是的。

问：事实上，你主张威廉姆斯先生是在装病，对吗？

答：是的。

问：装病者是指伪装或者夸大症状的人？

答：基本正确。

问：贝克尔医生，你撰写了一篇名为"装病者及其揭穿方法"的文章，对吗？

答：是的。

问：在这篇文章的第 27 页，你说："一名医生可以通过仔细的询问，从其陈述中判断出他是否是一名装病者"，我念得是否准确？

答：是。

问：你的这篇文章发表在一本名叫《DRI》的杂志上？

答：是的。

问：《DRI》代表的是辩护研究学会，对吗？

答：是的。

问：这本杂志是提供给人身伤害案件的辩方律师的，对吗？

答：我想是的。

另一种常用的方法，是说明专家作证是有金钱利益的，而且他希望受任何人雇佣成为别人的"枪手"。

示 例

问：苏利万先生，你是从之前的雇主阿贾克斯建筑公司那儿退休的吗？

答：是的。

问：现在你独立地作为一名建筑工程师，经营你自己的咨询生意，对吗？

369

答：是的。

问：你为你的服务做过广告没有？

答：我在期刊上有专业启事。

问：这些启事称你作为一名工程师提供服务，是吗？

答：是的。

问：对于任何会向你付费的人，对吗？

答：是的。

问：你在《全美出庭律师联合会》上发过广告没有？

答：有。

问：这是一本针对原告律师的杂志，对吗？

答：是的。

问：那你在《辩护研究学会》上打过广告没有？

答：有的。

问：这是一本针对被告律师的杂志，对吗？

答：是的。

问：你在《美国律协周刊》上打过广告，对吗？

370

答：是的。

问：而这是针对所有律师的？

答：它拥有很大的发行量。

另一个应该谨慎使用的技巧，是说明专家作为证人将获得多少金钱。尽管如此，这种方法也会被轻易地用来针对你的专家。因此，要确定你的专家在这一点上更为有利，才可以使用。

示 例

问：希尔维曼教授，你是州立大学的一名全职教授吗？

答：是的。

问：你从事教学？

答：是的。

问：你还从事研究？

答：是的。

问：然后发表作品？

答：是的。

问：大学方面希望你能做这些事？

答：是的。

问：大学方面认为这是你的全职工作，对吗？

答：是的。

问：但你同时还从事咨询师工作？

答：是的。

问：你从这项工作中获得了额外收入？

答：是的。

问：希尔维曼教授，你每小时收费是多少？

答：在这件案子中是每小时 200 美元。

问：这是你的通常收费吗？

答：是的。

问：你在本案中花了多少时间？

答：大约 50 小时。

问：那你从本案中获得了多少报酬？

答：接近一万美元。

问：现在你还担任了多少件案件的咨询工作？

答：我想另外大约有六七件。

c. 所依据的资料

只有当专家的意见和推论所依据的资料是准确的时候，这些意见和推论才是有效的。对于专家而言，仅仅或者主要是依据委托人的资料和信息提出意见，而不去验证这些资料和信息，这种做法屡见不鲜。如果你能证明这些数据和信息并不准确或不完整，专家的意见和推论也将站不住脚。简而言之，你可以通过攻击专家所依据资料的可靠性，来夺去专家的"力量"。 *371*

示 例

问：克雷恩医生，在被告被指控犯罪前，你从未见过他，是吗？

答：是的。

问：也没有治疗过他的任何精神病吗？

答：是的。

问：你是在他被逮捕后，才参与这个案子的？

答：是的。

问：而且是在他被指控谋杀之后？

答：是的。

问：而且是在他被羁押之后？

答：是的。

问：你的精神病评估依据，是你对被告进行的访问，对吗？

答：还包括警方的报告。

问：警方报告中还包含了很多其他证人的陈述，对吗？

答：是的。

问：那你是否曾经访问过这些证人，看看还有没有其他关于被告人在本案指控的犯罪时的精神状态信息？

答：没有，我依据的是警方报告。

问：警方报告中也有被告的陈述，对吗？

答：是的。

问：但是你访问了被告，来收集关于其犯罪时精神状态的其他信息，对吗？

答：是的。

问：而他给了你一些关于他自己的其他信息？

答：是的。

问：克雷恩医生，那你是否曾经和证人们交谈过，来检验被告提供给你的信息是否准确？

答：没有。我的评估主要根据我对患者的访问和评估。

问：那你曾经访问过他的家庭、朋友或者学校，来验证他提供给你的信息？

答：没有。

问：当你在访问被告时，他知道你是被聘来作评估可能存在精神病的辩护，对吗？

答：是的，他知道我是来对他做临床评估的。

问：所以如果被告人向你提供了虚假的或者夸大的信息，你的意见可能会受其影响，对吗？

答：有可能，但是一名训练有素的临床医师通常可以判断患者是不是在撒谎。

问：但如果患者是一个高明的撒谎者，你有时也无法判断，对吗？

答：这有可能。

372

问：克雷恩医生，精神病领域有很多历史上的案例，患者成功地误导了他们的精神病医师，是这样吗？

答：嗯，的确有很多为人所知的案例。

示　例

问：斯特朗教授，你说这种药品是安全的，对吗？

答：是的。这是我的推论。

问：你推论的基础是生产商的检测结果？

答：是的。

问：这和被告是同一家生产商？

答：是的。

问：如果药品投放市场，被告是否会从中获利？

答：我想他们希望能盈利。

问：斯特朗教授，你是否曾经进行过自己的测试，来判定这一药品是否对公众有合理的安全性？

答：没有。

问：你是否曾经要求由独立实验室来对药品进行检测？

答：没有。

问：所以你意见所依据的资料都来自于被告，对吗？

答：嗯，来自于实际进行检测的公司和人员。

问：而进行检测的人，都是被告的雇员，是吗？

答：是的。

问：如果这些检测设计不当，这将影响你的意见，对吗？

答：可能会。

问：如果这些测试操作不当，也将影响你的意见，对吗？

答：可能会。

问：如果这些测试分析不当，同样会影响你的意见，对吗？

答：可能会。

问：只有建立在测试得当的基础上，你的意见才会同样正确，对吗？

答：是的。

记住只有在专家所取得的资料得当的时候，其意见才会正确。因此，你可以在任何时候证实专家"不知道"一件重要的事实，或者"没有做"某件最重要的事项，而他的可信度将会受到影响。如果专家并不知晓某种情况或进行某一事项的原因是，聘请专家的律师没有提供相应的资料或没有请求专家做那件事，那采用这种方法攻击其可信度就非常奏效。专家更有可能因为这些缺陷去责怪律师，而不是他自己。　　　　　　　　　　　　　　　*373*

这种方法有时可以用来表明，专家仅仅是依据进行直接询问的律师所提供的报告或展示物，而没有接受或考虑其他律师提供的资料。

d. 假设

专家都会作出假设。如果你能揭示出对方的专家作出了假设，其意见也就值得怀疑了。你可以询问专家如果假设的情况发生变化，其意见会不会随之而改变。如果专家表示同意，你可以随后论证对方的专家支持了你方的观点，因为你方的假设是真实的。如果专家表示反对，你可以随后论证专家存在偏见，不会根据事实改变其观点。

示　例

问：威克斯尔医生，你的意见是，被告在杀死其妻子时，处于精神病发作期。

答：是的。

问：你的推论认为，他在杀人是处于你所称的"游离状态"？

答：是的。

问：你的这一临床意见大部分是依据你对被告人的访问和检查，对吗？

答：这当然是依据中重要的部分。

问：当你访问被告人时，他声称他不记得他杀人了，对吗？

答：是的。

问：那你是在他杀人后多久访问他的？

答：大约一个月之后。

问：你的临床意见也是部分根据了被告关于他不记得杀人的主张吗？

答：嗯，我对患者的评估依据了很多资料。

问：而被告关于他不记得杀人的陈述是其中之一，对吗？

答：是的。

问：医生，处于游离状态的患者无法记得当时发生的情况，对吗？

答：是的，你不能期望他们还能记得。

问：所以被告关于他不记得杀人的陈述对你而言是个很重要的事实，对吗？

答：是的。

问：医生，如果真实情况是，被告在杀人之后记得当时的情况，那能改变你关于他　*374*
　　杀人时精神处于游离状态的意见吗？

答：可能会。

问：医生，如果真实情况是被告人在杀人后一会儿就告诉别人他刚刚杀死了自己的
　　妻子，这就可以改变你的意见，对吗？

答：可能会。

有时你可以让专家同意另一种和众所周知的事实相一致的解释。这样你可以有效地让对方的专家转到你的立场上来。

示　例

问：伍兹警官，你是在晚上11点采集到强森先生的呼气样本的，对吗？

答：是的。

问：你在他家逮捕他时？

答：是的。

问：而他所涉及的事故发生在晚上10点，对吗？

答：我是这么认为的。

问：你说他11点在家时已经醉了，对吗？

答：测试显示他超过了法定的醉酒标准。

问：是晚上11点，对吗？

答：是的。

问：你在晚上10—11点之间并没有和强森先生在一起，对吗？

答：是的。

问：你不知道他是否在这段时间内饮酒了，对吗？

答：我不知道。

问：伍兹警官，如果强森先生在晚上10点时酒精并未超标，而他在事故之后喝了
　　酒，他能否出现你所测试的结果？

答：有可能，但他肯定喝了很多。

问：但你无法判断他喝了还是没喝，对吗？

答：我无法判断。

---

e. 先前不一致的陈述

对专家进行交叉询问的一大丰富土壤，就是用其先前不一致的陈述对其进行弹劾。在证据开示阶段，你可以了解专家的出版作品，以及专家是否在之前的案件中通过书面或出庭方式作证。然后你可以获得这些出版作品，有时还有专家先前证词的副本。在证据开示，你同时还可以获得专家在本案中的书面报告以及其审前的书面证词。这样的结果是，你通常可以获得专家将在庭审中作证的内容，和专家在过去说过什么这两方面的可靠资料。而过去陈述可以被用来弹劾专家证人，如果与其庭审中的证言不一致。

用先前不一致的陈述来弹劾专家证人，可以使用与弹劾普通证人一样的方法（见7.7）。这一方法分为三步：拘束、立信和质问，然后结束。首先提

出你想要攻击的证人在直接询问时的那部分证言，以此拘束证人；然后立信，就是建立先前陈述的可信度；然后念出这段陈述，质问证人，然后结束。

示　例

问：施密特医生，你说盖博先生的肘关节可以恢复到完全的活动范围？

答：是的。

问：而你对于盖博先生现在只有有限活动范围的解释是，他不愿意完成恢复治疗？

答：我相信这是个主要原因。

问：你说他的肘部的伤势，并不是导致现在活动受限的原因？

答：是的。

问：你有一篇名为"脱臼及治疗"的文章？

答：是的。

问：你的文章发表在 2000 年 1 月《整形外科杂志》上？

答：是的。

问：《整形外科杂志》在这一学科上具有相当高的权威性，是吗？

答：是的。

问：事实上，你也订阅了这份杂志？

答：是的。

问：你自己有时也会依据这份杂志？

答：有时会。

问：这是因为你知道这份杂志在出版前都对杂志文章的准确性进行了检验，对吗？

答：我想是这样。

问：医生，你知道他们在采用你的文章前，也对文章的准确性进行了检验，对吗？

答：是的。

问：施密特医生，我现在要念一段你的文章——第 40 页。对方律师，请跟着我一起阅读，确定我念得是否准确。你的文章写道："医学文献中到处都有这样的实例，及相对较小的关节伤也会引起疼痛和永久性的活动范围丧失。"医生，我念得是否准确？

答：是的。

376

可以考虑在法庭上使用放大的文章段落，这样能让你的弹劾直观而生动。很多法庭都允许这样做，即便根据联邦证据规则第 801 条（d）（1）（A），这样用于弹劾的段落并不能被采信为实质上的证据。

f. 论著

专家同样可以被论著弹劾。联邦证据规则第 803 条（18）要求论著或者期刊如果要被确立为可依赖的权威，在交叉询问中必须通过你的本方证人证言或者司法认知。尽管论著本身并不能被采信为展示物，你仍然可以将用于弹劾的部分宣读出来。使用论著弹劾是一种很有力的技巧，因为论著代表了某一特定领域内的集中智慧。

　　这一弹劾技巧很像运用先前的不一致陈述：拘束、立信和质疑。先提出你想要攻击的证人在直接询问时的那部分证言，以这些证言来约束他；然后是立信，建立该论著的可信度；之后是念出用于弹劾的论著段落，质疑证人；然后结束。在弹劾中使用论著原本，因为这样更能给人留下印象。你可以给陪审团和律师一份用于弹劾的段落页的影印件，给书记员一份让其作为庭审记录，因为论著本身并不能被采信为展示物。而一些司法管辖区，还允许在法庭上使用弹劾段落的放大件。

　　在必要的时候，你应当在念出弹劾段落前，要求专家证人对弹劾论著中的技术用语进行解释，这可以防止证人在听到弹劾段落后，再自己解释那些名词，或通过歪曲技术用语的意思来减轻弹劾对他的攻击。

示 例

问：阿尔伯特医生，很多因素都会影响目击证人证言的可靠性，对吗？

答：是的。

问：包括目击证人看到劫匪的时间长度？

答：是的。

问：包括证人的焦虑水平？

答：是的。

问：那也包括证人和劫匪之间的距离和光线情况吗？

答：是的。

问：阿尔伯特医生，那目击证人和劫匪的种族也会影响证言的可靠性，是吗？

377

答：有可能。

问：在这个案件中，目击证人是名高加索白人，而劫匪是美籍非裔人。你知道这一点，对吗？

答：是的，我意识到了这一点。

问：这通常被称为相异种族辨认，对吗？

答：是的。

问：如果目击证人和对方种族不同，即相异种族辨认，这会影响辨认的可靠性吗？

答：会有一些影响。

问：事实上，阿尔伯特医生，是显著影响，对吗？

答：会有一些影响，但我认为还没达到显著的程度。

问：阿尔伯特医生，你知道海伦·利普顿写的《目击证人辨认》这本书吗？

答：知道。

问：事实上，你可能还有一本她的书，对吗？

答：是的。

问：阿尔伯特医生，我将念一段利普顿医生《目击证人辨认》这本书的内容。你可以跟着我看看我念得是否正确。第136页，写道："研究反复表明，相异种族辨认的准确率比同种族之间辨认低三倍"，我念得对吗？

答：对。

　　如果对方的专家证人不太好控制，这个"我念得对吗"的提问是最保险的结束提问。另一种方法是问证人"你是否同意这一论著的说法?"无论对方如何回答,对证人的弹劾是顺利完成了的。如果证人清楚地回答了先前的提问,最后一个这样的提问可能会更有效。而在再直接询问中,明显的重复提问"你为什么不同意这篇论著?"或者"为什么除了论著所推崇的程序,你还用了另外的方法?"这样的问题,其影响作用就会大打折扣。

g. 专家间的不同意见

你可能经常感觉降低专家证言的影响力很困难。在这种情况下,你实际上的最佳选择是创造双方均等的机会。你可以表示双方的专家意见基本旗鼓相当,而且其影响相互抵消。这把决定哪方专家正确的任务交到了陪审团手上,而用这种方法,你"授权"了陪审团在无须直接决定哪方专家的证言应当接受,哪方的证言应当否认的情况下,可以裁决案件。在对方专家更多或更有影响时,这种方法非常有效。

378

示　例

问:强森医生,你们医生不会总是意见一致,对吗?

答:是的。

问:有时一名医生会是一种意见,而另一名医生则是另一种不同的意见?

答:是的。

问:你见过这样的情况发生?

答:是的。

问:那在你的实践中也有发生吗?

答:有时。

问:在这起案件中,你知道史密斯医生的意见与你不同吗?

答:我知道。

问:你的意见是,威廉姆斯女士的伤情妨碍她重新回到打字员的工作中?

答:是的。

问:史密斯医生却认为,如果威廉姆斯女士接受手术和治疗,她应该可以回到她的工作岗位上?

答:这是她的意见。

问:强森医生,你认识史密斯医生,对吗?

答:认识。

问:她是你的同事?

答:是的。

问:她是一名好医生,对吗?

答:我认为是。

问:作为一名同事,你很尊敬她,对吗?

答:是的。

问:而且你也很尊重她的专业意见,对吗?

答:是的。

问:而这是一起专家意见不一致的案件,对吗?

答：是的。

问：强森医生，当两名专家意见不一致时，应当是由陪审团来决定相信谁，对吗？

答：是的。

问：这也是为什么我们有陪审团体系？

答：是的。

问：而你对于我们的体系——由陪审团来决定，没有任何疑问，对吗？

答：是的。

如果你的方式是创造出双方专家均等的机会，你有时可以用对方专家来抬高你自己的专家，如果你的专家比较年轻而且经验稍逊，这是一种很用的方法。

示　例

问：琼斯医生，你不是主治医生，对吗？

答：是的。

问：而亚当斯医生是？

答：是的。

379

问：亚当斯在医院医治了爱雷特的腿吗？

答：是的。

问：在他出院后，亚当斯医生继续为他治疗了吗？

答：是的。

问：琼斯先生，你在之后也参与了？

答：是的。

问：而这是应被告的请求？

答：是的。

问：为了评估爱雷特先生的腿伤，你查阅了医院的记录？

答：是的。

问：包括亚当斯医生的记录？

答：是的。

问：让我们谈谈亚当斯医生在医院所做的治疗，他在治疗爱雷特先生的腿伤上做得很好，是吗？

答：是的。

问：用药非常恰当？

答：是的。

问：如果你是主治医生，你也会按照亚当斯医生的做法来做吗？

答：我不能说我会完全按照他的程序，但她确实是做了很出色的工作。

问：亚当斯医生所开出的治疗处方，对于爱雷特先生这类的伤害，是标准的治疗处方吗？

答：是的。

问：如果你是主治医生，你会开具同样的治疗处方？

答：是的。

问：同样的，亚当斯医生所做的，是很恰当的医治，对吗？

答：是的。

问：对于亚当斯医生给爱雷特先生的医治上，你没有任何批评意见，对吗？

答：是的。

对于专家证人的有效交叉询问，首要地是要为陪审团营造出专家的大体印象，因为对于专家的正面攻击，只要专家具备了足够的能力，准备得也较充分，那你的攻击往往会失败，而事实也是如此。相反，成功的交叉询问会给陪审团留下一种印象，即在关键争点上应当接受哪方的专家证言。一名专家可能会表现得更为友好，更为实际；而另一名专家则可能表现得比较戒备，或者喜欢争论，看上去像一个枪手。无论是怎样的印象，专家所留给陪审团的印象，往往能够影响陪审团最终将会接受哪方专家的意见。

8.7 交叉询问的示例

现在把所有的观点综合起来。记住，陪审团不会记得你交叉询问的详细细节，但他们会对专家在交叉询问中的表现，形成自己的印象。要把交叉询问的基本组织和结构牢记在心。要有一个强势的开始，一个强势的结尾，要简明扼要。在重要的地方，使用诱导性的提问。记住，交叉询问的目的是让专家证人承认那些支持你案件的主题，以支持你将在终结辩论予以强调的事实。最重要的是，不要和专家辩论，不要试图显示你对于该学科有多么了解。这通常会让陪审团转到专家那一边，支持对方的专家意见。

380

在下面这个交叉询问的示例中，将延续本章第五节第一个示例中的直接询问。

示 例

问：克雷恩医生，早上好。

答：早上好。

问："患者，治好你自己吧"，你听过这个习语没有？

答：当然。

问：这是所有在医学院学习的医生都知道的习语？

答：是的。

问：每个患者有责任做好自己的康复，对吗？

答：嗯，一名患者需要积极治疗才能好起来。

问：如果病人自己不积极，医生也无法让他好起来，对吗？

答：是的，这往往需要患者的配合。

问：那一名积极的病人通常是痊愈的基本要素，对吗？

答：通常是这样。

问：特别是在需要患者进行恢复治疗来实现痊愈的时候？

答：我认为是这样的。

问：克雷恩医生，让我们谈谈盖博先生的用药情况。盖博先生在医院的处方中，有羟苯基乙酰胺 2 号可待因？

答：是的。

问：他在一些天后停止服药了吗？

答：是，他说不喜欢这药带给他的感觉。

问：克雷恩医生，药剂学上有成千上万种药，对吗？

答：是的。

问：而止痛药也有很多种？

答：是的。

问：事实上，医生都有一本叫做《医生实用参考》的书，书中描述了所有这些药？

答：是的。

问：在你办公室也有这本书？

答：有的。

问：如果盖博先生请你开出另一种止痛药，你可以开出来吗？

答：可以。

问：如果他不喜欢某种药给他的感觉，那你可以尝试另外一种药吗？

381

答：可以。

问：直到你找到一种药，不会产生盖博先生讨厌的副作用？

答：有可能。

问：盖博先生请你为他开另一种止痛药了吗？

答：没有。

问：那他是在没有止痛药的情况下进行恢复治疗的？

答：嗯，他告诉我他在服用非处方药。

问：是非处方的止痛药？

答：是的。

问：每次都是吗？

答：不是的。

问：克雷恩医生，让我们看看你为盖博先生开出的恢复治疗处方。这个治疗是设计来让他的关节恢复全部的活动范围，对吗？

答：是的。

问：这一治疗包括将肘部浸泡在热水中，让热刺激关节，然后再让手臂前后拉伸。

答：是的。

问：一天 3—4 次？

答：是的。

问：直到恢复全部活动范围为止？

答：这是我们期望的。

问：大多像盖博先生这样的患者，都能恢复全部的活动范围吗？

答：大多数会，但不是所有的。

问：事实上，大约八到九成的患者都能恢复全部活动范围？

答：医学文献中是这么显示的。

问：这些恢复全部活动范围的患者，他们进行了恢复治疗，对吗？

答：是的。

问：如果他们不做这些治疗，他们就无法全部恢复，对吗？

答：是的。

问：恢复治疗有时很痛，对吗？

答：是的。

问：患者必须在完全恢复前一直忍受这种痛苦，对吗？

答：嗯，这种疼痛不可能严重到会让患者不愿配合的程度。

问：医生，这种疼痛能用止痛药来缓解吗？

答：是的，但是没有一种药能完全消除疼痛。

问：但止痛药还是有所帮助的？

答：是的。

问：盖博先生不久之后停止了恢复治疗？

答：是的。

382

问：他说治疗影响恢复了？

答：是的。

问：他说这让他受伤了？

答：是的。

问：在这个这段时间里，他没有要求你开过一颗止痛药来帮助他做恢复治疗，是吗？

答：是的。

问：克雷恩医生，你知道另一名医生，布拉德斯基，有不同意见吗？

答：知道。

问：他说，适当的止痛药和有辅导的恢复治疗，能让盖博先生恢复手臂的全部活动范围？

答：是的，我看了他的报告。

问：你认识布拉德斯基，对吗？

答：是的。

问：你是否认为他是一名优秀的医生？

答：是的。

问：那你尊重他的意见吗？

答：是的，虽然我不同意他的意见。

问：当然。但克雷恩医生，在这起案件中，对于两名用药专家的意见出现不一致了，对吗？

答：是的。

问：在这种情况下，应当由陪审团来决定吧？

答：我想是。

问：那你对让陪审团来裁决，没有什么争议吧？

答：没有。

　　下面这个交叉询问的示例，是对 8.5 中接受直接询问的经济学家进行的。

示 例

问：霍华德教授，经济学家会作出假设，是吗？

答：是的，在某种程度上。

问：让我们谈谈你在本案中所做的假设。你假设亚当斯先生可以作为一名会计在亚瑟•安德森公司工作到 65 岁，对吗？

答：我是站在一个经济学家的角度来假设他的工作情况的。

问：你是这么假设的？

答：是的。

问：但你能保证他能做到吗？

答：不，不能百分之百地保证。

问：你假设亚当斯先生会一直工作到 65 岁，对吗？

答：是的。

问：你考虑过他会被暂时解雇或者永久解雇的可能性吗？

383

答：没有，我认为他在亚瑟•安德森有一个良好的工作记录。

问：霍华德教授，你不能保证他在未来的 35 年中，永远不会被解雇或辞退？

答：不能。

问：你也不能保证亚瑟•安德森公司会在未来的 35 年里，一直作为一家会计师事务所存在？

答：不能。

问：你还假定了亚当斯先生可以再活 35 年，对吗？

答：是的，这是他实际的预期寿命。

问：但你也不能保证，是吗？

答：是的。

问：你假设他的消费习惯，即你所称的消费比例会在未来的 35 年中，都保持同样的水平吧？

答：是的。

问：霍华德教授，你知道很多人，在他们逐渐变老时，会在自己身上花得越来越少，对吗？

答：有时是这样。

问：这已在专业文献中被充分证明，是吗？

答：专业文献中记录，在一些个人中有这种趋势。

问：但你假设亚当斯的个人消费将在他的一生中不再改变？

答：我在本案中是这么假设的。

问：你还对通货膨胀作了一些假设，是吗？

答：是的。

问：你假设在未来 35 年的平均通货膨胀率为 3%？

答：是的。

问：当然，你也不知道事实是否会这样，对吗？

答：是的，但这是我对通货膨胀率的最佳估算设计。

问：你是通过查阅过去 40 年的通货膨胀率来估算的？

答：是的。

问：你认为未来 35 年的通货膨胀率会跟过去 40 年的状况相似？

答：嗯，这也是我对可能情况的最佳估算设计。

问：同样，你还是不能保证，对吗？

答：当然不能。

问：对于税率，你作了同样的假设，是吗？

答：是的，我作了同样的估算设计。

问：你假设未来的税率也会跟过去 40 年的平均税率一样？

答：是的。

问：你对未来 35 年的保险投资收益率也作了假设，是吗？

答：是的。

问：同样，你也不能保证，是吗？

答：不能保证。

384

问：霍华德教授，你无法预知未来，对吗？

答：经济学家能够根据可靠的设计来预测未来的情况。

问：但你也不能确定地预测这些事吧？

答：不能。

问：你也不能保证你推算的情况会真正发生，对吗？

答：我希望我的推算能够准确，但我不能保证。

问：因为没人可以预测未来，对吗？

答：是的。

8.8　再直接询问

　　最有效的再直接询问，就是早一步在直接询问阶段预测并涵盖交叉询问可能涉及的问点。如此一来，这会让再直接询问不再必要。在直接询问阶段预判和反驳，通常比在再直接询问中反驳更为有效。

　　当然，在实践中，你不可能总是预测一切，包括交叉询问。因此，再直接询问通常就是必要的了。对于专家的再直接询问和其他证人是一样的（见5.14）。证人可以回答"为什么"的提问，比如对不一致的陈述进行解释。这对于专家来说尤其重要，因为在直接询问中，专家通常会有更自由的发挥空间。

　　同直接询问一样，你要和你的专家做好再直接询问的准备，让专家知道你需要根据交叉询问的情况来进行再直接询问。最重要的是，要让再直接询问显得更为积极主动，而不是被动的辩解。让陪审团知道进行再直接询问的唯一原因是，交叉询问歪曲了事实，或者让事实脱离了其背景，因此为了让陪审团准确地理解情况，你有必要进行解释。

示　例

问：强森医生，在交叉询问中，对方律师念了一段妇产科方面的论文。你还记得吗？

答：当然记得。

问：这句话是这样的："如果婴儿没有呼吸，应当使用一段 3.5 毫米连接着一个氧气包的气管导管，以确保婴儿能够接受足够的空气"，你记得这句话吗？

答：记得。

问：强森医生，你同意这篇论文的说法吗？

答：是的，这是一项通行规则。

问：但你在本案中却没有遵循这一规则？

385

答：是的。

问：为什么？

答：这篇论文指的是足月婴儿的通常情形。在这种条件下，这篇文章提供了一个很好的医疗意见。但在本案中，我们处理的是一名早产数周的婴儿。试图将气管导管插进这样的早产儿中，是极其危险的。在这种情况下，我从来没有这么做过，我也没见过其他任何一名妇产科医生这么做过。

示 例

问：史密斯医生，根据对方所指出的，你的急诊室报告写着："症状：左腿胫骨第三节末梢骨折"，记录是这样吗？

答：是的。

问：但事实上这名患者是左腓骨粉碎性骨折，对吗？

答：是的。

问：为什么会这样？

386

答：急诊室报告上的症状记录仅仅是，医生通过对病人的初步检查而判断出的症状。而在确诊前，你不能开始治疗。而诊断也必须在 X 光检查和实验检测（如果需要的话）后才能作出。在本案中，X 光检查显示骨折发生在腓骨而不是胫骨，之后我根据确诊对病人进行了治疗。

第9章

陪审团挑选

■ 9.1 简介

无论是从所处的时间段还是从心理上，终结辩论阶段都可以说是陪审团审判的高潮部分。这是你能直接向陪审团交流的最后机会。因此，你务必通过有力而缜密的辩论展现你方对于案件争点的立场、法律依据以及赢得陪审团支持的理由。

同其他的审判阶段一样，你必须在庭前就对终结辩论进行组织和计划，而且你应当将终结辩论当做一个同开庭陈述和询问本方证人相平行的工作，也只有在每个审判阶段都事先被当做整个审判策略的一个有机组成部分时，才能实现这种平行结构。在举证质证阶段结束后，你对于终结辩论的准备应当限制在两方面，一是检视那些能够在终结辩论中支持你观点的特定证据，二是如果你是负有证明责任的一方，你应当对于终结辩论和反驳辩论所要使用的案件材料进行分配。

这一章将重点论述如何组织和发表一个成功的终结辩论，并且分别举例解说民事案件和刑事案件中的终结辩论。

■ 9.2 陪审团指示和指示会议

在终结辩论开始前，你必须知道法官将要给予陪审团的指示，因为你可以将这些指示的内容用在你的终结辩论中。大多数司法管辖区的司法实践是，由法官在终结辩论后对陪审团进行法律指导，也有一些法庭是在终结辩论前即对陪审团进行法庭指示。在联邦法庭，联邦民事诉讼规则第 51 条和联邦刑事诉讼规则第 30 条规定了指示程序，但仅仅只有笼统的规定。因此，你必须知道该什么时候起草指示请求，该什么时候将指示请求提交给法官和其他律师，你还应当知道如何起草指示和判决形式，以及如何在指示会议中辩论和保留记录。

1. 何时草拟陪审团指示并提交法官

作为审前备忘录的一部分，你所提出的陪审团指示应当在审判开始前呈递给法官，同时提供给其他当事人。在民事案件中，大多数司法管辖区会要求各方提交所请求的陪审团指示，提出针对对方请求指示的异议，并记入审前备忘。对于陪审团指示请求应当如何准备和提交，很多法官还有其现行命令。（法院诉讼程序规则）

在刑事案件中（包括部分民事案件），法官通常希望能在审判开始前数日就得到关于陪审团指示的请求。在这些案件中，法官通常会裁决哪些指示将被用于指示会议（通常会在终结辩论前举行）。而即便法官仅仅只是想在审判开始时才得到指示请求，你也应当提前做好充分的准备。这样做至关重要，因为这项工作确实很花费时间，而在审判前夕你应当准备的是开庭陈述、交叉询问和终结辩论，而不是起草陪审团指示。

2. 如何起草陪审团指示

陪审团指示大致有以下几种：一般性指示，证明责任，请求、辩护的要素和释义，损害程度以及裁决形式。你的任务是在起草上述每一项指示中，准确地说明该案所应适用的法律。

针对一些常见案件，比如常见的刑事案件、交通过失、合同案件等，很多司法管辖区都制定并通过了指示范本或格式化指示。在这些司法管辖区，准备陪审团指示就十分容易了。你只需要选择恰当的指示，并根据你案件的特点作出安排即可。一些管辖区甚至有电子版的指示模板，那完成和出具一份恰当的指示请求就更加容易了。

指示一般会被编号，标注上反映了哪方提出的请求、指示的引用出处。除非法官使用的是一个未曾标注的指示或者空白指示。比如，原告的第一个指示请求将被标注为（原告指示请求 1 号，陪审团指示范本第 14 条）。法官将从各方得到一份标注和未标注的指示请求，而任何一方当事人将从其他各方获得一份标注的指示请求（在指示既需要宣读，也需要直接发给陪审团的司法管辖区，未标注指示实际上就是在审判最后将提供给陪审团的指示）。

如果你所在的司法管辖区没有可用的陪审团指示范本，你必须自己拟定一份。指示请求的权威通常就是一个法条，一个示例或者一条适用于其他司法管辖区的指示示例。大多数法官都希望能从各方同时得到一套标注和未标注的指示请求。标注的指示请求最好应双重编码，也就是既标注何方请求，同时也标注指示的出处。比如，被告方的第 1 个指示请求就应标注为"被告方指示请求 1 号，根据亚利桑那修正案第四章第十三节规定拟定。"

3. 如何在指示会议中论证和保留你的指示请求

为"建立指示"而举行的指示会议，用于选定指示的措辞和裁决的形式以及这些指示是否提交给陪审团。指示会议通常在法官的会议室进行。

法官通常会逐条宣读一遍指示请求，先是原告的，接着是被告的，同时决定反对是否成立。因此在这个过程中，你必须确定做好了相关的记录，而更好的做法就是让书记官也在指示会议现场。尽管如此，在一些司法管辖区，有时禁止书记官出席此会议，而是由法官和律师在会议之后留下会议的过程记录。如果是后一情况，你仍应确定书记官记下了你的所有异议及理由。

如果在指示会议中出现了可以主张的错误，你有责任让审判记录能尽量反映这些错误。首先，确定你对指示请求的反对是确切详尽的。大多数司法管辖区要求你陈述确定的理由，表明为何你的而非对方的指示应当被采纳。然后，确定法官对你提出的所有指示都进行了裁决，大多数管辖区都不允许你基于法官未对你的指示予以考虑而提出主张错误。（除非记录明确显示你提交了该指示，特别请求法官对其进行裁决，并获得了该裁决）大多数的管辖区还要求被否决的指示被完整地保存并记录在案，以便上诉审所用。

最后，掌握你所在管辖区的弃权规则。一些管辖区规定仅仅记录清楚你在指示会议时的反对意见以便在上诉时作为原判错误的理由。有些管辖区则规定你在指示被读给陪审团之前或之后，更新你的异议。还有规定你可以在上诉的动议中主张法院的裁定有所错误。

■ 9.3 从陪审团角度看终结辩论_____

指示会议刚刚结束，陪审团成员被带回法庭。接下来的惯例是：

法官：原被告双方都准备好了么？

原告律师：准备好了，法官大人。

被告律师：好了，尊敬的法官。

法官：陪审团成员们，现在我们将听取双方律师的终结辩论。终结辩论是律师向你们陈述，为什么你们要作出支持他们的裁决。这一阶段的规则是：先由原告律师陈述，后被告律师陈述。被告律师陈述结束后，原告律师可作出一个简短的反驳陈述。换而言之，由于原告负有证明责任，开始和结束都将由原告作出陈述。原告律师，请开始。

陪审员们此刻是怎样的所思所感？首先，他们已经很疲劳。一直坐着观看和听取庭审，无论是身体还是精神都令人疲惫不堪。其次，陪审员们对案件已经掌握得比较清楚，他们通过观看和听取，已经理解了双方所展示的证据。再次，他们已经形成了初步的意见。尽管法官的指示要求大家保持一种兼听的心态，但陪审团在庭审中会自然而然地对律师、双方当事人、证据甚至谁可能胜诉，形成自己的看法和态度。最后，陪审团知道他们作决定的时刻将近，他们对于能否正确决定案件感到焦虑和担忧。有经验的律师明白陪审员的所思所感，就会通过这一点来组织和展现他们的终结辩论。他们明白一个优秀的终结辩论不仅是要说服那些摇摆不定或者犹豫不决的陪审员，同时也是为那些支持他们的陪审员"打气"，使得他们在陪审团评议中更加坚定地支持己方。

这些对终结辩论的研究说明了什么？从陪审团的角度来看，成功的终结辩论有以下基本特点：

1. 第一分钟

在你终结辩论开始的一两分钟，你应当向陪审团传递三样信息：你的主题，为什么陪审团要支持你以及你对你案件的热忱。

回想一下你在开庭陈述中提出的主题（见 3.2）——欺诈、承诺、警方暴行、报复、贪婪、痛苦、责任等，这些是你建构起案件的根本。这些主题应当被吸收进你的终结辩论。

第一印象往往就是最终的印象。这一点不仅体现在你的开庭陈述、直接询问、交叉询问中，同时也体现在终结辩论中。因此，你的第一分钟必须仅仅抓住陪审员们，让他们不得不继续听取你的辩论。要将开端当做重头戏。

示　例
————————————————————

（人身伤害案的原告方）

一秒钟，所有的事都发生了。要是没有这一秒钟，我们所有人都不用在这里。虽然只是一秒钟，但被告仍责无旁贷。

390

示　例
————————————————————

（人身伤害案的被告方）

为你自己的行为负责。我们一开始就提到了这是一起关于某些人不肯为自己行为负责的案子，现在我们明白为什么了吧，不是吗？

示　例
————————————————————

（刑事案件的控方）

各位，被告杀人了，杀人只为一个理由：报复。证据已经证明得很清楚。

示　例
————————————————————

（刑事案件的辩方）

我再强调一遍，一个清白的人遭到了陷害，这不是什么可笑的事情，是时候阻止这样的事了。

传统的方法是在终结辩论的开始逐渐展开，先是感谢陪审团对于司法工作的付出和对这起案件的关注，再继续展开。目前还有很多律师仍然坚持这种方式，但也是越来越少，最大的原因就是现在律师们都懂得终结辩论的第一分钟是你阐明要点和让陪审团感到你的辩论有趣而中肯的关键一分钟。因此，要抓好这个机会。

2. 辩论

辩论并不是终结。没有人，确切地说是没有一个陪审员想听到一个罗列证人证言的终结辩论。陪审员们已经看到和听到了所有的证据，他们既不想也不需要再次逐条列举这些证据。

一个好的终结辩论重在要"论"。终结辩论应当表达你的主题，你的案件理论，支持你主题的证据和法律，然后将它们塑造成一个有说服力的整体，这个整体应当既有逻辑又有感染力。一个成功的终结辩论能够让陪审员们欣然地按照你的想法去做。成功终结辩论的特有要素将在下节中论述。

3. 效率

陪审员们的注意力保持度是有限的。在审判的末尾，他们的注意力保持度更加低下，因为他们已经听取了证据，形成了自己的意见，同时又十分疲劳。因此，你的终结辩论必须讲求效率。记住大多数人保持高度注意力的时间仅仅是 15～20 分钟。可见，你的辩论不能让陪审团超过这个负荷。你的辩论应当集中于主题、关键证据和法律上，你的辩论应当摒去次要信息，反复强调关键论点，因为要让人接纳你的说法，重复是十分重要的。

对于律师而言，你传递的信息必须清楚明了。大多数终结辩论一般是 20～40 分钟，用更多的时间只能适得其反：陪审员们会被琐碎的辩论内容所累倒，不再接纳你传递的信息。相反，用较短的时间让关键点和细节都紧扣住你的主题观点，并且在陪审员们不再理会你之前就表达出来，反而会更有效。

■ 9.4 策略性的考虑

经验丰富的律师都知道，所有有效的终结辩论，其效果都是基于一定的要素和技巧。接下来我们就论述这个问题。

1. 使用你的主题和标签

回想一下你的开庭陈述。你挑选了主题和标签，并将它们组织到你的开庭陈述中。同样的方法也应当在终结辩论中使用。

> **示 例**
>
> 人身伤害案件中的原告律师，原告的损失首先是病痛的折磨。你贯穿案件的主题是："路易斯·波彻女士今日唯一的陪伴就是她的痛苦。"

> **示 例**
>
> 一起刑事案件的辩护律师，你的主题是："真正的受害人是鲍比·史密斯。鲍比是不可靠鉴定和粗糙警方调查的受害者。"

尽量使你的终结辩论让人难忘。陪审员和其他人一样，总是能够回忆起那些与众不同的事来。如果陪审员接受了你的主题，他将在陪审团评议中支持你。

> ### 示　例
>
> （人身伤害案的原告律师）该案的关键是相对过失，你的主题是：玛丽去了她有权去的地方，做了她有权做的事。

> ### 示　例
>
> （刑事案件的辩护律师）案件的主要争点是被告的心理状态，你的主题是：控方给了你们很多事实，却并没有给你们真相。

回想一下你的标签。你的标签是你用于描述双方当事人、后果以及案件其他重要因素的代名词。标签之所以重要，是因为他们直接表达了态度和信息。你可以将一方称为"原告"、"约森女士"或者"利兹"，取决于你想传递给陪审团什么样的信息。一辆车被称为"小轿车"或者"花哨的跑车"，同样取决于你想表达的信息。你需要在你的终结辩论中从始至终保持使用这个标签。

2. 主张你的案件理论

上一节已经反复强调了你必须在开庭前就提出你的案件理论，并将其贯穿审判始终。终结辩论应当特别向陪审团重申你的案件理论，并阐明为什么你的理论能够最有逻辑地结合和解释审判中所有有争议的部分和无争议的部分。

3. 论证事实并避免个人意见

我们不再是生活在靠天花乱坠的讲演就可以赢得审判的时代了。陪审员们见多识广、洞察敏锐，很难被迷惑，他们将严格依照法庭的指示，并会根据证据决定案件。这意味着现在的陪审员们只能被事实说服。一个拥有影响力的终结辩论，一个能让陪审员在评议阶段回想起的终结辩论，一定是就事实进行论证的辩论。

论证事实不仅仅是对证言的简单复述，而是要进行分析。陪审团对案件的裁决往往是基于印象（即他们所认为的真相），而这些印象来自于双方律师对证据如何进行展示。成功的诉讼律师会选择性地挑选和强调这些证据，通过推论让这些证据形成一个整体，从而给陪审团留下一个能让其所代理一方胜诉的案件"印象"。

在论证事实时，要引述特定证人的证言。一个"事实"只有当陪审团认为其真实时，才能成为真正的事实。因此，你必须让陪审团回忆起哪个或者哪些证人（们）说了它、如何说出的以及它为何值得认可，进而告诉陪审团它为何是事情的真相。

记住被告在一个限速 30 迈的区域开到了 40 迈。我们是如何确定的？菲利普女士和杰克逊先生都告诉我们如此。还记得他们当时站的位置么？他们碰巧都站在拐角，也都看到被告的轿车驶过。他们当时正处在很好的位置，能看到被告的驾驶速度。这就是我们为什么知道他开到了 40 迈。

393

对于律师而言，直接陈述其对于审判过程中证言可信度以及证据质量的个人观点，是很不恰当的。像"我认为"或者"我相信"这样的表述很容易遭到对方的反对。这种既不恰当又没有说服力的表述最好完全从你的庭审词典中删除。

4. 运用展示物和视觉辅助手段

成功的法庭技巧会尽量发挥展示物和其他辅助论证手段的作用。第六章回顾了如何在询问本方证人阶段使用展示物，但别在终结辩论中忘了这些技巧。终结辩论应当在适当的时候使用那些被采信的展示物，已增强和突出你的辩论要点。

在终结辩论中展示物比论证更能发挥作用。心理学研究显示普通人对于一个话题的持续注意力只能保持几分钟的时间。因此，就一个主题论证 5—10 分钟，而不考虑其内容的效率，很难会对陪审团起作用。展示物，除了其显而易见的作用——论证的工具，同时还能发挥变换节奏的作用，重新吸引陪审团的注意力。

把思路放宽一些，你不仅可以考虑使用已经被正式采信的展示物，同时还可以使用其他视觉资料，比如流程图、时间表、核对表来论证你辩论中的关键事实，使用核对表来支持你提出的主张、损害和辩护。在审判的末尾，陪审员们都希望能有一种新的方式来听取证据和辩论。尽管这些视觉辅助手段不能进入陪审团评议室（因为他们不是正式的证据），但他们仍然可以通过终结辩论对陪审团产生很大的影响。

尽管如此，同直接询问一样，展示物在终结辩论中仍然是一把双刃剑：它既能吸引注意力，同时也能分散注意力。因此，在使用展示物之前，一定要将他们放到陪审团的视线之外，在使用完之后，也要立即让它们离开陪审团的视线。这样做能让展示物为你的终结辩论加分，而不是成为败笔。

各位，这个案件中的关键文件，告诉我们应当如何裁决的文件是，被告方的 7 号展示物。这是原告在纠纷出现前，在有理由歪曲事实前，写给被告的一封信。让我们再看看这封信（律师将展示物放到架子上）。关键的一段话在这里（手指着），原告写道："我认为无论如何这个工程都能在 2000 年 1 月 1 日前完成。"这就是证据，就在你们眼前的证据。

5. 使用陪审团指示

终结辩论中，如果能有选择地适用陪审团指示，那将对陪审团产生更好的效果。提出那些支持你方的法庭指示（既包括法律方面也包括事实方面），无疑就是一个有效的论证。比如你要论证某个证人不应被相信（质疑其可信性），你应当告诉陪审团法庭会作出指示：在判定证人作证可靠性的时候，应当考虑其陈述是否前后矛盾。先论证你的事实，再论证法律允许甚至支持你对这些事实的解释。运用这项方法的关键是在你的事实论证之后，立即给出相关的指示，这样一来，就可以使得两者的联系深深印在陪审团的脑海里。 *394*

陪审团如何被指示，以及律师可以如何使用这些指示，在实践中千差万别。有的法官仅仅只宣读指示，有的则是既宣读，同时也把这些指示交给陪审团；有的法官要求律师一字不差地引用其要使用的指示，有的则不赞成直接引用而要求对指示进行解释。因此，你应当了解你的法官实际是怎么做的。

在终结辩论中，常备运用的指示主要包括论证主张和辩护的要素、损害形式、证明责任、证人可靠性以及重要法律问题的判定等多个方面。

示例：作为刑事案件的辩护人，你可以发表辩论如下："控方想让你们相信他们的重要证人，一个为保全自己性命而和检方交易的告密者。问题是，你们不能相信这样的人，这并不是我危言耸听，看一下法官阁下给予各位的指示（律师将放大的陪审团指示放到展示架上）这里写明'相比其他证人，对于通过作证而换得追诉豁免的证人证言，你应当给予更多的注意，因为他可能为了在自己的案件中和政府能有一个好的交易，而编造故事或者夸大他人的行为'，这项指示不正适用于本案么？"

很多时候你可以宣扬某项指示的用途和重要性，以便陪审团会对这条指示给予更多的注意。

> **示　例**
>
> 各位，在这种情况下法律作了很到位的规定。法律规定……

> **示　例**
>
> 所以你可能在问：我们应当怎么做？我们应当再次寻求法律的指导。

6. 使用反诘式问题

由于在一些司法辖区陪审团不能在审判过程中发问，因此你的问题无人响应是一种很让人沮丧的体验。有经验的律师会意识到这个问题，他们会预料到陪审员们想问的问题。 *395*

作为人身伤害案件的原告律师，你可以如此辩论："你们可能会对自己说：'琼斯先生，你请求的金额太高了，我们为什么要给你这 30 万？'当然你可能是对的，这实在是一大笔钱。不过在这起案件中珍妮·史密斯的侵害是毁灭性的。"记住要论证你方所请求的数字对于充分赔偿原告的损失是多么微不足道。

反诘同时可以通过向对方提出很难甚至根本就无法作答的问题时适用。如果对方无法回答这些问题，陪审团毫无疑问将记住这个问题。

作为刑事案件的控方，你可以作如下辩论：在这起案件中，证据显示被告人恰好在抢劫发生前出现在该街区，恰好带有一支镀镍的左轮手枪，恰好在他钱包里有 47 美元，还有恰好当时穿了一件丝绒衬衫。如果他是无辜的，我确定他的律师在接下来的辩论中应当可以很好地向各位解释：为什么同时发生了这么多恰好。

作为人身伤害案件的原告，你可以作如下辩论：为什么被告人在指示灯改变前没有一直将脚放到刹车上？这也就是两秒多的时间。为什么他不能再等等这仅仅两秒的时间？这个问题他们一直都不愿意被问到，这个问题他也无法回答。

作为刑事案件的辩方，你可以作如下辩论：指纹到哪里去了？如果鲍比真的是个夜贼，真的像他们指控的洗劫了这栋房子，那各位，你们不希望能在现场发现他的指纹？或者至少一些蛛丝马迹？为什么连一个指纹都没有？

7. 使用类比和故事

类比和故事，如果简短而中肯，能够有效地让陪审团在内心明确和决定一个意见。它们必须简短，因为辩论的时间实在有限；它们也必须中肯，因为如果没有一个主旨而仅仅为讲故事而讲故事，其效果将适得其反。而类比则是要将证据和陪审员们的生活经历联系起来。

在一起刑事案件中，控方传召了一名品德低劣的证人，辩方可以这样辩论："如果你在食物中发现了一只蛆，你肯定是全部扔掉。现在控方却向各位对这只蛆视而不见，而将剩下的全部吃掉。"

如果你的案件包含了大量间接证据，你可以这样辩论："想象你在头一天睡觉时窗外还很清净。第二天早上你一起床，发现草地上已经白雪皑皑，你没有看见下雪，但是毋庸置疑昨天晚上肯定下过雪。"

在上述两个案例中，你都可以使用讲故事和类比的方法，先提出一个观点，然后向陪审团说明这个观点在本案中为什么重要。

8. 阐明优势

阐明你方的优势，而不仅仅是针对对手的弱点。成功的辩论往往能通过积极地运用和阐释庭审中的证据，来阐述你方应当胜诉。如果你的辩论主要是在指出对方的缺陷，陪审员们就会很快意识到，这是因为你对于本方的观点难以进行充分的阐释。否定性的辩论往往会带来否定的印象。对于刑事案件的控方来说，这一点尤其应当注意，因为其承担了很高的证明责任。

9. 坦率地面对弱点

在终结辩论中积极阐述你方的优势，并不意味应当完全回避你方的弱点。任何一个案件中你都会有弱点。如果完全无懈可击的话，那这个案子肯定会在庭前就得到处理。

直面你的弱点有两个好处。第一，弱点往往就是对方的优势。你先将它们指出来，就能挫败对手想在自己的辩论中率先指出的计划，陪审团就会感到对方的再次阐述空洞而累赘，对手这部分的辩论效果也就会大打折扣。第二，当你公开而坦率地论述弱点时，陪审团会对你的诚实和坦率报以尊敬。在你作为一名辩护律师时这一点尤其重要，不可小视。记住陪审员和普通人一样，愿意被他们所认可的人而影响，你和你方的其他人一定要做到这一点。

397

各位，我这里有一个问题。我们一直在论述鲍比先生的证词，以及为什么我们可以相信他的证词。但是你们中的人可能会说："如果他现在说的是真的，那为什么他会跟警察说他当时没在现场？"这是一个好问题，要回答它，我们必须要钻进一个十六岁孩子的脑子去看看为什么他会在警察第一次询问时自称一无所知。

终结辩论是解答问题而不是回避问题的时候。你应当开诚布公地去面对陪审团关心的问题，然后坦率地去论述。

10. 迫使你的对手表明弱点

如前所述，你应当重点阐明你的优势，同理也应当迫使你的对手表明自己的弱点。一个最常见的方式就是在你的辩论中向对方提出一个反诘，迫使他去解释自己的弱点。

　　如果像辩方一直主张的那样，碰撞是按照他们所解释的方式发生，那为什么没有任何相关的证据？难道你们不希望在这么多的证人中，他们能找到一个能够支持其主张的证人。我想史密斯先生在辩论时，会回答这个我们大家都很想知道的问题。

　　到你的对手辩论时，他可能会"上当"去回答这个问题，而解释弱点会带给陪审团负面印象。那些精心准备的问题往往能够带来你所期望的效果。当然，你务必要谨慎——确信保证你的对手不会给出一个漂亮的回应。

11. 如何发表你的终结辩论

　　应当如何发表你的终结辩论？最简扼的答案是，用一切可以说服陪审员们支持你方的方式。那陪审员们想得到的又是什么呢？

　　陪审团首先期望的是"坚信"。陪审团希望看到的是一个真正坚信本方能够赢得审判的律师，而不是一个对终结辩论仅仅应付了事的律师。因此，你最重要的任务，就是在终结辩论中表现出你对于案件完全的确信和对本方毫不动摇的投入。诉讼律师们这样来发表终结辩论的方式也是千差万别，有的激情澎湃，有的则是娓娓道来。无论你用哪种方式，有一点是确定的：陪审团要能充分感受到你对于案件的坚信。

　　除了表达你的坚信，还应当注意很多方面，这些事情将会增强你的论点的说服力。记住，除非规定只能在演讲台前进行辩论，终结辩论中你应当站在陪审席前，大约中央的位置。你应当站得近一些，以便和每个陪审员都能有眼神交流；当然也不能太近，这样会让陪审员们不太舒服。你应当和前排陪审员保持一定距离，以便那些带双光眼镜的陪审员能够清楚地看到你，只有在需要展示展示物时才走进一些。很多法庭都有演讲台，有些法官会要求你在讲台上发表辩论。如果你希望使用或被要求使用讲台，你要事先确认法官允许你走到你想处的位置。尽管如此，除非是被要求使用，否则尽量不要使用演讲台，因为演讲台在你和陪审团之间设置了一道障碍。

　　在下列的示意图中，你一般应当在图中标"×"的地方作出你的终结辩论。

　　呈现一个有效的终结辩论，要注意仪态和语言两个方面。你的仪态和语言应当协调而流畅，持续表达出你方基于证据而有望胜诉的信念。

　　你的仪态，包括其他非语言的表现，应当要能够提升你的语言表达。第一，要不定时地和每名陪审员进行眼神交流，注意既不要忽视任何一名陪审员也不要光盯着某一名陪审员。在你用一两句话表达一个观点时，先和一名

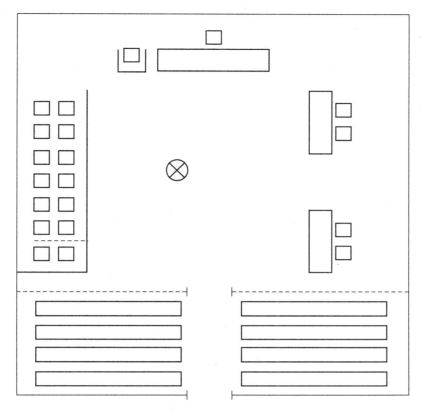

陪审员进行眼神交流，然后在陈述你的下一个观点时再和另一名陪审员进行　399
眼神交流，这样做是非常有效的。和你正好面对的陪审员进行眼神交流，这
会让每个陪审员都感觉到你是在单独和他交流。

第二，保持好你的身体姿态可以加强你的演讲效果。双腿并拢站直，身
体微微前倾，这样的姿势会让人感到你是积极而可靠的。不要一直走来走
去，因为这样只能为你的辩论扣分。当然，你还是应当通过不时地变换你的
姿势告诉陪审团，你已经讲完了一个主题将进行下一部分的辩论。

第三，运用身体语言可以增强你的表达效果。这些身体语言能够引起陪
审团对你面部的注意，因为这正是语言的出处。需要注意的是，这些身体语
言必须是上半身作出的，比如面部表情，头肩动作以及腰部以上的手势。不
要跺脚、摇腿、垂头弯腰走路、摆弄你口袋里的物件或者手垂下乱动，因为
这些下身动作会分散陪审员们对于你演讲的注意。

你的语言同样应当恰当地增强演讲的说服力。开庭陈述基本上是传递信
息，而终结辩论则完全不同。终结辩论必须有说服力，一个稳妥的方法是把
终结辩论看做和陪审团的一场论述，其方式方法跟你在家里向一帮邻居表达
你对重大问题的观点如出一辙。

运用平实、有说服力和积极的语言，避免粗俗和刻板生硬的语言。陪审
员们希望律师能对语言有很好的驾驭能力，你应当尽量使用短句和结构简单
的语句结构，这样便于倾听和理解。

同样的，你应当尽量丰富你的语言形式来支持你的辩论和保持陪审团的

兴趣。优秀而有说服力的演讲者知道如何驾驭语言让演讲更为漂亮。这包括音量、音调、语速以及节奏、停顿、沉默、清晰度、发音等。你应当恰当地使用和搭配这些语言技巧，保持你的辩论既有说服力又有吸引力。

让你的终结辩论有效是一项可以学习的技巧，而这项技术没有完全固定的套路。每个诉讼律师通过不断的经验积累，逐渐形成了适合他自己的方式，这些方式要适合他的个性，同时也要能为其所用。可见，不要模仿或照搬其他律师的方式，因为这种方式可能只适合他自己。尽管向他人学习十分重要，但更重要的是形成适合你自身情况的模式。只有你自己觉得舒服的展现方式，才会对陪审团产生效果。

9.5 有效终结辩论的要素和结构

在开庭陈述中，律师往往都是用一种方式——吸引人的、有说服力的讲故事的方式，向陪审团介绍案件。而在终结辩论中，为了让陪审团能反馈一个支持本方的裁决，律师们使用的方法、技巧、模式千差万别。这些方式只会受制于律师的想象力，而一个优秀的诉讼律师肯定是充满想象力和创造力的。

400

然而，一个有效的终结辩论总是包含了一些固定要素，并根据不同案件的需要作出调整。除了开场和结论部分，诉讼律师们一般都是在终结辩论的要素中演化出种种模式的，这些要素包括：

1. 简介；
2. 争点；
3. 真正的事实及其证明；
4. 有责/无责、有罪/无罪的依据；
5. 损害赔偿金（民事案件中）；
6. 指示；
7. 反驳对方；
8. 总结。

1. 简介

大多数律师今天都不再使用传统的开场白方式——先感谢陪审员们的注意，或者就陪审员们牺牲正常生活来当陪审员而致谢，然后立即转向辩论。这是因为现今的做法意识到了陪审员们此时脑中的真实想法：陪审员们累了，他们已经听取了证据并形成了自己意见。陪审员们想听听你想要的，以及你为什么有资格如此请求。他们想听到的是一种更为明了更有效率的，同时又能抓住和保持他们注意力的辩论。因此，今天一个有效的开场白应当能够立即切中要害，立即在陪审员们面前提出一个重要的主题或事实。而传统的开场"庭上、对方律师、陪审团成员们，请允许我……"，仍然在一些地方使用，但在更多的地方已经不再使用了。

> **示　例** ───────────────────────────────

（原告民事案件）

　　庭上、对方律师、陪审团成员们，请允许我的发言。2000 年 6 月 15 日，当被告做出酒后驾车、超速行驶、闯红灯等一系列行为后，琼·卡特年轻的生命走到了尽头，她的生命之火被被告扑灭。她的丈夫、孩子今天都在这里请求你们能给她和她的家庭以公正。

> **示　例** ───────────────────────────────

（被告民事案件）

　　这是一个自己未尽到义务的案件，关于一个人——就是原告，一个想因为自己没有听从医生建议而获得报偿的人。

> **示　例** ───────────────────────────────

（控方刑事案件）

　　在自己家里遭到攻击是每个人最大的噩梦。对于鲍勃·马丁，这个年老多病的独身老人，这个噩梦在 2000 年 6 月 1 日成为了现实。

401

> **示　例** ───────────────────────────────

（辩方刑事案件）

　　这起案件是一起悲剧。这是因为警方没有尽到自己的职责，他们没有进行彻底的调查，而是抄近路，让一个根本没有罪的人错误地站在这里受到指控。这是一出悲剧，这出关于鲍比·艾布拉姆斯的悲剧从 8 月一天的晚上 8 点就开始了。

　　这类开场白能够一下抓住陪审员们的注意力，让他们觉得你将要说的让人兴奋，值得一听。他们会想：不要走神，还有更精彩的。可见，简短有力的开场白正成为一个成功诉讼律师在终结辩论开始的标准套路。

2.　争点

　　在某些时候，在论述完事实之前或者紧接其后，你就要陈述案件的争点。你应当在陈述中表明争点的答案显而易见，然后不管怎样都作出回答。

> **示　例** ───────────────────────────────

（原告民事案件）

　　各位，本案只有一个争点。简单地说，就是被告在开车撞向史密斯先生的时候是否有过失？答案显而易见：被告存在过失，且被告是唯一存在过失的一方，而且被告的过失是导致史密斯先生受伤的唯一原因。

示 例

（被告民事案件）

原告方称案件唯一的争点在于政府在设计这段道路弯道时是否存在过失。这并不是争点所在，真正的争点，也就是你们唯一需要作出决断的问题：是否是原告自己造成了自己受伤？证据显示原告存在过失，他驾驶速度过快，他是因为自己的原因受伤的。

示 例

（控方刑事案件）

这起案件是什么？很简单：被告是否在未受到任何挑衅的情况下，蓄意枪杀了鲍比·杰克逊？答案是：当然是！被告人精心实施了枪杀行为，这就是为什么他构成了谋杀罪。

示 例

（被告刑事案件）

控方很想让你们相信本案的争点为弗兰克是否枪杀了杰克逊。但这并不是争点，对于是否有枪杀发生甚至根本就没有争议。真正的争点是：控方是否排除一切合理怀疑地证明了，弗兰克在受到杰克逊的攻击时无权自卫？他们并没有做到，因此弗兰克的自卫行为成立。非常明确，弗兰克枪杀杰克逊是因为杰克逊正准备用刀攻击他。这不是犯罪，而是正当防卫。

402

在陈述完争点后，你可以很轻松地继续你关于案件事实的论证。

3. 真正的事实及其证明

多数案件最终都成为一场关于争议事实的论争，以决定哪方的描述更为真实。陪审团会接受哪方的描述？经验不足的诉讼律师往往会犯两个相关联的错误：他们花了太多的时间来回顾双方没有争议的事实部分，而在论证陪审团为何要接受他们关于关键争议事实的描述上，却着力不够。因此，你需要集中在关键部分：本案中关键的事实争议是什么？如何能让陪审团接受我的描述？一旦将重点放在关键事实上，你需要论证你有更多的可采信的证据，陪审团应当据此在解决讼争时支持你。

在一场审判中，案件的关键争议通常包括1~3个争点。第一，争点可能集中于必要证据和证明责任的要素，此时问题就变成了，已经证明了什么？第二，争点可能集中在应当从证据中排除的推论，那问题就变成了，事实到底意味着什么？第三，争点可能集中在证人的可信度上，那问题就变成了，你相信什么？在这些情况下，赢得陪审团对于你方关于争议事实描述的信任，是一个有说服力的终结辩论的中心任务。

整理支持你方的事实，不仅仅是重复证人已经证实的内容，这样做将浪费大量的时间。陪审团想知道证据的含义，以及证据如何组合成一幅清晰的图景。广泛地挑选那些你能整理用于赢得事实争议的证据。他们可能包括：

1. 委托人的证言；
2. 其他能支持你方主张的证人证言；
3. 展示物；
4. 对方证人的承认；
5. 常识和人性；
6. 可能性事实和不可能性事实；
7. 诉状和披露。

接下来是针对一些各种可能有争执的事实，你应该如何论证的示例。一个常见的办法是开始就从你的角度出发，告诉陪审团真实情况是什么，然后利用一切资料证明你关于真实情况的描述比你对手的更为可信。

403

示 例

（原告）

2000 年 10 月 13 日，当琼·史密斯驾车在克拉克街向南驶去时发生了什么？她可以看见主街前方的十字路口。

示 例

（被告）

2000 年 10 月 13 日，对鲍勃·琼斯来说本来是普通的一天。在办公室度过普通的一天后，他准备驾车回家吃晚饭。往前开是克拉克街路口，他路过过很多次。他可以看见……

换句话说，关于争议事件，双方都想创造一幅比对方更为可信的图景。双方都需要举出支持己方的事实描述。

示 例

（控方）

那家酒馆的灯光很好。吧台的灯管、前门的灯光、透过玻璃窗照进的路灯光、自动点唱机的光、招牌的灯光还有桌上的烛光。那里有大量的灯光，因此老板能够看到、观察并辨认出劫匪。

示 例

（辩方）

酒馆的光线并不好。同任何一个你家附近的好酒吧一样，这家酒吧用昏暗的灯光来尽量营造气氛。这家酒吧里只有一些昏暗的灯光，在这样的灯光下你很难准确地辨认出劫匪。

当使用证人的证词时，在陪审团面前要树立证人的可靠性，支持他的证词。

> **示 例**
>
> 你们还记得威廉姆斯女士吧？那个售货员，她当时正站在主街和克拉克街路口的东南角，恰好在她商店的门外，她看见了整个事件的过程。

> **示 例**
>
> 还记得古德医生吗？那个非常著名的银发医生。他的资格如何？他是一名专业委员会认证的矫形外科专家，拉西医院的首席矫形外科师，他治疗了像本案中所见的数百起骨折。

> **示 例**
>
> 罗伯特先生并没有私心。他不认识这起碰撞事故中的任何一方。他只是正好在那里，但他能够告诉我们发生的事实。

一点一点地向陪审团重塑你方关键证人的证言。

> **示 例**
>
> 还记得我对安德鲁女士的询问么？记得她的回答么？她说……我最后问她的是什么？……她对这个问题的回答是……

> **示 例**
>
> 洛皮尔先生的证词非常重要，我抄写了一段他审判中的证言，他说道：
> 问：信号灯是什么颜色？
> 答：红色。
> 问：你确定？
> 答：确定。当那辆车闯红灯时，我正在看灯。

论证你的证人是陪审员们所听取的证人中最可信的。

> **示 例**
>
> 难道这不是真相么？谁站的位置更能目睹事件过程？谁是在碰撞事故发生前就看着路口的唯一证人？谁是从头到尾目睹整个碰撞过程的唯一证人？

展示物应该总是用来论证重要观点。在使用展示物时，拿出展示物，摆出观点，然后将展示物收起来。

> **示　例**
>
> 还有什么能证明当时发生的情况？再看一看我为大家准备的这个示意图，原告 4 号展示物。大家看到，信号灯有 3 秒的黄灯。所有的证人都证实，布莱克先生的小轿车在灯光变黄时离人行横道线只有 30～40 英尺，而他的行驶速度为 25 迈。很明显当他驶进路口时仍然为黄灯，他完全没有违章。

> **示　例**
>
> 看一下这张保险单。它是原告 1 号展示物，你们稍后将会把它带进陪审团评议室。特别注意保单的第 4 页，这里写道……

在审判中，对方证人的承认能够成为你证明中很有说服力的材料。毕竟对方证人对于有利于你（或者有损于对方）的承认，更为可信。

> **示　例**
>
> 在整个审判过程中，我们都在说被告人当时很着急，他的疏忽导致了这场碰撞事故。最好的证据是由被告自己说出的。记得当时我问他："你的工作日程中上午 9 点是不是有一个会？""是一个重要会议吗？"记得他当时都承认了什么吗？碰撞事故发生在上午 9 点，离他办公室两英里的地方。他很着急吗？当然，被告人自己的证言都证实了这一点。

常识、人的天性、很可能发生的事和几乎不可能发生的事，都是强有力的证据来源。

> **示　例**
>
> 一个 68 岁的老妇人用那种方式上公车是否合情？难道她每次不都是非常地小心爬上公车台阶？这难道还不能说明这是一个有关节炎的老妇人？

> **示　例**
>
> 原告想让你们相信，强森先生就为了节约几秒的时间，完全不顾他妻儿和自己的生命安全，面对对面的来车仍然要左转弯？这讲得通吗？

最后，查阅书面文件和相关的证据展示，找出可以制造关键论点的自认。例如被告的答辩，在书面证词中的承认，以及对于认可事实请求的回应，都是强有力的证据来源。

示　例

记得原告说过他看见那个小孩穿过马路，他尽力刹车，但却没能及时停下来么？尽管如此，原告的书面证词中还是显示了真相，我问他："当你在撞上孩子时你看见他了么？"他的回答是："没有，他是突然出现在那里的。"这不更像是唯一能解释被告没能及时刹车的真相吗？

优秀终结辩论的艺术是将所有有用的"事实"，即那些能增强你的关键论点，能让陪审团接受你关于事实的描述的"事实"，将这些"事实"编制成一个条理清楚的辩论。

4. 有责/无责、有罪/无罪的依据

406

紧接着关于案情以及案情如何指向你主张结论的论证，很多律师将对责任进行总结。

示　例

（被告）

因此，被告的行为是否存在过失？他没有对路人保持应有的注意，他没有让出右道，他没有在那晚那样的天气下保持安全的速度。这些都是过失，这同时也违反了道路法规。

示　例

（原告）

陪审团成员们，原告没有去看是否有车开过来。他没有在路口停下车，而是往前开，确信信号灯会在他通过之后才改变。很明显原告有过失，而他的过失是这场事故的真正原因。

5. 损害赔偿金（民事案件中）

民事案件的原告方往往会先论证责任，再提出损害赔偿金。这个思路是，你先让陪审团确信被告有责，然后再谈原告有权获得的损害赔偿金。回顾原告过去所受到的，以及现在必须面对的损失和伤害，这将让你的终结辩论达到一个情感上的高潮。

在合同案件中，原告有权获得的损害赔偿金往往很清楚。对方所造成的可赔偿的损失，会在有关损害赔偿的指示中被读出，而有关赔偿的证据往往来自于很多实物资料，比如账单、支票以及其他文件。因此，主张损害赔偿，通常必须提出可允许的赔偿数额，以及相关证据。

在侵权案件中，尽管无形的损失，比如疾病和痛苦很难用金钱来衡量。

大多数原告律师会先描述案件对原告生活造成的影响，然后再论述原告有权获得的赔偿数额。

示　例

　　在碰撞事故发生前，鲍勃·史密斯是一个健康人。他是一个成功的商务人士，在公司也发展顺利。他喜欢户外运动、野营、徒步旅行、打理房屋，这些都是我们大多数人的爱好。事故后，鲍勃身上发生了什么事呢？

　　（症状）汽车撞到了鲍勃身体的右边，他被撞到了人行道上。他感到了右腿针扎一般地痛。他不能动弹，只能躺在那里。最后，有人叫来了救护车……

　　（诊断）在鲍勃被送到医院后，古德医生很快就来了，他在急诊室对鲍勃进行了检查，然后做了 X 光检查，X 光检查显示……

　　（治疗）鲍勃在医院里待了 12 天。他的石膏过了 5 个月才取下。在那段时间里，他的腿完全不能做任何运动。他无法工作，他所能做的只有等待。最后，当石膏被取下，医生才开始让鲍勃做康复训练。每天 4 次，天天如此，鲍勃…… *407*

　　（预测）鲍勃·史密斯现在的情况如何？过去他喜欢户外运动、野营、徒步旅行，现在他不能了。过去他能够在给自己的房子做做园艺和杂务，现在他也不能了。

　　（损害赔偿）陪审团成员们，法律要求如果某人因为他人的过失受到了伤害，他将有权要求赔偿。这里有很多我们需要考虑的因素。

　　在人身伤害案件中，以下要素往往都是许可赔偿金所考虑的。记住，尽管如此，各司法辖区在用语及每项构成要素的区分上可能会有一些差异。比较稳妥的方式是根据法官将给予陪审团有关损害赔偿的指示，通过一个大的法庭示意图将合适的损害赔偿因素列在上面。损害赔偿可能包括以下项目：

  a. 医药费；

  b. 未来的医药费；

  c. 收入损失；

  d. 预期收入损失；

  e. 伤害的性质和范围；

  f. 身体残疾和缺陷；

  g. 疼痛和痛苦；

  h. 未来的疼痛和痛苦。

很多原告律师会告诉陪审员他们所要求的赔偿金数额，然后通过每项许可赔偿金因素进行论述以证明其公正性。陪审员可能会对你先列举项目，最后才给出总金额的行为感到不快，特别是当你要求的金额很大的时候。

　　准确地计算每项赔偿金。标准的方法是用一个大图表，列出可能的赔偿金项目，然后在你论述完每个项目后列出金额。这么做可以向陪审团表明你计算仔细，考虑周全。

　　提出你要求的损害赔偿金对于原告是有帮助的。陪审员如果知道赔偿金能帮助原告以后的生活，他们往往会给出一个大额赔偿金的裁决。

> **示 例**
>
> 对于以后的医疗费用，我们请求你们能给琼斯女士 7 万美元。为什么有这么多？你们知道她以后的生活需要一部轮椅。而她至少还能活 30 年，我们了解到一部轮椅一般能使用 5 年，而今天的价格是 700 美元。这意味着她需要 4 200 美元才能在以后的生活中购买到像样的轮椅。但这仅仅是个开始，她需要每周都进行理疗。每次至少 30 美元，每年至少 1 500 美元。这还没考虑通货膨胀，我们知道这些项目以后肯定会涨价。这就是为什么她未来的医疗费用至少要 7 万元。

408

大多数律师一般是先从实际支出部分的损害赔偿金，例如医药费和损失的收入开始；然后再进入到未来的医药费和预期收入损失；之后无形的项目，比如残疾、身体缺陷以及疼痛和痛苦。这样做的思路是，最后的项目往往是论证损害赔偿金的重心所在，因此，你应该在最后才主张。

> **示 例**
>
> 各位，最后我们需要谈谈弗雷德·伍兹现在的生活状态，以及他日后的生活。站在一个正常人的立场，能够站立、行走、像别人一样正常生活，这意味着什么？当一个人只能在轮椅上生活，这是一种什么感受？请求 30 万美元的赔偿是我们能够赔偿弗雷德损失的最低金额了，因为无论多少赔偿都完全无法恢复他未来至少 30 年的生活。如果这个金额太低，你们有权力也有职责去改变它。如果辩方说这太多了，那请辩方告诉你们一年 1 万美元的赔偿如何就太高了，今天对于弗雷德来说，是唯一的一天，他可以走到你们面前，请求你们给予他公正的一天。

很多司法辖区禁止提出"计日式赔偿"。这条禁令禁止原告律师在论证陪审团应该给予原告的赔偿金金额时，提出诸如按照预计寿命给予原告未来生活每天 20 美元的赔偿（很多富有创意的律师甚至会要求按照小时、分钟甚至秒来计算赔偿）。当要求按照原告的预期寿命乘以单位赔偿金时，这样的论证会让陪审团感到原告是在提高赔偿的价码。尽管如此，大多数律师还是会在提出金额的同时，通过说明原告预期寿命内的年均赔偿金数字很小，来论证赔偿金额的正当性。例如，原告律师可能会应当给予原告的疼痛和痛苦 5 万美元的赔偿，这笔数字代表原告在 10 年的预期寿命中年均赔偿仅为 5 000 美元。这样论证的好处是为陪审团支持原告的赔偿金额给出了一个合理理由。

那被告应当如何应对？当然被告方根本不愿意论及损害赔偿，因为这样会造成他们已承认负有责任的印象。但另一方面，被告又害怕如果不参与损害赔偿的辩论，陪审团一旦裁决支持原告要求被告承担责任，陪审团将直接接受原告提出的损害赔金额，然后据此判决给原告同样的金额。因此对于这个问题无法作出一个明确的回答，而需要根据己方风险金额的数字，以及责任和损害两方面证据的说服力。在责任和损害两方面都存在争点的案件中，被告律师需要决定是否要论证损害赔偿金，如果要论证，又该在何时论证呢？这里有三种常见的方法。

第一种方法，仅论证责任，这是考虑到如果不提损失则责任的辩论会更有力。当陪审团接受被告的关于责任的辩论时，这个方法比较奏效。但是如果陪审团未接受被告方关于责任的意见，风险就是陪审团仅仅只听取了原告方的赔偿请求，很可能会给予原告要求的一切赔偿。因此这个方法往往在合同案件中比较有效，因为其赔偿金额往往是很明确的。

第二种方法，先论证责任，再论述赔偿。这对于被告的责任辩论较弱，而在降低损害赔偿上大有文章可作的案件，往往比较奏效。辩论的重心将集中在证明原告请求的赔偿金额是如何的夸张和无理。这种方法往往适用于那些赔偿金额是主要争点的侵权案件。

第三种方法，先论证赔偿，再论述责任。如果你想论述损害，但又想上升到责任的高度来结尾时，这种方法比较可行。这种方法的关键是从否定责任开始，然后再自然地转到赔偿金额的争点上。这种方法适用于责任和损害都存在严重争议的案件。

> ## 示　例
>
> 证据很清楚地显示，是原告造成了自己伤害，因此他无权要求从我们这里拿到任何赔偿。即便如此，原告律师长篇大论地论证了赔偿，我们也需要看看他的主张是否合理，是否经得起推敲。

> ## 示　例
>
> 对于发生的一切，很明确我们没有责任。但如果你们不同意这一说法，我们需要论述一下原告要求的赔偿，看看是否合理。

当论述完原告的赔偿金主张是夸张而不被证据支持的，你可以很放心地回到责任争点的论述上。

> ## 示　例
>
> 各位，他们提出的 30 万赔偿，完全是不合理的。尽管如此，在我论述中，这并不是本案真正的争议焦点。真正、唯一的争点是：原告自己是否有过失？唯一的答案是：是的，他有过失。

当被告方在论述损害赔偿的时候，是针对原告提出的赔偿金额进行辩护？还是同时提出一个合理的数字？和前面一样，被告方并不想作出这个决定。很多辩护律师喜欢提出一个可行的金额，特别是在原告请求的金额看上去太离谱时。

> ## 示　例
>
> 并不仅仅因为你所要求的不合理。如果原告的请求数额——30 万，是不合理的，那多少是合理的呢？我们认为原告仅仅有权获得 5 万美元，这个金额更符合因他就

医、耽误工作等各方面的损失所应获得的赔偿。这个数字，不能再多了，才是公平合理的。

当然，如果被告提出一个合理金额时，那完全有可能，就是陪审团会在评议赔偿金时，将原告和被告提出的金额作为上限和下限，并会在上下限区间裁决一个金额。因此，一些辩护律师更喜欢只针对原告的赔偿请求，而不会专门提出一个金额。

示 例

原告向你们要求一百万。这意味着他在未来的生活中每年将会得到 5 万美金，甚至会达到 10 万美金。这 5 万美金一年比他以前任何一年挣得都多！这明显是不合理的。

最后，被告律师需要决定如何处理关于相对过失的争点。一个方法是只论证原告有全部的过错。问题在于，如果陪审团拒绝了这个说法，那他们可能会继而接受原告的说法，认定过错全在被告一方。如果有很确凿的证据表明双方都有过失，那就应当据此要求陪审团分配过错比例。

示 例

你们可能会认定威廉姆斯先生存在过错。如果这样，我们接受。但记住原告同样也有过错。将所有的责任都归咎于威廉姆斯先生，而原告毫无责任，这样是错误的，是不公平的。因为毕竟原告明显也存在过失。因此如果你们作出了双方有责的认定，那唯一公平的做法是裁决双方各负 50％ 的责任。

这种辩论的前提是你基本肯定陪审团将裁决被告有过错。尽管如此，如果你能让陪审团接受原告也负有部分责任的说法，你将有效地减少被告需要支付的赔偿金额。除此之外，陪审团还会敬佩你的真诚，由于你承认被告对案件负有部分责任；他们会更乐于接受你辩论的其他内容，比如赔偿金额过高。

大多数州今天在侵权案件中沿用了某些形式的相对过失惯例。在这些州，很多案件都允许在所有责任人中进行责任分配，即便其中某人并不是案件的当事人。换言之，陪审团不仅要在原被告之间分配责任，同时还要在诉讼双方和其他未被起诉者（有时被称为"案外过错方"）之间分配责任。比如，如果原告起诉了两个被告人，其中一方已在开庭前和原告和解，而一个身份不明的司机也卷入了这场碰撞事故，但其却在身份被识别前就离开了现场，陪审团需要在四方之间分配责任（原告、被告、已和解的被告和案外过错方），总数相加是 100％。在这种情况下，原告将尽量把责任加到被告身上；而被告则尽量将责任推给已和解的被告、案外过错方或者原告。这种情况较为复杂，你要在辩论前，弄清关于责任分配的争点将如何呈现在陪审团眼前。

6. 指示

对于法庭将给予陪审团的关键指示，你应当将其吸收到你的终结辩论中。给予陪审团的指示通常包括：

a. 证明责任；

b. 主张、损害赔偿以及辩护的要素；

c. 重要法律问题的决定；

d. 证人的可靠性；

e. 常识和生活经验的适用；

f. 不应当考虑的同情心。

有效的终结辩论会将辩论中一些特有的论点同特有的指示联系起来。比如，在刑事案件中，辩护律师在论证检方未能将其案件证明到排除一切合理怀疑程度时，都会使用证明责任的指示。而在民事和刑事案件中，原告通常都会提到有关主张的指示，以证明其已经在事实上证明了法律所要求的证明内容。

在终结辩论中指示的使用上，各司法辖区有所不同。大部分区域都允许你在辩论中逐字宣读法庭指示，甚至允许你直接向陪审团出示指示内容，如同出示其他可作为证据的展示物一样。一些区域不允许你逐字念出，但允许你提及专门的指示，并对其进行解释。

有效使用指示的关键是，要建立指示与你论点之间的联系。

示 例

你们相信华特金斯先生所说的吗？他是被告人的好朋友。最为重要的是，他正被指控为蛇头，我们不能相信他，这并不是我的一家之言。霍金斯法官，她在对你们的法律指示中，将会告诉你们对于被控有罪者的证言，一定要多加注意。

示 例

霍金斯法官将会指示你们在判定证人的可信度时，应当考虑证人是否存在偏见或利益关系。为什么这条指示如此重要？因为原告的指控完全依靠约翰·罗伯特的证言，而他是原告的好朋友和生意伙伴。你们能感觉罗伯特意图或者已经在掩盖自己的证言，以帮助原告方么？因为，他帮原告就是在帮自己。

412

示 例

法庭将告诉各位，如果你们要裁决我方不存在过失，你们将无须考虑损害赔偿问题，因为这完全多此一举。这条指示完全契合了本案的情况。原告未能证明我们的过失。因此，你们也完全无须讨论他们所主张的赔偿。

413

> **示 例**
>
> 本案的关键是"明知"，鲍比在开卡车穿越边境时，是否明知卡车上装有违禁药品？庭上将告诉各位，控方必须证明鲍比知道违禁品的所在，且达到排除一切合理怀疑的程度。那他知道吗？当然不知道，绝对没有任何证据可以证明他的明知。

7. 反驳对方

大多数司法管辖区都会赋予原告（承担证明责任的一方）既进行终结辩论又提出反驳辩论的权利。在这些管辖区，原告可以作出选择：是抢在被告的终结辩论之前，还是将自己的反驳保留到反驳辩论环节。

很多原告律师都会在终结辩论中提到被告可能会提出的主张。其逻辑是，避免陪审团将在被告的终结辩论中第一次听到辩护意见。抢在被告的辩论之前，你可以在被告有机会辩论前提出并反驳被告的辩护。心理学研究显示，如果他们之前就已经获得了抗拒的理由，人们对于反驳会有抗拒心理。

> **示 例**
>
> 被告主张的是什么？他们想让你们相信，史密斯女士如此匆忙地在迎面而来的车辆前进行了左转。他们同样想让你们相信，她是在完全没有确认来车的情况下进行的左转。但是这种主张不成立。这是因为……

当然，由于被告方后进行辩论，而且没有反驳辩论的机会，因此就在终结辩论中需要花更多的时间去应对和驳倒原告的主张。

> **示 例**
>
> 原告的主张想说些什么？他们想让你相信琼斯先生是在指示灯变红之后才驶入路口的。好，让我们回到主街和克拉克街的路口，去看看是否都如原告所述。

很多被告会明白的表示，他们只有一次机会去清晰地阐述事实，但原告却有第二次机会——反驳辩论。

> **示 例**
>
> 各位，这是我最后一次和各位交流。我没有第二次机会，而原告（控方）有。所以当原告（控方）再次辩论时，记住我没有机会对他所说的作出回应。我只能指望各位自己去判定他们的辩论是否成立。我只能指望各位去质疑：他的证据在哪里？证明过程又在哪里？

一些被告也喜欢在总结自己的辩护辩论时，用很尖锐的问题向原告挑战。这一思路是，原告在开始反驳辩论时，会被诱使立即去对辩护作出回应，而这样做会显得很软弱和靠不住。

示 例

陪审团成员们，从审判开始，控方就主张这是一起谋杀案。但是谋杀成立所要求的排除一切合理怀疑的证明程度，即鲍比是故意杀人或重伤害。其证据何在？鲍比怕吉米怕得要死，这一点并无争议。吉米比他强壮很多，还曾经威胁过他。和吉米打架，是鲍比在这个世界上最不需要、最不想做的事情。因此鲍比怕吉米怕得要死，而且非常想避开他，他又怎么会故意去杀死鲍比？这是控方一直未能回答的问题，也是控方不愿意你们考虑的问题。看看他们能否在下次站起来时，回答或者试着回答这个问题。

---

8. 总结

在终结辩论的结尾部分你应当流畅而有效地总结你的辩论。你的总结应当能引起陪审团的公平与正义感。你的总结应当能让陪审团想起你的关键主题和其他要点。今天大多数有效的总结结束得爽快而引人注目，而最后的结语才能够余音绕梁。

示 例

（民事案件原告）

总之，记住这一点。这是鲍勃·史密斯在法庭的唯一一天。这是他唯一的机会，来到陪审团面前请求因被告造成的伤害获得适当的赔偿。这是他获得公正的唯一机会。我们相信你们将给予他公正。

示 例

（民事案件被告）

各位，我的公司，阿贾克斯保险公司，不会给骗子钱。以前不，以后也绝不。原告试图通过一个伪造的火灾保险索赔来欺骗我们。这是错误的，是欺骗。不要让他在这里 *414*
得逞。

示 例

（刑事案件控方）

当被告人拿出他的枪，射向一个手无寸铁的人，一个毫无过错的人，就是在故意剥夺另外一个人的生命。陪审团成员们，这就是一起谋杀犯罪。

示 例

（刑事案件被告）

所有这些意味着什么？检方完全失败。他们没能证明弗兰克在案件现场，他们没能证明他做了任何和抢劫有关的事情。因此，让弗兰克当庭释放，让他回归自己的工作、家庭和生活。

9.6　反驳

在大多数司法管辖区，原告（一般是承担证明责任的一方）有权最先和最后辩论；这是指，原告方有权做出终结辩论，并在被告方辩论后进行反驳辩论。原告应当如何利用这一优势？这里有两个问题，一是原告如何在终结辩论和反驳辩论中分配火力？二是如何在两者之间分配时间？

原告应当在终结辩论中论及所有的关键点，同时在反驳辩论中拒绝所有陷阱而将所有最后的论证留到反驳辩论中。"留一手"是很危险的，首先，它会让原告的终结辩论显得很软弱，似乎是在尽力回避什么一样。第二，当被告方意识到原告是在留一手时，将可能放弃终结辩论来阻止原告在反驳辩论中的论证。第三，被告方也可以通过一个只包括一两个争点的狭隘终结辩论，阻止原告在反驳辩论中提出其他争点。（比如，被告方仅论证责任，阻止被告在反驳辩论中论证损害赔偿）因此，知晓法庭在反驳过程中处理异议的许可范围，显然十分重要。最后，记住陪审团此时都很疲惫，如果反驳辩论仅仅是简单重复之前的论证，那对于你的反驳辩论，陪审团将心不在焉或者怀有敌意。

终结辩论和反驳辩论的时间分配，通常都是由原告方自己决定。（但一些法官会限制每方的发言时间，那原告就必须计划并为反驳辩论留足时间）大多数原告用在终结辩论的时间会是反驳辩论的两到三倍。这足以作出一个完整的终结辩论，同时又为反驳辩论留够了时间。比如，原告可能会花20到30分钟在终结辩论上，而用5到10分钟在反驳辩论中。

反驳辩论，像审判的其他环节一样，需要提前计划。而终结辩论和反驳辩论的配合尤为重要。你必须决定论证什么，叙述什么，分析什么；或者其他将用到的常规内容。不要让你的辩论落入对方的节奏，才会让陪审团感觉你反驳的新意。把你自己放到被告的角度，如果你是被告律师你将论证什么？对于被告可能作出的辩论你应当如何回应？

如同组织和发表终结辩论并非只有一种正确方式一样，有经验的律师组织和发表反驳辩论也是千差万别。虽然如此，下列内容仍然是构成反驳辩论的要素：

a.　开场白；

b.　你最有力的论点；

c. 被告的论点和你的反驳；

d. 总结。

注意要强调你的重要论点。很多诉讼律师在反驳中会犯一个严重的错误：他们仅仅只对被告方终结辩论中的问题进行回应。这会让反驳辩论听上去更像是被动的辩护，这实际就是被告方想达到的效果。一个聪明的辩护律师会在自己的辩论中甩出一大堆问题硬逼对方在反驳中作出回答。你必须抵抗这一陷阱。通过你的反驳全新地去展示你最重要的观点。在你的论证中不时地引用被告的观点，同时反驳其错误。总之，要让你的反驳积极而主动。

9.7　终结辩论的示例

以下的终结辩论来自第四章开庭陈述示例的案件。

1. 刑事案件（谋杀）公诉方 v. 西尔威斯特·斯特朗

（被告，西尔威斯特·斯特朗，被指控在 2000 年 4 月 25 日谋杀了谢利·威廉姆斯，控方称这次枪击是为了报复之前的一次事件。被告声称这次枪击只是合法的自卫）

a. 终结辩论——控方

请法庭、对方律师、陪审团成员允许。

（开场白）

简要地运用了传统的开场简要的主题：谋杀。

在审判开始的开庭陈述中，我指出这是一起谋杀案。而我们提出的证据 *416* 到底证明了什么？

我们知道被告，西尔威斯特·斯特朗枪杀了被害人谢利·威廉姆斯，时间是 2000 年 4 月 25 日，地点是布鲁明戴尔大街 2300 街区。我们知道被害人被枪击时手无寸铁，我们也知道他背后中了两枪，第二枪时他面朝下趴倒在人行道上，此时他无助且毫无防卫。

（争点）

尽量主动地提出了争点。

简而言之，我们已经证明，被告也承认，西尔威斯特·斯特朗杀死了谢利·威廉姆斯；而唯一的问题是这场杀害是否是一场谋杀？

（发生了什么）

注意对于事件的叙述要紧密地遵循开场时的陈述。这才能强化你在开场陈述阶段所发表的内容。

谢利·威廉姆斯是如何悲惨地死去的？他的母亲、罗西·加内特，以及很多他们的家人和朋友当时在两辆车里，从芝加哥北边返回。当车从温尼贝戈行驶到布鲁明戴尔大街时，谢利开的第一辆车停了下来。他看见被告人，西尔威斯特·斯特朗，正沿着布鲁明戴尔大街骑自行车。谢利走出车，走到被告面前，和他说起话来。谢利之所以停车并和被告交谈，是因为被告前天与谢利母亲发生了争吵。谢利的母亲也把车停到了拐角处，走出车走到被告面前。谢利问他母亲，"是这个男孩乱骂你的么？""是的。"他母亲回答。然后谢利让西尔维斯特向他母亲道歉。

注意，叙述要以"你们也在现场"的主动风格进行。

突然，被告的姐夫乔治·霍华德，拿着一支手枪跑了过来。他朝天开了两枪，然后被告从霍华德手中拿过了枪，说道："把枪给我，你并不想对他开枪。"然后被告拿枪指着谢利，谢利摇着胳膊说："我不想打架。"谢利往后退，被告朝他开了第一枪，击中了手臂。谢利转身要跑，被告又朝他开了第二枪，击中了背部。谢利脸朝下倒在人行道上，地点靠近温尼贝戈和布鲁明戴尔拐角处的消防栓。这时被告人走了过去，从后面朝手无寸铁且毫无保护的被害人开了第三枪。

417

然后被告人沿着布鲁明戴尔大街向西跑。罗西大声喊人拦住他，被告人的哥哥，克拉伦斯·威廉姆斯，跳上被害人的车顺着布鲁明戴尔街开去，要切断被告人逃跑的路。克拉伦斯追上了被告，他跳出车，踢向了被告的头部不让他再跑。

不去争论被告是否被打是更好的方法，这样可以不让被告方从中大做文章。

其他人，包括被告人的妻子，拿了一根棒球棒，也来到了现场。罗西从她手中抢走了棒球棒，然后罗西用棒球棒不停地打被告——这个杀死自己儿子的人的头部，直到警察到来，谢利·威廉姆斯被送到附近的医院，但已经太晚。三枪都造成了伤害。威廉姆斯在到达医院的时候死去，随后的尸检显示致命一枪是从背部下方射入的，子弹向上穿透了肺部，使得肺部充血，同时，子弹还射穿了心脏。

（有罪的根据）

这些概述充分符合了谋杀罪的构成要件。可在此出示一张谋杀要件的示意图。

简而言之，这就是我方所证实的证据。这些证据排除一切合理怀疑地证明了，2000 年 4 月 25 日，被告西尔威斯特·斯特朗使用一支手枪，故意枪杀了被害人谢利·威廉姆斯。而枪杀行为完全没有任何正当的理由，这些证据充分证明了被告犯谋杀罪。

（证实）

证实部分提到了重要证人证言的本质部分，并重复了这部分证词直接提及证言的核心。经采信的展示物比如图表和证人的证词。

我们如何知道事实就是如此呢？还记得罗西·加内特的证言吗？

418

她对我们说了什么，她告诉我们，她跟着儿子的车来到布鲁明戴尔大街，她看见她的儿子谢利停下车，走出车，然后走到被告人跟前，被告当时正沿着街骑着一辆自行车。她看见他们交谈，然后他示意她也加入谈话。当谢利问她这个人是否在前几天和她发生了争吵还骂了她，她说道："是的。"然后谢利要求被告当面向她道歉。罗西·加内特还跟我们说了什么？突然间乔治·霍华德出现了，还朝天开了两枪。被告人抢过枪来，大喊道："你不想杀他，把枪给我！"罗西·加内特当时正在站在那里，看见被告人有计划地朝自己的儿子开了三枪，当场杀害了他。罗西之后做了什么？意识到枪已经没子弹了，她从西尔维斯特的妻子处抢来一根棒球棒，看见被告人要跑，她做了一件任何一个理性人在同样的情况下都会做的事。她跑到被告人那里，开始用棒子打他，让他跑不了，直到警察在几分钟后赶到。

当阐述一个新论点时，反诘式问题经常是一种有效的方式。

谁还告诉了我们这样的事实？克拉伦斯·威廉姆斯，被害人的哥哥，他从高中毕业后应征入伍，并在越南服役。他回来后，担任了通用汽车的一名高级技工。根据他的证言，他看到和听到的，都和罗西·加内特的完全一致。当然，由于他当时留在车边，所以他没能完全听到谢利、被告和她母亲之间的全部谈话。尽管如此，他还是能够看到谢利没有做任何激怒被告人的动作，也看到谢利和他的母亲都没有武器。他告诉我们，他看见乔治·霍华德随后过来，朝天开枪，被告人把枪抢过来向谢利的背部开枪，直到子弹打完。看见被告逃跑，他跳进车，追赶被告，不一会儿就将他截住了。他踢了被告的头，以防他再次逃跑，直到警察赶来。各位，克拉伦斯·威廉姆斯告诉我们那天所发生的每件事，都充分支持和印证了罗西加内特的证词。

展示物、实物证据、专家证人证词对案情的证实，应当提及。在辩论中运用已采信的展示物能够保持陪审团的兴趣。

419

还有谁的证词？记得威利·威廉姆斯吗？他只是被害人的一个熟人，而不是他的家庭成员，他那天中午正好和他们在一起。对这起案件他没有任何偏见，他只是尽量按照他的记忆告诉我们那天他所看到的。他看到了什么？虽然当第一声枪响时他离那里还有一段距离，比其他人稍远，但是他正好看见了被告人三次扣动扳机，三次向被害人开枪，而最后一次开枪时被告人无助地躺在人行道上。

其他证人呢？所有人——在场的警官、弹道专家都确信手枪和被害人体内的子弹是吻合的，致命一枪穿透了被害人的肺和心脏，而已被采信的展示物也证实如此，所有的证据都和目击证人的描述是一致的。

现在，你们可能会问自己，为什么会发生这次枪杀事件？动机是什么？很明显，被告人枪杀谢利·威廉姆斯是因为被强迫向罗西加内特道歉让他很生气，而此时手边正好有一支枪。尽管如此，请记住，我们并不需要证明枪击的动机。法庭稍后会在这点上向你们指示这一点。我们被要求证明的，已经得到了证明，就是被告枪杀了谢利·威廉姆斯，而他是故意这么做的，且没有任何正当理由。

被告方想让你们相信什么？被告声称 4 月 25 日的前一天，他和罗西·加内特在一个聚会上发生了争吵。他想让你们相信罗西·加内特，而不是他，使用了所有肮脏和污蔑的语言。被告声称警察到来后，制止了争吵，罗西和其他人说他们回去后，明天会再回来解决。他 25 日说了些什么？被告想让你们相信他在碰到谢利时，仅仅是在骑自行车闲逛。他声称乔治·霍华德来了后，突然两辆车里的所有人都出来了，拿着棒球棒和木棒。他们围着他，然后莫名其妙地开始打他。他声称当时他血流满面，已经看不太清楚。当他听见枪响，然后不知何故从乔治·霍华德手中拿到了枪，随后他闭着眼打了几枪，好让这群拿着武器的暴徒走开。

他们同时传召了阿达梅，被告的岳母。没有出人意料，她的记忆也很明确地证实了案发头一天的争吵。而关于 25 号当天的情况，她记不太清，但是她能确定看见罗西·加内特用一根棒球棒打被告人，这也毫不令人意外。

关于 4 月 25 日发生的事，有一系列相互矛盾的证据，而你们的职责就是决定真相在哪一边。换句话说，你们需要决定哪个证人说的是事实。当你们在决定证人可信性的时候，法庭会告诉你们你应当考虑证人作证时的行为，观察其是否和其他证词冲突，是否和你的常识和经验相悖，还要观察证人是否存在偏见、利害关系以及其他影响其作证的动机。

我们所传召的证人，都是勤劳正派的人。他们的证言在每个关键事实上，都能够吻合。他们都说被害人被枪击时手无寸铁。他们在交叉询问阶段的证词也没有出现矛盾。最后，他们所说的没有意义吗？难道不和你们的生活经验相一致吗？被害人被枪击的唯一方式是——一枪在手臂，两枪在背部，这不正是我方证人所说的情况吗？而被告方想让你们相信被告人是"盲目"开枪，这一说法完全站不住脚，因为枪只击中了被告，而他背部就有两枪。不仅是展示物和医学证据与被告的辩解冲突，而且被告方的这一辩解也仅仅只有被告自己的证言证明。当你们在考虑他证言的可信度时，记住，如果只有一个人有动机去歪曲事实，编造故事，那这个人肯定就是被指控犯谋杀罪的被告人。

最后，还有一个辩护方未能说服的，他就是阿瑟·安德森。你们应该还记得安德森先生是被告的朋友。如果他的证词有偏向的话，那肯定是偏向被

420
421

本案的一个弱点就是谋杀没有明显的动机。控方最好的办法是提出一个动机，然后提醒陪审团法律并没有将动机作为谋杀的必要要件。

（对方的反驳）

注意，在抗辩时，你必须清楚地表明你不相信这是真的。使用"他会称"这类的预测，就能清楚地表达那种语气。

在适当的时候用一点挖苦，更加有效。

关于事实，当有两个直接冲突的版本时，你必须论证证人的可信度问题。此时提及法庭将会给出的证人可信度的指示，非常有用。

你应该常常强调常识，因为在决定谁说的是事实时，它可能是陪审团决定最为重要的依据。

当被告作证时，应当指出他具有明显的偏见。

422

通过展示一个被认为会支持被告的证人，其证言却支持控方，这一方法很有说服力。当这种情况发生时，有必要将该证言对于指控的支持加以阐述。

（指示）控方通常应当告诉陪审团，其指控犯罪的要件，并论证己方主张符合了每一项要件。

（结论）

告人。那他的证词如何呢？他告诉我们他当时在街上看到被告人和其他人在一起，乔治·霍华德拿着一支枪跑过来并开枪。接下来他看到了什么？他看见被告人夺过枪说道："把枪给我，你不想打他。"然后被告将枪指向谢利·威廉姆斯并扣动扳机。他看见谢利转过身，挥舞着手臂，而枪声再次响起。他看见被告人走到谢利倒下的地方，又朝他的背开了第三枪。之后他看见被告人迅速朝前跑，跑过他身边，他同时注意到被告人当时头上、脸上和衣服上都没有血迹。

当被告人自己的朋友来到法庭，郑重宣誓，告诉你们他所看到的，而他的证词完全和被告的辩解矛盾时，你们应当很明确哪方说的是实话。法庭会指示你们，在我们的法律下，一个人犯谋杀罪应满足下列要件：

第一，他实施了导致他人死亡的一个或一系列行为；第二，有杀死或者重伤他人的故意；第三，在当时的情境下没有杀死他人的正当理由。

我们已经阐明，通过有力的、可信的、一致的证人证言，足以确信被告西尔威斯特·斯特朗杀死了被害人谢利·威廉姆斯，而且是故意为之。此外无论是怎样的设想，也无法成立法律上的正当防卫。证人们都已证实了上述的命题，且达到了排除一切合理怀疑的程度。据此，我方请求你们作出一个被证据支持且符合公正要求的裁决，那就是裁决被告人西尔威斯特·斯特朗犯谋杀罪。

谢谢。

b. 终结辩论——被告

（开场白）

主题：正当防卫。

（争点）辩方应当根据控方的证明责任来提出争点，因为这是争点问题上最为明确的问题。答案应当立即并强有力地紧接着争点的论证提出。

（对方的立论和反驳）由于控方承担证明责任，可在论证辩方描述的案情之前，可以先对付辩方证人的证词。

423

尊敬的斯科拉斯凯法官，各位陪审团的女士们、先生们，早上好。这是一起正当防卫案件。我们对于谢利·威廉姆斯被枪击而死的事实并无争议。对于这起不幸的事实，我无话可说，今天我们在座的各位也无能为力。尽管如此，这个事实本身并不是本案的争点。本案的争点是：在那天的情况下，西尔威斯特·斯特朗是否有正当防卫的权利？证据确实显示了检方未能排除一切合理怀疑地证明西尔威斯特·斯特朗有罪，因为他们没有能够排除西尔威斯特向谢利开枪时，被告相信自己的行为是针对致命伤害时的必要正当防卫，这一点上存在合理的怀疑。

现在我为什么要说这些？女士们先生们，因为这个案件的关键是你们相信哪方关于事件的解释。你们相信罗西·加内特、威利·威廉姆斯、克拉伦斯·威廉姆斯、阿瑟·安德森所提供的说法，还是被告以及阿达梅·霍华德的说法？我们对于案情有截然相反的版本。

四名目击证人，罗西·加内特、威利·威廉姆斯、克拉伦斯·威廉姆斯、阿瑟·安德森。他们每个人的证词都会让你相信在4月25日之前，即枪击案前一天，威廉姆斯家的成员对于西尔维斯特家庭成员绝对没有进行过任何威胁或者威胁的表示。

罗西·加内特，第一目击证人，在作证中表示4月25日在温尼贝戈和布鲁明戴尔拐角处，她看见她的儿子谢利在和西尔威斯特·斯特朗交谈。她声称枪击前唯一发生的事是，谢利问她西尔维斯特是否就是辱骂了她的人。她说，谢利走出车对西尔维斯特说："我要你道歉。"西尔维斯特于是向他道歉，谢利却说："不，不是向我道歉，你要向我的母亲道歉。"当西尔维斯特正转来向他母亲道歉时，根据罗西加内特的证词，乔治·霍华德顺着街跑下来向天开枪。她还声称，西尔威斯特跑到霍华德面前，夺过枪，说道："并不想打他。"

然后开枪。罗西·加内特声称，枪击之前一切都很平和，没有打斗、没有辱骂、没有争吵、没有喊叫，只有一场很安静平和、轻言细语的交谈。克拉伦斯·威廉姆斯同样也是这个说法。他说了同样的内容，没有争吵发生——事实上，他不可能听到外面说了什么，因为车内的录音机正在播放歌曲。他也声称，没有什么明显的理由，乔治·霍华德顺着街跑下来并开枪。他称西尔威斯特同样没有任何理由地夺过枪并开枪。他声称枪击结束后，街上没有任何人动手拦住西尔威斯特·斯特朗，直到克拉伦斯开着车在街尾截住他，还打他的时候。

424

现在，关于 4 月 25 日发生的事实，如果你们相信罗西·加内特的说法，相信威利·威廉姆斯、克拉伦斯·威廉姆斯、阿瑟·安德森，你就必须相信下列事实：乔治·霍华德之所以顺着街跑下来开枪，因为他是个疯子，因为他没有任何开枪的理由。

> 论证控方证人的说法难以让人信服，因为其证词毫无逻辑而且对于枪击不能提供一个合乎常理的解释，这样是一个很有效的方法。

这些证人会让你们相信当时只有一场平和的对话，没有打斗、没有动手、没有任何让人吃惊的情况发生在西尔威斯特身上，直到乔治·霍华德莫名其妙地跑出来撒疯，后来西尔威斯特莫名其妙地撒疯。我们在这条街上发现了两个疯子，两个毫无理由就向他人开枪的人。这明显与常识相悖，法庭里的每个人都清楚这一点。

让我们再看看其他的事情。你们还记得我们调查了所有证人的住址吗？你们是否注意到当时他们刚好都在现场附近？谢利·威廉姆斯的这些朋友都准备同时出现在布鲁明戴尔？这难道不可疑？他们刚好在阿达梅说谢利·威廉姆斯准备过来平息头天的交恶时，才发现西尔威斯特？这些偶然难道不能在你们的思维中产生一个合理的怀疑，那就是，控方证人是在讲真话吗？

> 由于控方使用了有利的展示物，出示与之相反的展示物是一个很好的办法。

看一下这条街的照片。警官说开枪的地点到看见西尔威斯特被殴打的地点，之间大约有 100 英尺，而其他证词显示西尔威斯特的腿脚没有任何问题。证词同样也显示，克拉伦斯上车，沿着街开，然后截住了西尔威斯特。如果这是真的，那为什么他不再跑 100 英尺呢？肯定他有什么问题，要不然他会跑得更远。这不正好证明了西尔威斯特在开枪之前受到了攻击？他只能跑 100 英尺的事实不正好证明了唯一的真相是他已经受伤了，所以跑不起来。

425

> 由于控方有更多现场目击证人，指出只有被告能直接证明是否故意这一争点，这是一个很有效的论证。

本案的争点是，为什么西尔威斯特会开枪。这是唯一的争点；这唯一的争点能告诉我们什么是西尔威斯特开枪的理由，即他为什么开枪。他是唯一能告诉我们当时他脑中想法的人。这个争点，从法律的角度讲，就是他是否能合理地相信，在枪击发生时的情况下，如果不进行正当防卫，他将遭受巨大的身体伤害，甚至死亡。谢利威廉姆斯不能作证了，而克拉伦斯·威廉姆斯和阿瑟·安德森也不能就此作证。只有西尔威斯特可以，而我们听到他告诉我们，当他开枪时他就是这种感觉。这就是为什么本案是一起正当防卫案件的原因。

他开了几枪？他作证称他只是不停地在开枪。"为什么要开枪？因为他们要杀我。什么时候开的枪？当他们攻击我，准备抓住我时。"唯一能证明被告意图的人，只能是西尔威斯特自己。

我还有一些时间，所以我们继续。控方就子弹入口谈了很多，还说两发子弹穿透了谢利·西尔威斯特的背部。他想让我们相信，西尔威斯特·斯特朗应当有罪，因为两枪穿透了威廉姆斯的背部。然而，事实并非那么简单。

请将其他人放到同样的环境。一群暴徒围着你，手持棒球棒和木棒。你本能地开枪，你是否会停下去看看第一枪击中了谁？你是否会去看你开枪时有没有人转身？当然不会！你会尽快地开枪。这难道不是一个正常人在当时的环境下会做的事吗？好，这就是事情发生的情况，也是唯一的情况。问题是，当开了第一枪后，西尔威斯特·斯特朗是否合理地相信自己是在进行正当防卫。如果是，由于是正当防卫，那第一枪和其他几枪就没有什么区别了。

426

库辛法官将指示你们，当一个人能够合理相信为了阻止眼前的针对自己的死亡或者重伤威胁而必须采用致命的力量时，他就可以使用致命的武力。这难道不是真正发生的事实吗？这难道不是西尔威斯特·斯特朗开枪时所想到的吗？在当时被一群暴徒包围的情况下，西尔威斯特·斯特朗所做的难道不是一个正常的理性人在面对同样的情况会做的么？当然是！由于被告人行为的正当性，西尔威斯特完全够不上任何犯罪，这起案件只是正当防卫。

库辛法官会指示你们，控方承担本案的证明责任，而且这种责任永远不会转移到辩方身上。虽然我们在案件中出示了证据，但我方并未被要求要证明什么。我们不需要证明西尔威斯特的行为是正当的自卫。而控方负有排除这一命题的责任，而且他们必须排除一切合理怀疑地证明这一点。

你们中的谁可以说，你们对于西尔威斯特是否是正当防卫这个问题，不存在合理的怀疑？你们当然存有疑问！你们已经有怀疑，你们在这里所听到的证据就充满了疑问。

这个案件即将结束。我尽最大努力向各位说明 2000 年 4 月 25 日下午，布鲁明戴尔大街真正发生的事实。我已经尽力，我的工作也到此结束。这起案件现在搁在你们手中。当案子结束时，你和我，可能还有其他人，会时常回想和反省这起案件。这个案子可能会突然在某个夜里，你们准备入睡时回到你们的脑海中。无论你在哪里想起这个案子，你可能都会问一件事情：我给予西尔威斯特·斯特朗公正了么？如果你对这个案件有疑问，现在就问自己。因为对于被告来说没有明天，也没有下一次的机会。问问自己这些艰难的问题，因为明天对他来说就太迟了。如果你们在评议中牢记着这些疑虑，我确定你们会给予一个无罪的裁决。

427

我只有这一次机会和你们交流。我结束后，控方将有第二次机会站起来，并作出反驳辩论。在他结束后我没有机会再和你们交流，也无法反驳任何他告诉你们的任何东西，但是我敢肯定，因为你们听取了这些证据，你们会对他将要所说的，给出自己的答案。女士们先生们，当他站起来，向你们解释在当时的情况下西尔威斯特没有自卫的合理理由时，他会不会向你们解释为什么当被一群愤怒的、有武器的暴徒包围时，西尔威斯特无权自己去保护自己的生命？他会不会告诉你们，什么才是更为合理的选择？如果你们对于怎样才是正确的做法存有怀疑，你们就不能说西尔威斯特的行为没有正当性。

女士们先生们，我们再次强调这是一起正当防卫案件。控方没能排除一

（发生了什么）已经反驳了控方证人的证词后，应当就发生了什么给出辩方的说法。

（指示）辩方会很自然地强调关于正当防卫的指示，特别是控方的举证责任。

（结论）在你的终结辩论结束时，作一个富有感情的总结，这样完全不会有问题，只要这样适合你的案件并得体即可。

要求原告回答一个困难的争点，向其挑战是很有效的方法。但是，要确定控方不能给出一个明确的好答案。

切合理怀疑地证明，西尔威斯特开第一枪时，他并非合理地相信有必要开枪自卫。控方完全没有证明这一争点排除了合理怀疑。由于控方的失败，我请求你们给予一个符合证据的唯一判决，让他自由。让他回到自己的工作、家庭和朋友中。请裁决被告无罪。

c. 反驳辩论——控方

对于 2000 年 4 月 25 日下午布鲁明戴尔大街所发生的事实，完全没有疑问。我向你们出示了可信的、相一致的多份目击证人的证词，他们对你们说了同样的内容。他们告诉我们，谢利·威廉姆斯仅仅是坚持要被告人就咒骂一事向他的母亲道歉；乔治霍华德到来并向天放了两枪；而被告人夺过枪，说"把枪给我，你不准备向他开枪"；他瞄准后开了第一枪，击中了谢利的手臂；当谢利转身跑时，被告人从背后向他开了第二枪；谢利趴倒在地，被告人又从背后开了第三枪。这就是，我们四位宣誓的证人告诉我们所发生情况的梗概。

希尔先生称，他们的证词里有多处的不一致。当然有！但这都是很细枝末节的矛盾，因为每个证人都是站在自己的位置目睹案件的情况，回忆案件时的记忆程度也不一样，而且在作证时也是用他自己的语言和表达方式。你们应当很惊讶这些证言非常一致，因为那通常意味着这些证词被排演过。而这种情况明显不可能出现在这里，因为每个证人只不过是告诉你们他所看到的，用他自己的方式。

希尔先生没有谈到的内容似乎更有启发性。他几乎没花时间去谈我们所出示的四位证人的证词。相反，他基本上将自己的辩论用在对被告的讨论上。你们料想他为什么要这么做？这不正是他想让你们忘掉看见被告三次朝一名手无寸铁且毫无防备的人开枪，且两次是从后面开枪的四名证人吗？他总是在谈论被告，这不正是想吸引你们情绪而让你们忽视证据本身么？

希尔先生同样没有谈到这些证据重要的证明作用。还记得埃博拉博士，那位病理学家，他告诉了我们一些关于他对谢利·威廉姆斯进行尸检的情况？他告诉我们他发现三发子弹伤到了被告的身体。一枪在手臂，其他两枪在背部。他的发现不正好印证了目击证人们告诉我们的，他们看见当第一枪响起时，谢利·威廉姆斯举手要保护自己，看见第二枪时他转身要跑，看见他倒下，之后被告人故意又朝他的背部开了第三枪？

这里还有一些不能被忽视的展示物。他们不会说谎，不会被遗忘，也不会消失。他们只是证明了哪方是在说真话。在本案中，展示物，比如子弹伤及的部位，说明了什么？这些证据确定地证明了，四名目击证人所告诉我们犯罪发生的过程，是真实的。

而被告出示的证据呢？有句谚语："辩方不需要证明任何东西，但如果他们决定传召证据，证人最好有意义且经得起其他证据的考验。"这句谚语，完全不能用在辩方的证据上。被告的证词毫无意义，而且在与四名目击证人的冲突中显得毫无力量。

被告称他被一群愤怒的有武器的暴徒围着，他们用棒球棒和木棒打他，因为他不向罗西·加内特道歉。这样说合理吗？你们的常识和生活经验告诉你们，事实不可能是这样的。被告称他不知何故抢到了乔治·霍华德的枪，

428

429

（你最强的论点）反驳辩论不能有消极的语气。集中你的火力猛烈攻击。

（对方的论点）注意在反驳中引用辩方的辩论内容。这样你的反驳不会让气氛太消沉。

（反驳和其他要点）用同样的方式，用你的反驳去支持你论证的重要部分。

由于从背后枪击是一件可悲的事，以此揭露辩方，你再怎么提都不会嫌多！

在合适的情况下，通过挖苦去证明对方证据的不可信，没什么不好。

注意到控方，通过挖苦，留下了他认为被告在说谎的一点疑问，但又不直接点出。让陪审团自己得出结论。这种方式更好。

然后看都没看就射向暴徒们，好让他们放开自己。如果是这样的话，会使三发子弹都击中了一个人，而且两枪是从背部击中的？现在这确实很让人惊讶！被告最后告诉你们他脸上头上满是血，再三倒下，摇摇摆摆跑了 100 英尺，直到警察到来。如果果真如此，你们不希望能在他顺着布鲁明戴尔街跑的路上看到血点或者血迹？你们当然能看到，如果他的故事是真的的话。但是基诺夫斯基警官告诉我们什么？当他到达现场，他看见被告在地上，被告所处的地上有血点。然后他走到谢利倒下的地方，也看到了血。然后他检查了两处地点之间的人行道和街道，没再发现血迹。这绝对是被告故事不可信的充分证明。同样，这也是一个能充分证明谁说的是实话的展示物。

430

（结论）因为你有四名目击证人去对抗辩方仅有的一名，这一点应当反复强调。因为辩方在辩论中提出了，你有权直接回应，遵循"有问才答"的要求。

接下来，这个案子就成了你们决定相信谁的问题。你们是要相信罗西·加内特、威利·威廉姆斯、克拉伦斯·威廉姆斯、阿瑟·安德森的证词以及埃博拉博士、基诺夫斯基警官所展示的展示物？还是相信被告人的故事？这个案件没有一个折中的选择。

希尔先生在他的终结辩论中，要求控方告诉你们什么是正当的行为？对于被告而言，正当行为就是简单地说一句，"对不起"，向罗西加内特道歉，然后走开。这是一个理性人应当做的事。但被告却没有，这不是他处理的方式，这也是为什么今天他会在法庭接受审判的原因。

我们证明了被告射杀了谢利·威廉姆斯，而他开枪是想故意杀死或者重伤谢利·威廉姆斯，且被告没有任何正当理由这样做；我们的证明已经排除了一切合理怀疑。总之，2000 年 4 月 25 日下午，被告的行为符合了谋杀罪所要求的全部要件。

2. 民事案件（产品责任）：Hi-Temp 公司诉林德伯格熔炉公司

（Hi-Temp，是一家用熔炉加工金属制品的公司。1999 年 9 月，Hi-Temp 从被告制造商处买了一个工业真空熔炉。2000 年 12 月 31 日，熔炉爆炸了。Hi-Temp 对熔炉进行了修理。Hi-Temp 称熔炉的设计缺陷，特别是阀门的设计缺陷，是爆炸的原因。林德伯格坚持熔炉的生产和制造是安全的）

a. 终结辩论——原告

（开场白）立即表明主题——产品安全。

陪审团成员们，这是一起关于产品安全的案件。当一家公司制造出一件产品，他就有责任保证设计和制造上的安全。而被告方，林德伯格熔炉公司，设计和制造了工业真空熔炉上的阀门，该阀门存在不合理危险。它在设计上有瑕疵，为什么这么说？

431

（对证词的回顾）辩论的开始部分逐一回顾了各个证词。如果你想提醒陪审团，你的证人可靠且确信，这种方法比较奏效。这种方法的缺陷是，如果证人较多，陪审团会觉得累赘。

我们听到了，Hi-Temp 公司的副总机械师，里昂先生的证词，在 1999 年 Hi-Temp 公司和林德伯格公司关于购买真空熔炉展开了谈判。Hi-Temp 公司告诉林德伯格，他们需要一座至少能耐用到 2150°，而且能一周七天昼夜不停运转的熔炉。

基于这样的要求，林德伯格设计和制造了这座熔炉，他们称这座熔炉的铬镍铁罩可以很好地适应 2300° 的温度，而出售给 Hi-Temp 的价格是 10.3

在概括每份证词之前先简要地提示陪审团每名证人是谁，是一个好方法。

万美元，且不接受还价。这座熔炉在 1999 年 9 月投入使用。

我们听过沃勒尔先生，原告公司的维护工领班，证实之后的 15 个月，一直到 2000 年 10 月 31 日，他都是熔炉维护的第一责任人。他的职责包括清理阀门、清理 O 型环、更换旧零件，以及维护水管，清洁所有水管中的钙化和石灰沉淀。每次他进行维护，都会和林德伯格的杰拉德联系，向他请教。

（发生了什么）在整个辩论中，原告都提到"爆炸"，"爆炸"比"事件"、"事故"都更有力。选择你的标签，一个明显能让陪审团理解发生了什么的标签。

我们还听取了车间主任弗恩·莫里特的证词。他说 2000 年 12 月 31 日那天晚上他正好在工作，那天晚上熔炉正在为一位客户加工涡轮叶片。

莫里特先生告诉我们当他来到车间，他被告知熔炉里不是真空，而是有空气压力，可能是空气被抽进了真空部位。

莫里特先生检查了整个设备。他检查了量表设置发现是正常的，他检查了泵区，发现是正常的。他检查了油量，发现也是正常的。他告诉我们当他检查仪表时，他注意到熔炉已经达到了 1970 度，真空部分也是这个温度。*432*
当莫里特先生检查完整个设备后，爆炸发生了。

根据他的表述，这场爆炸产生了巨大的气浪，感觉像狂风吹向他。同时还伴随着巨大的轰隆声，像炮声一样。他看见乌黑的烟从设备中冒出。他没看见任何火焰、火花或者闪光，但在爆炸结束后，他看了看设备，发现炉膛中的负载物被推向了另一边。

由于戴维斯是原告唯一的专家证人，而这起案件的结果很大程度上取决于陪审团对他解释的接受，因此他的证言必须详细回顾。

他的背景、学历也应当稍加说明，因为如此陪审团才会对他的可信度有深刻印象。

由于陪审团听取了证词也观看了展示物，他们对于技术术语已经非常熟悉。尽管如此，证据摘要还是应当尽量少用技术用语。本案中原告方成功地将一件复杂的技术案件简化为三个基本部分——泵体、前级管道阀门和气流消除器。

爆炸后，其他 Hi-Temp 公司的雇员有机会检查了残骸。我们听取了他们中很多人的证词。所有人都注意到炉膛中的负载物被冲了出来，而且泵体和相关部位被损坏。

爆炸结束后，Hi-Temp 公司立即雇请吉姆·戴维斯对爆炸原因进行判定。戴维斯先生是高级机械工程师，他在很多州都得到了专业工程执照，他是一家工程公司的总工程师，同时他还拥有丰富的热力学原理的经验。他有 11 年设计真空熔炉控制系统的经历。

在戴维斯首次来到车间的时候，他检查了整个熔炉的遗骸，他检查了图表、数据并听取了目击者的描述。根据第一次调查，戴维斯先生无法作出当时情况的结论。原因是泵体和前级管道阀门已经被装箱运往马萨诸塞，他没有机会对泵体进行检查。他对首次检查作出报告，称他无法得出结论。*433*

随后戴维斯去了马萨诸塞，即泵体被送往的地方，他检查了泵体。他发现本案中原告方成功地将一气流消除器，前级管道阀门上的一个小金属倒件，弯曲绕到前级管道阀门上，并撞进了临近泵体的边缘中。

根据他对坏损熔炉、泵体、前级管道阀门和气流消除器的检查。戴维斯作出结论这起爆炸是由熔炉设计缺陷引起的。这一设计缺陷造成熔炉出现了不合理危险。

（责任基础）再次强调主题。

戴维斯先生特别提到，熔炉的缺陷是在手动模式下前级管道阀门没有闭锁装置。当其上部有气压而下方是真空时，前级管道阀门就会打开。

在这里，律师使用了一个熔炉的示意图并提到了很多已被标记的重要部件。当然，这个示意图事先应被作为展示物采信。

戴维斯先生说适当的熔炉设计应当有一个闭锁装置，以使真空熔炉运转时，前级管道阀门在任何情况下都不会意外打开。

看一看这张熔炉的示意图。戴维斯的结论都是根据以下的客观发现：

首先，气流消除器被弯曲绕到前级管道阀门，并撞进了临近泵体的边缘中。其次，熔炉中有很多明显的印记表明有破坏性的撞击朝向炉膛；再次，炉膛中和被移动的负载物都有损坏。最后，泵体发生了移位。

根据上述客观发现，那就是戴维斯先生的结论：损害只能是由前级管道阀门上的力量造成的。这是唯一的一种方式，唯一会导致气流消除器绕在阀门上，撞到泵体和对熔炉内部，产生巨大破坏的方式。

他断定损害不可能是从熔炉内部形成的，因为如果是这样的话，损坏的方向应当是朝外。而现在不是，所有的力量都是朝里。此外，唯一能造成如此破坏的力量，只能是从前级管道阀门有压力的一面冲入真空熔炉的一股高压力量。

他解释当前级管道阀门的一面有空气，而另一面是真空，此时如果阀门打开，气压将以两倍音速冲进真空室。这个速度将导致真空炉膛的损坏以及产生如莫里特先生描述的冲向他的冲击波。

戴维斯先生告诉我们一个简单而可行的设计能够防止发生的这一切。而所需要的，不过是一个前级管道阀门上装一个自动闭锁装置，使得在手动模式下一面有气压一面为真空时，其能防止阀门打开。总之，阀门的设计和制造使其存在不合理危险。这是一个设计缺陷，这个有缺陷的设计导致了爆炸，这就是为什么被告负有责任。

爆炸造成的损害是多少？车间主任里昂先生，告诉你们事故发生后，他立即联系了马萨诸塞的泵体生产商，生产商告诉他将泵体水运给他们。而当泵体被水运到马萨诸塞后，Hi-Temp 公司得知泵体已无法修复。

里昂先生同时定制了熔炉的替换部件。我们看到的发货单，这里有 17 份不同的定制单是林德伯格公司的，总价 3 057.51 美元，23 份不同的定制单是其他供货商的，总价 8 231.83 美元。这些都是让设备重新运转的必要部件。

里昂先生告诉我们从 2001 年 1 月 1 日—3 月 10 日，他们总共花费了十个星期去核定损失、定购部件、接收船运、运回和安装设备。

贝克尔先生，政府认证的公共会计师，核定了 Hi-Temp 公司十个星期的经营损失。贝克尔先生核对了所有的账簿和记录，使用了他称为综合趋势法的方法，他计算出损失额为 34 265 美元。

他同时核定出，Hi-Temp 公司支付给员工这 560 个小时修复工作的劳动费用为 3 773 美元。

当你们在计算这些损失时，你们可能会算出一个超过 55 000 美元的数字，生产中断的损失超过 34 000 美元，劳动费用为 3 700 美元，向林德伯格定制的部件为 30 500 美元，向其他供货商定制的部件为 8 200 美元。总数为 76 400 美元。

那为什么我们只请求 55 000 美元的赔偿，而不是 76 400 美元呢？这是因为 Hi-Temp 公司定制的一些部件比起爆炸前使用的部件，其价格确实要高一些。

熔炉的钼制防护罩，以及一些部件都比替换下来的要贵。此外，损毁部件已经使用了 15 个月，已经有些旧，如果将这些部件作为新部件来核定不太公平。因此，根据这些情况，我们将损害赔偿从 76 400 美元减为 55 000 美元。

2000 年 12 月 31 日那场由被告方设计和制造的熔炉引发的事故，其原因是被告方的设计缺陷导致了不合理危险，而 55 000 美元的赔偿数额则公平

---

434 解释专家的观点和结论为什么是合理且被事实所支持的，这一点很重要。

（预测辩护）用同样的方式，你应当论证对方的立场取法逻辑或者不被证据支持。

表明有利的证词之间能相互协调，这一点总是很有效。

（损害赔偿）注意损害的各部分是如何详细回顾的，同时包括相应的数额。草率论证对方的损害，是很危险的。陪审团会将你的草率或泛泛而论当做是想夸大损害。

435 这个时候适合将每项损失列在招贴板上，这样各项损失都分别得到了强调，总数也呈给了陪审团。

（预测辩护）此时，反驳被告方可能提出的辩护意见是一种很有效的论证方式。它告诉陪审团，原告的赔偿请求是如何的公平合理。

（结论）

而确切地反映了损失情况。女士们、先生们，当你们重新检视证据时，这些　*436*
证据很清楚地支持着 Hi-Temp 公司要求被告赔偿 55 000 美元的裁决。

b. 终结辩论——被告

敬请庭上、卡普兰先生、女生们、先生们聆听。

> 注意被告方并未采用标准的"感谢陪审团"的常规开场白。

这个案件的争点十分简单。原告声称，真空熔炉在设计中，其前级管道阀门存在不合理危险，同时这一危险导致了 55 000 美元的损失。这就是整个争点。

现在，我将讨论一下损害赔偿金。原告花了很多时间在这个争点上，但其实我们更需要讨论的是别的东西。

> （损害赔偿）如果不能很确保地论证责任上的争点，作为被告方，往往可以在论证责任之前先论证损害。

我们真的是在讨论一件事故所导致的损害赔偿吗？或者我们只是考虑了常规的维护和升级？我们知道泵油和垫圈应当每年更换，他们最后是什么时候更换的？我们知道在最初卖出时熔炉上有绝热体，而现在他们采用了使用寿命更长当然价格也更高的石墨层，他们也将这笔支出提交到损害赔偿中。

我们知道熔炉中有一层铬镍铁内衬，而我们知道他们定制了一套新的。他们从 2000 年 5 月开始报价，9 月因为"事情紧急"定制了一套替换的内衬。这是他们所谓的爆炸之前三个月的事情。同样的，他们现在是想获得寿命更长且能适用于更高温度，但价格却更高的材料制成的内衬。肯·泰勒告诉我们泵体唯一的问题是弯曲的挡板需要被弄直。这仅仅需要花费价值 100 美元的人工和材料费用，但他们却想我们重新给他们买一个 6 400 美元的新　*437*
泵。他们真的是在维修泵体，还是在对熔炉做常规的维护和升级？旧材料的寿命还有多长？很明显没剩多少，因为他们已经准备进行更换。

现在，我们听取了肯·泰勒，林德伯格公司的专家，作证他可以在两个星期内修好熔炉。尽管如此，林德伯格公司并未被要求维修熔炉，林德伯格公司也未被要求就维修进行报价或者提供维修熔炉的时间。Hi-Temp 公司很积极地寻求维修熔炉了么？他们因为事情紧急定制了维修材料了么？答案很明显，没有。他们磨蹭了十个星期，而工作可以在两个星期内完成。

十周的生产中断，他们主张的金额是 34 000 美元。如果生产真的中断，而熔炉却可以在两周内修好，且熔炉确实是生产经营的必需，那两周的损失总额为 7 300 美元。

> 将适当的指示编织到辩论中一直是一种很有效的方式。因为这让辩论带上了"法庭认可"的印记。

我们认为所谓的损害赔偿并不是事故所造成的，而基本上是常规的熔炉维护和升级费用。

现在，法庭会指示你们，案件中的原告，Hi-Temp 公司有责任将损失降到最低。如果能够节约开支，他们有责任积极地寻求维修熔炉，如果他们没能做到这个程度，那他们就不应当获得超过积极寻求维修费用的赔偿。

> （无责的根据）反诘是直面困难问题的好办法。

现在，让我们谈谈为什么在这个案件中，林德伯格公司对于 Hi-Temp 公司的损失并无责任。你们可能会说："奎德先生，你摊上了一个硬骨头。你的公司制造了熔炉而你却无法解释事故的发生原因。"让我们先回顾一下我们所听到的证据吧。

谁让熔炉负载？给熔炉加料的人作证了吗？没有。除了涡轮叶片，熔炉里还有其他东西吗？有人到这里告诉他们在加载时所看到的情况么？没有。　*438*

谁给熔炉编制了程序？设置的程序是什么？我们不得而知。控制开关的设置在哪里？我们同样不得而知。为什么这成了秘密？我认为其原因是知道的人，都没能自告奋勇站出来，因为他们都是 Hi-Temp 公司的雇员。

现在，对于我们判定案情还缺失了一个很重要的信息，阿伯·纳瓦内特是熔炉的操作员，专职负责熔炉的操控，不担任其他任何职责。他在哪里？他知道些什么？为什么他们不把他带到这里来？

法庭将指示你们，如果一个证人处于一方的控制下，而不能平等地为他方所用，若他无任何合理理由未能到庭作证，那应当假定他的证词将对他所在方不利。他们的车间离这里只有 20 公里，纳瓦内特就在那里。他们知道法律的规定，却选择不把他带到法庭。

法庭同样还将指示你们，原告需要在案件中证明的内容。原告需要证明五项内容，其中两项并不存在争议。我们在前级管道阀门上没有闭锁装置，而这一情况将设备移交给 Hi-Temp 都一直在，这一点并无争议。

为了赢得诉讼，原告必须证明全部五项内容。第一，没有闭锁装置的熔炉设计是不是就构成了不合理危险？回答是否定的。这是原告未能证明的三项要素之一。

我们听取了三位专家，卡尔·西兰特、肯·泰勒以及克里斯·多布拉沃斯基的证词，他们都表示这不构成不合理危险。这是使用时的必要设计，如果不这样设计，你就无法运转熔炉、进行常规的泄露检查或者日常维护。

在这一点上，让我们再看看多布拉沃斯基的证词。他不是我方公司的专家。他和案件没有利害关系，他也印证了我方公司专家的说法。他说前级管道阀门系统非常安全和值得信赖。他还为他所在公司没能在产品设计上做到这么好感到惭愧。

你需要对熔炉手动操作来断开泵体。你需要手动模式，才能让操作员用自己的想法，去做熔炉所需要的测试、检查和维护。这听上去很危险吗？当然不！多布拉沃斯基先生的结论是，前级管道阀门在手动模式下未有互锁装置的设计并不构成不合理危险状况。也许随着工业的逐年发展，你会探索出新的方法，但现在我们还未能发明出比这种熔炉更为先进的设计。

这些足以说明这种情况并非不合理危险的论点。证据显示，原告未能完成在这个争点上的证明责任。

第二个论点是原告未能完成直接原因的证明责任。其主张的熔炉处于不合理危险，必须是导致熔炉损坏的原因。

我们有三位毕生从事于真空工程的专家，都表示他们不知道什么导致了损害。如我前面所说，如果你未能掌握熔炉内有什么的情况，比如如何加载，控制设定是什么，谁操控设备，你就无法判断原因。但我们还知道，他们所主张的不合理危险，并不是损害的原因。仅仅是打开前级管道阀门，根据卡尔·西兰特、肯·泰勒以及克里斯·多布拉沃斯基的证言，还不足以引起这样的损害发生。三位专家称这不可能是损害的原因。原告明显未能证明损害是由任何熔炉中的不合理危险引起的。

第三个论点是原告未能完成关于损害的证明责任，这一点我已经谈到了。

现在，得稍微谈谈戴维斯先生的证词，他是原告方的证人，也是唯一一

对于对手必须回答却又难以回答的问题，反诘式问题也是好办法。

又一次通过有关指示的讨论来强化论证。

439

（指示）被告方可以运用对其有利的要素指示，特别是有很多基本要素而辩护可以从不止一个要素出发时。因为原告方如果不能通过优势证据证明每个基本要素，一张关于五项要素的示意图就可以用在这里。展示"外部"专家与"雇员"专家证词的一致性，对于增强他们证词的可信度十分必要。

因为辩护方有三位专家而原告方只有一个，这一优势应当被反复强调。

440

名否定设计的人。那戴维斯先生制造过一座熔炉吗？没有。那设计过？也没有。那操控过熔炉？没有。他做过泄露检查没有？也没有。那他曾经看过这座熔炉上的资料？没有。那他曾经做过相关的实验？也没有。那他曾经对熔炉做过测试？还是没有。

你们认为，这难道就是判定熔炉系统是否存在不合理危险的专业知识吗？当然不是。你们必须去判定证人的可靠性，掂量他们证词的分量，因此你们在决定是否接受他的证词时要考虑他的资格。当你们看了他的这些背景，尤其是当你们将他的专业知识和经验与我们的三位专家相比较时，你们只能得出一个结论：戴维斯先生的意见肯定不能被采纳。

总之，现有的证据无法显示熔炉和前级管道阀门存在不合理危险，也无法显示这种危险导致了损害的发生。林德伯格公司专门设计了这个阀门，让操作者能选择手动或自动模式。而操作者必须是一名在操作精密机器时，知道自己在干什么的人。林德伯格公司相信他这名从事精密工业制造的主顾是有脑子的。你们也应当一样。

c. 反驳辩论——原告

女士们、先生们，我很厌烦陷入到证人资格的辩论中，但是由于奎德先生提出了这个争点，我就有必要作出回应。他告诉你们戴维斯先生没有资格。为何？仅仅因为他并未将主要精力花在真空熔炉工业上，他们很投巧地想你们去忘记戴维斯先生是一名机械工程师，一名在一家公司从事了真空熔炉控制系统设计 11 年的工程师。

尽管如此，如果你仍旧想就专家资格进行辩论，让我们看看被告传召的证人。首先，他们带来了西兰特先生，他在事故发生时是林德伯格公司的雇员。这很难成为一名你们可以信赖的，中立而没有偏见的专家证人。关于今天作证的内容，他是什么时候才接触和拿到足够的资料的？仅仅几周之前！

那多布拉沃斯基先生呢？他从波士顿过来，同西兰特先生一样，他不是一名得到认证的职业工程师。多布拉沃斯基仅仅获得了电力工程的学士学位。而多布拉沃斯基先生的问题是：他同样是在几周之前，才通过被告方接触到相关资料的，而他告诉你们，即便是那个时候他也没有得到能形成意见的足够资料。这会让你们有一点不安么？

最后，他们传召了肯·泰勒先生，他们称为中立而客观的一名证人。他看见熔炉了么？没有。他检查过残骸吗？也没有。他和目击者们谈过话没有？还是没有。那他在哪儿工作？基尼真空工业公司。他们生产的是什么？真空泵。那谁购买他们的真空泵？是被告。这难道不让你们有一点不安？

让我们回到损害部分。奎德先生主张损害没有我告诉你们的那么严重。很明显，当你们用新部件去维修一个设备时，这些部件肯定比事故之前的要值钱。这也是为什么我们说在维修过程中的花费是 75 000 美元，而要求的赔偿仅仅是 55 000 美元。

奎德先生主张我们可以在两个星期内将这些部件装回去。两个星期？证据是怎么显示的？在 1 月 5 日，Hi-Temp 公司从林德伯格公司定制了一系列部件。而直到 1 月 30 日，有一半的部件 Hi-Temp 公司都还没能从林德伯格公司处获取。而其他的部件直到 2 月 16～18 日才到，而他们知道设备已经

441

442

（反驳对方的辩论）
要击倒一名专家，最稳妥的方法是挑战他的专业能力，这样就不是攻击专家本人，否则很容易会触怒陪审团。

比起标准的"请求一个支持本方的裁决"，这种类型的结尾更有影响力。

注意，原告方只花了很少的时间用在维护本方专家证人资格，而腾出足够的时间去攻击被告方证人的倾向性。这将被动的回应转变为积极、有进攻性的辩论。
　　在适当的时候使用一些挖苦，没什么不好。

注意这是对被告方专家的强烈抨击，但要注意留有余地。原告不能直接论证专家被收买；但陪审团可以自己得出这个结论。

（损害）
辩方结论最弱的地方就是十个星期的维修时间部分。因此，这也是原告重点开始和论证的地方。

被卸下。如果谁能加快送达，各位肯定认为应当是林德伯格公司。他们花了七个星期将部件送到 Hi-Temp 公司，而他们自己又称可以在两个星期内重新组装好设备。他们的说法太荒谬了。

然后，奎德先生抱怨说，还有很多爆炸的目击者，我们却没在庭上看见他们。尽管如此，莫里特先生已经说过他当时当班。他在爆炸发生前，检查了所有的仪器，所有的泵体，所有的油路水平。他知道当时熔炉里有什么。不去质疑莫里特先生的证词，奎德先生却一个劲地问："阿伯·纳瓦内特在哪里？为什么我们没能听到他的证词？"

尽管如此，还记得泰勒先生告诉我们的么？林德伯格公司在事件发生后立即进行了调查。根据他们调查的情况，他们立即询问了有关人员。如果他们稍微认为阿伯纳瓦内特能够对案件有所帮助的话，他们可以传他到庭。他们和我们一样，拥有传证人到庭的权利。纳瓦内特现在在诺斯雷克。他们知道纳瓦内特可能被奎德先生传唤和询问——如果奎德先生认这样对被告能有所帮助。

443

女士们、先生们。奎德先生的辩论在两个方面都有漏洞。你们听取了泰勒先生的证词，林德伯格公司用了很多人去调查损失，那为什么他们在庭审中又依赖几名几星期之前才接触资料的专家，而不使用他们公司亲自参与事故调查的人呢？如果你们想把证人的缺席看做传召方的不利，那你们就真该看看被告方的表现。

最后，在这个案子中，很重要的是林德伯格公司没能给你们一个看似合理的解释，关于什么原因造成了这么大的损失，在他们的调查中，一个意见都没有。

这是一个针对"缺席证人"辩论的标准回答。

相反，他们告诉你们什么？他们告诉你们戴维斯先生的意见并不合理。那西兰特先生是怎么说的？他说事故不可能是按戴维斯先生所解释的方式发生的。他声称进入真空炉膛的气流不可能产生这样的破坏力。而损害现在明摆在这里；而他们的专家西兰特却无法解释。

那多布拉沃斯基先生告诉了你们什么？他完全是照搬了西兰特先生的话。他也很快地告诉你们戴维斯先生的说法是错的，但他自己同样无法解释。

在前级管道阀门上装上闭锁安全系统会怎样？这将会防止爆炸的发生。显然应当在设计和生产中包含这个系统。而不装互锁保护装置，我们听到的唯一理由是将无法检测泄露。这也是林德伯格公司给出的唯一理由。

而他们自己的专家，西兰特先生，在交叉询问中承认，在检查系统泄露时，你无须打开前级管道阀门。他承认即便是前级管道阀门上有闭锁装置，这也不会妨碍你进行泄露测试。他们自己的专家驳倒了他们主要的论证。

444

"曲解"对方的论证，同时将其用来反击对方，是一种很有效的方法。（而你在作自己的论证之前也要考虑到这一点，因为你的主张可能也会被对方用来对抗你自己）

女士们、先生们，这个案件的证据表明，1999 年 Hi-Temp 公司以 10.3 万美元的价格从林德伯格公司购买了一台熔炉。而爆炸之后，Hi-Temp 公司又花费了 34 000 美元进行维修，同时还引起了其他损失。林德伯格公司一直都否认他们对于这一事件的责任。他们在爆炸后的很短时间就拿到了戴维斯先生关于爆炸的调查报告。一直以来他们都否认责任，直到审判前几周，他们才开始接触自己的专家，这看上去不是很奇怪吗？

林德伯格的辩护，最好地说明了在制造和生产熔炉的过程中，他们无法解释为什么不期望发生的事，事实上却发生了。在他们的熔炉中，他们设计了前级管道阀门，生产了阀门，却无法解释阀门引起的爆炸。

你们听到的所有专家中，戴维斯先生的证词是最有说服力的。戴维斯先生是本案的专家证人中，唯一一名到过车间，看见过设备，检查过残骸，和目击者交谈过，检查过数据，还到马萨诸塞检查过泵体的专家。

根据上述大量的研究，戴维斯先生作出结论，爆炸是由于前级管道阀门打开，让气压冲进了熔炉的真空炉膛，才造成了这场爆炸。而前级管道阀门缺乏防止阀门不当开启的安全锁装置。这一失误导致熔炉的不合理危险，这一失误成为直接导致爆炸的过失。

据此，我请求你们作出证据所支持的唯一裁决，裁决被告人赔偿 Hi-temp 公司 55 000 美元。

注意，原告多次提到被告的专家是"近期出现"。这可能是对"被告三名原告一名专家"的最佳反驳点。

紧接着，原告宣扬和比照了他们唯一的专家证人，让陪审团最后将考虑放到了这名专家上。

445

第 10 章

异 议

10.1 简介

　　对于资历尚浅的律师而言，通过一定的方式恰当而适时地提出异议是最难掌握的技巧。首先，在法学院中关于证据的教学仅停留在理论层面，这种教法虽然重要，但是很少涉及实际庭审中经常出现的各种证据上或者程序上的重要问题。出庭律师会学着将"相关词"（buzz words）和适当的异议联系起来，直到很自如地运用这种联系。相关词仅仅是一个词或者一个短语，而有经验的律师会习惯性地知道哪些是可以提出异议的。比如，当一个律师以"难道不可能……"开始一个提问的时候，出庭律师会立即作出反应，因为这个提问必然会引起推测性的回答。其次，适时是提出异议的基本要求，因为太晚提出异议往往比不提出异议还要糟糕。

　　要掌握如何提出异议，其难点在于分辨出"相关词"，同时及时地作出反应，这往往需要通过庭审经验的积累。（尽管如此，交互式的视频节目，其包含了庭审情况，要求你正确而及时地提出证据上的异议，也是很好的学习工具；你应当尽量看看更多的庭审）

　　尽管存在这些困难，但庭审过程中的异议可以而且值得研究，形成一套方法论，并同一定的实践经验结合，就可以最终掌握这项基本的庭审技巧。这一章将讨论何时提出异议，如何提出，如何请求提出证据，以及在庭审中经常能遇到的有关证据异议的种类。

10.2 审前提出异议

　　无论是否成立，在庭审前提出有关证据的可预见的争点，对于法官和律师都是有好处的。法官赞同这样是因为这将让庭审进行得更流畅（陪审员们也很拥护），这将让他在没有庭审压力的情况下有时间就争点作出一个谨慎而合理的决定。律师们赞同这样是因为这让他们可以根据法官对于争点的裁决准备他们的案件，如果是输掉裁决的一方，该方律师也能为上述目的保存较好的记录以便上诉。这同时也降低了陪审团听到未经采信内容（陪审团将被指示忽视其内容，但基本上没什么效果）的可能性。 *447*

　　证据上的争点可以通过多种方式在庭审前提出：排除证据的审前动议、审前备忘录中异议的听证，以及证据免提申请。

1. 排除证据的审前动议

　　一份要求排除证言的书面审前动议，一般都是在庭审前提出，要求法庭禁止对方在庭审中出示某些寻求采信的证据。审前动议是获得重要争点的最好方式，这将影响你的庭审计划。比如，在一起刑事案件中，如果辩护方知道控方试图将被告的其他劣迹作为证据提出，根据联邦证据规则第404（b），辩方可以提出一项要求排除证据的审前动议。无论法官如何裁决，辩护方都可以据此准备庭审。如果在一起民事案件中，被告方知道原告计划将事后的设计变化或者存在保险作为证据，被告方则应当提出一项审前异议排除这一证据。同样，无论法官的裁决如何，被告方可以据此计划庭审。

2. 审前备忘和会议

大多数司法管辖区都要求民事案件的各方在庭审日之前，向法官提交审前备忘（经常也被称为审前陈述）。审前备忘录通常都要列出计划的证人、展示物、关于各方的陪审团指示，以及对方就这些内容提出的异议。如果这些异议是针对展示物的，法官通常会举行审前会议，并尽可能在庭审前对所有的异议作出裁决。但其他的异议，如预备性问题异议，则不能在审前就作出裁决，因为法官通常需要在对异议作出裁决前听取证人关于预备性问题的证言。而关于陪审团指示措辞的异议，则一般都能在庭审前解决。

3. 证据免提的动议

证据免提的动议是一项能在庭审开始前、在休庭期间或者证人作证前提出的动议。尽管通过书面审前动议提出预测的证据问题更为妥当，但这在真实的庭审中则并不总是可行。律师们有时是在庭审即将开始时，甚至是在庭审中，才知道或了解到对方律师准备出示的证据。证据免提的动议是简要地要求法庭对于一项证据内容进行裁决，以便这项内容无须再在证人作证的过程中进行裁决。

448

示 例

———————————————————————————

律师：庭上，在陪审团出来前，我们认为有一件证据上的事项需要在威廉姆斯先生开始作证前解决。

法官：好，那问题是什么？

律师：我们了解威廉姆斯先生三年前因攻击行为被判轻罪。根据联邦证据规则 609条，这并不是可用于弹劾证人可信性的前科。我们要求排除原告在交叉询问中提出这一前科。

法官：对方律师，你的意见？

对方律师：不会的，庭上。我们知道这一前科但并不准备在交叉询问的时候使用。

法官：在这起案件中，前科被排除，并不得在庭审中被提及。律师，请据此指示你的所有证人。

———————————————————————————

然后陪审团可以被带回法庭，庭审继续。

10.3　在审判中何时提出异议

每一起庭审包含了大量可提出异议的情形。尽管如此，何时提出异议，却不仅仅只需要一个合适的情形，同时还需要能在瞬间作出是否提出异议的判断。这应当考虑到以下因素。

1. 陪审员们不喜欢异议

陪审员们会认为，那些不停提出异议的律师，其实是试图让陪审团员们远离真相。既然作为一名律师，你的信誉对于庭审结果有很重要的影响，那么当证据被出示给陪审团时，要尽量减少你的干预。你提出的异议越多，你的信誉就受损越多。因此，关于证据方面的问题，最好都预先向法庭提出。在庭审过程中，尽量让你的异议在陪审团不在场的时候提出，比如在休庭期间，在证据免提动议期间，以及法官庭边会议时。另一方面，也不必害怕提出异议。陪审员们看过了很多关于庭审的电视节目，知道而且希望能听到一些异议。除此之外，你应当请求一项陪审团指示，向陪审团表明提出异议是律师工作的一部分。

449

2. 回答是否会损害你的案件？

除非你有理由确信某提问的回答会损害你的案件，否则最好不要提出异议。如果你提出异议并得到了法庭的支持，陪审团会自然地去想知道：如果证人被允许回答，那该提问的答案是什么。陪审团员们的这种想法往往比得到实际的回答还要糟糕。问问你自己：法官支持了异议，真的有所不同吗？将你的异议留到你有理由确定将受到损害的地方。

另一方面，你必须牢记法官的存在。反复地提出不恰当的异议（由于回答并不会损害你的案件），会导致之后法官可能会驳回你一项恰当的异议（回答将伤害你的案件），因为你的行为，让法官习惯性地认为你又是在提出一项不恰当的异议。提出适量的异议，让法官清楚你知道何时该提出适当的异议。

3. 你的异议是否有坚实的法律依据？

如果你提出了一项异议，你最好合理地确信你的异议将得到支持。通过法条和判例支持你预计将在庭审中提出的主要异议。提出异议却被驳回比不提出还要糟糕，因为这样的异议只会让陪审团更加注意问题及其最终的回答。

4. 保留异议记录

提出有关证据的异议必须要有两方面的意图。一是避免让陪审团听到不适当的证据；二是为上诉保留。

你必须提出异议，并保留好你的记录。除非你在庭审中提出的异议是恰当、及时、明确的，否则庭审中采信证据上的错误一般不能作为上诉理由。

5. 你能将异议作为一种战术上的策略吗？

450

提出异议必然会影响甚至打乱对方询问或辩论时的流畅和节奏。尽管仅仅为了扰乱你的对手（或者诱导你的证人）而提出一项缺乏根据的异议，多少有些不太道德；但提出一项有证据依据的异议，即使其难免会扰乱你对手的表现，这样做肯定也是合适的。

■ 10.4　如何在庭审中提出异议

联邦证据规则第 103 条规定了如何裁决证据，主要考虑的因素如下：

1. 及时性

关于证据的异议必须及时。如果一个提问不恰当，异议必须在作出回答前提出。通常，你应当在提问结束时就提出异议，尽管如此，如果这个提问本身就不恰当且直接会引起偏见，你必须在所提出的提问一显现时就提出异议。

如果一项回答不恰当，异议必须在回答的内容一显现时就马上提出来。虽然就一项完整的回答提出异议也是完全合适的（为保有记录也是必要的），且如果你的异议得到了法庭的支持，还可以请求排除该回答并要求指示陪审团忽视这一回答，但很明显这不是一种太令人满意的解决办法。虽然要求忽视回答的指示会提醒陪审团在评议的时候不能讨论这一不恰当的证据，但一旦提问被作出回答就"覆水难收"，你无法收回，陪审团也做不到。

在你陈述内容之前，告诉法庭你要提出一项异议。

示　例

反对，庭上……
庭上，我们反对……

大多数法庭要求站起来提出异议。确认你清楚你所在法庭的做法。即使未被要求，站起来提出异议也是一个好办法，因为这将引起法官、对手和证人的注意。

大多数法庭同时还要求，每方只能有一名律师来提出异议，或者在必要的时候回应对方的异议。大多数法庭还要求，只有对证人进行直接询问或交叉询问的那名律师，才能在证人作证时提出异议。这让事情变得简单，同时也防止代表本方的其他律师提出附加的异议。

2. 法律依据

异议应当陈述其法律依据，法律依据应当简要陈述，而不需作更多的论述。

> **示 例**
>
> 这个提问要求回答传闻性事项。
> 这个答案没有回答问题。
> 这个展示物违反了原始文本规则。

451

如果你希望就提问展开辩论，或者你的对手准备在陪审团面前发表一通观点犀利而又长篇大论的辩论，你务必请求一个法官庭边会议。通过这种方式，关于异议的争论可以而且应当在陪审团听不到的情况下作出。

坚持要一个裁决。提出异议的一方有权利就其提出的每一项异议获得相应的裁决。未能获得裁决，通常会导致放弃以裁决错误为理由提起上诉的权利。

> **示 例**
>
> 庭上，我方能要求就我们的异议作出一个裁决吗？

为了保留一份记录，当你必须要求排除某个回答时，或者要求法庭指示陪审团忽视该回答时，你要及时地这样做，好让陪审团知道他们为什么会被指示。

> **示 例**
>
> 律师：反对。庭上，回答的内容是传闻。
> 法庭：反对有效。
> 律师：庭上，我们能否请求排除该回答的同时，由法庭指示陪审团忽视该回答？
> 法庭：好。回答被排除，请陪审团忽视该回答。

确定你的异议，以及对于异议的辩论，被直接呈给了法官。不要直接和对方律师辩论或者试图打断他。法官可能会让双方在法官庭边会议中就异议展开辩论，而另一方可以在异议被裁决前作出回应。要做得更专业一些，作出一个法律上的论述，并呈给法官。通过一条明确的证据规则，告诉法官为什么该证据应当被采信或被排除，以及为什么结果会是公正的。

最后，如果一项针对你方的异议被支持，你要想想如何才能挽回异议所造成的影响。异议是否基于重要的证据规则，比如传闻规则或者拒绝作证特权的，或者它是基于不恰当的发问形式？如果是前者，你应当看看是否能有相同的或者基本相同的证据，可以被合理地采信。如果是后者，你只需要重新就刚才引起异议的提问进行发问。

当对方的异议被支持时，资历尚浅的律师通常会受异议所迫，而放弃自己的重要论点或者结束发问的线索。作为一名直接询问人，你应当常常问：如果这个论点很重要，我如何才能克服异议让这一证据得到采信？

452

3. 程序

最保险的程序是提出一项异议，然后停顿片刻，再陈述该异议的法律依据。如果异议的法律依据显而易见，法庭通常会直接支持异议而不要求你陈述法律依据。这是所有可能中最好的情况，因为如果有适当的法律依据，法庭也将会据此作出适当的裁决。通过短暂的停顿，你让法庭有机会去支持你的异议，而不要求陈述法律依据。根据联邦证据规则第 103 条，如果异议的理由不能根据上下文显现出来，你才有必要为你的异议说明具体的依据。如果你对异议陈述了详尽的理由，但却并不适当，法庭将驳回你的异议，即使该异议还有其他正当的法律依据。

当然，你还是要准备好陈述每一项异议的具体法律依据。如果法庭驳回了你的异议，你只能在陈述了适当法律依据的情况下，才能保留以裁判错误作为上诉理由的权利。

了解你的法官的习惯做法。一些法官总是希望你能对任何一项异议陈述依据，如果你没有陈述，他们会要求你提出法律依据。有些法官只是会在根据提问或回答，无法看到异议理由的时候，要求你提出法律依据。

最后，总是记住，在很多情况下，排除一项证言或展示物不会仅仅只有一个法律依据。比如，一项证人的证言可能既违反了传闻规则，又违反了拒绝证言特权。一项记录，即便是有恰当的业务记录依据，可能仍然违反了传闻规则。一张照片可能既缺乏合理基础同时又会引起不当的偏见。可见，在排除证据时，不要只看到一个理由。当这些证据有损于你的案件，提出可供选择的依据来说明为何这一证据应予排除。

如果法官在庭审前就裁决了一项关于证据的异议，当该证据被提出保留为错误用以上诉时，这项异议需要在庭审中进行再认吗？

在 2000 年，联邦证据规则第 103 条（a）（2）进行了修订，增加了如下内容："无论在庭审中或审前，一旦法庭针对该记录作出采信或者排除证据的决断性裁决时，当事人不必再认其错误，也不必对此异议提出证据，以保留裁决错误的上诉权。"这里的关键问题是，一审法庭作出的裁决是否是"决断性的"。如果在裁决的时候，法官宣布裁决是有条件的或者临时的，或者该事项将在以后被重新审查，你就必须在该证据在庭审中被出示时，再次提出异议。如果你不能确定裁决是否是"决断性的"，在庭审中再认你的异议（很多州仍然要求异议应当在庭审中被再认以保留错误）。

10.5 提出证据

当你对手的异议成功地排除了你的重要证据，你必须请求提出证据。提出证据有两方面的必要性。第一，这可能会让一审法官推翻他的裁决。第二，这将会作出一项记录，上诉法院将清楚被排除的证据是什么，也能够决定这项排除是否正当，如果认为不当时，这项不当的排除是否构成可推翻的错误。根据联邦证据规则第 103 条，只要庭审记录无法显露被排除的证据，就可以提出证据。 *453*

提出证据有两种较为原则的方式。第一种方式，律师直接告诉法庭提出的证据是什么，可以是描述性的，也可以是问答式的，这必须在陪审团不在场的情况下。告诉法庭你想提出的证据，同时请求法官庭边会议，或者如果你保留的证据很长的话，可以请求陪审团退席几分钟。

示 例

律师：庭上，如果我们被允许继续就这条线索发问，证人将证实抢劫发生后的一周，被告试图出售她的手表，而我们能证实该手表是在抢劫中被夺走的。

示 例

律师：庭上，如果准许证人回答遭到异议的提问，证人将证实：

问：他当时告诉你什么？

答：他说："我要回家。我要向管道承包商支付你工作的酬劳。"

第二种方式则包括使用证人本身。同样是不能在陪审团在场的情况下，使用法庭裁定异议成立的同一个问题继续询问证人。这样做，上诉法庭将得到一个关于被排除证言的逐字逐句的记录。根据联邦证据规则第 103（b）条之规定，一审法院可以要求用问答的形式来提出证据。

第一种方式在效率上更有优势，而第二种则在完整性上更好。虽然第二种方式提供了一个清晰的记录，似乎更为可取，但其太花费时间且不便于操作。反复地要求陪审团退席以便你能提出证据，将同时招致法庭和陪审团的不快。因此，你应当将这种方式留到你案件的关键部分。

提出证据应当遵守证据规则，因为如果由于提出证据不当招致异议（即便这项异议可以弥补），导致一审法院排除该证据时，那么主审法官对该证据的排除就没有错误。而对方律师同样能在你提出证据时提出任一项适当的异议。

当异议成功地排除了展示物，如果将其排除错误作为提出上诉的理由，则必须对展示物进行记录以便上诉法庭审查。在庭审过程中，书记员通常会 *454* 收集所有的展示物，确信她收到了你准备出示的所有展示物。

10.6 关于证据的异议

　　任何一个学习了证据课程的法学院学生，都能判断基本的证据方面的异议。尽管如此，出庭律师却无法用这种判断方式来对证据作出反应。等到当他们判断一个提问或回答是否超出了证据规则的范围之后，才去主张异议可能就来不及了。出庭律师通过对"相关词"的掌握和反应，来简化思维过程，这基本上能在实际的庭审过程中，来判断提问或回答是否是可提出异议的。

　　以下关于证据的异议是在庭审中经常出现的。注意，异议可以被分为两大类，针对证据形式的异议和针对证据实质内容的异议。针对证据形式的异议，通常可以通过将提问或回答换一种说法来弥补。而另一方面，如果针对证据实质内容的异议被支持，将导致该证据被排除。

示　例

（证据形式）

问：琼斯先生，难道另一辆车的驾驶员不能在停车标志前完成停车吗？

律师：反对，庭上。对方律师是在让证人进行推测。

法庭：反对有效。

问：琼斯先生，你看见另一辆车到达停车标志处了吗？

答：看见了。

问：描述一下那辆车的情况。

答：它驶进路口，速度降到 10 迈左右，然后没有停车而是保持这个速度通过了路口。

　　在这个例子中，询问的律师通过换用一种适当的形式来重述他的提问，并引起证人的回答，就很简单地就克服了对方的异议。这样的异议只会让询问的律师更好地发问，并最终得到一个比起原先可能更好的回答。因为这样的原因，通常更好的做法，是不去对仅仅是形式不恰当的提问提出异议。

示　例

（证据实质）

问：琼斯先生，告诉陪审团你从那个旁观者雪莉·史密斯那儿听到的，关于事故是如何发生的说法。

律师：反对，传闻证据。

法庭：反对有效。

　　在这个例子中，异议成功地排除了雪莉·史密斯陈述内容这部分的证据。

如果没有正当的传闻证据例外情形，这一陈述将不能作为证据，除非被异议 *455*
方传召雪莉·史密斯作为证人描述她本人亲眼看见的情况。如果被异议方认
为存在传闻证据的例外情形，比如当场印象或者惊骇表达，他可以要求在陪
审团不在场的情况下提出证据。

以下异议是在庭审出示证据（人证和展示物）的过程中通常会出现的：

针对提问的异议

a. 引起没有相关性的回答；

b. 引起无关紧要的回答；

c. 证人无作证能力；

d. 违反最佳证据原则；

e. 引起特权不可泄露信息的回答；

f. 引起推论性的回答；

g. 引起意见证据（由无作证能力的证人作出）；

h. 引起叙述性的回答；

j. 引起传闻证据；

k. 重复性（问答之间）；

l. 超出范围（直接询问、交叉询问、再直接询问）；

m. 假定未被证据证实的情况；

n. 混淆性的/误导性的/有歧义的/含糊不清的/无法理解的提问；

o. 臆测；

p. 复合性的提问；

q. 辩论性的；

r. 描述不当；

s. 错误陈述证据/错误引用证言；

t. 重复证据；

u. 不当的弹劾。

针对回答的异议

a. 没有相关性的；

b. 无关紧要的；

c. 违反作证特权的；

d. 结论性的；

e. 意见；

f. 传闻；

g. 叙述性的；

h. 不当的描述；

i. 违反口头证据规则；

j. 答非所问的/不问自答的。

针对展示物的异议

a. 没有相关性的；

b. 无关紧要的；

c. 缺乏证据基础的；

d. 未经证真的；

e. 违反原始文本（最佳证据）规则；

f. 包含传闻/双重传闻；

g. 偏颇超过了证明价值；

h. 包含未经采信的内容（提及保险、前科）。

1. 相关性（联邦证据规则第 401 条及以下条款）

a. 定义

根据联邦证据规则第 401 条规定，"相关证据"指该证据具有某种倾向，使得对决定诉讼结果有重要影响的任何事实较之没有该项证据时更有可能或更没有可能。这个定义将传统的关联性和实质性结合了起来。相关性问题属于法庭的裁量范围。

处理相关性问题，较为可行的是分成以下几个连续的步骤：

（1）是否符合相关性的基本原则（联邦证据规则第 401～402 条）；

（2）联邦证据规则第 403 条的规定，是否阻断了采信？

根据联邦证据规则第 403 条，相关性证据可能因为其证明价值"明显导致"不公正的偏颇、混淆、拖延以及费时等因素时，而遭到排除。这种平衡原则是有意倾向于证据的可采信。

即使根据联邦证据规则第 401～403 条的平衡原则，某一证据基本可以采信，其他专门的相关性规则仍然可以排除该证据。

（3）是否适用品格证据规则？（联邦证据规则第 404、第 405 条）；

（4）是否适用其他不法行为规则？（联邦证据规则第 404 条（b））；

（5）是否适用习惯证据规则？（联邦证据规则第 406 条）；

（6）是否适用公共政策排除规则？（联邦证据规则第 407～415 条）；

（7）是否适用拒绝作证特权规则？（联邦证据规则第 501 条）。

基本的相关性异议十分重要，而且通常可以在庭审前进行预测。因此，最稳妥的程序是在审前动议或者证据免提的审前动议中就提出可能的问题。

b. 异议

庭上，我们反对。这个提问将引起没有相关性的回答。

反对，庭上。证人的回答将涉及不相关的事项。

反对。这个展示物将没有相关性。

c. 示例

在庭审中，相关性的异议通常是在出示间接证据的时候被提出，因为这类证据的证明价值之前可能并不明显。这种间接证据争点通常都是基于专门的相关性规则，比如不法行为规则或者习惯证据规则。

由于相关性的问题可能很复杂，且包含很多后续证言的实质内容，因此作为对手，你应当坚持对方提供证明。不要满足于对方律师作出了一个推论性的主张，比如声称其提供的证据有相关性或将"能相互连通"；也不要容忍对方律师在陪审团面前长篇累牍地叙述，解释其提供的证据是有相关性的。请求一个法官庭边会议，并请求提供一个完整的证明。在证明的结论部分，提出一个相关性异议或者其他适当的异议。

2. 实质性

a. 定义

证据具有实质性是指，证据对于案件某一争点具有一定的逻辑关系。什么能作为争点则是由在起诉答辩阶段双方主张和辩护的内容所决定的。

联邦证据规则放弃了"实质性"的提法，而是将其合并在联邦证据规则第 401 条广义的"相关性"定义中，尽管如此，很多州仍然对相关性和实质性作了区分。

b. 异议

反对，庭上。这个证据毫无实质性。

c. 示例

在标准的交通案件中，原告必须证明被告存在过失、因果关系和损害。因此，提供被告人拥有保险的证据，对于案件并不具有实质性。

在一起工伤赔偿案件中，因为自身的过失不能作为一项辩护理由，因此证明受雇方存在过失不具有实质性。

3. 无作证能力（联邦证据规则第 601～606 条）

a. 定义

无作证能力仅仅指证人。某一证人如果由于法律规定排除了其作证资格，那么他就无作证能力。联邦的作证能力规则主要见于联邦证据规则第 601～606 条。证人作证能力的唯一要求是证人宣誓将如实作证，同时他对于待证事实具有亲身的认识。尽管如此，联邦证据规则第 601 条规定联邦法院审理的跨州的民事案件中，仍依照各州有关作证能力的规定。因此，你必须知道所适用的州有关作证能力的规则。很多州仍然保有证人作证能力规则，例如年龄要求或者死者条例。

458

b. 异议

我反对，庭上。证人想以违反死者条例（the Dead Man's Act）的方式，为商业交易作证。

c. 示例

证人作证能力的问题通常可以提前预见，因为民事诉讼中的证据交换规则以及部分刑事案件，均要求开示证人名单。尽管如此，现在因为没有作证能力而剥夺资格的规定也不再常见，而通常是受制于年龄太小、心智不全或者死者条例等因素。死者条例的问题比较复杂，而如果诉讼涉及死者财产，则应当彻底进行研究。

根据联邦证据规则第 602 条，证人必须知悉其作证的内容。当个人知悉未被论证，律师有时会提出一个作证能力或"缺乏基础的"异议，但更好的异议是"无法表明其个人知悉"。

4. 特许不泄露的信息（联邦证据规则第501条）

a. 定义

具有特定关系的当事方之间基于信任所交流的信息，将以提出异议的方式排除在披露信息之外。联邦证据规则第501条未对此前有关作证特权的法律进行更改。这些特权是基于公共政策的考虑，即通过保证特定关系人之间交流的信息不在审判中被披露，鼓励特定关系人之间进行开放坦诚的交流。最为常见的特权包括律师-委托人特权、医生—患者特权，以及配偶特权。

联邦证据规则第501条规定在当事人州（国）籍不同的案件中使用州的特权规则。因此，你必须同时也要知道州的特权规则。而各州的规则通常不同于联邦规则，特别是在配偶特权和精神病医师—患者特权上，而各个司法管辖区对于什么关系才受到特权规则的保护，也都有许多不同之处。

459

b. 异议

我反对。这个提问要求回答律师和委托人之间的交流内容。我要求为我的当事人主张拒绝作证的特权。

c. 示例

在拒绝作证特权领域的问题通常集中在谁拥有特权，所讨论的事项是否属于特权交流的范围，以及这种交流是否是在可信任的环境下作出的，是否有排除特权的情况发生，以及这种特权是否已终止。

拒绝作证特权问题通常可以预见。这些问题往往很复杂，你必须在庭前彻底研究。如果你预料到一个特权方面的法律问题，最好的程序是在审前动议中就提出来，作为审前会议听证的内容，或者在证据免提的动议中提出，以便问题可以尽可能在庭审前解决。如果突然在庭审中提出这个问题，最好的做法是作为异议提出，同时请求一个法官庭边会议，以便你可以充分地论证你的异议。

以下这个实例中，对方律师提出了一个特权交流的法律问题：

问：史密斯先生，关于路口发生地情况，你是怎么对你的律师说的？

律师：异议，庭上。这是特权交流的内容。我能请求法官席庭边议吗？

5. 原始文本（最佳证据）规则（联邦证据规则第1001条及以下）

a. 定义

原始文本规则，也常被称为最佳证据规则，原则适用于文书类证据。联邦证据规则，包括第1001~1004条，对之前的法律作了实质性的修改。

联邦证据规则适用于任何"与案件争点紧密相关"的文书、记录或者照片。如果使用了，通常的规则是"复制件"，比如副本或者照片复本，通常可以视为"原件"采信。尽管如此，如果对于文本的证真存在实际争议，比如一份声明上的签名是伪造的或者内容被涂改，那么就必须提交原件。最后，如果有正当理由相信：原件丢失或毁损，无法通过法律程序获取，对方拥有原件且在被提出通知的情况下拒绝提供，则不必出示原件。在这些情形下，文本的内容可以被"其他证据"所证明，这里的"其他证据"包括复制件以及其他证据，比如口头证言。

记住，在一些州仍然适用传统的原始文本原则，要求提供文本的原件。

b. 异议

反对，庭上。该证据不是合同的"最佳证据"，庭上，根据原始文本规则，我们对该项展示物提出异议。

460

c. 示例

适用最佳证据的异议不是很频繁，因为联邦证据规则原则上允许采信复制件。尽管如此，如果仍然被要求提供原件，通常就需要证明三项内容。第一，必须在证明该证据内容的其他证据被采信前，解释为何未出示原件。第二，在采信前，复制件必须已被证明精确于原件（见 6.3（16））。第三，如果文本是一份法律文件，比如合同和本票，则必须证明原件上有当事方的签名。

可能最常见的例子就是合同。看看以下这个例子：

史密斯和琼斯签订了一份合同。原件上载有史密斯和琼斯的签名，放在史密斯办公室的一个文件柜里。复本则由史密斯和琼斯各保存了一份。两年后，史密斯起诉琼斯违反合同。琼斯否认签署了合同，主张适用原始文本规则，并要求对方在庭审中出示原件。但史密斯找不到合同原件。文件柜里没有，史密斯和他的办公室职员到处找这份原件都没能找到。庭审前他们又找了一次，还是没能找到。在这种情况下，一份合同复本，如果被合理证真，就可以在庭审中被采信。

6. 口头证据规则

a. 定义

口头证据规则禁止采信对合同当事方意思自治下签订的合同条款进行修正或抵触的口头证据，而只根据合同的书面情况来认定合同的完整性和明确性。这一规则的目的在于防止通过口头的证言对书面协议进行攻击和抵触。

b. 异议

反对，庭上。这个提问将引起一个违反口头证据规则的回答。

c. 示例

违反口头证据规则通常出现在涉及合同执行的合同案件中。尽管提出证据证明当事人签订了该合同是适当且必要的，但是如果再提出证人证言来说明当事方签订合同的目的或者合同条款的意义，就不太恰当了。

461

大多数关于口头证据规则的问题，通常涉及例外情形和在一定的情形下是否适用这一规则。例外情形包括错误、不完整、含糊不清以及其他合同中的不确定情形。由于例外情形的适用，允许对合同进行全面的调查，因此应当提出一个及时的异议，或者坚决主张提出证据就非常重要。口头证据规则可能涉及很复杂的问题，应当在庭审前仔细研究，同时尽量在审前动议和证据免提动议中提出来。

7. 没有证据基础

a. 定义
　　所有的展示物都必须在被作为证据采信前奠定证据基础。异议应当在展示物被作为证据出示时提出。对于当事方而言，最好是在证人还在作证的时候出示相关展示物。如果异议被支持，还可以通过证人提供一些确实的证据基础。

b. 异议
　　反对，庭上。该展示物没有适当的证据基础。
　　我们反对。对方没有能表明这张照片准确描绘了事故发生当天该路口的情况。

c. 示例
　　关于展示物，一个比较困难的决定即为是否就其证据基础提出异议。如果基础问题很容易地解决，那异议就只能促使对方弥补缺失的内容，同时也就增强了展示物的可信度和影响力。在这种情况下，有时更好的方法是根本不提出异议，而是在终结辩论中提到缺失的证据基础中。（比如，"当然这是路口的一张照片，但是它有什么价值？没有人指认这就是事故发生当天路口所在的那条路。"）
　　但当你确定要让该展示物不被采信，且该展示物确实有很大可能缺乏合适的证据基础，这时你应当作出一个及时的异议。
　　针对证据基础的异议通常有两种情形。第一，通常用来反对非专家证人和专家的证言，因为意见必须有合适的事实基础。第二，用来反对尚未建立证据基础的个人谈话和电话交谈。

462

8. 未经证真（联邦证据规则第901条及以下）

a. 定义
　　文本和交谈内容在庭审中必须经过证真才能被采信。签名文档，比如合同以及票据，必须证明是有当事人或代理人签字。即使签名文档可以当做业务记录也必须证真，因为业务记录的例外只是针对传闻规则的，而不适用于证真的规定。（比如史密斯签署了一张XYZ公司的本票。原件保存在公司的档案中。在一起涉及未付票据的案件中，该票据可以被归为业务记录。尽管如此，史密斯在票据上的签名必须在票据被采信前予以证明）而谈话内容则必须经谈话当事方的共同认可才能被证真。

b. 异议

我反对。展示物未经证真。

反对，庭上。没有谁签署了该份文件的证明。

我们反对。没有证据表明证人知道电话那头的人是谁。

c. 示例

同证据基础的异议一样，对于证真问题的异议应当作同样的考虑。

9. 传闻

a. 定义

传闻是指陈述人在庭审或听证程序外作出的、作为证据证明所声称事实真实性的陈述。传闻可以是口头的、书面的，也可以是非言词的。尽管如此，传闻规则还是将某些种类的陈述作为非传闻证据。

b. 异议

反对，庭上。这个提问要求回答传闻性事项。

反对，这是传闻证据。

463

c. 示例

最明显和最多见的传闻问题多发生在某个提问要求回答，或证人自行作证叙述了一段由他人在法庭外作的陈述，而该陈述又不能当做非传闻性事项使用时。

问：杜先生对于事故，是怎么跟你说的？

问：他当时对你说了什么？

如果没有传闻规则的例外情形，比如当事方的认可或者惊骇表达，这些问题都是可以提出异议的。

传闻规则的问题更加微妙，例如当问题的形式并不会明显引起传闻性的回答时，然而回答却肯定会包含传闻性的内容。

问：你从他们那里知道了什么？

问：你的调查显示了什么？

问：强森博士同意你吗？

问：你们的委员会是如何总结的？

问：他是撞击事故的目击者吗？

对于这些提问的回答可能会包含从别人处获取的情况，一旦作为争点，则将作为传闻而不予采信，除非有例外情形或者存在不被当做传闻的理由。

在相关的情形下，有时可能会使用"精神状态"形式的提问来规避传闻规则。

问：你能确定……

问：你是否知道……

问：你是这么理解的……

除非证人的精神状态是案件的一个争点，否则这些提问包含了传闻性的信息而通常不被采信。

当证人的回答超出了提问的范围时，其证言常常会自发地出现传闻。

问：会议时有谁在场？

答：我此前提到的八个人。

问：会议期间他们都在说话吗？

答：是的。比如琼斯先生，一直在说……

律师：反对，庭上，传闻。

根据联邦证据规则第 805 条，"双重传闻"是较为常见的一种传闻异议，在业务记录被作为展示物出示时通常都会被提出。记住，业务记录的证据基础只能消除一层传闻规则的适用（比如联邦证据规则第 803 条（6）就规定，无须传召业务记录的制作人作为证人作证）。让一份文件具有业务记录的资格并不意味着该记录上的所有内容都自然地会被采信。只有包含第一手信息且是由该业务机构雇员制作的内容才是业务记录。一旦该记录包含从雇员以外的人获取的信息，就存在第二重传闻，除非能适用传闻规则的其他例外情形，否则从非雇员处获得的信息不能被采信。

比如，一份医院急诊室的报告记录了"患者血压 160/95"和"患者体温：华氏 102 度"，同时还记录有患者的话："患者说他遇到了一场交通事故，估计自己的腿受伤了"。患者的血压和体温明显是由护士作出的记录，可以作为业务记录的内容。但患者的话则是第二重传闻，或者双重传闻，因为患者不是医院的雇员（也没有准确报告记录信息的"业务责任"）。尽管如此，患者的陈述仍然适用于另外一种传闻规则的例外情形，即联邦证据规则第 803 条（4），为医疗诊断和治疗所作的陈述，可以直接被采信。如果没有其他例外情形，患者的话就应当在急诊室报告被作为业务记录被提交前删去。

传闻规则异议在庭审中很普遍，而且可以通过多种方式提出。尽管如此，有两种常见的异议方式不应提出来。一种是"自利性"的证据。这种异议很少被提出，因为所有的证据往往都是支持其提出方。而真正的异议，是主张这项证据是传闻证据，而且没有例外情形可以适用。另外一种异议是刑事案件中，提出"陈述是在被告不在场的情况下作出的"。这种异议没有依据，因为被告（以及其他当事人）在场或不在场对于判断是否为传闻毫无关系。不要提出这样的异议！这样的异议往往是因为错误地理解了默示承认的适用范围。

10. 诱导性提问（联邦证据规则第 611 条）

a. 定义

一个诱导性的提问往往会暗示证人作出所需的回答。这在直接询问时是不当的。如果提问的余下部分有诱导性，使用限定句比如"如果……"和"你有没有"，就会让提问变得不当。在一定的环境下，比如预备性问题、无争议的事项、儿童证人、不友好的提问或者不利的证人、展示物的证据基础以及适当的诱导，则因为根据联邦证据规则第 611 条（c）的规定，如果是"推进证人证言的必需"，那么诱导性提问在直接询问中也是可以使用的。当为了证明一项不存在的内容时，诱导性提问也同样认为是适当的，因为在实践中通常没有其他的办法去获取这一信息。（例如，"2000 年 1 月 1 日，当塔夫特先生在公司的会议室里签署合同即原告 8 号展示物时，你是否在场？""不。"）

b. 异议

我反对，庭上。这是个诱导性提问。

反对，庭上。律师在诱导证人。

465

c. 示例

问：你很恐惧，不是吗？（一个非诱导的形式是：你当时什么感觉？）

问：抢劫发生后，被害人尖叫了吗？（非诱导的形式是：抢劫发生后被害人怎么了？）

问：在从停车位驶出进入路口前，他看没看两边的道路？（一个非诱导的形式是：他在驶出停车位前，做了些什么？）

注意，上述的提问都可以通过非诱导性方式来合理发问和得到回答。既然发问人有办法弥补这种异议，因此有时不提出异议（除非反复出现诱导性提问）更好，因为直接询问阶段的诱导性提问通常会贬低回答的影响力。

11. 叙述性（联邦证据规则第 611 条）

a. 定义

一个较长的叙述性回答通常是可以提出异议的，因为这让证人将未采信的证据注入庭审中，而不给对方律师合适的机会提出及时的异议。法官会要求直接询问人通过一系列的提问让证人就此作出简短的回答，这样对方律师才能有合适的机会提出异议。根据联邦证据规则第 611 条（a）规定，法院具有较宽泛的裁量权去控制询问证人的方式。

b. 异议

反对，庭上，这个提问会引起叙述性的回答。

反对，庭上，证人正在作叙述性的回答。

c. 示例

问：告诉陪审团当天发生的一切。

问：请用你自己的语言描述碰撞是怎么发生的。

问：告诉我们你所知道的原告。

这些提问都潜在地会引起一段很长的叙述性回答。一个及时的异议会迫使当事方提出明确的问题，从而将叙述性的回答变为易处理的片段。

有时候，证人会岔开适当的提问，超出合理的回答范围。此时，如果提出一两个异议，并争取法庭的支持，通常可以限制证人不再作出叙述性的回答。

另一方面，如果发生了某种有利的情况，你就不应该自动提出叙述式回答的异议。通常情况下，叙述性的回答本身就是一种无效的直接询问回答。如果证人的回答漫无边际或者杂乱无章，你主张一个叙述性回答的异议，反而会帮助直接询问人重新获得对证人的掌控。

12. 推论（联邦证据规则第 701 条）

a. 定义

推论是指根据一项或一系列事实而推理得出的结论。一般而言，证人应当仅仅就事实作证。而基于事实作出推论，是陪审团做的事。联邦证据规则第 701 条通过允许证人在一定情况下从事实中作出基于其感知的推论，从而扩大了非专家证人的作证范围。

b. 异议

反对，庭上。这个提问会引起推论性的回答。

我们反对，证人试图给出他的推论。

c. 示例（提问）

问：他是不计后果地在开车吗？

问：你是尽快到那里的，对吗？

问：难道被告人没有试图杀死被害人？

d. 示例（回答）

问：描述他看上去的样子。

答：他醉得像个臭鼬。

问：他接下去做了什么？

答：他放弃了尝试。

问：描述下修理工做的工作。

答：他没有做任何他应该做的事。

13. 意见（联邦证据规则第 701 及以下）

a. 定义

专家意见通常只在专业知识有助于事实审理，而且证人具备专家资格的情况下才具有适当性（联邦证据规则第 702 条）。非专家证人如果想给出意见和推论，那么他的意见必须是基于自己的感知作出，而且有助于陪审团理解事实（联邦证据规则第 701 条）。常见的例子有速度、实践、距离以及清醒状态。

b. 异议

反对，庭上。这个提问将引起不当的意见。

反对。证人不具有专家资格。

我们反对。这个问题并不适合作出专家意见。

c. 示例

这部分最常见的问题，包括事项是否适合作出意见证言，特别是当非专家证人作证的时候。

问：（对于非专家证人）这辆铲车离合器踏板的设计存在不合理危险吗？

除非非专家证人已经论述了这个问题上的一些专业知识，比如作为一名铲车操作手会有的知识，否则如果律师要求他对技术问题作出意见，对方就可以提出异议。可主张异议的意见性回答，同样也常常会违反这一项规则。虽然联邦证据规则第 704 条允许对"最终争点"作出意见，但同时也就排除了其他的意见，因为意见必须能帮助陪审团理解证据或者解决争点。而对于"最终争点"的意见，也仅仅在能帮助陪审团时才是恰当的。

看看下面这个关于民事监管程序的案件：

问：你的精神病医师的诊断是什么？

答：（精神病医师）被告人是妄想型的精神分裂症患者。

问：那他对自己和他人是否存在危险？

答：是的。

这里的医学诊断不能被使用，因为陪审团无法据此决定被告是否具有法律上的行为能力，因此要求就此最终争点作出意见是适当的。（尽管如此，注意联邦证据规则第 704 条（b）规定了刑事案件中的精神状况争点范围）

看看下面这个关于人身伤害案件的证言：

问：你调查的结论是什么？

答：（事故重建专家）在碰撞发生前，被告人刚刚穿过了中线。

问：被告人是否有过失？

律师：反对，庭上。

法庭：反对有效。

在这里，专家关于是否存在过失的意见就不恰当了，因为陪审团可以根据他的调查结果去得出一个法律上的推论，而专家对于过失的意见无助于陪审团理解事实或解决争点。

468

14. 重复（已经提问或回答）（联邦证据规则第 611 条）

a. 定义

由同一当事方引出的提问和证人的回答不能总是重复。原因有两方面：一是反复重复同样的提问和回答很浪费时间。二是这样做将会过度强调被重复的提问和回答。这一规则同样适用于直接询问和交叉询问阶段。尽管联邦证据规则并没有禁止重复性问答的明确规定，但该规则第 611 条（a）赋予了法庭控制询问证人的裁量权，以"避免不必要的浪费时间"（当然，交叉询问中，可以询问直接询问阶段已经问过的问题）。

b. 异议

我们反对，庭上。这是个重复性的提问。

反对，庭上。这个问题已经被提起和回答过了。

c. 示例

当一名律师试图去重复先前提问的内容时（以引出特别有利的回答），但使用的方式与先前却略有不同，这是最为常见可异议的提问。这时主要的问题不在于新的提问是否和先前的问题相同，而在于新的提问是否会当然地引起与先前回答一样的回答。如果是，而且这名律师总是在用这种方式重复和强调他认为很重要的证言，那你就要提出异议。

15. 假设无证据支持的事实

a. 定义

这种异议往往出现在询问阶段，特别是交叉询问阶段：问题的介绍部分假定了一个无证据支持的事实，而这个事实又是有争议的。

b. 异议

庭上，我们反对。这个提问假定了一个无证据支持的事实。

反对，庭上。没有证据显示……

c. 示例

对于非专家证人，这种异议通常出现在交叉询问阶段，当提问包含了一个未经证实的事实的时候。

问：你当时离刹车标志超过 50 码，不是吗？

问：当你从现场跑出来，你一直都没有回头看，是吗？

如果并没有关于存在刹车标记或者证人从现场跑出来的证据，这个提问就是不当的。

16. 错误陈述证据/错误引用证言

a. 定义

一个提问错误陈述或者歪曲证据，或者错误引用证言的提问都是不恰当的，无论是发生在询问证人阶段还是在终结辩论阶段。

b. 异议

反对，庭上。对方律师是在错误陈述证据。

反对，庭上。没有证据表明……

c. 示例

错误陈述证据和错误引用证言通常有两种情形。一是，律师在一个提问中提到此前庭审中已出示的一个证据，但描述并不准确。二是，一些律师会习惯性地在开始下一个提问时重复证人对上个提问的回答，但是同样不太准确。

> 问：你打了那个人，对吗？
> 答：是的。
> 问：你攻击完他之后，发生了什么？

当不当的引用出现时，应立即提出异议。

17. 混淆性的/误导性的/有歧义的/含糊不清的/无法理解的提问

a. 定义

提问必须足够清晰和明确地被提出，以便证人能够合乎逻辑地理解询问人提问中的信息。

b. 异议

> 反对，庭上，这个提问混淆且有歧义。
> 反对。这个提问太含糊不清。

470

c. 示例

混淆、歧义及含糊不清的问题，通常发生在证据涉及很多事件、证人以及很多会谈的时候。当询问者在提到一个关于会谈或事件的提问时，认为提及的会谈或事件很明显，却没讲清楚是哪个会谈或事件。

> 问：当时的会议谁在场？
> 问：3 月 13 日的会议上他说了什么？

上述的两个例子中，如果不止一个会议或者很多人在场，那提问就不太清晰了。提出异议，让询问人讲清楚他提到的是哪个会议或者哪个人。

18. 臆测

a. 定义

任何让证人去推测或猜测的提问都是不恰当的。这是因为案件应当由事实决定，而由证人对事实可能是什么或者可能发生什么作出猜测，都是行不通的。另一方面，证人大多被允许作出估测或约算，最常见的就是距离、时间、速度和年龄。此外，在对专家证人进行询问时，法律也给予了较大的自由度，这也就允许提出推测性质的提问。

b. 异议

> 庭上，我们反对。这是个臆测性的提问。
> 反对。对方律师正在让证人作出猜测。

c. 示例

问：难道不可能……

问：这样是可能的……不是吗？

问：如果这辆车离你很远，你就能避免和它相撞，不是吗？

19. 复合性的提问

a. 定义

复合性的提问是指在一个问题里包含了两个以上单独的事项。这样的提问是可异议的，因为任何一个简单的回答，都会很不明确。

b. 异议

异议，庭上，复合性提问。

异议，庭上，复合提问。

c. 示例

问：你在 13 日去了史密斯的酒馆，然后在两天后又去了弗兰克的酒馆，是吗？

问：13 日你去了史密斯的商店吗？如果去了，你买东西没有？

上述例子中，如果提问涉及的两个事项中有一个成立，此时无论回答"是"还是"不是"都不会准确。复合性提问的真正风险是，当证人给出了一个简单而无知的回答时，而这个回答只能是部分正确的，对方律师可能会在终结辩论中，尽量抓住这个出于善意但却不准确的回答。当然，其实这个可异议的提问可以轻易地分为两个或更多独立的提问。

20. 辩论性的

a. 定义

任何一个实质上是对陪审团作出辩论的提问，都是不恰当的。这样的提问不能揭示新的信息。它只是在陈述一个结论，然后要求证人对此表示同意。这样的"提问"应当留到终结辩论阶段。

b. 异议

反对，庭上。这个提问是辩论性的。

我们反对。对方律师正在和证人进行辩论。

c. 示例

问：因为当时天黑且下着雨，你在 80 码之外，而抢劫发生的整个过程只有几十秒的时间，你不可能有很好的机会去看到劫匪的脸，不是吗？

关于辩论性的异议，有时也可在对方的开庭陈述中提出，如果对方的开庭陈述超出了陈述事实的范围，而不当刻画事实的话。比如，在开场陈述中陈述"被告人是一名暴戾而恶毒的暴徒"就是不恰当的；在终结辩论中这样可能是恰当的，因为这样的描述是根据已采信的证据得出的公正推论。不过记住，法官们对于开庭陈述中不当辩论的认定差异很大。

21. 不当描述

a. 定义

不当描述与辩论性提问和推论性提问有着很密切的关系，在提问和回答中，不当的描述实质上就是辩论性的或推论性的。因为描述是陪审团应当用作推断的内容，而不是律师或证人的推论，如果出现了辩论性或推论性描述的提问，那这个问题就不恰当。

472

b. 异议

庭上，我们反对对方律师作出这样的描述。

反对，庭上。证人的描述不当。

c. 示例

问：他像一只疯狗一样攻击你，是不是？

问：你借给那个金融奇才多少钱？

答：他的行为像一个被抢走心爱玩具的伤心孩子。

22. 答非所问的/不问自答的

a. 定义

一个没有直接对提问作出回应的回答，应作为答非所问的回答而可受到异议。当回答超出了答复问题的必要范围，多余部分的回答就是可异议的。在很多司法辖区，只有传召证人的一方可以提出这样的异议。这是因为，如果该回答以另外的方式被采信，那就没有将回答视为答非所问的可能。如果基于其他理由，而认为这个回答是可异议的，那么异议方只需要在适当的证据基础上提出。尽管如此，现在一些司法管辖区允许任何一方，均可基于证人的回答是答非所问或不问自答而提出异议。

b. 异议

反对，庭上。这个回答答非所问。我要求排除这一回答。

我反对，应将回答中不问自答的那部分……排除。

c. 示例

答非所问的/不问自答的问题大多数都出现在证人非常渴望讲述他故事的时候，而他会将每个问题视为能够作冗长的叙述性回答的跳板。在审前与证人做好充分的准备工作，就能防止出现这种问题。尽管如此，当这件事真的出现时，你应当及时重新建立你对证人的控制。

问：史密斯先生，请听听我的问题然后只对我问的内容进行回答。

473

记住答非所问的回答会对双方都造成损害。当你是直接询问人时，这样的回答将破坏你的节奏以及出示证据的逻辑性。当你是交叉询问人时，这样的回答可能会使证人说出一些带有偏见的话，而这将产生让他此段证言无法被采信的危险。

23. 偏颇超过了证明价值（联邦证据规则第 403 条）

a. 定义

虽然这类异议同样也适用于证言，但它通常针对展示物。展示物仅仅有证明价值并不能确保展示物将被采信。展示物，虽然有证明价值，同样可能非常偏颇。当这种偏颇的影响太大时，证据证明价值就显得很小了，法庭可以根据其裁量权排除这一展示物。

b. 异议

反对，庭上。这个展示物的偏颇影响大大超过了其证明价值。

反对。根据联邦证据规则第 403 条，这个展示物不应被采信。

c. 示例

这一异议在针对照片时最为常见，特别是在凶杀案件的死者彩照中，有时也出现在人身伤害案件的原告被要求在陪审团前展示他的伤情时。

这类展示物，常常被其他煽动性较小的证据所取代。

一旦出现了上述的情形，应当立即提出一个异议或者证据免提的动议。一份煽动性很强的展示物，一旦出现在陪审团面前，就很难对其进行抗辩。因此，你应当尽早提出这种异议，并且尽量在陪审团不在场的情况下作出。

24. 重复证据（联邦证据规则第 403 条）

a. 定义

法庭有权控制庭审中重复的证据被反复出示。当证人一个接一个进入法庭，只是增强前一个证人证言，而没有新的证言时；或者一系列展示物都是为了阐述同一个事实时，这样的证人证言和展示物就属于没有必要的重复，是可异议的。

474

b. 异议

反对，庭上。这幅照片是重复证据。

我们反对这一证据。其内容在刚才四个证人的证言中已经有了。

c. 示例

重复性的证人证言通常出现在品格证据中。一方可能会设计一系列证人，都对某人的好名声予以证明。当陪审团和法官表现出不耐烦或烦躁时，就是提出异议的好时机。

重复性展示物通常都是照片。当新的照片对于此前展示物的证明作用已

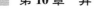

经没有新增的意义时，就该提出一个异议。

25. **超出范围（联邦证据规则第 611 条）**

a. 定义

根据联邦证据规则第 611 条（b），交叉询问应当"限于直接询问的主要事项和影响证人可信性的范围之内"。同样，再直接询问，也应当限于交叉询问的主要事项。这样做是为了控制双方在各自的举证过程中出示证据的效率和秩序。当交叉询问和再直接询问试图涉及前阶段未包含的内容时，就该提出异议。

这种异议也可以在出示反驳性证言阶段和终结辩论的反驳辩论中提出。只有在该证言与你对手之前出示的大量证据相抵触时，才能出示反驳性证言。而同理，原告的反驳辩论只能对被告的终结辩论内容予以回应，这样才是适当的。

b. 异议

反对。这超出了直接询问的范围。

我们反对，庭上。这个事项没在直接询问时被提出。

我们反对这一辩论，庭上。我们在我方的终结辩论中一直都没有讨论损害，因此原告也不能在反驳辩论中讨论。

c. 示例

最常见的超出范围异议莫过于询问证人时，交叉询问人试图从证人那里得到之前直接询问阶段没有提及的事实。当证人就新的事项作出了对交叉询问方有利的证言时，交叉询问人通常必须请求将该证人作为本方证人，在他的举证过程中再引出该段证言。尽管如此，还得注意联邦证据规则第 611 （b）条，法庭可在其裁量权范围内，允许交叉询问人对新的事项按照直接询问的方式作出询问，只要按照非诱导性的方式进行即可。法庭是否会准许你这么做，主要取决于新事项的重要性以及增加的询问会有多长（大多数州都遵循联邦证据规则的交叉询问范围。尽管如此，有部分州遵循英格兰或者"完全开放"规则，允许交叉询问涉及任何相关的事项，而无须考虑在直接询问中是否提及了该事项）。

在再直接询问中，问题往往出现在询问人突然意识到自己忘记了一些问题或者忘记给展示物奠定证据基础，而试图在交叉询问后予以弥补。如果是这样，请求法庭允许你在这一意图范围内重开直接询问。

对于反驳性证言和反驳辩论的异议，在很多相似的情况下都是应当的。当一份反驳性证言试图出示一份完全新的证据时，或者一个反驳辩论大大超出被告方终结辩论的内容时，提出一个异议，将会赢得法庭的支持。

26. **不当弹劾（联邦证据规则第 613 条）**

a. 定义

弹劾规则技术性很强，而且有很多要求。交叉询问人必须基于善意而提出弹劾事项；这一事项必须在事实上应被弹劾；必须在交叉询问阶段提出；

证人必须被给予合理的机会去承认、否认或者解释弹劾事项。如果证人否认或者模棱两可，该弹劾的事项必须通过非间接的外部证据予以证明。（参见7.7关于不同弹劾方法和要求的详细讨论）

根据联邦证据规则第613条（a），交叉询问人可以在不先向证人出示先前陈述的情况下，就先前不一致的书面陈述对证人进行交叉询问。根据联邦证据规则第607条，任何一方都可以弹劾任何证人，包括本方的证人。

b. 异议

我们反对，庭上。这是不当弹劾。

c. 示例

通过先前不一致的陈述来弹劾证人，通常会在四个方面出现问题。第一，在要求证人承认时，交叉询问人可能没有逐字逐句地读出用于弹劾的陈述。当涉及一份报告、书面陈述或者庭审记录时，该段陈述必须被逐字逐句念出。反之，任何语句的改变或者概括都是不恰当的。第二，用于弹劾的陈述不能脱离其上下文，而歪曲它本来的意义。根据联邦证据规则第106条，你可以要求你的对手念出与弹劾陈述相关的整段内容。第三，交叉询问人在交叉询问中，可能没有给证人承认或否认自己所作陈述的机会，就试图出示该弹劾陈述的有关证据。第四，交叉询问人可能无法证明所要求的弹劾。

在每一起案件中，补救方法都是一样的：及时提出异议阻止不当的弹劾出现在陪审团面前。如果交叉询问人未能证明所要求的条件，你必须要求排除，并要求陪审团忽视该弹劾，以保留裁判错误的上诉权。

10.7　其他异议

除了在出示证据阶段可以提出异议以外，在庭审的其他阶段也可以提出异议。这一节将回顾在陪审团挑选、开庭陈述和终结辩论阶段比较常见的异议。

1. 陪审团挑选

陪审团挑选阶段的异议通常包括以下几种：

a. 提到保险

根据联邦证据规则第411条和各州相应的证据规则，在陪审团面前不得提及案件中的任何人有无责任保险。这一条款存在的必要性在于，尽管保险的存在与否与过失问题本身并无关系，然而一旦揭露这件事，却会不可避免地造成偏见。

尽管如此，律师在人身伤害或者其他侵权案件中对陪审团进行预先资格审查时，特别是原告律师，会对候选陪审员是否曾经在保险公司或相关机构中工作，极其感兴趣。相应地，很多司法管辖区允许律师在预先资格审查阶段，间接询问这方面的情况。诸如问"你曾经在公司的索赔处理部门工作过吗"，或者相似的问题通常是被允许的，因为这样的问题并未直接暗示案件中一方拥有保险。当然，你必须提前知晓你的法官是否会允许你提出这一类的话题，以及允许的明确程度如何。

b. 讨论法律

对于律师而言，详细讨论适用于本案的法律，或者要求陪审员同意或者不同意某项法律，都是不恰当的。向陪审团提供应适用的法律是法庭的职责。唯一适当的考虑是，陪审员是否会让自己遵循法官提供给他的法律，而这件事也是由法官自己来掌控的。尽管如此，有的法官还是会允许你在总体上就适用的法律进行讨论。但你应该提前就确定法官的态度如何。

c. 讨论事实

在很多司法辖区，告诉陪审团他们将在庭审中听到的案件细节，是不恰当的。律师常常会试图在预先资格审查阶段通过向陪审员透漏部分案件的细节，来确认各个陪审员的反应，然后对对本方持消极态度的陪审员提出回避。这也是为什么出现由法官主导预先资格审查趋势的原因，而律师的参与仅仅限于就陪审员的背景进行询问。

2. 开庭陈述

开庭陈述阶段的异议通常有以下几种。

a. 就法律或陪审团指示进行辩论

开庭陈述阶段只允许律师告诉陪审团，他们对庭审中将出现的证据的预判。相应地，对于案件中的指示和适用法律的检视和讨论，就是不当的，可以提出异议。尽管如此，对于律师应当坚持这项原则的严格程度，各个法庭之间又有着很大的不同。你应当在庭审前就知晓法官的态度。

b. 辩论性陈述

开庭陈述应当告诉陪审团所预判的事实将在庭审中如何展示。相应地，作出开庭陈述，比如论证陪审团将听取的证人或展示物的可信度，或者根据证据作出推论和演绎，都是不恰当的做法，这些行为只有在终结辩论中才是适当的。同样，对于这条规则执行的严格程度，各个法官也有着很大的不同。

c. 提及不予采信的证据

在开庭陈述以及任何阶段，向陪审团出示未经采信的证据，都是不恰当的。不予采信的证据主要有以下几种形式：

1. 根据审前动议和证据免提动议禁止出示的证据。

2. 根据联邦证据规则第 501 条，违反拒绝作证特权事项的证据，比如律师-委托人或者配偶交流，都是不能采信的。

3. 根据联邦证据规则第 408、410 条，在民事案件中的和解谈判以及刑事案件的认罪谈判中所使用的证据，任何情况下都不能被采信。

4 根据联邦证据规则第 407 条，事后所作的补救，不能作为证明其存在过失的证据。

5. 根据联邦证据规则第 409 条，支付或者承诺支付医药费及相关费用的证据，不能作为证明其负有责任的依据。

d. 提到无法被证明的证据

提到尽管真实却无法在庭审中被证明的证据，也是不恰当的。当一名证人死亡或者无法在庭审时被找到，而陈述该证人将作出的证言，就是不恰当的。当一件展示物丢失或毁损，而告诉陪审团该展示物所包含的内容，也是不恰当的。而这里的要求是善意，律师在他的开庭陈述中，只能列举他善意确信能在庭审中被使用和采信的证据。

e. 提出个人意见

向陪审团提出你对任何证据的个人意见，都是不恰当的，因为这样做是直接将出庭律师的可信度带到了庭审中。相应地，例如"我想"或者"我相信"这样的表述，最好从你的庭审辞典中删去。

f. 讨论对方的证据

在开庭陈述中告诉陪审团你预料对方会出示什么证据，也是不恰当的，因为对方没有义务提出证据，而且有选择出示什么证据的自由。这种问题的异议通常限定于刑事案件，控方假设辩方会出示的证据，就是非常偏颇的一种做法，因为被告人从来都未被要求证明任何事情。

3. 终结辩论

在终结辩论阶段提出的异议通常有以下几种。

a. 错误陈述证据

错误陈述或引用庭审阶段采信的证据和证言，是不恰当的。尽管如此，根据证据作出合理的推理和演绎则是可以的。对于并未明显违规的情况，如果对方提出这种异议，初审法官通常会很不情愿去裁决异议成立，因为庭审中采信的证据涉及记忆内容和记忆力，而在这一点上每个人都不一样。相应地，法官通常会驳回这样的异议，但是这样做可以提醒陪审员们他们听取了证据，应当根据自己的记忆去判断对方律师对证据的陈述是否准确。因此，这样的异议最好留到对方出现明显的误传或者误述证据的时候。

b. 引用指示或错误陈述法律

在很多司法辖区，在终结辩论中逐字逐句念出法庭的指示，是不恰当的，尽管如此，这些司法辖区还是允许律师提到法庭将要对陪审团作出的指示，并将他们用不同的语句解释给陪审团听。但对于指示的提及和解释必须准确和公正。

大多数司法辖区则允许作出的任何指示都可以在终结辩论阶段被逐字逐句念出并进行准确解释。你必须清楚你的区域是怎么做的。

c. 提出不被允许的损害赔偿

在一些司法辖区，在论证人身损害案件的赔偿中，要求对于任何一部分的损失，按照每单位时间的赔偿乘以受损害方的预期寿命时间，这样计算的论证是不恰当的，这通常会导致出现天文数字（比如要求对于受到的伤病和痛苦按照每天 25 美元计算，如果预期寿命第 40 年，那总赔偿将达到 365 000美元）。很多司法辖区只允许在损害赔偿的论证中主张各部分赔偿的总数。一些司法辖区禁止专门就疼痛和痛苦部分提出一个赔偿数额。因此，你应当清楚你所在的司法辖区许可的是哪种论证损害赔偿的方式。

d. 提出个人意见

对于律师而言，将个人的意见、信念和态度注入案件中，无论什么时候都是不恰当的。因此，除非证据有明确而直接的指向，否则诸如"我想"、"我相信"这样的表述都是不恰当的。由于使用这些表述往往会引起异议，因此最好还是把它们从你的庭审辞典中删去。

e. 引起陪审团的偏见、倾向和金钱利益

我们的陪审团体系要求陪审团毫无偏见和倾向地达成裁决。这一裁决应当仅仅根据庭审中采信的证据和法庭对于适用法律的指示而作出。相应地，暗示陪审团他们个人将受到裁决的影响，哪怕只是间接地暗示，都是不恰当的。例如，暗示陪审团，如果他们作出不利于政府一方的裁决，那他们的税赋将提高或者他们的财产价值将降低，这样就是明显不当的。

480

f. 对当事方或律师进行人身攻击

对对方律师或其他当事方进行人身攻击，无论在什么时候都是不应当的。这种事你任何时候都不应当做，有法律上的、也有道德上的理由。要想降低你的信誉，任何方式都不及在陪审团面前进行人身攻击。不要让案件变成私人恩怨，无论是在终结辩论中还是庭审的其他阶段。评论当事方的种族、宗教、原国籍、政治联系或者其他个人特征，都是非常不应当的。

g. 偏颇的论证

很多辩论都是不恰当的，因为它们不是（或者基本不）根据证据，而是偏颇地进行论证。庭审活动的每一个重要阶段，都有针对不当论证的判例法。比如，在人身伤害案件中，谈论当事方的贫富、金钱判决对于收入税赋的影响（在大多数司法辖区）、判决对于保费的影响和其他间接的生活费用，都是不恰当的。要求陪审团站在当事方的位置上也是不恰当的，因为这会直接引起陪审团的情绪，而违反通常所谓的"黄金法则"（比如，在一起截瘫案件中，你不能这样论述："如果有人过来告诉你'如果我给你一百万美元，

但你余生只能躺着度日'，你会愿意拿走这一百万吗?"）。在刑事案件中，论述如果被告被释放，那么他将会进行更多的犯罪，这样做也是不恰当的，因为陪审团会产生防止社会或陪审员个人受到被告侵害的道德责任感。

从战术角度讲，在庭审的这些阶段提出异议的方式同提出有关证据的异议基本上是一样的。牢记，陪审团不喜欢影响他们了解有趣信息的异议。当你预料到有问题时，你应当尽量在陪审团不在场的时候提出异议。尽量运用审前动议、证据免提动议和法官庭边会议。当你不能提前解决这些问题，要吝惜你的异议。坚持你委托人的利益，做好记录，当你充分确定法庭将支持你的异议时，要将你的异议留到重要的时刻。通过这样的方式往往可以给陪审团留下有利于你方的印象，而这些印象将在陪审团评议案件时给你方加分不少。

第11章

庭审准备和策略

11.1 简介

　　有效庭审准备的"诀窍"众所周知。诀窍就是准备、准备、再准备！诀窍就是百分之九十的勤奋加百分之十的灵感。诀窍就是提前准备，而非拖后。因此，提前为庭审做系统而周全的准备，并在准备之中融合对心理学理解的律师，会更有可能在庭审中取胜。

11.2 庭审准备的时间表

　　为陪审团审理作周全的准备，有许多必要的步骤，但你应当从什么开始呢？答案就是越早越好。当庭审日期逐日临近时，时间的压力会与日俱增，而紧急情况在庭审工作中总是不可避免的。

　　多早能称之为早？在繁忙的庭审实践中，诸如州公诉人或公设辩护人，经常最多只有几天的时间来准备。在重大案件中，出庭律师可能需要几个月的时间为庭审做准备。下列的日程安排对大多数案件而言，可能是有益的。

庭审前 4～8 周：

检查辩诉状；

如有必要（和被允许）的话，提出修改过的辩诉状；

检查开示文件；

如有必要（和被允许）的话，修改和补充开示文件；

提出排除证据的动议；

如有可能，获得未决动议的裁决；

送达庭审传票（如果还没有完成）；

了解法官将如何进行庭审；

了解法庭是如何布置的。

庭审前 3～4 周：

组织庭审笔记；

准备陪审团指示；

准备展示物文件夹；

准备证人文件夹；

预定庭审展示物和视觉辅助（大型的图表、放大的照片）；

准备法庭设备（投影仪、屏幕、电视显示器）；

如果可能，获取动议的裁定；

检查法庭传票的送达。

庭审前 2～3 周：

头脑风暴：完善对案件的看法、主题和标签；

头脑风暴：关注人、叙事和关键争点；

准备陪审团挑选策略；

准备陪审团预先审查问题；

准备开庭陈述；

准备终结辩论；

准备直接询问；

准备交叉询问；

落实你的证人的出庭情况；

安排证人为庭审做准备。

庭审前 1～2 周：

与对方协商可能的诉讼协议内容；

为当事人作证和出庭表现做准备；

为证人出庭作证做准备；

落实你方证人的出庭情况；

与法庭核实庭审日期。

庭审前 1 周：

与你的证人保持联系；

通知证人可能出庭的时间；

继续为当事人作证做准备；

继续为证人做准备；

完善证人的出庭顺序；

完善展示物清单；

完善拟进行的交叉询问；

演练你的开庭陈述和终结辩论；

跟法庭核实庭审的日期、开始时间和日程安排。

484

　　你应该盲目地遵从此份时间表吗？当然不是。因为每个案件都有其自己的节奏。但是，此份时间表存在是有其道理的：随着庭审时间的临近，不可避免会出现的紧急情况和预料之外的需求，因此你应当尽量早地做好充分准备，把这些状况降到最少。这样，你就可以将最后几天的精力集中在关键的任务上，例如，发表成功的开庭陈述、让精心准备的证人做好准备作证、完善计划中的交叉询问。如果你花在思考、排练和完善上的时间越多，因为其他的任务已经完成，你的庭审表现就会越好。

11.3　准备诉讼文件和庭审笔记

　　我们的时代是记录的时代，这在法律领域也没有例外。每件事情都依据惯例被记录和复制。即使是一件简单的案子，也总是会生成大量的文件。因此，诉讼文件必须以可以在任何时间立即、准确获悉内容的方式进行组织、分类和加上索引。庭审笔记也必须组织良好，以便为真正的庭审提供概要和快速的参考。有条理的律师会在陪审团、法官、委托人和对手面前显得准备充分、自信而专业。

1. 诉讼文件

在准备诉讼文件时并没有捷径。大多数律师事务所对于其惯常处理的案件类型，都有相应的文件体系。最重要的是，你的体系必须具有逻辑、清楚添加了索引，并尽可能集中放在一起。它应当自诉讼开始时就准备就绪，而不是在庭审快要开始时才准备好。

诉讼文件通常可以分为几种类型。文件应该根据类别贴上标签。在更大的案件中，还可以做进一步区分。例如，开示文件可以被进一步分为初始开示、质询、书面请求、庭外采证、承认事实的请求。通信可以被分为与当事人、律师和其他人的通信。区分内容应当尽可能地以时间顺序排列。

下列是常用的组织方式和类型：

1. 法庭文件

a. 诉状；

b. 开示文件；

c. 动议；

d. 命令；

e. 传票。

2. 律师记录

a. 按日期的诉讼历史；

b. 律师聘任合同（retainer contract）、账单和开销；

c. 通信；

d. 法律研究材料；

e. 其他。

3. 证据

在庭审中可能成为展示物的文件和记录，应当尽可能地被放置在干净的塑料文件保护袋里。（这会防止它们在诉讼过程中被划花）虽然具体案件的展示物不同，但是经常会涉及以下几类：

a. 账单、发票、陈述、收据；

b. 当事人之间的通信；

c. 业务记录和公共记录；

d. 照片、图解、地图、图表。

（随后这些展示物会被放入一个单独的展示物文件夹）另外一些展示物，例如物品和大型的图解和模型，应当被放在一个安全的地方，小心保护。

2. 庭审笔记

准备庭审材料与准备诉讼文件不同。诉讼文件应当是全面的。相反，庭审材料应当只包括那些会在庭审中实际用到的材料，它们的组织方式，必须按照你在庭审中使用的方式来准备。在今天，出庭律师准备庭审材料的基本方式是通过一本庭审笔记。（一些律师为了更方便地查找和更快捷地取出材料，开始在法庭内使用便携式电脑来储存材料，例如诉状、开示文件、庭外采证笔录和业务记录。因为诉讼和法庭软件在不断地完善和进步，所以庭审笔记的重要部分都能够成功地电子化了）。

庭审笔记本就是一本三孔的笔记本，每个部分有对应的标签，与庭审进程保持一致。庭审笔记本本身应该是三孔的笔记本，1.5～2 英寸厚，内含纸张是标准信纸大小（8.5×11）。一本在边缘处有标签槽，在内页又有可以放置"任务清单"袋子的活页笔记本，是最有用的类型。如果你的案件太大，一个笔记本不够，就使用 2 个或者更多的笔记本，并将材料相应地区分。例如，你可以将事实、诉状、开示文件和动议放在一个笔记本中（或便携式电脑中），然后把剩余的部分放在另一个笔记本中。

三孔的笔记本有一系列以颜色区分的标签，由硬纸做成，上面覆有塑料膜，还有强化孔和标签。

应该如何分类和组织庭审笔记取决于出庭律师个人，也存在各种不同的方式。市场上能买到为庭审设计的笔记本，虽然它们的设计通常不够灵活。关键是，必须以对你有用的方式来组织你的庭审笔记。

一种惯用的组织模式如下：

1. 事实
2. 辩诉状
3. 开示文件
4. 动议
5. 图表
6. 陪审团
7. 开庭陈述
8. 原告
9. 被告
10. 终结辩论
11. 指示
12. 法律规定

在庭审笔记本的前后留两个未作标记的分隔卡，可以防止纸张在笔记本中被撕破。

这些庭审笔记的每个部分应当包括如下内容：

1. 事实

a. 汇总表，当事人、律师、地址和电话号码、诉状概要（如有用）；

b. 报告，例如警察报告、调查者报告和其他事实概要；

c. 如果有用的话，还可以加上事件的时间表。

2. 辩诉状

a. 修改后的辩诉状，按顺序放置；

b. 先前裁定，如果它修改了诉状；

c. 相关法规的复印件，如欲诉诸法规。

3. 开示文件

a. 初始开示；

b. 询问和答辩；

c. 提供文件的请求和回答；

d. 庭外采证笔录概要；

e. 承认事实的请求和回答。

4. 动议

a. 动议、答辩和裁定，按顺序放置；

b. 审前备忘录和裁定；

c. 预先庭审动议。

5. 图表

a. 庭审图表（主张、抗辩和证明的要件）；

b. 证人名单（你的证人姓名、地址和电话）；

c. 展示物清单（各方当事人）。

6. 陪审团

a. 陪审团表格和回避记录；

b. 陪审员资料概要；

c. 要求向法官提交的预先审查问题；

d. 陪审团预先审查问题清单；

e. 现行关于陪审团挑选的法律法规复印件。

7. 开庭陈述

a. 你计划中的开庭陈述的概要；

b. 为记录对方开庭陈述的空白页。

8. 原告

a. 如果是原告，要准备每一个直接询问的概要；

b. 如果是被告，要准备每一个预计的交叉询问的概要。

9. 被告

a. 如果是原告，要准备每一个预计的交叉询问的概要；

b. 如果是被告，要准备每一个直接询问的概要。

10. 终结辩论

a. 为终结辩论记录想法的空白页；

b. 你计划的终结辩论的概要；

c. 记录对方终结辩论的空白页；

d. 如果你是原告，要准备你计划的再次直接询问的概要。

11. 指示

a. 你建议的陪审团指示；

b. 对方建议的陪审团指示。

12. 法律

a. 证据法——联邦和州；

    b. 你的庭审备忘录；

    c. 对手的庭审备忘录；

    d. 关键法律的复印件；

    e. 关键案例的复印件。

然后庭审笔记本中就会包括你在庭审中会使用的所有资料，除了下列各项。

1. 展示物

展示物可以放在一个单独的文件夹里，如有需要的话，要放在一个塑料的文件保护器内，只要地方规则允许，最好事先标记为展示物。你还应当为这些展示物准备额外的复印件，供你自己、法官、陪审团、对方律师和证人参考。一种有用的方式是将每份展示物的原件和复印件放在单独的文件夹之中。

2. 证人文件夹

每一位预计将在庭审中作证的证人，都应该有独立的分类文件夹。每个分类文件夹都应包括证人所做过每次陈述的副本，例如，庭外采证笔录、报告、向警察和调查者所作出的陈述。它还应包括证人将在询问中使用，或者证明其符合采信资格的展示物的副本。无论是在审前为证人作证作准备，在直接询问阶段唤醒证人记忆，或是在交叉询问中弹劾证人，这些文件夹都是重要的。证人的分类文件夹应当被放在独立的文件夹里。

3. 笔录

庭外采证笔录、听审和其他诉讼程序的笔录，应当被放在一个单独的文件夹里。

4. 陪审团指示

如果审前还没有向法官提交陪审团指示，那么应当把原件和必要复印件放在单独的文件夹中。

5. 笔记本

在庭审中，你应当有一个信纸大小的，底面是硬封的三孔笔记本，以便于在庭审中记笔记。这样的笔记可以轻易地放入庭审笔记本的适当部分。

庭审笔记本、展示物、证人文件夹、笔录、陪审团指示和笔记本，都应安全地保存在有许多夹层的公文包里。每一名出庭律师都应该有这样的公文包。

最后，了解法官会如何进行庭审，考察即将举行庭审的法庭。每一位法官都有进行庭审的个人偏好，而这些偏好会影响你的呈现方式。不同的法庭在布局、音响、光线、设备上有很大的区别，而这些会对庭审中证人作证的方式，以及你可以具有说服力地使用哪些展示物，产生重要的影响。

11.4 主张和抗辩的要件

庭审包括两个基本概念。第一，庭审中的证据具有法律上的充分性。它必须承担诉辩状中提出的每一项主张或抗辩的每一要件的证明责任。这个概念是法律上的概念，诉诸法官。第二，庭审中的证据必须具有说服力。它必须能够被事实的审理者所理解、吸收、记忆和接受。这个概念是心理学上的概念，诉诸陪审团。

489

为了使你方的举证具有法律上的充分性（而对方举证不具有法律上的充分性），最简单的方式是准备一张庭审图表。庭审图表就是以一种形象的方式来概要介绍你的庭审证据。先运用陪审团指示，逐一列举你的案件中涉及的主张和抗辩的要件，然后再在庭审图表上，列出每一主张和抗辩的必要要件。同时，庭审图表应表明每一要件的证据来源，无论源自证人、展示物、诉辩状、证据开示中的自认，还是其他来源。

示　例

（原告）

庭审图表

主张要件	证据
（诉由 I—合同）	
1. 合同条款	1. 合同（原告1号展示物）
2. 合同签署	2. a. 起诉书答辩状
	b. 被告在庭外采证笔录中的自认
	c. 被告的质询答辩状
3. 原告履行	3. a. 原告证言
	b. 原告给被告的信件（原告2号展示物）
	c. 原告记录（原告5号展示物）
4. 被告违约	4. a. 原告证言
	b. 被告记录（原告3号展示物）
	c. 完成工作的承包人
5. 原告损失	5. a. 原告证言
	b. 完成工作的承包人
	c. 原告支票（原告8号展示物）
	d. 承包人记录（原告9号展示物）

这张庭审图表应该继续为每一项要件，列出你需要提出的证据，及预期对手会提出的证据。

完成这张图表之后，它就是识别你方（和对方）哪个部分证据充分，而哪个部分证据薄弱的有效方式。它会指出，你应当尽量加强哪些部分的证据，你的对手可能攻击哪个部分，以及庭审中的关键问题会出现在哪个部分。最后，庭审图表对于你在庭审中提出指令裁决的动议，或对该动议提出异议，也十分有用。

当你利用庭审图表完成法律分析之后，接着就可以集中精力准备即将到来的庭审心理方面的事宜。

11.5 说服陪审团的心理原则

回想一下在第二章我们讨论过的心理原则。陪审员怎样作出自己的决定？大多数陪审员是情感型的思考者，他们运用演绎推理来作出决定。他们更关注人，而非法律争点。他们利用他们的态度和信仰来筛选信息，并决定应该相信什么。他们基于很少的信息，就可以迅速地作出决定。在对公平作出界定之后，他们会有选择性地接受、拒绝或歪曲新的信息，以使这些信息"符合"已经作出的决定。陪审员挑选，主要关注陪审员对案件重要争点的可能态度，从而判断哪些陪审员可能接受或抵制某一方的当事人、案件理论、主题和标签。

陪审团怎样达成集体决定？在陪审员开始评议时，集体动力（group dynamics）十分重要。一名陪审员是否是说服者、参与者或非参与者，在很大程度上决定了该名陪审员对集体决定，即裁决，以及对其他陪审员产生多大的影响。陪审团挑选同样还需关注每位陪审员在评议中可能有多"强势"，以便对可能对你方不利的说服者提出无因回避。 *490*

什么会对这些陪审员产生影响？表达清楚、简单、充满活力而又可靠的证人，很重要。视觉辅助和展示物同样很重要，因为视觉的影响力超越了听觉。陪审员喜欢关注于人物的故事，而非关注法律争点的故事。生动、深入、视觉化的证据会产生不同的效果。表达信息的有效性也很重要，因为陪审员的注意力集中时间有限，对了解新事物的兴趣亦有限。如何运用主题、标签、重复，以及有利的信息排列次序，对于陪审团能否接受和记住它们，具有很大的影响。

这些心理学的原则可以被浓缩为六个关键概念，它们会影响庭审准备和庭审本身，它们是：

1. 以陪审团的角度准备；
2. 提出案件理论；
3. 选择主题和标签；
4. 强调人的作用；
5. 运用叙事技巧；
6. 关注关键的争议事实和问题。

让我们把这些概念运用于庭审准备，以案件理论开始。

11.6 案件理论

什么是"案件理论"（theory of the case）？你方的案件理论就是关于"实际上发生了什么"的一个具有逻辑性和说服力的故事。它必须与可靠证据、陪审团的生活经验一致。你的案件理论必须融合不存在争议的证据和你方对存在争议的证据的看法，并在庭审中以叙事形式提出来。

你应该在何时提出案件理论呢？你方对于真实发生事实的看法，是一个始于案件开始，并随着案件推进至证据开示阶段而不断完善的过程。当证据开示完成之后，你必须对不存在争议的证据、存在争议的证据以及关键的事实争点，有清楚的了解。到现在为止，并在你开始其他庭审准备之前，你必须决定你的案件理论是什么，因为你的庭审准备需要聚焦于证明你的案件理论，并降低对方的案件理论的可信度。

怎样才能提出案件理论呢？这需要几个步骤。第一，核实案件中每项主张（或抗辩）的要件，并准备好陪审团指示，如果你还没有将它提交给法庭。第二，分析你打算怎样利用可采信的证言和展示物来证明（或反驳）每一要件。第三，分析对方存在的矛盾事实，以决定在庭审中可能存在争议的关键争点，以及对方为证明这些争点，可能使用哪些证人和展示物。通过准备庭审图表，你应该已经完成了这些步骤。第四，研究所有证据可能存在的证据性问题，以实际决定哪些证据会在庭审中被采信。第五，核查你和对方在关键争点上所有被采信的证据，以确认各方的优劣势。这就是庭审中存在关键争议的地方。然后你必须计划如何才能弥补自己的缺陷，并有效地攻击对方的缺陷。

庭审在很大程度上，是关于哪一方对于争议事实的看法会被陪审团承认，以及哪一方对于"事实上发生了什么"的看法貌似更为可信的竞赛。就争议事实不断发展出符合逻辑的、前后一致的观点，并将这些观点协调地融入不存在争议的事实，继而创造一个关于"事实上发生了什么"的具有说服力的故事。这样一个不断演进的过程，就是出庭律师所称的提出案件理论。

参考下列案例：

> **示 例**
>
> 在车祸案件中，原告行人在十字路口被被告的汽车撞到。一些证据会证明，原告当时在交通信号灯显示为绿灯时，在人行横道上行走。另一些证据证明，原告当时行走在十字路口的人行横道之外，即乱穿马路。

作为原告，你的案件理论可能是如下之一：

a. 原告在人行横道上行走，而且有通行权。（普通过失）

b. 原告可能在人行横道之外行走，但却是因为被告本有机会停车但是

未能停车而受伤。（最后明显机会）

  c. 原告和被告可能都存在过失，但是被告负主要责任。（比较过失）

示　例

  在谋杀案件中，控方证据会表明，在一场激烈的争吵之后，受害人被一名男性枪杀，而一些证人指认被告为枪击者。

  作为被告，你的案件理论可能是如下之一：

  a. 被告并没有开枪（指认）。

  b. 被告开了枪，但是只是为了保护自己（正当防卫）。

  c. 被告开了枪，但是根据当时的环境并不能构成谋杀（过失杀人或者更轻的指控）。

  正如你所看到的，对事实的观点，无论是有争议的还是无争议的事实，都必须在庭审前充分准备好。你必须分析每一个争议的事实，提出自己的观点，并必须与你的案件理论相一致。只有这样才能进入庭审准备的下一个阶段。

  大多数争点比较相近的案件，胜诉与否通常都取决于少数几个关键点。它可能是重要展示物或关键证言的可采性问题。它也可能是重要证人给陪审团留下的印象。它还可能涉及你对重要证人进行交叉询问的有效性程度。无论争点是什么，周全的庭审准备必须包括判断哪些问题会在庭审中出现。总之，你必须确定庭审中的关键争点会是什么，应该如何向陪审团阐述这些争点，如何比对手更为透彻和具有说服力地准备这些关键争点，以使陪审团以有利于你方的方式来处理这些争点。所有的这些考量，都必须聚集在一起，以决定你的案件理论。

11.7　主题和标签

  陪审员不能吸收在庭审中提出的所有信息，所以他们会使用潜意识里的策略来应对感官上的超负荷。一项得到心理学研究支持的策略是，识别关键的主题或标签，以帮助陪审员更快地处理信息。主题就是一个容易记忆的单词或短语，用来概括你对关键争点的观点。出庭律师必须识别案件中的关键争点，为它们发展主题，并以容易记忆的方式将主题表达出来，以使陪审团在处理争议事实和问题时使用你的主题。

  主题必须拥有情感上的感染力。它们应当融合陪审员对公平和普遍真理的认识。它们应当简单，而且能被立即理解。它们应当关注人物，而非问题。总之，主题应该将法律术语转化为简单、有力、人性化的命题，并与陪审员对人物、事件和生活的大致态度一致。

  例如，在一个合同违约案件中，如果原告起诉是基于被告欺诈，所以原告的主题可以是"这是一个关于信任的案件"或"两方各自向对方作出承诺，而现在其中一方不想遵守其诺言。"

例如，在一个人身伤害案件中，如果原告基于被告闯了红灯而起诉，则责任主题可以是"冒险的人会伤害到别人"或"这是一个违反交通规则的案件"；损害赔偿的主题可以是"唯一伴随着玛丽·史密斯的就是痛苦。"

例如，在一个过失致死案件中，如果原告想要强调损害赔偿，则为原告配偶设计的主题可以是"这是一个关于孤独的案件"或者"随着年龄的不断增长，我们最害怕的事情就是孤独"。

493

在每个案件中，你都能够并且应该为责任和损害赔偿的关键争点提出主题。通过仔细地选择和表达，它们可以成为陪审员思考的关键点。如果陪审员在评议中运用你的主题作为参考，你就更有可能获得一个有利的裁决。

当然，每一方都应该考虑对方可能使用的主题，并准备好相应的对策。你需要的主题，不仅能概括你方的观点，还需要能有效反驳对方可能的主题。

对于标签的挑选，也需要同样仔细的计划。什么是"标签"？标签就是在庭审中你对人或者事件的称谓。标签向陪审团传递了意义和价值，因为我们怎样描述事物会影响其他人如何看待它们。

考虑如何才能让语言影响理解。将两辆车撞到一起称为"碰撞"（collision）、"猛撞"（crash）、"撞击"（impact）或"撞碎"（smash）与将其称为"事故"（accident）或"两辆车相撞"，会留下不同的印象。询问一位证人"这辆车以多慢的速度移动"与"那辆跑车开得有多快"，就传递了不同的印象。将一位证人称为"鲍比"与将其称为"威廉姆斯先生"，就传递了当事人不同的形象（stature）。将一方当事人称为"被告"相较于"史密斯先生"，就向陪审团传递了不同的信号。"那家公司"与"老奶奶的饼干"，也蕴含了不同的含义。

细心的出庭律师会为当事方、事件、事物和行动选择标签，从而向陪审团传达信息，以告诉陪审团他们应当如何看待这些当事方、事件、事物和行动。一旦选定，这些标签就应该在庭审的每个阶段一贯地使用。

■ 11.8 戏剧化、人性化、视觉化地运用人物故事_____

陪审员，和其他人一样，都是自身环境的产物。大多数人自从正式的学校毕业后，就停止了学习。而且他们大多数学习的东西都来自电视媒介。因此，他们期待戏剧化、个性化和复杂化的视觉效果。他们希望每件事情都以简单、易懂的言语片段迅速进行。他们希望有趣的视觉辅助，而且希望它是简单并令人愉快的。任何不符合上述期待的事情，就预示你已经违背了"无聊规则"，而陪审员就会迅速地转换频道。

给庭审律师的意见是显而易见的。第一，使用叙事技巧。寻找有趣的、戏剧化的和与众不同的方式来提交你的证据。陪审员会期待律师和证人显示出一定的活力。试图以"言语图片"的方式来重现发生的事实，而不是仅仅告诉陪审员发生了什么。让陪审团置身于场景之中，以期使他能够感觉，而非仅仅看到发生了什么。第二，关注人物，而非仅关注事件。人们做事情总有理由。陪审员不仅仅想知道发生了什么，还想知道是什么促使了事件背后的人们做了这些事情。陪审员想要了解关键的人物，以便决定他们应默默为谁加油。第三，尽量多的使用视觉辅助。注意新闻节目是如何将视觉效果和叙述融合在一起。注意高速路上的告示板是如何吸引注意力并迅速地传递简单信息。这些都是对公众有效的技巧。为什么不把这些技巧也引入法庭呢？认真地准备具有说服力的、能够概括你方关于责任和损害赔偿举证的展示物，而这些展示物会在评议期间继续说服陪审团。最后，简单、快捷地完成这件事。陪审员期待 5—10 分钟长短的信息（又源于电视训练）。关注主题和关键事实，并不断地重复。法庭如同教室，当不断重复一些重要观点时，人们会学得更好。

11.9　关注关键的争议事实和问题

　　最后，关注案件中的关键争议，对于有争议的事实，整合所有可能说服陪审团接受你方看法的证据。如果证据是证人，那么为证人做准备，以使证人变得充满活力、自信、详尽而生动，特别是在关键的争点上。如果证据是展示物，确保它们比对方的展示物更具有视觉上的吸引力。战争的胜负往往会由一场关键的战役决定。这个道理同样适用于庭审。

　　例如，个人伤害案件的结果，可能取决于陪审团会接受哪一方对于在十字路口发生的碰撞的看法。合同案件的结果，可能取决于陪审团会接受哪一方对于一场关键会议或对话的看法。在两个案子中，你都需要准备证人和展示物，以使它们在关键争议事实上比对方更令人信服——充满活力、自信、详尽而生动。

　　你现在已经准备好运用你的组织方式和对说服心理学的理解，来真正地策划和执行陪审团庭审各项任务的准备工作。

11.10　开庭陈述和终结辩论准备

　　逆向工作。先计划你的终结辩论。然后再准备其他的部分。很多老道的出庭律师都提出过这个建议，而它有一个好的理由：它很有效。

　　为什么？因为逆向的工作方式，会让你思考主张和抗辩的要件、陪审团指示、你的案件理论、主题和标签、没有争议的证据以及存在争议的证据领域。它会让你思考，从而将这些考虑整合为一个具有说服力的整体——你的终结辩论。它会让你思考什么是重要的，什么仅仅是有趣的或次要的。你的终结辩论必须做两件基本的事情。它必须赢取先机，即谁的主题对陪审团更有吸引力，并通过争议事实获取胜利，即哪一方关于争议事件的看法会被陪

495

审团接受为真。总之，先准备终结辩论会告诉你在庭审的其他阶段应该强调哪些事实，而对哪些事实稍微提及即可，甚至不提及即可。如果它没有重要到必须在终结辩论中提出，或许它也没有重要到必须在庭审的其他阶段提出。

如果先准备终结辩论，然后你就会了解在开庭陈述中需要什么。你在开庭陈述中应当做几件事情：第一，应当表明你的案件主题和理论。这应当尽快在开庭陈述一开始的 1 至 2 分钟内尽快提出。然后你还应当在开庭陈述中周期性地重复主题，这样一来，只要陪审团记住一个想法，那就应该是你的主题。第二，应当以讲述故事的方式描述发生了什么。决定在开庭陈述中你应使用哪些视觉辅助和展示物来补充你的故事讲述，而这也是整体视觉策略的一部分。第三，应该通过将问题和缺陷编排进你的故事之中，借此来预先提出你方的问题和缺陷。第四，应当有力地进行开庭陈述，尽量少用笔记甚至不用笔记。开庭陈述必须表现出你对你的案件胜券在握，而且你，必须通过行为和态度，表明你坚信这一点。

如果你已经决定好开庭陈述的内容，应该如何列出它的大纲呢？你不应该做的一件事情（尽管许多没有经验的律师会做）是将要说的话写下来，并在开庭陈述中照本宣科。如果你看见其他人这样做，你就会发现不要这样做的理由很简单。人们书写与口头表达的习惯不同，如果将书面的开庭陈述传达给陪审团，听上去会很奇怪。如果你必须写下开庭陈述（有时候安全感需要一点保障），确保在你做开庭陈述之前，已经将它浓缩为大纲，不要背诵你写的东西。

开庭陈述的大纲应尽量集中写在一页纸上（而在大多数案件中都可能）。应当以大号的字体打印出来，如有需要，注意可能唤起记忆的"相关词"（buzz word）。一些律师为了防止开庭陈述中的记忆缺失，还会记下关键的日期、名称和事件。如有需要，然后你可以把大纲放在律师席或者演讲台上供参考。但是当你做开庭陈述时，最重要的是要脱离笔记，直视陪审员，并告诉他们你方对案件的观点。

示　例

（在十字路口车祸案件中的原告）

开庭陈述

1. 主题：匆忙中伤害到其他人的人

    冒险

    轻微的伤害也会终结一个人的职业生涯

2. 鲍比·约翰森的背景资料——白手起家的男人

    顾家的男人

3. 十字路口——鲍比的一生自此改变

4. 如何发生——鲍比的眼睛

    证人

    猛碰、压碎、折断等

5. 后果——医院——极度痛苦

頭部受伤，没有止痛药

6. 后果——复原——鲍比认清了现实
　　医生——永远不可能恢复原状

7. 现在——鲍比的状况——正在学习面对
　　鲍比的家庭——失去了理应得到的东西

8. 请求裁决——作出正确的判断

496

怎样准备终结辩论？正如前文所建议的，基于你的案件理论、主题和标签、不存在争议的证据、你对争议事实的看法，来组织主要观点。这些信息会告诉你，在案件的最后，应该辩论什么（亦即在开庭陈述和对证人的交叉询问中应该强调什么）。

在庭审笔记终结辩论部分的前面，留几页空白页。在庭审中，当你听到证人的关键证言、律师陈述、陪审员的问题（如果允许）、看见重要展示物和灵光一现的好主意时，将它们写到这几页空白页上。这些内容会在庭审中不断累积。这些证言和其他来源的具体参考信息，会成为你的辩论提供支持和实质辩论内容的细节资料。因此，终结辩论的最后准备，就是从这些笔记中选择关键点，然后将它们添加到你已经组织好的终结辩论中，并在终结辩论的大纲中做好记录。

终结辩论大纲的组织会非常类似开庭陈述。因为具有说服力的辩论必须发自肺腑，而不能仅凭借朗读，所以你的大纲也应如此，无须赘述：1—2页纸、大号字体打印、包括你想要辩论的关键点、按你想要辩论的顺序排列、标注你的主题、展示物和证言。除了宣读关键展示物、陪审团指示或者引用关键证言之外，你不应该再宣读其他东西。

11.11　陪审团挑选准备

如果你了解你的案件理论、主题和标签，准备好了终结辩论大纲和开庭陈述，了解你的当事人和重要证人并知道他们会说什么，你就可以准备陪审团挑选策略了。它包括两项基本的任务：提出有利证人和不利证人的资料表，并拟定预先审查主题的大纲，以及起草必须向法官提交的预先审查问题。

什么是陪审团资料表？它就是陪审员的背景资料描述，它可以反映，你认为哪些陪审员会对你方有利，而哪些陪审团对你方不利。怎样才能做到这一点？在大的案件中，律师能够聘请陪审团心理学家对社区进行调查，以决定该社区居民对庭审相关问题的态度，还可以雇佣模拟的陪审员，来测试他们的理论和主题。但是，在大多数案件中，律师必须依靠他们的经验、对社区的了解、甚至是直觉，来做同样的事情——决定某种类型的陪审员，是否会因为他们的背景和经验，可能会在态度上偏向你方或者不利于你方。将这些统计信息和经验放入资料表之中，会使你在陪审团挑选过程中行使无因回避权时，更方便地使用它们。

497

原告的汽车与被告的货车发生碰撞，原告因此遭受人身伤害，于是以人身伤害为由起诉这家货运公司。原告是名家庭主妇，有两个小孩子。被告是一家大型的全国公司。

陪审员资料——被告

不利的	有利的
家庭主妇	专业人员
年轻女性	中年的陪审员
蓝领阶层	管理层雇员
低收入阶层	中等/白领收入阶层
之前的类似案件原告	保险行业雇员

在一些民事案件中，一些对于你方在责任问题上有利的陪审员，并不一定在损害赔偿问题上有利。因此，你必须完善你的资料表，以解释你在这两个领域的优势程度。例如，如果原告在责任上证据较为充分，但是在损害赔偿上证据比较薄弱，那么原告的陪审员资料就应该强调在损害赔偿问题上不利的陪审员。

一旦你识别出可能不利的陪审员背景（一项众所周知的不可能完全准确的任务），你就会知道在预先审查中提出什么类型的问题。如果由律师进行预先审查的提问，你只需要列出一张清单，其中包含了所有提问时应该涵盖的主题。如果由法官进行预先审查部分或全部的提问，那么需要先拟定你想要提交的预先审查问题，并把它们提交给法官。这通常通过在庭审前提交动议来完成。

原告请求的预先审查问题

原告请求在法庭的预先审查阶段提出下列问题：

1. 你曾经成为过诉讼的原告吗？
2. 你曾经……如果是……
3. ……

最后，你的庭审笔记本中应该含有一张陪审团图表，记录在预先审查阶段获悉的每位陪审员的基本背景资料，以便你在决定排除哪些陪审员前，可以先回顾一下这些资料。

图片或图表的类型，取决于陪审团挑选会怎样进行。如果运用排除制度，在决定排除哪些陪审员之前，所有在候选陪审团中的陪审员都会被提问。在此种制度下，你可以使用标准便签本来记录每位陪审员的基本信息。（一些律师也使用表格来记录每位陪审员的背景信息；这会让你减少记录信息的书写工作，而花更多的时间观察陪审员。更好的方式是，让其他人为你记录信息，以便你能够将注意力集中在陪审员身上）

如果使用传统的制度，通常陪审员会被传唤到陪审员席上，而且只有在陪审员席上的陪审员才会被初步提问。如果使用了回避权排除陪审员，那么就会有新的陪审员替代被排除的陪审员，并同样接受提问。在这种制度下，需要有一种方法记录陪审席中的陪审员信息。大多数律师使用陪审员表格来记录陪审员的名字和背景。当一名陪审员被排除，该名陪审员的名字被划掉，继而创造新的表格。（正方形的黄色便利贴在这里尤为管用）

示　例

（陪审团表格）

图表大约占一页纸。在每个方格中，你可以以简写形式记录通过提问获得的基本背景信息，如下所示：

约翰·多伊—40—木匠—自由职业者/10 年—3 个小孩读小学—兼职簿记员/15 年—在芝加哥北部有房子—在军队服役 2 年

499

11. 12　证人挑选和准备

1. 证人挑选

你的举证主要通过传唤证人和提交展示物来完成。对于证人，你需要决定三件事情：你会传唤谁作为证人，你想让证人说什么，在庭审笔记本中你会怎样准备这一切。

传唤谁作为证人作证往往并非问题。你必须传唤你知道的证人，证明案件初步成立，而这并没有选择的余地。但是，在大多数情况下，你会有选择的机会。例如，在几名可以出庭的事件证人之中，你应传唤哪一位？你会传唤哪一位证人向陪审团解释记录？你应传唤哪位负责事故现场或犯罪现场的警官作证？在决定是否传唤某位可用证人时，请记住以下几点：

1. 不要举证过度。许多律师传唤了过多的证人，因此使陪审员感到厌倦，甚至更糟，给陪审团留下律师对自己的案子并不自信的印象。总之，在关键问题上传唤一名主要证人和 1 到 2 位确证证人，就已足够。最好的方式是让举证变得简单、快捷，然后在占优时停止。

2. 传唤有力的证人。选择有力的、讨人喜欢的证人，而避免选择无关紧要的、软弱的、在交叉询问中可能受到伤害的证人，除非这些证人对于证明案件初步成立至关重要。

3. 不要试着证明所有事情。你仅被要求证明你的主张或辩护的要件，或者反驳对方观点的要件。不要仅因为他们的证言比较有趣就传唤证人。遵循你的游戏计划，只证明你的主张和案件理论。每增加一位证人，就会给对手伤害你的机会。不要给他不必要的机会。

4. 不要保留。不要隐藏一名极有力的证人，仅为了打算在反驳阶段再传唤他。第一，从心理学的角度而言，在庭审的后期提出有力的证人，并非良策。当陪审员思想仍旧开明，而且未作出决定时，他们才会听证人说了什么，并可能被证人说服。到反驳阶段时，陪审员经常对案件已经作出了决定，而有力证人能够发挥的作用会很小。第二，你的对手可能通过停止举证，或提出与你的证言无关的证据，来给你出乎意外的一击，并因此剥夺了你在反驳阶段传唤有力证人作证的机会。同时，法庭可能会认为，你本可以在举证阶段传唤该名证人，却没有传唤，那么他可能不是适格的反驳证人。

2. 证人准备

让证人为庭审做准备与让证人为庭外采证做准备不同。现在不是了解案件，或者获取有趣信息的时候。你应当通过面谈和正式的证据开示，来了解证人能为你的案件作出什么贡献。通过你到目前为止的准备工作，你还应了解了法律需要你证明什么、你的案件理论是什么，以及你的主题和标签是什么。

为庭审做准备，挖掘出每位证人能说的内容和会说的内容，利用这些内容证明你的案件，让证人做好准备，具有说服力地完成这一点。证人准备包括了证言选择和证言准备。记住以下几件事情：

1. 对证人进行直接询问的律师，应该与每位证人单独进行准备。让"同事"准备证人的效果通常不好。只有你亲自帮证人做准备，才会准确地了解证人作证的内容、证人的类型、怎样提问才能获得好的回答，从而更有效地在庭审中展示证人。提醒证人，律师与证人一起为庭审作证作准备，是完全恰当的（而且通常在指示中也会告知陪审团这一点）。

2. 与证人共同回顾"写在纸上"的所有文件。这包括庭外采证笔录、其他宣誓证言、口头和书面的陈述、问询答辩书以及其他证人制作的报告。它们都是在直接询问中唤醒记忆以及在交叉询问中弹劾的资料来源。它们都应该放置在你已经准备好的证人文件夹中。让证人阅读这些文件，如有需要，或可向证人宣读这些文件。指出特别重要的部分以及存在相互矛盾陈述的部分。了解证人现在的记忆是否与这些陈述不同。如果存在不同，证人却坚持他现在的记忆才是准确的，而非之前的记忆，那么向他解释对方律师可以用陈述来弹劾他，并演示弹劾将如何开展。

500

3. 让证人回顾所有他将识别或证真的展示物。解释你需要怎样为展示物奠定基础，并演示如何完成。

4. 复查其他证人的可能证言，以判断这些证人之间是否存在不一致。如果有不一致，那么考虑如果对方律师以此提出质疑，证人在庭审中能否为重要的不一致地方提出解释。

5. 为证人做直接询问的准备，并重复地让证人温习。确保证人能以你预期的方式作证。确保他能为所有必需的展示物奠定恰当的基础。一旦直接询问的大纲已经清晰，复习你打算在直接询问中提出的真正问题。最重要的是，跟证人练习真正的询问。在你的办公室练习，在空的法庭里练习，如同陪审团正在注视着你们一样练习。不断地重复练习，直到你和证人都适应了询问（但是如果询问听上去已经开始像排练过的，立即停止）。这会消耗大量时间吗？当然。但这是唯一能恰当准备证人的方式。

501

6. 为证人做交叉询问的准备。回顾你认为可能发生交叉询问的领域。让另一名律师以交叉询问者在庭审中可能使用的语调和态度，来进行交叉询问。最重要的是，跟证人练习真正的交叉询问。交叉询问就只能谈到这里。证人需要实际交叉询问的经验。

7. 为证人在法庭上的出现做准备。决定他应该穿什么。陪审团会期待穿着整洁、保守、与个人背景相符的证人。对大多数证人而言，这意味着西装或夹克，外加领带。对于穿制服的证人，工作装可能更合适。（向证人）解释法庭是如何布置的以及法官、律师、法庭记录员、法庭书记员、法警、旁听者就座的位置。向证人解释他们将怎样进入法庭、他们将在哪里和怎样宣誓、在作证时他会坐在哪里以及在那里时他该如何就座和举止、他将如何离开法庭。如果证人是跟你坐在律师席上的当事方，提醒他即使是在没有作证的时候，陪审员也会观察他和评价他。向他说明，在开庭后不要向你低语或打断你。相反，当你在进行证人询问或从事其他重要事情时，让他在便签本上写下想告诉你的事情。

8. 让证人了解规定作证的程序性和证据性规则。一些律师会把规则打印出来给证人。

示 例

证人指示

a. 仔细听清每一个问题。只回答被问的问题。不要漫谈或自动披露信息。在回答问题的时候看着陪审团。说话大声而清晰，使最后一名陪审员也能轻易听清楚。如果被问到困难的问题，不要看着法官或我以寻求帮助。

b. 如果你不了解一个问题，就提出来，律师可能会换种表述重复这个问题。如果你不知道一个问题的答案，就说出来。如果你不记得一个问题的答案，就说"我想不起来了"或者"我不记得了"。律师可能会向你展示你先前的陈述，以唤醒你的记忆。如果你只能估计大概的日期、时间和距离，仅给出你最好的预测。如果你不能以"是的"或"不是"来回答一个问题，律师可以提出另外一个问题，或者你可以解释你的答案。尽量对每一个问题都给出正面、清晰和直接的回答。

c. 运用你自己的词汇。使用你日常熟悉的词汇。不要使用其他人的词汇，如"警察术语"或其他僵硬、虚伪的言语。

d. 始终保持严肃和礼貌。不要夸大或隐瞒事实，不要给出可爱的或投机取巧的答案。绝对不要跟法官或律师争辩。交叉询问中的律师可能会试图让你感到困惑，让你与他争辩，或者让你发脾气。抵抗住这些诱惑。绝对不要争辩。绝对不要发脾气。

502

e. 你仅被允许就你亲自看到、听到和所做的事情作证。通常而言，你不能作证别人知道什么，或发表意见、结论和推测。

f. 如果任何律师针对提问或回答提出了异议，就停止言语，（律师在提出异议时通常会起身）等待法官裁决。如果她驳回异议，那么回答这个问题。如果她支持异议，就等待下一个问题。不要试图在律师提出异议时，硬挤出一个回答。

g. 在交叉询问之后，直接询问者可能会提出更多的问题，这被称为"再次直接询问"。交叉询问者也可能提出更多的问题，这被称为"再次交叉询问"。在直接询问和再次直接询问中，诱导性问题通常是不被允许的。在交叉询问和再次交叉询问中，诱导性问题是恰当的。

h. 总而言之，就是对于所涉及的事件和事物，根据你最清晰的记忆，讲述最完整的事实。

3. 直接询问的大纲

你应如何在庭审笔记本中，列出你计划进行的直接询问大纲？有两种常见的方式：

a. 问答方式。根据此种方式，你打算向证人提出的每个问题（及预期答案的概要）都会被写下来。此种方式通常是由没有经验的律师，在其最初几次庭审中使用。它的好处是，你可以提前以恰当的形式拟定你的问题。而缺点是，除非你是一个极好的演员，否则你的提问不可避免地会听上去像照本宣科——极少能达到你想要传递的印象。此种方式还会将你局限在草稿上，而限制了你提出后续问题的灵活性。如果你在最初的一些庭审中使用了这种方式，绝不要把你的问题和答案给证人看，因为随后这可能会被发现（另一方可能主张证人在准备庭审时使用了它们，从而可能根据联邦证据规则第612条要求开示它们）。

b. 证人摘要方式。此种方式经常被有经验的律师所使用，根据这种方式，你会列出在直接询问中证人可能会作证内容的大纲。然后，你仅需要遵照大纲，提出可以引出理想答案的问题。此种方式的好处是，你的问题听上去是新提出的和自然的，而且你有提出后续问题和阐述问题的灵活性。在此种方式下，准备直接询问的一种便捷的方式就是，在大纲的顶部标注证人将要使用或证明符合证据资格的展示物，以及证人的先前陈述（这将被放在该名证人的证人文件夹中）。然后该页的剩余部分可以被分为三栏：日期和时间、证人证言、展示物。这可以从视觉上更为简单地显示你所处的位置，接下来你要做什么。随着询问的不断推进，你只需要在完成的事项之后打勾。

503

示　例

（约翰·多伊——直接询问）

展示物：1. 钱包（原告 2 号展示物）

　　　　2. 大楼照片（原告 1 号展示物）

　　　　3. 指认照片（原告 6 号展示物）

陈述：1. 大陪审团 2000 年 6 月 20 号的笔录，第 1—8 页

　　　2. 报告中向警察所作的陈述，第 7 页

1. 背景	姓名、年龄、地址
	在当地住了多久
	工作和学校
	住所——附近社区
	家庭
2. 2000 年 5 月 20 日	住在哪里
	描述大楼状况
	描述公寓，布局
	门、锁、灯
3. 午夜 2 点	在公寓里
	电视、啤酒、灯
4. 发生了什么	两个男人闯进了屋里
	描述男人
	枪，描述
	抢走了钱包，描述
	男人搜索公寓
	抢走东西，描述
	威胁，逃跑
5. 事后	打电话给警察，到达
	跟他们说话
6. 指认	早上 9 点传唤
	在警察局
	跟警察讲话
	看指认照片，指认被告
	出示钱包，识别它

（左侧边注）

识别照片——原告 1 号展示物

指认被告

识别照片——原告展示物 6 号

识别钱包——原告 2 号展示物

所有的直接询问大纲都应该放在你的庭审笔记本中（根据原告或被告，取决于你代表哪一方），以你打算在举证阶段传唤的顺序排列。

4. 证人列表

最后，你必须在庭审笔记本的表格部分保留一份证人列表。证人列表中会显示每位证人的姓名、地址、电话、工作地点和电话、其他可以在庭审期

间联系到的证人的有用信息，以及对每名证人角色的一句话总结。有些律师以字母的顺序来排序。有些律师则以证人将要在庭审中作证的顺序来排序。当庭审日期逐渐靠近时，以及在庭审期间，证人列表对与证人保持联系而言十分重要。

示 例

（证人列表——原告）

弗兰克·米勒
芝加哥北大街 123 号（在家工作）
家（312）888—1123　　工（同家）

> 为被告报税的会计

莎伦·琼斯夫人
芝加哥北，克拉克大街 2300 号（8—12 点工作）
家（312）888—9876　　工（312）726—8231

> 被告公司的簿记员

H（　）	W（　）

11.13　展示物挑选和准备

如果已经准备了证人询问，那么就该知道在庭审中你打算使用哪些展示物。现在你有再思考一次展示物的机会。你需要一种整合了展示物与视觉辅助的策略，展示物会被正式采信为证据，而视觉辅助虽不能被正式采信为证据，但是可以对开庭陈述、终结辩论和专家证言进行补充。试问自己：什么样的视觉辅助会帮助陪审团更好地理解我的案子？哪些额外的展示物会在责任和损害赔偿问题上更具有说服力？如果是这样，我需要哪些证人在庭审中证明它们符合被采信的资格？尽管在许多辖区，你的展示物已经被限制在证据开示的证据，以及审前备忘录和命令涵括的部分，但是事情并非总是如此。创造性的思考现在会产生好的想法。

如果存在疑问，请选择更多的视觉展示物，而非更少的。计划怎样准备你的展示物才富有新意。越大越好：放大的照片和文件比信纸大小的原件更有效。彩色比黑白更能吸引注意力。将重要的展示物放在泡沫做的告示板上会比几张纸更有吸引力。想想怎样才能让你的展示物比对方的更有吸引力。

计划每份展示物成为证据的必要基础是什么，而哪位证人是提供此种基础的最佳证人。计划在对证人进行直接询问时，应该何时首次使用展示物，并使其被采信。如果展示物被标记或强调，计划如何才能使其最有效地发挥作用，并训练证人在直接询问中顺利叙说。

最后，你需要在庭审笔记本的图表部分准备一份展示物列表。展示物列表会为各方显示展示物编号、展示物描述以及表明展示物证据状态的方格——是否被提交、采信、拒绝、保留或撤销。展示物列表对记录你与对手在庭审中的展示物的采信状态，十分重要。

示　例

(展示物列表——原告)

供识别的展示物	已提交	已采信	已拒绝	已保留	已撤销
1. 建造合同	X	X			
2. 最后支付支票	X			X	
3. a-g 月度进展报告（7）	X	X			

11.14　证明顺序

准备举证的最后一步，是决定出示证据的顺序。你的证据可能来源于四种渠道：证人、展示物、诉讼协议和司法认知。你必须对出示证据的顺序有一个整体的掌控，而且你只会受到证人能否出庭的限制。因此，主要的问题是：以什么顺序出示证据，会使我的举证最有效？

在决定证据的顺序时，要记住几点，它们是：

a. 以时间顺序或符合逻辑的顺序，从陪审团的角度提出证据。如果以时间顺序排列，陪审员会最容易理解，特别是当涉及事件证据时。因为陪审员更熟悉时间顺序的叙事，所以在你的举证中使用同样的方式，除非有一个强有力的理由让你改变方式。这可能是在考虑证据顺序时最重要的因素，而且经常会因此否决其他抵触或矛盾的方式。

b. 首先提出强有力的和重要的证人，给陪审团留下良好的初始印象。　　*506*

c. 以强有力的证人结尾。陪审团通常会记得他们首先听到和最后听到的内容。这是心理学上的首要性和近期性原则。以对你有利的方式使用它们。

d. 尽可能在每个早上和下午的开庭阶段，以强有力的证人开场。在庭审的开始阶段，陪审员会更清楚地记忆。

e. 如果在你的举证阶段，你必须传唤对方证人或敌意证人，更保险的做法是在你举证的中间阶段传唤他们。即使证人造成的伤害大于帮助，你的举证也不会以一个坏的记录开始，而且在他之后，可以紧接着有利的证言。在另一方面，有时候律师喜欢冒险，喜欢以传唤对方当事人作为敌意证人作为自己举证的开局。这在证人没有做好准备，或者可能留下坏的影响时，会有效。

f. 在主要证人作证之后，立即传唤重要的确证证人。这通常会将重要的观点讲得很透彻，而陪审团随后可能认为这些观点是真实的。在另一方面，陪审员很容易厌倦。避免为同一个观点，传唤许多位确证证人。过犹不及，使陪审团感到厌倦代价巨大。有时候可以在稍后再传唤确证证人，这样陪审团就不会重复性地听到同一样证据。

g. 有时候为建立证明的技术性要件，需要几名证人。他们可能是令人厌倦的证人。除非会打断你举证的逻辑过程，你可以在这些证人中间穿插比较有意思的证人。无论如何，这些技术性证人都应该被有效地提出。但是，记住，如果你想要为在特定时间提出的重要展示物奠定基础，或者让技术证人作为其他证人的基础证人（predicate witness）出现，技术证人可能都是必要的，除非当你向法庭主张你会将"它们联系起来"之后，法官允许你在举证时可以不按原顺序传唤证人。（例如，保管流程的证人，是专家就所涉证据实验室测试结果作证之前，必需的基础证人）。

h. 宣读庭外采证笔录、诉讼协议和书证本身就更无趣、无聊。考虑你怎样才能让它们变得生动。选择一名好的证人宣读庭外采证笔录。放大关键的文件以使它们变得更有吸引力。将此种证据与其他有趣的证据交叉使用，除非这样会打断你出示证据的顺序。

i. 尽快将展示物提交为证据，并向陪审团出示。与听到的相比，陪审员更容易理解、记住看到的东西。尽可能地使用照片、图表、模型、地图和摘要表（特别是被放大的），录音、影像、庭内演示。陪审员会记住戏剧化的视觉展示。特别是要让这些展示物概括你关于责任和损害赔偿的证据。例如，如果陪审团在评议中讨论责任时，使用你的十字路口的图解作为参考展示物，它就会产生极为强大的作用。

j. 轮流传唤普通证人和专家证人，以保持陪审团的注意力。

k. 专家证人通常是合适的最后证人，因为他可以有效地概括你的证据。这样做会在你举证完毕之前，概括（capsulize）你的案件。

l. 最后记住，你计划的证据顺序必须保持灵活性。证人，尤其是专家行程很忙，而且只有在特定的时间才能出庭。因此，最后一刻告诉你不能出席的情况，难免会出现，遇到此类情况，你需要调整预期顺序。同样还需要记住，这些考量通常都是相互抵触的，所以证据并没有必须遵循的统一排序方式。跟往常一样，并没有一种简单的方式来解决这些矛盾。每个案件都需要具体分析，都需要对每种顺序的优势和劣势进行考量，从而最终找到一种合理的顺序，此种顺序以一种符合逻辑的、渐进的方式展示你的案件，并便于陪审团理解。

下列的例子对证明顺序给予了简单的解释，你可以将此种顺序用在普通民事和刑事案件中：

示 例

（车祸案件中的原告）

1. 原告
2. 目击证人
3. 现场的警官

4. 救护车的驾驶者

　　5. 急诊室的医生

　　6. 主治医师

　　7. 遭受损害的前任雇主

　　8. 遭受损害的配偶

示　例

（谋杀案件中的控方）

　　1. 枪击的目击证人

　　2. 第一位到达现场的警官

　　3. 救护车的驾驶者

　　4. 急诊室的医生

　　5. 第二位目击证人

　　6. 执行逮捕的警官

　　7. 被告认可的侦探

11.15　交叉询问准备

　　你最后的庭审准备任务是准备对对方证人的交叉询问。这放在最后有其理由。你只有在确切地了解了你的案件理论、你将使用的主题和标签是什么、在庭审中的关键事实争议之后，才能集中精力准备交叉询问。

508

　　有效的交叉询问需要准备。无论是在民事还是刑事案件中，证据开示都使你可能了解对方证人在庭审中大概会作证的内容。既然了解了这些证人在直接询问时的证言可能是什么，你就可以并且应当提前为交叉询问做好准备。

　　为交叉询问做准备，应包括以下几点：

　　a. 概括证人在直接询问时的可能证言，包括他可能识别并使其被采信的展示物。

　　b. 审查该名证人作出的所有庭外采证笔录、陈述和报告。如果证人是当事人，还需要审查修订过的辩诉状和问询答辩状。

　　c. 问自己一个关键的问题：在终结辩论中，对于这名证人，我会说什么？你的交叉询问只需要引出足以支持终结辩论的信息即可，不需要更多。换言之，许多甚至大多数交叉询问者之所以会失败，是因为他们不切实际，而且尝试得过多。

　　d. 想想哪些证人必须承认的内容对你方有利。她能识别你的哪些展示物和证明其具有证据资格？她能证明哪些事实来帮助你？她是否做过先前陈述，让她不得不说出对你方有帮助的证言？

e. 考虑证人可能合理地承认哪些有利于你方的事实。她可能给出哪些不太可信的证言？哪些证言与其他证人的证言是矛盾的？哪些证言是违背常识和陪审员的生活经验的？哪些证言与展示物相矛盾？

f. 考虑对证人的可能证言，你能进行什么样的弹劾？她的证言会与她的先前陈述或报告矛盾吗？她的先前陈述相互矛盾吗？

g. 当你审查了所有可能材料，并且已经将可能的交叉询问的想法分为三个基本范畴时——有利证言、可能自认、弹劾，你需要将交叉询问落实到具体的点上。精彩的观点越少，陪审团越有可能记住。陪审团绝不会记住你在交叉询问中的 10 件事情。尽量减少你所持的关键点，并确保它们有助于你的案件理论、主题和终结辩论。完全避免不重要的观点，因为它们只会削弱你的有力观点。

h. 以一个明智的顺序安排你在交叉询问中想要涵括的观点。在你决定弹劾前，先获得有利的自认。

i. 以一个有力的观点清晰地开始，以另一个有力的观点清晰地结束。你最精彩的观点应该首先提出和最后提出，因为陪审员会记住他们最先听到和最后听到的事实（初始原则和近期原则）。

听上去貌似有很多工作？当然是。但是，成功的交叉询问，绝大多数都是靠辛苦的工作、充分的准备和计划，以及对你实际上能完成什么的了解。没有其他捷径。

当你完成对每位证人的交叉询问准备之后，还需要组织你计划好的交叉询问，并将它放在你的庭审笔记本中。没有经验的律师经常出现的问题，就是缺乏组织。在直接询问中，他们狂热地记笔记，但这样基本无意义。更好的方式是，记录对你的交叉询问有帮助的笔记。（如有需要，让其他人将对方的直接询问作整体记录）如果你组织好了你的交叉询问笔记，这可以很简单地完成；也可以将证人在直接询问中所述的有用信息，添加进笔记里。

一种常见的方式是，在纸张的一面，通过具体的主题，列出计划中交叉询问的大纲。而纸的另一面是空白的，在这里，你可以记录证人在直接询问中说的内容，并在交叉询问中使用。如此，你在直接询问中做笔记的时间就会减少，而你就有充分的时间观察证人作证，因此通常反而更有用。有的律师会在页面的顶端写下对证人预期直接询问证言的概括，以及先前陈述的清单。（先前陈述应该放在证人文件夹里）

示　例

（约翰·史密斯——交叉询问）

直接询问：证人可能作证，在那个深夜里，他正在街上走，被他声称为被告的男人搭讪，那个人持枪抢劫了他 35 美元。随后他在辨认疑犯时指认出了被告。

陈述：对警察作出的陈述（报告的 6—8 页）

2000 年 6 月 20 号的大陪审团笔录

交叉询问	直接询问
1. 深夜	1.
黑暗，附近没有灯光	

2. 突然发生，对如此遭遇毫无预期	2.
3. 担心被伤害，看有没有枪	3.
4. 从来没有见过枪	4.
（大陪审团笔录，第 7 页）	
（陈述，第 8 页）	
5. 对警察的描述，摘要	5.
根本没有注意到脸上的伤疤	

　　根据此种方式，你在直接询问中唯一需要做的笔记，就是对你计划在交
叉询问中提出的观点有帮助的具体事实。这些笔记可以放在你的交叉询问大
纲中，紧挨着相关的主题。通过此种方式，你的直接询问笔记会变得有用，
因为它会立即与计划的交叉询问相关联。

　　所有的交叉询问大纲，应该放在你的（原告或被告，取决你代表哪一
方）诉讼笔记中，依字母顺序或以你预期对方在庭审中会传唤证人的顺序
放置。

510

11.16　庭审策略的示例

1. 案例——罗伯特·约翰逊 诉 玛丽·史密斯

　　在 2000 年 6 月 1 号大约下午 5 点半，罗伯特·约翰逊和玛丽·史密斯
的汽车在主街和百老汇大街的十字路口发生了碰撞。约翰森正在主街上，向
南朝着百老汇大街的十字路口行驶。史密斯在主街上，朝北行驶并停在了十
字路口，等待左转进百老汇大街，然后朝西行驶。约翰逊先生一个人驾驶着
他的车，一辆 6 年的捷豹跑车。史密斯的车里坐着她的丈夫，她的车是一辆
车龄为 1 年的别克轿车。

　　约翰逊正在回家的路上，他是一名汽车修理工。史密斯正载着她的丈
夫，在去往医生办公室的路上，因为她的丈夫整天都觉得恶心。

　　据约翰逊所言，他当时正在主街上朝南行驶，当他离十字路口大约还有
三辆车的距离时，交通信号灯变成了黄色。因为来不及停下来，所以他顺着
黄灯继续行驶。他的速度大约是 25 英里/小时，和在高峰期时周围行驶的车
辆的速度一样。当他行驶到十字路口时，一辆朝北，停在十字路口等待左转
的汽车（史密斯的汽车），突然左转到了他面前，这时主街上的交通信号灯
仍是黄灯。约翰逊紧急踩了刹车，但为时已晚。约翰逊的汽车猛烈地撞上了
史密斯的汽车右侧。

　　据史密斯所言，她当时正停在主街上向北的车道上，等待左转到百老汇
大街。迎面而来的车流阻止了她转弯。一会儿，交通信号灯变成了黄色，她
一直等到向百老汇转弯的信号灯变成红灯，才左转。当她转弯时，一辆在主
街上朝南行驶的汽车闯了红灯，并撞上了她汽车的右侧。

碰撞的冲力将约翰逊扔向前。他本能地抱住了方向盘，但是碰撞的作用仍使他的右上臂断裂和右肘脱臼。他还遭受了典型的颈部扭伤。史密斯和她的丈夫由于碰撞受到了惊吓，但无须医疗照顾。两辆车都受到了严重的损坏。

除了约翰逊和史密斯，当时在街角的行人本·琼斯，和史密斯的丈夫罗伯特·史密斯，都目睹了这场车祸。琼斯的证言与约翰逊的证言一致。罗伯特·史密斯的证言与他妻子的证言一致。

警察很快到达了现场。他们注意到，约翰逊的车后，有大概 10 英尺的刹车痕迹。主街和百老汇大街都是双车道，街道两旁有停车位。在十字路口的中心，悬挂着唯一的交通信号灯，黄灯会持续 3 秒。

约翰逊被救护车送到了地方医院。医务人员对他的手臂进行了检查，拍摄了 X 光，他被诊断为肘部脱臼，并打上了石膏。医生对他的脖子也进行了检查，拍摄了 X 光，没有发现骨折，他被诊断为轻度的颈部扭伤。约翰逊先生在第二天就出院了。

在受伤后接下来的一个月，约翰逊先生待在家里复原。他的颈部扭伤缓慢好转，但是的颈部和手臂的伤口仍十分疼痛。为了抑制此种疼痛，约翰逊先生服用了处方药。

一个月之后，约翰逊的骨科医生帮他移除了石膏。（约翰逊先生在两年前，因为颈部的轻微关节炎疼痛，看过这名医生，加热和药物治疗对关节炎比较管用）复原项目开始。它包括了加热治疗和手臂伸展练习，以使手臂恢复完全无疼痛的活动状态和力量。在几周之后，约翰逊就停止了练习，他称尽管有药物治疗，但是疼痛太严重了，当停止治疗后，他的手臂就停止康复了。医生指示他继续治疗。约翰逊接受了意见，但是几周后又因为同样的理由停止了。现在他的肘部仍然很脆弱，特别是在做伸展运动时，此外，肘部的运动范围仍没有恢复正常。

最近，被告方的骨科医生对约翰逊进行了检查。该医生的意见是，如果约翰逊坚持了治疗项目，他的手臂本可以完全恢复，重新恢复无疼痛的活动状态。

约翰逊 35 岁，已婚，有两个孩子，从事汽车修理工的工作。车祸发生之后，他试图重返工作，但是疼痛和活动的受限使他不能完成一名修理工的体力劳动。他的老板不情愿地炒掉了他。约翰逊现在依靠失业救济和存款生活，而他的妻子也必须出去工作以实现收支平衡。约翰逊一生都在这个镇上生活。

史密斯 60 岁了，已婚，孩子已成人。她和她的丈夫都已退休。去年，他们卖掉了他们拥有的一家小商店后，搬到了这个镇上。

这个案件被安排在几周后庭审。原告在起诉状中提出，被告存在普通法上的过失，并违反了交通驾驶规则。本案会根据本州有关比较过失法规进行审理。

2. 原告策略

（将你自己视为原告律师，如同下面这个人一样，为即将到来的庭审思

考对策）

现在离庭审日期只有三周了。我已经完成了一些基础的庭审准备工作。我回顾了诉讼文件、提交了所有修订和补充过的回答，发出了庭审传票，而且准备好了自己的庭审笔记。我还准备好了庭审图表、证人清单、展示物清单、提议的陪审团指示。（这些文件的大部分，已经审前备忘录打包向法庭提交）我已经为预期的证人准备好了证人文件夹，并在展示物文件夹中收集好了展示物。

看上去，现在案件真的要开始庭审了。我最新的要求与被告最后的提议仍相差甚远。他们根本就没有发现争点在，特别是在损害赔偿上。现在是认真对案件进行通盘考虑的时候了。

（1）案件理论

我关于责任的案件理论是什么？需要避免的一件事情是，将这件案子称为"谁闯了红灯"的案件。陪审团很可能认为，一名 35 岁的汽车修理工比一名 60 岁的妇人更容易闯红灯。更好的方式是挑选另外一个理论，而避免提及"红灯"问题。

将这个案件称为"避让失败"（failure to yield）的案件怎么样？毕竟，我的原告是在十字路口直行，而被告试图左转，直接转到了原告面前。被告在法律上有义务避让前来的车辆。根据此种理论，当车辆都在十字路口时，交通信号灯是什么颜色并不重要。原告仍有通行权，而被告有避让的义务以保证安全地左转。看上去，这似乎是更好更实际的方法，让被告承担 100％ 的责任。

好的，就是它了。就责任而言，我将把这个案件处理为"避让通行车辆失败"（failure to yield the right of way）的案件。

在损害赔偿上，我的案件理论又是什么呢？这是我最重要的问题所在。我需要避免的是在 5 万美元之内的裁决。这仅能补偿原告的医疗费用、1 年工资损失，以及一点点苦痛折磨的赔偿。我需要向陪审团灌输这样一个事实，在原告并无过错的情况下，原告的肘部受到永久性的损伤，这会降低他一生一半的收入能力，而且这将严重地影响原告的生活质量。我希望获得大概 40 万美元左右的赔偿。这将非常困难。

我对于损害赔偿的理论，需要做三件事情。第一，我要避免将颈部扭伤作为损害赔偿的基础。这是转移注意力的话题。原告颈部的关节炎是之前就存在的情况，很有可能与颈部扭伤一样，是持续性疼痛的根源。我不能要求陪审团为此判决大量的金钱。更好的策略是，告知陪审团这一点来获得陪审团的信任。

第二，我需要向陪审团灌输"微小的伤害有时也能造成灾难性的、终结职业生涯的结果"的观点。如果陪审团接受了此种观点，他们至少会考虑赔偿原告收入能力的损失。（也许提到一些运动员，因为轻微的受伤却终止了事业的例子，可能会对爱好体育的陪审员有效）

第三，我必须向陪审团灌输，原告真的努力复原，但是由于肘部结构损伤造成的疼痛，而不能继续的观点。我必须向陪审团灌输，有时候人们并不能从这种伤害中 100％ 的复原。"他努力过了"是本案的重要部分。我必须向陪审团灌输，原告憎恶不能工作，并且他强烈希望能完全恢复。

513

（2）主题和标签

怎样才能提出使陪审团的注意力集中在我的案件理论的主题？我的主题应当是易记的、符合普遍真理的，并且能解释他们做这些事情的原因。

在责任问题上，我的事实辩护会是，被告带着觉得恶心不适的丈夫去看医生，非常着急，她猜测或推定当信号灯变成黄色时，来向的车辆会停车，因而冒险左转。我不会暗示她是一名技术糟糕的驾驶者，但是会小心地暗示她在当时的情况下，可能会冒险，而平常未必会如此。主题会紧紧围绕"人们在匆忙中会冒险"或者"人们在匆忙中可能会伤害到其他人"或"假定他人会做什么，是危险的"。

在损害赔偿问题上，我的主题非常清晰。我将坚持"普通的伤害有时也会造成灾难性的后果"，以解释肘部的脱臼是如何终结了原告作为汽车修理工的职业生涯，或者其他任何需要手臂力量的工作。我同样还会辩论"并非每一个人都会从受伤中100％的复原"，以解释为什么复原项目没有让手臂成功地恢复到工作状态。

关于人物、地点、事情、事件的标签又怎么样了？我需要使原告令人尊重，所以"约翰逊先生"是恰当的。我需要谨慎地攻击被告，她看上去像每个人的模范祖母，所以"史密斯夫人"听上去是合适的。但是，史密斯夫妇在退休前有自己的生意。我会尽可能地提出他们"拥有自己的生意"，以消除陪审员认为对原告的裁决会毁掉史密斯夫妇退休生活的担心。

对于碰撞，我需要用言语刻画"撞击"的画面。类似"碰撞"（collision）、"撞击"（impact）、"猛撞"（crash）、"压碎"（crunch）"撞毁"（smash）等词，应该可以刻画出此种画面。对于原告的受伤，"被向前扔出"、"感觉手臂折断"、"在他一旁悬挂着"之类的语句会刻画出伤害的情况。对于复原阶段，"他试图"、"拉伸受伤的韧带"、"尽管痛苦"等词会描述复原项目有多痛苦的场景。

然后，关键是将这些主题融入开庭陈述和终结辩论中，并将标签融入对案件的整体呈现中。

（3）戏剧化、人性化、视觉化

我需要为陪审员"重现"车祸，以使他们经历原告已经经历的场景，并表明严重的车祸足以造成原告的受伤，以及对他的生活产生永久性的影响。我还需要让原告成为鲜活的罗伯特·约翰逊，一个普通人、一个顾家的男人、一个陪审团可以认同、会为之感到遗憾并想要帮助的男人。只有让陪审员形成想要提供帮助的心态，原告才能获得较大数额的损害赔偿。在本案中，图片展示物和视觉辅助会非常重要。

（4）开庭陈述和终结辩论

从我的案件理论、主题、标签和戏剧化、视觉化证据的重要性之中，我已经了解了终结辩论的基本要点。现在我将列出这些基本要点的大纲，并且为了使辩护变得充实而利用庭审笔记来提供具体细节资料。（在终结辩论中，我需要比开庭陈述更强调损害赔偿，因为我想要陪审团的最后印象是：关键问题是，什么样的损害赔偿最合理，而并非责任是否得到证明。基于关于损害赔偿的陪审团指示，我可以使用一张关于损害赔偿的要件图表，来完整地回顾它们）

　　三个基本的概念——理论、主题和标签——也必须在开庭陈述中考虑。我需要以"本案是一个关于避让拥有通行权的前来车辆失败的案件，并因此改变了约翰逊先生的一生"，来开始我的开庭陈述。无论如何，我希望立即在陪审团面前强调关于损害赔偿的主题，并且在开庭陈述中多次提到。

　　但是，在开庭陈述中我也会关注责任。尽管我在庭审中最困难的任务是，向陪审团灌输我关于损害赔偿的观点，但是我也不想在庭审一开始，就给人留下我只对钱感兴趣的印象。相反，我将重点叙述车祸是如何发生的，原告的生活中都发生了什么，他的未来会是怎样，但是避免谈到钱的问题。我只会请求对原告进行"相当的损害赔偿"或者"对发生在他身上的一切进行赔偿"，而不会提到具体的金钱数额。我会试图让陪审团的注意力远离金钱，而重点强调原告是一名需要帮助的人。

　　最后，我需要事件经过变得活灵活现。标准的时间叙事法——通过原告的视角——"重现"车祸发生的经过、在那之后原告发生了什么，这应该会很有效。

　　我在开庭陈述中会使用展示物吗？虽然在一些情况下，这样会有用，但是在这里我会避免使用。左转的车祸很容易解释，所以这里并没有使用展示物的必要。此外，我想将注意力集中在把原告刻画为一个普通人，而展示物在此处帮助不大。

　　（5）陪审团挑选

　　需要寻找哪种陪审团？我当然想要一个会作出有利于本方判决的陪审团，但是这样太笼统了，帮助不大。我的优势和劣势是什么？在责任问题上，我比较有优势——避让失败。我担心的是损害赔偿问题。也许我应该注意在此类案件中，倾向于裁决大笔损害赔偿费用的陪审员。总之，现在是列出有利陪审员和不利陪审员资料表的时候了。

　　在责任上，有利的陪审员很有可能是驾驶员、熟悉交通规则和可能在高峰时间驾车的人。我们需要避免从不驾驶、不再驾驶、极少驾驶或者主要在郊区驾驶的陪审员。

　　在损害赔偿上，我所需要的陪审员，必须能够理解数学运算，能够理解未来收入损失的证据，特别是能理解我的经济专家的证言。我希望陪审员是爱好运动的人，无论是工作上还是休闲生活中。我希望陪审员能够处理大笔的金额，而不会因为可能产生重大金额的裁决而转变态度。我需要避免的是窝在办公室工作、不爱运动的陪审员。我还需要避免有过医学背景、见过受到严重伤害的人的陪审员，他们可能认为原告的情况不属于严重受伤。最后，我还需要避免在自己的生活中受过创伤的陪审员，特别是一些年老的陪审员，他们可能会把痛苦视为生活中不可避免的一部分。

　　我应该提出哪些预先审查的问题？我需要了解陪审员的社会经济状况，因为我试图寻找可能会裁决 40 万美元损害赔偿金的陪审员。因此，我需要提问关于住址、教育和工作的问题，以识别能够处理大量赔偿金额的陪审员。我还需要识别有安静的生活方式，而可能对原告缺乏同情的陪审员。因此，我需要了解他们的兴趣、爱好和业余活动。我绝对需要识别出，是否有陪审员，或其家属或直系亲属有医学背景，因为见过大量身体伤残的人可能认为原告的伤不够严重。最后，我需要了解陪审员中是否有人受过严重的伤害，或者当过人身伤害案件的原告，因为我猜想他们可能会对原告表示同情。

（6）证人

对于证人，我并没有多大选择余地。可能的证人包括：

（责任）原告

　　　现场警官

　　　旁观者/目击证人

（损害赔偿）急诊室的医生

　　　急诊室的护士

　　　救护车的救护人员

　　　主治骨科医师

　　　原告雇主

　　　预计预期收入损失的经济专家

　　　未来就业的人力资源专家

　　　账单上的汽车修理证人

　　　原告的配偶

　　　原告的孩子

516

在这些人之中，我可能不会传唤急诊室护士、救护车的救护人员、汽车修理证人（除非证人不会同意就记录的可采性和其合理性达成协议）以及原告的孩子。我不会做任何冒险的事情，例如，传唤被告或其丈夫作为敌意证人。我需要使举证变得清晰、简单。

在举证阶段，我的焦点是什么？几件事情。第一，我需要让陪审员喜欢原告，这样他们才会帮助他。我可以证明原告是一名地道的美国人，多年来拥有一份好的工作，有一个稳定的家庭。我必须在对他的直接询问中，避免提及金钱或损害赔偿。他只会讲讲他的背景、车祸，特别是他想要使手臂复原的动机和努力。

第二，我会关注旁观者/目击证人，以支持原告关于车祸发生经过的证言。旁观者是唯一独立的目击证人，他的证言支持我们。

第三，我会利用原告之外的其他证人来证明损害赔偿。他们会包括雇主、配偶、人力资源专家和经济学家。

第四，我需要证明原告真正想要使手臂复原，而且他的状况可能是永久性的，会妨碍他从事机修工或其他劳动密集型的工作。医院的医生和骨科医师会是关键证人。

（7）展示物

在我的案件中，有几件展示物是重要的。在责任上，我已经拥有了一张关于十字路口的，放大到30×40、甚至更大的照片，并贴在了泡沫的告示板上。我可能会使用一张航空图以及两张分别从北边和南边拍摄的照片，来显示驾驶者在十字路口的视野。我还想要一张在十字路口拍摄的，看向北方的照片，以显示被告的视野（这会表明，被告同时看到头上唯一的交通信号灯和前来的车辆，是多么的不可能）我还需要两辆遭到损坏的汽车的照片。最后也是最重要的是，我需要一张大型的、具有吸引力的十字路口的图示，证人可以在上面标记关键事实，概括我在责任问题上的举证。

在损害赔偿问题上，我主要的问题是证明伤害的永久性。X 光片对于直观地显示骨头的错位，并解释关节囊中的软组织损伤，会十分有用。医生需要一张肘部关节的彩色图解以及一个肘部的仿真模型，来解释韧带损伤和可能疤痕留下的位置，还有为什么一些病人不能完全从此种错位中恢复过来的原因。陪审团需要看到原告的手臂内部，以理解为什们原告的受伤是永久性的，为什么这会终结他的职业生涯？最后，无论什么视觉辅助，只要是经济学家用来证明原告的未来收入损失及其现在价值的，可能都是有帮助的（但是我必须先看过它们）。

517

（8）证明顺序

我传唤证人的顺序是什么？基本的计划是先证明责任归属，然后再证明损害赔偿。在责任问题上，符合逻辑的顺序是先传唤原告、接下来是旁观者、再是到达现场的最合适作证的警官（其制作了十字路口的图解和现场报告）。

在损害赔偿问题上，我有选择机会。我是先出示医学证据，还是经济损失证据呢？首先应出示医疗证据，因为在我谈论金钱之前，需要向陪审团说明为什么受伤终止了原告从事修理工职业的能力。此种方式同样会让我以损害赔偿问题结束举证，这通常是一种合理的顺序。

我的证明顺序可能如下：

1. 原告
2. 旁观者/目击证人
3. 现场警官
4. 急诊室医生
5. 骨科医生
6. 原告配偶
7. 修理记录证人（除非已达成协议）
8. 原告雇主
9. 职业专家
10. 经济专家

（9）交叉询问

通过审前备忘录，我了解到被告只可能传唤三名证人：被告、她的丈夫（她车里的乘客）、一名骨科医生。

但这一点就告诉了我非常多的信息。第一，看上去被告可能会通过质疑我对发生了什么的看法，来攻击我关于责任的举证。我不认为被告会在责任上取胜，但是因为这是一个比较过失的案件，被告可能辩称原告也存在过错，而提出责任应该按比例分摊。第二，被告可能通过她的骨科医生（他最近对原告做了检查），来攻击我提出的永久伤害的主张。第三，被告看上去不会对我提出的经济证据提出争辩，甚至会忽略这个问题，因为他们认为伤害并非永久性的，所以经济赔偿是不相关的。

在对这些证人进行交叉询问时，我应该做什么呢？我对待被告和她丈夫的方式应该是一样的。我需要引出支持我的论点的事实，即被告匆忙想要赶到医生处，她的焦点在她丈夫身上。我同样还会表明，被告不可能同时看着头上的交通信号灯和前来的车辆。对于被告的丈夫，我只需要证明他正觉得

518

恶心不适，而不可能注意到交通信号灯或车辆。我只需要温和地证明这一点，因为被告和她的丈夫看上去是很善良的人。

对骨科医生的交叉询问很重要，因为他的意见是，如果原告曾努力尝试，今天他的手臂本应该完全复原。从他身上我最多能获得两点，但是这两点很重要。第一，他没有治疗过原告和在复原阶段监测过他的进展。第二，并非所有肘部错位的病人都能完全恢复，尽管他们作出了最大的努力。如果能指出这两点，我就会停止，因为我已经为终结辩论做了足够的准备。

好的，迄今为止就这样了。我现在需要开始准备证人，以执行我的庭审策略。同时，我已经不断地斟酌我的庭审策略，以我期望的方式对它进行改善和修订，并和证人重复地练习，以便对他们的询问能为我的策略服务。现在是喝一杯新鲜咖啡的时间了。

3. 被告策略

（把你自己假象为被告律师，正在为即将到来的庭审思考对策。）

我们提供7万美元来和解这个案件（主要基于两年的工资损失、修理账单、医疗花费）；原告拒绝了。我们没有打算提高报价，保险公司也认为我应该尝试一下。我会的。我已经完成了所有的初始准备工作，我已经建立了文件档案，准备好了庭审笔记本。现在是开始思考庭审策略的时候了。

（1）案件理论

我关于责任的案件理论是什么？想在责任上取得完全的胜利是不实际的；能对半分摊责任就很好了，尽管陪审团可能会认为主要责任在被告。但是，我不能在责任问题上让步，我必须让原告承担一部分责任。如果我能证明，原告本可以在本方红灯时进入十字路口，或者缺乏合理注意，陪审团可能会分摊责任。毕竟，那是高峰时期，而原告驾驶着捷豹跑车。这样的画面会帮到我。

我关于损害赔偿的理论是什么？在这点上我会更有优势。原告想借由本案直接退休，但是我不认为陪审团会让他达到此目的。在这个案件中，原告受的伤是普通的错位，他不愿意接受康复治疗，或服用止痛药，而这些对于手臂的复原都是必要的。原告希望待在他的家里荒度余生，而让被告为之买单。我还可以证明原告没有遵从医嘱。如果原告按医生吩咐的做了，他就可以重新工作，而他的损害会减到最小。

（2）主题和标签

519

我的主题会很重要。如果陪审团将将责任分摊，那么我需要一些可以将注意力从被告身上转移到原告的东西。我的责任主题需要暗示原告是粗心的。

我可以从那条短的、十英尺长的刹车痕迹入手。它意味着原告直到撞击前一刻，才将他的脚移开油门，踩了刹车。只需原告提前1秒钟踩刹车，或者准备好踩刹车，车祸就绝对不会发生。"原告甚至没有给史密斯夫妇一秒钟的警示"或"一秒钟的警示——这就是这个案件的全部"，怎么样？然后，我会主张原告对发生的事情需要承担责任。

在损害赔偿问题上，我的主题很明显。"这是个关于一个人不听从医嘱的案件"或"原告不愿意努力，而希望你给他付钱"。这些主题都会强烈地暗示原告提出的请求并不公平。

我在庭审中使用的一些标签会创造对我有帮助的图像。原告正驾驶"捷豹"或"高档跑车"。这会使陪审团产生对典型跑车驾驶者的普遍印象。"医嘱"是另一个陪审员会即刻了解的标签。此外，原告只是"躺在附近"而"甚至没有尝试"的画面，也会在损害赔偿问题上对我有所帮助。

（3）戏剧化、人性化、视觉化

我有一个明显的优势。史密斯夫妇会给人留下亲切的祖父母的印象。我需要使他们变得人性化，向陪审团展示他们是什么样的人，从而使他们难以对这么善良的人作出大笔金额的裁决。

我还需要表明发生的车祸也可能轻易地严重伤害到史密斯先生，并且他有合理的理由被车祸惊吓到。

最重要的是，我必须抓住陪审团关于发生了什么的观点。我必须让史密斯夫妇讲述，从他们的视线，他们看到了什么。如果我能让陪审团视觉化地感知史密斯夫妇看到的东西———一辆跑车在通行时间即将结束时在十字路口飞驰而过———那么我就有很好的机会让原告承担一部分责任。

（4）开庭陈述和终结辩论

从我的案件理论、主题和标签中，已经有了终结辩论的基本要素。我需要做什么来完成开庭陈述呢？作为被告，我是第二个做开庭陈述的。我需要让陪审团摆脱原告的观点。我需要让陪审团想象，他们身处我的车子后座，并看到事故的发生。为实现这一点，我必须就史密斯夫妇在主街和百老汇大街看到了什么，以及他们怎样才幸免严重受伤，讲述一个清楚而引人入胜的故事。

我同样还需要微妙地暗示，原告在没有认真努力使他的手臂获得复原的情况下，希望通过此案退休。我需要暗示原告的请求是过分和不公平的。但是，为达到上述结论，我需要提出好的理由。因此，我需要讲清楚，原告为什么未能遵从医生的指示，并进行治疗。

在开庭陈述中会需要展示物吗？也许不需要，我可以不通过展示物讲述案件。但是，如果原告在开庭陈述中使用了大型的十字路口的图解，我必须保证在我开庭陈述前，将这些展示物移除。

（5）陪审团挑选

我在寻找什么样的陪审团？我喜欢至少会考虑我的责任证明，并且认为双方的驾驶者都对事故有责任的陪审员。但是，我的主要任务是减少损害赔偿。我只能忍受 5 万美元的裁决，40 万美元赔偿（这是我了解到的原告想要获得的）的裁决把我吓得要死。哪些陪审员会作出这样的裁决，因此是我需要排除的呢？

我想要"别克阶层"（Buick set）———坚定的中产阶级价值观、工人、中年人，甚至更大龄的有产阶级。我需要通过自己的辛苦劳动赚取收入的陪审员。我喜欢有医学背景的陪审员，也喜欢认为痛苦和不适是每个人人生中时常出现的状况的陪审员。我更愿意选择不喜欢运动的办公室人员。然后避免年轻的、低社会经济地位、体力劳动者、运动员、喜欢户外运动的人作为陪审员。这些人都是危险的陪审员，可能会满足原告的诉求。最后，我的预先审查问题会只关注于了解符合我在资料表中对危险陪审员背景描述的那部分人。

（6）证人

我有的三个证人并不是秘密：被告、她的丈夫、我的骨科专家。（我决定不传唤反驳原告人力资源专家和经济专家的证人。我的看法是，他们的意见是基于一个虚假的前提，即原告的手臂是永久性受伤，所以没有理由出示相反证据。我会在终结辩论中提出这些观点）

我对玛丽·史密斯和她丈夫的直接询问会关注几点。第一，我需要表明他们是很善良的人，终身都辛勤工作，并且有权利退休。第二，我需要表明史密斯夫人是一位小心驾驶的司机，而且出事当天尤为小心，因为在她的车里有一位觉得恶心不适的丈夫，需要她平稳地驾驶。最后，我需要通过他们的视线，表明事故事实上是如何发生的，而且他们是多么幸运地避免了受到严重伤害。

我的骨科专家很重要。我需要完成两件事情。第一，我需要医生留下良好的印象，而不是一位冷漠、无情、傲慢的医生。第二，医生必须证明原告本可以而且本应该使他的手臂复原。他需要解释复原失败常见的两个理由：或是缺乏动机，或是对手臂的医疗问题。如果是前者，就是病人的问题。如果是后者，通常可以通过手术来修复关节受限的活动范围。他需要证明，一名在其他方面都很健康的 35 岁的男人，通常而言，都会从此种错位中完全恢复，而且在原告的案例中，在对原告手臂进行检查之后，他认为如果康复计划事实上得到执行，原告并没有明显理由不会康复，重回他之前的工作。

我需要准备医生进行交叉询问。我知道原告最主要的观点是，并非每一个人都能从此类受伤中完全康复（而且他会在终结辩论中辩称，原告就是不能完全恢复人员中的一员，而这并非他的过错）。医生需要指出，如果不能完全康复，原因要么是动机上的，要么就是身体上的。

（7）展示物

我需要有力的展示物，去抵消原告的十字路口图解的效果。我会使用同类的图解，并将关键的辩护理由放在上面。如果我的图解与原告的图解一样有力，那么它就会支持我在终结辩论中，提出的双方对事故均应承担责任的观点。

在损害赔偿问题上，我需确保我方医生有表格和模型，以便他能使用它们来解释他的证言，并在我的举证阶段末尾仍使陪审团保持注意力。

（8）证明顺序

这很简单。先将被告和她的丈夫放在首位，把医生放在最后。他是我在损害赔偿问题上的重要证人，也应该是我的最后一名证人。

（9）交叉询问

在责任和损害赔偿问题上，对原告的交叉询问很重要。如果原告的看法未遭到质疑，危险就在于，陪审团可能会接受原告的看法，而在我有机会举证之前，就已经漠视我的看法。因此，需要在交叉询问中向陪审团提出我的案件理论。

在责任问题上，对原告的交叉询问将集中在一个观点上：当交通信号灯变成黄色时，他没有表现出在此种情况下应有的谨慎。我（从他的庭外采证笔录中）了解到，当交通信号灯变成黄色时，原告从来没有将脚脱离过油门，而靠近刹车板；相反，他径直朝前行驶。我的辩护是，此种表现并非黄色信号灯所要求的谨慎。此外，我需要暗示，他所预测离十字路口三辆汽车的距离仅仅是：预测，而他并不能确定。

对旁观者需要不同地处理。我需要在交叉询问中，暗示他没有预计会发生车祸，同时因为他在开车，所以并没有注意到发生车祸的车辆，所以事实上他只是在车祸发生之后，才注意到发生了什么。

警官代表着机会。我想他作证的 10 英尺的刹车痕迹会帮到我。也许我能使他陈述，在交通信号灯是黄灯时，进入十字路口可能会造成潜在的危险，而一名谨慎的驾驶者，总是会准备好迅速刹车。

对人力资源专家和经济学家的交叉询问，又会怎么样呢？我的终结辩论会是，这些证人是不相关的，因为并不涉及永久性的伤害。如果我最终会交叉询问人力资源专家，会很简洁。如果需要，也许只暗示，一个 35 岁的人，可以轻易地通过再培训而获得其他工作。对经济学家的交叉询问，同样应该简洁。经济学家通常会基于对未来的通胀率和谨慎投资收益率的假设，来计算未来收入损失。他们对未来收入损失的计算，在根据通胀率调整，并换算为现值后，而算出来的数额，通常会在第一年，就创造出高于原告以往任何年收入的利息（这通常让陪审团听上去像过高的数额）。我同样还需强调，他假定原告的手臂受伤是永久的，而他所有的计算都是基于此种假设。这可以给我足够的理由，去质疑经济学家的证言是基于一个虚假的前提，这在任何情况下都是不合理的，因此应当被忽略。

原告的配偶是我应该简单交叉询问的人员，甚至完全不交叉询问。她可能说的话没有什么能帮到我。最好是让她迅速地离开证人席。

两名治疗医生是我需要计划的最后证人。我对自己的骨科医师的直接询问，会提供对原告医生交叉询问的要点。我需要让他们承认，在普通的错位之后，通常是可以期待完全康复的；职业终结的情况极为少见，这常常只在存在医学并发症（medical complication）时，才会发生；病人不愿意遵循既定的治疗疗程，通常会导致自身完全康复的失败；如果疼痛很严重，有大量的药物可以用于辅助治疗项目；手术通常也可以纠正阻碍完全康复的生理状况。他们必须承认，X 光片显示，原告的肘关节并没有生理上的问题。

接下来应该做什么？我需要在脑海中反复思考所有的这些问题，不断完善，并向更有经验的人演示它们。然后开始着手证人准备。如果一切都进展顺利，陪审团至少会把责任的一部分分摊给原告，而且会将损害赔偿控制在 5 万美元之内。我认为这就是一个成功的庭审结果。明天早上最好把闹钟定早一点。

▇ 11. 17　出庭律师的自我评价指南

当一场庭审结束之后，律师也只是常人。他们或沉浸于胜利的喜悦之中，或者陷入失败的绝望之中。但是，一旦庭审结束之后，每位律师都应该扪心自问：我能从本次庭审中学到什么；我做得好的地方是什么，做得不好的地方是什么；我怎样才能做得更好？

优秀的律师会越来越优秀，这是因为他们会从经验中学习。他们不会因为"陪审团太愚蠢而不能理解我的举证"或以其他抵触的态度来避免重要的自我分析。优秀的出庭律师会理性回顾自己的表现，并从错误中获益。

接下来的自我评价，可能会帮助你审视你将来的庭审表现。

1. 策略

我是否提出了具有说服力的案件理论？

我是否提出了具有说服力的主题？

我是否为人物、地点和事件提供了具有说服力的标签？

我是否发展了人物故事？

我是否识别了关键的事实争点？

我是否只进行了我可以实际完成的事情？

我预测到了对手的策略吗？

我预测到了问题和缺陷吗？

2. 执行

a. 开庭陈述

我是否提出了我的案件理论？

我是否提出了我的主题？

我是否使用了对人物、地点和事件的标签？

我是否运用了叙事来陈述事件和我方举证？

我是否运用了具有说服力的展示物？

我是否实际上弥补了自身缺陷？

我是否成功达到了我的目的？

b. 证人

我的询问是否服务于我的整体策略？

在直接询问中，我是否使用了简单、事实性、非诱导性的问题？

我是否在直接询问中引出了"言语图像"？

在直接询问中，我是否提出了人物的故事？

在交叉询问中，我是否使用了简单、事实性、诱导性的问题？

我是否把交叉询问的结论"保留"到了终结辩论？

我是否成功达到了我的目的？

c. 展示物

我是否制作和使用了具有说服力的展示物和视觉辅助？

我是否在开庭陈述、终结辩论、证人询问中运用了展示物？

我是否奠定了具有充分法律效力且具有说服力的基础？

我是否在整个庭审中有效地运用了自己和对方的展示物？ *524*

d. 终结辩论

我是否主张了我的案件理论？

我是否一致性地运用了主题？

我是否一致性地运用了对人物、地点和事件的标签？

我是否提出了重要的事实和符合逻辑的推论，以支持我对关键争点的看法？

我是否运用了展示物、指示、类推和假设性的问题？

我兼顾了逻辑和情感吗？

我成功达到了目的吗？

3. 表达

a. 言语的

我训练我的证人构造了"言语画面"吗？

我和我的证人使用了"简单语言"吗？

我调整了我的声音，以抓住陪审团的注意力并强调重点吗？

我注意了节奏和停顿吗？

我有分散陪审团注意力的言语习惯吗？

b. 非言语的

在开庭陈述和终结辩论中，我避免了过多使用笔记吗？

我与证人和陪审员保持了眼神交流吗？

我使用了表示强调的动作和姿势吗？

我表现出了恰当的态度吗？

我有分散陪审团注意力的非言语习惯吗？ *525*

第 **12** 章

法官审理

12.1　前言

　　"你对于陪审团审判的介绍，可以说是非常有趣，不过，如果不是陪审团审判，那么又会是什么情况呢？我们在陪审团审判中所了解的诸多说服心理学，应该如何适用于法官审理中呢？"——这是一个经常被问及的好问题。这个问题之所以重要，是因为法官审理，也被称为法庭审理（court trials）或法庭上的审判（trials to the court），是一种常见的庭审方式，而且很可能变得越来越普遍。

　　某些案件不采用陪审团审判，而选择由法官负责事实认定的法官审理模式，出于以下两个理由：首先，该案件很可能涉及陪审团无权审理的诉讼请求。这些诉讼请求，可能涉及只能通过诸如禁令或特定履行等衡平救济去完成的情形，也可能涉及诸如遗嘱认证、家庭关系、青少年犯罪、破产或海事等联邦法律通常不允许采用陪审团审判的案件。这些诉讼请求通常是依据诸如联邦侵权索赔法等不授予陪审团审判权力的特定法案。其次，当事人可能未能及时要求进行陪审团审判，或者在审判前放弃请求陪审团审判的权利。

　　法官审理发生的频率大概是多少呢？尽管难以获得全面的全国统计数据，以下介绍的是最可能的状况。在刑事案件中，约有10%—15%的案件采用法官审理，不过这一比例在各州和联邦法域之间可能会有很大差别。在民事案件中，约有30%—35%的案件采用法官审理。如果法官审理还包括有争议的决定性听证会（例如就申请初步禁令的听证会）以及准司法机构的审前程序（例如仲裁和行政听证），前述比例还会更高。除非你是涉及人身伤害、劳动雇佣（在此类案件中原告通常会要求陪审团审判）或刑事（在此类案件中被告通常会要求陪审团审判）案件，否则你的下一次审判很可能就是法官审理。

　　显而易见，可以得出这样的结论：无论在州法院还是在联邦法院，在民事和刑事案件中，法官审理都是日常发生的常例。每一个律师都必须掌握法官审理和陪审团审判的区别。

12.2　法官审理的规则

　　法官审理和陪审团审判在规则上具有如下四方面基本区别：审理程序不同、证据规则不同、事实认定和法律适用的要求不同，以及上诉审查的标准不同。 *527*

　　首先，审理程序可能不同。联邦证据规则第611条a款赋予法官控制审理程序的很大权限，法官可以自由行使这一权力。例如，法官可以自行决定是否：将案件进行拆分审理、不按次序来听取证词、先审查所有责任证词再审查损害证据、限制开庭陈述和结案陈词、听审以声明形式作出的专家直接证据并对案件中各方当事人的陈述规定时间限制。尽管在陪审团审判中，法官也有可能会适用这些特别程序，不过这些程序在法官审理中适用的可能性要大得多。

审理程序在其他方面也可能不同。在法官审理中，法官有可能自始至终都在审理中表现积极——不论是开庭陈述和结案陈词时的提问、还是直接询问和交叉询问证人，抑或随着审理的推进告知律师他们的关注点和兴趣所在。

其次，对证据的处理可能不同。在陪审团审判中，法官在任何可能的时候都倾向于对审前有异议的证据进行审查（在陪审团不在场时）。而在法官审理中，大多数法官通常在审判中出现证据时，就对其进行审理和认定。由于法官必须认定当事人提供的证据，以其为依据对异议作出判定，因此，通过审查反对证据往往所获甚少。此外，还必须注意的是，尽管陪审员可能不喜欢频繁的异议，不过法官习惯了异议，而且实际上还很可能欢迎异议——如果该异议是针对重要的事项并且言之有理，它就具有简化案件的作用。

法官审理存在明显的偏好。法官们往往抱有"姑且听之"的心态，并认识到这通常是一种安全的裁判。上诉法院更加关注的是，原审法院是否未能审查适当的证据，而不是原审法院是否审查了不恰当的证据。上诉法院认为原审法院并不会受到任何错误认定的证据的不当影响。

再次，程序性规则通常要求原审法官在法官审理结束时，就事实认定和法律适用作出裁决。例如，就联邦法院而言，联邦民事诉讼规则第 52 条 a 款要求法官在民事案件中，必须作出事实认定和法律适用的裁决，而联邦刑事诉讼规则第 23 条 c 款允许法官在刑事案件中，也作出这些认定和裁定。有些州遵循联邦法院的做法，而其他州允许法官就案件的处理作出一般性的裁决。由于书面认定和裁定能够详细反映出法官是如何评估和认定证据并作出判决的，因此，那些要求附有具体事实认定和法律适用的规则，旨在提请原审法官的注意并提高上诉的质量。原审法官可以要求当事方提交可能的认定和裁定，不过他最终应当自己来准备这些材料。根据联邦规则，尽管不是最受推荐的形式，不过备忘录意见书或记录在案的口头决定也可以被认可。

最后，上诉标准使得推翻因证据认定错误的法官审理裁决相当困难。上诉法院认为原审法官只会考虑出于合适的目的而采信适当的证据，认为由于证据采信错误造成的不当影响是轻微的，并认为法官不会受到应当排除的证据的影响。如果某一证据是通过提出异议而被接受的，而如果法官随后认定该证据的接受系属不当，则上诉法院会认为原审法官并没有受到该证据的不当影响。因此，一个好的原审法官会掌握这些规则，并会把异议事项排除在他们对事实的认定，以及对法律的适用之外。

此外，原审法官的证据认定规则的审查标准是"滥用自由裁量权"，事实认定的审查标准是"明显错误"。只有法律适用的审查标准是"全面、重新审查"。加上联邦证据规则第 103 条规定的无害错误规则，这些标准都是上诉法院改判的巨大障碍。仅在如下两种情形下，上诉法院改判法官审理才会经常发生：有记录表明，根据可适用的实体法，原审法官误解了诉讼请求、损害赔偿、抗辩等必要因素；或者有记录明确显示，原审法官的判决基于不当认定的证据材料。

不过，这些对于上诉改判的障碍并不意味着，即使你认为有利的话，也不应当在法官审理中提出异议和程序动议。而是应当避免提出那些除了惹恼法官以外，没什么大用处的技术型"形式"的异议。但是，你必须就重要的实质性问题及时提出依据确凿的异议。如果你不提出异议，法官可能会把已接受的证据用于任何适当的目的。因此，你应当始终大力主张证据方面的反对意见，以至于你能够在庭审中获胜。

确保原审法官就你提出的异议作出了裁决。如果不存在该裁决，也就不可能具有据此上诉的依据。当某项针对证据作出的异议获得了裁定，你务必及时提供充分的证明材料。这一点是必要的，不仅是为了提起上诉而保留出错的证据，而且是为了让法官了解被拒绝的证据是哪些，因而有机会获得改判。然而，律师往往只在陪审团审判中考虑提供证据，而在法官审理中却忽视了这一点。这无疑是个错误。

12.3　了解你的法官

你的法官会怎么样进行法官审理？如果你不知道，而且他也不告诉你的话，试着去了解更多。在最后的审前会议中，问问法官他打算如何进行审理，他是否会精简证人陈述和展示物，他是否考虑在时间安排上分阶段审理案件，而不是利用一整段时间来审理。如果法官就案件的某些方面表现出兴趣或疑虑，你应当记下笔记，并考虑好在庭审中将如何应对这些问题。问问法官他是否打算在审理前或庭审过程中，就对拟议的证据问题作出认定。对在自己的法庭上如何审理案件，一些法官具有固定的规则。

关于同类案件，你也可以问问律所里的其他律师，与法官打交道的经验。或者向法官以前的书记员和法院人士了解情况。你可以在法官审理和异议动议听证会上，观察法官是如何处理、考虑并接受信息的，法官是喜欢口头材料还是书面材料。如果你没有渠道观察法官，则可以查阅法官审理或听证会记录来确定法官是喜欢口头材料还是书面材料，例如，通过阅读法院公报或其他书面资料。在开庭陈述和结案陈词中法官询问律师的积极程度如何？在直接询问和交叉询问中法官询问证人的积极度如何？这些信息可以影响你将如何办理案件，以及你的证人将如何最有效地与法官沟通。

你的法官的执业背景以及案件审理记录情况怎么样？人们的观点会受到生活经历的影响。法官也不例外。他们并不是机械地作出判决的自动法律售货机。法官也是常人，也拥有对人、事及生活的观点和态度。法官目录是很好的信息来源。《美国法官》（The American Bench）和《联邦法官年鉴》（Almanac of the Federal Judiciary）就是两份提供了联邦法官和州法官背景信息的目录。许多较大的州也编制了目录，列明了法官的背景和履历。

你的法官对你这一类型案件的熟悉程度如何？记住，一名法官每年可能会审理 20—50 件案子。随着时间的推移，法官在执业经验和观点态度上都会有所积累。通过电脑搜索该法官的名字，你应当会查询到他出版的书刊、发表的文章以及庭审意见，以及经他审理案件的上诉裁判报道。这些经验能够强烈影响法官的思维方式，因为他会根据以往的审判实践来评估和认定证据。

你的法官对你的案件已经有多少了解？在此，地方的审判程序有助于得出结论。在联邦制中，从起诉开始，法官就将一直跟你的案子"共处"，在那段时期内，可能会对动议作出裁定，也可能会跟律师召开审前会议。如果法官已经就重要的动议举行听证并作出了裁定，例如，要求简易判决的动议或者排除专家证言的动议，那么法官将会了解几乎案件中所有的重要事实。在民事（而绝非刑事）案件中，法官会作出最终的审前说明，详细列明诉讼请求和抗辩、无争议和有争议的事实、证人名单及其拟议的证言概要以及展示物清单。在民事（而少有刑事）案件中，法官可能会要求各方提交一份庭审备忘录，说明拟议的证据和程序问题，以及各方对此的观点。庭审备忘录往往有助于法官为开庭作准备，而且对于法官审理而言尤为重要。在拟议的问题上，对法官施加影响总是比"教化"你的对手重要得多。

在不同的州法院，程序也不尽相同。在规模较小的州，法院的组织结构通常和联邦系统类似，书记员办公室对案件首次进行登记时就为其指定了法官；在整个程序中，该案件都由指定的法官负责。然而，在规模较大的州，许多法院采用"集中分案制度"（central assignment system），即某些法官仅认定审前事宜，而其他法官仅负责审理案件。一旦完成证据开示且已经作好案件开庭准备，审判长将会指定一名法官审理该案件。该庭审法官先前从未接触过案卷，因而对案情一无所知。你必须迅速且以专业的方式让法官了解情况。法院的卷宗可能是不完整的、无条理的，因此你应当给法官的是装订好的、加上了标签和索引的一系列起诉书、关键动议和决议。你还应当向法官（以及对方律师）提供一份庭审备忘录，阐明诉讼请求、抗辩、可能的证据以及拟议的证据争议，并咨询法官或其法律助理，你应当还需要提交什么材料以熟悉案情。

法官和律师打交道的情况怎么样？法官可能会不了解案情，但很可能会在先前的工作往来或私人接触、甚至从相关法庭八卦中对律师了解颇深。记住，法律职业历史悠久，专业性和好名声都至关重要。法官被指定后，她对律师的印象将很大程度上取决于与律师的首次见面。在前述会面中，你（以及其他所有人）应当始终传递出这样的信息：我能够胜任、足够专业，并且已经做好了充分的准备，期待在这个案子中大展身手。审判也涉及对信任的衡量，而如果律师能够在整个诉讼过程中，证明自己是值得信任的，那么从案件实际受理开始起，他将具有天然的优势。

法官和专家证人打交道的情况怎么样？在一般的案件审理中，法官会逐渐了解原告和被告经常邀请的专家证人。因此，法官会形成对这些专家证人的认识，并能辨别出哪些人是称职的专家证人，而哪些人的表现欠佳。（出庭律师会这么做，法官为什么不会呢？）法官和专家证人打交道的经历，应当会影响你考虑在案子刚开始的时候聘请哪些专家证人，而在出庭作证的时候聘请哪些专家证人。

最后，法官和当事方打交道的情况怎么样？某些当事方，例如地方、州和联邦政府，以及作为当地龙头企业的大型企业，常常涉入民事或刑事案件中（也往往是相同的律师代理的）。因此，法官也会逐渐熟悉这些当事方，并形成一套对他们的看法。

一旦你对法官的经历和好恶有所了解，你就能够使案件对法官更具吸引力和说服力，从而更好地代理案件。

12.4　法官审理与陪审团审判的对比研究

主审法官为什么会用不同的方法处理法官审理和陪审团审判呢？这是因为从司法关注点来看，法官审理具有如下三方面优势。

首先，审判法官拥有的最宝贵的东西就是时间。法官往往倾向于运用庭审来解决问题，而且比起陪审团审判，往往更多地选择适用法官审理。如果必须审判某一案件，法官会希望尽可能有效地解决它，而法官审理能够节约时间。这意味着，法官会希望律师提出尽可能多的事实和法律问题，希望将就证据提出的异议降到最低，并将其限制在具有重大关联性和传闻证据的范围内。法官会把注意力迅速集中到有争议的事实和问题上，鼓励证人就这些重要事实作好随时作证的准备，并且不提倡进行不必要的重复以及提出有关附随问题的证据。要知道，法官是专业的观察员，通常会在法官审理过程中记下大量的笔记。无论他们听到或看到什么，他们总是能迅速地抓住要点，并且希望你也能尽快转到下一个议题。

其次，法官想要听见和看见什么应当优先于律师认为法官应当听见和看见什么。在陪审团审判中，你的一举一动都必须围绕陪审团的意见。而在法官审理中，你的所有行为都应当以法官的观点为中心。法官关注诉讼请求、损害赔偿、抗辩等要素，关注双方如何就有争议的事项进行证明。一些法官会告诉你，他们对审判中某些问题的看法，他们认为哪些是重要的事实和法律争点，以及为了解决这些争议，他们希望听到和看到什么证据。在庭审过程中，法官会通过提问来启示律师和证人，法官的关注点和兴趣点何在。因此，请注意听取建议。

再次，为达到司法公正，法官经常有办法避开技术上的法律要求，以达成他们认为的公正结果。例如，在民事案件中，法官了解，如果积极抗辩会彻底阻碍原告获得损害赔偿，那么他可能会想办法避免积极抗辩。在刑事案件中，法官了解，如果在每个起诉书中都发现罪证，会导致适用强制性的法律来定罪量刑，那么他会想办法避免出现宽严不一的结果。法官（跟陪审员一样）往往更易于接受双方各打五十大板的结果。

这些对于出庭律师而言意味着什么？同样，最值得引起关注的三个要点如下：

首先，在开庭前作好全面的准备，以便清晰而有效地向法官陈述你的案子。如果你希望法官认真对待你代理的案子，那么你本身也必须认真对待，并从认真准备开始做起。你应当遵守诉讼中的各种时效和时限，通知你方证人庭审的时间安排，确保能与他们随时取得联系并准备好能够随时出庭作证。当你就重要的实质性证据提出异议，务必以及时且有力的方式，以便向法官证明你对于事实问题准备充分，并且对于证据规则掌握娴熟。

531

无论案情陈述，还是在向对方证人进行交叉询问时，尽可能快地抓住争议的核心。合理地安排证据开示，并向法庭书记员和对方律师提供你的证人和证据清单。把注意力集中于你对案子设计的最佳方案上，避免考虑替代性方案。紧紧围绕关键的事实，清晰地陈述案情，并随时就法官的关注和兴趣作出应对。记住，要懂得灵活应变。积极组织庭审的法官可能会要求律师随着审判的推进而转变焦点和方向。和法官的沟通，是一个涉及口头和非口头反馈的积极过程。简言之，跟在陪审团审判中观察陪审员一样，你应当在法官审理过程中密切观察法官，接收他的信息，并听取他的建议。

其次，表现出积极的态度。法官具有丰富的经验，能够迅速识别出谁已经准备就绪并渴望在庭审中一展身手，而谁更希望延期甚至避免开庭。那些期待尽早开庭并且表现出胜券在握的律师，自然会具有优势。另一方面，通过认真对待庭审中的所有程序，表现出你对你的当事人以及案子的关注和尽职。这包括当着法官的面表现得一丝不苟，并在庭审过程中兢兢业业。在陪审团审判中，律师在即使是不利的情形下，也表现得镇定自若，而在法官审理中，同样需要这一心态。

表现出积极的态度包括表现得坦率和明理。法官很看重坦诚。在陈述事实和可适用的成文法和判例法时，做到精准。如果你代理的案子存在某些弱点或者问题，及时开诚布公地说出来。如果对方就证据提出的异议占据优势，承认这一观点。只进行必要的反击，只打有胜算的仗。法官如果出现失误，通过策略性的方式指出来，并纠正该错误以便维护法官（以及庭审记录）。那些试图以扰乱、误导或欺瞒的方式参与庭审的律师，很快会丧失法官的尊重和信任。当信任不复存在，你的影响力也会消失无踪。你将为此付出沉重的代价。

在法官审理中，法官总是试图作出公正、合理的判决，因而他们尊重那些亦寻求同样结果的律师。而那些过分具有攻击性的、看似愿意不计任何代价想要获胜的律师，以及那些认为在案件中获胜远比公正和合理重要的律师，也会很快丧失其影响力。这一代价也很沉重。

再次，记住，一名经验丰富的法官仍然是一个常人，对证据作出的反应和陪审团成员也差不多。印象，尤其是第一印象，至关重要。这意味着你必须就案件提出一套清晰的方案。选择恰当的主题和标签以使在庭审中使用，注意前后连贯和一致。以有趣的方式进行陈述，并向前推进。把注意力集中在你的当事人身上，说明你的当事人为什么是好人、为什么是高尚的人。采用有趣的方式，以说书般的技巧陈述案件。抓住案件中人性的、富有感情的核心，摒弃那些适合陪审团审判的戏剧化和点缀。确保你的证人在作证时切题且生动。多采用直观的形式，例如图表、表格和摘要等。法官耗费整天的时间听取律师、证人以及法院工作人员的发言，因此，他们欢迎那些能够凸显和概括关键信息的展示物和直观媒介。这些直观的展示，在例行常规中无疑提供了重要的创新。

简言之，法官审理绝非仅仅是一场"板凳审判"——在此期间，律师抱着怎么做都一样的心态，认为"反正法官自己会去搞定"，以没有条理的、毫无重点的、枯燥乏味的方式提出证据。相反，法官审理为有能力的律师提供了在庭审的每一阶段进行有力辩护的机会。

12.5　法官审理的步骤

前述法官的关注点具有重要意义，并且它们的影响着出庭律师在法官审理中的每一阶段应该如何代理案件。 *533*

1. 开庭陈述

开庭陈述是一次绝佳的说服机会，因此，尽可能地抓住这一机会。你应当作出什么类型的开庭陈述？法官审理中的开庭陈述和陪审团审判中的开庭陈述应当有什么不同之处？

法官对于开庭陈述的态度不尽相同，有的法官欢迎开庭陈述，而有的法官认为自己已经了解案情和争议事项，从而要求律师略过开庭陈述，直接传唤证人。是什么造成了这些差异呢？主要出于如下三方面因素：适用于案件的管辖规则、法官对于法官审理中开庭陈述的态度，以及法官根据先前的经验对案件的了解程度。

开庭陈述在很大程度上具有自由裁量性。联邦制度中并没有任何规则在程序上或从证据方面限制开庭陈述。各州的制度基本上也是如此。在那些确实对开庭陈述有所规定的州，该等规定往往也是原则性的，允许进行包含简要介绍案件事实（律师将在随后的庭审中证明这些事实）的开庭陈述。

一些法官认为法官审理中的开庭陈述纯属浪费时间，因此不进行开庭陈述。而在另一个极端，一些法官又要求进行完整、充分的开庭陈述。不过，大多数法官大概介于二者之间。因此，了解你的法官的偏好十分重要——最好的打听时机就是最后一次审前会议。

根据先前处理同类案件的经验，法官所采用的程序也会略有不同。从案件受理开始，拥有类似经验的庭审法官很快就会了解案件事实和争议点。如遇这种情况，法官要么要求不进行开庭陈述、要么要求只进行简要的开庭陈述。在适用法官指定制度的州法院中，法官往往对案情一无所知，因此更有可能允许进行完整、充分的开庭陈述。

如果你遇到的法官禁止或严格限制开庭陈述，那么最后一次审前会议则变得至关重要。如果双方都提交了联合审前声明，并就某些无争议以及争议中的事实达成了一致，这就没问题了。但如果双方无法达成一致，则各方必须提交各自的版本。无论如何进行陈述，你都要确保，对案件中无争议和有争议的事实和问题都明确地表达了你的主张。

如果法官拒绝听取开庭陈述，那么试着转移法官的注意力，通过请求进行一个简要的"开场介绍"，以使把焦点集中到主要的事实和法律问题上。如果律师请求进行简明扼要的开庭陈述，很多法官的态度都会软化下来。法官一旦松口，确保你的陈述确实是简明扼要的，且紧紧围绕法官的思路。而如果你无法促使法官允许你作出开庭陈述——哪怕是简要的"开场介绍"，那么法官可能会认为，你不作开庭陈述，也没什么要紧。最糟糕的是，法官可能会认为，你的说服力很弱，胜算很小。

如果法官允许你进行开庭陈述，那么在开庭陈述中，应当说什么？应当怎么说？

534

在法官审理中，开庭陈述有助于法官了解你将怎么样证明——不论是从法律上，还是在事实上——你的案子。法官关注的重点集中于诉讼请求、损害赔偿请求和抗辩等事项，以及证据与这些要素之间的关联情况。毕竟，法官很可能要在庭审结束时，作出书面的事实认定和法律适用。在法官审理中讨论法律适用是没问题的，因此，列出你案件中的所有必要事项，指明哪些会产生争议，并表明你打算如何证明这些存在争议的事项。这些也是庭审中法官会关注的事项。良好的开庭陈述将向法官展示你对事实的组织和整理以及这些事实是如何与法律问题联系在一起；尽量按时间顺序排列事件，并提供对事件和所涉人物的一般理解。使用图表、模型等直观方式，如果它们有助于法官了解案情——事实上确实也是这样。

不要以为法官是适用法律的专家。尽管所有法官都了解共同过失、合同索赔以及民事和刑事案件中的一般举证责任，他们有可能不太了解那些较少接触的案件中，诸如民事索赔、刑事指控或积极抗辩等事项，也有可能不太了解特定诉讼请求和抗辩适用的举证责任，或者某些推定的存在。所以，应当委婉地指引法官，哪些事项需要证明。如果法官打算加快进程，那么他会让你知道。在陪审团审判中，一个可取的办法就是对诉讼请求、抗辩、法律支持的损害赔偿请求等每一事项准备一份陪审团指南模板。如果面对在诉讼请求或抗辩方面达成初步证据确凿的案件，但是却对需要证明的内容或者对损害赔偿的合适标准产生争议，那么你有必要向法官提供一份相应的指南。

其次，告知法官你将提出的主要事实，这些事实也是你根据法律的要求应当证明的。在法官审理中，虽然法官被你那些不会过于情绪化的述说、急于获得同情的控诉和不断重复的强调所打动，但这并不意味着你要将你的陈述变得苍白无力。你可以坚持陪审团审判中的基本准则——按照时间顺序或遵循其他清晰的线索来讲述生动的人物和故事，不过，要避免那些会惹恼法官的矫揉造作和装腔作势。保留案件中的冲突点，但要去掉戏剧化。记住，法官会根据他们先前的审判经验很快形成对你的印象。如果你的案件不同于常例，向法官解释清楚。此外，务必告知法官，在审判结束你会要求什么样的具体损害赔偿或者寻求其他哪些救济方式。法官并不懂得、也没有必要懂得读心术。

当你进行开庭陈述时，无论多么简要，都要表现出积极的态度。因为法官能迅速觉察出你是否对你的案件有信心，以及你是否想要赢。在法官审理中，开庭陈述可以包含更多的法律问题；尽管事实陈述部分可能没有在陪审团审判中那样富有戏剧性，不过这也并不意味着枯燥乏味。直接面对法官提出的问题，保持和法官进行眼神接触，合理运用你的声调、语气并自信地使用身体语言。你的态度能够传达重要的信息——关于你本身、你的客户以及你代理的案子——当法官对于这些信息很敏感的时候。

535

如果法官在开庭陈述中对你提出问题，你应当立即作出回应，就如同处理上诉案件中的口头申辩一样。忽视法官提出的任何一个问题，是律师最为惹恼法官的事情。假如你确实不知道答案，坦诚地向法官承认，并告诉法官你随后会立即给出答复。有太多的律师以为他们应当永远知道如何回答法官的问题，因此，一旦他们答不上来的时候，便会当场编造一个答案。其实你只需这样告诉法官："法官大人，我目前并不了解，不过我会把对这一问题进行研究作为第一要务，并尽快向您提交一份简报"。

最后，在法官审理中，开庭陈述时就证据提出的异议，通常只是浪费时间而已——除了惹恼法官以外，毫无益处。

2. **直接询问**

在你代理掌握控方证据的主案时，大多数案件的核心在于，就你方证人进行直接询问。你应当按照什么顺序传唤证人？你应当如何安排和组织各个直接询问？你应当如何处理不在场证人的证词？你是否应当把对方视为不利的证人？这些问题在陪审团审判和法官审理中都属于你的重要决策。

首先，尽量采用你在陪审团审判中所遵循的相同顺序来传唤证人：以证明力最强的证人作为开始和结束，并尽可能地避免证明力弱的证人。在法官审理中，以证明力强的证人开始具有重要意义，因为法官也会迅速形成对你的形象。在案件开始之初，尽量选择那些能够描述案件全貌的证人，尤其在法官并不是对你的案件进行连贯审理的情况下。在人身损害赔偿诉讼中亦同理：塑造深刻的第一印象是关键所在。按照最能够有效表现案情的顺序安排证人。那种以为在法官审理中，不按顺序传唤证人也没什么差别的想法，无疑是个错误。相反，有序传唤证人，确实大有裨益。

避免选择不必要的佐证证人。除非案件桎梏于有争议的事件、交易或谈话（在这些情况下，你会想邀请额外的证人来支持你方观点），法官极少会受这些证人的影响——他们仅仅是佐证法官先前从其他证人或根据其他证据已经了解到的情况。实际上，法官一旦发现证人提不出什么新的说法，可能就会缩短他作证的时间。

记住，在审理进行当中，及时要求证人退庭。在法官审理这种不那么正式的气氛之下，不少律师常常忘记这一点。（根据联邦证据规则第 615 条，隔离令并不适用于双方及其代理人，或者其他必不可少的证人，而且某些法官允许专家证人一直出现在法庭上，以听取对方的证词）

直接询问必须紧紧围绕重点，在法官审理中尤其应当如此。法官希望你能够立即切入证词的核心。因此，你应当压缩背景介绍，迅速切题。记住，大多数的证人证言都不会引起争议，所以，法官会允许引出一定数量的、不存在争议但系属必要的证人证言。不过，当你引出核心证人证言的时候，确保证人确实是在作证。

536

你可以通过加入相关规定和审前声明来精简直接询问。例如，如果证人正在就某次商务会议作证，你可以这样说："法官大人，第 6 条规则规定了会议应当在何时、何地举行，以及由何人出席"，然后，立即就该会议上的发言情况询问证人。你也可以这样说："法官大人，在最后一次审前陈述中，双方已经就被告有权缔结具有拘束力的合同达成一致"，随后，直接开始讨论该口头合同的相关条款。法官会欣赏你这种迅速缩略无争议的信息以切中要害的做法。

不过，促效率和抓重点，不应当以弱化直接询问的影响为代价。证人必须作好准备，以便能够有力而有效地提供证言。避免出现这种常见错误——认为既然只是"法官审理"，那么法官就只想要知道事实，而并不会受到证人证言的影响。法官跟陪审团一样欣赏准备充分，以及那些能够与之进行有效沟通的证人，而跟其他任何人一样讨厌那些冗长、乏味的证词。因此，尽量使证词生动、形象，保留戏剧冲突点。当有关出庭证人可信度的案件线索与有争议的事件或交易存在不一致时，这显得尤为重要。想办法富有创造性地发表证言，别忘了在询问中的任何适当的时候采用证物、图表等直观的形式。法官，也跟陪审团一样，往往欢迎视觉效果，而不是仅仅依赖于听觉。

直接询问在法官审理和陪审团审判中存在一个显著区别。在法官审理中，法官有可能会积极地参与询问，具体可以表现为以下两种形式。一些法官会告知你，他们希望直接询问应该往什么方向发展。例如，法官可能会提出："律师，现在我已经了解了争议的背景。我感兴趣的是，证人对这两家公司总裁之间对话的回忆。"另一些法官会让你知道，他们不希望直接询问往什么方向发展。例如，法官可能会说："根据其他证人所述，我认为我已经足够了解公司对其记录的制备情况。现在，让我们继续进行下一个议题。"你应当做的，就是听从法官的意见。

法官积极参与直接询问的另一种形式，就是向证人直接提问。有些提问可能旨在收集额外的信息，例如，法官可能会问道，"威廉姆斯女士，你为何直到会议结束三天后才编制会议记录？"有些提问也可能旨在获得澄清，例如，法官会问，"约翰先生，我没太听明白你说的。请问你究竟是在哪里进行前述对话的？"有的法官会在直接询问进行过程中提问，而其他法官则会尽量不去打断询问，直到直接询问或交叉询问结束时才提出问题。让你的证人对这些打断做好心理准备，有备无患，并确保他们能够立即坦诚地回答法官提出的问题。

你应当如何呈交那些没有出庭的证人所作出的书面证言？问一问法官。大多数法官希望律师能够在这些书面证言上作出标识，以标明他们认为哪些是可采纳的以及重要的。而某些法官希望律师就相关部分提供摘要，并就关键问题摘录出提问和回答。如果这一证据是以录像的形式提交的，那么大多数法官想看由律师标出了重点的部分。不管采用什么方式，记住，法官并不想要你照本宣科地朗读整份证人证言，也不希望阅读任何庞大篇幅的证词。另外，你要确保书面证言和录像资料已经标记为展示物，而且形式上被认可为证据。

然后，在你代理掌握控方证据的主案时，是否应当传唤不利于你那方的证人？律师，尤其是原告的代理律师，往往会提前邀请不利方的证人，或者希望趁对方不备，或者希望对方给法官留下糟糕的印象，从而使其处于劣势。当然，传唤不利于你方的证人，存在策略落空的风险。在法官审理中，这一风险跟在陪审团审判中有何不同之处呢？

记住，法官是一名经验丰富且捉摸不透的观察者，他懂得你那些小把戏。因此，你传唤不利证人的策略并不会使他太惊讶，或许，对他甚至不会造成多大的影响。如果你必须传唤不利证人来证明诸如诉讼请求或抗辩等事项，那么法官会明白你为何需要传唤该证人，并且适当地对这一情况进行评估。另一方面，如果你传唤对方不利证人的唯一理由，只是为了对其进行纠缠——你具有的仅仅是演技，而非实力——法官很快也会看穿这一点。别忘了扪心自问：这样做，对法官会造成什么影响？

3. **交叉询问**

你是否应当对某个特定的证人进行交叉询问？在陪审团审判中，陪审员认为在每次主询问之后都应该进行交叉询问。因此，在陪审团面前，律师一般对所有证人都进行交叉询问。而法官审理则有些不同，法官对交叉询问的态度不置可否，换句话说，法官对漫无重点的交叉询问缺乏耐心。在对案件没有实质影响的枝节问题上纠缠，无论在陪审团还是法官面前都不是一个好主意。而在法官审理中这种情况更加糟糕，因为他往往会打断你。

避免在无关紧要的事情上弹劾证人。在庭审激烈的辩论中，律师有时候会觉得无论多么小的事都需要辩驳一翻以示严谨。永远记住，法官能够分辩这样的弹劾是否有意义，他们知道证人也是人，不可能在多次重复描述同一事件时做到完全一致。诸如"汽车以 25 公里时速前进"和"汽车以 25—30 公里的时速前进"这样的微小差别，是不值一提的。如果你仅仅反复纠缠于这样的微小差别，法官会认为你没有实质性的意见可以提出。

有经验的法官对你的交叉询问只有两个要求：切中要害和避免夸张。

首先，切中要害。法官比一般的陪审员更快掌握交叉询问的要点。比如，如果你希望证明证人偏向对方，你只需要举出造成这种偏见的原因："原告欠你 10 万美元，对吗？"然后，就此打住。法官会明白你想证明的观点，多余的话是毫无意义的。

其次，避免夸张。法官对律师弹劾证人时所做的煽动和虚张声势无动于衷，在陪审团面前，弹劾证人应该严格遵循程序，从证人的保证、信用以及处理方式一步步着手，以向陪审团传达出应该怎样对待弹劾证人的信息。而作为了解弹劾证人所需程序和理由的法官，面对弹劾，会作出和陪审团不同的反应。

一些法官只希望直接亮出底线——实质的弹劾，而不需要惯常的铺垫。例如，如果一个证人作证，声称他目击了车祸经过，在交叉询问时，你只需要问他为什么他的说法前后不一："你在车祸发生后告诉史密斯警官说你到达现场时两车已经相撞了，是这样吗？"然后就此打住。法官会立即明白你的论点。一些法官还需要弹劾证人的文本资料，出现这种情况时，准备额外的资料呈交法官。

另一些法官（通常他们自己也曾是有经验的律师）则喜欢观看律师援用各种精彩的手段进行弹劾。当遇到这样的法官时，你应该像在陪审团面前一样，使出浑身解数。那么，你怎么知道法官到底偏好哪种弹劾方式呢？你可以通过观察法官的言谈举止来判断。如果他看起来烦躁或者无聊，你就应当立即进行调整。

在某些情况下，法官比陪审团更有耐心。虽然他希望你切中要害，但在的确有必要的时候，他也会允许你进行比陪审团审判花费时间更长的交叉询问。这种情况在询问专家证人涉及金融、技术或者科学信息等问题时更加突

538

出，陪审团会很快觉得这些问题晦涩无趣，法官则会明白这是你询问的亮点所在。

4. 展示物

在法官审理中，你是否需要采用图表、模型等直观形式来举证？如果需要的话，法官会认可这种证据的效力吗？你该选择怎样的举证形式？又该以怎样的方式进行举证？

一些律师错误地以为法官审理的案件，没必要花费时间和精力准备直观的展示，反正法官也不会受到这些展示的影响。如果你和法官聊聊，你就会听到一个不同的说法："我所有的时间几乎都花在听人说话上了，为什么不在庭审时来点直观的呢？"真相很明显：和陪审员一样，法官也喜欢庭审时有效的直观展示，也会受到这种展示的影响，并且希望你在庭审时运用它们。

而且，法官会认可这种直观证据的效力吗？法官不喜欢在庭审时处理基础的技术问题，这种问题处理起来事倍功半。所以他们一般让当事人作出同意展示物或证据关联性的说明。（这就意味着你在庭前就需要确定对方哪些展示物是你同意的）如果当事人不愿意作出说明的话，法官会在庭审时非正式地提到这点，并且一般会同意该证据在庭审时进行举示。只有当对方以严重非关联性或传闻证据等理由提出异议时，才将该证据排除。到了采信证据的时候，该是怎样就是怎样的策略是正常的。

对律师来说，这点很清楚：在法官审理时，法官不希望被证据关联性这样的技术问题所困扰，他们希望聚焦全局。所以，将你对证据的异议，留给关联性不强的重要证据或者有确切证明的传闻证据。

再次，在法官审理的庭审中，你该怎样选择展示物以及直观展示方式？简单来说，就跟你在陪审团审判时一样。因为法官也是人，较之听别人说话，他们更喜欢看得见，也容易记住的直观展示。认为法官不会受到这种展示的影响是个极大的错误。在法庭上作这样的展示，向法官传递了一个正面的信息：律师对案件有信心并且非常重视，不惜花费时间金钱来准备展示物以使他的证据更加直观。

运用放大的照片、图片、记录、文件以及其他可视的展示手段，将它们贴在张贴版或者录入电脑进行展示（特别是在法庭设施条件允许时），并且将展示物做得丰富多彩以吸引眼球。法官和陪审员一样也喜欢用图表、提要等形式来直观表现事件顺序、进展情况、整合技术和细节问题。你可能需要将展示物和证人证言结合起来，就像在陪审团审判时一样。运用电脑动画诠释专家证人证言是个不错的建议。

运用联邦证据规则第 1006 条浓缩庞杂证据。该条允许对庞杂的且不便当庭展示的文字、录音和图片进行浓缩、提要。虽然这种浓缩提要之后的证据不依附于原证据存在，但是有经验的律师还是会将原证据准备好，以便法官不时之需。最好能够在原证据和浓缩之后的证据之间建立起目录以便查找。第 1006 条是法官的最爱，因为该条大大简化了证据的展示，法官期望你能够好好地使用它。

法官审理需要查阅大量的资料，准备一份标示清楚、注释详尽的证据目录或活页呈交法官（再准备几份给对方律师和证人）。在这份目录里，将你的展示物按时间、数字或者其他顺序编号，以使读者一目了然，便于查找。这份目录将再次向法官传递积极的信息。另外，很多法官对识别、标记和组织文件有自己偏爱的方式，如果你的法官有自己的偏好的话，按照这种偏好编写目录。 *540*

如果法官不需要证据目录的话，你也需要在证人作证时，将每一份证据的副本准备好。例如，当证人作证时运用了一幅放大的图表，你需要将这个图表较小的副本交给法官。因为很多法官喜欢在证人作证的同时，自己在证据副本上标注要点。

最后，不要给法官一堆未经分析的证据，让法官自己去弄明白这些证据证明的内容。不是所有的证据都是可以从表面推知其意的，例如复杂的金融和会计记录等需要证人（通常是专家）解释说明，并指出意义。在这种情况下，证人是法官的向导，引导他发现证据证明的内容以及与其他证据的关系。

5. **专家证人**

专家证人证言在法官审理中，与在陪审团审判中存在实质性的不同。究其原因，在于联邦证据规则第 611 条 a 款的规定赋予法官掌控询问证人模式的权力。法官行使该项权力会对专家证人证言造成以下三方面的影响：专家证人的资格；证言的表达方式；法官向证人提问的方式。

首先，法官会简略调查专家证人资格和其他背景资料以节省时间。大部分法官会要求当事人明确说明，所有专家证人的资质符合联邦证据规则第702 条的最低标准。鉴于几乎所有专家证人都符合这个标准，所以律师会按照法官的要求明确地说明。然后法官会要求律师递交专家证人的教育背景、培训记录、工作经验等方面的简历或者履历表。该简历或履历表被视为商业记录或者可靠的传闻证据，被标明为证据并当庭展示。你应该确保手中有详细记录专家证人背景资料的履历表，以便法官对证人的可信度作出准确判断。记住专家证人会将自己的履历表突出重点，以便给同领域的其他专家留下深刻印象，而在法庭上，你需要确保这样的履历表同样会给法官留下深刻的印象。

其次，法官会变换询问专家证人的程序，特别是在直接询问时。很多法官将专家证人视为其他普通证人一样，采取通常的程序：己方主询问、对方律师交叉询问、己方律师再询问。但是也有些法官为了节省时间要求律师直接递交己方首次主询问的书面内容，而只在法庭上进行交叉询问和己方再询 *541*问。（这在破产程序中尤其普遍，在该等案件中直接询问一般都采用书面形式）如果法官要求递交首次主询问的书面内容，你在庭前就应该作好相应的准备，确保书面主询问清楚地表达了专家证人的主要观点和推理过程。

再次，在律师主询问和交叉询问专家证人时，法官常常会积极参与。毕竟法官要作出判决，肯定需要专家证人回答他提出的问题。将法官的这种参与看作一个机会。如果法官通过他的提问透露出他的关注点，那么这将是非常有价值的信息。有些法官随时会提出问题，而另一些法官会在律师询问结束后才提问。你需要提前告知专家证人随时做好准备回答法官的问题。

法官对专家证人证言的技术要求会比宽松，也允许双方询问留有余地，以便更快进入主题。例如，关于诱导证人或者问题含义不明的异议一般会被驳回，因为法官希望尽快进入主题。所以将你的异议留到更重要的时候再提出吧。

庭审法官是通才，他们知晓很多领域，但是却谈不上精通。所以不要假设你的法官是医学、金融、会计、科技等案件所涉领域的专家。在庭审前就要明确这点，让你的专家证人作法官的老师或向导，平易近人地向法官解释他在该领域都做了些什么，是怎么做的。有必要的话，可以采用图表、模型等直观方式辅助说明。如果专家讲的过于肤浅或速度过快，法官会通过提出问题或者身体语言等方式让你知道。注意这些"信号"，并相应调整专家证言。

在交叉询问中，记住，有经验的法官已经见惯了交叉询问专家证人的普遍套路。例如，每一个民事审判法官都对如何确定未来损失的现金价值的交叉询问谙熟于心。在法官审理庭审中，这种问题应该一带而过。

最后，记住法官对经常出庭的专家证人非常熟悉，包括医生、经济师、工程师、渎职犯罪专家等都是法庭上的常客。法官很快会通过自己的经验以及同事之间的交谈，得知哪些专家常为原告作证、哪些常为被告作证，以及哪些专家是王牌证人。时间长了，法官会对这些专家证人形成固有的印象，这些印象对证人证言会产生影响。所以，你在决定考虑聘请某专家证人时，需要调查该专家先前和法官打交道的情况。

6. 终结辩论

终结辩论是你说服法官的最后机会。那么在法官审理中，什么样的终结辩论是有效的？终结辩论在法官审理和在陪审团审判中有何区别？你应该怎样作出终结辩论？法官在终结辩论中的参与程度如何？

对于法官来说，大多数判决都是理性的分析，而不是感性的认识。这不是说感性完全不起作用，因为法官的判决也不可能无视人之常情。当法官听取双方辩论时，他心里考虑的是他要作出的判决。但他并不笼统地思考，而是从原告的诉讼请求、损害赔偿请求以及被告的抗辩等各方面分析权衡。从理性方面来说，这些权衡包括：原告是不是已经充分证明了自己的诉讼请求和根据？被告是不是提出了相反的主张和有效的辩解？双方是否达到了证明标准？而从感性方面来说，则包括：判决是否公平合理？这个案件能否和解等。简而言之，法官思考的问题是：我能不能支持其中一方？我应不应该支持其中一方？一个好的律师应该将这一条记住于心并针对这两个问题作出陈述。

首先，让法官看到你已经成功证明了你需要证明的一切。一个明智的办法就是围绕法官思考的要点，即诉讼请求、损害赔偿请求以及抗辩来组织你的辩护词。一些法官可能会需要你将辩护词要点以书面形式呈交法庭（事实上，有时候法官会直接要求律师呈交书面结案陈词）。其次，你还需要明确指出某个特定的证人证言如何证明（或者反驳）了某一要点，这将替法官减轻工作量。再次，采用图表、模型等直观方式帮助阐述，特别是总结关键事实、说明事件时间顺序以及理清各方当事人和证人之间的相互关系时。最后，尽量准确。避免错误和夸大事实。绝大多数法官会在庭审过程中记录事实要点，如果你给他们造成了证明结论与案件事实不符的印象，那么你就麻烦了——目前这个案件和将来你的案件都会受到影响。

你需要向法官展示并精确计算你主张的损害赔偿数额，包括各方应承担的责任比例，未来可预计收入的价值，以及案件诉讼期间的利息，和其他损害赔偿数额。将每一项损害赔偿要求的计算方法，以及主张该损害赔偿的证据基础都一一列明。就像在陪审团审判中一样，准备图表、模型等直观展示，以便使你的损害赔偿请求数额一目了然。不要寄望于法官自己作这些专业的运算。

其次，你需要让法官相信你计算的结果是公平和正确的。记住，在法官审理中，法官往往会找到理由让案件按照他的思路发展，并且按照他的认定确定案件判决结果。正如陪审团审判中的陪审员一样，法官也需要对案件的结果感到认同。因此，要避免经验丰富的法官（以及上诉法院）不会认可的过分要求和无理观点，特别是在要求损害赔偿时。法官清楚什么才是合理的，以及面对同样的事实，陪审团或者其他法官会怎样做。如果律师给法官留下追求公正合理判决的印象，那么他将对法官造成更大的影响。

既然法官的固有倾向是达成有事实根据支持的折中结论，这就意味着你需要对此保持敏感。经常问自己这个问题："如果法官是要根据事实推出折中的结论，那么这个结论是什么？我是否同意这一结论？"如果你同意这个结论，那么尽力证明这一结论是公平且理所当然的；如果你不同意这一结论，那么则需要证明为什么这一结论不公平，以及为什么另一个结论才是可取的。

再次，在庭审过程中针对法官通过评论、向证人和律师提问所表达的关注点进行答复和说明。每一个法官都会在庭审过程中发出"信号"，终结辩论阶段是对这些信号作出回应的完美时机（也是最后的时机），并且将法官的关注点包含在你的陈述之中。

在法官审理中，你应当如何进行终结辩论？首先，将终结辩论变得比陪审团审判时更简要。法官通常会限制时间，就算没有限制，他们也期望你的陈述简明扼要且切中要害。其次，避免在陪审团审判时采用的戏剧效果，感情色彩浓烈的语言和悲情故事可能对陪审团有用，但只会使法官倒胃口，你只需要紧抓法律和事实即可。

但这并不意味着你的终结辩论会很枯燥，避免戏剧效果但是要表现出你对案件的严谨，对委托人的忠诚，以及你对胜诉的自信。这主要是说话方式的问题：面对法官进行陈述，保持视线接触，运用你的眼神和身体语言。永远避免给法官留下你只是在走过场的印象。

最后，在你进行终结辩论时，法官在做什么？这个因人而异，有些法官安静地坐着倾听，用手或电脑记笔记，从不打断你的话。但当这种情况出现时，律师也很难知道法官到底是因为还没有下结论而认真听取终结辩论，还是已经有了结论，只是在静静地等你讲完？因为你不知道法官到底想的什么，所以你只能继续陈述。（在刑事诉讼中则有一个例外，当嫌疑人只是为了取得法官庭前排除证据或者供述决定的上诉权时，在明知法官会判决嫌疑人有罪的情况下，你可以简短地作出终结辩论，然后上诉。）

大多数法官会在终结辩论时提问，问题可能是关于证据、诉讼请求、损害赔偿要求以及抗辩的要点和可援引的判例。当这种情况出现时，律师也不会知道法官是因为没有确定结论而真正提出问题，还是法官已经得出结论，只是为了验证其掌握的事实和法律适用是否无懈可击。因为你无法明确知道法官的想法，所以你只能对这些问题作出直接和迅速的回答。在法官审理中，终结辩论和上诉口头陈述很相似：你事先准备好的发言会不停地被法官打断，而回答这些问题比辩论本身更加重要。如果你不知道问题的答案，坦率地告诉法官，并说明你会在辩论结束后立即就该问题提交书面答复。

在辩论过程中，法官会发出"信号"暗示，或直接表示他倾向于作出怎样的判决，试着以巧妙的方式修正他的想法，而不是生硬地与之发生冲突，就像你在上诉过程中遇到难题时一样。

7. 事实认定和法律适用

在法官审理中，法官需要就案件事实和适用法律作出认定。对于联邦法院，联邦民事诉讼规则第52条a款和联邦刑事诉讼规则第23条c款，对此项作出了规定。而对于各州法院来说，一些州沿用了联邦程序规定，另一些州则规定法官需要对案件处理作出总体认定。

那么，庭审法官将如何认定案件事实和确定适用的法律呢？这个问题的答案，正是前面提到的建议之一：了解你案件的指定法官。

有些法官喜欢在终结辩论后立即就案件事实和适用法律作出认定，进而确定判决；有些法官喜欢休庭片刻后再宣布判决；还有一些法官要过一段时间才能宣判，而且常常将宣判和对案件事实同适用法律的认定结合起来。

一些法官偏好将案件事实和适用法律的认定，在法庭上公开宣读或者在法庭备忘录中引用，这在案件事实和争议简单时是比较常见的；而有些法官则需要律师向法庭提交认定事实和适用法律的意见；还有些法官需要证人证言副本以便在认定事实时参考。如果法官需要律师提交这些材料时，那么判决肯定要在一段时间之后才能作出了。

如果法官需要律师提交认定事实和适用法律的意见，那么律师要抓住这个机会，强调诉讼请求、理由和辩解，引用证人证言和双方无争议的证据，并且详细论述证据如何证明（或未能证明）案件事实。虽然法官对案件事实和适用法律的认定是独立作出的，但是你的意见将作为法官作出认定的基础，或者你的部分意见将直接在最终结论中出现。

根据联邦民事诉讼规则第52条，案件作出判决（而不是作出事实和法律认定）时，案件正式结束，上诉期限开始计算。所以作出判决的日期非常关键，因为提交上诉状的期限不能被延长。

12. 6　结论

　　综上所述，要想有效应对由法官审理，需要了解以下几点。首先，分清法官审理和陪审团审判在程序上的不同之处。其次，了解指定审理案件的法官的庭审模式。再次，记住，法官集一个有经验的陪审团于一身，他希望你有效率地进行庭审，以他认可的方式呈交证据，也希望他的判决能够实现公正。最后，做庭前准备工作时，将案件当做陪审团审判的案件进行准备，再根据法官审理程序做相应调整。保留案件中的冲突点和人情味，去掉夸张的情节和戏剧效果。简言之，如果你懂得如何说服陪审团，那么你也懂得如何说服法官。

Federal Rules of Evidence

(as amended through December 1, 2006)

（美国联邦证据规则）

ARTICLE I. GENERAL PROVISIONS

ARTICLE II. JUDICIAL NOTICE

ARTICLE III. PRESUMPTIONS IN CIVIL ACTIONS AND PROCEEDINGS

ARTICLE IV. RELEVANCY AND ITS LIMITS

ARTICLE V. PRIVILEGES

ARTICLE VI. WITNESSES

ARTICLE VII.　OPINIONS AND EXPERT TESTIMONY

ARTICLE VIII.　HEARSAY

ARTICLE IX.   AUTHENTICATION AND IDENTIFICATION

RULES OF EVIDENCE FOR UNITED STATES COURTS AND MAGISTRATES

ARTICLE 1. GENERAL PROVISIONS

Rule 101.   Scope

These rules govern proceedings in the courts of the United States and before United States bankruptcy judges and United States magistrate judges, to the extent and with the exceptions stated in rule 1101.

Rule 102. Purpose and construction

These rules shall be construed to secure fairness in administration, elimination of unjustifiable expense and delay, and promotion of growth and development of the law of evidence to the end that the truth may be ascertained and proceedings justly determined.

Rule 103. Rulings on evidence

(a) **Effect of erroneous ruling.** Error may not be predicated upon a ruling which admits or excludes evidence unless a substantial right of the party is affected, and

(1) **Objection.** In case the ruling is one admitting evidence, a timely objection or motion to strike appears of record, stating the specific ground of objection, if the specific ground was not apparent from the context; or

(2) **Offer of proof.** In case the ruling is one excluding evidence, the substance of the evidence was made known to the court by offer or was apparent from the context within which questions were asked.

Once the court makes a definitive ruling on the record admitting or excluding evidence, either at or before trial, a party need not renew an objection or offer of proof to preserve a claim of error for appeal.

(b) **Record of offer and ruling.** The court may add any other or further statement which shows the character of the evidence, the form in which it was offered, the objection made, and the ruling thereon. It may direct the making of an offer in question and answer form.

(c) **Hearing of jury.** In jury cases, proceedings shall be conducted, to the extent practicable, so as to prevent inadmissible evidence from being suggested to the jury by any means, such as making statements or offers of proof or asking questions in the hearing of the jury.

(d) **Plain error.** Nothing in this rule precludes taking notice of plain errors affecting substantial rights although they were not brought to the attention of the court.

Rule 104. Preliminary questions

(a) **Questions of admissibility generally.** Preliminary questions concerning the qualification of a person to be a witness, the existence of a privilege, or the admissibility of evidence shall be determined by the court, subject to the provisions of subdivision (b). In making its determination it is not bound by the rules of evidence except those with respect to privileges.

(b) **Relevancy conditioned on fact.** When the relevancy of evidence depends upon the fulfillment of a condition of fact, the court shall admit it upon, or subject to, the introduction of evidence sufficient to support a finding of the fulfillment of the condition.

(c) **Hearing of jury.** Hearings on the admissibility of confessions shall in all cases be conducted out of the hearing of the jury. Hearings on other preliminary matters shall be so conducted when the interests of justice require or when an accused is a witness and so requests.

(d) Testimony by accused. The accused does not, by testifying upon a preliminary matter, become subject to cross-examination as to other issues in the case.

(e) Weight and credibility. This rule does not limit the right of a party to introduce before the jury evidence relevant to weight or credibility.

Rule 105. Limited admissibility

When evidence which is admissible as to one party or for one purpose but not admissible as to another party or for another purpose is admitted, the court, upon request, shall restrict the evidence to its proper scope and instruct the jury accordingly.

Rule 106. Remainder of or related writings or recorded statements

When a writing or recorded statement or part thereof is introduced by a party, an adverse party may require the introduction at that time of any other part or any other writing or recorded statement which ought in fairness to be considered contemporaneously with it.

ARTICLE II. JUDICIAL NOTICE

Rule 201. Judicial notice of adjudicative facts

(a) Scope of rule. This rule governs only judicial notice of adjudicative facts.

(b) Kinds of facts. A judicially noticed fact must be one not subject to reasonable dispute in that it is either (1) generally known within the territorial jurisdiction of the trial court or (2) capable of accurate and ready determination by resort to sources whose accuracy cannot reasonably be questioned.

(c) When discretionary. A court may take judicial notice, whether requested or not.

(d) When mandatory. A court shall take judicial notice if requested by a party and supplied with the necessary information.

(e) Opportunity to be heard. A party is entitled upon timely request to an opportunity to be heard as to the propriety of taking judicial notice and the tenor of the matter noticed. In the absence of prior notification, the request may be made after judicial notice has been taken.

(f) Time of taking notice. Judicial notice may be taken at any stage of the proceeding.

(g) Instructing jury. In a civil action or proceeding, the court shall instruct the jury to accept as conclusive any fact judicially noticed. In a criminal case, the court shall instruct the jury that it may, but is not required to, accept as conclusive any fact judicially noticed.

ARTICLE III. PRESUMPTIONS IN CIVIL ACTIONS AND PROCEEDINGS

Rule 301. Presumptions in general civil actions and proceedings

In all civil actions and proceedings, not otherwise provided for by Act of Congress or by these rules, a presumption imposes on the party against whom it is directed the burden of going forward with evidence to rebut or meet the presumption, but does not shift to such party the burden of proof in the sense of the risk of nonpersuasion, which remains throughout the trial upon the party on whom it was originally cast.

Rule 302. Applicability of state law in civil actions and proceedings

In civil actions and proceedings, the effect of a presumption respecting a fact which is an element of a claim or defense as to which State law supplies the rule of decision is determined in accordance with State law.

ARTICLE IV. RELEVANCY AND ITS LIMITS

Rule 401. Definition of "relevant evidence"

"Relevant evidence" means evidence having any tendency to make the existence of any fact that is of consequence to the determination of the action more probable or less probable than it would be without the evidence.

Rule 402. Relevant evidence generally admissible; irrelevant evidence inadmissible

All relevant evidence is admissible, except as otherwise provided by the Constitution of the United States, by Act of Congress, by these rules, or by other rules prescribed by the Supreme Court pursuant to statutory authority. Evidence which is not relevant is not admissible.

Rule 403. Exclusion of relevant evidence on grounds of prejudice, confusion, or waste of time

Although relevant, evidence may be excluded if its probative value is substantially outweighed by the danger of unfair prejudice, confusion of the issues, or misleading the jury, or by considerations of undue delay, waste of time, or needless presentation of cumulative evidence.

Rule 404.   Character evidence not admissible to prove conduct; exceptions; other crimes

(a) **Character evidence generally.**   Evidence of a person's character or a trait of character is not admissible for the purpose of proving action in conformity therewith on a particular occasion, except:

(1) **Character of accused.**   In a criminal case, evidence of a pertinent trait of character offered by an accused, or by the prosecution to rebut the same, or if evidence of a trait of character of the alleged victim of the crime is offered by an accused and admitted under Rule 404(a)(2), evidence of the same trait of character of the accused offered by the prosecution;

(2) **Character of victim.**   In a criminal case, and subject to the limitations imposed by Rule 412, evidence of a pertinent trait of character of the victim of the crime offered by an accused, or by the prosecution to rebut the same, or evidence of a character trait of peacefulness of the victim offered by the prosecution in a homicide case to rebut evidence that the victim was the first aggressor;

(3) **Character of witness.**   Evidence of the character of a witness, as provided in rules 607, 608, and 609.

(b) **Other crimes, wrongs, or acts.**   Evidence of other crimes, wrongs, or acts is not admissible to prove the character of a person in order to show action in conformity therewith. It may, however, be admissible for other purposes, such as proof of motive, opportunity, intent, preparation, plan, knowledge, identity, or absence of mistake or accident, provided that upon request by the accused, the prosecution in a criminal case shall provide reasonable notice in advance of trial, or during trial if the court excuses pretrial notice on good cause shown, of the general nature of any such evidence it intends to introduce at trial.

Rule 405.   Methods of proving character

(a) **Reputation or opinion.**   In all cases in which evidence of character or a trait of character of a person is admissible, proof may be made by testimony as to reputation or by testimony in the form of an opinion. On cross-examination, inquiry is allowable into relevant specific instances of conduct.

(b) **Specific instances of conduct.**   In cases in which character or a trait of character of a person is an essential element of a charge, claim, or defense, proof may also be made of specific instances of that person's conduct.

Rule 406.   Habit; routine practice

Evidence of the habit of a person or of the routine practice of an organization, whether corroborated or not and regardless of the presence of eyewitnesses, is relevant to prove that the conduct of the person or organization on a particular occasion was in conformity with the habit or routine practice.

Rule 407. Subsequent remedial measures

When, after an injury or harm allegedly caused by an event, measures are taken that, if taken previously, would have made the injury or harm less likely to occur, evidence of the subsequent measures is not admissible to prove negligence, culpable conduct, a defect in a product, a defect in a product's design, or a need for a warning or instruction. This rule does not require the exclusion of evidence of subsequent measures when offered for another purpose, such as proving ownership, control, or feasibility of precautionary measures, if controverted, or impeachment.

Rule 408. Compromise and offers to compromise

(a) Prohibited uses. Evidence of the following is not admissible on behalf of any party, when offered to prove liability for, invalidity of, or amount of a claim that was disputed as to validity or amount, or to impeach through a prior inconsistent statement or contradiction:

(1) furnishing or offering or promising to furnish—or accepting or offering or promising to accept—a valuable consideration in compromising or attempting to compromise the claim; and

(2) conduct or statements made in compromise negotiations regarding the claim, except when offered in a criminal case and the negotiations related to a claim by a public office or agency in the exercise of regulatory, investigative, or enforcement authority.

(b) Permitted uses. This rule does not require exclusion if the evidence is offered for purposes not prohibited by subdivision (a). Examples of permissible purpose include proving a witness's bias or prejudice; negating a contention of undue delay; and proving an effort to obstruct a criminal investigation or prosecution.

Rule 409. Payment of medical and similar expenses

Evidence of furnishing or offering or promising to pay medical, hospital, or similar expenses occasioned by an injury is not admissible to prove liability for the injury.

Rule 410. Inadmissibility of pleas, offers of pleas, and related statements

Except as otherwise provided in this rule, evidence of a plea of guilty, later withdrawn, or a plea of nolo contendere, or of an offer to plead guilty or nolo contendere to the crime charged or any other crime, or of statements made in connection with, and relevant to, any of the foregoing pleas or offers, is not admissible in any civil or criminal proceeding against the person who made the plea or offer. However, evidence of a statement made in connection with, and relevant to, a plea of guilty later withdrawn, a plea of nolo contendere, or an offer to plead guilty or nolo contendere to the crime charged or any other crime, is admissible in a criminal proceeding for perjury or false statement if the statement was made by the defendant under oath, on the record, and in the presence of counsel.

Rule 411.　Liability insurance

Evidence that a person was or was not insured against liability is not admissible upon the issue whether the person acted negligently or otherwise wrongfully. This rule does not require the exclusion of evidence of insurance against liability when offered for another purpose, such as proof of agency, ownership, or control, or bias or prejudice of a witness.

Rule 412.　Sex offense cases; relevance of alleged victim's past sexual behavior or alleged sexual predisposition

(a)　Evidence generally inadmissible. The following evidence is not admissible in any civil or criminal proceeding involving alleged sexual misconduct except as provided in subdivisions (b) and (c):

(1) Evidence offered to prove that any alleged victim engaged in other sexual behavior.

(2) Evidence offered to prove any alleged victim's sexual predisposition.

(b)　Exceptions.

(1) In a criminal case, the following evidence is admissible, if otherwise admissible under these rules:

(A) evidence of specific instances of sexual behavior by the alleged victim offered to prove that a person other than the accused was the source of semen, injury or other physical evidence;

(B) evidence of specific instances of sexual behavior by the alleged victim with respect to the person accused of the sexual misconduct offered by the accused to prove consent or by the prosecution; and

(C) evidence the exclusion of which would violate the constitutional rights of the defendant.

(2) In a civil case, evidence offered to prove the sexual behavior or sexual predisposition of any alleged victim is admissible if it is otherwise admissible under these rules and its probative value substantially outweighs the danger of harm to any victim and of unfair prejudice to any party. Evidence of an alleged victim's reputation is admissible only if it has been placed in controversy by the alleged victim.

(c)　Procedure to determine admissibility.

(1) A party intending to offer evidence under subdivision (b) must:

(A) file a written motion at least 14 days before trial specifically describing the evidence and stating the purpose for which it is offered unless the court, for good cause, requires a different time for filing or permits filing during trial; and

(B) serve the motion on all parties and notify the alleged victim or, when appropriate, the alleged victim's guardian or representative.

(2) Before admitting evidence under this rule the court must conduct a hearing in camera and afford the victim and parties a right to attend and be heard. The motion, related papers, and the record of the hearing must be sealed and remain under seal unless the court orders otherwise.

Rule 413.   Evidence of similar crimes in sexual assault cases

(a) In a criminal case in which the defendant is accused of an offense of sexual assault, evidence of the defendant's commission of another offense or offenses of sexual assault is admissible, and may be considered for its bearing on any matter to which it is relevant.

(b) In a case in which the Government intends to offer evidence under this rule, the attorney for the Government shall disclose the evidence to the defendant, including statements of witnesses or a summary of the substance of any testimony that is expected to be offered, at least fifteen days before the scheduled date of trial or at such later time as the court may allow for good cause.

(c) This rule shall not be construed to limit the admission or consideration of evidence under any other rule.

(d) For purposes of this rule and Rule 415, "offense of sexual assault" means a crime under Federal law or the law of a State (as defined in section 513 of title 18, United States Code) that involved —

(1) any conduct proscribed by chapter 109A of title 18, United States Code;

(2) contact, without consent, between any part of the defendant's body or an object and the genitals or anus of another person;

(3) contact, without consent, between the genitals or anus of the defendant and any part of another person's body;

(4) deriving sexual pleasure or gratification from the infliction of death, bodily injury, or physical pain on another person; or

(5) an attempt or conspiracy to engage in conduct described in paragraphs (1)–(4).

Rule 414.   Evidence of similar crimes in child molestation cases

(a) In a criminal case in which the defendant is accused of an offense of child molestation, evidence of the defendant's commission of another offense or offenses of child molestation is admissible, and may be considered for its bearing on any matter to which it is relevant.

(b) In a case in which the Government intends to offer evidence under this rule, the attorney for the Government shall disclose the evidence to the defendant, including statements of witnesses or a summary of the substance of any testimony that is expected to be offered, at least fifteen days before the scheduled date of trial or at such later time as the court may allow for good cause.

(c) This rule shall not be construed to limit the admission or consideration of evidence under any other rule.

(d) For purposes of this rule and Rule 415, "child" means a person below the age of fourteen, and "offense of child molestation" means a crime under Federal law or the law of a State (as defined in section 513 of title 18, United States Code) that involved —

(1) any conduct proscribed by chapter 109A of title 18, United States Code, that was committed in relation to a child;

(2) any conduct proscribed by chapter 110 of title 18, United States Code;

(3) contact between any part of the defendant's body or an object and the genitals or anus of a child;

(4) contact between the genitals or anus of the defendant and any part of the body of a child;

(5) deriving sexual pleasure or gratification from the infliction of death, bodily injury, or physical pain on a child; or

(6) an attempt or conspiracy to engage in conduct described in paragraphs (1)–(5).

Rule 415.　Evidence of similar acts in civil cases concerning sexual assault or child molestation

(a) In a civil case in which a claim for damages or other relief is predicated on a party's alleged commission of conduct constituting an offense of sexual assault or child molestation, evidence of that party's commission of another offense or offenses of sexual assault or child molestation is admissible and may be considered as provided in Rule 413 and Rule 414 of these rules.

(b) A party who intends to offer evidence under this Rule shall disclose the evidence to the party against whom it will be offered, including statements of witnesses or a summary of the substance of any testimony that is expected to be offered, at least fifteen days before the scheduled date of trial or at such later time as the court may allow for good cause.

(c) his rule shall not be construed to limit the admission or consideration of evidence under any other rule.

ARTICLE V.　PRIVILEGES

Rule 501.　General rule

Except as otherwise required by the Constitution of the United States or provided by Act of Congress or in rules prescribed by the Supreme Court pursuant to statutory authority, the privilege of a witness, person, government, State, or political subdivision thereof shall be governed by the principles of the common law as they may be interpreted by the courts of the United States in the light of reason and experience. However, in civil actions and proceedings, with respect to an element of a claim or defense as to which State law supplies the rule of decision, the privilege of a witness, person, government, State, or political subdivision thereof shall be determined in accordance with State law.

ARTICLE VI.   WITNESSES

Rule 601.   General rule of competency

Every person is competent to be a witness except as otherwise provided in these rules. However, in civil actions and proceedings, with respect to an element of a claim or defense as to which State law supplies the rule of decision, the competency of a witness shall be determined in accordance with State law.

Rule 602.   Lack of personal knowledge

A witness may not testify to a matter unless evidence is introduced sufficient to support, a finding that the witness has personal knowledge of the matter. Evidence to prove personal knowledge may, but need not, consist of the witness' own testimony. This rule is subject to the provisions of rule 703, relating to opinion testimony by expert witnesses.

Rule 603.   Oath or affirmation

Before testifying, every witness shall be required to declare that the witness will testify truthfully, by oath or affirmation administered in a form calculated to awaken the witness' conscience and impress the witness' mind with the duty to do so.

Rule 604.   Interpreters

An interpreter is subject to the provisions of these rules relating to qualification as an expert and the administration of an oath or affirmation to make a true translation.

Rule 605.   Competency of judge as witness

The judge presiding at the trial may not testify in that trial as a witness. No objection need be made in order to preserve the point.

Rule 606. Competency of juror as witness

(a) At the trial. A member of the jury may not testify as a witness before that jury in the trial of the case in which the juror is sitting. If the juror is called so to testify, the opposing party shall be afforded an opportunity to object out of the presence of the jury.

(b) Inquiry into validity of verdict or indictment. Upon an inquiry into the validity of a verdict or indictment, a juror may not testify as to any matter or statement occurring during the course of the jury's deliberations or to the effect of anything upon that or any other juror's mind or emotions as influencing the juror to assent to or dissent from the verdict or indictment or concerning the juror's mental processes in connection therewith. But a juror may testify about (1) whether extraneous prejudicial information was improperly brought to the jury's attention, (2) whether any outside influence was improperly brought to bear upon any juror, or (3) whether there was a mistake in entering the verdict onto the verdict form. A juror's affidavit or evidence of any statement by the juror may not be received on a matter about which the juror would be precluded from testifying.

Rule 607. Who may impeach

The credibility of a witness may be attacked by any party, including the party calling the witness.

Rule 608. Evidence of character and conduct of witness

(a) Opinion and reputation evidence of character. The credibility of a witness may be attacked or supported by evidence in the form of opinion or reputation, but subject to these limitations: (1) the evidence may refer only to character for truthfulness or untruthfulness, and (2) evidence of truthful character is admissible only after the character of the witness for truthfulness has been attacked by opinion or reputation evidence or otherwise.

(b) Specific instances of conduct. Specific instances of the conduct of a witness, for the purpose of attacking or supporting the witness' character for truthfulness, other than conviction of crime as provided in rule 609, may not be proved by extrinsic evidence. They may, however, in the discretion of the court, if probative of truthfulness or untruthfulness, be inquired into on cross-examination of the witness (1) concerning the witness' character for truthfulness or untruthfulness, or (2) concerning the character for truthfulness or untruthfulness of another witness as to which character the witness being cross-examined has testified.

The giving of testimony, whether by an accused or by any other witness, does not operate as a waiver of the accused's or the witness' privilege against self-incrimination when examined with respect to matters which relate only to character for truthfulness.

Rule 609.   Impeachment by evidence of conviction of crime

(a) **General rule.**   For the purpose of attacking the credibility of a witness,

(1) evidence that a witness other than the accused has been convicted of a crime shall be admitted, subject to Rule 403, if the crime was punishable by death or imprisonment in excess of one year under the law under which the witness was convicted, and evidence that an accused has been convicted of such a crime shall be admitted if the court determines that the probative value of admitting this evidence out-weighs its prejudicial effect to the accused; and

(2) evidence that any witness has been convicted of a crime shall be admitted regardless of the punishment, if it readily can be determined that establishing the elements of the crime required proof or admission of an act of dishonesty or false statement by the witness.

(b) **Time limit.**   Evidence of a conviction under this rule is not admissible if a period of more than ten years has elapsed since the date of the conviction or of the release of the witness from the confinement imposed for that conviction, whichever is the later date, unless the court determines, in the interests of justice, that the probative value of the conviction supported by specific facts and circumstances substantially out-weighs its prejudicial effect. However, evidence of a conviction more than 10 years old as calculated herein, is not admissible unless the proponent gives to the adverse party sufficient advance written notice of intent to use such evidence to provide the adverse party with a fair opportunity to contest the use of such evidence.

(c) **Effect of pardon, annulment, or certificate of rehabilitation.** Evidence of a conviction is not admissible under this rule if (1) the conviction has been the subject of a pardon, annulment, certificate of rehabilitation, or other equivalent procedure based on a finding of the rehabilitation of the person convicted, and that person has not been convicted of a subsequent crime which was punishable by death or imprisonment in excess of one year, or (2) the conviction has been the subject of a pardon, annulment, or other equivalent procedure based on a finding of innocence.

(d) **Juvenile adjudications.**   Evidence of juvenile adjudications is generally not admissible under this rule. The court may, however, in a criminal case allow evidence of a juvenile adjudication of a witness other than the accused if conviction of the offense would be admissible to attack the credibility of an adult and the court is satisfied that admission in evidence is necessary for a fair determination of the issue of guilt or innocence.

(e) **Pendency of appeal.**   The pendency of an appeal therefrom does not render evidence of a conviction inadmissible. Evidence of the pendency of an appeal is admissible.

Rule 610.   Religious beliefs or opinions

Evidence of the beliefs or opinions of a witness on matters of religion is not admissible for the purpose of showing that by reason of their nature the witness' credibility is impaired or enhanced.

Rule 611. Mode and order of interrogation and presentation

(a) **Control by court.** The court shall exercise reasonable control over the mode and order of interrogating witnesses and presenting evidence so as to (1) make the interrogation and presentation effective for the ascertainment of the truth, (2) avoid needless consumption of time, and (3) protect witnesses from harassment or undue embarrassment.

(b) **Scope of cross-examination.** Cross-examination should be limited to the subject matter of the direct examination and matters affecting the credibility of the witness. The court may, in the exercise of discretion, permit inquiry into additional matters as if on direct examination.

(c) **Leading questions.** Leading questions should not be used on the direct examination of a witness except as may be necessary to develop the witness' testimony. Ordinarily leading questions should be permitted on cross-examination. When a party calls a hostile witness, an adverse party, or a witness identified with an adverse party, interrogation may be by leading questions.

Rule 612. Writing used to refresh memory

Except as otherwise provided in criminal proceedings by section 3500 of title 18, United States Code, if a witness uses a writing to refresh memory for the purpose of testifying, either —

(1) while testifying, or

(2) before testifying, if the court in its discretion determines it is necessary in the interests of justice, an adverse party is entitled to have the writing produced at the hearing, to inspect it, to cross-examine the witness thereon, and to introduce in evidence those portions which relate to the testimony of the witness. If it is claimed that the writing contains matters not related to the subject matter of the testimony the court shall examine the writing in camera, excise any portions not so related, and order delivery of the remainder to the party entitled thereto. Any portion withheld over objections shall be preserved and made available to the appellate court in the event of an appeal. If a writing is not produced or delivered pursuant to order under this rule, the court shall make any order justice requires, except that in criminal cases when the prosecution elects not to comply, the order shall be one striking the testimony or, if the court in its discretion determines that the interests of justice so require, declaring a mistrial.

Rule 613. Prior statements of witnesses

(a) **Examining witness concerning prior statement.** In examining a witness concerning a prior statement made by the witness, whether written or not, the statement need not be shown nor its contents disclosed to the witness at that time, but on request the same shall be shown or disclosed to opposing counsel.

(b) Extrinsic evidence of prior inconsistent statement of witness. Extrinsic evidence of a prior inconsistent statement by a witness is not admissible unless the witness is afforded an opportunity to explain or deny the same and the opposite party is afforded an opportunity to interrogate the witness thereon, or the interests of justice otherwise require. This provision does not apply to admissions of a party-opponent as defined in rule 801(d)(2).

Rule 614. Calling and interrogation of witnesses by court

(a) Calling by court. The court may, on its own motion or at the suggestion of a party, call witnesses, and all parties are entitled to cross-examine witnesses thus called.

(b) Interrogation by court. The court may interrogate witnesses, whether called by itself or by a party.

(c) Objections. Objections to the calling of witnesses by the court or to interrogation by it may be made at the time or at the next available opportunity when the jury is not present.

Rule 615. Exclusion of witnesses

At the request of a party the court shall order witnesses excluded so that they cannot hear the testimony of other witnesses and it may make the order of its own motion. This rule does not authorize exclusion of (1) a party who is a natural person, or (2) an officer or employee of a party which is not a natural person designated as its representative by its attorney, or (3) a person whose presence is shown by a party to be essential to the presentation of the party's cause.

ARTICLE VII. OPINIONS AND EXPERT TESTIMONY

Rule 701. Opinion testimony by lay witnesses

If the witness is not testifying as an expert, the witness' testimony in the form of opinions or inferences is limited to those opinions or inferences which are (a) rationally based on the perception of the witness and (b) helpful to a clear understanding of the witness' testimony or the determination of a fact in issue, and (c) not based on scientific, technical, or other specialized knowledge within the scope of Rule 702.

Rule 702. Testimony by experts

If scientific, technical, or other specialized knowledge will assist the trier of fact to understand the evidence or to determine a fact in issue, a witness qualified as an expert by knowledge, skill, experience, training, or education, may testify thereto in the form of an opinion or otherwise, if

(1) the testimony is based upon sufficient facts or data, (2) the testimony is the product of reliable principles and methods, and (3) the witness has applied the principles and methods reliably to the facts of the case.

Rule 703.　Bases of opinion testimony by experts

The facts or data in the particular case upon which an expert bases an opinion or inference may be those perceived by or made known to the expert at or before the hearing. If of a type reasonably relied upon by experts in the particular field in forming opinions or inferences upon the subject, the facts or data need not be admissible in evidence in order for the opinion or inference to be admitted. Facts or data that are otherwise inadmissible shall not be disclosed to the jury by the proponent of the opinion or inference unless the court determines that their probative value in assisting the jury to evaluate the expert's opinion substantially out-weighs their prejudicial effect.

Rule 704.　Opinion on ultimate issue

(a) Except as provided in subdivision (b), testimony in the form of an opinion or inference otherwise admissible is not objectionable because it embraces an ultimate issue to be decided by the trier of fact.

(b) No expert witness testifying with respect to the mental state or condition of a defendant in a criminal case may state an opinion or inference as to whether the defendant did or did not have the mental state or condition constituting an element of the crime charged or of a defense thereto. Such ultimate issues are matters for the trier of fact alone.

Rule 705.　Disclosure of facts or data underlying expert opinion

The expert may testify in terms of opinion or inference and give reasons therefor without first testifying to the underlying facts or data, unless the court requires otherwise. The expert may in any event be required to disclose the underlying facts or data on cross-examination.

Rule 706.　Court appointed experts

(a) Appointment.　The court may on its own motion or on the motion of any party enter an order to show cause why expert witnesses should not be appointed, and may request the parties to submit nominations. The court may appoint any expert witnesses agreed upon by the parties, and may appoint expert witnesses of its own selection. An expert witness shall not be appointed by the court unless the witness consents to act. A witness so appointed shall be informed of the witness' duties by the court in writing, a copy of which shall be filed with the clerk, or at a conference in which the parties shall have opportunity to participate. A witness so appointed shall advise the parties of the witness' findings, if any; the witness' deposition may be taken by any party; and the witness may be called to testify by the court or any party. The witness shall be subject to cross-examination by each party, including a party calling the witness.

(b) Compensation. Expert witnesses so appointed are entitled to reasonable compensation in whatever sum the court may allow. The compensation thus fixed is payable from funds which may be provided by law in criminal cases and civil actions and proceedings involving just compensation under the fifth amendment. In other civil actions and proceedings the compensation shall be paid by the parties in such proportion and at such time as the court directs, and thereafter charged in like manner as other costs.

(c) Disclosure of appointment. In the exercise of its discretion, the court may authorize disclosure to the jury of the fact that the court appointed the expert witness.

(d) Parties' experts of own selection. Nothing in this rule limits the parties in calling expert witnesses of their own selection.

ARTICLE VIII. HEARSAY

Rule 801. Definitions

The following definitions apply under this article:

(a) Statement. A "statement" is (1) an oral or written assertion or (2) nonverbal conduct of a person, if it is intended by the person as an assertion.

(b) Declarant. A "declarant" is a person who makes a statement.

(c) Hearsay. "Hearsay" is a statement, other than one made by the declarant while testifying at the trial or hearing, offered in evidence to prove the truth of the matter asserted.

(d) Statements which are not hearsay. A statement is not hearsay if —

(1) Prior statement by witness. The declarant testifies at the trial or hearing and is subject to cross-examination concerning the statement, and the statement is (A) inconsistent with the declarant's testimony, and was given under oath subject to the penalty of perjury at a trial, hearing, or other proceeding, or in a deposition, or (B) consistent with the declarant's testimony and is offered to rebut an express or implied charge against the declarant of recent fabrication or improper influence or motive, or (C) one of identification of a person after perceiving the person; or

(2) Admission by party-opponent. The statement is offered against a party and is (A) the party's own statement, in either an individual or a representative capacity, or (B) a statement of which the party has manifested an adoption or belief in its truth, or (C) a statement by a person authorized by the party to make a statement concerning the subject, or (D) a statement by the party's agent or servant concerning a matter within the scope of the agency or employment, made during the existence of the relationship, or (E) a statement by a coconspirator of a party during the course and in furtherance of the conspiracy. The contents of the statement shall be considered but are not alone sufficient to establish the declarant's authority under subdivision (C), the agency or employment relationship and scope thereof under subdivision (D), or the existence of the conspiracy and the participation therein of the declarant and the party against whom the statement is offered under subdivision (E).

Rule 802.　Hearsay rule

Hearsay is not admissible except as provided by these rules or by other rules prescribed by the Supreme Court pursuant to statutory authority or by Act of Congress.

Rule 803.　Hearsay exceptions; availability of declarant immaterial

The following are not excluded by the hearsay rule, even though the declarant is available as a witness:

(1) Present sense impression.　A statement describing or explaining an event or condition made while the declarant was perceiving the event or condition, or immediately thereafter.

(2) Excited utterance.　A statement relating to a startling event or condition made while the declarant was under the stress of excitement caused by the event or condition.

(3) Then existing mental, emotional, or physical condition.　A statement of the declarant's then existing state of mind, emotion, sensation, or physical condition (such as intent, plan, motive, design, mental feeling, pain, and bodily health), but not including a statement of memory or belief to prove the fact remembered or believed unless it relates to the execution, revocation, identification, or terms of declarant's will.

(4) Statements for purposes of medical diagnosis or treatment. Statements made for purposes of medical diagnosis or treatment and describing medical history, or past or present symptoms, pain, or sensations, or the inception or general character of the cause or external source thereof insofar as reasonably pertinent to diagnosis or treatment.

(5) Recorded recollection.　A memorandum or record concerning a matter about which a witness once had knowledge but now has insufficient recollection to enable the witness to testify fully and accurately, shown to have been made or adopted by the witness when the matter was fresh in the witness' memory and to reflect that knowledge correctly. If admitted, the memorandum or record may be read into evidence but may not itself be received as an exhibit unless offered by an adverse party.

(6) Records of regularly conducted activity.　A memorandum, report, record, or data compilation, in any form, of acts, events, conditions, opinions, or diagnoses, made at or near the time by, or from information transmitted by, a person with knowledge, if kept in the course of a regularly conducted business activity, and if it was the regular practice of that business activity to make the memorandum, report, record, or data compilation, all as shown by the testimony of the custodian or other qualified witness, or by certification that complies with Rule 902(11), Rule 902(12), or a statute permitting certification, unless the source of information or the method or circumstances of preparation indicate lack of trustworthiness. The term "business" as used in this paragraph includes business, institution, association, profession, occupation, and calling of every kind, whether or not conducted for profit.

(7) **Absence of entry in records kept in accordance with the provisions of paragraph (6).** Evidence that a matter is not included in the memoranda reports, records, or data compilations, in any form, kept in accordance with the provisions of paragraph (6), to prove the nonoccurrence or nonexistence of the matter, if the matter was of a kind of which a memorandum, report, record, or data compilation was regularly made and preserved, unless the sources of information or other circumstances indicate lack of trustworthiness.

(8) **Public records and reports.** Records, reports, statements, or data compilations, in any form, of public offices or agencies, setting forth (A) the activities of the office or agency, or (B) matters observed pursuant to duty imposed by law as to which matters there was a duty to report, excluding, however, in criminal cases matters observed by police officers and other law enforcement personnel, or (C) in civil actions and proceedings and against the Government in criminal cases, factual findings resulting from an investigation made pursuant to authority granted by law, unless the sources of information or other circumstances indicate lack of trustworthiness.

(9) **Records of vital statistics.** Records or data compilations, in any form, of births, fetal deaths, deaths, or marriages, if the report thereof was made to a public office pursuant to requirements of law.

(10) **Absence of public record or entry.** To prove the absence of a record, report, statement, or data compilation, in any form, or the nonoccurrence or nonexistence of a matter of which a record, report, statement, or data compilation, in any form, was regularly made and preserved by a public office or agency, evidence in the form of a certification in accordance with rule 902, or testimony, that diligent search failed to disclose the record, report, statement, or data compilation, or entry.

(11) **Records of religious organizations.** Statements of births, marriages, divorces, deaths, legitimacy, ancestry, relationship by blood or marriage, or other similar facts of personal or family history, contained in a regularly kept record of a religious organization.

(12) **Marriage, baptismal, and similar certificates.** Statements of fact contained in a certificate that the maker performed a marriage or other ceremony or administered a sacrament, made by a clergyman, public official, or other person authorized by the rules or practices of a religious organization or by law to perform the act certified, and purporting to have been issued at the time of the act or within a reasonable time thereafter.

(13) Family records. Statements of fact concerning personal or family history contained in family Bibles, genealogies, charts, engravings on rings, inscriptions on family portraits, engravings on urns, crypts, or tombstones, or the like.

(14) Records of documents affecting an interest in property. The record of a document purporting to establish or affect an interest in property, as proof of the content of the original recorded document and its execution and delivery by each person by whom it purports to have been executed, if the record is a record of a public office and an applicable statute authorizes the recording of documents of that kind in that office.

(15) Statements in documents affecting an interest in property. A statement contained in a document purporting to establish or affect an interest in property if the matter stated was relevant to the purpose of the document, unless dealings with the property since the document was made have been inconsistent with the truth of the statement or the purport of the document.

(16) Statements in ancient documents. Statements in a document in existence twenty years or more the authenticity of which is established.

(17) Market reports, commercial publications. Market quotations, tabulations, lists, directories, or other published compilations, generally used and relied upon by the public or by persons in particular occupations.

(18) Learned treatises. To the extent called to the attention of an expert witness upon cross-examination or relied upon by the expert witness in direct examination, statements contained in published treatises, periodicals, or pamphlets on a subject of history, medicine, or other science or art, established as a reliable authority by the testimony or admission of the witness or by other expert testimony or by judicial notice. If admitted, the statements may be read into evidence but may not be received as exhibits.

(19) Reputation concerning personal or family history. Reputation among members of a person's family by blood, adoption, or marriage, or among a person's associates, or in the community, concerning a person's birth, adoption, marriage, divorce, death, legitimacy, relationship by blood, adoption, or marriage, ancestry, or other similar fact of his personal or family history.

(20) Reputation concerning boundaries or general history. Reputation in a community, arising before the controversy, as to boundaries of or customs affecting lands in the community, and reputation as to events of general history important to the community or State or nation in which located.

(21) Reputation as to character. Reputation of a person's character among associates or in the community.

(22) Judgment of previous conviction. Evidence of a final judgment, entered after a trial or upon a plea of guilty (but not upon a plea of nolo contendere), adjudging a person guilty of a crime punishable by death or imprisonment in excess of one year, to prove any fact essential to sustain the judgment, but not including, when offered by the Government in a criminal prosecution for purposes other than impeachment, judgments against persons other than the accused. The pendency of an appeal may be shown but does not affect admissibility.

(23) Judgment as to personal, family, or general history, or boundaries. Judgments as proof of matters of personal, family or general history, or boundaries, essential to the judgment, if the same would be provable by evidence of reputation.

Rule 804. Hearsay exceptions; declarant unavailable

(a) Definition of unavailability. "Unavailability as a witness" includes situations in which the declarant —

(1) is exempted by ruling of the court on the ground of privilege from testifying concerning the subject matter of the declarant's statement or

(2) persists in refusing to testify concerning the subject matter of the declarant's statement despite an order of the court to do so; or

(3) testifies to a lack of memory of the subject matter of the declarant's statement; or

(4) is unable to be present or to testify at the hearing because of death or then existing physical or mental illness or infirmity; or

(5) is absent from the hearing and the proponent of a statement has been unable to procure the declarant's attendance (or in the case of a hearsay exception under subdivision (b)(2), (3), or (4), the declarant's attendance or testimony) by process or other reasonable means.

A declarant is not unavailable as a witness if exemption, refusal, claim of lack of memory, inability, or absence is due to the procurement or wrong-doing of the proponent of a statement for the purpose of preventing the witness from attending or testifying.

(b) Hearsay exceptions. The following are not excluded by the hearsay rule if the declarant is unavailable as a witness:

(1) Former testimony. Testimony given as a witness at another hearing of the same or a different proceeding, or in a deposition taken in compliance with law in the course of the same or another proceeding, if the party against whom the testimony is now offered, or, in a civil action or proceeding, a predecessor in interest, had an opportunity and similar motive to develop the testimony by direct, cross, or redirect examination.

(2) Statement under belief of impending death. In a prosecution for homicide or in a civil action or proceeding, a statement made by a declarant while believing that the declarant's death was imminent, concerning the cause or circumstances of what the declarant believed to be impending death.

(3) Statement against interest. A statement which was at the time of its making so far contrary to the declarant's pecuniary to proprietary interest, or so far tended to subject the declarant to civil or criminal liability, or to render invalid a claim by the declarant against another, that a reasonable person in the declarant's position would not have made the statement unless believing it to be true. A statement tending to expose the declarant to criminal liability and offered to exculpate the accused is not admissible unless corroborating circumstances clearly indicate the trustworthiness of the statement.

(4) Statement of personal or family history. (A) A statement concerning the declarant's own birth, adoption, marriage, divorce, legitimacy, relationship by blood, adoption, or marriage, ancestry, or other similar fact of personal or family history, even though declarant had no means of acquiring personal knowledge of the matter stated; or (B) a statement concerning the foregoing matters, and death also, of another person, if the declarant was related to the other by blood, adoption, or marriage or was so intimately associated with the other's family as to be likely to have accurate information concerning the matter declared.

(5) Forfeiture by wrongdoing. A statement offered against a party that has engaged or acquiesced in wrongdoing that was intended to, and did, procure the unavailability of the declarant as a witness.

Rule 805.   Hearsay within hearsay

Hearsay included within hearsay is not excluded under the hearsay rule if each part of the combined statements conforms with an exception to the hearsay rule provided in these rules.

Rule 806.   Attacking and supporting credibility of declarant

When a hearsay statement, or a statement defined in Rule 801 (d) (2) (C), (D), or (E), has been admitted in evidence, the credibility of the declarant may be attacked, and if attacked may be supported, by any evidence which would be admissible for those purposes if declarant had testified as a witness. Evidence of a statement or conduct by the declarant at any time, inconsistent with the declarant's hearsay statement, is not subject to any requirement that the declarant may have been afforded an opportunity to deny or explain. If the party against whom a hearsay statement has been admitted calls the declarant as a witness, the party is entitled to examine the declarant on the statement as if under cross-examination.

Rule 807.   Residual exception

A statement not specifically covered by Rule 803 or 804, but having equivalent circumstantial guarantees of trustworthiness, is not excluded by the hearsay rule if the court determines that (A) the statement is offered as evidence of a material fact; (B) the statement is more probative on the point for which it is offered than any other evidence that the proponent can procure through reasonable efforts; and (C) the general purposes of these rules and the interests of justice will best be served by admission of the statement into evidence. However, a statement may not be admitted under this exception unless the proponent of it makes known to the adverse party sufficiently in advance of the trial or hearing to provide the adverse party with a fair opportunity to prepare to meet it, the proponent's intention to offer the statement and the particulars of it, including the name and address of the declarant.

ARTICLE IX. AUTHENICATION AND IDENTIFICATION

Rule 901. Requirement of authentication or identification

(a) **General provision.** The requirement of authentication or identification as a condition precedent to admissibility is satisifed by evidence sufficient to support a finding that the matter in question is what its proponent claims.

(b) **Illustrations.** By way of illustration only, and not by way of limitation, the following are examples of authentication or identification conforming with the requirements of this rule:

(1) **Testimony of witness with knowledge.** Testimony that a matter is what it is claimed to be.

(2) **Nonexpert opinion on handwriting.** Nonexpert opinion as to the genuineness of handwriting, based upon familiarity not acquired for purposes of the litigation.

(3) **Comparison by trier or expert witness.** Comparison by the trier of fact or by expert witnesses with specimens which have been authenticated.

(4) **Distinctive characteristics and the like.** Appearance, contents, substance, internal patterns, or other distinctive characteristics, taken in conjunction with circumstances.

(5) **Voice identification.** Identification of a voice, whether heard firsthand or through mechanical or electronic transmission or recording, by opinion based upon hearing the voice at any time under circumstances connecting it with the alleged speaker.

(6) **Telephone conversations.** Telephone conversations, by evidence that a call was made to the number assigned at the time by the telephone company to a particular person or business, if (A) in the case of a person, circumstances, including self-identification, show the person answering to be the one called, or (B) in the case of a business, the call was made to a place of business and the conversation related to business reasonably transacted over the telephone.

(7) **Public records or reports.** Evidence that a writing authorized by law to be recorded or filed and in fact recorded or filed in a public office, or a purported public record, report, statement, or data compilation, in any form, is from the public office where items of this nature are kept.

(8) **Ancient documents or data compilation.** Evidence that a document or data compilation, in any form, (A) is in such condition as to create no suspicion concerning its authenticity, (B) was in a place

where it, if authentic, would likely be, and (C) has been in existence 20 years or more at the time it is offered.

(9) Process or system. Evidence describing a process or system used to produce a result and showing that the process or system produces an accurate result.

(10) Methods provided by statute or rule. Any method of authentication or identification provided by Act of Congress or by other rules prescribed by the Supreme Court pursuant to statutory authority.

Rule 902.　Self-authentication

Extrinsic evidence of authenticity as a condition precedent to admissibility is not required with respect to the following:

(1) Domestic public documents under seal. A document bearing a seal purporting to be that of the United States, or of any State, district, Commonwealth, territory, or insular possession thereof, or the Panama Canal Zone, or the Trust Territory of the Pacific Islands, or of a political subdivision, department, officer, or agency thereof, and a signature purporting to be an attestation or execution.

(2) Domestic public documents not under seal. A document purporting to bear the signature in the official capacity of an officer or employee of any entity included in paragraph (1) hereof, having no seal, if a public officer having a seal and having official duties in the district or political subdivision of the officer or employee certifies under seal that the signer has the official capacity and that the signature is genuine.

(3) Foreign public documents. A document purporting to be executed or attested in an official capacity by a person authorized by the laws of a foreign country to make the execution or attestation, and accompanied by a final certification as to the genuineness of the signature and official position (A) of the executing or attesting person, or (B) of any foreign official whose certificate of genuineness of signature and official position relates to the execution or attestation or is in a chain of certificates of genuineness of signature and official position relating to the execution or attestation. A final certification may be made by a secretary of embassy or legation, consul general, consul, vice consul, or consular agent of the United States, or a diplomatic or consular official of the foreign country assigned or accredited to the United States. If reasonable opportunity has been given to all parties to investigate the authenticity and accuracy of official documents, the court may, for good cause shown, order that they be treated as presumptively authentic without final certification or permit them to be evidenced by an attested summary with or without final certification.

(4) Certified copies of public records. A copy of an official record or report or entry therein, or of a document authorized by law to be recorded or filed and actually recorded or filed in a public office, including data compilations in any form, certified as correct by the custodian or other person authorized to make the certification, by certificate complying with paragraph (1), (2), or (3) of this rule or complying with any Act of Congress or rule prescribed by the Supreme Court pursuant to statutory authority.

(5) Official publications.   Books, pamphlets, or other publications purporting to be issued by public authority.

(6) Newspapers and periodicals.   Printed materials purporting to be newspapers or periodicals.

(7) Trade inscriptions and the like.   Inscriptions, signs, tags, or labels purporting to have been affixed in the course of business and indicating ownership, control, or origin.

(8) Acknowledged documents.   Documents accompanied by a certificate of acknowledgment executed in the manner provided by law by a notary public or other officer authorized by law to take acknowledgments.

(9) Commercial paper and related documents.   Commercial paper, signatures thereon, and documents relating thereto to the extent provided by general commercial law.

(10) Presumptions under Acts of Congress.   Any signature, document, or other matter declared by Act of Congress to be presumptively or prima facie genuine or authentic.

(11) Certified domestic records of regularly conducted activity. The original or duplicate of a domestic record of regularly conducted activity that would be admissible under Rule 803(6) if accompanied by a written declaration of its custodian or other qualified person, in a manner complying with any Act of Congress or rule prescribed by the Supreme Court pursuant to statutory authority, certifying that the record —

(A) was made at or near the time of the occurrence of the matters set forth by, or from information transmitted by, a person with knowledge of those matters;

(B) was kept in the course of the regularly conducted activity; and

(C) was made by the regularly conducted activity as a regular practice.

A party intending to offer a record into evidence under this paragraph must provide written notice of that intention to all adverse parties, and must make the record and declaration available for inspection sufficiently in advance of their offer into evidence to provide an adverse party with a fair opportunity to challenge them.

(12) Certified foreign records of regularly conducted activity.   In a civil case, the original or duplicate of a foreign record of regularly conducted activity that would be admissible under Rule 803(6) if accompanied by a written declaration by its custodian or other qualified person certifying that the record —

(A) was made at or near the time of the occurrence of the matters set forth by, or from information transmitted by, a person with knowledge of those matters;

(B) was kept in the course of the regularly conducted activity; and

(C) was made by the regularly conducted activity as a regular practice.

The declaration must be signed in a manner that, if falsely made, would subject the maker to criminal penalty under the laws of the country where the declaration is signed. A party intending to offer a record into evidence under this paragraph must provide written notice of that intention to all adverse parties, and must make the record and declaration available for inspection sufficiently in advance of their offer into evidence to provide an adverse party with a fair opportunity to challenge them.

Rule 903.   Subscribing Witness' Testimony Unnecessary

The testimony of a subscribing witness is not necessary to authenticate a writing unless required by the laws of the jurisdiction whose laws govern the validity of the writing.

ARTICLE X.   CONTENTS OF WRITINGS, RECORDINGS, AND PHOTOGRAPHS

Rule 1001.   Definitions

For purposes of this article the following definitions are applicable:

(1) Writings and recordings.   "Writings" and "recordings" consist of letters, words, or numbers, or their equivalent, set down by handwriting, typewriting, printing, photostating, photographing, magnetic impulse, mechanical or electronic recording, or other form of data compilation.

(2) Photographs.   "Photographs" include still photographs, X-ray films, video tapes, and motion pictures.

(3) Original.   An "original" of a writing or recording is the writing or recording itself or any counterpart intended to have the same effect by a person executing or issuing it. An "original" of a photograph includes the negative or any print therefrom. If data are stored in a computer or similar device, any printout or other output readable by sight, shown to reflect the data accurately, is an "original".

(4) Duplicate.   A "duplicate" is a counterpart produced by the same impression as the original, or from the same matrix, or by means of photography, including enlargements and miniatures, or by mechanical or electronic re-recording, or by chemical reproduction, or by other equivalent techniques which accurately reproduce the original.

Rule 1002.   Requirement of original

To prove the content of a writing, recording, or photograph, the original writing, recording, or photograph is required, except as otherwise provided in these rules or by Act of Congress.

Rule 1003.   Admissibility of duplicates

A duplicate is admissible to the same extent as an original unless (1) a genuine question is raised as to the authenticity of the original or (2) in the circumstances it would be unfair to admit the duplicate in lieu of the original.

Rule 1004.   Admissibility of other evidence of contents

The original is not required, and other evidence of the contents of a writing, recording, or photograph is admissible if —
  (1) Originals lost or destroyed.   All originals are lost or have been destroyed, unless the proponent lost or destroyed them in bad faith; or
  (2) Original not obtainable.   No original can be obtained by any available judicial process or procedure; or
  (3) Original in possession of opponent.   At a time when an original was under the control of the party against whom offered, that party was put on notice, by the pleadings or otherwise, that the contents would be a subject of proof at the hearing, and that party does not produce the original at the hearing; or
  (4) Collateral matters.   The writing, recording, or photograph is not closely related to a controlling issue.

Rule 1005.   Public records

The contents of an official record, or of a document authorized to be recorded or filed and actually recorded or filed, including data compilations in any form, if otherwise admissible, may be proved by copy, certified as correct in accordance with rule 902 or testified to be correct by a witness who has compared it with the original. If a copy which complies with the foregoing cannot be obtained by the exercise of reasonable diligence, then other evidence of the contents may be given.

Rule 1006.   Summaries

The contents of voluminous writings, recordings, or photographs which cannot conveniently be examined in court may be presented in the form of a chart, summary, or calculation. The originals, or duplicates, shall be made available for examination or copying, or both, by other parties at a reasonable time and place. The court may order that they be produced in court.

Rule 1007.   Testimony or written admission of party

Contents of writings, recordings, or photographs may be proved by the testimony or deposition of the party against whom offered or by that party's written admission, without accounting for the nonproduction of the original.

Rule 1008.　Functions of court and jury

When the admissibility of other evidence of contents of writings, recordings, or photographs under these rules depends upon the fulfillment of a condition of fact, the question whether the condition has been fulfilled is ordinarily for the court to determine in accordance with the provisions of rule 104. However, when an issue is raised (a) whether the asserted writing ever existed, or (b) whether another writing, recording, or photograph produced at the trial is the original, or (c) whether other evidence of contents correctly reflects the contents, the issue is for the trier of fact to determine as in the case of other issues of fact.

ARTICLE XI.　MISCELLANEOUS RULES

Rule 1101.　Applicability of rules

(a) Courts and magistrates.　These rules apply to the United States district courts, the District Court of Guam, the District Court of the Virgin Islands, the District Court for the District of the Canal Zone, the United States courts of appeals, the United States Claims Court, and to United States magistrate judges, in the actions, cases, and proceedings and to the extent hereinafter set forth. The terms "judge" and "court" in these rules include United States bankruptcy judges and United States magistrate judges.

(b) Proceedings generally.　These rules apply generally to civil actions and proceedings, including admiralty and maritime cases, to criminal cases and proceedings, to contempt proceedings except those in which the court may act summarily, and to proceedings and cases under title 11, United States Code.

(c) Rule of privilege.　The rule with respect to privileges applies at all stages of all actions, cases, and proceedings.

(d) Rules inapplicable.　The rules (other than with respect to privilege) do not apply in the following situations:

(1) Preliminary questions of fact.　The determination of questions of fact preliminary to admissibility of evidence when the issue is to be determined by the court under rule 104.

(2) Grand jury.　Proceedings before grand juries.

(3) Miscellaneous proceedings.　Proceedings for extradition or rendition; preliminary examinations in criminal cases; sentencing, or granting or revoking probation; issuance of warrants for arrest, criminal summonses, and search warrants; and proceedings with respect to release on bail or otherwise.

(e) Rules applicable in part.　In the following proceedings these rules apply to the extent that matters of evidence are not provided for in the statutes which govern procedure therein or in other rules prescribed by the Supreme Court pursuant to statutory authority: the trial of minor and petty offenses by United States magistrate judges; review of agency actions when the facts are subject to trial de novo under section 706(2) (F) of title 5, United States Code; review of orders of the Secretary of Agriculture under section 2 of the Act entitled "An Act to authorize association of producers of agricultural products" approved February 18, 1922 (7 U.S.C. 292), and under sections 6 and 7(c) of the Perishable Agricultural Commodities Act, 1930 (7 U.S.C. 499f, 499g(c)); naturalization and revocation of naturalization under sections 310-318 of the Immigration and Nationality Act (8 U.S.C. 1421-1429); prize proceedings in admiralty under sections 7651-7681 of title 10, United States Code; review of orders of the Secretary of the Interior under section 2 of the Act entitled "An Act authorizing associations of producers of aquatic products" approved June 25, 1934 (15 U.S.C. 522); review of orders of petroleum control boards under section 5 of the Act entitled "An Act to regulate interstate and foreign commerce in petroleum and its products produced by prohibiting the shipment in such commerce of petroleum and its products produced in violation of State law, and for other purposes," approved February 22, 1935 (15 U.S.C. 715d); actions for fines, penalties, or forfeitures under part V of title IV of the Tariff Act of 1930 (19 U.S.C. 1581-1624), or under the Anti-Smuggling Act (19 U.S.C. 1701-1711); criminal libel for condemnation, exclusion of imports, or other proceedings under the Federal Food, Drug, and Cosmetic Act (21 U.S.C. 301-392); disputes between seamen under sections 4079, 4080, and 4081 of the Revised Statutes (22 U.S.C. 256-258); habeas corpus under sections 2241-2254 of title 28, United States Code; motions to vacate, set aside or correct sentence under section 2255 of title 28, United States Code; actions for penalties for refusal to transport destitute seamen under section 4578 of the Revised Statutes (46 U.S.C. 679); actions against the United States under the Act entitled "An Act authorizing suits against the United States in admiralty for damage caused by and salvage service rendered to public vessels belonging to the United States, and for other purposes," approved March 3, 1925 (46 U.S.C. 781-790), as implemented by section 7730 of title 10, United States Code.

Rule 1102.   Amendments

Amendments to the Federal Rules of Evidence may be made as provided in section 2072 of title 28 of the United States Code.

Rule 1103.   Title

These rules may be known and cited as the Federal Rules of Evidence.

索 引

译后：努力使好事发生

　　"好文章是改出来的"，我想这句话对于译作也合适。明明知道这本厚书再多看多改几遍可能会更好，但经过近两年的折腾，我面对她已经濒临崩溃的边缘。春如旧，人空瘦，当然，好歹没有泪痕红浥鲛绡透。就此搁笔吧。

　　首先谈谈翻译本书的原因。我国出台第一部刑事诉讼法典已经有三十余年的历史，民事诉讼法也已经颁布二十年，相信许多的基本原理、基本概念、基本理念，都已经深入人心，毋庸赘言了。虽然许多论文依旧在论述概念、特点、意义，但这种一成不变的写法已经越来越不能给我们提供新鲜的知识兴奋点。我们更加想知道的是，诸如"当事人主义"究竟怎么回事、从哪儿来的、现实状况如何、可能会往哪里去。一句话，知识生产要毫不犹豫地向细密化方向进行。

　　这本书，就是在不遗余力地告诉大家：律师视角下的美国庭审对抗，究竟是如何进行的，甚至小到陪审团成员可能因为证人某句话而产生的些许心理不快，本书都做了详尽论述。其实一开始，我对于中国政法大学吴宏耀教授指令我翻译这本书心存疑虑，尤其是看到本书号称"三十多年来美国相关领域经久不衰的主要教科书，整整教育了三代职业律师"，直感慨"忽悠"是全人类共同的宝贵财富么！但等到真正翻译完成，我的确心悦诚服。

　　举个例子，读者们可以先看看本书类似第 8 章律师对于专家证人的直接询问（分别针对人身伤害案件中的主治医师、不当致死案件中的经济学家以及产品责任案件中的工程师），以及随之而来的交叉询问段落，随着书中律师直接/交叉询问的步步为营，我居然有些浑身冒汗，完全"hold 不住"了。妙啊！感谢吴教授。希望读者们的阅读经历也是过瘾的。

　　这书牛，以至于真是有看过本书的人写了这样的评论句子，"No one should try a case without the benefit of Professor Mauet's insight and wisdom."这书在美国出版后还真是挺有影响的。具体情况，请详见封底，主要是实务律师们的推荐语。

　　再说说这本书应当针对的受众。我觉得任何对于美国对抗制民事/刑事诉讼程序真正抱有兴趣，真正认为其内在机理、微观理路、本来面貌值得探究，而非浅尝辄止、甚至叶公好龙的读者，尤其是律师等法律工作者们，都该读读这本书，看看人家究竟是怎么个"对抗"法儿的。

　　其实早在六七年前，本书的繁体字版（原书第五版）就已经被引入了台湾地区，并且反响巨大，许多名家联袂推荐。诸如《证人询问的技巧》（Brian Kennedy 著）等一系列类似"指南"图书也早已陆续翻译出版。是因为台湾学者只会注重这些器物之选么？这些值得我们思考。如果你也不这么认为的话，那么我想答案就应该是：真正的法治精神、落到实处的程序价值，恰恰体现在这些在我们看来无比烦琐，甚至有些神经质的技术性活动中——譬如挑个陪审团能耗上半年时间，以及诸如此类的细节。

　　最后介绍一下译文和作者。由于对译者而言，这本书的内容和篇幅太过浩繁，说自己能力有限、战战兢兢绝不为过。尤其是翻译过程时间太长，有时候对于同一个词，第 2 章出现时翻译成了什么，到第 12 章时居然就忘了。这在后期加工时已经颇为注意，尽量修改统一。翻译风格方面，由于本书更多定位于"指南"，里面夹杂了许多模拟人物对话，译文也就尽量避繁就简。

作者是个很酷的白头发老头儿，我想象中应该是个大高个儿。他的经历特别复杂，法官、公设辩护人、律师、教授等；看他的简历，让人眼花缭乱。总之能写出这样一本畅销长销书绝对不是偶然的，肚子里有货才行。

我第一次给作者写信时，挖空心思洋洋洒洒地整了一大篇片儿汤话，结果人家老先生就给我回了一行，中心思想是说，"知道了"。连名字都缩写成了"TM"，似乎懒得和我废话，我当时相当失落。直到几个月前，我因为博士论文写到美国重罪审前羁押率的问题时，资料实在不够，就又硬着头皮给老头儿发了个邮件，没想到这次情况刚好颠倒了过来：他给我回了这一大堆，从美国联邦制讲起，一直说到我要问的 Felony。真是丝丝入扣、雄辩滔滔，俨然一篇小论文了。当时我就特别感慨，这才是做学问的啊！另外相信许多人和我一样，因为一直觉得美国诉讼程序的月亮是圆的，平时关注很多，所以老先生大可不必从联邦制讲起。

再加些个人思考。我一直认为中国诉讼制度改革的首要关节在于建立完善的、适合中国的程序分流制度，而非其他。将大量司法资源从争议不大的案件中解放出来，之后，类似证人出庭、交叉询问、陪审团审判、各种证据规则、量刑程序引入、法官判决说理等，才具有基本的操作可能性。和本书相关的，作者一开始就指出，能参考本书进行庭审的案件，十之一二。但就是这极小部分案件，集中体现了公开、平等、民主等一系列现代社会最重要的精神内涵，这已经足够了。

回到本书。除去我前面所讲到的从微观处领略制度精神的意义之外，对于中国律师朋友们何时能够真正"实际运用"本书中传道授业的诸多诉讼庭审技巧，尚难预测。

其实也知道非但不该悲观，更应该打起精神一点点去做。三十年前批判无罪推定不还是政治正确的表现呢么，现在谁要为有罪推定"招魂"，别人准说你神经病。依旧要相信事情还是向好的。

在书中第 2 章，作者有一句话很打动我：只有在你努力使好事发生时，好事才会发生（Good things happen when you make them happen）。

对译文有任何不满都请电邮批评：guoshuobj@126. com；微博交流也好：http：//weibo. com/youshijin。另外需要说明一点，读者现在可以在网上找到本书英文第八版。我和作者确认了一下，第七版和第八版的差别只在后者多配了一张多媒体光盘，内容方面并无改动。

郭　烁

2011 年 11 月 1 日

图书在版编目（CIP）数据

庭审制胜/第 7 版/（美）马沃特著；郭烁译 .—北京：中国人民大学出版社，2012.1
（中国律师实训经典·庭辩技巧系列）
ISBN 978-7-300-14782-6

Ⅰ.①庭⋯　Ⅱ.①马⋯　②郭⋯　Ⅲ.①诉讼程序-美国-高等学校-教材　Ⅳ.①D971.25

中国版本图书馆 CIP 数据核字（2012）第 009219 号

中国律师实训经典·庭辩技巧系列

庭审制胜（第七版）
Trial Techniques（Seventh Edition）
［美］托马斯·A·马沃特（Thomas A. Mauet）　著
郭烁　译
Tingshen Zhisheng

出版发行	中国人民大学出版社			
社　　址	北京中关村大街 31 号		**邮政编码**	100080
电　　话	010 - 62511242（总编室）		010 - 62511770（质管部）	
	010 - 82501766（邮购部）		010 - 62514148（门市部）	
	010 - 62515195（发行公司）		010 - 62515275（盗版举报）	
网　　址	http：//www.crup.com.cn			
	http：//www.ttrnet.com（人大教研网）			
经　　销	新华书店			
印　　刷	涿州市星河印刷有限公司			
规　　格	185 mm×260 mm　16 开本		**版　　次**	2012 年 5 月第 1 版
印　　张	32.25 插页 2		**印　　次**	2018 年 12 月第 2 次印刷
字　　数	666 000		**定　　价**	88.00 元